붉은 굶주림

RED FAMINE by Anne Applebaum
Copyright © 2017 by Anne Applebaum
All rights reserved.
This Korean edition was published by Geulhangari Publishers in 2025 by arrangement with Anne Applebaum c/o Georges Borchardt, Inc. through KCC(Korea Copyright Center Inc.), Seoul.

이 책은 (주)한국저작권센터(KCC)를 통한 저작권자와의 독점 계약으로 (주)글항아리에서 출간되었습니다. 저작권법에 의해 한국 내에서 보호를 받는 저작물이므로 무단 전재와 복제를 금합니다.

RED FAMINE STALIN'S WAR ON UKRAINE

붉은 굶주림

우크라이나 대기근, 기획된 종말

앤 애플바움 지음
함규진 옮김

글항아리

일러두기
- 본문 하단 각주는 옮긴이의 것이다.
- 본문에 언급된 단행본은 한국에서 번역 출간된 경우 국내에 소개된 제목을 따랐다. 원제는 국내에 출간되지 않은 경우에만 병기했다.
- 우크라이나어는 러시아어 표기법을 준용하되, 몇몇 인지명은 실제 발음을 참고해 표기했다.

Жертвам

희생자들을 기리며

1054년
키이우
루스
발트해
흑해

1582년
폴란드-
리투아니아
연방
발트해
흑해

1795년
러시아
제국
발트해
프로이센
오스트리아
헝가리 제국
오스만
제국
흑해

핀란드
스웨덴
리가
스톡홀름
라트비아
리투아니아
메멜
발트해
동
프로이센
단치히
베를린
바르샤바
부크강
폴란드
엘베강
오데르강
루블린
볼로디미르
볼린스키
테신
비스툴라강
프라하
르비우
체코슬로바키아
빈
오스트리아
부다페스트
헝가리
다뉴브강
베오그라드
유고슬라비아
사라예보
아드리아해

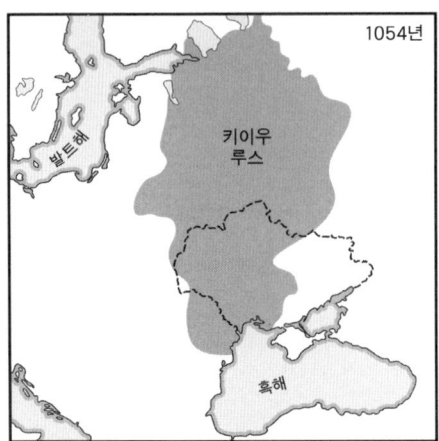

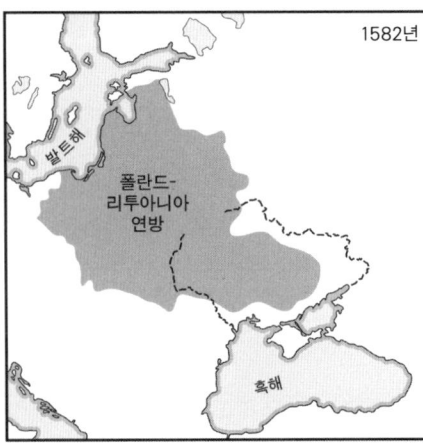

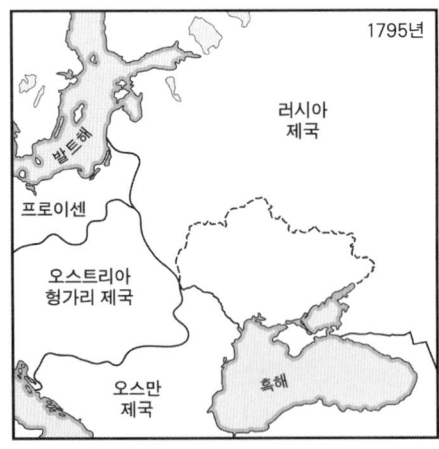

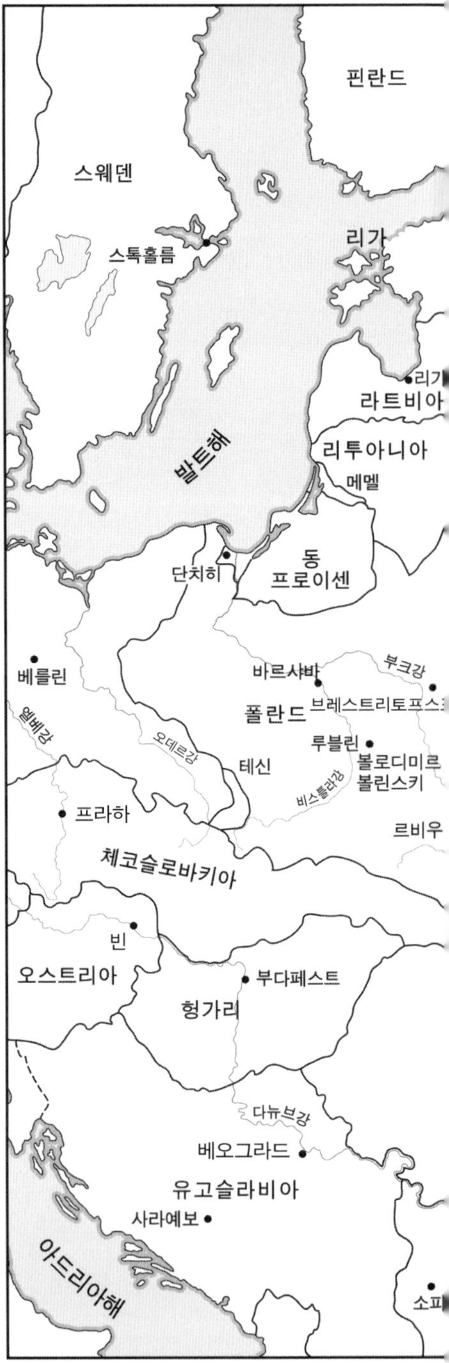

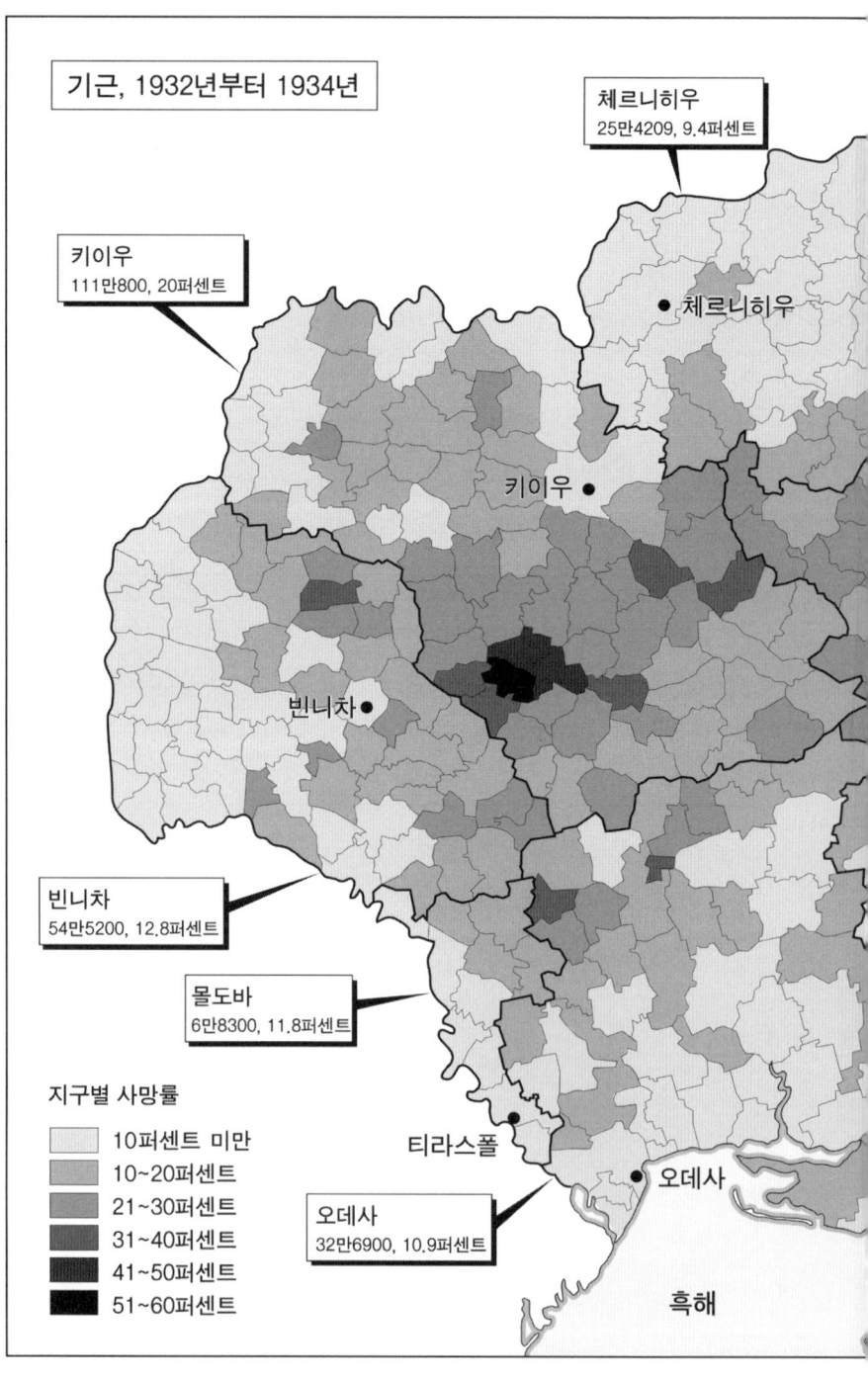

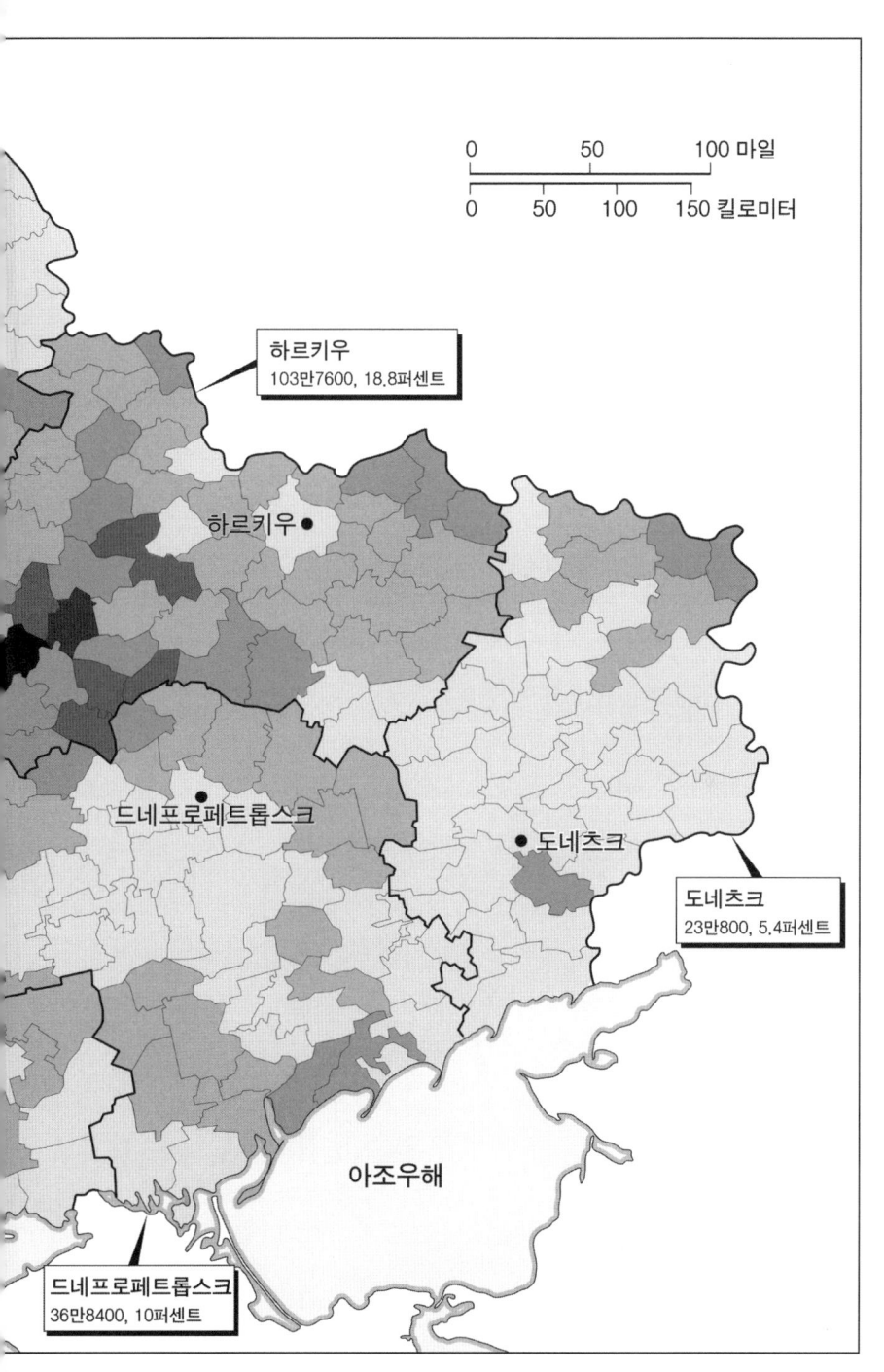

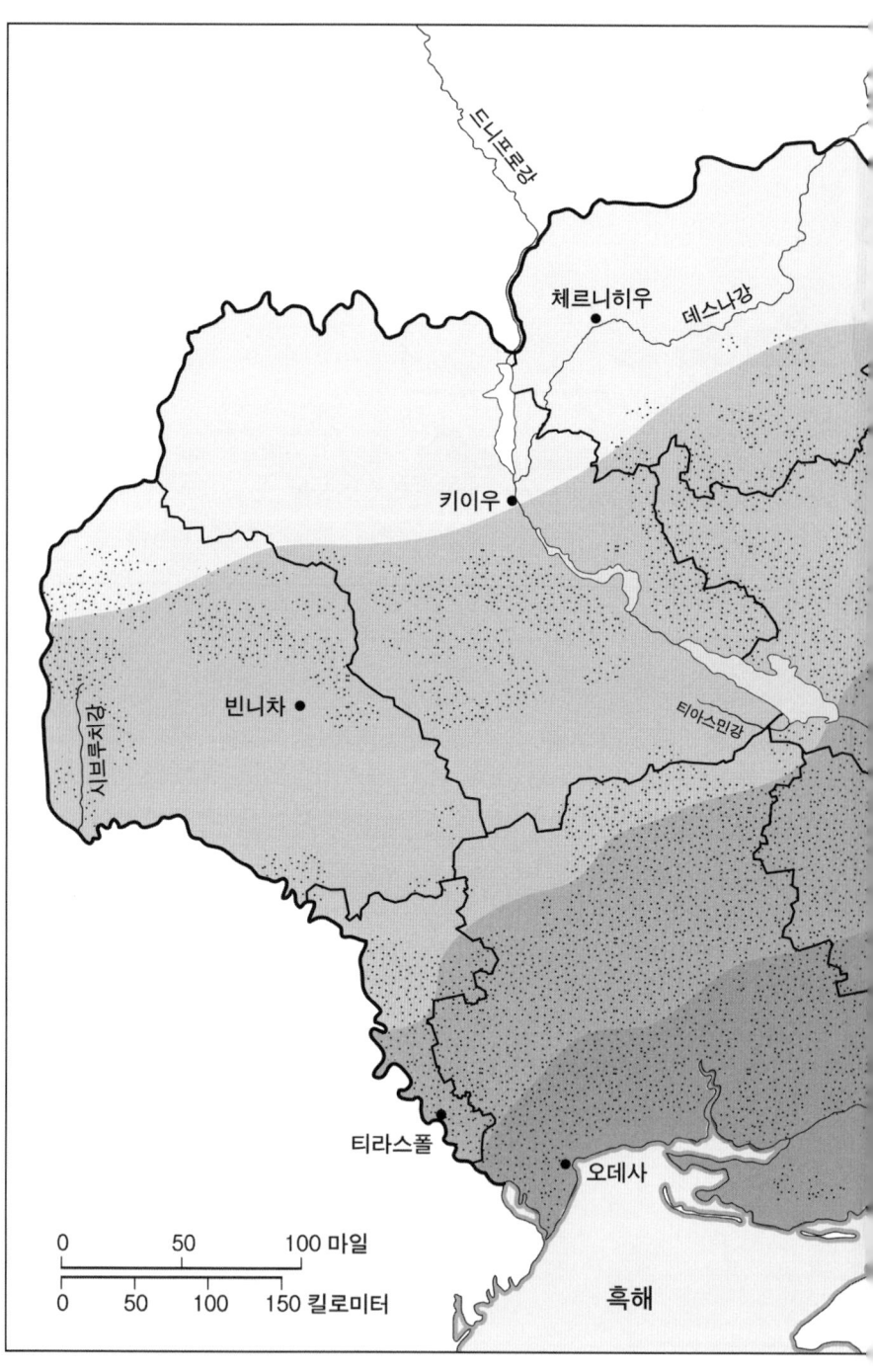

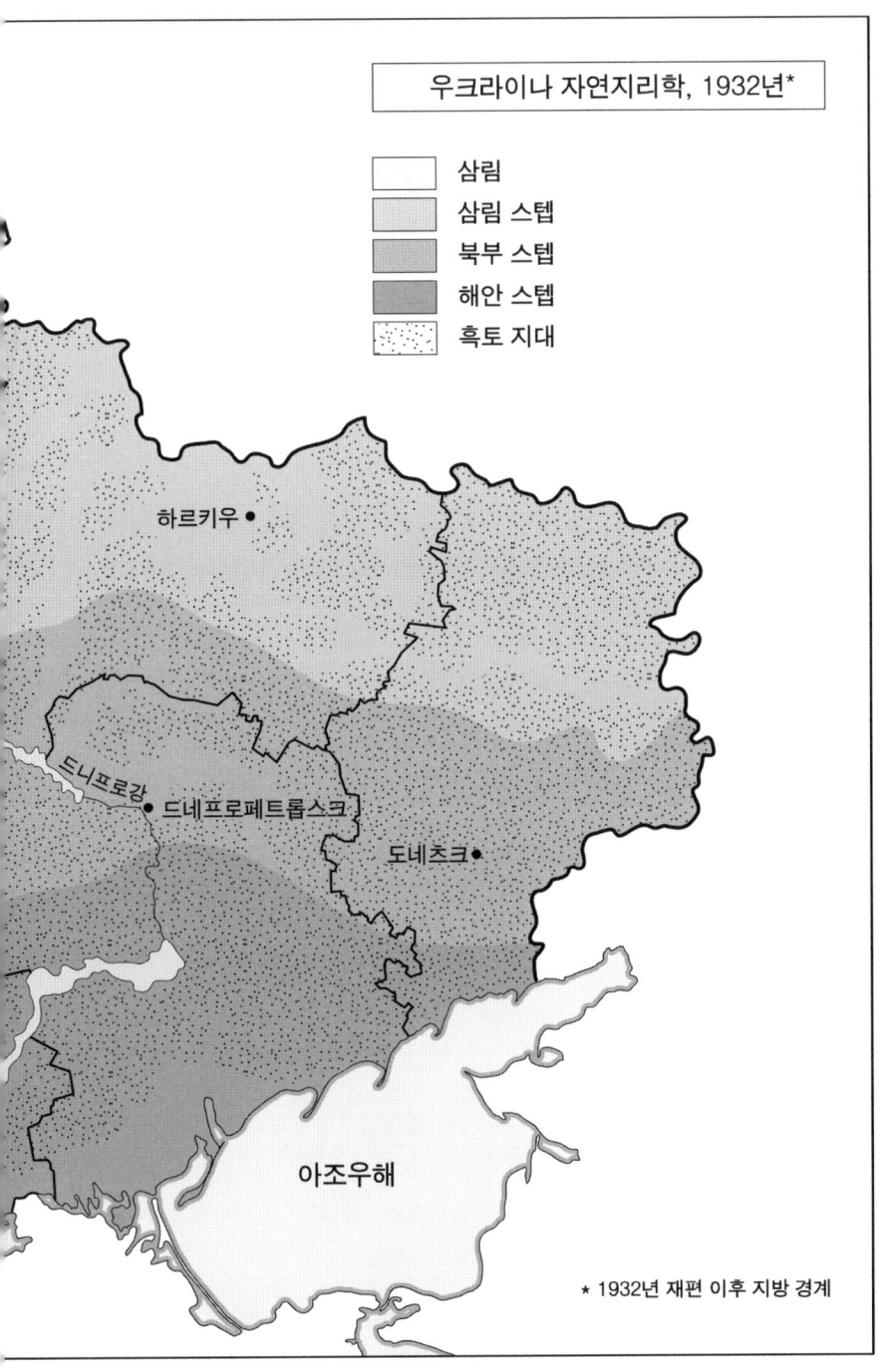

머리말

경고의 징후는 차고 넘쳤다. 1932년 초봄, 우크라이나 농민들은 굶주리기 시작했다. 비밀경찰은 소련 전역의 곡물 재배지(캅카스 북부, 볼가강 유역, 시베리아 서부)에서 보고서와 편지를 보냈다. '아이들이 굶어서 배에 복수가 찼음' '농가에서 잡초를 뜯고 도토리를 주워 먹으며 연명 중' '농민들이 식량을 찾아서 집을 버리고 도주함'. 3월, 의료 위원회는 오데사 인근의 마을 거리에 시체들이 나뒹굴고 있는 것을 보았다. 그러나 그들을 묻어줄 힘이 남은 사람은 없었다. 또 다른 마을에서는 지역 당 간부들이 외부의 눈을 피해 시체들을 감추려 했다. 그들은 무슨 일이 벌어지고 있는지 밝히기를 거부했다. 방문자들의 눈앞에 뻔히 드러난 사실임에도.[1]

일부는 크렘린에 직접 서신을 보내, 대체 일이 어떻게 되어가는

지 해명을 요구했다.

> 존경하는 스탈린 동지와 소비에트 정부의 법률은 이 마을 사람들에게 굶주림을 의무화하고 있습니까? 우리, 집단 농장의 일꾼들은 1월 1일 이후 농장에서 빵 한 쪼가리도 먹지 못했습니다…… 우리가 굶어 죽어야만 한다면 어떻게 사회주의 인민 경제를 건설할 수 있을까요? 수확 철은 아직도 넉 달이나 남았는데? 우리가 죽는 게 전쟁에 보탬이 되는지요? 굶주림에 시달리는 게, 우리 아이들이 배를 곯는 고통에 몸부림치며 죽어가는 것을 보는 게 어떤 보탬이 되는지요?[2]

다른 이들은 소비에트 연방에 이 일의 책임을 묻는 게 불가능하다는 걸 알았다.

> 매일같이 열에서 스무 가족이 기근으로 마을에서 죽어나간다. 아이들은 도망쳤고, 철도역은 피난 가려는 마을 주민들로 북새통이다. 들에는 말과 그 밖의 가축이 씨가 말랐다…… 부르주아들이 이 땅에 진짜배기 기근을 일으켰다. 농민계급 전체를 소련 정부에 맞서게 하려는 자본주의자들의 음모의 일환이다.[3]

그러나 부르주아가 이 기근을 일으킨 것은 아니었다. 이는 농민들이 자기 땅을 포기하고 집단 농장에 들어가도록 몰아붙이며, '쿨라크kulaks'라 불리는 부농을 집에서 내쫓으려는, 소련의 파괴적인 결정 때문이었다. 그 결과 대혼란이 일었고, 이 모든 정책은 궁극적으로 소련 공산당 서기장 이오시프 스탈린의 책임이었다. 그는 농촌 지역을 기아의 소용돌이로 밀어넣었다. 1932년 봄에서 여름 내내, 스탈린의 많은 동료는 소련 전역에서 위기 상황을 알리는 다급한 메시지를 보내왔다. 우크라이나의 공산당 간부들은 특히 급박해했으며, 몇몇은 스탈린에게 도움을 청하는 장문의 편지를 써 보냈다.

1932년 말, 그들 대부분은 여전히 더 큰 비극은 막을 수 있다고 믿었다. 정부가 1921년 기아 때 그랬듯이 국제사회에 도움을 요청할 것이라고. 곡물 수출을 막거나, 곡물 수확 일체를 처벌하는 일을 멈출 거라고. 굶주리고 있는 지역 농민들을 원조할 거라고. 하지만 어느 정도까지는 정부가 조치했으나, 충분할 정도에는 한참 못 미쳤다.

그 대신 1932년 가을, 소련 공산당 최고 지도부인 소련 정치국은 우크라이나 농촌의 기근을 확대·심화하는 일련의 결정을 내리는 한편 농민들이 식량을 찾아 우크라이나 공화국 밖으로 나가는 일을 금지했다. 위기가 절정에 이르자 경찰과 공산당 행동대원으로 이루어진 팀은 농가로 쳐들어가 먹을 수 있는 것이라면 뭐든 몰수했다. 굶주림 때문에, 공포 때문에, 그리고 10년간 이어진 혐오와 음모론으로 가득 찬 선동 때문에 벌어진 일이었다. 그들은 감자, 비트, 조롱박, 콩, 완두콩, 하물며 오븐에 들어 있는 것과 찬장에 있는 것, 가축과 반려동물까지 쓸어갔다.

결과는 처참했다. 1931년부터 1934년까지 소련 전역에서 최소한 500만 명이 굶어 죽었다. 그들 가운데 390만 명이 우크라이나인이었다. 1932년에서 1933년의 기근은 당시 국외 발간물에서만 그 규모가 제대로 묘사되었으며, 나중에는 '홀로도모르'라고 지칭된다. '굶주림'을 뜻하는 우크라이나어 '홀로드holod'와 '멸종'을 뜻하는 '모르mor'의 합성어였다.⁴

그러나 기근만 이야기하는 것은 절반짜리 이야기다. 농민들이 들에서 죽어가던 때에 소련 비밀경찰은 우크라이나의 지성계와 정계 엘리트들을 공격하기 시작했다. 기근이 맹렬해지면서 우크라이나 지식인, 교수, 박물관 큐레이터, 작가, 예술가, 성직자, 신학자, 공무원 들에 대한 중상모략과 탄압의 포문이 열렸다. 1917년 6월에 세워졌다가 몇 달 이후 사라진 우크라이나 인민공화국과 연관된 모든 사람, 우크라이나어나 우크라이나 역사를 전공한 모든 사람, 독자적인 문학이나 예술 경력을 가진 모든 사람은 공개 비판을 받고, 투옥당하고, 강제 노동 수용소에 보내지거나 처형되기 십상이었다. 차마 이를 눈 뜨고 볼 수 없던 미콜라 스크리프니크(그는 우크라이나 공산당의 가장 저명한 지도자 중 한 명이었다)는 1933년 자살을 택했다. 이런 선택을 한 사람은 그뿐만이 아니었다.

이 두 가지 정책, 1933년 겨울과 봄의 홀로도모르와 몇 달 뒤 몰아친 우크라이나 지성계·정계의 탄압은 우크라이나의 소비에트화, 우크라이나 민족성 말살, 소련의 유일 지배에 맞설 우크라이나 도전 일체의 무력화를 가져왔다.

유대계 폴란드인 변호사 라파우 렘킨은 '제노사이드'라는 말을 만든 사람으로, 이 시기의 우크라이나야말로 이 개념의 "고전적 사례"라고 말했다. "이것이야말로 제노사이드의 사례. 개인들만이 아니라 문화와 민족을 말살한 것이다." 제노사이드라는 단어를 처음 고안한 사람이 렘킨이기 때문에 그 의미는 다소 좁게 법률 용어로서 해석되었으며, 또한 당시 러시아와 우크라이나 그리고 우크라이나의 내부 집단들이 정치적 주장을 펼칠 때 이 용어를 써먹었기 때문에 제노사이드는 논란을 일으키는 부싯돌이 되곤 했다. 홀로도모르를 '제노사이드'로 풀어서 논의하는 내용(렘킨과 우크라이나의 관계와 그 영향도 포함해)은 이 책의 에필로그에서 자세히 다루겠다.

이 책의 중심 주제는 확실하다. 1917년에서 1934년까지 우크라이나에 무슨 일이 있었는가? 특히 1932년에서 1933년 사이의 가을과 겨울에는? 어떤 사태의 연쇄가 또 어떤 감성이 기근을 초래했는가? 누구의 책임인가? 이 무시무시한 사태는 더 넓게 본 우크라이나 역사 및 우크라이나 민족운동과 어떻게 들어맞는가?

이후에 어떤 일이 벌어졌는지 또한 중요한 문제다. 우크라이나의 소비에트화는 기근과 함께 시작되지도 끝나지도 않았다. 우크라이나 지식인과 지도자를 검거하는 일은 1930년대 내내 이어졌다. 그러고 나서도 반세기 이상, 후임 소련 지도자들은 어떤 형태로든(전후의 봉기든 1980년대의 정부 불신 운동이든) 우크라이나 민족주의를 거칠게 뒤엎으려 했다. 이 시기에 소비에트화는 종종 러시아화의 모습을 띠었다. 우크라이나어의 지위가 격하되었으며, 우크라이나 역사는 교육 과정에서 사라졌다.

무엇보다 1932년에서 1933년까지의 기근은 가르쳐지지 않았고, 소련은 1933년에서 1991년까지 어떤 기근도 없었다는 입장을 고수했다. 소련 정부는 지역의 문서 보관소를 없애, 사망 기록들이 기근을 증명하지 못하도록 했다. 심지어 사실을 은폐하려고 공식 인구통계 자료까지 조작했다.[5] 소련이 존재하는 한, 기근을 일으킨 탄압에 대해 온전한 역사를 쓰는 일은 불가능했다.

그러나 1991년, 스탈린의 가장 큰 두려움이 현실이 된다. 우크라이나가 독립을 선언했다. 소련은 끝났고, 그 부분적 원인은 우크라이나의 연방 탈퇴 결의에 있었다. 독립된 주권 국가 우크라이나가 사상 최초로 등장했으며, 새로운 세대의 우크라이나 역사가, 활동가, 언론인과 출판인 들이 일어났다. 그들의 노력 덕분에 마침내 1932년과 1933년에 걸친 대기근을 온전히 이야기할 수 있게 되었다.

이 책은 1917년부터 시작한다. 당시 우크라이나 혁명이 일어났고, 우크라이나 민족운동이 벌어지다가 1932년에서 1933년의 기근으로 궤멸되고 만다. 책의 끝은 현재다. 아직도 진행 중인 우크라이나 기억의 정치를 논하며 마무리된다. 이 책은 우크라이나 기근에 중점을 두지만, 이는 더 넓게 볼 때 소련의 기근 중 하나로 특수한 원인과 특성을 갖는다. 역사학자 안드레아 그라치오시는 '나치의 잔학 행위'라는 전반적인 역사와 히틀러의 유대인 및 집시 학살이라는 매우 구체적인 이야기를 혼동하는 사람은 아무도 없다고 지적했다. 같은 논리로 이 책은 소련이 1930년에서 1934년 사이에 겪은 대규모 기근, 특히 카자흐스탄과 그 밖의 소련 변방 지역의 기근으로 인한 높은 사망률을 논하지만, 우크라이나가 겪은 비극에 더 직접적으로 초점을 맞춘다.[6]

이 책은 또한 25년의 세월에 걸쳐 이루어진 우크라이나에 대한 학술적 업적을 반영한다. 1980년대 초, 로버트 콘퀘스트는 당시까지 기근에 대해 공개된 문헌을 구할 수 있는 대로 구해서 모았으며, 1986년에 펴낸 책 『슬픔의 수확 *The Harvest of Sorrow*』에 담아냈다. 이 책은 여전히 소련 연구의 이정표로서 빛나고 있다. 하지만 이후 30년 사이 소련이 붕괴하고 독립 우크라이나가 등장하면서, 그리고 구술사와 회고록 등을 모으려는 대규모 국가 캠페인이 몇 차례 이루어지면서, 전국에서 수천 가지의 새로운 증거물이 모였다.[7] 비슷한 시기에 키이우에서는 모스크바와 달리 문서고가 열려 있었고 쉽게 이용할 수 있었다. 우크라이나는 공문서 중 내용이 공개된 자료의 비율이 유럽에서 가장 높았다. 우크라이나 정부의 후원 덕분에 학자들은 자료집을 출간하고 관련 연구에 박차를 가할 수 있었다.[8] 올가 베르텔센, 헨나디 보리아크, 바실 다닐렌코, 류드밀라 흐리네비치, 로만 크루치크, 스타니슬라프 쿨치츠키, 유리 미치크, 바실 마로치코, 헤오르히 파파킨, 루슬란 피리흐, 유리 샤포발, 볼로디미르 세르히추크, 발레리 바실리예프, 올렉산드라 베셀로바, 헨나디 예피멘코 등등 스탈린 시대 우크라이나 기근에 대해 저명한 학자들이 여러 책과 모노그래프를 내놓았으며, 거기에는 구술사 자료와 문헌 자료 복사본 모음집도 포함되어 있다. 올레 볼로비나와 한 팀의 인구통계학자들(올렉산데르 흘라둔, 나탈리아 레브추크, 오멜리안 루드니츠키로 이루어진)은 마침내 희생자 수를 세는 어려운 작업에 착수했다. 하버드대학 우크라이나 연구소는 이들 학자 다수와 협업해 그들의 저작을 출간하고 홍보했다.

마르타 바지우크가 이끄는 토론토 소재 홀로도모르 연구 교육 컨소시엄과 그 제휴 단체이자 류드밀라 흐리네비치가 이끄는 우크라이나 소재 단체는 새로운 연구에 계속 지원금을 대고 있다. 젊은 학자들은 이 분야에서 새로운 주제를 발굴해내고 있다. 다리아 매팅리는 굶주린 농민들에게서 식량을 빼앗았던 사람들의 동기와 배경을 연구한다. 테티아나 보리아크는 구술사 연구를 통해 당시 상황에서의 상반된 두 입장을 모두 캔다. 그들은 이 책을 쓰는 데도 연구상 중요한 기여를 했다. 또한 서구 학자들도 새로운 보탬이 돼주었다. 린 비올라는 집단화와 이어진 농민 반란에 대해 문헌 조사를 함으로써

1930년대에 대한 인식 자체를 바꿔놓았다. 테리 마틴은 1932년 가을 스탈린이 내린 결정들을 최초로 시간대별로 정리했다. 티머시 스나이더와 안드레아 그라치오시는 이 같은 연구의 중대함을 인식한 최초의 사람들에 속했다. 세르히 플로히와 그가 이끄는 팀은 기근을 지도로 나타냄으로써 당시에 대한 이해를 높이는 특별한 작업을 시작했다. 나는 이들 학자 모두에게 감사하며, 내 프로젝트에 힘을 보태준 우정에 기뻐워한다.

이 책이 다른 시기에 쓰였다면, 아마 이 복잡한 주제에 대한 머리말은 여기서 간단히 끝났을 것이다. 그러나 기근이 우크라이나 민족운동을 분쇄했기에, 그 운동이 1991년에 다시 일어났기에, 그리고 현대 러시아의 지도자들이 여전히 우크라이나 국가의 정통성에 반대하고 있기에, 나는 여기 2010년에 하버드대학 우크라이나 연구소 동료들과 함께 새로운 기근 역사에 대해 토론했음을 밝혀야 한다. 당시는 빅토르 야누코비치가 러시아의 후원에 힘입어 우크라이나 대통령이 된 직후였다. 그때 우크라이나는 나머지 유럽 국가들의 주의를 별로 끌지 않았고, 따라서 그의 집권은 언론에 그다지 보도되지도 않았다. 당시에는 1932년에서 1933년의 기근을 새롭게 다루는 것이 어떤 행태로든 정치적 의미를 가질 거라고 생각할 까닭이 없었다.

2014년 유로마이단 혁명 때 시위대에게 발포하고 우크라이나에서 도망친다는 야누코비치의 결정, 러시아의 침공과 크림반도 병합, 그리고 러시아의 동부 우크라이나 침공 및 그와 더불어 이루어진 선전 활동. 이 모두는 이 책을 쓰고 있는 지금 우크라이나를 예기치 않게 국제 정치의 중심으로 밀어넣었다. 나의 우크라이나 연구는 우크라이나에서 벌어진 사태 때문에 사실상 지연되었는데, 내가 그 사태에 대해 글을 써야 했기 때문이기도 하고 나의 우크라이나 동료들이 사태의 추이에 몰두하고 있었기 때문이기도 하다. 하지만 그해에 우크라이나가 세계 정치의 중심 무대가 되었다고 해서 이 책이 그 대응으로 나온 것은 아니다. 특정 우크라이나 정치인 혹은 정당을 옹호하거나 비판하기 위한 것도 아니며, 오늘날 우크라이나에서 벌어지고 있는 일에 특정한 메시지를 주려는 것도 아니다. 그보다는 새로운 문헌 자료, 새로운 증언, 새로운 연구를 통해 기근을 이야기하려는 것, 위에서 열거한 특출난 학자들의 작업을 하나로 총괄해서 제시하려는 것이 이 책의 목적이다.

그렇다고 우크라이나 혁명, 소비에트 우크라이나의 초기, 홀로도모르와 우크라이나 엘리트 대규모 탄압 등이 지금의 사태와 전혀 무관하다는 것은 아니다. 오히려 반대다. 그 역사적 상황들은 현 상황의 중대한 배경이면서 지금을 설명해줄 수 있는 근거다. 기근과 그것이 후대에 미친 영향은 오늘날 러시아와 우크라이나가 각자의 정체성과 상호관계, 소련에 대한 인식을 두고 갈등하는 일에 막중한 역할을 한다. 그러나 그런 갈등을 묘사하거나 장단점을 평가하기에 앞서, 먼저 과연 무슨 일이 실제로 일어났는지부터 살펴야 한다.

| 차례 |

머리말 _15
서론 우크라이나 문제 _ 29

1장 우크라이나 혁명, 1917년 _ 49
2장 반란, 1919년 _101
3장 기근과 휴전, 1920년대 _133
4장 이중 위기, 1927년부터 1929년 _183
5장 집단화: 농촌에서의 혁명, 1930년 _235
6장 반란, 1930년 _285
7장 집단화 실패, 1931년부터 1932년 _321
8장 기아를 일으키기로 결정하다, 1932년: 징발, 블랙리스트, 국경 봉쇄 _371
9장 기아를 일으키기로 결정하다, 1932년: 우크라이나화의 종말 _405
10장 기아를 일으키기로 결정하다, 1932년: 수색과 수색자 _433
11장 굶주림: 봄과 여름, 1933년 _473
12장 생존: 봄과 여름, 1933년 _509
13장 기근, 그 뒤 _543
14장 은폐 _575
15장 역사와 기억 속의 홀로도모르 _621

맺는말 우크라이나 문제를 돌이켜보다 _667
옮긴이의 말 _693
주 _702
참고문헌 _763
사진 출처 _778
찾아보기 _779

서론

우크라이나 문제

내가 죽거든, 묻어주시오 Як умру, то поховайте
사랑하는 우크라이나 땅에 Мене на могилі
내 무덤은 묘지 언덕 높은 곳, Серед степу широкого
너른 들판 한가운데 언덕에 해주시오 На Вкраїні милій,
그 들판을, 끝이 안 보이는 스텝을, Щоб лани широкополі,
드니프로강의 굽이치는 강변을, І Дніпро, і кручі
내 눈이 보도록, 내 귀가 듣도록 해주시오 Було видно, було чути,
그 우렁찬 강물의 으르렁거림을 들을 수 있게 Як реве ревучий.
—타라스 셰우첸코●, 「자포비트 Zapovit」(유언), 1845¹

● 1814~1861. 우크라이나의 시인이자 독립운동가. 우크라이나어의 발달에 이탈리아어의 단테, 독일어의 괴테, 러시아어의 푸시킨처럼 지대한 역할을 했다.

수백 년 동안 우크라이나의 지리가 우크라이나의 운명을 결정했다. 카르파티아산맥이 남서부 국경을 둘러쳤지만, 북서부 변경은 통과하기 쉬운 삼림지대여서 침략군을 막기 어려웠고, 동부의 넓은 스텝도 마찬가지였다. 우크라이나의 모든 대도시(드니프로, 오데사, 도네츠크, 하르키우, 폴타바, 체르카시, 그리고 유서 깊은 수도 키이우)는 우크라이나를 가로질러 국토 대부분을 차지하며 뻗어 있는 나지막한 동유럽 평원에 있다. 우크라이나인이면서 러시아어로 글을 썼던 니콜라이 고골[•]은 언젠가 드니프로강이 우크라이나 중앙을 흐르며 유역을 형성하고 있는 풍경을 바라보았다. 그리고 "강물의 지류가 모두 중간에서부터 뻗어나간다. 단 하나의 지류도 국경 지대를 따라 흐르거나 이웃 나라들과의 천연의 국경이 되지 않는다"라고 썼다. 이 사실은 정치적 결과를 낳는다. "산맥이나 바다로 천연의 국경을 갖췄다면, 그 주민들은 스스로의 정치생활을 영위하며 독립 국가를 유지할 수 있다."²

천연 국경의 부재, 그것은 왜 우크라이나인들이 20세기 말에 이르기까지 독립 주권 국가를 세우는 데 실패했는지를 설명해준다. 중세 말까지는 독자 언어로 우크라이나어가 있었다. 슬라브 계통이지

• 1809~1852. 폴타바 태생으로 우크라이나에서 성장하고 대러시아에서 작품활동을 했다. 우크라이나의 카자크를 그린 『타라스 불바』와 당시 러시아 사회의 문제점들을 해학적으로 풍자한 『죽은 혼』 『감찰관』 『광인일기』 『코』 등이 유명하며 러시아 근대 문학의 대가 중 한 명으로 꼽힌다.

만 폴란드어나 러시아어와 모두 구별되었으며, 그것은 이탈리아어가 스페인어, 프랑스어와 연관성은 있지만 구별되는 것과 같았다. 우크라이나 고유의 음식, 고유의 관습, 지역별 민속, 고유의 영웅과 악당이 등장하는 전설 체계도 있었다. 유럽의 다른 나라들처럼, 우크라이나의 민족 정체성은 18세기와 19세기에 뚜렷해졌다. 그러나 지금 우리가 우크라이나라고 부르는 지역의 역사란, 아일랜드나 슬로바키아처럼, 다른 유럽 육상 제국의 식민지로 존재한 게 대부분이다.

'우크라이나', 러시아어와 폴란드어로 '변경 지대'를 의미하는 이 땅은 18세기에서 20세기 사이 러시아 제국에 속해 있었다. 그 이전에 이 땅은 폴란드에, 혹은 폴란드-리투아니아*에 속해 있었고 1569년까지는 통합 이전의 리투아니아 대공국에 포함돼 있었다. 그보다 앞서서는 9세기에 슬라브 부족들과 바이킹 귀족들이 세운 키이우 루스의 중앙 지역이었으며, 이 지역에 남은 기억들로는 거의 신화에 가까운 러시아 왕국, 벨라루스인, 우크라이나인 들이 제각기 그들이 이 땅의 선주민이라고 주장한다.

여러 세기 동안 제국의 군대들은 우크라이나를 놓고 싸웠다. 때

---

* 1569년 폴란드 왕국과 리투아니아 공국이 통합되어 이루어진 국가. 폴란드에 주도권이 있었고 귀족들의 연합이 군주를 선출하는 귀족정과 공화정의 혼합 형태를 띠었다. 한때 발트해에서 흑해에 이르는 영토를 보유한 동유럽 최강국이었으나, 17세기 이후 쇠퇴를 거듭해 1795년 러시아, 프로이센, 오스트리아에 의해 국토가 삼분되며 멸망했다. 이때 우크라이나는 갈리시아 등 동부 일부가 오스트리아에, 나머지는 러시아에 넘어갔다.

로는 충돌하는 두 세력 모두 우크라이나어를 쓰는 병력을 보유하고 있었다. 1621년에는 폴란드의 경기병이 지금 우크라이나의 호틴시에 해당하는 도시를 차지하려고 튀르크의 예니체리˙와 격돌했다. 1914년에는 갈리시아에서 러시아 황제의 군대와 오스트리아-헝가리 제국의 군대가 교전했다. 1941년에서 1945년까지는 히틀러와 스탈린의 군대가 키이우, 르비우, 오데사, 세바스토폴에서 전투를 벌였다.

우크라이나 땅을 차지하려는 싸움은 언제나 지적 차원의 싸움을 겸했다. 유럽인들이 국민과 민족주의에 대해 논쟁하기 시작한 뒤부터 역사학자, 언론인, 시인, 민족지학자 들은 우크라이나의 범위와 우크라이나인의 성격을 두고 논쟁했다. 중세 초기에 우크라이나인과 처음 접촉했을 때부터 폴란드인들은 우크라이나인이 언어적으로나 문화적으로 자신들과 다르다는 점을 늘 알고 있었다. 비록 그들이 한때 같은 나라를 이뤘었지만 말이다. 16세기와 17세기에 폴란드 귀족 작위를 받은 많은 우크라이나인은 로마 가톨릭으로 개종하지 않고 그리스 정교도로 남았다. 우크라이나 농민들은 시인들이 '루테니아어'라 부른 말을 썼으며 항상 색다른 관습을 지키고, 색다른 음악을 듣고, 색다른 음식을 먹는 것으로 묘사되었다.

'대러시아'인들도 비록 자신들의 제국이 전성기를 누릴 때는 그 사실을 인정하기 꺼려했지만, 그들이 때때로 '남부 러시아'나 '소러시

˙ 오스만 제국의 근위대로 최정예 병대.

아'로 부르는 우크라이나가 자신들의 북부 본토와 다르다는 점을 본능적으로 느꼈다. 초기의 러시아 여행가인 이반 돌고루코프 왕자는 이런 기록을 남겼다. 1810년 그와 동료들은 마침내 "우크라이나 경계를 넘어 들어갔다." "나는 [보흐단] 흐멜니츠키와 [이반] 마제파 생각부터 났다." 그들은 초기 우크라이나 민족운동의 지도자들이었다. "그리고 줄지은 나무들이 사라지자…… 그 어디에나 예외라고는 하나도 없이, 진흙으로 지은 움막들이 보였다. 다른 형태의 거주 시설은 전혀 없었다."[3] 역사학자 세르히 빌렌키에 따르면 19세기 러시아인들은 당시 북유럽인들이 이탈리아를 볼 때처럼 애틋한 시선으로 우크라이나를 바라보곤 했다. 우크라이나는 이상화되고, 대안적인 나라로 여겨졌으며, 더 원시적이지만 더 진실한 사람들이 사는, 러시아인들보다 감수성이 뛰어나고 시적인 사람들의 고장으로 그려졌다.[4] 폴란드인들도 그들이 오래전 잃어버린 '그들의' 우크라이나 땅에 향수를 느꼈으며, 그것을 그들의 낭만적인 시나 소설에 담아냈다.

하지만 그처럼 차이를 인식했음에도, 폴란드인이든 러시아인이든 '우크라이나 민족'의 존재를 폄하하거나 부정하려 했다. "소러시아의 역사는 러시아 역사의 본류에 흘러드는 지류와 같다." 19세기 러시아 민족주의의 대표 이론가였던 비사리온 벨린스키의 말이다. "소러시아인들은 언제나 부족이었을 뿐 민족은 아니었고, 여전히 국민이라고 하기에는 부족함이 있다."[5] 러시아 학자와 관료들은 우크라이나어를 "러시아어의 방언이나 변형된 형태의 러시아어로, 한마디로 러시아 사투리"로 여겼으며, "하나의 언어로 독자성을 갖지 못한다"[6]라고 말했다. 비공식적으로는 러시아 작가들이 점잖지 못한 구어나 농민들의 투박한 언어를 표현할 때 우크라이나어를 써먹었다.[7] 한편 폴란드 작가들은 그 땅의 동쪽이 '텅 비었다'고 강조하는 경향이 있었다. 그들은 종종 우크라이나 땅을 '미개한 변방, 문화와 국가의 기틀이 세워져야 하는'[8] 곳으로 묘사했다. 폴란드인들은 우크라이나 동부의 광활한 평원을 '지키예 폴라dzikie pola' 즉 '황야'로 부르곤 했다. 그곳은 그들의 국민적 상상 속에서 미국의 '서부 미개척지'와 비슷한 것으로 기능했다.[9]

이런 태도 뒤에는 자명한 경제적 이유가 있었다. 그리스의 역사가 헤로도토스는 우크라이나의 유명한 '검은 땅'에 대해 썼다. 드니프로강 유역 남부의 특히 기름진 땅이 그것이다. "이 강변 땅만큼 작물이 잘 자라는 땅은 어디에도 없다. 곡물을 파종하지 않은 곳에는 세계에서 가장 울창하게 우거진 수풀이 있다."[10] 이 검은 땅, 흑토 지대는 현대 우크라이나 영토의 3분의 2를 차지하며, 러시아와 카자흐스탄까지 뻗어 있다. 그리고 상대적으로 온화한 기후도 한몫해, 우크라이나는 연간 두 번의 수확이 가능하다. '겨울 밀'은 가을에 파종해서 7월과 8월에 수확한다. 봄에 파종하는 곡물은 10월과 11월에 수확한다. 우크라이나의 비옥한 땅에서 나는 곡물은 오래전부터 야심찬 무역상들을 끌어들였다. 중세 후기부터 폴란드 상인들은 발트해의 무역로를 통해 우크라이나산 곡물을 북유럽에 가져가 팔았다. 폴란드의 왕후 귀족들은 현대식으로 말하면 초기 산업 개발 구역enterprise zone을 설정해 우크라이나 땅을 개척하는 농민들에게 면세 혜택과 군사 보호를 제공했다.¹¹ 이처럼 귀중한 자산을 손에 넣으려는 열망은 종종 식민주의자들의 논거 저변에 깔렸다. 그래서 러시아인도 폴란드인도 이 풍성한 빵 바구니 같은 땅의 독자적 정체성을 인정하지 않으려 했던 것이다.

그럼에도 불구하고 이웃들의 생각은 차치하고, 우크라이나는 독자적 정체성을 발전시켰으며, 이를 지금의 우크라이나 영토에 정립했다. 이후 중세가 끝나기까지 이 지역 사람들은 자신들이 누구인지에 대한 의식을 공유했다. 그리고 항상은 아니더라도 종종 폴란드인이든 러시아인이든 '외국인 점령자들'과 자신을 구별했다. 러시아인과 벨라루스인처럼 그들도 자신들의 역사를 키이우 루스의 왕과 여왕들에게서 찾았으며, 다수는 스스로를 대大동슬라브 문명권의 일원으로 여겼다. 또 다른 이들은 그 자신을 학대받는 약자 또는 반란자로 여겼으며, 특히 자포로제 카자크의 두 차례의 반란, 보흐단 흐멜니츠키의 주도로 폴란드에 대항해 17세기에 일어난 반란, 이반 마제파의 주도로 러시아에 대항해 18세기에 일어난 반란을 자랑스럽게 여겼다. 우크라이나 카자크는 자체 무장과 법률을 갖춘 자치 조직으로서 그들의 정체성과 불만을 명확한 정치적 과제로 변형시킨 최초의 우크라이나인들이다. 그들은 러시아 황제로부터 특권과 예외적인 자치권을 쟁취해냈다. 특기할 만한 일로(분명 후대의 러시아와 소련 지도자들은 이를 절대 잊지 않았다), 우크라이나 카자크는 1610년과 1618년 폴란드의 모스크바 침공에 합세해 도시 포위전에 힘을 보탰다. 이때의 폴란드-러시아 충돌은 적어도 한동안 폴란드가 우위를 보이는 데 큰 역할을 했다. 훗날 러시아 황제들은 우크라이나 카자크와 러시아어를 쓰는 돈 카자크 모두에 특수 지위를 부여해 러시아 제국에 충성토록 했고, 그리하여 그들은 독특한 정체성을 유지할 수 있었다. 그들이 누리는 특권은 반란을 일으키지 않으리라는 보증이었다. 하지만 흐멜니츠키와 마제파는 폴란드인과 러시아인의 기억에 새겨져 있었고, 유럽 역사와 문학에도 자취를 남겼다. "우크라이나인은 언제나 자유를 갈망한다L'Ukraine a toujours aspiré à être libre."[12] 마제파 반란 소식이 프랑스에 퍼졌을 때 볼테르가 남긴 말이다.

    수백 년의 식민지 시대를 거치며, 우크라이나 지역들은 서로 다른 성격을 띠게 된다. 러시아의 지배를 더 오래 받았던 동부 우크라이나 주민들은 러시아어와 약간 비슷한 우크라이나어를 구사하게 되었다. 또 그들 중에는 동로마에서 비롯돼 모스크바를 중심지로 삼은 그리스 정교도의 비율이 높았다. 한편 갈리시아, 볼히니아, 포돌리아 주민들은 폴란드의 지배를 오래 받았으며 18세기 말의 폴란드 분할 때 오스트리아-헝가리에 귀속되었다. 그들은 폴란드어와 비슷한 우크라이나어를 썼으며 다수는 로마 가톨릭이거나 그리스 가톨릭(그리스 정교회와 비슷한 예식을 하지만 로마 교황의 권위를 존중한다) 교도였다.

그러나 이들 강국 사이의 국경선이 여러 차례 바뀌었기에, 두 종교의 교도들 모두 옛 러시아와 옛 폴란드의 경계선 안팎으로 존재했으며 이는 지금도 마찬가지다. 19세기 이탈리아인, 독일인, 그 밖의 유럽인 들이 각각 스스로를 근대 국가의 국민으로 인식하기 시작했을 때, 지식인들은 우크라이나의 '우크라이나다움'은 정교회와 가톨릭교회를 겸하며 '동방'과 '서방' 우크라이나에 함께 존재한다는 주장을 두고 논쟁을 벌였다. 문법과 맞춤법에 차이는 있어도, 언어가 그 지역을 하나로 아우르고 있기도 했다. 키릴 문자를 쓴다는 점에서 라틴 문자를 쓰는 폴란드와의 차별성도 있었다(한때 합스부르크 황실은 라틴 문자를 강제하려 했으나 실패했다). 한편 우크라이나식 키릴 문자는 러시아식과도 구별되었다. 러시아 키릴 문자 체계에는 없는 문자들이 있는 등 차이가 다분해, 두 언어는 완전히 같아질 수 없었다.

우크라이나 역사에서 우크라이나어는 대체로 시골에서 사용되었다. 우크라이나가 폴란드의 식민지가 되고, 이어서 러시아와 오스트리아-헝가리의 소유가 되면서, 우크라이나의 주요 도시들은(언젠가 트로츠키가 말한 대로) 식민 지배의 중심지이자 우크라이나 농촌 문화라는 바다 위에 고립된 러시아, 폴란드, 유대 문화의 섬들이 되었다. 20세기로 넘어가 한참 뒤에는 도시와 시골이 서로 다른 언어를 쓰는 지경에 이르렀다. 대부분의 우크라이나 도시민은 러시아어나 폴란드어, 이디시어를 썼으나 농촌의 우크라이나인들은 우크라이나어를 썼다. 이디시어를 못 하는 유대인들은 국가 언어이자 상업 언어로 러시아어를 선호했다. 농민들은 도시를 부와 자본주의, '외국(대체로 러시아)'과 동일시했다. 반면 우크라이나의 도시민들은 시골을 미개하고 후진적인 곳으로 여겼다.

이런 분리는 '우크라이나다움'을 강조하는 일이 우크라이나의 식민 지배 지도자들과 갈등을 일으켰을뿐더러 중세 이래 옛 폴란드-리투아니아 땅에서 살아온 유대인 정착민들과의 갈등도 촉발했음을 의미한다. 흐멜니츠키의 봉기 과정에는 대량 학살이 수반됐고, 수천, 어쩌면 수만 명의 유대인이 목숨을 잃었다. 19세기 초 우크라이나인들이 유대인들을 주적으로 여기는 일은 드물었지만(우크라이나 시인과 지식인들은 자신들의 분노를 주로 러시아인과 폴란드인에게 쏟았다) 러시아 제국에 널리 퍼져 있던 반유대주의는 필연적으로 우크라이나인과 유대인의 관계에도 영향을 미쳤다.

언어와 농촌 사이의 연결 고리는 우크라이나 민족운동이 항상 '농민적' 성향을 강하게 띠게 됨을 의미하기도 했다. 다른 유럽 나라들에서처럼, 우크라이나 민족의식을 각성시켰던 지식인들은 보통 시골의 언어와 관습을 재발견하는 것부터 시작하곤 했다. 민담학자와 언어학자들은 우크라이나 농민들의 예술과 시, 일상적으로 쓰는 말을 기록했다. 비록 국립학교에서 가르치지는 않았지만, 우크라이나어는 일정한 유형의 저항적이고 반체제적인 우크라이나 작가와 예술가들이 쓰는 언어가 되었다. 애국적인 사립 주일학교에서도 우크라이나어를 가르쳤다. 이 언어는 공식 문서에 사용되진 않았으나, 사적인 서신과 시에 쓰였다. 1840년, 타라스 셰우첸코(1814년에 태어났으며 고아이자 농노였다)*는 시집 『코브자르Kobzar』를 펴냈다. 코브자르는 '음유 시인'이라는 뜻으로, 이야말로 진정 놀라운 우크라이나 운문 모음집이었다. 셰우첸코의 시는 낭만적 민족주의와 이상화된 농촌 풍경, 그리고 사회적 부정의에 대한 분노를 하나로 묶어낸 것으로, 앞으로 불거질 많은 주장을 선도했다. 그의 가장 유명한 시 「자포비트」(유언)에서 그는 자신을 드니프로 강가에 묻어달라고 한다.

오 나를 묻어주시오, 그리고 일어서시오	Поховайте та вставайте,
그대들의 무거운 사슬을 끊어버리시오	Кайдани порвіте
폭군의 피를 강물처럼 흐르게 하시오	І вражою злою кров'ю
그대들이 되찾은 자유에 세례가 되도록……	Волю окропіте……13

또한 농민의 중요성은 우크라이나 민족운동이 아주 초기부터 포퓰리즘과 동의어였으며 이후 러시아어와 폴란드어를 쓰는 상인, 지주, 귀족 들에 대항하는 '좌익운동'으로 불리게 된 배경을 설명한다.

---

* 셰우첸코가 어머니를 여읜 때는 9세, 아버지까지 여읜 때는 11세였으므로 이 표현은 오해의 소지가 있다.

그런 까닭에 1861년 알렉산드르 2세 황제가 농노를 해방하자 이 운동은 빠르게 힘을 얻었다. 농민 해방은 실질적으로 우크라이나인의 해방이었고, 그들의 러시아인 또는 폴란드인 지주들에게는 재앙이었다. 심지어 당시에도 제국의 지배계급은 우크라이나인의 정체성 강화라는 압력이 더 큰 정치 경제적 평등에 대한 압력이라는 것을 이해하고 있었다.

국가 기관과 엮인 적이 전혀 없기에, 우크라이나 민족의식 각성 운동은 초기부터 다종다양하며 자발적이고 박애적인 단체들의 설립을 통해 전개되었다. 바로 우리가 지금 '시민사회'라고 부르는 것의 초기 사례였다. 농노 해방이 이루어지고 몇 년 지나지 않아, '우크라이나 애호'가 우크라이나 젊은이들을 사로잡으며 자조 집단이나 공부 집단이 생겨났고, 그곳에서 계간지와 신문을 펴냈으며, 학교와 주일학교를 세워 농민들의 문해율을 높여갔다. 민족주의적 열망은 지적 자유, 대중 교육, 농민의 사회적 지위 상승 등의 요구로 구체화되었다. 이런 점에서 우크라이나 민족운동은 초기부터 서구의 유사한 운동의 영향을 받았으며, 서구의 자유주의와 보수주의는 물론 사회주의의 영향도 여러 갈래로 나타났다.

하지만 이 시기는 곧 마감되었다. 일단 힘을 얻자마자, 다른 민족주의 운동과 마찬가지로 정부의 눈에 우크라이나 민족운동은 러시아 제국의 통일성에 대한 잠재적 위협으로 비쳤다. 조지아인, 체첸인, 그 밖의 제국으로부터 자치를 원했던 여러 민족처럼 우크라이나인들도 러시아어의 패권에, 그리고 우크라이나를 '남서부 러시아'라며 민족적 정체성이 전혀 없는 한낱 변방으로 취급하려는 러시아의 역사 개입에 도전했다. 우크라이나는 이미 경제적 영향력을 얻고 있었고 농민의 힘을 한층 더 강화함으로써 위협을 가했다. 더 부유하고, 잘 조직된 우크라이나 농민은 더 큰 정치적 영향력을 요구했다.

1차 목표는 우크라이나어였다. 1804년 러시아 제국의 첫 교육 대개혁이 이뤄졌고, 알렉산드르 1세는 새로 개편된 국가 교육 체제에서 일부 비러시아 언어 교습을 허용했으나 우크라이나어는 제외했다. 명목상 그 언어는 '언어'가 아니라 방언일 뿐이라는 이유에서였다.[14] 사실 러시아 관료들은 그 후계자인 소련 관료들과 마찬가지로, 이런 금지 조치(1917년까지 계속된)의 정치적 정당화가 필요하다는 데 완전히 공감하는 한편, 우크라이나어가 중앙 정부에 미치는 위협도 꿰뚫고 있었다. 키이우의 총독인 포돌리아와 볼린이 1881년에 선언했듯이 우크라이나어 사용과 학교에서의 우크라이나어 교습은 고등교육에서도, 나아가 입법·사법·행정에서도 우크라이나어가 쓰이는 상황을 초래할 것이었다. 그들은 우크라이나어 사용이 "통일된 러시아 국가에 숱한 복잡한 상황과 위험한 왜곡을 불러올 것이다"라고 말했다.[15]

우크라이나어 사용 금지는 민족운동의 영향을 제한했으며 문맹률 증가로 이어졌다. 제대로 이해하지 못하는 언어로 교육받은 많은 농민은 수학능력을 거의 갖추지 못했다. 20세기 초, 폴타바의 한 교사는 자기 학생들이 '배우는 족족 잊어버린다'며 불평했다. 다른 기록에서는 러시아어로 가르치는 학교의 우크라이나 학생들이 '의욕이 없으며' 학교 수업을 지루해하고, '건달패'가 된다고 했다.[16] 차별은 또다시 러시아화로 이어졌다. 우크라이나에 사는 모든 사람, 토착 우크라이나인 말고도 유대계, 독일계, 그 밖의 소수민족 모두에게 더 높은 사회적 지위를 얻는 길은 러시아어로 말하는 것이었다. 1917년의 혁명 이전까지 정부의 일자리, 전문직, 사업상 거래 자격 모두 우크라이나어가 아닌 러시아어로 교육받았을 것을 요구했다. 사실상 이는 정치적, 경제적, 지적으로 야심을 가진 우크라이나인이라면 러시아어로 의사소통할 수 있어야 한다는 의미였다.

우크라이나 민족운동의 성장을 막고자 러시아 국가는 "정치적 불안을 방지하기 위해 (…) 시민사회에서 공공에 이르기까지"[17] 우크라이나인의 단체 결성을 금지했다. 1876년, 알렉산드르 2세는 우크라이나어로 된 책이나 간행물을 불법화하며 극장에서 우크라이나어를 쓰는 일도 금지한다(대본조차 안 된다)고 선포했다. 그는 또한 새로 민간 단체를 수립하는 일을 억제 또는 금지했으며, 대신 친러시아 신문과 친러시아 단체에는 보조금을 줬다. 우크라이나 언론과 우크라이나 시민사회에 대한 강렬한 적대성은 소련 체제에 계승되었으며, 소련 이후의 러시아 정부에서도 이어졌다. 즉 이는 이미 19세기 중반부터 전조를 보인 적대적 태도인 것이다.[18]

산업화도 러시아화의 압력을 가중했다. 공장을 건설하자 러시아 제국 다른 곳의 외지인들이 우크라이나로 들어왔기 때문이다. 1917년에는 키이우 거주민 가운데 우크라이나어를 말하는 사람이 다섯 사람 중 한 사람밖에 되지 않았다.[19] 석탄이 발견되고 중공업이 빠르게 성장하면서, 우크라이나 동단東端의 광업 및 공업 중심지인 돈바스가 특히 막대한 영향을 받았다. 이 지역의 주요 산업 자본가들은 대부분 러시아인이었고, 소수의 유명한 외국인도 그 틈에 끼어 있었다. 가령 웨일스의 기업인인 존 휴스는 현재 도네츠크라 불리고, 처음에는 그의 이름을 따서 유지우카로 불린 도시를 건설했다. 러시아어는 도네츠크 공장에서 쓰이는 산업 언어가 되었다. 러시아 노동자와 우크라이나 노동자들 사이에는 갈등이 빈번했고, 때로는 "가장 살벌한 형태의 칼싸움"과 결투가 벌어졌다.[20]

오스트리아-헝가리 제국 당시 우크라이나와 폴란드가 뒤섞인 변방이던 갈리시아, 그 제국의 경계에서는 민족운동 세력이 좀더 약했다. 오스트리아는 제국의 우크라이나인들에게 러시아나 이후의 소련보다 더 많은 자치권과 자유를 주었는데, 그들이 우크라이나인을 폴란드인을 견제할 좋은 수단으로 여겼기 때문이었다. 1868년 르비우의 애국적 우크라이나인들은 프로스비타라는 문화 단체를 조직했는데 이는 이 땅 각지로 뻗어나가며 수십 곳의 지부를 갖게 된다. 1899년부터는 우크라이나 민족민주당도 갈리시아에서 합법적으로 활동하기 시작해 빈의 제국의회에 파견할 대표를 뽑았다. 오늘날까지 우크라이나 자조 단체 프로스비타의 본부 건물은 가장 인상적인

19세기식 건물로 르비우에 남아 있다. 건축 양식이 융합된 훌륭한 사례로서 이 건물은 유겐트슈틸 양식으로 외관을 꾸민 한편 우크라이나 민속 장식을 갖춤으로써 빈과 갈리시아의 완벽한 융합을 상징한다.

러시아 제국 내에서도 1917년 혁명이 일어나기 몇 해 전에는 여러 방식으로 우크라이나에 유리한 상황이 전개되었다. 우크라이나 농민들은 20세기 초 제정 러시아의 근대화 과정에 열심히 동참했다. 제1차 세계대전 직전, 그들의 정치적 각성 수준은 나날이 높아졌으며 제국 국가 체제에 대한 의구심 또한 커져갔다. 1902년에는 우크라이나와 러시아 전역에서 농민 봉기가 꼬리를 물었다. 농민은 1905년의 혁명에서도 중요한 역할을 했다. 뒤이은 봉기로 불안과 초조에 빠진 황제 니콜라이 2세는 연쇄적 대응을 했으며, 이는 우크라이나인들에게 어느 정도의 민권과 공권을 인정하는 결과를 가져왔다. 그중에는 우크라이나어의 공개적인 사용을 허가하는 내용도 있었다.[21]

예기치 못하게 러시아 제국과 오스트리아-헝가리 제국이 1917년과 1918년에 각각 무너지자, 많은 우크라이나인은 마침내 스스로 국가를 세울 때가 왔다고 생각했다. 하지만 그런 희망은 합스부르크 황실이 지배했던 지역에서 빠르게 스러졌다. 폴란드와 우크라이나 사이의 무력 분쟁이 1만5000명의 우크라이나인과 1만 명의 폴란드인을 희생시키며 짧지만 처절하게 전개된 뒤, 갈리시아와 가장 중요한 도시인 르비우를 포함하는 서부 우크라이나의 다인종 지역이 현대 폴란드에 통합되었다. 그 상태는 1919년부터 1939년까지 유지된다.

상트페테르부르크에서 일어난 1917년 혁명 뒤에는 상황이 더 복잡하게 흘러갔다. 러시아 제국의 소멸은 키이우의 우크라이나 민족 운동에 짧게 힘을 실어주었다. 그러나 당시 이 나라의 지도자 누구도, 군인이든 민간인이든, 그 운동을 통해 완전한 주권 국가를 이뤄낼 준비가 되어 있지 않았다. 1919년 베르사유에 모인 정치인들이 새로운 국가들(현대 폴란드, 오스트리아, 체코슬로바키아, 유고슬라비아)의 경계선을 그렸을 때, 우크라이나는 거기에 포함되지 않았다. 그래도 아직 희망이 완전히 사라진 것은 아니었다. 리처드 파이프스*가 쓴 것처럼, 1918년 1월 26일의 우크라이나 독립 선언은 "우크라이나의 국가 형성 과정의 대단원이 아닌 중대한 시작"을[22] 의미했다. 소란스러웠던 몇 달간의 독립과 국가 정체성에 대한 왕성한 논쟁은 우크라이나를 영원히 바꿔놓을 수 있었다.

---

* 본명 리샤르트 피페스(1932~2018). 폴란드 출신의 미국 역사학자. 나치 독일과 소련의 폴란드 침공 당시 미국으로 망명했으며 이후 미군의 일원으로 세계대전에 복무한 뒤 러시아와 소련 역사의 전문 연구자가 되어 중요한 업적을 남겼다.

1장

우크라이나 혁명,
1917년

우크라이나인이여! 여러분의 미래는 여러분의 손안에 있다.
완전한 혼란과 붕괴에 맞서는 이 시련의 시간에,
여러분의 일치단결과 탁월한 정치 역량으로,
곡물 생산자들의 나라가 그 어떤 정비되고 강력한 나라에
뒤지지 않는 위치를 점하도록,
자긍심과 위엄을 갖고 행동하라.
—중앙 라다(우크라이나 의회) 제1차 보편 선언, 1917[1]

우리는 깨끗한 장갑과 매끈매끈한 마룻바닥을 가진 채로
사회주의 왕국을 건설할 수 없다.
—레온(레프) 트로츠키, 1917[2]

훗날 더 큰 규모의 시위와 더 멋들어진 달변가들의 연설, 더 전문적으로 고안된 구호 들이 있을 것이다. 1917년 4월 1일(구달력으로는 3월 19일) 일요일 아침, 키이우에서 벌어진 행진 시위는 그 첫 사례였으므로 특별했다. 러시아 제국령이던 그 땅에서 우크라이나 민족운동이 이처럼 위력적으로 펼쳐진 적은 없었다. 그러나 2월 혁명이 니콜라이 2세를 퇴위시키고 겨우 몇 주밖에 지나지 않았던 당시는 무엇 하나 가능해 보이지 않았다.

깃발들이 펄럭였다. 우크라이나의 청색과 황색 깃발과 사회주의자들의 붉은 깃발. 행진하는 사람 중에는 아이, 병사, 공장 노동자, 행진곡을 연주하는 악단과 '자유로운 러시아에서 자유로운 우크라이나를!'이라고 적힌 깃발을 들어올린 관료들도 있었다. 또한 옛 카자크 부대가 쓰던 부대 표어를 딴 '자체의 헤트만•이 이끄는 독립 우크라이나!'도 있었으며, 일부는 민족 시인 타라스 셰우첸코의 사진을 들고 행진했다. 차례차례 연설에 나선 연사들은 새로 수립된 중앙 의회(라다)를 지지해달라고 호소했다. 이 기구는 행진 며칠 전에 수립되었고, 지금 우크라이나의 통치권을 주장하고 있었다.

마지막으로, 이제 막 라다 의장으로 선출된 사람이 연단에 섰다. 안경을 쓰고 턱수염을 기른 미하일로 흐루셰우스키는 우크라이나를 처음으로 그 역사의 중심에 놓은 지식인 가운데 한 명이었다. 우크라

• 카자크 부대의 지휘관. 군사 지휘권과 행정권을 함께 가졌다.

이나 루스에 대한 열 권짜리 책을 비롯해 많은 책을 쓴 흐루셰우스키는 19세기가 끝날 무렵(1899년 12월)에 정치 운동에 참여했고, 망명길에 올랐다. 그리고 합스부르크가 지배하던 갈리시아에서 우크라이나 민족민주당을 세우는 일에 힘을 보탰다. 그는 1905년 러시아 제국으로 돌아왔고, 1914년에 체포되어 다시 망명했다. 혁명 직후 그는 위풍당당하게 키이우로 돌아왔고, 이제 군중은 그를 열렬히 환영하고 있었다. "슬라바 바트코위 흐루셰우스코무Slava batkovi Hrushevskomu(아버지 흐루셰우스키에게 영광을)!"[3] 그는 부드러운 말투로 화답했다. "이 위대한 순간, 우리 모두 한 사람인 것처럼 뭉쳐서, 하나의 현인 듯 하나의 소리로 위대한 뜻을 세우기로 맹세합시다. 그리고 자유 우크라이나를 이루기까지 내내 애쓰기로, 쉬지도 말고, 멈추지도 말기로 맹세합시다!" 군중은 외쳤다. "맹세합니다!"[4]

지금의 관점에서는 역사학자를 민족운동의 지도자로 삼는 일이 이상해 보인다. 그러나 당시에는 전혀 그렇지 않았다. 19세기 내내 우크라이나 역사학자들은 다른 여러 유럽 소수민족의 역사학자들과 마찬가지로, 오랫동안 더 큰 제국의 역사에 파묻혀 있던 자체의 민족사를 복원하고 체계화하기 위해 신중한 노력을 기울였다. 현실 정치 행동까지는 한 걸음만 더 내디디면 되었다. '우크라이나다움'을 압제에 맞서는 농민들의 투쟁에 연결 지은 셰우첸코처럼, 흐루셰우스키의 책들도 우크라이나의 정치사에서 '민중'의 역할에 역점을 두었으며, 여러 형태의 폭정에 맞서는 민중 저항을 조명했다. 그가 당시 정치에서 말로나 행동으로 민중의 행동을 부추기려던 것은 완전히 논리적인 일이었다. 그는 특히 농민들을 부추기려 애썼고, 우크라이나 역사서인 『우크라이나의 옛날에 대하여About Old Times In Ukraine』를 쓸 때도 농민 독자를 염두에 두었다. 1917년, 이 책은 세 차례나 인쇄되었다.[5]

우크라이나 주권 국가 수립을 위해 문학과 문화를 동원한 지식인은 흐루셰우스키만이 아니었다. 그래픽 예술가인 헤오르히 나르부트 역시 1917년에 키이우로 돌아왔다. 그는 우크라이나 미술대학 설립에 힘을 보탰으며 우크라이나 국가의 문장紋章, 지폐와 우표 도안을 그렸다.[6] 또 다른 라다 의원이던 볼로디미르 빈니첸코는 정치인이면서 소설가이자 시인이었다. 주권이 없는 상태에서, 또한 정치인과 관료 들의 성장 배경이 될 실제의 국가가 없는 상태에서 민족 감정은 문학과 예술의 힘을 빌릴 수밖에 없었다. 이는 유럽 전체에서 마찬가지였다. 각 국민이 국민 국가를 수립하기 전에는 시인과 화가, 작가 들이 폴란드, 이탈리아, 독일의 국민 정체성을 수립하는 데 중대한 역할을 했다. 러시아 제국 안에서는 1918년에 독립한 발트해 연안국들과 독립하지 못한 조지아와 아르메니아 모두가 비슷한 민족의식 부흥을 겪었다. 이 모든 민족주의 프로젝트에서 지식인들이 중심 역할을 맡는 것은 당시 그들의 지지자나 반대자 모두가 완전히 동의하는 사안이었다. 이는 왜 제정 러시아가 우크라이나어로 쓴 책과 학교와 문화를 금지했는지, 그리고 왜 이후 레닌이나 스탈린도 지식인 탄압을 중심 과제로 삼았는지 설명해준다.

비록 그들이 국가적 과제에 스스로를 대변자로 임명했지만, 라다의 지식인들은 민주적 정당성을 추구했다. 라다는 키이우 중심부의 장대하고 하얀, 신고전풍 건물에 자리 잡았는데, 이는 앞서 민족주의 작가와 시민운동가 들이 만든 '우크라이나 클럽'의 본부였으므로 적당하다고 할 수 있었다. 중앙 라다는 우크라이나 전체 국민의회를 1917년 4월 19일에 소집했다.[7] 1500명 이상의 의원은 모두 지역 협의회나 공장 등에서 선출된 이들이었으며, 키이우의 국립 필하모니 콘서트홀에 모여 새로운 우크라이나 정부에 대한 지지를 표명했다. 이후 퇴역군인총회, 전국농민협회, 노동자협회 등도 그해 여름에 키이우에서 결의했다.

라다는 다양한 정치 집단과 동맹을 맺으려고도 했는데, 유대인 집단과 그 밖의 소수민족 집단들도 포함되어 있었다. 심지어 우크라이나 사회주의혁명당(그 기관지인 『보로트바 $Borotba$』(투쟁)를 따서 '보로트비스티 $Borotbysty$'라 불리던)과 같은 극좌파도 라다를 지지하고 나섰다. 농민들 일부도 동참했다. 1914년에서 1918년 사이에 러시아 황제의 군대에는 300만 명 이상의 우크라이나 징집병이 포함되어 있었으며, 오스트리아-헝가리 제국군에는 25만 명이 있었다. 이 농민병 다수는 갈리시아의 진흙탕 참호 안에서 총을 맞고 쓰러져갔다.[8] 그러나 전쟁이 끝난 뒤, '우크라이나화된' 부대에서 복무한 우크라이나 농민들로 이루어진 30만 명가량의 퇴역병은 새로운 국가에 충성을 맹세했다. 일부는 다시 무기를 들고 새로 창설된 중앙 라다 민병대에 참여했다. 그들은 각자의 고향으로 돌아갈 열망에도 부풀었지만, 신생 우크라이나 정부의 혁명, 개혁, 민족 부흥의 약속에도 고무되었다.[9]

이후 몇 달 동안 라다는 상당한 대중적 지지를 얻는 데 성공했으며, 여기에는 급진적인 발표문들의 덕이 컸다. 당시의 좌파적 이상을 반영하고 있던 그것은 강제 토지 개혁, 대지주(세속과 수도원 모두)의 재산 재분배를 농민에게 약속했다. "누구도 우리에게 무엇이 필요한지, 어떤 법이 우리에게 최선인지를 우리보다 더 잘 알 수 없다." 1917년 6월 중앙 라다의 선언문이었다. 이는 일련의 '보편 선언', 광범위한 대상에게 선포되던 입장문들의 첫 번째 문구였다.

누구도 우리 농민보다 땅을 일구는 일을 더 잘 알 수 없다. 따라서 러시아 전역에서 귀족, 국가, 수도원, 황제가 가진 땅을 몰수해 민중의 것으로 돌리기를 바란다. 그리고 이에 관한 법률이 모든 러시아 제헌의회에서 제정되기를, 우크라이나 땅의 관할권이 우리에게, 우리 우크라이나 의회에 속하기를 바란다…… 그들은 우리 우크라이나 중앙 라다를 그들 가운데서 선출했으며, 우리에게…… 자유롭고 자주적인 우크라이나에 새로운 질서를 세우도록 지시하고 있다.[10]

11월에 나온 세 번째 보편 선언은 우크라이나를 우크라이나 인민공화국이라 선포하며, 러시안 연방 내에서 제헌의회 소집을 위한 선거를 치르겠다고 발표했다. 그리고 1918년 1월, 네 번째 보편 선언은 우크라이나의 독립을 공표했다.[11]

　　비록 그에 반대하는 사람이 일부 있으리라 예상되었지만, 우크라이나어는 부활하여 널리 퍼져 있었으며 특히 농민들이 사용했다. 과거에도 그랬듯, 우크라이나어는 경제 및 정치적 해방과 동의어였다. 일단 관료와 공직자들이 우크라이나어를 쓰기 시작하자, 농민들은 법원과 정부직에 진출할 수 있게 되었다. 민족 언어를 공공연히 쓸 수 있게 됨으로써 자존심도 높아졌고, 이는 민족주의 운동의 '심원한 감성적 지지의 원천'[12]으로 작용했다. 그다음으로는 사전과 철자법 서적이 봇물 터지듯 쏟아져 나왔다. 1917년에서 1919년 사이, 우크라이나 출판업자들은 우크라이나어 관련 책을 59권 출간했는데, 앞서 19세기를 통틀어 열한 권이 나왔던 것과 확연히 달랐다. 그중에는 세 권의 우크라이나어-러시아어 사전과 열다섯 권의 러시아어-우크라이나어 사전도 있었다. 후자의 수요가 많았던 까닭은 갑자기 우크라이나어에 익숙해져야 했던 러시아어 사용자들 때문이었다. 그것은 그들에게 그리 달가운 상황이 아니었다.[13]

　　짧은 존속 기간 동안 우크라이나 정부는 얼마간 외교적 성공(나중에는 대부분 잊힌)을 거두었다. 1918년 1월 26일에 독립 선언을 한 뒤, 우크라이나 공화국의 스물여덟 살 외교장관 올렉산드르 슐힌

(그 역시 역사학자 출신이었다)은 프랑스, 영국, 오스트리아-헝가리, 독일, 불가리아, 튀르키예, 심지어 소련을 포함한 모든 주요 유럽 국가들로부터 사실상 승인을 얻어냈다. 12월에는 미국이 외교관을 보내 키이우에 영사관을 열었다.[14] 1918년 2월에는 브레스트리토프스크에 파견된 우크라이나 대표단이 동맹국*들과 평화 조약을 맺었으며, 이는 몇 주 뒤에 소련의 새 지도자들이 같은 곳에서 맺은 더 유명한 조약**과 별개의 것이었다. 이 젊은 우크라이나 대표단은 모든 사람에게 깊은 인상을 남겼다. 그들과 대화를 나눠본 독일 외교관 한 사람은 이렇게 술회했다. "그들은 용감하게 행동했다. 그들의 꿋꿋함 때문에 (독일 협상 당사자들은) 그들의 국가적 입장에서 중요한 모든 것에 합의해주었다."[15]

하지만 그것으로는 불충분했다. 민족의식과 외국의 국가 승인이 늘고, 심지어 브레스트리토프스크 조약을 맺었다고 해도 우크라이나 국가 건설까지는 힘이 모자랐다. 중앙 라다가 약속한 개혁 조치들(특히 지주의 토지를 무상 몰수하기로 한 것)은 농촌 지역에 혼란과 분

• 제1차 세계대전에서 동맹을 맺고 연합국과 대결한 독일, 오스트리아-헝가리, 불가리아, 튀르키예. 영국이나 프랑스, 러시아 등에 비해 대체로 유럽의 중앙부에 있었으므로 '중앙 강국Central Powers'으로도 불린다.
•• 1918년 3월 3일에 소련이 동맹국들과 맺은 평화 조약. 소련은 당시 수립된 지 얼마 안 되는 상황에서 전쟁을 계속할 여력이 없었으므로 독일에 발트 3국을, 오스만 제국에 남부 캅카스의 카르스를 할양하고 우크라이나 인민공화국의 독립을 인정하는 등 가혹한 조약 내용에 동의할 수밖에 없었다. 보통 브레스트리토프스크 조약이라고 하면 이 조약을 의미한다.

란을 가져오고 있었다. 1917년 봄에 흐루셰우스키와 그 추종자들이 그토록 낙관적으로 환영했던 대중 행진, 깃발, 자유는 제대로 움직이는 관료 기구나 개혁을 집행할 행정력, 그리고 무엇보다 외침을 물리치고 국경을 방어할 능력 있는 군대 창출로 이어지지 못했다. 1917년이 끝날 무렵 우크라이나에는 새로 편성된 붉은 군대, 구체제의 백군白軍, 독일과 오스트리아에서 온 군대가 있었으며, 그들은 모두 우크라이나를 점령할 계획이었다. 정도의 차이는 있었지만 이들 모두가 우크라이나 땅뿐만 아니라 우크라이나 민족주의자들, 우크라이나 민족주의, 심지어 우크라이나어까지 공격 대상으로 삼았다.

1918년 1월, 레닌은 우크라이나에 대한 소련군의 첫 공격을 허가했다. 2월, 그들은 키이우에 반反우크라이나 체제를 잠시 세웠다. 하지만 그로써 우크라이나를 정복하려는 소련의 첫 시도는 독일군과 오스트리아-헝가리군이 몇 주 뒤 진주해 브레스트리토프스크 조약 내용을 '강제 집행'하겠다고 선언함으로써 끝났다. 그러나 이 동맹국 군대는 중앙 라다의 진보적 입법 의원들을 구하는 대신, 파블로 스코로파즈키의 뒷배가 되었다. 스코로파즈키는 우크라이나 장군으로, 카자크 검과 모자를 갖추고 눈에 번쩍 띄는 군복을 차려입고 다니는 사람이었다.

몇 달 동안 스코로파즈키는 우크라이나의 자치를 얼마간 살리는 한편, 구체제에 연연하는 사람들에게 약간의 희망을 주었다. 그는 최초의 우크라이나 한림원과 최초의 국립도서관을 세웠으며, 우크라이나어를 공식 업무에서 사용하도록 했다. 스스로를 우크라이나인으로 자리매김하고, 자신의 공식 칭호를 '헤트만'으로 정했다. 하지만 동시에 그는 제정 러시아의 법률과 관료들을 복귀시켰으며, 장래에 러시아 국가와 재통합하는 일을 지지했다. 스코로파즈키의 통치 아래, 키이우는 짧게나마 모스크바와 상트페테르부르크에서 달아난 사람들의 피난처가 되었다. 미하일 불가코프•는 그의 풍자적 소설 『백위군』에서 이 시기에 키이우에 살았던 경험을 떠올리며 다음과 같이 말한다.

> 잿빛 머리의 은행가들과 그들의 부인이 달아났다. 모스크바에서 그들의 자산을 관리해주던 사람들처럼 (…) 언론인들도 달아났다. 모스크바에서 상트페테르부르크에서, 돈밖에 모르는 겁쟁이들은 달아났다. 질펀하게 놀던 자들도, 유덕한 귀부인들도, 그들의 얌전한 딸들도 달아났다. 입술을 양홍색으로 붉게 칠한 흰 낯빛의 방탕아들도 달아났다. 서기에서 부서장까지 다 달아나고, 시인도 달아나고, 고리대금업자도 달아나고, 헌병도 달아났다. 여배우들도 제국 극장에서 뛰쳐나와 달아났다.[16]

• 1890~1940. 우크라이나 태생의 소련 작가로, 소설, 희곡 등을 썼다. 우크라이나 공화국과 소련 체제 모두의 모순과 병폐를 풍자하고 고발하는 작품이 많다. 사후 출간된 『거장과 마르가리타』가 가장 유명하다.

스코로파즈키는 낡은 소유권 법제를 강화하고 토지 개혁의 약속을 유보했다. 놀랄 것도 없이 이 결정은 농민들 사이에서 지독히도 인기가 없었다. 그들은 '헤트만을 미친 개 보듯 미워했'으며 '그 얼간이 나리들'에게서 개혁 이야기를 듣기 싫어했다.[17] 독일의 괴뢰정부나 다를 바 없는 정부에 맞서 여러 군사 조직이 들고 일어났다. "퇴역 대령들, 장군을 자임하는 자들, 카자크 대장들, 밧키(지역 군벌) 등등이 혁명의 여름에 야생 장미처럼 흐드러지게 피어났다."[18]

1918년 중반, 민족운동은 사회민주주의자로 준군사 조직 운영 능력을 가진 시몬 페틀류라의 지도 아래 재조직되었다. 동시대인들이 그에 대해 내린 평가는 극과 극이었다. 일부는 그를 독재자가 될 소지가 큰 자로 봤고, 다른 일부는 시대를 앞서간 예언자로 여겼다. 우크라이나 민족주의라는 생각 자체를 싫어했던 불가코프는 페틀류라를 농민들의 상상의 산물로 치부했다. "전설, 환상 같은 것 (…) 꺼지지 않는 분노와 복수를 향한 농민들의 갈망이 빚어낸 존재."[19] 젊은 시절의 페틀류라는 당대의 민족운동가 세르히 예프레모프에게 강렬한 인상을 남겼는데, 페틀류라의 '거만함, 이론만 따지는 태도, 경박함'은 그를 거슬리게 했다. 훗날, 예프레모프는 자신의 견해를 바꾸고 페틀류라야말로 우크라이나 혁명이 낳은 '유일하게 틀림없이 진실한 사람'이라고 평가했다. 다른 이들이 저항을 포기하거나 산발적이고 소극적인 전투만 하고 있을 때, "오직 페틀류라만이 자기 위치에 꿋꿋이 서서 물러서지 않았다."[20] 페틀류라 자신은 나중에 자신이 한 일의 참모습이 온전히 밝혀지기를 바란다고 썼다. "내 인성과 행동의 부정적인 면들이 숨겨지지 않고 고스란히 드러나야만 한다…… 내게 역사의 심판은 시작되었다. 나는 두렵지 않다."[21]

페틀류라에 대한 역사의 심판은 지금도 모호하게 남아 있다. 분명 그는 제1차 세계대전의 종식이 우크라이나 민족운동에 또 하나의 기회를 줄 것임을 알아차리고, 그 기회를 대담하게 붙잡았다. 독일군이 물러가자, 그는 '퇴역 대령들, 장군을 자임하는 자들, 카자크 대장들, 밧키 등등'을 한데 모아 '지도 집단'이라 불리는 친우크라이나 군사 조직을 창설했고 수도를 포위했다. 러시아어 언론은 '지도 집단'을 '도적 떼'로, 그들의 쿠데타를 '스캔들'로 보도했다. 스코로파즈키의 군대는 놀랄 만큼 빠른 속도로, 거의 전투 한 번 치르지 못하고 붕괴되었다.[22] 1918년 12월 14일, 페틀류라의 군대는 경악 속에 키이우, 오데사, 미콜라이우 거리를 행진했으며, 권좌는 다시 한번 뒤바뀌었다.

'지도 집단'의 지배는 짧았고 피로 얼룩졌다. 페틀류라가 제대로 된 합법성을 끌어내지 못하고 법을 집행할 수 없었던 것이 주된 원인이었다. 그전 중앙 라다처럼 지도 집단은 경제적으로 왼쪽으로 크게 치우쳐져 있었다. 지도부는 지지자들이 점점 더 급진화되는 점을 수용해, 의회를 따로 소집하지 않고 농민, 노동자, 봉급제 지식인 들로 이루어진 '노동자의회'에 의존했다. 그러나 농민군이야말로 페틀류라의 진짜배기 힘의 원천이었고, 그의 적들 중 한 명의 말을 빌리자면,

그것은 "좋은 정부도 좋은 군대도 만들지 못하게 했다".[23]

그의 동료 중 다수는 다종다양한 군복 또는 카자크 복장을 한 '모험가'들이었으며, 누구든 돈 좀 있다 싶은 사람을 보면 주저 없이 권총을 꺼내 강도질을 서슴지 않을 인물들이었다. 키이우에 살던 부르주아들은 그들의 아파트 단지 입구에서 돌아가며 보초를 섰다. 하지만 별 쓸모는 없었다.[24]

회고록 집필자들이 비웃는 어조로 '떠들기만 한 게 아니라 집행도 한'이라고 표현한, 지도 집단의 몇 안 되는 키이우 내 정책 중 하나는 키이우의 러시아어 표지판들을 우크라이나어 표지판으로 교체한 것이었다. "러시아어를 병기하는 것조차 허용되지 않았다." 일설에 따르면, 이 전면 교체 조치는 지도 집단 병력 다수가 갈리시아 출신으로 러시아어는 거의 못 했고, 따라서 자신들이 러시아 말만 넘치는 망망대해에 온 듯해 식겁했기 때문이라고 전해진다. 그 결과 "며칠 동안 즐거운 날들이었다. 도시 전체가 예술가의 작업실처럼 되었다". 키이우 주민들은 언어와 권력 사이의 깊은 관계를 다시 한번 절실히 느낄 수 있었다.[25]

수도 바깥에서 페틀류라가 지배하는 땅은 얼마 안 되었다. 불가코프는 당시 도시로서의 키이우를 이렇게 묘사했다. "경찰 (…) 행정관청, 심지어 군대도, 또 여러 이름을 가진 신문도 있었다. 하지만 그들을 둘러싸고 있는 진짜 우크라이나, 프랑스보다 넓고 수천만 명이 살고 있던 땅에서는 그런 것을 전혀 몰랐다."[26] 리처드 파이프스는

"키이우에서 법령이 공표되고, 내각에서 빚어진 분란이 진정되고, 외교 회담이 진행되었다. 그러나 그 밖의 땅은 전혀 별개로 돌아갔으며 유일하게 효과적인 권력은 총구의 권력이었다"[27]라고 썼다.

1919년 말에는 태동 무렵 그토록 에너지와 희망이 넘쳤던 민족 운동이 지리멸렬해져 있었다. 무력 충돌로 키이우에서 쫓겨난 흐루셰우스키는 곧 외국으로 떠날 것이었다.[28] 우크라이나인들 스스로도 여러 노선에 따라 심각하게 분열되어 있었다. 구질서 옹호 진영과 반대 진영, 친러시아 진영과 반대 진영, 토지 개혁 지지 진영과 반대 진영. 언어 문제에 따른 대립은 증폭되었고 화해 불가능할 정도로 격화되었다. 모스크바와 상트페테르부르크에서 온 피난민들은 이미 크림, 오데사로 다시 떠나거나 아예 망명한 상태였다.[29] 그러나 가장 심각한 정치적 분열은 우크라이나 민족운동의 이상을 고수하는 사람들, 그리고 전혀 다른 이데올로기를 가진 혁명파 볼셰비키를 지지하는 사람들 사이에 있었다. 그 분열은 이후 수십 년 동안 역사의 흐름을 틀 지을 것이었다.

1917년 초, 마르크스주의 러시아 사회민주노동당의 급진적 파벌을 일컫는 볼셰비키는 러시아 전체에서 그 세력이 미미했다. 그러나 그들은 그해 내내 러시아의 길거리에서 선전 선동을 했으며, '토지, 빵, 평화' 같은 간단한 슬로건을 내걸어 대다수의 병사(노동자, 농민)에게 먹혀들도록 했다. 그들은 10월 쿠데타(나중에 채택된 '새 달력'

상으로는 11월 7일)로 완전한 혼란 속에서 권력을 잡았다. 폭력적이고, 편집증적이며, 음모론에 빠져 있고, 근본적으로 비민주적인 인물인 레닌이 이끄는 볼셰비키는 그들 스스로를 '프롤레타리아의 전위前衛'라고 믿었다. 그들은 절대권력을 추구했고, 결국 테러, 폭력, 사악한 선전 선동을 통해 다른 모든 정당과 정적들을 부숴버렸다.

 1917년 초에 우크라이나의 볼셰비키는 더 미미한 숫자였다. 우크라이나인 당원은 2만2000명이며, 대부분은 대도시 또는 도네츠크와 크리비리흐의 산업 지대 출신이었다. 그들 중 우크라이나어를 할 수 있는 사람은 거의 없었다. 그 절반 이상은 스스로를 러시아인이라 여겼고, 여섯 명 중 한 명은 유대계였다. 아주 적은 수(훗날 소비에트 우크라이나 정부에서 중요한 역할을 하게 될 사람들을 포함하는)는 자주적이면서 동시에 볼셰비키적인 우크라이나의 가능성을 믿었다. 그러나 우크라이나 태생이되 스스로를 우크라이나인이라 여기지 않던 헤오르히 퍄타코프[•] 같은 사람은 1917년 6월 키이우 볼셰비키 집회(흐루셰우스키의 연설이 있고 몇 주 지나지 않은 시점의)에서 다수의 입장을 대변한다. "우리는 우크라이나인이니 뭐니 하는 것을 지지해서는 안 됩니다." 그의 설명에 따르면 우크라이나는 '독립적 경제 구역'이 아니다. 요컨대 러시아가 우크라이나의 설탕, 곡물, 석탄에 의

• 1890~1937. 초기부터 볼셰비키 활동을 하여 추방, 망명 등을 겪었으며 1917년 혁명에서는 사회민주노동당 키이우 위원장이, 10월 혁명 뒤에는 우크라이나 공산당 서기장이 되었다. 1928년 이후 스탈린에 의해 실각하고, 1937년 처형되었다.

존하고 있으니만큼 피아타코프에게 러시아는 우선할 대상이었다.[30]

새로운 감성은 아니었다. 우크라이나 국가라는 생각 자체를 경멸하는 것이 심지어 혁명 이전부터 볼셰비키적 사고의 핵심에 있었다. 레닌, 스탈린, 트로츠키, 피아타코프, 지노비예프, 카메네프, 부하린 등을 포함한 볼셰비키 지도자들은 러시아 제국에서 자라고 교육받은 사람들이며, 러시아 제국은 그들이 '남서부 러시아'라고 알고 있는 땅에서 '우크라이나' 같은 것을 인정하지 않았다. 키이우는 그들에게 러시아의 조상 격인 왕국, 키이우 루스의 옛 수도일 뿐이었다. 학교, 언론, 일상생활에서 그들은 우크라이나어를 러시아어 방언으로, 그곳 주민들은 옛 농노이므로 무지하고 미개한 사람들로 인식하는 편견에 젖어 있었다.

사실 볼셰비키에서 중도파, 극우파에 이르는 당시 러시아의 모든 정파는 이런 경멸을 공유했다. 다수가 '우크라이나'라는 이름조차 쓰지 않았다.[31] 심지어 러시아 진보파조차 우크라이나 민족운동을 인정하지 않았다. 이 맹점(이에 따라 어떤 반볼셰비키 세력도 우크라이나와 손잡기를 거부한 것)은 결국 백군이 내전에서 승리하지 못한 이유 중 하나가 되었다.[32]

민족적 편견에 더해, 볼셰비키는 우크라이나 독립이라는 생각을 싫어할 특별한 정치적 이유도 있었다. 우크라이나는 아직 대부분이 농민으로 이루어진 나라였고, 볼셰비키 지도자들이 끊임없이 읽고 토론했던 마르크스주의 이론에 따르면 농민이란 기껏해야 양가적인 자산이었다. 1852년에 쓴 글에서, 마르크스는 농민이 '계급'이 아니며 따라서 계급의식도 없다는 유명한 주장을 했다. "그들은 결국 스스로의 이름으로 그들의 계급 이익을 추구할 힘이 없다(대의원의회를 통해서든 평의회를 통해서든). 그들은 스스로를 대표할 수 없고, 누군가에 의해 대표되어야만 한다."[33]

비록 마르크스는 다가오는 혁명에서 농민이 별로 중요한 역할을 못 하리라고 봤지만, 더 실용적인 사람이었던 레닌은 이 견해를 어느 정도 수정했다. 그는 농민이 분명 혁명 잠재력을 지니고 있다고(그는 그들의 급진적 토지 개혁에 대한 열망을 긍정했다), 다만 더 진보적인 노동계급에 의해 지도받을 필요가 있다고 생각했다. 그는 1905년에 이렇게 썼다. "토지와 자유를 위해 싸우는 농민 전부가 자신들의 투쟁이 갖는 의미를 알고 있지는 않다." 계급의식을 갖춘 노동자들에게 진짜 혁명이란 토지 개혁만이 아니라 '자본의 지배에 맞선 투쟁'을 필요로 한다는 것을 가르쳐줘야 했다. 불길하게도, 레닌은 소규모 자영 농민 다수를 미심쩍어했다. 그들은 소유 재산이 있으므로 사실상 소규모 자산을 가진 자본주의자들과 비슷하다는 것이었다. 이는 어째서 '모든 영세 농민이 사회주의를 위한 투쟁 전선에 뛰어들지 않는가'를 설명해주었다.[34] 이 생각(훗날 쿨라크라고 불릴 소규모 토지 소유자들을 근본적으로 반혁명분자로 보는)은 나중에 중대한 결과로 이어진다.

민족주의에 대한 볼셰비키의 이중적 태도 또한 그들이 우크라이나 독립에 대해 회의적이게끔 했다. 마르크스와 레닌 모두 민족주의에 대한 견해가 한결같지 않고 계속 바뀌었는데, 한때는 혁명의 동력으로 보다가 또 다른 때는 보편 사회주의라는 실제 목표로부터의 이탈로 보았다. 마르크스는 1848년의 민주혁명이 일부 민족주의적 심성으로 촉발되었다고 이해했으나, 이런 '부르주아 민족주의자' 감성은 공산주의 국제주의로 나아가는 과정의 일시적 현상일 뿐이라고 여겼다. 따라서 국가가 사라지고 나면 민족과 민족 감정 역시 뒤를 따를 것이었다. "프롤레타리아 독재 체제는 그런 것들을 더 빠르게 소멸시킬 것이다."[35]

레닌도 문화적 자율성과 민족의 자기 정체성을 긍정했다. 그것이 자기 입장에서 적합할 때만 말이다. 심지어 혁명 이전에도 그는 이디시어든 우크라이나어든 러시아어 이외의 언어를 쓰는 학교를 비판했다. 노동계급 내에 유해한 구분을 만든다는 게 이유였다.[36] 그는 이론상 비러시아 지역(조지아, 아르메니아, 중앙아시아 국가들을 포함한)이 러시아 제국에서 독립하는 일을 긍정했지만, 그런 일이 실제로 일어나리라고는 진지하게 생각하지 않았던 듯하다. 더욱이 분리 독립의 '권리'를 인정한다고 해서 레닌이 분리 독립 자체를 지지했다고는 볼 수 없다. 우크라이나의 경우, 그는 1917년에 우크라이나 민족 운동이 황제나 임시 정부에 적대적 입장을 보였을 때는 이를 지지했지만, 그것이 러시아와 우크라이나의 프롤레타리아의 단결에 유해하다고 여겨졌을 때는 부정했다.[37]

이 복잡한 이념 퍼즐에 스탈린도 자기 생각을 덧붙였다. 그는 공산당의 민족 인민 위원을 지냈고, 본래 레닌보다 훨씬 더 민족주의에 비우호적이었다. 1913년 그가 쓴 「마르크스주의와 민족 문제」에서, 그는 민족주의가 사회주의의 대의에서 힘을 분산시키며 당원 동지들은 "민족주의의 안개를 걷어내기 위해 결연하고 지속적인 노력을 해야 한다. 앞서 어떤 과정이 있었는지는 일체 무시해야 한다"[38]라고 주장했다. 1925년, 그의 생각은 한발 더 나가 민족주의란 본질적으로 농민 세력을 의미한다고 주장하기에 이르렀다. 그는 민족운동이란 농민 없이 존재할 수 없다고 주장했다. "농민 문제야말로 민족 문제의 기반이며 핵심이다. 이는 민족운동에서 농민이 주력을 이루는 이유, 농민 참여 없이는 민족운동이 강세를 보일 수 없는 이유를 설명해준다……"[39]

분명 우크라이나에서 벌어지고 있던 일들을 반영하는 그런 주장은 훗날 더 의미심장해질 터였다. 농민 참여 없이는 강력한 민족운동도 없다. 그렇다면, 민족운동을 부수려 한다면, 먼저 농민부터 부숴야 한다.

결국 볼세비키에게 이념은 그들이 우크라이나에서 개인적으로 경험한바, 특히 그곳의 내전 경험보다 덜 중요했다. 소련 공산당의 모든 구성원에게 내전 시기는 개인적으로나 정치적으로나 진정한 분수령이 되었다. 1917년의 시작 무렵, 그들 중 스스로를 설명하기 위해 내걸 수 있는 뭔가를 지닌 사람은 거의 없었다. 그들은 모호한 이데올로그들이었고, 어떤 기준에서든 잘나간다고 볼 수 없었다. 그들이 뭔가로 돈을 벌고 있다면 불법 신문에 글을 쓰는 것뿐이었다. 그들은 감옥을 수시로 들락날락했으며, 개인사도 복잡했고, 정부 공직이나 관리직을 맡아본 경험도 전혀 없었다.

예상외로 우크라이나 혁명은 그들을 국제 무대의 중심에 올려놓았다. 또한 그들은 시초부터 혁명 덕분에 명성과 세력을 얻었다. 이에 힘입어 그들의 사상에서 모호함은 사라졌고, 자신들의 이념만이 옳다는 확신이 생겼다. 혁명의 성공은 볼셰비키 지도자들에게나 그 밖의 다수에게나 마르크스와 레닌이 옳았음을 입증하는 듯 보였다.

그러나 그 혁명은 그들이 빠르게 자신들의 권력을 방어하도록 압박했으며, 또한 이념적으로 반혁명분자를 색출하게 할 뿐만 아니라 실제적이고 유혈이 낭자한 반혁명을 한시바삐 제압하지 않을 수 없게 했다.

이어진 내전은 그들이 군대를, 정치경찰을, 선전 기구를 창설하도록 했다. 무엇보다 이 내전은 볼셰비키에게 민족주의, 경제정책, 식량 배급, 그리고 폭력에 대한 교훈을 남겼으며, 교훈의 핵심은 폭력으로 다른 모든 것이 해결된다는 것이었다. 우크라이나에서 볼셰비키가 경험한 것은 러시아에서의 경험과 매우 달랐으며, 이제 막 탄생하려던 국가를 거의 무너뜨릴 뻔한 강렬한 경험이었다. 이후 우크라이나에 대한 볼셰비키의 여러 태도는 농민의 충성도에 대한 불신, 우크라이나 지식인들에 대한 의심, 우크라이나 공산당에 대한 혐오를 포함해 이 시기로부터 비롯되었다.

사실 내전의 경험, 특히 우크라이나에서의 경험은 스탈린의 생각을 틀 지었다. 러시아 혁명 전야에 스탈린은 30대 후반이었고, 내세울 만한 게 별로 없는 인생이었다. 돈도 없고, 집도 없고, 이런저런 사안에 의견 내는 것 말고는 직업이랄 것도 없었다―최근 그의 전기작가가 쓴 것에 따르자면 말이다.[40] 조지아에서 태어나 교회학교에서 교육받은 그가 지하 세계의 명성을 얻을 수 있었던 건 은행털이로서의 재능에 기댄 덕이었다. 그는 몇 번이고 감옥을 드나들었다. 1917년 2월 혁명 때, 그는 북극권의 마을에서 귀양살이 중이었다. 니콜라이 2세 황제가 퇴위하자, 스탈린은 페트로그라드(당시 러시아의 수도였던 상트페테르부르크를 1914년에 러시아식 이름으로 바꾼 것이다. 1924년에는 다시 레닌그라드로 개칭된다)로 돌아왔다.

1917년 10월의 볼셰비키 쿠데타는 임시 정부를 뒤엎고, 스탈린이 난생처음 진짜 정치권력의 꿀맛을 보게 해주었다.[41] 민족 인민 위원으로서 그는 최초 볼셰비키 정부의 일원이 되었다. 그 역할에 따라 그는 러시아 제국에 속했던 모든 비러시아계 민족과 교섭하며, 더 중요하게는 그들을 소련의 지배에 따르도록 설득 내지 강제하는 책임을 맡았다. 그는 우크라이나를 다루면서 두 가지 명확하고 즉각적인 우선 과제를 두었으며, 그 둘 다 상황의 급박함 때문에 절실했다. 첫 번째는 우크라이나에서 볼셰비키의 최대 경쟁 세력인 민족운동을 약화시키는 것이었다. 두 번째는 우크라이나의 곡물을 확보하는 것이었다. 그는 이 두 과제를 볼셰비키 집권 후 불과 며칠 만에 추진해 나갔다.

이미 1917년 『프라우다Pravda』•의 지면에서, 스탈린은 우크라이나 중앙 라다가 세 번째 보편 선언에서 우크라이나 인민공화국을 선포하고 우크라이나 국경을 설정한 일을 부정했다. 그는 누가 독립 우크라이나를 지지할까, 라는 질문을 던지고 말솜씨를 부려 자답했다.

우크라이나의 대지주들, 돈강 유역의 알렉세이 칼레딘[백군의 대장이었다] 군사 정부, 다시 말해 카자크 지주들 (…) 이 두 세력 뒤에는 대러시아의 부르주아들이 있는데, 그들은 우크라이나 민중의 모든 요구를 격렬히 적대해온 자들이다. 그러나 그들은 지금 중앙 라다를 지지하고 있다…….

반면 '모든 우크라이나 노동자와 빈농들'은 중앙 라다에 반대한다고 그는 주장했다. 둘 다 전혀 사실이 아니었다.[42]

스탈린은 중앙 라다를 공개 비판한 데 이어 훗날 그가 '능동 수

• 1912년부터 1991년 소련 붕괴까지 공산당의 기관지였던 신문.

단'이라 부르게 될 조치로 우크라이나 정부를 뒤흔들려 했다. 지역 볼셰비키들이 이른바 독립 '소비에트 공화국'을 도네츠크-크리비리흐, 오데사, 타브리아, 돈 지방에 세우려 한 것이다. 모스크바의 지원을 받는 이 소규모 국가들은 물론 전혀 독립적이지 않았다.[43] 볼셰비키는 키이우에서 쿠데타도 시도했으며, 이후 1918년에 하르키우를 우크라이나의 수도로 만든다. 당시 하르키우의 볼셰비키 지도자들 가운데 우크라이나어를 사용하는 사람은 거의 없었다.[44]

볼셰비키가 러시아에서 정권을 굳히는 동안 붉은 군대는 계속 남쪽으로 내려왔다. 1918년 2월 9일, 심지어 중앙 라다의 지도자들이 브레스트리토프스크에서 협상을 하고 있던 시점에, 키이우는 처음으로 볼셰비키군에게 점령당했다. 이 최초이자 짧았던 볼셰비키의 점령에서는 공산주의 이데올로기만이 아니라 확실히 러시아적인 정책 대안들이 제기되었다. 사령관이던 미하일 무라비요프 장군은 자신이 '멀리 북쪽'에서 러시아 지배 체제를 다시 가져왔다면서 민족주의자로 의심되는 자들을 즉각 처형하도록 지시했다. 그의 부하들은 공개 석상에서 우크라이나어를 쓴 사람은 누구든 총으로 쐈고, 겨우 몇 주 전에 러시아어 표지판을 대신해 설치되었던 우크라이나어 표지판들을 포함해 우크라이나 체제를 나타내는 것이면 뭐든 다 부숴버렸다.[45] 1918년, 우크라이나 수도에 대한 볼셰비키의 포격은 흐루셰우스키의 집, 도서관, 고문서 보관소 등을 의도적으로 겨누고 있었다.[46]

볼셰비키는 키이우를 몇 주 동안만 지배했으나, 이 첫 점령은 레닌에게 우크라이나를 공산주의의 계획대로 빚어내는 맛을 보게 해주었다. 그에게 권력을 쥐여주는 혁명 일꾼들을 먹이는 일로 노심초사하던 레닌은 곧바로 우크라이나에 붉은 군대와 '징발 부대'를 보내, 농민의 곡물을 몰수해오도록 했다. 그는 조지아 출신 볼셰비키로 두각을 나타내던 세르고 오르조니키제에게 '특별 전권 위원'의 직함을 주고, 우크라이나의 곡물을 싹쓸이할 책임을 맡겼다.[47] 『프라우다』의 사설은 이 군인들의 성공을 요란하게 경축했고, 소련 지도부는 이미 도시의 러시아인 독자들에게 농민들에게서 곡물을 끌어올 '특단의 조치'를 취하기 시작했다고 확인시켜주었다.[48]

한편 레닌이 우크라이나 전선에 보낸 전문 내용은 이보다 더 노골적이기도 힘들었다. 그는 1918년 1월에 이렇게 썼다. "제발 부탁이오…… 모든 힘과 혁명적 수단을 써서 곡물을 보내시오. 곡물을, 곡물을! 그러지 않으면 페트로그라드는 굶어 죽을 것이오. 특수 수송 열차와 특수 부대를 가동하시오. 있는 대로 모아서 쌓으시오. 수송 열차를 호위하시오. 제발 부탁이오!"[49] 3월 초, 우크라이나를 독일군과 오스트리아군에 빠르게 빼앗기자 모스크바는 분통을 터뜨렸다. 성난 스탈린은 우크라이나 민족운동과 그 고집스러운 농민 지지자들을 비난했을 뿐 아니라, 달아난 우크라이나 볼셰비키도 욕했다. 그들은 하르키우에서 달아나 러시아 국경 바로 너머인 로스토프에 또 하나의 지리멸렬한 '소비에트 우크라이나 망명 정부'를 세웠다.

본능적으로 그는 '우크라이나 볼셰비키'에 혐오감이 들었으며 독자적인 당을 세우려는 노력을 포기해야 마땅하다고 여겼다. 모스크바에서 스탈린은 로스토프 그룹을 공격했다. "정부니 공화국이니 하는 놀음은 충분하다. 이젠 놀음을 끝낼 때다. 할 만큼 했다."[50]

이에 대응해, 로스토프에서 우크라이나어를 할 줄 아는 몇 안 되는 사람들이 모스크바의 인민 위원회에 항의 서한을 보냈다. 미콜라 스크리프니크는 스탈린의 발언이 '우크라이나에서 소비에트의 영향력을 약화'하는 데 도움을 주고 있다고 지적했다. 스크리프니크는 '우크라이나 볼셰비즘'의 가능성을 믿었으며, 훗날 '민족 공산주의'라 불릴 사상, 즉 공산주의가 나라별로 별개의 형태를 가지며 우크라이나의 민족 감정과도 부합할 수 있다는 신념의 유력한 선구자였다. 그는 중앙 라다의 짧은 통치가 주권 국가 우크라이나에 대한 강한 열망을 불러일으켰으며, 볼셰비키도 그 열망을 인정하고 끌어안아야 한다고 주장했다. 그는 소비에트 정부가 "러시아 연방의 일부 인민 위원의 입장에 따라 움직여서는 안 되며, 대중에게, 우크라이나의 근로 인민에게 귀를 기울여야 한다"[51]라고 밝혔다.

단기적으로는 이 논전에서 스크리프니크가 이겼다. 하지만 그건 볼셰비키가 근로 인민 대중의 말에 귀 기울이기로 했기 때문은 아니었다. 우크라이나에서 처음 패배한 여파로 레닌은 다른 전술로 빠르게 넘어갔다. '하이브리드 전쟁hybrid warfare'이라 불릴(매우 훗날, 다만 비슷한 맥락에서) 방법을 써서, 그는 붉은 군대에 우크라이나로 위장 진입하라고 지시했다. 그들은 통일 볼셰비키 러시아를 위해 싸우는 러시아군이라는 사실을 숨겼다. 대신 그들은 '소비에트 우크라이나 해방운동'이라고 자칭했는데, 민족주의자들을 혼란시키려는 의도임이 분명했다. 즉 민족주의의 레토릭을 냉소적으로 씀으로써 민중이 소비에트 권력을 받아들이도록 유도하는 것이었다. 붉은 군대 지휘관에게 보낸 전문에서 레닌은 이렇게 설명했다.

> 우리 병력을 서쪽으로, 우크라이나 내부로 움직이면서, 지역 소비에트 임시 정부들을 창설해 지역 소비에트들을 강화하도록 할 것이오. 이 상황은 우크라이나, 리투아니아, 라트비아, 에스토니아의 쇼비니스트들이 우리 분견대들의 진군을 점령으로 규정하면서 얻을 유리함을 배제하고, 우리 병력의 추가 진격에 우호적인 분위기를 조성하게 될 것이오.[52]

달리 말하면, 군 지휘관들은 그들을 환영할 친소비에트적 '민족' 정부들을 창설하는 데 원조할 책임을 지는 것이었다. 레닌의 설명대로, 이 아이디어에는 우크라이나인들이 그들을 외국 점령군이 아니라 '해방자'로 받아들이도록 하려는 의도가 숨어 있었다.

1918년 당시는 전혀, 그리고 사실 그 뒤에도, 레닌이든 스탈린이든 다른 누구든 소비에트 우크라이나 국가가 진정한 주권을 누릴 수 있다고 생각하지 못했다. 우크라이나 혁명의회는 11월 17일에 피아타코프와 볼로디미르 자톤스키(둘 다 친소비에트적 '우크라이나인' 관료였다), 볼로디미르 안토노프-옵시옌코(붉은 군대의 우크라이나 방면군 사령관이었다), 그리고 스탈린을 포함하며 구성되었다. 11월 28일 수립된 이 '우크라이나 임시 혁명 정부'는 불가리아 태생인 크리스티안 라콥스키를 수장으로 삼았다. 다른 무엇보다 라콥스키는 우크라이나어를 공용어로 채택해달라는 모든 청원에 "이는 우크라이나 혁명을 저해한다"[53]라고 답변했다.

무질서가 만연한 탓에 하이브리드 전쟁은 쉽게 수행됐다. 붉은 군대는 볼셰비키가 페틀류라와 협상을 시작한 바로 그때 공화국 침공을 시작했다. 우크라이나 집정부 관료들은 이런 이중 정책을 맹비난했다. 볼셰비키 외무 인민 위원이던 게오르기 치체린은 모스크바는 우크라이나로의 병력 진격과 무관하다며 냉담하게 답변했다. 그는 그 지역에서의 군사 행동은 '완전히 독립적인 우크라이나 소비에트 정부군'[54] 소행이라고 되쏘았다.

집정부에서는 그것이 뻔한 거짓말이라며 항변했다. 그들은 '우크라이나 소비에트 정부군'이란 사실 붉은 군대임을 아주 분명히 알아볼 수 있었다. 집정부는 항변을 이어갔고, 항의는 1919년 1월 붉은 군대가 우크라이나 정부를 키이우에서 축출할 때까지 계속됐다.[55]

볼셰비키의 두 번째 우크라이나 점령은 1월에 시작되어 6개월간 지속되었다. 그 기간 내내 모스크바는 훗날 우크라이나 공화국이라고 불릴 땅 전체를 통제하지 못했다. 심지어 볼셰비키가 장악한 도시나 마을의 거리에서도, 일부는 페틀류라에 충성했고 일부는 아니었으며, '오타만'이라 불리는 지역 파르티잔 지도자들이 큰소리를 치곤 했다. 많은 곳에서 볼셰비키의 통제력은 철도역 바깥으로 뻗어나가지 못했다. 그럼에도 그런 단기간의 부분적 통치를 통해서도, 우크라이나 소비에트 공화국의 볼셰비키 지도자들은 자신들의 통치 스타일을 분명히 보여줄 수 있었다. 우크라이나 공산당 지도자들은 이론상 그들의 독립성이 아무리 문서에 적혀 있다 해도 실제로 어떠한 권한도 행사하지 못했다.

더욱이 그들이 우크라이나의 경제 발전에 대해 어떤 구상을 가졌든, 곧 다른 우선 과제에 밀려버렸다. 마르크스주의 이론이 어떻든, 민족주의가 어떻고 주권이 어떻든, 그해에 볼셰비키에게 모스크바와 페트로그라드의 노동자들을 먹여 살리는 것 이상으로 중요한 일은 없었다. 1919년 레닌이 보낸 전문, "제발 부탁이오…… 모든 힘과 혁명적 수단을 써서 곡물을 보내시오. 곡물을, 곡물을!"이란 내용은 우크라이나에서 볼셰비키의 활동이 갖는 유일하고도 최우선적인 목표를 보여주었다.

볼셰비키가 식량에 몰두했던 것은 전혀 의외의 일이 아니었다. 제정 러시아는 제1차 세계대전이 발발했을 때부터 식량 공급에 애를 먹었다. 독일과의 전쟁을 시작할 때, 제정 러시아는 그 식량 배분 체계를 중앙집중화, 국유화했는데 이는 행정 관리의 혼란과 식량 부족 사태를 낳았다. 국가 식량 배분 기구로 분명 훗날 소련의 비슷한 기구로 이어질 '식량 보급 심의 조정 특별심의회'가 창설되어 식량 통제를 맡았다. 하지만 상황을 개선하기는커녕, 특별심의회의 '배급 과정에서의 매개자 없애기' 정책과 좀더 효율적이리라 여겨진 비자본주의적 곡물 배급 체계 창설은 오히려 배급 위기를 심화시켰다.[56]

이렇게 빚어진 식량 부족 사태는 1917년 2월 혁명을 촉발했고, 몇 달 뒤 볼셰비키가 권좌에 오르도록 강풍을 불어주었다. 영국의 언론인인 모건 필립스 프라이스는 그해의 분위기를 이렇게 묘사했다.

대화는 자연스럽게 한 가지 주제를 맴도는 듯했다. 모든 사람이 그 주제에 신경을 쓰고 있었다. '빵과 평화'…… 모두가 철도는 더 이상 화물 운송 수단으로 볼 수 없음을 알고 있었다. 일찍이 서유럽에 수출되던 곡물이 지금은 군용으로 빼돌려지고 있을 뿐 아니라, 작년에 경작지가 10퍼센트 감소하고, 아마 이번 봄에는 더 감소했기 때문에. 그래서 몇몇 대도시의 노동자들은 며칠째 빵을 구경도 못 해본 상태인데, 대공大公과 악덕 상인들은 그들의 집에 대형 점포를 벌여놓고 있음을 알기 때문에.[57]

1장 우크라이나 혁명, 1917년

프라이스는 배급을 받으려고 길게 늘어선 여성들의 줄을 보았다. "그들의 창백한 얼굴과 불안에 찌든 눈빛은 뭔가 대재앙이 닥쳐오고 있다는 공포를 드러내고 있었다."[58] 그는 모스크바 연대 소속 병사들의 병영 한 곳을 방문했다. 거기서 그가 본 것은 이랬다. "식량 배급을 주제로 한창 논쟁이 벌어지고 있었다. 그리고 다른 이들보다 목소리가 크고 더 적극적인 사람은 나머지 세 명을 대표해 지휘관에게 가서 당장 배급량을 늘려달라고 요구하겠다고 밝혔다." 식량 배급 문제부터 시작해 이들 집단은 전쟁 수행 문제로 논의를 이어갔고, 그 다음으로는 토지 소유권을 건드렸다. "이 하급병 소비에트는 과거에 지배계급의 핵심 자장에서만 공유되던 주제에 대해 이제 웬만큼 견해를 주고받을 수 있는 중심이 되었다. 혁명의 다음 단계가 열렸다." 이어서 프라이스는 그런 굶주림이 적어도 초창기에는 사람들을 '더 거칠게' 만드는 것을 관찰했다. 식량 부족은 사람들이 체제에 의문을 품고, 심지어 폭력을 행사하면서까지 변화를 요구하게 만들었다.[59]

식량과 권력 사이의 연결 고리를 볼셰비키 역시 아주 잘 이해하고 있었다. 혁명 이전, 도중, 그리고 이후에 걸쳐서 모든 진영은 식량 부족이 지속적으로 유발된다면 식량 배급이 매우 강력한 정치적 수단이 될 수 있음을 깨달았다. 어디서든 빵을 줄 수 있는 쪽은 추종자와 병사와 충실한 동맹자를 얻을 수 있었다. 어디서든 자기 사람들을 먹여 살릴 수 없는 쪽은 빠르게 동맹자를 잃었다. 1921년 미국의 구호물자를 소련에 들여보내는 문제를 협의할 때, 대표 중 한 사람은 소련의 협상 대표(훗날 외무장관이 되는) 막심 리트비노프에게 이렇게 말했다. "우리는 러시아와 싸우자는 게 아닙니다. 식량을 대려는 거죠." 한 미국 언론인의 말에 따르면, 리트비노프는 영어로 아주 간결히 대답했다. "압니다. 하지만 식량은 무기죠……"[60]

레닌도 그렇게 생각했다. 이 혁명 지도자는 그렇다고 특별심의회의 식량 배분 체계 국유화가 잘못이라는 결론을 짓지는 않았다. 오히려 그는 그 방식이 불충분하게 거칠었다고, 특히 우크라이나에서 그랬다고 판단했다. 1919년, 우크라이나 방면을 맡은 볼셰비키 지도자 라콥스키는 당 대회에서 이런 감성을 솔직하게 드러냈다. "소비에트 러시아가 매우 심각한 생산 위기를 버텨내기 위해서는 우크라이나로 들어가야 합니다." 그는 이어서 설명했다. "우리 목표는 위기를 극복하기 위해 그곳을 쥐어짤 수 있는 대로 쥐어짜는 것이어야 합니다."[61] 통치의 아주 초기부터, 볼셰비키는 러시아의 통제력을 유지하려면 우크라이나를 착취할 수밖에 없다고 정해두고 있었다. 그들 중 한 사람이 나중에 쓴 내용처럼, "혁명의 운명은 프롤레타리아와 군대에 빵을 안정적으로 공급하는 우리 능력에 달려 있다"[62]

곡물에 대한 급박한 수요는 극단적인 정책을 배태했는데, 당시에나 이후에 '전시 공산주의'로 알려지는 체제를 구성하는 정책들이었다. 1918년 러시아에서 시작되고 1919년 초 두 번째 볼셰비키 침공 이후로 우크라이나에 도입된 전시 공산주의는 모든 경제관계의 군사화를 의미했다. 농촌에서 이 체제는 매우 단순했다. 총을 들이대고 곡물의 통제권을 모조리 넘겨받는다. 그리고 이를 병사, 공장 노동자, 공산당원들과 국가에 '필요한' 사람들로 간주되는 기타 사람들에게 나눠준다.

　1918년에는 이 체제를 익숙하게 여기는 사람이 많았다. 전시의 식량 부족으로 골머리를 앓던 제정 러시아 정부는 이미 1916년부터 프로드라즈비오르스트카prodrazvyorstka라는 정책, 즉 총을 들이대고 곡물을 징발하는 정책을 시작했다. 1917년 3월에는 임시 정부 역시 농민은 모든 곡물(그들 스스로 먹을 것만 제외한)을 국가가 정한 가격대로 국가에만 판매해야 한다는 포고령을 내렸다.[63] 볼셰비키도 뒤를 따랐다. 1918년 5월, 인민 위원회는 차르의 정책을 본받은 '식량 보급 독재 체제'를 세웠다. 식량 보급 위원은 '식량 보급군'을 창설했다. 이들은 '식량 보급 전선'에 파견되었다.[64]

　그러나 전시 공산주의의 실행은 이런 전투적 언어에도 불구하고 사람들 대부분을 굶주리게 만들었다. 1916년에서 1918년 사이 식량을 얼마라도 얻으려면, 대부분의 러시아인과 우크라이나인은 존재하지 않는 국영 기업이 아니라 암시장에 의존해야 했다.[65] 보리스 파스테르나크의 『닥터 지바고』에서 지바고의 아내는 혁명 이후의 모스크바에서 식량과 연료를 찾으러 "인근의 골목을 헤매고 다녔다. 가끔 그런 골목에 무지크(농민)들이 농촌 마을에서 채소와 감자를 가지고 나타나곤 했다. 보이기만 하면 얼른 붙잡아야 했다. 식량을 나르는 농민이 적발되면 바로 체포당하기 때문이다". 그녀는 아직 녹색을 띤 자작나무 단을 파는 사람을 만났고, 그것을 '거울이 붙은 작은 옷장'과 바꾸었다. 나무 팔던 농민은 그것을 아내에게 선물로 주리라고 말했다. 그리고 두 사람은 "나중에 감자를 거래하기로" 약속했다.[66] 전시 공산주의 시기에 도시와 농촌 사이에서 이루어지는 거래는 그런 식이었다.

도시-농촌 물물교환은 그 후로도 오래 경제 체제 속에서 살아남았다. 심지어 1921년, 내전이 실질적으로 끝났을 때, 어느 미국 자선 단체 대표는 모스크바를 방문했다가 이와 매우 비슷한 일을 목격했다. 한때 주요 상업 거리였던 쿠즈네츠키 모스트에서는 나이 든 여성과 아이 들이 텅 빈 채로 문이 닫힌 상점 밖에서 바구니에 담긴 과일을 팔고 있었다. 채소와 고기는 노천 시장 말고는 구할 곳이 없었다. 그날 저녁, 그 미국인들은 그 상품들의 출처를 알아냈다. 그들이 밤을 보내기로 한 철도 차량으로 돌아가자, 남성, 여성, 아이 들 할 것 없이 온통 뒤엉킨 '완전한 폭도들'이 서로 밀고 밀쳐지며 곧 도시를 벗어날 그 열차에 타려고 아우성쳤다. 그들이 보기에 "이른 황혼을 배경으로 하는 매우 환상적인 장면"이던 그 모습은 사실 당시 러시아의 식량 배급 네트워크였다. 수천 명의 개인 판매자가 도시와 농촌 사이를 오감으로써 유지되는 네트워크.[67]

당시 이런 불법 시장은 많은 사람에게 식량을 공급했으며, 특히 특별 정부 지정 목록에 올라 있지 않은 사람들이 혜택을 보았다. 그러나 볼셰비키는 그런 거리의 시장을 합법화하는 것을 거부했을 뿐 아니라, 혼란이 계속되는 이유가 그 때문이라고 타박했다. 해가 갈수록 소비에트 지도부는 그들의 '징발하고 재분배하기' 시스템이 초래한 기아와 결핍에 당황했다. 그러나 국가 개입은 민중을 가난하게 하기보다 부유하게 하리라 여겨졌기에, 그리고 볼셰비키는 그 어떤 정책상의 실패도 인정할 수 없었기에(그들의 경직된 이념은 물론이고) 그들은 농가에서 도시로 몸소 식품을 실어 날라 겨우 생계를 유지하고 있던 소행상과 암시장 거래자들(그들의 명명대로는 '투기꾼들')에게 모든 책임을 돌렸다. 1919년 1월, 레닌이 직접 그들을 정치 이념상의 적으로 저격했다.

이 주제(사적 교역)에 대한 모든 논의, 이를 장려하려는 모든 시도는 거대한 위험이며 퇴보이고, 식량 위원이 만난을 무릅쓰고 자본주의의 잔재인 수많은 투기꾼과 싸우며 애쓰는 사회주의 건설에서 후퇴하는 일이다.

이런 판단에서 곡물을 파는 농민을 모두 '투기꾼'이라고 몰아붙이는 판단까지는 아주 조금만 더 가면 되었다. 이미 농민을 혁명성이 부족한 계급이라며 의심의 눈초리로 보던 레닌은 도시-농촌 거래의 위험을 매우 심각하게 받아들였다.

농민들은 선택해야 한다. 곡물을 자유롭게 거래할 것인가? 그것은 곡물 투기를 한다는 뜻이다. 부자는 더 부자가 될 자유를 누리고 가난한 자는 더 가난해지고 굶주리게 된다는 뜻이다. 지주와 자본가가 뭐든 마음대로 하는 세상으로 돌아간다는 뜻이다. 아니면 잉여 곡물을 고정 가격에 국가에 내놓을 것인가![68]

하지만 말로는 충분하지 않았다. 기근이 점점 더 퍼지는 상황 앞에서 볼셰비키는 더 극단적인 수단을 썼다. 보통 역사가들은 레닌이 그 정치적 적대 세력과의 갈등에서 정치 폭력 노선('적색 테러'라 알려진 일련의 정책)으로 돌아선 때를 1918년으로 본다.[69] 그러나 그 전에도 적색 테러는 이미 공식적으로 천명되어 있었다. 9월, 심지어 그가 대규모 체포와 처형 명령을 내리기도 전에 레닌은 이미 경제난을 처리할 법과 관행을 내던지고 있었다. 모스크바와 페트로그라드의 노동자들에게 주어지는 하루 배급량은 빵 1온스로까지 줄어들었다. 모건 필립스 프라이스는 소련 지도부가 1918년 겨울 전체 인민회의 참석자들에게 음식을 간신히 내주는 모습을 보았다. "그 일주일 동안 페트로그라드 철도역에는 아주 소수의 밀가루 수송 열차만 들어왔다."[70] 더 곤란하게도, "모스크바의 노동계급 구역에서 불만이 점점 커지기 시작했다. 볼셰비키 정권은 식량을 내놓든지 꺼져야 한다, 이런 말이 흔하게 들렸다".[71]

1918년 봄, 이런 상황은 레닌의 첫 '츠레즈비차이시치나chrezvy-chaishchina' 선포로 이어졌다. 츠레즈비차이시치나란, 한 학자의 번역으로는 '법에 대한 존중이 무너지고 권력의 자의성이 만연한 공공생활의 특수 상황'[72]이다. 따라서 '특단의 조치'로 이해할 수 있는 '츠레즈비차이니예 메리chrezvychainye mery'를 농민들에게 취할 필요가 있었다. 레닌이 주장한바, 농민들은 잉여 곡물을 빼돌려 자신들을 위해 쓰고 있었다. 그들의 곡물을 강제로 빼앗고 반혁명과 맞서 싸우기 위해 레닌은 또 마침내 '츠레즈비차이나야 코미시야chrezvychainaia komissiia', 즉 '특수 위원회'를 창설했다. 이는 체카Che-Ka/Cheka라고도 불렸다. 이것이야말로 소련 비밀경찰에 처음 주어진 이름이었고, 이후 그 조직은 게페우GPU(국가 정치 보안부), 오그푸OGPU(통합 국가 정치 보위부), 엔카베데NKVD(내무 인민 위원부)로 이름이 바뀌다가 마침내 케이지비KGB(국가 보안 위원회)가 된다.

긴급 상황이 다른 모든 것을 삼켜버렸다. 레닌은 1918년 봄여름에 내전에 직접 관여하지 않는 사람은 모두 식량을 수도로 가져오는 임무를 수행하라고 지시했다. 스탈린은 '남부 러시아에서의 공급 문제' 책임을 맡았고, 이는 곧바로 민족 위원으로서의 그의 원래 임무보다 훨씬 더 중요해졌다. 그는 두 대의 장갑차와 450명의 붉은 군대 병사들을 이끌고 볼가강 연안 도시인 차리친으로 갔다. 모스크바로 식량을 가져오는 게 그의 임무였다. 7월 7일에 처음 레닌에게 보낸 전문에서 그는 '모리배질의 대잔치'를 발견했다고 했다. 그는 자신의 전략을 이렇게 설명했다. "우리는 누구에게도 자비를 베풀지 않을 겁니다. 우리 스스로에게나 저들에게나 말입니다. 빵을 가지고 돌아가겠습니다."[73]

이후 몇 년 동안 스탈린이 차리친에서 벌인 짓은 레온 트로츠키의 최대 경쟁자로 떠오를 그에게 최초의 논란이 일어나는 계기가 되었으며, 모두의 기억에 새겨졌다. 그러나 스탈린이 훗날 우크라이나에 도입할 정책과 연관해보면 또 다른 중요성이 드러난다. 그가 차리친에서 곡물을 확보하려고 쓴 야만적인 전술은 10년도 더 지나 그가 우크라이나 곡물을 확보하려고 쓸 전술을 예고하는 것이었다. 이 도시에 오고 며칠 지나지 않아 스탈린은 혁명군사 평의회와 체카 지부를 세우고 차리친에서 반혁명분자를 '청소'하기 시작했다. 그 지역에 주둔해 있던 장군들을 '부르주아 전문가들' '펜대나 굴리고 있는 샌님들로 내전을 치르는 데 아무짝에도 쓸모없는 인간들'로 폄훼한 그는 그들과 그 밖의 사람들을 구속하고 볼가강 한가운데 떠 있던 바지선에 몰아넣었다.[74] 도네츠크의 몇몇 볼셰비키 군부대와 연합하고, 친근한 사이였던 클리멘트 보로실로프•와 세르고 오르조

• 1881~1969. 우크라이나 태생의 볼셰비키 지도자로, 스탈린이 차리친에 간 목적은 여기 설명하는 것처럼 식량 징발만이 아니라 내전을 돕는 것도 있었다. 당시 차리친은 붉은 군대와 백군의 치열한 공방전이 벌어지던 곳으로, 보로실로프는 그곳의 사령관을 맡고 있었다. 당시의 협력과 결국 함께 이뤄낸 승리로 두 사람은 친근해졌고, 보로실로프는 훗날 스탈린 정권에서 중요한 위치를 차지했다. 이 차리친 전투에서 백군을 무찌른 일을 기념해 차리친은 1929년에 '스탈린그라드'로 이름이 바뀌었고, 스탈린 격하 이후

니키제**의 도움을 받아, 스탈린은 더 큰 규모의 체포와 매질을 합법화했으며 그다음으로 집단 처형에 들어갔다. 붉은 군대의 사나운 패거리들은 지역 상인과 농민들을 덮쳐 곡물을 빼앗았다. 또한 체카에서 피해자들의 범죄를 조작하고(이 역시 나중에 벌어질 일의 예고였다), 내키는 대로 아무나 잡아 가두었다.[75]

곡물이 북쪽으로 가는 열차에 실렸다는 것은 스탈린의 관점에서 이 난폭한 형태의 '전시 공산주의'가 성공적이라는 뜻이었다. 차리친 민중은 큰 대가를 치렀으며, 적어도 트로츠키가 보기에는 군대 역시 톡톡히 대가를 치러야 했다.[76] 트로츠키가 스탈린의 행동을 두고 반발하자, 레닌은 결국 스탈린을 그 도시에서 다른 곳으로 옮겼다. 그러나 스탈린에게 차리친에서 보낸 시간은 중요했으며, 1925년 차리친은 '스탈린그라드'로 개명된다.

1919년 우크라이나 2차 점령 중 볼셰비키는 스탈린이 차리친에 했던 수준의 통제력을 결코 발휘하지 못했다. 그러나 6개월 이상 그들은 적어도 명목상 우크라이나 공화국을 통치했으며, 그사이에 할 수 있는 모든 것을 다 했다. 그들이 몰두하고 있던 모든 일, 무역과 사유재산과 민족주의에 대한 증오를 그들은 우크라이나에서 다 펼

인 1961년 지금의 이름인 볼고그라드가 되었다.
•• 1886~1937. 조지아 태생의 볼셰비키 지도자로 같은 고향 사람인 스탈린과는 오래전부터 친근했다. 그러나 이후 스탈린과의 입장 충돌을 겪고, 숙청될 위기 속에서 1937년 자살했다.

처 보였다. 그러나 식량에 유독 몰두했고 우크라이나의 식량 탈취를 우선시한 바람에 그들이 그곳에서 한 다른 결정들은 주목을 덜 받았다.

그들이 키이우에 두 번째로 왔을 때, 볼셰비키는 매우 빠르게 움직였다. 그들은 자신들이 '우크라이나 해방'을 위한 세력이라는 가면을 재빨리 벗어던졌다. 대신 차르의 정책들을 본받아 시행했다. 우크라이나어 신문 폐간, 학교에서 우크라이나어 사용 금지, 우크라이나어 사용 극장 폐쇄. 체카는 우크라이나 지식인들에게 '분리주의자'라는 죄명을 씌워 신속히 잡아들였다. 우크라이나 공산당 당수이던 라콥스키는 우크라이나어 쓰기를 거부했을 뿐 아니라 그것을 언어로 인정하지도 않았다. 우크라이나의 사회주의 혁명가였던 파블로 흐리스튜크는 나중에 '러시아 군인들'의 행동을 떠올리며, 다수가 구제국 경찰대에서 충원된 그들이 또다시 키이우에서 "우크라이나어를 쓰거나 스스로를 우크라이나인이라 하는 사람이면 무조건 쏴 죽이는" 광경을 전했다. 증오에 찬 채 우크라이나를 깔아뭉개는 어법은 키이우 볼셰비키들의 기본 어법이었다. "일자리가 없고, 배고프고, 시달렸던 대중은 쉽게 군대에 들어갔다. 그들은 두둑한 보수를 받고 가족에게 '배급 식량'을 갖다줄 수 있었다. 군대의 '사기'를 높이는 일은 어렵지 않았다. 그저 우크라이나 호흘리Khokhly(우크라이나인에 대한 멸칭) 새끼들 때문에 우리 '형제들'이 굶고 있다고 말하기만 하면 되었다.

그러면 우리 '동지'들은 우크라이나인에 대한 원한을 불태웠다."[77]

러시아에서처럼 그들은 대형 부동산을 몰수하고 그 땅의 일부를 집단 농장 건설과 그 밖의 국영 농업 기업을 짓는 데 썼다. 역시 장차 쓸 정책의 또 하나의 전조였다. 그러나 모스크바 볼셰비키들이 이런 실험을 하는 데 열심이었던 반면, 우크라이나 공산주의자들은 그렇지 않았다. 좀더 요점을 말하자면, 두 집단 모두 우크라이나 농민으로 구성되지 않았다. 러시아에는 공동 농업의 전통이 있었고, 다수의 러시아 농민은 농촌 공동체(옵시치나 또는 미르라고 불리던) 안에서 토지를 합동으로 소유하고 있었다. 그러나 그런 관습을 가진 우크라이나 농민은 전체의 4분의 1에 불과했다. 대부분 개별 경작을 했으며, 지주든 소작인이든 각자 토지, 가옥, 가축을 소유했다.[78]

1919년에 집단 농장에 자발적으로 가입하라고 제안받았을 때, 아주 소수의 우크라이나 농민만이 이를 받아들였다. 그리고 새로운 소련 정권이 550여 곳의 집단 및 국영 농장을 우크라이나에 설치했을 때, 대부분은 인기가 없고 성공하지 못했다. 거의 모든 농장이 얼마 못 가 해체되었고 징발된 토지는 대부분 다시 배분되었다. 농민들은 우크라이나 서부와 중부의 땅은 조금, 남부와 동부의 스텝 지역 땅은 많이 재배분받았다. 120에이커에서 250에이커에 해당하는 토지를 가진 소규모 자영농은 재산을 그대로 지켰다. 비록 아무도 겉으로 말하지 않았지만, 우크라이나의 자영농이 더 많은 곡물을 더 효율적으로 생산한다는 점은 암묵적으로 인정되고 있었다.[79]

그러나 1919년 레닌에게 곡물은 우크라이나인들의 집단 농업에 대한 인식을 전환하는 일보다 훨씬 더 중요한 문제였다. 이 공화국의 문제가 의제로 떠오를 때마다 그는 곡물 문제부터 꺼냈다. 우크라이나만 언급되면 레닌은 매번 얼마나 많은 곡물이 그곳에 있냐고 질문했다. 그리고 거기서 얼마나 가져올 수 있느냐, 또는 이미 가져온 게 얼마나 되느냐고 물었다.[80] 레닌은 그 문제에 대해 알렉산드르 실리흐테르를 무척 신임했는데, 그는 1918년 말 '우크라이나 식량 수집 인민 위원'으로 임명된 볼셰비키 혁명가였다. 1919년 초 실리흐테르는 이미 우크라이나의 식량 생산과 관련된 모든 인물, 조직, 단체를 손안에 장악하고 있었다.[81] 동중부 우크라이나의 폴타바 출신인 실리흐테르는 그의 고향이 식량 생산 잠재력이 크다고 여겼는데, 다만 그는 그 수혜자가 우크라이나인이 되어야 한다고는 전혀 생각하지 않았다. "우리는 곡물 징발로 1억 푸드(160만 킬로그램)를 확보한다는 목표를 갖고 있다. (…) 1억 푸드를 굶주리고 있는 러시아에 공급한다. 러시아가 지금 동쪽에서 국제적 위협을 받고 있기 때문이다. 이 수치는 매우 높으나 부유한 우크라이나, 빵을 생산하는 우크라이나라면 도움이 될 것이다……."[82]

이 숫자는 하늘에서 뚝 떨어진 것이었다. 이후 실리흐테르는 5000만 푸드를 요구했으나, 여전히 가당찮았고 그 근처에도 가볼 수 없었다.[83] 그는 곡물을 구입하기란 불가능하다는 것을 똑똑히 알게 되었다. 어느 옵서버의 회상대로, 농민들은 자신들의 생산물을 '케렌스키 돈(1917년 2월에 만들어진 화폐)'이나 우크라이나의 카르보베네츠•를 받고 게으른 도시민들에게 넘기기를 거부했다. "쓸모없는 종이 돈다발이야 집마다 쌓여 있었다."⁸⁴ 농민들은 곡물을 기꺼이 옷이나 도구 등으로 물물교환할 의사가 있었지만, 러시아는 공산품을 거의 내놓지 못하고 있었고 실리흐테르는 그들에게 줄 게 없었다.

다시 한번 힘이 유일한 해결책이었다. 그러나 스탈린이 차리친에서 했던 것처럼 노골적인 폭력을 행사하는 대신, 실리흐테르는 더 교묘한 형태의 폭력을 썼다. 그는 촌락에 새로운 계급 체계를 도입해 농민들을 새로운 범주에 따라 다른 이름으로 구분했다. 그리고 그들 사이의 반목을 유도했다. 그 전에 우크라이나 촌락 구성원들 사이의 계급 구분은 잘 세워져 있지도 않았고, 별 의미도 없었다. 트로츠키 스스로가 말하기를, 농민이란 "과거와 비교해 차이를 둘 때, 새로운 계급의 모양새를 보인다".⁸⁵ 앞서 언급했듯, 우크라이나 농촌에는 러시아에서 좀더 흔했던 토지 공동 소유 관습이 널리 퍼져 있지 않았다. 토지를 가진 사람과 열심히 일하는 사람, 토지를 갖지 않은 사람, 그리고 어떤 이유로(불운하거나 술꾼이거나) 일을 잘 못하는 사람 정도의 대략적인 구분이 있을 뿐이었고 구분의 경계는 모호했다. 같은 가족 구성원이라도 다른 집단에 속할 수 있었고, 농민들은 이 짧은 사다리를 아주 빠르게 올라가거나 내려갔다.⁸⁶

• 우크라이나 중앙 라다에서 발행한 화폐.

마르크스주의를 엄격하게 익히고 세상을 위계적으로 바라보는 습관이 있던 볼셰비키는 더 확실한 계급 구분을 주장했다. 결국 그들은 농민을 세 부류로 나눴다. 쿨라크 즉 부농, 세레드냐크seredniak 즉 중농, 베드냐크bedniak 즉 빈농. 여기에는 누가 그들 혁명의 희생자가 되고 수혜자가 될지를 정하려는 의도가 다분했다.

부분적으로 실리흐테르는 '쿨라크' 또는 '쿠르쿨kurkul(우크라이나어로 직역하면 '주먹')'에 대한 이념 투쟁을 일으켜서 계급 분화를 이루려 했다. 이 단어는 혁명 이전에는 우크라이나 농촌에서 거의 쓰이지 않았다. 쓰인대도 단지 일을 잘하는 사람, 또는 다른 사람을 고용할 만한 여유가 있는 사람을 가리켰지, 그게 꼭 부자임을 뜻하지는 않았다.[87] 비록 볼셰비키도 쿨라크(마침내 정치적 용어가 되었다)를 어떻게 정의할 것인지 계속 논란을 벌이긴 했지만, 그들을 곡물 수급의 주된 장애물로 뒤집어씌우거나 더 가난한 농민의 착취자, 소비에트 권력의 방해자라고 비난하는 일에는 아무 문제가 없었다. 매우 빠르게 쿨라크는 볼셰비키의 가장 중요한 희생양 중 하나가 되었으며 볼셰비키의 농업 및 식량 배급에서의 실패 원인으로 계속 지적되었다.

쿨라크를 공격하면서 실리흐테르는 동시에 '빈농 위원회'(코미테티 네자모즈니흐 셀리안komitety nezamozhnykh selian, 또는 콤네자미komnezamy, 러시아어에서는 콤베디kombedy)라는 것을 통해 새로운 아군을 만들었다. 이 콤네자미는 훗날 우크라이나 기근에서 일익을 담당하게 되지만, 혁명 직후에는 실리흐테르의 첫 곡물 수집 캠페인에 활용되는 정도였다. 그의 지휘로 붉은 군대와 러시아 선동가들은 마을에서 마을로 다니며 가장 빈곤한, 가장 생산력이 낮은, 그리고 대체로 기회주의 성향이 짙은 농민들을 모았고 그들에게 권력과 특권뿐 아니라 그들의 이웃에게서 몰수한 토지를 나눠주었다. 그 대가로 이 엄선된 협력자들에게는 이웃들의 '잉여 농산물'을 찾아내고 몰수하는 일이 맡겨졌다. 이 강제 곡물 수집('프로드라즈비오르스트카'라 불린)은 엄청난 분노와 적의를 불러일으켰으며, 이는 결코 사그라들지 않았다.[88]

쿨라크와 콤네자미, 이 두 개의 새로 구성된 촌락 집단은 서로를 매우 적대시했다. 쿨라크는 콤네자미가 자신들을 없애려고 만들어진 집단임을 확실히 알고 있었다. 콤네자미 역시 그들의 장래 지위가 쿨라크를 없애는 능력에 달려 있다는 것을 잘 알았다. 따라서 그들은 똑같이 서로에게 맹렬한 징벌을 가할 용의가 넘쳤다. 체르니히우 지역의 벨리케 우스탸 빈농 위원회의 열성 멤버인 이오시프 니즈니크는 1918년 1월 전선에서 귀향한 뒤 콤네자미에 가입했다. 그가 나중에 한 회상에 따르면, 그 지역 위원회에는 50명의 회원이 있었다. 그들보다 부유한 이웃의 토지를 빼앗는 과제를 수행하던 그들은 당연히 맹렬한 저항에 부딪혔다. 이에 맞서 소수의 콤네자미 회원들은 무장 '혁명 위원회'를 구성했다. 니즈니크의 회상에 따르면 이들은 즉각적이고 강력한 수단을 썼다. "쿨라크와 종교 집단은 혁명 위원회의 허가 없이 모임을 가질 수 없었습니다. 쿨라크가 가진 무기는 압수되었고, 호위병들과 쿨라크의 동태를 감시하는 비밀 요원들이 마을 곳곳에 배치되었죠."[89]

이 모든 조치가 상부의 지시였다거나 허가를 받고 이뤄진 것은 아니었다. 그러나 빈농 위원회 사람들에게 그들의 복지가 쿨라크를 얼마나 잘 터느냐에 달려 있다고 말함으로써 살벌한 계급 전쟁이 부추겨졌음을 실리흐테르는 잘 알고 있었다. 그가 나중에 쓰기를, 콤네자미가 "쿨라크의 정치적, 경제적 지배력을 없애는" 일을 확실히 함으로써 "농촌에 사회주의 혁명이 도래했다".[90] 또 다른 볼셰비키는 이를 1918년 당 대회에서 명확히 언급했다. "여러분, 농민 동지들은 현재 우크라이나에서 진행되고 있는 일을 알아야 합니다. 그곳에는 부유한 쿨라크가 많지요. 아주 많습니다. 그리고 그들은 잘 조직되어 있어요. 우리가 우리의 코뮌을 농촌에 세우려고 하면 (…) 이 쿨라크들은 맹렬히 저항할 것입니다."[91]

힘겹게 내전을 치르던 1918년 3월, 트로츠키는 평의회 겸 노동조합협회에 참석해 식량이 '붉은 군대에 의해, 어떤 대가를 치러서라도' 수급되어야 한다고 말했다. 더욱이 그는 그런 행동이 낳을 결과에 대해 긍정적이고 적극적이었던 것으로 보인다. "만약 식량 수급이 쿨라크와 촌락의 더 가난한 구성원들 사이의 내전을 의미한다면, 내전이여, 만세다!"[92] 10년 뒤에는 스탈린이 똑같은 말을 할 터였다. 그러나 1919년에도 이미 볼셰비키는 농촌을 심각하게 분열시키는 데 열심이었고, 분노와 적의를 이용해 자신들의 정책을 밀어붙였다.

실리흐테르가 이런 식의 풀뿌리 혁명을 처음 창안한 사람은 아니다. 1918년 러시아에서 레닌이 먼저 시도했고, 실패했다. 러시아의 빈농 위원회는 단지 인기가 없었을 뿐만 아니라(러시아 농민들은 우크라이나 농민들보다 더 엄격한 계급 구분을 싫어했으며, 이웃들을 '동료 촌민들'이라 여기는 편을 선호했다), 부패하기까지 했다. 이 위원회는 자신들이 몰수한 곡식을 갖고 재빨리 사적 이익을 취했으며, 많은 러시아 지역에서 '부패와 기만의 네트워크'[93]로 전락해버렸다. 실리흐테르는 볼셰비키에 대한 호감이 더 낮은 우크라이나에서 이 정책을 재시도할 때의 정치적 위험 요인을 알고 있었다. 그럼에도 '전사들에게 빵을, 혁명을 구하기 위해!'라는 구호와 함께, 실리흐테르는 콤네자미 사람들에게 무슨 수를 쓰더라도 곡물을 가져오라고 한껏 압력을 가했다.

그것이 그의 유일한 전술은 아니었다. 실리흐테르는 민간 단체와 군벌들에게도 거래를 제안했다. 공식 기록에 따르면, 1919년 상반기에 87개의 서로 독립된 곡물 수집 팀이 러시아에서 우크라이나로 건너왔으며, 이들의 총인원은 2500명에 이르렀다. 만약 동반한 병사들과 기타 비공식 참여자들까지 집계한다면 더 큰 숫자일 것이다.[94] 나머지는 우크라이나 안에서, 도시에서, 또는 지방의 범죄 조직에서 왔다. 1929년에 도시에서 농촌으로 보내진 집단화 여단들이 그러했듯, 팀원 다수는 러시아인이 아닐지라도 러시아어는 할 줄 아는 도시 볼셰비키 추종자들이었다. 그들이 어떤 민족 출신이든, 농민들은 이 무장한 곡물 수집 팀들을 '외국인'으로 여겼다. 1년 전 똑같은 전술을 시도했던 독일과 오스트리아 병사나 마찬가지로 존중할 가치가 없는 이방인들로 치부했다. 당연하게도 농민들은 그들과 맞서 싸웠다. 실리흐테르도 인정했듯, "비유적으로 말하자면, 획득된 곡물 1푸드마다 노동자의 핏방울이 스며 있다고 할 수 있다."[95]

농민만이 계급 폭력의 선동자이거나 유일한 희생자인 것은 아니었다. 체카 역시 우크라이나에서 정적들에 대해 가혹하고도 엄혹한 공세를 펼치고 있었다. 이 비밀경찰은 우크라이나 민족주의자들만이 아니라 상인, 은행가, 자본가, 부르주아(대부르주아든 프티부르주아든), 전직 제국 경찰, 전직 제국 공무원, 전직 정치 지도자, 귀족과 그 친족, 무정부주의자, 사회주의자, 그 밖의 볼셰비키를 따르지 않는 좌익 인사 등등을 잡아들였다. 우크라이나에서는 그런 비볼셰비키 좌파가 특히 중요했다. 우크라이나 사회주의혁명당의 급진 좌익인 보로트비스티는 우크라이나 농촌에서 강력한 지지를 받고 있었다. 보로트비스티가 볼셰비키와 이념적으로 매우 가까웠음에도(가령 두 정파 모두 급진적 토지 개혁을 선호했다), 보로트비스티 일당은 볼셰비키 정부 구성에서 제외되었으며 중앙 라다와 협력한 일로 요주의 대상이 되어 있었다.

볼셰비키의 적 목록에는 인근의 돈 카자크와 쿠반 카자크도 포함되어 있었다. 그들은 러시아와 우크라이나에 걸친 영토를 가졌으며 우크라이나 남부의 자포로제 카자크처럼 항상 높은 수준의 자치를 누려왔다. 많은 카자크의 스타니차스stanitsas(그들의 자치 단위를 부르는 이름)는 혁명기에 백러시아 제국군 편에 섰으며, 일부는 더 반동적인 행동을 했다. 우크라이나어를 말하는 쿠반 카자크의 통치 기구인 쿠반 라다는 1917년 4월에 스스로를 쿠반의 주권 정부로 선언했다. 그리고 10월부터 볼셰비키와의 싸움에 들어갔으며, 1918년 1월에는 아예 독립 쿠반 인민공화국까지 선언해버렸다. 1918년 내전이 최고조에 이르렀을 때, 러시아어를 말하는 돈 카자크 역시 독립을 선언하고 돈 공화국을 수립했다. 이는 낭만적인 제스처였다. 이로써 모스크바는 그들과 절연했고, 볼셰비키는 계속해서 그들을 '본능적인 반혁명 패거리'이자 '제정의 종복들'이라고 불렀다.

1919년 1월 붉은 군대가 돈 지역에 진입한 후, 볼셰비키 지도부는 카자크 문제를 일체 없애버리라는 지시를 내렸다. 병사들에게 내려진 명령은 "부유한 카자크들에게 집단 테러를 가할 것, 그들을 완전히 절멸시킬 것, 직간접적으로 소비에트와의 권력 투쟁에 가담한 모든 카자크에게 무자비한 집단 테러를 가할 것 (…) 모든 잉여 농산물을 몰수하고 지정된 지점들에 강제로 집적해놓도록 할 것"[96] 등이었다.

당시 임무를 맡았던 체카 요원인 요세프 레인골트는 이 계획을 '탈카자크화'라고 완곡하게 언급했다. 실제로 그것은 대량 학살이었다. 혁명 재판소의 '판결'에 따라 약 1만2000명이 살해되었으며, 붉은 군대의 정치 장교 한 명과 공산당원 두 명으로 구성된 이 재판소는 일사천리로 사형 선고를 내렸다. 학살을 뒤이어 일종의 인종 청소가 이뤄졌다. '믿을 만한' 노동자와 농민은 돈 카자크의 정체성을 더 '묽게' 만들기 위해 유입되었다.[97] 이는 소련이 사회공학적 목적에서 대규모 폭력과 대규모 인구 이동을 벌인 최초의 사례 중 하나로, 이후의 소련 정책, 특히 대우크라이나 정책에 중요한 전례가 된다. '탈카자크화'라는 용어 자체가 10년 뒤 소련 정책의 핵심이 될 '탈쿨라크화'에 영감을 주었을지도 모른다.

그러나 그 정책은 역풍을 맞았다. 3월 중순, 원래는 그 다수가 붉은 군대와 협력했던 베셴스카야 스타니차스의 카자크들이 일제히 반란을 일으켰다.[98] 우크라이나 전체에서 붉은 군대의 지휘관들은 심각한 우려를 드러냈다. 우크라이나 지역 사령관이던 안토노프 옵시옌코는 레닌과 중앙 위원회에 각각 편지를 써 보내 소비에트의 정책을 완화해줄 것과 특히 지역 집단 및 우크라이나 민족 지도자들과 좀더 협력할 것을 요청했다. 그는 우크라이나 소비에트 정부를 확대해 농민들의 지지도가 볼셰비키보다 높은 사회민주주의자 및 보로트비스티를 포함할 것을 건의했다. 또한 그는 곡물 수급 활동을 중지할 것, 붉은 군대에서 떼지어 이탈하고 있는 우크라이나 농민들에게 곡물을 더 양보할 것을 요청했다.

모스크바에서 그에게 귀 기울이는 사람은 아무도 없었다. 강경론은 계속되었으며 곡물 수급 정책은 유지되었다. 그러나 여전히 성과는 부진했다. 실리흐테르는 겨우 850만 푸드(13만9000톤)의 곡물

만 러시아로 보낼 수 있었다. 레닌이 요구한 양에 비하면 턱없이 부족한 수준이었다.[99]

1919년 8월, 볼셰비키는 두 번째로 키이우에서 쫓겨났다. 그 여파로 현대 유럽 사상 최대이자 가장 격렬한 농민 반란이 농촌 전역에서 폭발한다.

2장

반란, 1919년

우크라이나인들이여, 권력을 손에 쥐어라!
개인이든 당이든 어떤 독재자도 용납하지 마라!
노동계급의 독재여, 영원하라!
농민과 노동자의 굳은살 박인 손이여, 영원하라!
정치 협잡꾼들을 타도하라!
우파 폭력을 타도하라! 좌파 폭력을 타도하라!
—오타만 마트비 흐리호리예우, 1919[1]

주님이시여, 1918년은 위대했습니다. 그리고 무시무시했습니다.
그러나 더 무시무시한 1919년입니다.
—미하일 불가코프, 1926[2]

네스토르 마흐노가 세례를 받았을 때, 예식을 집전하던 사제의 사제복이 불타올랐다고 한다. 농민들은 이것이 계시라고 말했다. 이 아기는 대도적이 될 운명이라고. 마흐노의 첫째 아들이 태어났을 때 아기는 이미 완전히 이가 나 있었다. 이 또한 계시라고 농민들은 수군댔다. 그가 적그리스도임을 증거한다는 것이다.³ 마흐노의 그 아들은 죽었고, 마흐노 본인의 세례식 이야기도 가물어졌다. 그러나 1919년의 대혼란 속에서 가장 강력하고 아마도 가장 카리스마 있었던 우크라이나 농민 반군 지도자 마흐노를 둘러싼 이야기들은 서로 모순되면서도 그가 죽은 뒤까지 이어질 정도로 넘쳐났다. 트로츠키가 마흐노의 추종자들을 이렇게 폄하한 일은 유명하다. "대부분 무지몽매하고 시대착오적인 농민들의 눈을 가리는…… 쿨라크 약탈자들."⁴ 러시아인 무정부주의자이자 마흐노의 숭배자였던 표트르 아르시노프는 그를 '우크라이나 농민과 노동자들이 혁명적 봉기에 나섰을 때' 그들을 단합시킬 수 있는 인물로 묘사했다. "우크라이나 전체에서 대중이 부글부글 끓어오르고, 폭동과 싸움으로 뛰어들 때" 마흐노는 "투쟁의 계획을 제시하고, 혁명의 구호를 마련해낼 것이다."⁵

　1918년 우크라이나 농민 폭동을 둘러싼 안개와 신화를 다 걷어내기란 어렵다. 그래도 수많은 지도자 가운데 마흐노는 여러 역할을 해냈고, 편도 숱하게 바꿨다. 원래 마흐노는 남서 우크라이나 자포로제 카자크의 혁명가였다. 제국 경찰에게 몇 차례 체포되면서 그는 1908년부터 1917년까지 모스크바에서 감옥생활을 했다. 거기서 여러 사람을 만났고 아르시노프와 친구가 되었으며 무정부주의 이념에 빠져들었다. 이 철학은 급진적이며 현상 유지에 반대한다는 점에서는 같다고 해도 볼셰비즘이나 우크라이나 민족주의와 결코 같은 결은 아니었다. 마흐노는 국가를 부수고 싶어했지, 강화하고 싶어하지 않았다. 2월 혁명이 일어나고 1917년에 풀려난 그는 자포로제로 돌아가 농민 연합을 조직하기 시작했다. 이는 과격한 농민군으로 빠르게 진화했으며, 트로츠키가 경멸적으로 표현했듯 훌랴이폴레에서 "듣도 보도 못한 잡스러운 국가"를 지배하게 되었다. 마흐노가 태어난 마을 근처인 이 지역은 키이우의 권위를 인정하길 거부했다.

때로는 검은 군대(검은색의 무정부주의 깃발을 들고 싸웠기에)로, 때로는 마흐노비스츠 makhovshchyna로 불린 마흐노의 병사들은 처음에 파블로 스코로파즈키와 그의 독일 및 오스트리아 동맹군과 맞서 싸웠고, 한편으로 시몬 페틀류라와 우크라이나 민족주의 세력과도 다투었다. 그들의 일정한 분노는 순전히 지역적인 것이었다. 가령 그들은 동부 우크라이나의 메노파* 지주들을 '독일인' 착취자들과 똑같이 보면서 그들의 모든 재산을 빼앗아야 마땅하다고 여기기도 했다. 그러나 더 원대한 목표도 있었고, 그들은 '백군'뿐 아니라

---

* 16세기 종교개혁 당시 나타난 개신교 분파의 하나로, 유아 세례를 인정하지 않는 재세례파에서 메노 시몬스의 가르침에 따르는 분파가 뻗어나온 것이다. 독일, 네덜란드 등이 본거지였으나 박해를 피해 여러 나라로 흩어졌으며, 그중 예카테리나 2세가 종교 관용 정책을 취하고 있던 제정 러시아와 그 일부이던 우크라이나로도 많이 유입됐다.

중앙 라다의 민족주의 세력과도 공감하지 않았으므로, 마흐노의 무정부주의자들은 처음에 볼셰비키와 손잡게 됐다. 마흐노의 세력에 힘입어 볼셰비키는 1918년 초 최초이자 짧게 끝난 볼셰비키 우크라이나 정부를 세울 수 있었다.

예측할 수 있듯이 관계는 곧 깨졌다. 마흐노의 무정부주의에는 볼셰비키의 본능을 통제하는 힘이 몹시 부족했다. 마흐노는 그들의 권위주의적 방법론이 마음에 들지 않았고, 1920년 그는 붉은 군대 병사들을 불러서 함께 떠나자고 종용했다.

> 우리는 오스트리아와 독일의 폭군들을 내쫓았고, 데니킨*의 학살자들을 분쇄했으며, 페틀류라와 싸웠소. 이제 우리는 정치 장교들의 권위적 지배와 볼셰비키 공산당의 독재와 싸우고 있소. 그들은 노동 인민의 모든 삶을 철권으로 통제하오. 우크라이나의 농민과 노동자들은 그 멍에에 신음하고 있소…… 그러나 우리는 여러분을, 붉은 군대의 동지들을 피를 나눈 형제라 여기오. 우리는 함께 순수한 해방을 위해, 당이나 관료 기구의 압박이 없는 진정한 소비에트 체제 건설을 위해 싸워오지 않았소.[6]

• 1872~1947. 제정 러시아의 장군으로 혁명 이후 제정 복고를 주장하는 백군 진영에서 남러시아군 총사령관을 맡아 볼셰비키 등과 내전을 벌였다. 1920년 백군의 패배가 확실해지자 외국으로 망명해 미국에서 죽었다.

트로츠키의 비웃음에도 불구하고 이런 감상은 훌랴이폴레의 경계를 한참 넘어 인기를 얻었다. 우크라이나인들이 '당이나 관료 기구에 압박되지 않는 진정한 소비에트 체제'를, 볼셰비즘 없는 사회주의를 지향한다는 생각은 널리 퍼지고 큰 감동을 주었으며, 마흐노를 전혀 모르는 많은 사람에게까지 영향을 미쳤다. 크론시타트의 수병과 탐보프의 농민들이 1920년과 1921년 봉기의 선봉에 섰던 것처럼, 우크라이나 농촌의 수만 명이 사회주의 혁명을 바라지만 모스크바의 중앙집중적 권력과 압제는 거부한다는 입장을 내세우며 일어섰다. '붉은 군대 병사 동지'에게 보내는 리플릿이 중앙 우크라이나에서 회람되었다. 그 내용은 이렇다.

당신들은 러시아인과 유대인 인민 위원들에 의해 우크라이나에 왔다. 그들은 소비에트 권력을 우크라이나에서 확립하기 위해 싸우라고 했으나, 실제로는 우크라이나를 정복하라는 것이다. 그들은 우크라이나의 부농들에 맞서라고 지도했으나, 실제로는 가난한 우크라이나 농민과 노동자들과 맞서라는 것이다. (…)
우크라이나 농민과 노동자는 러시아군의 우크라이나 정복과 약탈을 용인할 수 없다. 차르 지배하에서 우크라이나어와 문화 탄압이 재연되는 일도 용인할 수 없다. (…)
형제들이여, 당신들의 무기를 우크라이나 노동자 농민에게 겨누지

마라. 그보다 당신들의 불행한 인민 역시 고문하고 있는 인민 위원회 공산주의자들에게 겨눠라.[7]

당시 적십자 일로 우크라이나에 와 있던 한 옵서버는 이러한 우크라이나식 사고를 다음처럼 설명했다.

특별한 농민식 표현법이었다. '우리는 볼셰비키다.' 우크라이나 농민들은 그렇게 말했다. '하지만 공산주의자는 아니다. 볼셰비키는 우리에게 토지를 주었다. 그러나 공산주의자들은 아무 대가도 없이 우리 곡물을 가져갔다. 우리는 붉은 군대가 우리 목에 코뮌이라는 밧줄을 거는 일을 용납하지 않을 것이다. 코뮌 타도! 볼셰비키여 영원하라!'[8]

당시에 이처럼 용어가 혼란스럽게 사용되었기에 이 문장들은 다른 식으로도 읽히기 쉬웠다. '볼셰비키 타도! 코뮌이여 영원하라!' 하지만 요점은 분명했다. 우크라이나 농민들은 한 가지 형태의 혁명을 바랐다는 것, 하지만 전혀 다른 것을 얻고 말았다는 것이다.

비슷하게 좌익이며 똑같이 혁명적이면서 반볼셰비키적인 언어는 흐리호리예우의 추종자들에게도 먹혀들었다. 그 역시 1919년의 대혼란 속에서 나타난 지도자였다. 흐리호리예우는 겉으로만 보면 마흐노와 별로 다르지 않아 보였다. 카자크였고 러시아 제국군의 일원이었던 그는 처음에는 파즈키 정권을 지지했고, 그에게서 대령 계급을 받았다. 그 뒤 그는 스코로파즈키에 대한 환멸을 품는 한편 야심이 커졌다. 흐리호리예우는 자기 주위에 일단의 충성스러운 추종자들을 모았다. 117개의 서로 다른 파르티잔 부대였는데, 어떤 추산에 따르면 6000명에서 8000명의 병력이었다고 한다. 이들은 대개 기질이 남다른 농민병 지휘관들이 이끌던 부대들로, 독일의 꼭두각시 정권이 된 페틀류라에 대한 지지를 철회한 입장이었다.[9]

페틀류라를 수장으로 하는 국민군인 '지도 집단'에서는 흐리호리예우에게 '자포로제, 올렉산드리아, 헤르손, 타브리다의 오타만'이라는 칭호를 주었다. 허풍선이에 큰소리를 잘 내던 흐리호리예우는 마흐노처럼 극좌의 언어를 썼다. 그는 독일과 오스트리아 점령군이 증오스러운 '부르주아'이며 우크라이나를 피폐하게 할 속셈으로 서로 짰다고 주장했다. 1918년 가을에 발표한 한 최후 통첩문에서 그는 이렇게 선언했다.

나 오타만 흐리호리예우는, 내가 지휘하는 파르티잔들의 이름으로, 부르주아들의 억압을 떨치고 일어나, 분명한 양심을 갖고, 그대들에게 선언한다. 그대들은 여기 우크라이나에 그대들 나라의 부르주아들의 눈먼 도구로서 들어왔다. 그대들은 민주주의자가 아니며, 모든 유럽 민주주의자의 배반자다.[10]

'지도 집단'이 붉은 군대에 패배할 것이 분명해지자, 흐리호리예우는 재빨리 진영을 바꿔 볼셰비키에 가담했다. 이 동맹은 마흐노와 붉은 군대 사이의 결탁보다 더 불안정했다. 흐리호리예우 군과 동행했던 어느 소련 종군 기자는 그들의 규율 없음, 약탈을 일삼는 태도, 병사 개개인의 '의식 속에 뿌리박힌' 반유대주의 등에 전율하며 이를 관찰했다. 그는 어느 지휘관들이 농담으로 "오늘 우리 '공산주의 유대인 놈들'[11]을 죽이러 갈까"라고 말한 것을 인용했다. 그는 그런 식의 농담이 볼셰비키와의 동맹을 장기적으로 위태롭게 하지 않을까 염려했다.

단기적으로도 상황은 좋지 않았다. 흐리호리예우와 붉은 군대 지휘관들 사이의 연락은 종종 끊겼으며, 특히 그가 붉은 군대의 연락을 기다릴 때 그런 일이 일어나곤 했다. 결국 양자 협력은 1919년 5월에 끝장났다. 마침내 흐리호리예우는 자신의 추종자들에게 아직도 키이우를 장악하고 있던 소비에트 체제에 반기를 들라고 지시했다. 그의 과장 심한 발언은 그야말로 온갖 사상의 잡탕이었다. 민족주의, 무정부주의, 사회주의, 공산주의가 뒤섞여 있었다. 그것은 아마 이미 여러 진영의 군대가 자신들의 땅을 밟고 지나가는 걸 본 우크라이나 농민들의 심정을 아주 정확히 반영했을 것이다.

> 우크라이나인들이여, 권력을 손에 쥐어라! 개인이든 당이든 어떤 독재자도 용납하지 마라! 노동계급의 독재여, 영원하라! 농민과 노동자의 굳은살 박인 손이여, 영원하라! 정치 협잡꾼들을 타도하라! 우파 폭력을 타도하라! 좌파 폭력을 타도하라![12]

볼셰비키는 이 선언에 쓰인 수사법에 그들 나름대로 응답했다. 그들은 이 '쿨라크 봉기' '쿨라크 도적 떼' '쿨라크 반역자들'을 맹비난했다. 분명 '쿨라크'라는 단어는 이미 전보다 더 넓은 의미로, 단지 '부농'만을 의미하는 것이 아니게끔 쓰이고 있었다. 이미 1919년에, 누구든 따로 곡식을 쌓아둔 사람은, 그리고 누구든 소비에트 권력에 맞서는 사람은 모조리 쿨라크로 불리며 매도되었다. 10년 뒤 스탈린은 비슷한 유의 적들을 향해 굳이 새로운 단어를 고안할 필요가 없었다.[13]

그러나 모욕을 마구 지껄이는 게 1919년 당시 소련의 대의에 보탬이 되지는 않았다. 초여름, 흐리호리예우와 마흐노 둘 다 볼셰비키에서 영영 떨어져 나갔으며, 다른 많은 파르티잔, 아타만, 지역 지도자도 마찬가지였다. 그들 모두 한 가지에 있어서는 뜻이 같았다. 그들의 혁명에 대한 열의가, 토지와 자치에 대한 열망이 우크라이나 민족주의자들에 의해, 독일인들에 의해, 그리고 무엇보다 볼셰비키에 의해 망가졌다는 것이었다. '소비에트 권력으로, 공산주의자는 말고!'라는 구호에 끌려, 농민군 병사들은 줄줄이 붉은 군대를 버리고 다른 집단에 가담했다. 알렉산드르 실리흐테르는 4월 한 달 동안만 93회의 '반혁명적 공격'이 있었다고 셈한다.[14] 다른 계산에 따르면 6월 한 달 동안 328회의 개별 폭동이 있었으며, 소비에트 관리들이나 붉은 군대가 습격받았다. 또한 7월, 크리스티안 라콥스키는 20일 동안 200회 이상의 반볼셰비키 폭동이 일어났다고 기록했다.[15]

'혼란'이라는 단어는 이후 전개된 일을 묘사하기에 턱없이 부족하다. 마흐노와 흐리호리예우는 붉은 군대와 싸웠고, 백군과도, '지도 집단'과도 싸웠다. 그리고 마침내 서로 싸웠다. 반군끼리의 회담은 7월에 충격으로 이어졌는데, 마흐노 측의 대표가 흐리호리예우에게 총을 겨누고 그와 몇 명을 살해한 것이다.* 백군 사령관인 안톤 데니킨은 새로 공세를 펼쳤고, 먼저 스탈린이 아끼는 도시 차리친을 점령한 뒤 우크라이나로 진격해 6월에 하르키우와 카테리노슬라우(지금의 드네프로페트롭스크)를 손에 넣었다. 한 달 뒤에는 폴타바까지 그

● 이렇게만 보면 마흐노 쪽에서 흐리호리예우를 일방적으로 배신한 것 같지만, 당시 흐리호리예우는 전세가 기울었다며 그동안 내내 적대시해온 백군의 데니킨에게 항복하자는 뜻을 보였고 이를 배신으로 여긴 마흐노 쪽에서 처단한 것이다.

에게 떨어졌다. 한편 페틀류라의 군대가 서쪽에서 몰려와 키이우를 다시 빼앗았지만, 얼마 버티지 못하고 다시 퇴각했다.

키이우는 1919년 한 해에만 통틀어 열 차례 이상 점령자가 바뀌었다. 리처드 파이프스는 우크라이나의 1919년을 '완전한 무정부 시기'라고 인상적으로 묘사했다.

모든 땅이 셀 수 없을 정도로 조각조각 갈라졌다. 서로 간에도 통하지 않고 그 밖의 세계와도 통하지 않는 고립된 땅 조각들로. 그 조각마다 농민이나 약탈자들의 무장 집단이 지배하며, 제멋대로 빼앗고 죽이고들 있었다. (…) 스코로파즈키가 물러난 뒤, 우크라이나의 통치권을 주장한 어느 쪽도 한 해 동안 실질적 주권을 행사하지 못했다. 그곳에서의 사태 추이를 예의 주시하면서 스스로 그 땅을 지배하려 애썼던 공산주의자들도 우크라이나 민족주의자와 백러시아의 경쟁자들을 물리칠 수 없었다.[16]

보통 사람들에게 무법천지란 끊임없이 착취당하는 것을 뜻했다. 우크라이나의 소수파 중 하나인 메노파 교도이던 헤인리치 예프는 자신이 속한 공동체가 누구든 찾아오는 사람들에게 대책 없이 당했던 때를 회상한다.

대부분의 시간 동안 우리에게 의지와 목적을 제대로 갖춘 정부는 없었다. 법도 경찰도 없었다. (…) 낮에 우리를 자주 찾아오는 사람들은 대체로 지역 러시아계 사람들이나 청년들이었다. 그들은 올 때마다 마음에 드는 물건을 자기들 것이라며 가져갔다. (…) 그러나 가장 무서운 방문은 밤에 벌어졌다. 이른바 도적 떼가 찾아왔고, 그들이 올 때마다 누가 죽어나지 않고 넘어가는 일은 없었다.[17]

점령 세력이 바뀔 때마다 정책도 바뀌었다. 데니킨의 백군이 한 지역을 점거할 때마다 지주들의 재산이 몰수됐고, 제정 시대의 전통을 따라 우크라이나 도서관, 문화 센터, 신문사, 학교 등이 폐쇄됐다. 가관인 것이, 데니킨의 부하들은 우크라이나어를 못하고 '소러시아어'를 했다. 덕분에 그들의 한편이 될 수도 있었던 모든 우크라이나인 세력을 확실히 떨쳐냈다.[18]

붉은 군대가 점령하면, 볼셰비키 정치 장교들이 '귀족'과 '부르주아' 학살을 집행했다. 사실 그것은 그들에게 대항하는 자라면 아무에게나 붙는 이름이었다. 그리고 다시 한번 빈농 위원회가 힘을 얻었고, 그들은 더 여유 있는 이웃을 터는 일을 도왔다. 오데사에서는 볼셰비키 지도자들이 2400명의 범죄자를 무장시키고 그들을 이끌 사람으로 악명이 자자한 범죄 집단의 두목, '일본인 미샤'(이사크 바벨*의 소설에 나오는 캐릭터 이름을 땄다)를 뽑았다. 그리고 그들이 도시를 마음껏 약탈하도록 했다.¹⁹ 키이우에서는 로사라는 이름의 고문 집행관 이야기가 전해졌다.

> 그는 붙잡은 병사를 벽에 꼼짝 못 하게 묶어놓고, 권총을 손에 든 채 몇 피트 앞에 앉곤 한다. 그는 프롤레타리아에 대해 이야기를 늘어놓는다. 그리고 10분에 한 번씩 말을 끊을 때마다 권총을 쏴서, 그 병사의 관절을 차례로 작살낸다.²⁰

한편 마흐노의 기병 1만 명과 보병 4만 명은 짐차 주변에 대포를 둘러놓고 점령 세력이면 누구든 공략했다. 그의 검은 군대는 데니킨의 병사 총 1만8000명 이상을 죽이며 병력을 심각하게 약화시켰다. 아마 이로써 데니킨은 볼셰비키를 이길 가능성을 잃었을 것이다.²¹ 남부 우크라이나의 메노파 독일계 정착지를 포함한 자신들의 점령 구역에서 마흐노의 일부 부하는 민간인들을 공격하고 떠나버리는 이상한 행동을 했다. 「1919년 12월 7일, 러시아의 스테인바치,•• 세상이 끝난 날이다The Day the World Ended: December 7, 1919, Steinbach, Russia」라는 의미심장한 제목의 수기에서, 예프는 스테인바치의 이 집 저 집을

- • 1894~1940. 우크라이나 태생의 작가이자 언론인.
- •• 우크라이나 남부의 메노파 독일계 주민들이 모여 살던 마을.

돌아다니며 모든 주민이 학살된 것을 목격했던 기억을 적었다. 그가 집 문을 열 때마다 시체들이 그를 맞이했다.

다음 집은 힐데브란트네였다. 사촌 마리아가 사는 집…… 나는 그곳에서 말로 다 할 수 없는, 평생 잊을 수 없는 무서운 장면을 보았다. 힐데브란트 부인은 현관 가까이 구석방의 작은 침실에 쓰러져 있었다. 완전히 알몸이었다. 그녀의 한쪽 팔은 잘려나가, 방 한가운데에 놓여 있었다. 그녀의 가장 어린 자식은 요람에서 죽어 있었다. 목이 잘린 채였다. 그녀도 성폭행을 당했다. 죽기 전과 죽은 뒤에.

예프가 거기 서서 친구와 친척의 주검 앞에서 통곡하는 동안, 농민들이 마을 안으로 모여들기 시작했다.

강도질이 시작됐다. 재산이란 재산은, 움직이는 것이든 아니든, 죽었든 살았든 쓸어가고 있었다. 나는 어느 집에서 한 여자가 시체를 돌려 눕히고는 코트를 벗겨가는 것을 보았다. 그녀는 마치 가축의 머리라도 만지듯 시체를 다뤘다.[22]

한쪽에서 벌인 만행은 다른 쪽의 분노에 기름을 부었다. 백군이 1919년 8월 하르키우를 점령했을 때, 그들은 공원의 얕은 도랑에서 최근에 묻힌 장교들의 시체를 파냈다. 그들은 그 시체들이 "아직 살아 있을 때 파묻혔음을 확인했다. 장교들의 견장이 어깨에 못으로 박혀 있었다. 어떤 시체에는 불붙은 석탄이 뱃속에 쑤셔넣어져 있었고, 두피가 벗겨진 시체도 여럿 있었다". 이런 발견은 복수를 원하는 사람들을 더 자극했다.[23]

무력 충돌은 군대와 군대, 인종 집단과 인종 집단 사이에서만 벌어지지 않았다. 마을과 마을도 서로 싸웠다. 체르니히우 지역의 벨리케 우스탸에서는 '빈농 위원회'와 '쿨라크' 사이의 폭력 사태가 마을 자치회 선거 때 터져나왔다.

콤네자미 회원들은 준비되어 있었다. 누가 누구를 밀지, 누구를 간부로 선임할지, 개표를 어떻게 진행할지…… 그러나 쿨라크 역시 준비되어 있었고, 쿨라크 후보들을 밀기 시작했다. 빈농과 중농이 힘을 합쳐서 쿨라크 후보들을 제치는 걸 보자, 쿨라크들은 그 건물에서 주먹다짐을 벌였다. 최소한 집회를 망치겠다는 의도였다. 하지만 콤네자미 운동원들도 물러서지 않았다. 그들은 싸움을 진압하고는, 주먹질을 시작한 사람들을 창문 밖으로 던져버렸다. 집회는 완전한 민주주의가 확보된 상태로 이어졌다.[24]

그 직후 같은 콤네자미 회원들은 쿨라크를 공격해 그들의 빵을 강제로 빼앗았다. '소비에트 권력 기구에 주기 위해서'라며. 그들은 또한 '도적질과의 싸움'을 내세우며 그들이 '쿨라크 도적 떼'라 규정한 여러 집단과 싸웠고 어느 시점에 가서는 그 싸움에 자원할 민병대를 조직했다. 어느 회상에 따르면, "민병대와 콤네자미 운동원들은 공동묘지 근처에서 도적 떼를 발견했다. 총격전이 벌어지고, 그 도적 떼는 숨어버렸다. 이후 그들은 마을에 다시 나타나지 않았고 곧 완전히 박멸되었다".[25]

학살에 학살이 끝없이 이어졌다. 농민들의 저항은 볼셰비키의 분노를 샀는데, 특히 역사 결정론을 엉망으로 만든다는 점에서 그랬다. 가난한 사람은 볼셰비키를 지지해야지, 맞서서는 안 되는 것이었다. 자신을 다수에 맞서는 소수로 의식한 볼셰비키는 더욱 잔인해졌고, 때로는 한 명의 공산주의자가 죽으면 대가로 수백 명의 농민을 학살했다. 아니면 마을의 모든 성인 남성을 몰살했다.[26]

공포의 날들에 벌어진 비극은 지역 사람들의 기억에 수십 년 동안 남았다. 그리고 모든 진영에서 서로에 대한 복수를 다짐하는 원료가 되었다. 그러나 가장 잔혹한 폭력은 이 갈등에서 최대한 거리를 두려던 집단에 가해졌다.

1914년 가을, 막심이라는 이름의 러시아 젊은이가 오스트리아 전선에서 가족에게 즐겁게 편지를 썼다. 그는 아버지와 그의 모든 친족을 존경한다고, 또 "신께서 건강과 세상의 모든 행복을 주시기를" 바란다고 적었다. 하지만 이어서 그는 걱정을 드러냈다. 그의 부대가 패배했는데, 유대인 첩자놈 때문으로 여겨지며, 그놈이 지하 전화선을 써서 적에게 정보를 알렸다는 것이다. 그 후, 그와 동료들은 "유대인 놈들에게 응분의 대가를 치러줬죠. 물건을 빼앗고 두들겨 팼어요. 놈들은 우리 모두를 속였으니까 그래도 싸죠".²⁷

물론 유대인들을 배반자로 치부한 게 막심이 처음은 아니다. 반유대주의는 1914년 제국군에 널리 퍼져 있었고, 마찬가지로 러시아 사회와 심지어 최고위층에까지 퍼져 있었다. 니콜라이 2세 황제는 특히 반유대주의에 열성이었고, 그에게 유대인이란 현대 세상의 모든 역겨운 것을 상징했다. 이 황제는 신문을 이렇게 정의하기도 했다. "일부 유대인과 그 밖의 위원들이 (…) 사람들이 서로 미워하도록 부추기는 것을 업으로 삼는 무대."²⁸ 제국 비밀경찰인 오흐라나 okhrana에서는 '시온의정서'라는 것을 만들어냈다. 유대인들이 세계를 지배하기로 음모를 꾸몄다는 악명 높은 위조문서였다.* 국가는 또한 1905년 러시아 전역에서 유대인 학살이 벌어지도록 조장했다. 그런 일반적인 태도를 보면, 1914년 군 지도부가 유대인을 "비밀 지하 전화와 비행기를 이용해 적과 내통"하고 전선에서 몰래 거둬들인 금붙이들을 소의 내장에 넣거나 거위알로 위장해 독일로 보냈다는 혐의

• 이 문서가 1903년 러시아에서 처음 나타났다는 점을 미루어 이렇게 평하곤 하지만, 완전한 정설은 아니다.

를 내세운 일이 특이한 것은 아니었다.²⁹ 유대인의 배신행위에 대한 음모론이 준동하면서 받아들이기 싫은 사실에는 그럴듯한 설명으로 유대인을 지목하는 일이 늘었다. 부대의 패배도, 사단의 전멸도, 군 전체의 부진함도 모두 유대인 탓이었다.

유대인 배신론은 2월 혁명 이전에도 충분히 차고 넘쳤기에 이후 벌어진 일련의 무시무시한 학살은 짐짓 예정된 일이었다. 가장 널리 받아들여지는 연구에 따르면 1918년에서 1920년 사이에 모든 진영의 전투원들(백군, '지도 집단', 폴란드, 볼셰비키)은 우크라이나 전역에서 1300회 이상의 학살을 통해 최소 5만 명의 유대인을 살해했다. 일부에서는 사망자 수를 20만 명까지 본다. 수만 명이 부상을 입고 성폭행당했으며 많은 유대인 마을이 완전히 불타 없어졌다. 유대인 공동체들은 내놓지 않으면 죽이겠다는 병사들의 위협에 재물을 수탈당했다. 프로스쿠리우(지금의 흐멜니츠키)에서는 볼셰비키가 시작한 폭동으로 인해 이틀간 1600명이 죽었다. 수천 명의 유대인은 이런 폭력을 피해 달아났으나, 끝내 키이우에서 굶주림과 질병으로 죽어갔다. 데니킨의 군대가 1919년 12월에 도시를 떠났을 때 2500구가량의 유대인 시체가 임시로 만든 난민 대피소에서 발견됐다.³⁰

이 악명 높은 반유대 폭력 사태의 완전한 설명은 이 책에서 다룰 수 있는 범위를 넘어선다. 특히 증거들 대부분이 오래전 볼셰비키나 백군 혹은 '지도 집단'에 유리하거나 불리하게 쓴 글들에서 주워 섬긴 것이기에 그렇다. 다만, 다양한 자료로부터 종합할 때, 모든 진영에 범죄자들이 있었다는 게 확인된다. 흐리호리예우는 자신의 악랄한 반유대주의를 전혀 감추려 하지 않았다. 데니킨과 그의 휘하 장군들은 '유대인' 체카와 '유대인' 볼셰비키에 대한 보복으로 열심히 유대인 학살을 수행했다. 당시 데니킨과 동행했던 어느 영국 언론인은 백군 장교와 사병들이 제정 시대의 교육에 따라 "그들의 조국이 겪는 모든 문제를 히브리인들 탓으로 돌리고" 있다고 보도했다.

> 그들은 모든 격변의 사태가 거대하고 비밀에 싸인 국제 유대인 단체의 소행이며 그 단체는 독일의 돈과 지시에 따라 심리전을 교묘하게 써서 정부의 동맥을 움켜잡았다고 주장했다. (…) 데니킨의 장교들 사이에서 이런 생각은 통렬하고도 절실하게 공유되어 있었고, 그래서 그들은 가장 사납고 가장 비현실적인 발언을 일삼곤 했다.[31]

대조적으로 페틀류라는 반유대주의를 입에 올린 일이 없다고 알려져 있다. 그는 일찍이 중앙 라다의 일원이었고, 그곳에서는 지도부에 유대인을 포함하기도 했다. 그는 자기 부하들의 반유대주의를 여러번 꾸짖었다. "그리스도께서 명령하신바, 우리는 고통받는 유대인들을 돕도록 모두를 권면할 것이다." 그는 이렇게 선언했다. 그가 정권을 잡았던 짧은 기간에 우크라이나 유대인에게는 자치권이 보장되

고, 유대인 정당이 지지받고, 이디시어 출판에 자금이 지원되었다.[32]

그러나 그의 '지도 집단' 병사들이 지휘관들에게 갖는 충성도가 제각각이다 보니, 현장에서의 결과는 종종 다르게 나타났다. 1921년 베르디치우에서 페틀류라 휘하의 한 장군과 만난 어느 적십자 대표에 따르면, "그는 비웃는 태도로 유대인 전체를 비하하더니, 유대인들이 볼셰비키에게 힘을 빌려주고 있다고 했다."[33] 같은 적십자 위원회의 다른 사람은 '지도 집단' 지도부가 유대인 학살을 중지하도록 명령을 내려주면 좋겠다고 다른 장군에게 요청했다. 그의 대답은 이랬다. "우리 '지도 집단'은 외교관들의 꼭두각시였소. 그들 다수가 유대인이고." 그에게 유대인 학살은 기꺼운 일이었다.[34]

볼셰비키 지도부도 공식적으로는 유대인 학살에 반대했다. 그러나 붉은 군대 병사들이 유대인을 위협해 재물을 갈취하는 일을 막지는 않았다. 또한 마흐노의 발언과는 반대로, 그의 추종자들도 유대인 공격에 가담했고, 폴란드 병사 또한 마찬가지였다.[35]

그러나 폭력은 어떤 정치 세력의 통제도 미치지 못하는 곳에서 최고조에 이르렀다. 뿔뿔이 흩어진 군부대나 도적 떼, 그 누구에게도 복종하지 않는 자들이 가장 잔혹한 짓을 자행했다.[36] 시몬 라이프-라비노비치라는 유대인 무역상의 증언은 1919년 '스트루크의 강도' 스무 명이 라도미슬 인근의 피치키 마을을 장악했을 때 무슨 일이 일어났는지를 알려준다. 첫날 마을의 유대인들은 1800루블을 낼 때까지 감금되었다. 며칠 뒤 그들 대부분은 볼셰비키가 마을을 공격한 때를 틈타 잠시 피신했다. 그들은 곧 돌아왔지만, 집은 약탈되고 이웃들이 자신들의 재산을 나눠 가진 뒤였다. 라이프-라비노비치는 그들 중 한 사람에게 가서 자신의 깃털 이불 침대를 돌려달라고 말했다.

> 그는 내게 야수처럼 덤벼들었다. 감히 내 물건을 넘봐? 이 마을 촌장에게 감히 네가?라면서. 그는 나를 붙잡아 내가 공산주의자라며 스트루크 패에게 넘겼다. 나는 우리 이웃이 변해버렸음을 깨달았다. 그는 온화하고 매우 양심적인 사람이었으며 내게 언제나 친절했다. 나는 이 마을에서 오래 지낼 수 없음을 받아들였다. 목숨을 구하려면 도망쳐야 했다.[37]

라이프-라비노비치는 도망쳤다. 이튿날 스트루크 패거리는 유대인 모두를 마을에서 끌어내 들판으로 내몰았고 그들의 옷이든 뭐든 있는 대로 다 벗겨내 빼앗은 뒤에 또 돈을 내놓으라고 횡포했다. 돈을 내지 못한 사람은 살육당했다.

비슷한 일이 키이우 권역의 규모가 큰 마을인 마카리우에서도 1919년 내내 벌어졌다. 첫 공격은 그 지역의 군벌 소행이었다. 그 강도 집단, 어떤 이가 "소총을 든 맨발의 10대들"이라고 회상한 자들이

6월 마카리우로 왔다. 유대인들은 "굴로 도망쳐 들어가는 쥐 떼처럼" 축출당했다. 이 젊은이들은 "총을 갖고 노는 데 재미 들려서는" 시장의 상점가를 부수며 다니기 시작했다. 그들의 지도자 마트비옌코는 지역 농민들에게 함께 놀자고 권했다. 유대인들은 협상에 응하는 수밖에 없었다.

"5만 루블", 마트비옌코가 말했다.
"알겠소."
"두 시간 안에 가져와." 그는 음산한 어조로 덧붙였다.
그들은 그 요구를 들어줬다.[38]

채 며칠이 지나지 않아 마트비옌코는 돈을 더 내놓으라고 했다. 이번에는 귀중품이랑 옷가지까지 요구했다. 몇 주 뒤에는 유대인 지역 주민 여섯 명을 인질로 잡았다. 그는 인질을 돌려받고 싶으면 자신의 동생을 내놓으라고 했다. 마을에서 싸우던 와중에 볼셰비키에게 붙잡힌 사람이었다. 유대인들이 왜 그를 우리에게서 찾느냐고 묻자, 그는 어깨를 들썩이더니 이렇게 대답했다. "공산당 놈들은 유대 놈이고, 유대 놈들이야 다들 공산당 아닌가?" 여섯 명의 유대인 인질이 구금된 상태에서, 두 주 뒤 마트비옌코는 그들을 돌려받으려면 15

만 루블을 내라고 말했다. 이내 그 동네 촌민들은 똑같은 게임을 시작했다. 돈을 요구하며 인질을 잡았다. 그러고 나서 볼셰비키가 들이닥쳤고, 새로운 요구가 떨어졌다. 그다음에는 마트비옌코의 복귀였다. 유대인들은 그에게 협상 대표를 보냈지만, 그는 그들을 보자마자 쏴 죽이는 것으로 대응했다. 그의 부하들도 마을을 어슬렁거리다가 유대인을 보기만 하면 바로 쏴 죽였다. "모두 100명 정도가 죽었다. 물론 그들이 가진 것은 모조리 털린 채였다."39

유대인에 대한 폭력은 그걸 보고, 수행하고, 경험한 사람들에게 표식을 남겼다. 유대인 학살은 내전 자체만큼이나 주민들을 야만스럽게 만들었고, 그들은 재빨리 총 든 사람 앞에 굽실거리는 게 최선임을 학습했다. 유대인 학살에서 쓰인 방법은 1921년 곡물 징수 때도 응용되는데, 당시 레닌은 농민들이 생산물을 내놓도록 인질을 잡으라고 지시한다. 그들은 또 19년 뒤에 집단화 운동을 다시 불러일으키고, 쿨라크는 1919년과 똑같은 방식의 테러를 당한다. 소집되고, 속옷까지 빼앗기고, 협박으로 재산을 갈취당하고, 조롱과 멸시를 당하던, 때로는 총에 맞아 죽던 유대인들과 똑같이.

유대인 학살은 다른 쪽으로도 훗날의 사태를 예고하고 있었다. 언젠가 역사를, 언론을, 정치를 이용해 기근의 실상을 가리고 우크라이나 역사의 실제를 비틀어놓을 것과 아주 흡사하게, 소련 선전 선동가들은 유대인 학살을 활용해 우크라이나 민족운동에 대한 불신을 이끌어냈다.

수십 년간 소련 역사가들은 페틀류라를 단순한 반유대주의자 이상으로 자리매김해왔다. 그들은 유대인 학살에서 볼셰비키가 한 짓을 부정했다. 또한 '지도 집단'이나 중앙 라다가 실제적인 민족운동을 벌이기 전부터 그 정당성을 부정했으며, 대신 그들은 우크라이나 민족주의를 약탈, 살육, 특히 유대인 학살과 연관 지었다. 페틀류라 및 그와 연관된 장군들에게 불리한 '증언'을 모으고, 여러 언어로 그와 그들을 비난하기 위해 공들였다.[40] 페틀류라는 1926년 러시아 유대인인 숄롬 슈바르츠바르트에게 암살당했으며, 슈바르츠바르트는 유대인 학살의 앙갚음을 한 것이라고 주장했다. 그는 소련 요원이 아니었지만(당시는 많이들 그리 여겼다), 분명 페틀류라를 매도하는 소련의 선전에 따라 그 일을 자행했다.

파리와 그 외 지역의 우크라이나인 공동체는 반격에 나섰다. 그들은 '지도 집단'의 몇몇 팸플릿을 출간했으며 1919년에 페틀류라가 우크라이나 병사들에게 유대인을 지키라고 지시했다는 내용을 출간해 널리 알렸다.[41] 물론 그들은 페틀류라의 휘하 장군들이 매우 다른 정책을 취했으며, 그들의 지도자들을 무시했다는 사실은 빼놓았다. 소련 대 우크라이나 민족주의 사이의 선전 대결에서 누락된 것들 중, 그 뉘앙스만큼 빠르게 사라진 것도 없었다.

우크라이나 농민 반란은 농촌을 파괴했으며, 결코 치유될 수 없는 분열을 남겼다. 이는 또한 우크라이나에 대한 볼셰비키의 인식을 근본적으로 바꿔놓았다. 볼셰비키가 이전에는 우크라이나를 '남서부 러시아'로, 그 기름진 땅과 풍부한 식량을 제외하면 별 의미 없는 일개 지방으로 봤다면 1919년의 경험은 우크라이나를 잠재적 위험과 폭발력이 감춰진 곳으로 보고, 우크라이나 농민과 지식인들을 소련 정권의 위협으로 보게 만들었다.

부분적으로 그들은 우크라이나를 미래의 군사적 위협으로 간주했다. 우크라이나의 혼란 덕분에 데니킨의 최후 공세가 거의 성공할 뻔했기 때문이다. 1919년의 피비린내 나는 여름 이후, 데니킨은 8월에 키이우를 점령했다. 그는 9월 20일에 쿠르스크를, 10월 13일에 오룔을 차례로 손에 넣었다. 이제 그는 모스크바까지 200킬로미터를 남기고 있었으며, 잘하면 단숨에 도시를 장악할 수 있는 거리였다. 데니킨이 우크라이나 민족주의 세력과 손을 잡았더라면, 볼셰비키 정권이 기틀을 잡기 전에 타도할 수도 있었을 것이다. 그러나 그의 인기 없는 토지 정책, 우크라이나 자체 제도들에 대한 적대시, 장교들의 잔인한 정책 등은 반대로 우크라이나 파르티잔들이 그의 보급선을 습격하도록 만들었다. 그가 우크라이나에 갖고 있던 장악력은 빠르게 수축했고, 결국 그는 후퇴했다.

우크라이나의 혼란 덕에 외국 군대 역시 볼셰비키 정권을 위협할 수 있었다. 백군이 퇴각하자, 페틀류라는 폴란드 국민군을 이끌고 이제 막 조국의 주권 회복을 도왔던 유제프 피우수트스키 원수와 마지막으로 손을 잡았다. 데니킨과 달리, 피우수트스키는 우크라이나

중부나 동부를 점령하려 하지 않았다. 비록 지금의 서부 우크라이나를 신생 폴란드 공화국에 병합했지만, 그는 강력한 우크라이나 국가를 세워서 소비에트 러시아에 맞서는 세력으로 삼고자 했다. 두 지도자의 합의로 "모든 민족은 스스로의 운명을 결정할 권리가 있고, 그 이웃과의 관계에 대해서도 자결권이 있음을 굳게 확신"[42]한다는 입장이 천명되었다. 피우수트스키는 직접 우크라이나인들에게 성명서를 보내며, 볼셰비키가 두고두고 기억할 말을 남겼다.

> 폴란드 공화국 군대는, 내 지시에 따라, 우크라이나 깊숙이 진격했소. 나는 이 나라의 주민들이 알기 바라오. 우리 폴란드군은 여러분이 일어서서 무기를 들고 폭력, 정복, 약탈에 맞서도록 한 그 침략자들을 무찌르고자 한다는 사실을. 폴란드군은 올바른 우크라이나 정부가 집권할 때까지만 우크라이나에 머물 것이오.[43]

1920년 봄 폴란드인과 우크라이나인은 합동 공세에 들어갔고, 처음에는 별 저항을 받지 않았다. 5월 7일, 피우수트스키 군은 키이우를 점령했다. 당시 방어군이 워낙 부실해 폴란드군이 전차를 타고 도시로 들어갈 수 있었다. 뒤늦게 또 다른 백군 장군인 표트르 브란겔이 크림의 본거지에서 합류하기로 했다.

그들의 키이우 점령은 금방 막을 내렸다. 6월 13일, 폴란드군은 붉은 군대에 패주했고, 8월 초에는 바르샤바 근교까지 밀려갔다. 피우수트스키는 반격해 훗날 '비스와의 기적'이라 알려질 전투 끝에 그들을 물러나게 했다. 폴란드군은 다시 우크라이나로 진입했으나, 우크라이나 독립 국가 건설에는 끝내 실패했다. 피우수트스키는 10월에 휴전 협정을 맺고, 이듬해에 폴란드와 소련의 국경선을 확정했다.44

이후 볼셰비키는 잔여 백군마저 크림에서 격파해 흑해를 가로질러 패주토록 하고도, 우크라이나 문제를 그들 상상 속에서 떨쳐내지 못했다. 트로츠키는 동료들에게 보낸 편지에서 이 땅에 평화를 강제하기란 어렵다고 설명했다. 비록 붉은 군대가 군사적 승리를 거두었지만, 우크라이나에 이념 혁명은 없다는 것이다. "우크라이나에서 소비에트의 힘은 이제껏 바탕을 두기를(그리고 그리 수월하게 바탕을 둔 것도 아닌데) 단지 모스크바의 권위, 대러시아 공산주의자들, 러시아 붉은 군대의 힘 위에서뿐이었다."45 그 의미는 분명했다. 설득이 아니라 힘으로만 마침내 우크라이나를 잠잠하게 만들 수 있다는 것. 그리고 언젠가 힘을 써야 할 날이 또 오리라는 것이다.

즉 안보적 위협은 줄었으나, 이념적 위협은 여전했다. 우크라이나 민족주의를 군사적 방법으로 무릎 꿇릴 수는 있었지만 여전히 우크라이나어를 쓰는 중산계급, 지식인계급, 그리고 다수의 농민에게 민족주의는 매력을 지녔다. 더 나쁘게는, 그것이 소련 국가, 여전히 민족적 차이를 조정하려 애쓰는 소련 국가의 통일을 저해했다. 가장 나쁜 점은 민족주의가 외국에서 동맹자를 끌어들일 수 있다는 점이었다. 특히 폴란드와의 국경 저 너머에서.

우크라이나의 반란은 볼셰비키의 향후 진로에 더 큰 범위의 위협으로 놓였다. 농민 반란 중 사용된 급진적이고 무정부주의적이며 반볼셰비키적인 언사들은 얼핏 현실을 반영하고 있었다. 수백만 명의 우크라이나 농민은 사회주의 혁명을 바라면서도 볼셰비키 혁명은 바라지 않았다. 그리고 분명 모스크바의 지시를 따르고 싶어하지도 않았다. 무정부주의에서 왕정복고주의까지 그들 지도자의 생각이 워낙 제각각이긴 했지만, 이 나라 전체의 촌민들은 일관된 믿음을 갖고 있었다. 그들 스스로의 대표자에게 투표하지, 볼셰비키를 지지하지는 않겠다는 것이었다. 그들은 대지주가 사라지기를 바랐지만, 스스로 농장과 토지를 갖고 싶어했다. 그들은 집단 농장이라는 형태의 '제2의 농노제'로 돌아가고 싶어하지 않았으며, 자신들의 종교, 언어, 관습이 존중받기를 바랐다. 그들은 자신들의 곡물을 상인에게 팔고 싶었고, 생산물을 강제 징수당하는 일을 혐오했다.[46]

이런 비판, 사회주의이나 권위주의는 아니다, 공산주의나 볼셰비키는 아니다라는 입장은 1920년대 내내 강한 반향을 일으켰다. 그런 입장의 대변자가 많이 나왔고, 심지어 트로츠키 자신도 그중 한 명이 되었다. 최초이자 최대의 반소비에트 '좌파'는 우크라이나에서 뚜렷했다. 우크라이나의 농민 반란은 '1919년의 잔인한 교훈'이라

불리게 될 것이거니와, 이후 여러 해 동안 볼셰비키의 악몽으로 떠돌았다.[47]

3장

기근과 휴전, 1920년대

우리는 당장 이들에게 교훈을 줘야만 하오.
그들이 앞으로 수십 년 동안 감히 반항이라는 걸
생각조차 하지 못하게 만들어야 하오.
—레닌, 뱌체슬라프 몰로토프에게 보낸 편지에서, 1922[1]

우리 문학이 마침내 자체적인 발전의 길에 들어선 뒤 (…)
우리는 어떤 식으로든 러시아를 따라가서는 안 된다. (…)
러시아 문학은 수 세기 동안 우리의 짐이었다.
그것은 우리 정신을 조작해 노예 같은 모방자로 만들어왔다.
—미콜라 흐빌로비•, 1925[2]

• 1893~1933. 우크라이나의 작가이자 정치활동가. 1920년대와 1930년대에 우크라이나 국민 문학을 정립하기 위해 적극 노력했다. 우크라이나어 산문의 기틀을 잡았다고

피우수트스키의 휴전과 데니킨의 패배 앞에서 마침내 '지도 집단'과 여러 반군은 볼셰비키가 1920년에서 1921년 우크라이나에 불균등한 평화를 강제하는 일을 허용했다. 그러나 유혈은 그치지 않았다. 마흐노의 검은 군대는 1921년 여름까지 전투를 계속했으며, 페틀류라의 일부 병력은 페틀류라 본인이 달아난 뒤에도 가을까지 계속 싸웠다. 체카는 그해 상반기에 444명의 농민 반군 지도자를 우크라이나에서 살해했으며, 그러고도 농촌 일대에 수천 명의 '도적 떼'가 활동하고 있다고 추산했다.3 체카의 음울한 설립자인 펠릭스 제르진스키•는 개인적으로 1400명의 요원을 우크라이나에 투입해 그 지역의 아군과 함께 반군을 박멸하도록 힘을 보탰다.4

우크라이나의 새 통치자들은 키이우의 분위기가 마땅찮아서 공화국의 수도를 동쪽의 하르키우로 옮겼다. 폴란드 국경에서는 더 멀고, 러시아와는 더 가까우며, 러시아어를 말하는 프롤레타리아가 많이 사는 곳이었다. 우크라이나에 계속 주둔하는 붉은 군대의 사단들은 그들의 외국인스러운 성향을 유지했으며, 병사들 대다수는 멀리 떨어진 러시아 구역들에서 들어왔다. 1921년 우크라이나와 크림 방면 붉은 군대 최고사령관 미하일 프룬제가 한 연설은 우크라이나에 주둔한 붉은 군대가 러시아인 85퍼센트, 우크라이나인 9퍼센트로

평가된다.
• 1877~1926. 폴란드계의 벨라루스 출신으로 젊어서 볼셰비키에 가담하고, 체카 수립의 중심 역할을 하고 초대 위원장을 맡아 '체카의 아버지' '강철의 펠릭스'라고 불렸다.

이루어져 있음을 알려준다(나머지는 폴란드인, 벨라루스인 등을 포함한 '그 밖의 민족들'이었다).[5]

이 불안한 '평화'는 그렇다고 경제적 풍요를 가져다주지도 않았다. 거듭되는 폭력은 사람들을 흩어지게 하고, 촌락, 도시, 도로와 철도를 파괴했다. 볼셰비키의 정치와 정책은 경제를 거의 불능 상태로 만들었다. 사적 상거래 금지, 산업 국유화, 집단 농장 건설 실험의 실패와 노동력 강제 동원 등은 모두 그만한 대가를 치렀다. "산업은 죽었다." 한 옵서버는 썼다.

> 상거래는 소련 법을 어기고서야 가능하다. 여전히 공산화 과정에 있는 농업은 그 생산물을 고르게 배분하려다가 이 나라 사람들을 먹고살기 어려운 수준까지 몰아붙였다. 행정의 혼란과 철도 및 해운의 열화劣化는 배급 체계를 불능으로 만든다. 굶주림과 질병이 갈수록 심해진다.[6]

전망이라고 나을 게 없었다. 이번에는 우크라이나 공산당(소련 공산당과는 별개의 조직으로, 자체의 정치국과 중앙 위원회를 갖는)의 지도를 받는 우크라이나 정부에 일단 책임이 있었다. 그러나 사실상 정책은 모스크바에서 만들어진 것으로, 그 효과는 과거와 차이가 없었다. 전국 수준에서 트로츠키가 경제의 군사화, 강제 노동 활용과 물자 징수를 요청했고, 똑같은 전술이 1917년 혁명 이후의 몇 달 동안 추진됐었다.[7] 하르키우를 방문했을 때, 스탈린은 '우크라이나 노동자군' 창설을 선언했다. 1920년 우크라이나 공산당에서 연단에 오른 그는 내전에서 승리한 군사 전술을 경제에도 응용할 것을 주장했다. "우리는 이제 경제 부사관과 장교들을 노동자계급에서 뽑아, 사람들이 어떻게 경제난과 싸우고 신경제를 건설할 수 있는지 교육시켜야 합니다. (…) 이는 '노동 장교' 훈련을 필요로 합니다."[8]

그러나 이 '전시 공산주의'의 재활용은 소련 농민에게 아무 매력이 없었으며, '신경제'에서의 '노동 장교' 교육 방식도 농민을 진작시킬 힘이 없었다. 실질적으로 내전의 종식은 실리흐테르의 혐오스러운 프로드라즈비오르스트카, 강제 식량 징발과 콤네자미, 우크라이나 빈농 위원회의 재개를 가져왔다. 우크라이나 공산당은 달리 선택의 여지가 없었다. 다시금 여유 있는 농민을 쥐어짜고, 마을 소비에트(마을 의회의 볼셰비키식 이름)의 통제력을 확실히 하고, 과거와 같이 그런 일의 다수를 똑같은 촌락 장로들에게 맡겨야만 했다.

농민들에게 새로 강화된 식량 수급 위원회는 최소한의 에두름도 없어 보였다. 위원들은 이제 야만적인 농민 반란을 헤쳐나온 베테랑들로, 파괴되고 굶주린 세상에서 특권과 보호막을 얻으려 분투하는 게 뻔히 보였다. 그들의 행동거지를 어느 농민이 간단명료하게 묘사했다. "그들이 원하면, 곡물을 가져간다. 그들이 바라면, 우리를 체포한다. 그들이 원하는 대로 뭐든 한다."[9] 또 다른 사람은 위원회가 아무에게도 통제받지 않는 듯 보였다고 회고했다. "콤네자미는 자기들 맘대로 하도록 방치되었고, 모든 행동은 그들의 '혁명적' 자의식을 따랐다." 그들의 윗선은 의도적으로 그런 무법적 행태를 강화했다. 당 간부들은 여느 지역 위원에게 그 누구든 "쿨라크 반혁명적" 징후를 보이면 15일 동안 가두라고 말했다. 그래도 효험이 없다면? 그러면 "쏴버려".[10]

그들이 자행하던 잔혹성은 비밀이 아니었다. 1920년 여름의 한 비밀회의에서, 소비에트의 '조달 위원' 즉 곡물 수집을 조직화할 책임을 가진 인민 위원은 "인민들에게 징발이 미칠 영향"을 고려해보자고 했다. 긴 토론 끝에 그들은 결론을 내렸다. "지역 주민에게 얼마나 무거운 징발을 하든 (…) 국가 이익이 최선일 수밖에 없다."[11]

이처럼 거친 태도에는 거친 반응이 뒤따랐다. 1921년에 곡물 징수원으로 일했던 농민인 마트비 하브릴류크는 10년 뒤의 증언에서 이 시기의 격렬한 감정을 회고했다.

1921년 국가가 식량을 요구할 때, 나는 식량 조달 대원이 되어 우리 마을에서 쿨라크로부터 빵을 거둬들이는 일을 했다. 그러고 나서 촌락 밖, 루진 지구에서의 식량 조달에도 참여해 쿨라크를 압박하던 군부대를 도왔다. 이때는 매우 힘든 시기였으나, 즉 쿨라크들이 곡식을 넘기지 않으려 하며 심지어 나와 내 가족을 죽이겠다고 위협하던 때임에도 나는 소비에트 정권을 위해 꿋꿋이 견뎠으며 늘 최선을 다했다. 나는 특별 전권 위원인 브레디힌(체카에서 파견했다)의 감독 아래 곡물을 거뒀으며, 그는 내가 일을 잘한다고 평가했다. 나는 그 마을에서 일을 배울 때부터 빈농 집단을 어떻게 조직화하는지, 어떻게 그들에게 동기를 부여하고 싸움에 나서게 하는지를 익혔다. 처음부터 내가 소비에트 권력과 함께함을 보임으로써 나는 그 마을 쿨라크들의 적이 되기도 했다. 나는 언제나 쿨라크와 싸웠다. (…) 그들은 국가 이익보다 자기네 이익을 우선했다.[12]

하브릴류크 같은 사람의 '꿋꿋이 견딤'과 '최선을 다함' 덕분에, 1920년의 곡물 수확 대작전은 뭐든 예외로 두지 않았다. 레닌의 교시는 명확히 모든 곡물을 징발할 것, 심지어 당장 먹을 것과 내년을 위해 저장해둔 것까지 남기지 말라고 못 박았으며, 그의 지시를 기꺼이 따를 사람들은 넘쳤다.[13]

씨 뿌리고 기르고 수확할 곡식마저 모두 빼앗길 처지가 된 농민들은 격앙되었다. 사실 그들의 생산력은 늘 매우 낮았다. 우크라이나에서 러시아까지, 거의 3분의 1에 이르는 청년이 제1차 세계대전에 동원되었고, 내전 때는 그 이상이 (양쪽 진영 어디든) 군에 소집됐다. 그리고 수십만 명이 돌아오지 못했으니, 밭일하기에 충분한 노동력이 있을 수 없었다. 그러나 심지어 돌아온 장정이 있고 일할 수 있다 하더라도 잉여 곡물을 생산해봤자 징발당할 것을 알기에 생산할 원동력도 없었다.

그 결과 농민들은 1920년 봄 러시아와 우크라이나 모두에서 그 어느 때보다 적게 파종했다.[14] 그리고 그 땅이 특별히 기름진 것도 아닌 데다가, 그해 봄은 "고온에 강우량이 매우 적고" 어느 옵서버가 쓴 대로 "씨 뿌릴 대지는 딱딱하고 메말랐다". 그해 여름에도 비는 매우 적게 내렸고, 그다음 겨울도 마찬가지였다.[15] 이윽고 1921년 여름 파종된 곡식의 4분의 1 내지 5분의 1은 줄기에서 말라비틀어졌다.[16] 이 나라의 식량 생산지 절반에 마침내 기근이 찾아왔으며, 재배 작물 5분의 1 정도가 수확에 실패했다.[17]

물론 악천후로 곤경에 처할 수 있다. 과거에도 악천후는 있었다. 그러나 그것과 강제 식량 징수 정책, 노동력 및 경작 가능지의 부족이 한데 얽히면서 파국이 빚어졌다. 혁명 이전 제정 러시아의 20대 농산물 산지에서는 2000만 톤의 곡물을 생산했다. 1920년, 생산량은 겨우 845만 톤이었다. 그리고 1921년에는 290만 톤에 그쳤다.[18] 북캅카스의 스타브로폴 지역에서는 곡물 생산량이 거의 없었다.[19] 남부 우크라이나의 생산량 감소는 특히 심각했다. 1921년 오데사에서 수확된 곡물의 양은 전년 대비 12.9퍼센트까지 내려앉았다. 카테리노슬라우(드네프로페트롭스크), 자포로제, 미콜라이우는 통상 거둬들이던 곡식의 3.7퍼센트에서 5.1퍼센트만 수확할 수 있었다. 달리

말해, 통상 확보되던 수확량의 95퍼센트 정도가 증발했다.[20]

역사적으로 러시아와 우크라이나의 농민 모두, 주기적으로 찾아오는 악천후와 잦은 가뭄을 비축해뒀던 잉여 곡물을 조심스레 꺼내 쓰며 견뎌왔다. 그러나 1921년 봄에는 잉여 곡물이 없었다. 남김없이 징발되었기 때문이다. 대신 식량 부족은 러시아의 볼가주(볼가강의 중류 및 하류 쪽의 길쭉하고 넓은 지역), 우랄, 우크라이나 남부의 기근으로 빠르게 이어졌다. 농민들이 점점 더 굶주리면서 많은 이가 집을 버리고 식량을 찾아 떠났다. 볼가 지역에서만 44만 명 이상의 피난민이 발생했는데, 그중 일부는 잘못 판단해 우크라이나로 들어갔다. 정보가 부족했던 관료들은 심지어 적극적으로 고아들에게 러시아에서 우크라이나로 가라고 지도했다. 그러나 그들이 도착한 곳에는 고아원도, 식량도 없었다.[21]

10년 뒤에 그랬듯, 농민들은 개, 쥐, 벌레를 먹기 시작했다. 잎사귀와 풀을 끓여 먹었다. 식인 행위도 간혹 일어났다.[22] 가까스로 사라토프(볼가강의 하구 도시로, 기근 구역의 중심에 있었다)에서 리가로 가는 열차에 올라탔던 일단의 피난민들은 그 도시에서의 생활을 이렇게 묘사했다.

낡은 쓰레기차들이 매일 돌아다니며 시체를 모았다. 사람들이 보통 쓰레기를 뒤지다가 쓰러져 죽었기 때문이다. (…) 우리는 거리에서

페스트에 걸린 시체를 숱하게 봤다. 이런 사실은 소련 언론에 전혀 나오지 않았다. 관리들은 전염병이 돌고 있음을 대중에게 알리지 않으려 했다. (…)
소련 정부는 농민들이 자식을 내팽개치고 있다고 보도했다. 사실이 아니었다. 일부 부모가 자식들을 국가에 맡겼다는 게 정확하다. 국가가 그들을 돌보겠노라고 약속했기 때문이다. 지켜지지 않은 약속이었다. 어떤 이들은 자식을 볼가강에 던지기도 했다. 그들이 공산주의 신앙을, 그 부모들이 믿기로는 적그리스도의 교리를 품고 자라는 것을 보느니 빠져 죽는 걸 보는 게 낫다고 여겼기 때문이다.23

10년 뒤에 그랬듯, 굶주린 사람들은 황폐해진 농촌을 탈출하려 했다. 그리고 도시나 철도역 같은 곳에 임시 대피소를 만들어 그곳에 모여 살았다. 버려진 유개 화차 안에서 생활하며, "마치 물개 떼처럼, 한데 뭉쳐 있는 사람들의 몸을 타고 넘어다녔다. 어머니와 아이들은 서로 꼭 붙어 있었다."24 미국 언론인인 F. A. 매켄지는 이 광경을 사마라 역에서 보고는 이렇게 적었다.

젊은이들이 있었다. 몸이 마르고 키가 컸다. 마른 정도는 서구인이 어떻게도 형용할 수 없을 정도였고, 누더기와 오물을 덮어쓴 채였다.

나이 든 여성들도 있었다. 일부는 우두커니 앉아서 반쯤 넋이 나간 듯 땅을 내려다보았다. 굶주림에, 고통에, 불운에 넋이 나간 듯했다. (…) 핏기 하나 없는 어머니들은 젖이 안 나오는 가슴을 쥐어짜며 죽어가는 아기들을 먹이려 애쓰고 있었다. 새로운 단테가 나타난다면, 이런 철도역 한 군데만 방문하고 새로운 『지옥』을 쓰리라.[25]

그러나 한 가지 대단히 중요한 점에서 이 첫 번째 소련 기근은 10년 뒤에 찾아올 기근과는 달랐다. 1921년의 대규모 기근은 비밀에 부쳐지지 않았다. 더 중요한 것은, 정권이 기근을 해소하려고 노력했다는 점이다. 『프라우다』에서 6월 21일, 소련 국민 2500만 명이 기아에 허덕이고 있다고 보도함으로써 이 기근의 존재를 알렸다. 그리고 곧 정권은 비볼셰비키 정치-문화 인사들로 구성된 '전 러시아 기근위원회' 창립을 승인했다. 지역별 자구 위원회도 기근과 싸우기 위해 창설됐다.[26] 국제 원조에 호소가 뒤따랐으며, 그중 가장 두드러졌던 것은 작가 막심 고리키가 주도해 '모든 성실한 사람에게'라는 제목으로 보낸 호소였다. 그는 러시아 문화가 가장 자랑하는 이들을 거론하며 글을 썼다. "톨스토이, 도스토옙스키, 멘델레예프, 파블로프, 무소륵스키, 글린카의 나라에 음울한 날이 찾아왔습니다." 그리고 기부해줄 것을 부탁했다. 고리키가 열거한 러시아의 명사들 가운데 레닌과 트로츠키의 이름이 빠져 있는 게 눈에 띈다.[27] 참으로 특수하게도(이후에 해외 이주자를 얼마나 편집증적으로 기피했는지를 생각하면), 우크라이나 공산당은 심지어 캐나다와 미국에 이민 가 있는 우크라이나인들에게서 도움을 얻는 방안도 논의했다.[28]

이 공식 국제 원조 요청은 소련 역사상 유일하다 보니, 빠른 성과를 거뒀다. 국제적십자사와 유대인합동배급위원회JDC(또는 조인트[합동]로 불리던)를 포함한 몇몇 구호 단체가 결국 구호활동에 참여했으며, 노르웨이의 탐험가이자 인도주의자인 프리드쇼프 난센을 기리기 위해 세워진 난센 미션도 유럽 국가들의 도움을 집약했다. 그러나 즉시 원조의 가장 중요한 원천이 된 건 1921년 봄부터 이미 유럽에서 활동을 시작했던 미국구호기구ARA였다. 미래의 대통령 허버트 후버가 창립한 ARA는 1918년 휴전 이후 9개월 동안 유럽 전역에 10억 달러 이상의 식량 및 의료 구호품을 배급했다.[29] 고리키의 호소를 듣고, 볼셰비키 이념을 철저히 연구했던 후버는 자신의 구호 네트워크를 러시아까지 확대할 기회에 환호했다.

소련에 들어가기 전, 그는 소련 감옥에 잡혀 있던 모든 미국인을 석방할 것과 ARA에서 일하는 모든 미국인에게 기소 면제권을 줄 것을 요구했다. 후버는 ARA 대원이 과정을 직접 통제해야 하거나 구호품이 도난당할 가능성을 우려했다. 또한 그는 러시아에서 미국인이 간첩 혐의로 체포될 수 있다는 일면 근거 있는 우려도 했다(실제로 그들은 정보를 수집한 뒤 외교 행낭에 넣어 본국으로 보냈다).[30] 레닌은 격분했고, 후버를 그따위 요구나 하는 "뻔뻔스러운 거짓말쟁이"라고 부르며 "미국, 후버, 국제연맹"의 "고약한 표리부동함"에 분노를 쏟아냈다. 그는 "후버는 벌을 받아야 해. 온 세상이 보는 앞에서 뺨을 맞아야 해"라고 외쳤는데, 후버가 가져다줄 원조 액수를 고려하면 어이없는 발언이었다. 결국 기근이 워낙 심각했기에 레닌은 그런 행동을 자제해야 했다.[31]

1921년 9월, ARA 구호대원들의 선발대가 볼가주 카잔 시에 도착했다. 그곳에는 그들이 난생처음 보는 빈곤상(심지어 전쟁으로 폐허가 된 유럽에서도 못 본)이 펼쳐져 있었다. 그들은 거리에서 "누추한 누더기 차림의 사람들이 그리스도의 이름을 걸고 빵 한 조각만 달라고 사정하는" 상황에 맞닥뜨렸다. 고아원에서는 "해골처럼 마른 아이들, 핼쑥한 얼굴과 이쑤시개 같은 다리가 (…) 그들이 매일 십수 명씩 죽어간다는 보도가 사실임을 입증했다".[32] 1922년 여름까지 미국인들은 매일 1100만 명을 먹였으며 수십만 명에게 식료품을 배송했다. 전염병을 억제하기 위해 그들은 800만 달러 상당의 의약품도 제공했다.[33] 일단 그들의 노력이 이뤄지자, 독립적이던 러시아 기근 구호 위원회는 재빨리 해체됐다. 레닌은 공산당이 직접 운영하지 않는 어떤 러시아 기구도 식량 배급에 참여함으로써 신뢰를 얻는 것을 원치 않았다. 그러나 다른 외국 단체들의 동참 속에서 확대된 미국의 원조 계획은 계속 진행될 수 있었고, 수백만 명의 목숨을 살렸다.

그러나 겉보기에는 외향적이고 진실하며 건실한 이 과정 속에도 불협화음이 있었다. 재난이 진행되는 내내 소련 지도부는 (10년 뒤와 다름없이) 경화硬貨에 대한 욕망을 결코 포기하지 않았다. 기근이 기승을 부리는 상황에서도 볼셰비키는 몰래 금, 공예품, 보석류 등을 해외에 팔아 화포, 탄약, 산업 기계 등을 구입했다. 1922년 가을부터는 해외 시장에 식품을 공공연히 팔기 시작했다. 아직 기근이 널리 퍼져 있고 외국의 원조가 들어오고 있는데도 말이다.[34] 비밀리에 일어난 일이 아니었다. 후버는 국민이 굶고 있다는 것을 알면서도 "살아남은 자들의 경제 발전을 위해 기계와 물자를 확보하려고"[35] 식량을 내다 파는 정부를 신랄하게 성토했다. 이후 몇 달 지나지 않아 ARA는 정확히 이 이유로 러시아를 떠났다.

10년 뒤에 그랬듯, 정부가 기근을 대하는 반응 역시 러시아와 우크라이나 사이에 차이가 있었다. 러시아의 동료들처럼, 우크라이나 공산당원들도 기근 대책 위원회를 세웠다. 그러나 이 위원회의 목적은 본래 우크라이나 사람을 돕는 것이 아니었다.[36] 1921년 9월에 내놓은 결의안 '굶주림과의 전쟁에 대하여'에서 정치국은 북부 우크라이나의 많은 구역이 "그 주와 현 단위의 비축분을 잘 갖춰놓았을" 수 있다고 밝혔다. 따라서 정치국은 우크라이나 기근 대책 위원회더러 우크라이나에 잉여 곡물이 있다면(이것이 있는 곳은 아마 기근의 영향이 없는 공화국 북부일 것이었다) 북부 우크라이나 사람들이 아니라 차리친, 우랄스크, 사라토프, 심비르스크 등의 러시아 기근 지역으로 가져가라고 지시했다.[37] 이와 거의 동시에 레닌은 여전히 우크라이나 볼셰비키의 지도자였던 라콥스키에게 편지를 보내 자신은 키

이우와 하르키우에서 식량과 소 떼를 러시아로 보내줄 것을 기대하고 있다고 밝혔다.[38]

1921년 늦가을, 식량 부족이 더 심해지자 레닌의 대응책도 날카로워졌다. 그는 러시아의 가장 심각한 지역들에서 식량 징발을 중지시켰으나, 형편이 더 나은 지역들에서는 농민들을 더 쥐어짜라고 지시했다. 그리고 우크라이나는 그 남부와 동부가 지리멸렬 상태였음에도 형편이 나은 축으로 분류됐다. 레닌은 하르키우에 곡물을 더 보내라며 자주 독촉했다.[39] 그는 새로운 대응책도 내놓았다. 곡물 납부를 거부한 자는 벌금과 징역형을 받았고, 그보다 더 심한 벌에 처할 수도 있었다.

11월, 레닌은 특별히 "혹독한 혁명적 방법"을 쓰라고 지시했다. 거기에는 곡물 넘기길 거부한 자들을 인질로 잡는 것도 포함되어 있었다. 이런 유의 협박, 내전과 학살 과정에서 유대인들에게 썼던 폭력의 강렬한 효과가 이젠 귀중한 자산을 더 확실히 모으기 위해 쓰이고 있었다. 레닌은 곡물 수집 팀과 콤네자미에게 분명한 명령을 내렸다. "촌락마다 열다섯 명에서 스무명의 인질을 잡을 것. 납부량이 기준 이하이면 모두를 벽에 기대어 세울 것." 그런데도 납부가 미흡하면, 인질들을 "국가의 적"[40]으로 간주해 총살하는 것이었다. 위로부터의 압력은 아래로부터의 선전 선동과 함께했다. 기근이 이미 시작되고 있던 우크라이나 남부의 미콜라이우주에서는 이런 포스터가 나붙었다. "미콜라이우의 노동자들이여, 볼가 동지들을 굶주림에서 구하라!"[41]

ARA 대원들도 레닌이 우크라이나와 러시아를 다르게 대하는 것을 눈치챘다. 그리고 그 점을 자신들의 노트나 회상록에 남겼다. 처음에는 모스크바 지도부에서 미국인들에게 우크라이나의 식량 부족에 대해 아예 말해주지 않았다. ARA는 우크라이나 남부의 기근 상황을 조인트를 통해 알게 되었다. 조인트가 그곳의 굶주림에 대한 보고를 받고 그것을 ARA에 전달한 것이다.

더 기이하게도, 우크라이나를 방문하겠다는 ARA의 첫 요청은 북서부 우크라이나가 아직 곡물을 많이 생산하고 있으며 이 공화국에는 특별한 원조가 필요 없다는 이유로 거부되었다. 어찌어찌해서 1921년 11월에 두 ARA 대원이 결국 하르키우에 왔지만, 그들은 냉대받았다. 당시 우크라이나 공화국 국제부장을 맡고 있던 미콜라 스크리프니크는 그들을 맞이하며 이곳에서 활동할 수 없다고, 왜냐하면 우크라이나는 러시아와는 달리 ARA와 협의를 거친 상태가 아니기 때문이라고 말했다. 두 사람은 "반은 즐겁게, 반은 화가 나서" 자신들은 정치가 아니라 기근 구호에 관심이 있다고 강조했다. 스크리프니크는 우크라이나가 독립 주권 국가이며 러시아의 일부가 아니라고 대답했다. "여러분은 두 공화국을 차별화할 때 정치에 얽혀들게 됩니다. 한 국가와는 구호활동을 협의하고, 다른 국가와는 하지 않는다면, 하나는 주권 국가로 다른 하나는 종속 국가로 본다는 것이죠."[42] 당시 우크라이나가 소련의 기근을 구하기 위해 동원되고 있었고, 소련의 법률과 식량을 징발하는 소련 농업정책을 따르고 있었음을 보자면, 우크라이나가 기근 구제에 있어 독립 주권 국가라는 스크리프니크의 주장은 어불성설이었다.

우크라이나 남부의 기근이 도저히 무시할 수 없을 정도까지 퍼진 다음에야 모스크바의 당 지도부와 우크라이나 동료들의 태도가 누그러졌다. 1922년 1월, 우크라이나 정치국은 마침내 ARA 및 미국 또는 유럽의 다른 기근 구호 단체들과 협력하기로 했다. 아직 신뢰 관계는 아니었다. 정치국은 라콥스키와 바실리 만체프에게 외국의 기부자들과 협상할 권한을 주면서, 동시에 이 구호 단체들이 간첩 행위를 가장하고 있을 뿐임이 밝혀진다면 취할 '수단'에 대한 권한도 주었다.[43] 훗날 ARA와 협력해 일했던 소련 시민들은 의심의 대상이 된다. 가령 1935년에 한 오데사 여성이 반혁명죄 선고를 받았는데, 그가 살던 도시에서 기근 구호활동을 하느라 미국인들과 함께 일했다는 이유에서였다.[44]

이런 만연한 악의에도 불구하고, ARA가 운영하는 수프 식당이 1922년 겨울과 봄에 남부 및 동부 우크라이나와 크림 지역에서 운영되기 시작했다.[45] 우크라이나 적십자사도 이런 노력에 힘을 보탰고, 조인트 역시 유대인 학살 희생자들에게 식량과 여타 도움을 제공했다.[46]

다만 불가피하게도 모든 외국 단체는 제한적인 상태로 활동해야 했다. 난센 미션은 자체 인력을 활용하지 못했고 소련 정부가 보낸 사람들을 써야 했다. 조인트는 자체 인력을 파견했으나, 모두가 "국내 및 국제 정치 관련 의견 표명을 하지 않으며" "다른 구역 또는 사람들과 비교해 특정 구역 또는 사람들에게 아주 약간이라도 원조물자를 차등 지원하지 않는다"라고 약속해야 했다.[47] 반유대주의는 위원회의 구호 프로그램을 방해했다. 그 단체의 로고가 들어간 포스터, 리플릿, 기타 물건 들은 재빨리 없어지거나 당국에 몰수당했다. ARA는 때로 사전에 별 예고 없이 특정 장소 출입을 금지당했다. 특정 시점에 그 대원들은 공업 도시 크리비리흐에 접근하지 말라는 통보를 받았는데, 아마도 파르티잔이 그곳에서 아직 활동 중이기 때문이었을 것이다. 소련 당국은 완전히 평정되지 않은 지역에 미국인들이 미칠 영향을 우려했다.[48]

그래도 원조 물자가 우크라이나에 들어오고, 식량은 좀더 구하기 쉬워지고, 사망률은 낮아졌다. 1923년 말에는 이 위기가 통제되고 있는 듯 보였다. 그러나 곧이어 원조 물자의 배급 지연으로 수만 명이 애꿎게 목숨을 잃었다. 당시부터 이후까지도 왜 그런 일이 일어났는지 많은 사람이 의아해했다. ARA 회원들도 그들끼리 이를 논의했으며, 그에 대한 글을 썼다. 그들 대부분은 소련 당국이 소련에서 가장 피해가 큰 지역 중 하나인 우크라이나에서 구호활동을 막은 까닭이 정치와 관련되어 있다고 여겼다. 우크라이나가 마흐노와 카자크의 보루이기도 했기 때문이다. 미국인들은 생각했다. 아마 소련 당국은 "외국과의 접촉에 따라 새로운 봉기가 부추겨지느니, 우크라이나의 고통을 내버려두는 게 낫다"고 봤으리라.⁴⁹ 그들이 간첩으로 의심받는 걸 느끼고 있던 미국인들은 정권이 주민을 선동하는 역할을 하리라고도 생각했다. 그럴 듯한 생각이었다.

최근 일부 우크라이나 학자는 더 날 선 정치적 설명을 내놓는다. 소련 당국이 기근을 일종의 도구로 사용했으리라는 것이다. 즉 1932년에 그랬듯, 이때도 우크라이나 농민 반란의 숨통을 끊기 위해 기근을 활용했으리라고 설명한다.⁵⁰ 이 가설은 입증할 수 없다. 1920년에서 1921년에 우크라이나 농민을 굶겨 죽인다는 계획이 검토되었다는 증거가 없다. 그러나 동시에 모스크바가 정말로 농업정책을 활용해 반란을 진압할 셈이었다면, 이만큼 효과적인 방법도 없었을 것이다. 곡물 징발 시스템은 지역사회를 파괴했고, 인간관계를 단절시켰고, 농민들이 식량을 찾아 고향을 떠나게 만들었다. 기근은 남아 있는 사람들을 약화시키고 사기를 떨어뜨렸으며, 결국 무장 투쟁을 그만두도록 했다.⁵¹ 심지어 당시에도, 마흐노의 고향인 훌랴이폴레의 상황은 특히 고약했다는 증거가 많다. 그의 힘이 미치고 있던 남부는 먼저 흉작으로, 다음으로는 구호물자 미도착으로 가장 처절한 상황에 놓였다.⁵²

분명 정권은 우크라이나 종교 질서에 타격을 주는 용도로는 기근을 이용했다(10년 뒤에 그랬듯이). 기근 구호를 명분으로 국가는 우크라이나 교회들에 금붙이, 성화聖畫, 그 외 여러 값나가는 것을 국가에 내놓도록 강요했다. 그러나 그 배후에서 스크리프니크를 포함한 당 간부들은 귀중품 공출을 주도하면서 이 정책을 통해 새로 수립된 우크라이나 자치 정교회와 그 라이벌이자 아직 모스크바 총대주교를 받들던 교회 사이에 긴장을 고조하려 했다. 여러 주 동안 우크라이나 정치국은 이 교회 '기부'에 대해 의논했으며, 현황을 살피고, 그것들을 해외에 내다 파는 데 관심을 쏟았다.[53]

1922년, 이미 와병 중이었던 레닌은 스탈린에 앞서 공산당 서기장을 맡고 있던 몰로토프에게 서신을 보냈다. 교회의 재산을 접수하는 데 기근이 특별한 기회를 주고 있다는 내용이 담긴 서신이었다. 그 편지는 당원들에게 회람되었다. 교회가 값나가는 물건들을 잃는 것이 정치적으로 중요한 영향을 미친다는 게 레닌의 생각이었다.

> 이제, 그리고 오직 지금, 기근이 휩쓸고 있는 지역에서 사람들이 뜯어먹히고 있는 때, 그리고 수천 또는 수백 구의 시체가 길거리에 널려 있는 때, 우리는 가장 광적이고 인정사정없는 에너지를 빌려 최소한의 저항만으로 교회 재산을 제거할 수 있소(그리고 해야만 하오). 이제, 그리고 오직 지금, 대다수의 농민은 우리 편이 되거나, 아니면 적어도 이 한 줌의 (반동적인) 사제와 반동적인 도시 프티부르주아들을 돕는 입장에는 서지 않을 것이오. 그들은 이 소비에트의 포고령에 힘으로 맞서려 할 테니 말이오.[54]

레닌은 이때야말로 농민을 가르칠 때이며, 사제와 그 외 정적들에게 "교훈"을 줄 때라고 설명했다. 그리하여 "앞으로의 수십 년 동안, 그들이 감히 어떤 저항을 할 생각도 못 하도록."⁵⁵

그러나 기근의 규모가 볼셰비키를 두려움에 빠트렸다. 식량 부족이 우크라이나의 농민 반란을 끝내는 데 힘이 될지도 몰랐지만, 다른 곳에서는 반란을 부추겼다. 러시아의 탐보프주에서는 식량 징발이 그 시대의 가장 큰 반볼셰비키 봉기 중 하나가 된 안토노프 반란을 촉발했다. 식량 부족은 또한 악명 높은 크론시타트 반란에도 불을 붙였으며, 그 과정에서 붉은 군대는 일찍이 혁명에 중대한 역할을 했던 수병들을 쏘아야 했다.* 3년 동안 약 3350만 명(2600만 명이 러시아인, 750만 명이 우크라이나인)이 기근이나 식량 부족에 시달렸다. 그 수를 제대로 헤아린 사람이 없었던 터라 정확한 사망률은 알 수 없다.⁵⁶ 우크라이나에서도 기근이 가장 심했던 남부에서 25만 명에서 50만 명 사이의 사망자가 나왔을 것이라는 게 가장 그럴 법한 추정치다.⁵⁷ ARA는 소련 전체 사망률 추정치를 200만 명으로 제시한다. 기근이 끝나고 얼마 안 돼서 나온 소련 출판물은 기근 동안

---

* 크론시타트는 제정 러시아 이래 발트 함대가 정박하고 있던 페트로그라드 인근의 섬인데, 발트 함대는 러시아 혁명 당시 볼셰비키를 지지해 혁명을 성공시키는 데 큰 역할을 해냈다. 그러나 전시 공산주의와 식량 부족 등에 대해 점차 볼셰비키 정권에 대한 불만이 고조되던 끝에 1921년 3월 1일 반란을 일으켰다. 자칫하면 정권이 붕괴될 상황에서 소련 정부는 전력으로 반란 진압에 나섰고, 17일의 격전 끝에 진압을 성공했다. 그 과정에서 수병 반군 1만여 명이 전사하고, 포로가 된 2만여 명은 학살되었다.

500만 명이 죽었다고 밝혔다.[58]

이런 수치는 정권에 대한 신뢰를 뒤흔들었다. 볼셰비키는 자신들이 재난의 원흉으로 비난받는 게 두려웠으며, 실제로 그렇게 비난받고 있었다. 1932년에서 1933년의 기근을 견뎌낸 한 생존자는 훗날 1922년에 드네프로페트롭스크주에서 한 농민과 만난 일을, 그곳의 기근이 어땠는지에 대해 들은 것을 회상한다. 그 농민은 그해에 벌어진 일에 대해 딱 부러지게 표현했다. "볼셰비키가 사람들을 강도질했죠. 말과 소를 빼앗아갔어요. 빵이 없었어요. 사람들은 굶어 죽어갔죠."[59]

1922년, 볼셰비키는 그들이 농촌에서 인기가 없음을, 특히 우크라이나 농촌에서 그렇다는 것을 알게 되었다. 식량 징발은 식량 부족으로, 저항으로, 마침내는 굶주림으로 이어졌다. 이 모두가 갓 태어난 소련을 뒤흔들었다. '우크라이나적'으로 보이거나 들리는 것이라면 모조리 거부했던 일이 민족주의와 반볼셰비키의 분노가 우크라이나에서 계속 살아 숨 쉬도록 도왔다.

이에 대응해 정권은 진로를 수정하고 극적으로 두 가지 새로운 정책을 택했다. 둘 다 불온해진 소련 농민들의 지지를 되찾아오기 위해, 그리고 특별히 민족 감정을 갖춘 불온한 우크라이나 농민을 달래기 위한 것이었다. 먼저 레닌의 '신경제정책'은 강제적 곡물 수집을 끝내고 자유 거래를 일시적으로 합법화하는 것으로 오늘날에도 널리 알려져 있다. 그리고 1923년, 모스크바는 '토착화(코레니자치야 korenizatsiia)' 정책을 내놓는다. 소비에트 연방 공화국의 비러시아계 소수민족의 환심을 사기 위한 정책이었다. 이는 소수민족에 관료가 될 기회와 심지어 고유 언어 우선 사용권을 주고, 전통문화를 진흥하며, 실질적인 소수자 우대 정책(차별 철폐 조치)으로써 러시아 중앙당 간부를 선발할 때 모스크바 출신보다 소수민족 출신을 우선 임용하겠다는 내용을 포함했다. 이 정책은 우크라이나에서 '우크라이나화' 정책으로 알려졌다. 이는 사실상 흐루셰우스키가 원조이며, 그는 1907년 당시 러시아어를 쓰던 국가 기구를 우크라이나어를 쓰는 체제로 바꾸며 이 정책을 말했다.60 흐루셰우스키(1920년대 초에는 이미 정치에서 멀어진 지 한참이던)는 우크라이나어를 씀으로써 민족 독립의 지지를 굳건히 하길 바랐다. 반면 1923년 레닌의 정책은 정반대의 목표를 갖고 있었다. 그는 소련 정권이 우크라이나인들에게 더 자연스럽게 여겨지고, 그로써 우크라이나인들이 주권을 주장하는 일이 잦아들기를 바랐다.

순수주의자들에게는 이 두 가지 전략이 '퇴행'으로, 마르크스-레닌주의의 이상에서 멀어지는 것으로 비쳤으며 이런 전략이 계속되지 않으리라고 생각했다. 한 원로급 볼셰비키인 지노비예프는 신경제정책을 "일시적 일탈"이자 "국제 자본주의 전선에 맞서 새롭고 결정적인 노동계급의 공격을 선보이기 전에 땅을 고르는 일"이라고 했다.61 레닌 스스로도 1921년 10월에 신경제정책을 공산당 정치 교육자들에게 설명할 때 '전략적 후퇴'라는 표현을 썼다. 이 정책을 거론할 때, 그는 거의 변명조였다. 그는 어느 교육자 집단에 말했다. 소련 경제 정책이 이제까지 잘못된 가정에 근거해왔다고. 말하자면 '농민이 우리에게 요청한 만큼의 곡물을 준다, 우리는 그것을 공장들에 분배하고, 그에 따라 공산주의적 생산과 분배가 이루어진다'[62]는 생각에 근거해왔다고 밝혔다. 그러나 아직 농민이 정치적으로 진화되지 못했기에, 지금은 어느 정도의 비용 감축 조치가 필요한 것이다. 그들이 제대로 개명되면, 좀더 진보한 공산주의적 경제정책이 다시 시도될 것이다.

하지만 하나로 통일된, 균질화된, 러시아어만 말하는 노동자들의 국가를 믿는 사람들에겐 '우크라이나화'라는 생각 자체가 맥 빠지는 것이었다. 그때까지도 우크라이나 인민 위원회 의장을 맡고 있던 라콥스키는 1921년에 우크라이나어를 널리 쓰는 일은 "우크라이나 프티부르주아 지식계급과 우크라이나 쿨라크의 지배로" 돌아가는 것을 의미한다고 밝혔다. 부의장이던 드미트로 레베트도 더 강력한 발언을 했는데, '우크라이나어 교습은 반혁명적이다, 왜냐하면 그 언어는 농촌에서 쓰이는 열등한 언어이며, 러시아어는 도시에서 쓰이는 우수한 언어이기 때문'이라고 했다. 자신이 고안한 '두 개의 문화 이론'을 약술한 글에서 레베트는 농민 아이에게 우크라이나어를 가르치는 일은 그런대로 이유가 있을 수 있다, 어쨌든 그들의 토착 언어니까, 라는 입장을 보였다. 하지만 나중에는 그들 모두 러시아어를 배

워야만 하고, 그래야만 그들을 최종적으로 러시아 프롤레타리아와 통합할 수 있다고 말했다.⁶³

'반동적이고' '쿨라크적인' 우크라이나어에 대한 공포의 배후에는 라콥스키나, 레베트나, 그 밖의 다른 러시아우선주의적 볼셰비키들의 복합적인 동기가 있었다. 러시아 국수주의는 그들의 모든 생각에 잠재돼 있었다. 우크라이나는 예나 지금이나 러시아의 식민지일 뿐이며, 그와 다른 무엇이 된다고 생각할 수 없다는 것이다. 그들 대부분에게 우크라이나어란 '농사꾼의 말'이었다. 우크라이나 공산당원인 볼로디미르 자톤스키가 불평했듯, "우크라이나를 소러시아로, 러시아 제국의 일부로 보는 것은 당원 동지들의 낡은 습관이오. 그런 습관은 당신들을 제정 러시아의 허다하게 남은 잔재들 속으로 던질 것이오."⁶⁴ 또 다른 동기로는 우크라이나어가 사실 '반혁명적 언어'라는 것이었다. 농민 반란에 충격을 받은 그들은 우크라이나 민족주의에 대해 깊은 두려움을 가졌으며, 민족주의와 우크라이나어를 등치시켰다. 자톤스키는 또 이렇게 풀이했다. "정확히 1919년에 (…) 우크라이나어에 대한 일정한 의심이 있었소. 그런 감정이 심지어 혁명 프롤레타리아와 프롤레타리아 출신인 농민들에게까지 널리 퍼졌소."⁶⁵

우크라이나적인 모든 것에 대한 그들의 편견에는 물론 이데올로기적인 근거도 있었다. 볼셰비키는 고도로 중앙 집권화된 국가에 집착했고 독립적인 단체들(경제, 정치, 문화 그 무엇이든)의 파괴에 헌신했다. 그들은 직감적으로 어떤 소련 지방이나 공화국의 자율성도

총체적 권력의 걸림돌이 될 수 있음을 이해했다. 민족 단결이 아니라 계급 단결이 길을 이끌어야 했다. 다른 공산주의 지도자가 표현했듯, "나는 우리가 모든 민족 문화를 개별적으로 배려한다면 건전하지 못한 민족주의의 자취를 남길 것으로 본다."[66]

그래도 두 가지 새로운 정책 모두 최고위 수준에서 열심히 지지하는 사람들이 있었다. 신경제정책은 볼셰비키 지식인 가운데 부하린이라는 이론적 지주를 찾아냈다. 그는 소련이 시장을 통해 경제 관계를 형성한 다음 사회주의라는 더 높은 단계로 나아가야 한다고 믿었으며, 곡물 징발에 강력히 반대해왔다.[67] 부분적으로 그의 지지에 힘입어, 그리고 1924년 1월 죽기 전까지의 레닌의 지지에 힘입어, 신경제정책(NEP로 널리 알려진)은 레닌의 표현대로라면 '국가 자본주의'라 여겨지던 상태로 쉽게 변화해갔다. 새로운 체계에서는, 시장이 기능한다. 다만 강력한 국가의 통제 아래서만 그렇다. 국가는 프로드라즈비오르스트카를, 강제 곡물 징발을 폐지했다. 대신 세금 납부를 도입했다. 농민은 다시 전통적인 방식으로 곡물을 팔기 시작했다. 다시 말해, 곡물을 주고 돈을 받았다. 소규모 거래자(이른바 '네프 맨 NEP men') 역시 곡물을 매입하고 판매했고 그리하여 수 세기 동안 그래왔듯 곡물 배급에 일익을 담당했다. 상당히 기초적인 수준에서 시장 경제는 복구되었고, 식량을 조금씩 더 쉽게 얻을 수 있었다.

우크라이나화 역시 실제 지지자를 얻었다. 농민 반란을 겪고 나서, 레닌 스스로가 1919년에 우크라이나의 민족주의 감정을 무시한 것은 "심각하고 위험한 실수"였다고 말했다.[68] 1920년 2월, 세 번째이자 마지막이 될 볼셰비키의 우크라이나 점령이 진행 중일 때, 그는 스탈린에게 전보를 보냈다. 우크라이나에서 붉은 군대를 위한 통역자들을 고용할 것, 그리고 "우크라이나어로 응용된 것이거나 쓰인 문건을 받아들이도록 모든 장교에게 지시할 것".[69] 레닌은 우크라이나를 다시 잃고 싶지 않았으며, 그것이 우크라이나의 민족 감정을 어루만져야 함을 뜻한다면, 응당 그래야 한다고 보았다.

우크라이나 내에서는 '민족 공산주의자'의 시기가 왔다. 낙관적이게도 그들은 우크라이나 민족 감정이 혁명을 강화할 것이고, 따라서 우크라이나화와 소비에트화는 상호 허용될 뿐 아니라 상호 강화의 효과를 낼 것이라고 보았다. 스크리프니크(미국의 원조를 거부해 ARA 대원을 놀라게 한 바로 그 우크라이나 관료)는 누구보다 여기에 열정적이었다. 그가 1917년 12월 레닌의 특명을 받고 우크라이나에 온 이래, 스크리프니크는 러시아어를 말하는 프롤레타리아와 우크라이나어를 말하는 농민 사이의 적대가 비생산적이라고 주장했다.[70] 그의 견해는 자톤스키의 호응을 얻었다. 자톤스키는 1921년에 자신의 동료 볼셰비키들에게 그들이 민족주의가 고조되는 순간을 무시했다고 지적했다. "암흑 속에 있던 농민 대중이 봉기하고 자각했을 때, 농민들이 이전부터 스스로 형성해온 정체성과 사용해온 언어가 조롱받는 일을 참지 않고 더 많은 것을 요구하기 시작했을 때, 우리는 그것을 이용하지 않았소." 그 결과 민족주의 혁명은 부르주아들에게 납치되었다. "우리는 분명히 인정해야 하오. 그것은 우리의 크나큰 실수였다고."[71]

올렉산드르 슙스키를 비롯한 보로트비스티 극좌파는 1917년에서 1918년에 인기가 상당했는데, 그들도 1920년 이후 민족 공산주의 대열에 합류했다.[72] 당시 소련의 기준에 따르면, 슙스키의 입장은 특별했다. 비록 사회주의자, 멘셰비키, 무정부주의자, 사회혁명당 등이 이미 소련 전역에서 수사 대상이거나 체포된 상태였지만, 모스크바는 소련에 충성하기로 한 우크라이나의 소수 보로트비스티 그룹을 예외로 쳐주었다. 레닌은 그들이 지지자인 농민과 볼셰비키를 이어주길 바라며, 새로운 정권에도 민족적 색채를 약간 더 입히려 했다.

슙스키 스스로도 자신이 일종의 눈속임과 같은 존재가 아닌가 의심했으나, 이 배치를 받아들이고 우크라이나 인민 위원회에서 교육 위원으로 일하기로 한다. 스크리프니크는 사법 위원이 되었다. 1923년 여름에 우크라이나 공산당 중앙 위원회(정치국 산하의 다수 지도자 집합인)는 우크라이나화의 첫 포고령을 내놓았다. 하르키우의 정부는 우크라이나어를 이 공화국의 주요 언어로 인정하며, 모든 국가 공무원은 1년 내에 두 언어를 다 구사할 수 있도록 하라는 것이었다.[73]

이런 변화를 통해 우크라이나 민족 공산주의자들은 소련 공산주의가 좀더 민족적이고, 좀 덜 러시아 중심적으로 바뀌기를 바랐다. 그들은 또한 우크라이나의 지식인 엘리트가 좀더 소비에트 우크라이나에 동감하기를, 나아가 폴란드와 체코슬로바키아 국경 사이에 사는 우크라이나 민족이 소비에트 우크라이나를 더 매력 있게 보기를 바랐다. 소련은 언제나 해외에 혁명을 일으키고 싶어했다. 사람들이 보기에 모스크바가 정말 이 정책들에 힘을 싣고 있는 것으로 보인다면, 얼마 지나지 않아 그 효과는 확실히 나타나리라.

1924년 3월, 키이우에서 깃발을 흔드는 군중에게 연설한 지 거의 7년이 지난 시점에, 미하일로 흐루셰우스키는 우크라이나로 돌아왔다. 1919년 조국을 떠나 망명한 뒤, 그는 한동안 빈에서 살았다. 2년 동안 그는 프라하 또는 키이우로 옮기는 것을, 심지어 옥스퍼드나 프린스턴으로 가는 것을 고민했다. 그 나름대로 볼셰비키와 협상하고, 일정한 정치적 역할을 맡을 길을 찾으려 한 것이었다.

그런 역할을 찾지는 못했지만, 흐루셰우스키는 어쨌든 돌아가기로 마음먹고 '민간인'이자 학자로서 우크라이나에 왔다. 우크라이나 공산당을 포함해 그의 결정이 갖는 상징적 중요성을 의심하는 사람은 없었다. 1921년 1월에서 6월까지 우크라이나 정치국은 적어도 네 차례 이상 흐루셰우스키와 그의 귀환 가능성에 대해 논의했다.[74] 아직 망명 중이던 우크라이나 민족주의 지도자 다수는 그의 결정을 볼셰비키 지배의 '정당화'라며 폄하했다. 같은 이유로 볼셰비키는 그의 귀환을 축하했다. 자신들의 정책이 잘 먹히고 있다는 표시로 받아들였다. 이후 그들은 그가 제발 돌아갈 수 있게 해달라고 빌었다고, 자

신의 옛 반혁명 활동을 참회했다고 선전할 것이었다.[75]

그러나 흐루셰우스키는 거듭해서 자신은 결코 양보하지 않았다고 밝혔다. 그의 말로는 우크라이나 정치가 부흥하려면 먼저 우크라이나 문화가 부흥해야 했고, 그는 그것이 가능하리라고 보았기에 돌아온 것이었다. 소련에 가면 활동이 제한받을지 모르지만, 흐루셰우스키는 우크라이나에 가능성이 넘치는 이때를 놓칠 수 없었다. 그는 동료에게 보내는 편지에 이렇게 썼다. "문화적 삶이 퇴행하는 것을 막을 방법을 생각해야만 하네…… 아직까지는, 정부도 사회도 각자의 입장을 지키고 있어."[76] 하지만 우크라이나 행정부 내의 모든 사람이 똑같이 생각하진 않았다. 그가 조국에 들어오자마자, 비밀경찰은 그의 주변에 결국 대규모의 감시 작전이 될 감시망을 구축했고 수십 명이 그의 행동과 생각까지 낱낱이 살피고 보고하게끔 조치했다.[77] 흐루셰우스키도 이 작전의 세부는 몰랐을지언정 대략은 눈치챈 게 분명했다. 돌아오기 전 그는 우크라이나 공산당과 정부에 자신이 처한 정치적 기소 면제를 보장해줄 수 있는지 물었다.[78]

그럼에도 볼셰비키는 표면적으로는 그의 존재를 받아들였으며, 그도 볼셰비키를 받아들였다. 흐루셰우스키는 국가 지원을 받아 키이우에 역사 연구소(브세우크라인스카 아카데미야 나우크Vseukraïnska Akademiia Nauk, '전 우크라이나 한림원', 통상 VUAN이라는 약자로 알려지는)를 세웠다. 그는 자신의 여러 권짜리 저서인 『우크라이나-루스의 역사 *History of Ukraine-Rus*』 집필에 다시 들어가는 한편, 학

술지 편집을 시작하고, 젊은 학자들이 자신의 작업에 동참하도록 권했다.[79]

흐루셰우스키의 귀환은 진정한 지적, 문화적 발흥이 우크라이나에서 일어났던 시기를 특징짓는다. 그의 동료 역사학자들은 VUAN에서 짧은 기간에 19세기 우크라이나 농민 반란과 우크라이나 민족 감정의 역사에 대한 모노그래프들을 만들어냈다.[80] 1921년에는 우크라이나 자치 정교회가 완전 독립을 선언했다. 그들은 모스크바 대주교의 권위를 부정하고, 교회의 위계를 탈중앙집중화했으며, 우크라이나어 기도문을 부활시키고, 새로운 지도자로 바실 립킵스키 지방대주교를 선출했다. 하르키우의 화가와 건축가들은 모스크바와 파리의 동료들처럼 입체파, 구성주의, 미래주의 등의 유파를 실험했다. 우크라이나 건축 기술자들은 유럽 최초의 고층 복합 건물을 지었으며, 이는 정부 관청과 도서관, 호텔을 하나로 묶는 건물이었다. 훗날 화가이자 디자이너이며 하르키우 모더니즘의 별 중 하나인 보리스 코사레프는 하르키우를 "정기적으로 새로운 극장이 열리며, 공연과 함께 뜨거운 논쟁이 이루어지는 곳"으로 기억한다. 코사레프는 어느 프로덕션과 협력해 트랙터 생산 공장의 개장식을 꾸몄다. "그 공장은 붉은 군대 퇴역병들과 멀리 떨어진 농촌에서 온 농민들이 세웠다. 우리의 잠재적 관객들 말이다. 우리의 과제는 매혹적인 퍼포먼스를 창조하는 것 말고도 그들에게 그들의 현실을 알려주는 것도 있었다. 그러나 그러려면 관객들이 먼저 여기에 끌려야만 했다."[81]

한편 젊은 우크라이나 지식인들은 완전히 새로운 형식의 예술적 경험을 꿈꾸고 있었다. 문학 집단 하르트Hart('가열 단련')는 "우크라이나 프롤레타리아 작가들을 하나로 뭉치고" 그리하여 되도록 "하나의 국제적 공산주의 문화" 창달에 기여한다는 목적을 지향했다. 다만 원래 보로트비스티였던 그 집단의 지도자들에게는 그런 목적이 실현되리라는 믿음이 별로 없었다.

> 우리는 공산주의 시대에 감정이 소멸할 것인지, 인간이 머리와 두뇌 밖에 없는 빛나는 구체 같은 것으로 변할지, 아니면 새롭고 변형된 감정이 출현할지 알지 못한다. 따라서 우리는 공산주의하의 예술이 정확히 어떤 형태를 띨지 알 수 없다……[82]

또 다른 집단 플루흐Pluh('쟁기')는 농민 작가를 양성하고자 힘썼는데, 우크라이나 농촌의 창조성을 일깨울 수 있다는 희망에서였다. 그들은 독서 모임 만들기와 농촌에 문학의 가치를 전파하는 특사를 보내는 일부터 시작했다. 그들의 문학 프로그램 목표는 "보편적 주제에 걸맞은 폭넓은 시야를 창조하고, 기본적으로 혁명 농민의 삶을 다루는 것"[83]이었다. 그들은 또 우크라이나 최초라고 할 수 있는 집단 창작촌도 만들었으며, 작가와 언론인들은 하르키우의 한 아파

트 단지에 모여 살았다.⁸⁴

우크라이나 지식인들은 또한 자신들의 언어를 표준화하는 데 필요한 자원과 법적 지위를 처음으로 획득했다. 이전에는 우크라이나어가 근대 국가의 공식 언어였던 적이 없기 때문에, 모두가 동의하는 적절한 사용법이라는 것도 없었다. 서부 우크라이나인들의 우크라이나어는 반세기 동안 여러 단어와 철자법을 폴란드어에서 빌려온 반면, 동부에서는 러시아에서 차용된 것들이 많았다. 역사상 처음으로 우크라이나 한림원은 철자법 분과를 설치해 그 차이를 가감히 없애고, 확정적인 러시아어-우크라이나어 사전을 만드는 작업에 들어갔다. 1925년, 우크라이나 인민 위원회에서도 철자법 특위를 설치해(위원장은 먼저 슙스키, 그다음에는 스크리프니크가 맡았다) 우크라이나어 공식화와 표준화를 추진했다. 여러 달 동안 논쟁을 벌인 끝에, 이 위원회의 활동은 1927년 봄 하르키우에서 열린 학술 대회에서 정점을 찍었다. 스크리프니크는 여기에 당시 폴란드령이었던 르비우의 저명한 학자들을 초청했다. 그렇게 만들어진 '하르키우 철자법'이 마침내 1929년에 출간됐다. 이는 동부와 서부 우크라이나어에 모두 적합한 것으로 입증되었으며, 우크라이나 공화국 주민은 물론 그 경계 밖에 있는 사람들에게도 표준 교과서로 쓰이는 것을 목표로 했다.⁸⁵

자신감이 늘면서, 우크라이나 지도자 일부는 부분적으로 모스크바의 후원을 받아 우크라이나의 공식 경계 너머로 우크라이나 문화를 전파하는 방법을 찾기 시작했다. 스탈린 정권은 특히 국경을 넘어 폴란드로 우크라이나의 영향력을 미치려는 하르키우의 노력에 긍정적이었다. 슘스키는 서부 우크라이나 공산당과의 연락을 담당했는데, 서부 우크라이나란 당시에는 폴란드령이 되어 있는 땅을 의미했다. 스탈린은 1925년 개인적으로 서부 우크라이나 대사를 영접했다. 물론 그의 본심은 서부 우크라이나의 공산당원들이 폴란드를 뒤흔들길 바라는 것이었다.[86] 일부 민족 공산주의자가 러시아와의 동쪽 경계선을 넘어선 곳에 사는 거의 800만 명의 우크라이나어 사용자와, 특히 인접한 북캅카스주 쿠반현에 사는 91만5000명의 사람들에게 관심을 갖게 되면서 상황은 좀더 복잡해졌다. 1925년부터 우크라이나 공화국 지도부는 러시아 공화국 내의 동족들에게 점점 더 열의를 나타내면서, 그곳에 우크라이나어 학교를 더 많이 짓도록 촉구하고 심지어 공화국 동부 경계를 옮겨 우크라이나어 사용 지역을 더 넓히려는 방안까지 강구했다.

　북캅카스 주정부 지도부의 경계심이 발동돼 아주 최소한의 경계 변경까지 성공적으로 틀어막기는 했지만, 중앙 인민 위원회에서 그곳 카자크들의 정치 분위기를 조사해보니 "대규모 반혁명적 준동"과 만연한 실망감이 드러남에 따라 학교 설립에 대해서는 좀더 온건해질 수밖에 없었다. 그들을 달래려, 모스크바는 우크라이나와 러시아의 모든 카자크에 소수민족으로서의 정체성을 인정해준다. 쿠반 카자크는 우크라이나어로 말했으므로, 그들은 또한 우크라이나어 학

교 설립의 권한도 가질 수 있었다.[87]

이 '고도의' 문화 행동주의는 이른바 '기저의' 우크라이나화와 동반되었다. 말하자면 우크라이나어를 일상생활에서 진흥하는 것, 언론, 공적 토론, 그리고 무엇보다 학교에서 널리 사용하도록 하는 것이었다. 1923년도 첫 학기가 시작되기 직전, 공화국 정부는 모든 우크라이나 학생이 자신들의 언어를 배워야 하며, 따라서 "새로운 세대를 충성스러운 시민으로 육성"하고자 마련된 새로운 교육 프로그램을 시행하겠다는 포고령을 발표했다.[88] 이는 농민이 문해력을 갖는 한편 소비에트인이 되도록 하겠다는 생각의 하나였다. 우크라이나어로 마르크스 사상을 이해할 수 있게 되면, 그들은 보다 쉽게 소련의 일원으로 통합될 것이었다. 이 언어를 더 널리, 더 빨리 진흥하기 위해 스크리프니크는 폴란드(우크라이나어가 학교에서 더 오래 사용되었고 우크라이나어 교습이 더 보장되어 있던 곳인)에서 1500명의 교사를 초빙해왔다.[89]

이런 결정들은 중대한 영향을 미쳤다. 1923년에서 1929년 사이에 우크라이나어로 쓰인 책의 출간이 두 배로 늘었다. 우크라이나어 신문과 정기 간행물의 숫자도 빠르게 늘었다. 우크라이나어 교습 학교도 마찬가지였다. 1923년에만 해도 이 공화국에서는 학교들의 단 절반만 학생들에게 우크라이나어를 가르쳤다. 10년이 지나자 이는 88퍼센트로 늘었다.[90]

많은 곳에서 언어보다 더 심도 있는 변화들이 나타났다. 당시에는 학생이었던 페트로 흐리호렌코(그는 농민의 아들로서 소련 장군이 된 사람이다)는 이 시기를 참된 계몽의 시대 중 하나로 기억했다. 그가 자랐던 마을의 교사 두 사람은 '프로스비타Prosvita'(19세기 우크라이나의 문화 단체의 재현)*의 지부를 설립했다. "그들의 집에서 나는 먼저 우크라이나 민속 악기인 반두라를 보고, 연주를 들었다. 그리고 그들에게서 위대한 우크라이나 시인 타라스 셰우첸코가 쓴 『코브자르』**를 배웠다. 또한 나는 그들에게서 내가 위대한 셰우첸코와 같은 핏줄이라는 사실, 내가 우크라이나 사람이라는 사실을 배웠다."[91] 당시에 흐리호렌코는 '우크라이나 사람'이라는 정체성과 볼셰비키의 이상 사이에서 아무런 충돌을 느끼지 못했다. "나의 문화와 나의 민족에 대한 사랑이 내 마음속에서 보편적 행복에 대한, 세계 통일과 무한정한 '노동 권력'에 대한 꿈과 하나가 되었다." 그의 프로스비타 클럽은 결국 콤소몰Komsomol*** 세포 하나를 창립했으며, 그는 활동적인 공산주의자가 되었다.[92]

다른 이들도 비슷한 길을 걸었다. 우크라이나화는 민속 음악의

---

* '계몽'이라는 뜻. 우크라이나 문화 창달과 보급을 목표로 19세기 오스트리아-헝가리 제국 지배하의 르비우 등에서 처음 나타난 단체.
** 『코브자르』는 반두라를 켜면서 노래하는 운문을 의미하는 동시에 시집이라는 의미도 있다.
*** '블라드미르 레닌 전 연방 공산주의 청년동맹' 1918년 자발적으로 창립되어 1991년 소련 붕괴까지 이어진 공산주의 청년 조직. 공산주의의 학습, 행동, 청년들끼리의 교류 등의 기능을 했다. 스탈린 시기에는 그 자율적 성격이 우려되어 탄압의 대상이 되기도 했다.

열풍을 불러왔고, 수백 명의 우크라이나 젊은이가(도시와 농촌 출신 모두) 반두라를 비껴 들고 공공 행사에서 전통 음악을 연주했다. 때로 그들이 부르는 노래가 기독교적이거나 반러시아적인 색채를 띠면 중화와 '세속화'가 요구됐다. 하지만 노래의 낭만적인 매력은 젊은이들의 호응을 얻었고, 흐리호렌코처럼 그런 음악과 함께 자라지 못한 사람들까지도 끌어당겼다.[93]

　괴거의 낭만적 전설은 많은 사람에게 영감을 주었다. 키이우의 한 학교 교장은 얼마나 감동했던지, 학생들에게 우크라이나 시를 가르칠 뿐 아니라 학교 이름을 '타라스 셰우첸코 키이우 제1노동학교'로 바꾸고 이 우크라이나 국민 시인에 대한 공부를 교육 과정 중심에 뒀을 정도다. 그는 생도들에게 일기를 쓰라고 권하며 각자의 생각을 적고 알맞은 그림을 그리되 셰우첸코의 시에 맞춰서 하라고 했다. 학생들은 또한 시인에 대한 짧은 연극을 지역 노동자 클럽에서 공연했으며, 교내 신문에 실을 기사를 쓰기 위해 학교 수위를 인터뷰하기도 했다. 수위의 아버지가 셰우첸코를 만난 적이 있기 때문이었다.[94] 이 모든 프로젝트에서 사회 정의에 대한 구호는 마르크스가 아닌 셰우첸코에게서 빌려왔는데, 셰우첸코의 노랫말 중에는 반러시아 정서가 짙게 밴 것도 있었지만, 당시에는 문제가 되지 않았다. 그의 언어는 제정 러시아에 대한 저항으로 이해되었을 뿐 러시아 민족에 맞서는 것으로는 여겨지지 않았다.

　그렇지만 이 같은 구조는 매우 일찍부터 균열의 조짐을 보였다.

모든 학교가 '우크라이나어 말하기'를 반드시 잘 가르쳐야 한다고 생각하지는 않았던 것이다. 교사들 다수는 어려서부터 러시아어를 사용해왔으며, 이들 전부가 이중 언어 습득이 쉽다거나 필요하다고 여기지는 않았다. 농촌 학교에서 우크라이나어를 잘 못하는 교사들이 역시 엉터리 우크라이나어를 쓰는 학생들을 가르쳤다. 이는 양쪽 다 문법이 엉망인 혼종 언어를 말하는 것으로 끝나곤 했다. 교사들의 우크라이나어 수준을 검증하려는 시도들은 여러 형태의 수동적 저항에 부딪혔다. 교사들은 시험을 거부하거나, 시간이 없어서 우크라이나어에 능숙해지기 어렵다고 불평하거나, 얼토당토않지만 교과서에 문제가 있다고 둘러댔다. 그들의 주장을 반박하기란 쉽지 않았는데, 인민 위원회 위원 다수도 우크라이나어를 잘 모르면서 교사들의 능숙도를 따지기는 곤란했기 때문이다.[95]

일부는 좀더 적극적으로 저항했다. 많은 사람이 자신들의 자녀에게 우크라이나어를 가르치고 싶지 않다고 했다. 아직 러시아어가 우위를 점한 상급 학교에서 자기 자녀들이 불이익을 받을까봐서였다.[96] 관료들도 국가 기구에서 우크라이나어를 쓰라는 지침에 반대했다. 이론상으로는 우크라이나어를 말할 수 있어야 하지만, 당료들은 종종 이를 회피했고 그러면서도 견책을 받지는 않았다. 이런 맥락에서 5년쯤 지났을 무렵, 친러시아적 도시인 오데사의 지역 당 위원회에서는 우크라이나어 교습 강좌를 당료 300명에게 제공했지만, 등록한 사람은 226명뿐이었으며, 그나마 꾸준히 나오는 사람은 75명에 불과했다. 교습비를 낸 사람은 더 적었다. 프로그램을 설계한 이들은 반항적인 수강생들에게 교습비를 내라고 윽박질렀으나, 그들이 수업에 들어올 의향은 줄어갈 뿐이었고, 계속 돈을 날렸다고 푸념하기만 했다.[97]

우크라이나 공산당이 그 당료조차 우크라이나어를 하도록 만들 수 없었다는 사실은 뭔가 더 중요한 사실을 암시한다. 1920년대 중반에 소련은 이미 엄격한 경찰국가였다. 따라서 하려고만 했다면, 우크라이나어 배우길 거부한 당료들에 철퇴를 내렸을 것이다. 그러나 실제로 이 경찰국가는 이미 은밀히 다른 정책들을 추진하고 있었다. 흐루셰우스키, 슙스키, 스크리프니크, 그 밖의 독립 우크라이나 정체성 지지자들이 문화 및 교육 부처에서 두각을 나타내고 있었지만, 그들과 매우 다른 관료들도 그들 주변에서 서서히 부상하고 있었다. 친소비에트적이고 러시아어를 하며, 대개는 러시아인, 유대인, 심지어 라트비아나 폴란드 계통의 '민족 정체성'을 가진 우크라이나의 정치경찰들은 어떤 우크라이나 민족의 추상적 상념보다 스탈린에게 더 헌신했다. 이 같은 10년의 시기가 후반으로 접어들 무렵, 그들의 충성은 모습을 드러내기 시작한다.

1920년대 우크라이나 경찰 가운데 가장 충성스럽고 여러 방면으로 두각을 드러냈던 사람은 브세볼로트 발리츠키였다.[98] 1892년에 드니프로 강변의 소도시인 베르흐뇨드니프롭스크에서 태어난 발리츠키는 어린 시절의 대부분을 아버지가 공장 회계로 일하던 공업 도시 루한스크에서 보냈다. 러시아어를 쓰는 우크라이나 산업 지식 계층 집안에서 자란(그는 심지어 귀족의 후예라는 소문도 있었다) 발리츠키는 1922년의 어느 기록에서 스스로를 '러시아인'이라고 규정하기도 했다. 비록 나중에는 자신의 민족 정체성을 '우크라이나인'이라고 하지만 말이다. 아주 한참 뒤, 즉 1937년 '대공포' 과정에서 체포되었을 때 그는 다시 한번 자신을 '러시아인'이라고 주장한다.

사실 발리츠키에게 민족적 동감은 정치적 동감보다 늘 덜 중요했다. 그는 10대에 급진파가 되었으며, 나중에 주장하기를 17세 때 "루한스크에서 혁명 운동을 접했다"고 했다. 그는 모스크바의 로스쿨에 입학했고 1913년 볼셰비키의 라이벌인 멘셰비키에 가담했는데, 모두 나중에 그가 자서전에서 털어놓은 사실이다. 1915년에는 진영을 옮겨 볼셰비키로서 공산당원이 되었으며, 이는 열렬한 신봉자가 되기에 충분히 일찍 가입한 셈이었다. 키가 크고 금발이던 그는 극적인 몸짓과 격렬한 연설 솜씨를 타고났다. 제1차 세계대전에 징집된 뒤 그는 다른 병사들을 상대로 '혁명 선동'을 했고, 마침내 1917년 2월 혁명이 터지자 캅카스에서 유혈이 낭자했던 '인민재판' 하나를 맡게 된다. 아마 그곳에서 그는 계급의 적 식별하기, 숙청하기, 살해하기에 맛들였던 것 같다. 발리츠키의 언어에서 폭력이란 종종 정화·순화와 결부되며, 당의 '해충'과 '오염물'을 제거하는 일과 같았다.

정치 폭력의 정화 능력에 대한 발리츠키의 믿음은 1919년 그가 다시 우크라이나로 가서 우크라이나 체카에 가입하게끔 했다. 그해 2월, 그는 우크라이나판 『이즈베스티야*Izvestiya*』에 시 한 수를 게재했다.

> 저기, 심지어 옛 생활도 그토록 즐거웠던 거기
> 피의 강물이 흐르네
> 그러면 어떤가? 그 강물이 흐르는 곳,
> 그곳에는 자비가 없으리니,
> 그 무엇도 구해주지 않으리, 그 무엇도!99

돌아온 지 얼마 되지 않아 발리츠키는 그가 상상한 '피의 강물'을 볼 기회를 얻었다. 그는 1919년 농민 반란을 제압하는 일에 발 벗고 나섰다. 붉은 군대와 함께 싸우며, 그는 우크라이나에서 힘으로 밀려나기 전까지 포로 대량 학살에 참여했다. 이후 몇 주 동안 그는 벨라루스 공화국 남동부의 고멜에서 부상으로 움직이지 못해 매우 낙담했다. 우크라이나 지도부로 발돋움하려던 때 벽지의 촌 동네에서 오도 가도 못 하는 처지가 되었기 때문이었다. 그곳에서 그는 또 하나의 혁명 인민재판을 주도했다. 그는 전투 구역 밖에서도 자신의 목표를 집요하게 추구했으며, 반혁명분자, 모리배, 그 밖에 소련에 위협이 된다고 생각되는 사람들을 잡아들여 총살했다.

결국 발리츠키는 우크라이나로 돌아와, 백군의 퇴각 이후 '청소'를 맡은 제르진스키를 의기양양하게 도왔다. 그는 그 과정에서 우크라이나를 방방곡곡 돌아다녔는데, 그러다가 마흐노의 파르티잔 부대 하나와 만났다. 그 자신의 설명으로는, 그 반군들이 곧바로 그를 체포해 마을 외곽까지 끌고 가 총살하려 했다. 그러나 그들의 지휘관 중 한 명이 발리츠키의 고매한 자세에 감명받은 나머지 총살을 중지시켰다. 짧은 심문 뒤, 파르티잔 대장은 그를 풀어주기로 했다. 몇 년 뒤 발리츠키는 그 은혜를 갚았다. 볼셰비키군이 바로 그 지휘관을 붙잡아왔을 때, 발리츠키가 그의 사형을 감형해주었다.[100]

내전이 잦아들면서 발리츠키는 그간의 충성을 보답받았다. 1923년 그는 우크라이나 체카의 지휘관이 되었다. 당시 볼셰비키의 사회주의 적들을 척결하기에 바빴던 모스크바 동료들의 지도에 따라, 그는 최초의 우크라이나 사회혁명당 재판소를 여는 데 힘을 보탰다. 이 시기에 그 재판소는 상대적으로 온건한 판결을 내렸으며 실형 선고를 받은 다수가 사면되었다.

발리츠키의 권력과 영향력은 조용히 커져갔다. 1925년 그의 주장에 따라 우크라이나 정치국은 우크라이나 비밀경찰을 강화하는 일련의 포고령에 서명했다. 그 이름은 GPU 즉 국가정치보안부로, 그리고 OGPU 즉 통합국가정치보위부로 바뀌었다.[101] 그는 정치국에 부서 직원들의 급료를 보장해줄 것을 확실히 했다. 우크라이나 지식계층의 문화적 영향력이 최고조에 이르고 농민들의 힘도 가장 컸을 때, 우크라이나 태생이지만 러시아어를 말하는 열성 소비에트주의자인 발리츠키는 그와는 매우 다른 진영에서 충성도를 높여가고 있었다. 그리고 우크라이나의 미래를 바꿀 엄청난 역할을 준비하고 있었다.

1_ "오늘부터 우크라이나 인민 공화국은 독립하여 누구에게도 종속되지 않으며, 우크라이나 인민의 자유로운 주권 국가이다." 1918년 1월, 중앙 라다는 네 번째 보편 선언에서 우크라이나의 독립을 공표했다.

2_ 헤오르히 나르부트는 우크라이나 국가의 문장, 우표 도안, 지폐를 그렸을 뿐만 아니라, 문화 잡지 『우리의 과거 Nashe Mynule』의 표지도 그렸다.

3_ 1917년, 키이우 중심가 흐레시차티크에서 일어난 독립운동. 같은 곳에서 2014년 마이단 혁명이 일어난다.
4_ 미하일로 흐르셰우스키. 우크라이나 민족 부흥의 선구자 중 한 명이다.
5_ 그의 주 저서인 『우크라이나의 역사*History of Ukraine*』 표지.

6_ 1920년 스타니슬라비우에서, 친 우크라이나 군사 조직 사령관 시몬 페틀류라(중앙 오른쪽)와 폴란드 원수 유제프 피우수트스키(중앙 왼쪽). 우크라이나와 폴란드의 연합에 대한 기억은 수년간 스탈린을 괴롭힌다.

7_ 무정부의 검은 군대를 이끌었던 네스토르 마흐노. 우크라이나 민족주의 세력, 볼셰비키, 백군에 맞서 싸웠다.

8_ 파블로 스코로파즈키(가운데). 공식 칭호는 헤트만으로, 1918년 독일에 힘입어 우크라이나를 통치했다.

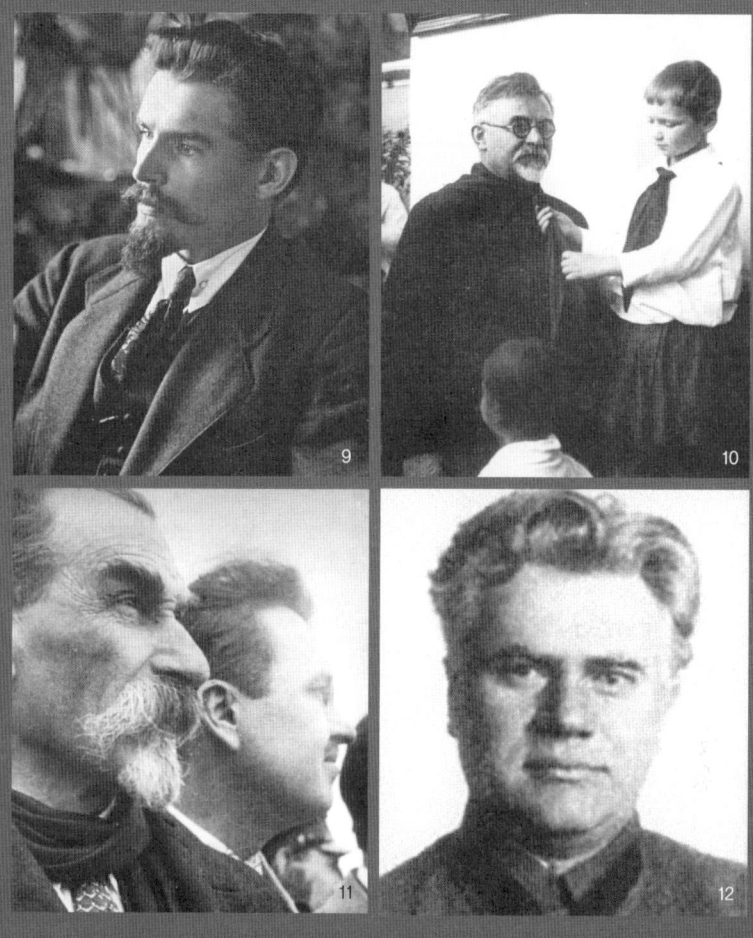

9_ 올렉산드르 슘스키, 보로트비스티 극좌파를 이끌었다. 민족주의적 성향으로 인해 추방되기 전까지 볼셰비키에 협력했다. 기근 중 체포된다.
10_ 흐리호리 페트롭스키, 젊은 개척자 모임 일원이었다. '개척자' 넥타이를 매고 있다. 기근 중 우크라이나 최고 소련 의장을 역임했다.
11_ 미콜라 스크립프니크, 민족 공산주의를 이끌었다. 기근 중 자살했다.
12_ 발리츠키, 기근 중 소련 비밀경찰 OGPU의 수장.

4장

이중 위기,
1927년부터 1929년

> 글라블리트Glavlit*는 충분한 근거 없이
> 국가의 곡물 공급이 어렵거나 중단되었다고 언급하는
> 어떠한 보도(기사, 항목)도 언론에 등장하지 않도록
> 모든 수단을 동원할 것을 지시한다.
> 이러한 보도는 공포를 유발하고, 국가의 곡물 조달 및
> 공급과 관련된 일시적인 어려움을 극복하기 위해
> 정부에서 실시 중인 조치를 방해할 수 있기 때문이다.
> ―OGPU 정보부가 모든 부서에 보낸 메일그램, 1927[1]

> 그곳에 빵이 없을 수가 없어.
> 그들이 우리에게 소총을 준다면 우리가 찾아낼 거라고.
> ―비밀경찰 정보원이 엿들은 대화, 1927[2]

---

* 소련의 검열 기관. '글라블리트'란 '문서'를 뜻하며, 국가나 당에 유해하다고 판단되는 모든 출판물과 방송 매체를 검열, 차단하는 기능을 했다.

전시 공산주의는 실패했다. 급진적인 노동자 국가는 노동자들에게 번영을 선사하지 못했다. 그러나 1920년대 후반에는 레닌의 신경제정책도 실패하고 있었다.

이론상으로는 시장이 자유로웠다. 그러나 실제로는 국가가 시장을 그냥 두지 않았다. 곡물 판매로 이익을 얻는 상인을 의심하던 관료들은 공격적인 '투기꾼 반대' 선전을 퍼뜨리고 엄격한 규제를 가해 끊임없이 개입했다. 그들은 공산품에는 높은 가격을 책정한 반면 농산물에는 낮은 가격을 책정해(그래서 '가위scissors 위기'라고 불린) 불균형을 초래했다. 일부 상인은 낮은 '국가' 가격으로 곡물을 사겠다고 제안했고, 다른 상인들은 높은 '민간' 가격으로 사겠다고 제안했다. 높은 가격을 받을 수 없던 농민은 대부분 곡물 판매를 거부했다. 대신 그들은 (논리적인 판단에 따라) 곡물을 저장하고, 가축에게 먹이로 주고, 가격이 오를 때까지 기다렸다.

이 새로운 위기는 충격으로 다가왔다. 식량 공급은 1921년에서 1923년 기근 이후 점차 개선되고 있었다. 1924년 흉작 때문에 다시 한번 수많은 사람이 굶주렸지만, 농민들은 여전히 사탕무, 감자, 소와 돼지로 버틸 수 있었다. 시행 중이던 강제 곡물 징수가 유예된 덕분에 농민들은 이듬해 봄에 파종할 의욕을 가질 수 있었다.[3]

1927년이 되자 체제는 다시 불안정해졌다. 그해 국가는 (신뢰하기 어려운 자체 계산 방법에 따르면) 540만 톤의 곡물을 확보했다. 그러나 도시 프롤레타리아와 관료들에게 엄격하게 규정된 양의 빵을 나눠주던 식량 배급 기관은 곡물 770만 톤을 기대하고 있었다.[4] 전 연방 조사에서 OGPU는 소련 전역의 식량 배급 줄에서 '폭도 진압과 고성을 지르는 싸움'이 발생하고 있다고 보고했다. 같은 비밀 설문조사에서 한 공장 노동자의 아내는 이렇게 말했다. "밀가루 10파운드 때문에 하루를 허비해야 해요. 남편이 일을 마치고 돌아와도 저녁을 준비할 수가 없죠." 불길하게도, 일부 불평에서는 정치적인 의도가 잠재되어 있었다. 트베르 시에서 경찰은 파업을 촉구하는 선언문을 발견했다. "버터가 없고, 밀가루는 최근에야 겨우 구할 수 있게 되었으며, 등유도 없다. 사람들은 속고 있다."[5] 『베를리너 타게블라트*Berliner Tageblatt*』의 모스크바 특파원이던 파울 셰퍼는 '소련 전역의 상점 앞에 길게 늘어선 줄'과 비정상적으로 높은 가격에 대해 보도했다. 그는 불길한 생각을 했다. "이 모든 일이 '독일의 1917년 겨울과 비슷하다'고 말할 수 있지 않을까?"[6] 국제합동통신United Press International의 특파원으로 모스크바에 온 지 얼마 안 된 유진 라이온스•도 1927년에서 1928년 겨울에 목격한 줄서기 현상을 이렇게 묘사했다.

• 1898~1985. 러시아 출신의 미국 언론인. 본명은 예브게니 프리빈으로, 벨라루스의 유대계 가정에서 태어났다. 일찍(1907년) 미국으로 이민을 갔지만 젊은 시절 열성적인 사회주의자였는데, 그런 등등의 배경 덕에 1930년대에 소련 등에 파견된 미국 언론인으로 활약했다. 스탈린을 최초로 인터뷰한 미국 기자이기도 하다.

어디를 가더라도 상점 문밖에는 대부분 여성인 사람들이 들쭉날쭉하게 늘어서 있었고, 그들의 입김이 구름처럼 피어올랐다. 그들은 참을성 있고, 소처럼 움직였으며, 불평하는 사람은 거의 없었다. (…) 러시아인 식단의 절반 이상을 차지하는 빵은 '부족한 상품'이었다.7

공산당에 있어 이 위기는 중요한 기념일을 무색하게 만들지도 모를 위협이었다. 혁명 10주년이 되었지만, 소련의 생활 수준은 여전히 혁명 당시 수준에도 미치지 못했다. 모든 식량은 애써 배급제를 따랐고(노동자들은 등급에 따라 식량 쿠폰을 다르게 받았다), 배급되는 양은 너무 적었다. 곡물 생산 관련 정보는 매우 민감한 정보여서, 10주년 기념일 5개월 전인 1927년 5월, OGPU는 모든 소련 신문에 이렇게 지시했다. "국가의 곡물 공급이 어렵거나 중단되었다고 언급하는 어떠한 보도도 금지한다. (…) 패닉을 유발할 수 있기 때문이다."8

또한 식량 위기는 공산당 내부의 권력 투쟁이 결정적인 순간을 맞았을 때 재발했다. 1924년 레닌이 사망한 뒤 스탈린은 공산당 내부에서 지지층을 조직하고, 주요 경쟁자인 트로츠키에 대항하고자 세력을 결집했다. 이를 위해 그는 제한적 자유 상업과 농민과의 협력을 지지하는 니콜라이 부하린을 중심으로 하는 '우파'와 연대했고, 스탈린의 정책이 새로운 자본가계급을 만들고 시골의 쿨라크를 더 부유하게 만든다고 경고한 트로츠키의 '좌파'에 맞서 싸웠다. 그러나 1927년 스탈린은 정치적 성향을 180도 바꿨다. '좌파'를 만족스럽게 처리한 후(트로츠키는 실각했고 곧 추방될 예정이었다) 이제 '우파', 즉 부하린과 신경제정책에 대한 공격을 준비하기 시작했다. 다시 말해 스탈린은 곡물 위기와 전반적인 경제적 불만을 이용해, 소련의 정책을 급진적으로 바꿀 뿐 아니라 자신의 정적 집단을 완전히 없애버리려 했다.

크렘린의 1927년은 외교 정책에 있어서도 중요한 한 해였다. 이전 몇 년 동안 OGPU는 유럽 전역에서 첩보망을 매우 열심히 확장해왔다. 그러나 1927년, 소련의 해외 첩자들은 당혹스러운 좌절을 겪어야 했다. 폴란드, 튀르키예, 중국, 프랑스를 비롯한 여러 국가에서 소련의 주요 첩보 활동이 적발된 것이다. 런던에서는 내무부 장관이 하원에서 "지금까지 접한 것 중 가장 완벽하고 악랄한 첩보 시스템"이라고 묘사한 작전이 적발되었고, 영국 정부는 소련과의 외교관계를 단절했다.[9]

이와 동시에 소련은 새로 확장된 첩보 활동을 통해 소련 극동 지역에 대한 일본의 영토적 야심을 입증하는 증거를 발견했다고 주장했다. 폴란드 역시 소련에 대한 지속적인 야심을 품은 듯했는데, 1926년 피우수트스키 원수의 쿠데타 성공으로 폴란드-볼셰비키 전쟁의 승리자가 다시 권력을 잡은 후에는 더 그렇게 보였다. 역설적이게도 폴란드는 1920년대에 우크라이나 민족주의 진흥을 위한 몇몇 계획을 일본 외교관의 지원을 통해 비밀리에 후원했지만, 스탈린이 이를 알고 있었다는 증거는 없다.[10] 그 대신 스탈린은 폴란드와 일본 사이의 사실 존재하지도 않던 첩보망과, 기껏해야 매우 피상적인 수준의 폴란드-일본 군사 협력을 집중적으로 의심했다.[11]

이러한 일련의 사건은 특히 10년 전 전투의 쓰라림을 여전히 기억하고 있던 소련의 지도자들에게 위협적으로 보였다. 1927년 7월 『프라우다』에 실은 기고문에서 스탈린은 "일반적인 새로운 전쟁, 그리고 구체적으로 소련을 상대로 한 전쟁의 실질적이고도 물질적인 위협"에 대해 경고했다. 아무런 관련도 없는 이야기가 신문과 대중 연설에서 임박한 음모로 제시되었다.[12] 이야기에 동반된 선전 캠페인은 소련 사회를 전시 상황과 더 내핍한 상황에 대비하게 했고, 동시에 공산주의 체제에 대한 충성심을 고취했다.[13]

명백한 적대 행위의 위협과 더 현실적으로 다가온 대규모 식량 폭동 모두에 대응하기 위해 OGPU는 1927년 10월에 가혹한 새로운 정책 목록을 제안했다. 비밀경찰은 희소 상품을 '투기'하고 가격을 부풀리는 민간 곡물 거래업자에게 '책임을 물을' 권한을 가장 간절히 원했다.[14] 또한 정치국은 (채찍을 수도 없이 때린 후 던져주는 당근 같은 정책인) 공산품의 즉각적인 농촌 이전, 체납 세금 징수, 곡물 가격 동결, 지역 당료의 곡물 징수 직접 참여를 요구했다.[15]

이러한 변화 중 어떤 것도 의미 있는 영향력을 발휘하지는 못했다. 1928년 1월 초, 소련 중앙 위원회는 자신들의 명령에도 불구하고 곡물 징수에서 "어떠한 돌파구도 보이지 않는다"라고 평가했다. 이 문제를 해결하기 위해 스탈린은 당 지도부에 "당의 우수한 인력 전원을 신속하게 동원"하고, 지역 당 지도자들이 곡물 징수를 "개인적으로 책임지게" 하며, 징수에 실패한 사람들을 명확하게 지목하는 선전 캠페인을 조직하고, 세금 납부를 거부하는 이들, 특히 쿨라크에게 "가혹한 처벌"을 가하라고 지시했다.[16] 결국 국가는 곡물을 납부하지 못한 농민에게 곡물 가치의 다섯 배에 해당하는 벌금을 부과했다. 벌금 납부를 거부한 이들의 재산은 압수되고 경매에 부쳐지기도 했다.[17]

스탈린은 군사적 언어를 사용하기 시작했다. 그는 '동원'과 '전선'을 말했고, '적'과 '위험'이라는 표현도 썼다. 쿨라크와 투기꾼들이 "우리 조직의 선의와 느린 작업 속도를 이용하고 있으며, 빵 시장의 전선을 돌파하고, 가격을 올리고, 농민들이 수수방관하게 만들어 곡물 징수를 더 마비시켰다"라고 말했다. 이런 위협에 맞서 온화하거나 느긋한 방식으로 대처하는 것은 끔찍한 실수일 것이었다. 실수하지 않으려면 쿨라크와 상인들을 다른 농민들과 분리해 체포하는 강력한 조치를 취해야 했다.

이런 정책이 있어야만 중농들은 가격 상승이 투기꾼들이 꾸며낸 거짓말이고, 쿨라크와 투기꾼은 소비에트 권력의 적이며, 자신들의 운

명을 투기꾼 및 쿨라크의 운명과 동일시하는 것이 위험한 일임을 이해할 수 있을 것이다.[18]

이 무렵 스탈린과 소련의 다른 지도부는 '특단의 조치'라는 뜻인 '츠레즈비차이니예 메리'라는 표현과 비상사태를 의미하는 '츠레즈비차이시치나'라는 표현을 다시 사용하기 시작했는데, 이들 단어는 차리친, 적색 테러, 내전을 떠올리게 했다. 내전의 언어와 함께 내전의 전술, 즉 10년 전 스탈린이 차리친에서 사용했던 폭력이 돌아왔다.

1월 초, OGPU의 의장인 겐리흐 야고다는 "정해진 곡물 조달을 방해하고 시장 가격을 교란하는 일에 있어서 가장 눈에 띄는 민간 곡물 조달 업자와 가장 상습적인 곡물 상인"을 즉시 체포하라고 갑작스레 지시했다. 실제로 곡물 거래로 생계를 유지하는 사람은 이제 누구나 범죄자로 재분류될 수 있었다. 그달 중순이 되자 우크라이나 전역에서 500명 이상이 투옥되었고, 더 많은 사람이 조사받았다. 체르카시, 마리우폴, 하르키우 등에서 경찰은 농민들이 (매우 합리적인 행동인) 가격이 오를 때까지 숨겨두었던 곡물 수 톤을 발견했다. 경찰은 이를 음모의 증거로 포착했다.[19]

한편 OGPU는 곡물을 숨기고 있는 일부 상인이 경찰의 탄압을 잘 알고 있으며, 탄압을 피하기 위해 적극적으로 노력한다는 결론을 내렸다. 많은 상인은 체포되지 않기 위해 곡물을 다른 곳으로 옮겼다. 탄압의 물결이 가라앉기를 바라며, 더 나은 날이 올 때까지 기다리기 위해 농민들에게 돈을 주고 곡식 보관을 부탁한 상인도 있었다.[20] OGPU는 1월 19일 단호한 포고령을 발포해 그와 같은 활동을 종식시켰다. '합의된' 가격으로 국가에 곡식을 판매하지 않는 사람은 누구든 체포되어 재판을 받아야 했다.[21] 포고령과 함께 신경제정책은 사실상 종말을 맞이했다.

곡물 상인은 유용한 희생양이었다. 사실 1920년대 소련의 경제정책은 근본적인 모순에 기반했고, 이 사실은 보통 사람들도 알고 있었다. 1929년 초, 우크라이나 남부 자포리자 출신이자 교육받은 농민인 세멘 이바니소프는 당 간부인 친구에게 편지를 보냈다. 한때 노동자와 농민 사이의 '필수 불가결한 관계'에 대해 글을 쓴 레닌을 칭찬하는 내용이었다. 그러나 이바니소프는 그런 레닌의 감성을 기억하는 사람이 없다며 두려워했다. "지금 우리가 보고 있는 건 뭐지? 농민과의 올바른 관계, 동맹자로서의 관계? 그딴 건 존재하지 않아."

대신 이바니소프는 자신과 동료 농민들이 이제 정말로 곤란한 상황에 처해 있다고 썼다. 열심히 일해서 농장을 키우면 '인민의 적'인 쿨라크가 된다. 하지만 다른 선택을 해 빈곤한 농민인 베드냐크로 남으면 경쟁 상대인 '미국 농민'보다 형편이 더 나빠진다. 이 함정에서 탈출할 방법은 없어 보였다. "이제 어떻게 해야 하지?" 이바니소프가 친구에게 물었다. "어떻게 먹고 살아야 할까?" 상황은 악화되고 있었다. "우린 이제 소를 팔아야 해. 소가 없으면 아무것도 남지 않을 거야. 농민의 집에는 눈물, 끝없는 고함, 고통과 저주가 가득해. 이곳에 와서 농민 가정에 가보면, 너도 이런 말을 듣게 될 거야. '이건 사는 게 아니에요. 고된 노동이자 지옥이고, 악마도 모를 정도로 끔찍한 일이죠. 고통 외에는 아무것도 남아 있지 않다고요.'"[22]

이바니소프는 다른 이들처럼 양립 불가능한 선택을 해야 했다. 이념적으로 허용되는 빈곤을 선택하든가, 아니면 위험하고 용납할 수 없는 부를 선택하든가. 농민들은 일을 못 하면 굶주리고, 일을 잘하면 국가의 처벌을 받는다는 사실을 알고 있었다. 대체로 친소련 입장이던 미국 언론인 모리스 힌두스조차 뭐가 문제인지 알 수 있었다. "어떤 사람이 말 두세 마리, 비슷한 수의 소와 여섯 마리 내외의 돼지를 소유하고 300푸드에서 400푸드의 호밀이나 밀을 재배하면, 그는 쿨라크에 속한다."[23]

부자이거나 성공한 농민은 적이 된다. 일을 아주 효율적으로 잘하는 농부는 즉각 의심받는 인물이 되었고, 여자들조차 그들을 멀리했다. 힌두스에 따르면, "요즘은 아무도 부자와 결혼하고 싶어하지 않는다."[24] 모스크바에 있던 유진 라이온스는 "더 부지런하고, 비양심적이며, 부유한 농민들" 모두 엄청난 압박을 받고 있다고 언급했다. 작가 미하일 숄로호프는 소설 『개척되는 처녀지』에서 농장을 아주 잘 경영한 인물을 이렇게 묘사했다.

나는 12헥타르, 그다음엔 20헥타르, 심지어 30헥타르를 경작했소, 생각해보시오! 나와 내 아들, 그리고 며느리가 일했소. 가장 바쁜 시기에도 고작 두어 번만 일꾼을 고용했단 말이오. 그 시절 소련 정부가 뭐라고 명령했는지 아시오? 최대한 많이 파종하라는 것이었소! 그런데 지금은…… 두렵소. 내가 30헥타르를 경작했다는 이유로 그들이 나를 바늘구멍으로 들어가라고 강요하며•, 쿨라크라고 부를까 봐 두렵단 말이오.[25]

이로써 소련은 더 많은 곡물을 생산하려는 농민들의 의욕을 완전히 제거해버렸다.

모든 볼셰비키가 이 모순을 이해하지는 못했을 것이다. 그러나 스탈린은 확실히 이해했고, 1928년 겨울에 스탈린과 그의 최고위급 동지들은 이 문제를 직접 해결하기로 마음먹었다. 정치국은 식량 부족 원인을 규명하기 위해 정치국 위원인 아나스타스 미코얀을 북캅카스에 보냈다. 몰로토프는 우크라이나로 갔다. 스탈린 본인은 직접 시베리아로 가기로 했다.

스탈린의 3주 여행 기록은 많은 사실을 보여준다. 나중에 작성된 보고서에서 스탈린은 현장에서 만난 동료 대부분이(일부는 여전

• 『성서』에 "부자가 천국에 가는 일은 낙타가 바늘구멍에 들어가는 것보다 어렵다"는 구절이 있는 것을 빗댄 것이다.

히 용감하게도 스탈린과 논쟁하려 했지만) 곡물 부족 문제를 기술적 변화로 해결할 수 있다고 확신한다는 것을 알게 되었다. 예를 들어 농민들에게 곡물 대신 공산품을 더 많이 제공하는 식이다. 그러나 농민의 자녀에게 더 좋은 신발을 공급하면 장기적인 문제를 해결할 수 있을까? 시베리아 당 지도부와의 회의에서, 새 양가죽 코트를 입은 스탈린은 의외로 소련 농업의 심각한 결함에 대해 말하기 시작했다. 그는 다른 지도자들에게 혁명 이후 농민들이 귀족과 수도원의 사유지를 점령해 분할했고, 그 결과 수십만 곳의 작고 비생산적인 농장과 수십만 명의 빈농이 탄생하게 되었다는 사실을 생각해보라고 했다. 이것이 바로 문제였다. 쿨라크, 즉 부농은 더 넓은 땅을 소유하고 있었기에 가난한 이웃보다 생산성이 훨씬 더 높았다.

스탈린은 부유한 농부의 강점이 '농업을 대규모로 경영한다는 사실'에서 비롯된다고 결론지었다. 규모가 큰 농장은 더 효율적이고 생산적이며 현대 기술을 쉽게 도입할 수 있다. 이바니소프도 같은 문제를 발견했다. 시간이 지나며 가장 성공한 농부들은 더 부유해지고 더 많은 토지를 축적했으며, 결과적으로 생산성이 높아졌다. 그러나 이렇게 함으로써 그들은 쿨라크가 되었고, 따라서 이념적으로 용납할 수 없는 존재가 되었다.

이 문제를 어떻게 해결해야 할까? 스탈린은 자신의 이념 때문에, 역사 속 다른 모든 사회에서 그랬던 것처럼 성공한 농민들이 더 많은 토지를 축적하고 대규모 농장을 건설하도록 허용할 수 없었다. 공산주의 국가에 대지주나 부농이 존재한다는 것은 상상조차 할 수 없는, 불가능한 일이었다. 그러나 스탈린은 성공한 농민을 박해한다고 해서 곡물 생산량이 증가하지 않는다는 사실도 알고 있었다. 그는 집단 농장이 유일한 해결책이라는 결론을 내렸다. "소규모 농가를 대규모 집단 농장으로 통합하는 것이…… 우리가 가야 할 유일한 길이다."[26] 소련에는 대규모 국영 농장이 필요했다. 농민들은 사유지를 포기하고 재산을 공유하며 국영 농장에 합류해야 했다.

앞서 설명한 것처럼 집단화는 소규모로 시도된 후 1918년에서 1919년에 대부분 중단되었다. 그러나 다른 여러 마르크스주의 사상과 일치했고 공산당 내에서도 일부 지지자가 있었기에, 집단화라는 개념은 사라지지 않았다. 어떤 사람들은 집단으로 소유하는 공동 농장 콜호스kolkhoz가 조성되면 농민을 '프롤레타리아화'해, 노동자처럼 생각하고 행동하는 임금 노동자로 만들 수 있다고 생각했다. 1929년 이 주제를 다룬 토론에서 한 지지자는 이렇게 설명했다. "대형 콜호스는 우리 사회주의 공장이나 국영 농장과 유사한 생산 경제 형태여야 합니다. 이는 우리 모두에게 아주 명확한 사실입니다."[27] 또한 집단화 선전물에는 소련의 과학 숭배와 기계 숭배, 그리고 현대 기술과 효율성 향상 및 합리적인 관리 기법이 모든 문제를 해결할 수 있다는 믿음이 표현되고 있었다. 토지는 공유해야 했다. 농기구도 공유해야 했다. 효율성을 높인다는 명목으로 트랙터와 콤바인 수확기를 국영 기계 트랙터 관리소에서 관리할 것이며, 관리소는 필요에 따라 집단 농장에 농기구를 임대할 것이다.

집단화와 중앙 계획식 농업은 스탈린의 소련 산업 계획과도 일치했다. 1928년 소련 정부는 최초의 '5개년 계획'을 승인했다. 이 경제 프로그램은 산업 생산량의 연간 20퍼센트라는 전례 없는 수준의 증가율, (노동자들이 교대로 휴식해 공장의 가동이 중단되지 않게 하는 조치인) 주 7일 근무 폐지와 새로운 직장 경쟁 윤리를 의무화했다. 감독관, 노동자, 관리자 모두가 계획을 달성하거나 초과 달성하기 위해 서로 경쟁했다. 산업 투자의 대규모 증가는 수천 개의 새로운 노동자계급 일자리를 창출했고, 이러한 일자리 대부분은 자신의 땅에서 강제로 쫓겨난 농민이 맡았다. 그리고 석탄과 철을 비롯한 모든 종류의 천연자원이 긴급하게 필요해졌는데, 많은 자원은 소련의 극북 지역이나 극동 지역에서만 찾을 수 있었다. 이러한 자원 역시 집단화 때문에 일자리를 잃은 농민들이 채굴할 만했다.

'특단의 조치'인 집단화 추진과 급속한 산업화는 스탈린의 대표적인 정책이 되었다. '대전환'이나 '대격변'으로 불리게 된 이러한 정책은 전시 공산주의 원칙으로의 회귀를 의미했고, 실질적으로는 두 번째 혁명이었다. 새로운 정책은 스탈린과 다른 사람들이 수년 동안 주장해온 개념과 확연히 달랐고, 스탈린의 당내 주요 경쟁자들은 특히 집단화에 격렬하게 반대했기에, 스탈린은 정책의 성공에 개인적으로나 정치적으로나 깊이 관여하게 되었다. 결국 스탈린은 최대한 급진적이고 신속하게 실행할 수 있는 집단화 명령을 직접 다시 작성

했다.[28]

스탈린의 방문 이후 시베리아 OGPU는 지도자의 성공을 보장해야 한다는 사실을 깨달았다. 이전처럼 농민들이 자발적으로 기여할 때까지 기다리는 대신 그들은 이제 내전 시기에 그랬던 것처럼 법치라는 허울을 벗어던지고, 시골로 요원을 보내 농민들을 수색하고 체포한 다음 곡물을 압수했다. 한 지역의 곡물 수집가는 이렇게 말했다. "스탈린 동지가 우리에게 지침을 주셨습니다. 눌러라, 때려라, 쥐어짜내라."[29] 그들은 결실을 얻을 수 있었다. 모스크바로 돌아오기도 전에 스탈린은 동료들에게 전보를 보내 성공을 선언했다. "1월에 곡물 8000만 푸드(131만 톤)를 중앙 위원회로 보내오. 이것은 당이 거둔 엄청난 승리요." 그는 2월이 "시베리아에 가장 중요한 전투의 달"이 될 것이라고 주장했다.[30]

고무된 스탈린은 1928년 봄과 여름에 열린 두 차례의 격렬한 중앙 위원회 회의에서 집단화를 더 강경하게 주장했다. 당시 그가 한 연설을 살펴보면, 정책 변화를 강력하게 추진한 동기 중 하나가 아직 남아 있는 당내 핵심 경쟁자들, 특히 그가 '우파 기회주의자'라고 비난한 부하린의 반대임을 명확하게 알 수 있다. 시골 지역에 미친 파급 효과를 차치하더라도, 집단화 정책은 스탈린을 당의 확실한 지도자로 자리매김하게 한 이념적 도구였다. 결국 정책이 수용되면 스탈린은 당내에서 권위와 정당성을 부여받을 것이다. 그리고 그의 반대자들은 의견을 철회할 것이다.[31]

1928년 봄과 여름에는 반대 상황도 발생했다. 스탈린은 당내 갈등을 이용해 집단화 추진에 대한 이념적 근거를 마련했다. 7월 총회에서 그는 소련 산업화의 핵심이 농민 착취에 있다는 악명 높은 주장을 했다. "여러분도 알다시피 영국은 수백 년 동안 모든 대륙의 식민지에서 자원을 짜내 자국의 산업에 추가로 투자했습니다." 스탈린은 소련이 같은 길을 갈 수는 없다고 주장했다. 그리고 소련이 외국 차관에 의존해선 안 된다는 선언도 했다. 유일하게 남은 해결책은 국가가 사실상 자국의 농민을 "식민지화"하는 것이었다. 농민을 더 강하게 쥐어짠 다음 이 "내부 축적물"을 소련 공업에 투자하는 것이다. 이러한 변화를 뒷받침하기 위해 농민들은 소련이 "산업 성장률을 더 높일 수 있도록" "공물"을 지급해야 했다.

이 상황이 불쾌하다고 인정할 수밖에 없습니다. 그러나 이 문제를 무시하거나, 농민에게 추가 세금을 부여하지 않으면 산업과 국가를 관리할 수 없다는 불행한 사실을 외면한다면, 우리가 볼셰비키일 수 없을 것입니다.

극심한 고통을 유발하는 "특단의 조치"는 이미 "국가를 전반적인 경제 위기에서 구해냈습니다. (…) 이러한 조치가 없었다면 지금쯤 국가 경제 전체가 심각한 위기에 빠지고, 도시와 군대에서 기아가 발생했을 것입니다." 이러한 조치에 반대하는 이들은 "위험 분자"였다. 한때는 찬양의 대상이었던 농민과 노동계급 사이의 "긴밀한 관계"는 이제 필요 없어졌다. "권력을 쥐고 있는 유일한 계급은 프롤레타리아입니다."[32]

스탈린이 사용하는 언어의 근원은 그의 마르크스주의적 경제관에 있었다. 그는 우연이 아니라 신중한 논리적 과정을 거친 끝에 급속한 집단화라는 '해결책'을 도출했다. 그는 소련의 산업화를 위해 농민을 희생해야 한다고 판단했고, 농민 수백만 명을 그들의 땅에서 강제로 쫓아낼 준비를 했다. 스탈린은 농민이 노동자 국가에 '공물'을 바쳐야 한다고 결정했고, 그 과정에서 농민이 고통을 겪으리라는 사실을 알고 있었다.

강제적이고 폭력을 동반하는 집단화가 정말로 유일한 해결책이었을까? 물론 그렇지 않다. 소련 지도부에는 다른 선택지도 있었다. 예를 들어 부하린은 자발적인 집단화와 빵 가격 인상을 시행해야 한다고 믿었다.[33] 그러나 스탈린은 소련 농업에 대한 자신의 이해, 자신의 이념과 경험에 대한 광신적 헌신(특히 공포를 통해 얻을 수 있는 효과에 대한 믿음) 때문에 대규모 강제 집단화가 불가피한 해결책이라고 생각했다. 그는 이제 이 정책의 성공에 자신의 평판을 걸고 있었다.

신경제정책만이 일관성 없이 진행된 유일한 볼셰비키 정책은 아니었다. 1927년에 위기를 맞은 유일한 정책도 아니었다. '우크라이나화' 역시 깊은 모순을 내포하고 있었고, 이 시기에 그 모순이 명확하게 드러났다. 그러나 이 정책은 본질적으로 도구적이었다. 모스크바의 볼셰비키들은 우크라이나 민족주의자들을 달래고, 소련 우크라이나가 실제로는 우크라이나 국가라고 설득하고, 그들을 소련의 권력 구조에 끌어들이기 위해 이 정책을 만들었다. 그러나 우크라이나화 정책이 성공하려면 도구적인 정책으로 보여서는 안 됐다. 우크라이나 민족주의자들이 소련의 충성스러운 시민이 되려면 우크라이나화 정책을 진실로 믿어야 했기 때문이다.[34]

따라서 소련은 우크라이나 민족주의자를 포섭하기 위해 우크라이나인을 국가 요직에 임명하고, 우크라이나어 교육에 자금을 지원하고, 러시아나 소련 문화와는 구별되는 '진정성 있는' 우크라이나 민족 예술과 문학의 발전을 허용해야 했다. 그러나 이러한 조치로도 민족주의자들을 순치시키지는 못했다. 그들은 오히려 더 빠른 변화를 요구했다. 결과적으로 이러한 조치 때문에 민족주의자들은 모스크바의 우월성에 의문을 품게 되었다.

가장 큰 불만은 급속하게 포부를 키워가던 문학계에서 나왔다. 하르트, 플루흐 그룹 모두 다른 소련 전위파 예술 조직들처럼 단기간만 존재할 수 있었다. 1926년 1월 그들은 명백하게 정치적 조직인 자유 프롤레타리아 문학 아카데미 Vilna Akademiia Proletarskoi Literatury를 결성했으며, 이 조직은 우크라이나어 약자인 VAPLITE로 불리곤 했다. 조직의 리더인 미콜라 흐빌로비는 내전 중에 볼셰비키에 가입했고 잠시 체카에 소속되기도 했다. 그러나 그는 자신을 우크라이나인으로 여겼기에 모스크바 볼셰비키와 일정한 거리를 두었고, 다른 방향을 모색하기 시작했다. 지방주의, '후진성', 소작농, 동포들의 '노예 심리'에 비판적이던 흐빌로비는 우크라이나가 대신 도시 문학 문화를 발전시키길 열망했다. 그는 우크라이나를 러시아가 아닌 유럽과 동일시하려 했고, 1925년에는 과감히 이렇게 말했다.

우리 문학이 마침내 자체적인 발전의 길을 따라갈 수 있게 된 뒤, 우리는 이런 질문에 직면했다. 어떤 세계 문학을 따라야 할 것인가? 우리는 어떤 식으로든 러시아를 따라가서는 안 된다. 이것은 분명하고 무조건적이다. 우리의 정치적 연합을 문학과 혼동하지 말자. 우크라이나의 시는 러시아 문학과 러시아 문학 양식에서 최대한 빨리 벗어나야 한다. (…) 내 말의 요점은 이것이다. 러시아 문학은 수 세기 동안 우리의 짐이었다. 그것은 우리의 정신을 조작해 노예 같은 모방자로 만들어왔다……[35]

우크라이나 예술가 미하일로 보이추크는 혁명적 전위 예술가 집단의 일원이었던 모더니스트로, 이 무렵 비슷한 결론을 내렸다. 우크라이나 문화가 독자적으로 발전할 수 있으려면, 우크라이나도 중국이 그랬던 것처럼 러시아와의 국경에 "새들조차 넘을 수 없는 장애물"인 "거대한 장벽"을 건설해야 했다.[36]

이러한 언어의 반향은 우크라이나화의 이점을 국경 너머로 전파하는 데 열을 올리며 전도자를 자임했던 우크라이나 언론에서 두드러졌다. 앞서 살펴보았듯, 국가는 소련 우크라이나가 외국에 있는, 특히 폴란드에 있는 우크라이나어 사용자에게 영향력을 행사해야 한다는 생각을 승인했다. 1927년 소련 우크라이나는 러시아에 있는 우크라이나인, 특히 북캅카스 지역 쿠반주에 있는 우크라이나인에게도 영향력을 행사하려 했다. 쿠반에서는 우크라이나어 사용자가 러시아어 사용자보다 두 배 많았고, 시골 지역에서는 세 배 많았다. 우크라이나 공화국 정부 신문은 쿠반과 북캅카스를 다룬 기사 12개를 게시해, 쿠반에 우크라이나가 미친 영향력의 역사와 쿠반에 사는 우크라이나인들이 우크라이나 동포들에게 느끼는 따뜻한 감정을 묘사했다.

이 일련의 기사는 우크라이나화를 공개적으로 옹호했고, 쿠반을 지배하며 러시아어를 사용하던 공산주의자들을 격분케 했다. 얼마 지나지 않아 그들은 쿠반의 우크라이나 편입을 옹호했다는 혐의로 '파괴 공작 분자' 집단을 체포하고 기소했다. 공작 분자는 우크라이나 언론 기사에서 영향을 받았다고 자백했거나, 자백하도록 강요받

앉다.[37] 이 지역이 '우크라이나화'되어 볼셰비키가 정치적으로 신뢰할 수 없는 지역이 될지도 모른다는 두려움은 몇 년 후 치명적인 상징성을 띠게 된다.

불만은 우크라이나 정치인들 사이에서도 고조되고 있었다. 이들은 모스크바가 우크라이나 공화국 공산주의자의 일에 계속해서 강압적으로 개입하는 것에 반대했다. 우크라이나화에 대한 첫 번째 법령이 발포된 지 2년도 채 되지 않은 1925년 4월, 소련 공산당은 우크라이나화에 공개적으로 반대해온 우크라이나 공산당 지도자 엠마누엘 크비링을 갑자기 해임하고 스탈린의 최측근인 라자르 카가노비치를 임명했다. 카가노비치는 키이우주에서 태어났지만 우크라이나어를 제대로 하지 못했다. 또한 그는 유대인이었고, 러시아에서 경력 대부분을 쌓았으며, 우크라이나에서는 우크라이나 토착민이 아닌 러시아 볼셰비키 옹호자로 인식되었다.

카가노비치는 표면적으로는 우크라이나화의 속도를 높일 계획을 수행하기 위해 도착했다. (1928년에 스타니슬라프 코시오르로 교체되기 전까지) 3년 동안 우크라이나 공산당을 책임지면서 카가노비치는 실제로는 '기저의' 우크라이나화, 즉 언어 사용을 방해하는 관료적 장애물 제거를 계속 장려했다. 볼셰비키들이 여전히 우크라이나어 사용자들의 정권에 대한 충성심을 유지해야 한다고 생각했기 때문이다. 그러나 문화, 문학, 연극 같은 '고도의' 우크라이나화 정책에 대한 카가노비치의 의심은 곧 진정한 적대감으로 바뀌었고, 그의 새로운 동료들을 화나게 했다. 카가노비치가 임명된 직후 교육 위원 올렉산드르 슘스키가 스탈린을 만났다. 슘스키는 새로운 우크라이나 당 서기에 대해 불만을 토로하고 카가노비치 대신 '진정한' 우크라이나인을 임명해달라고 요구했다. 몇 달 후 슘스키는 우크라이나 정치국에 익명의 우크라이나 공산주의자들에 대한 불평을 토로하기도 했다. 그들은 "원칙도 없고 위선적이며, 비굴하고 표리부동하며, 배신자처럼 아첨을 일삼는" 자들로, 우크라이나에 대해 입으로는 지지를 표하지만 실제로는 러시아를 기쁘게 해 "한자리 차지할 수 있다면" 뭐든 할 자들이라는 것이다.

슘스키의 자신감, 즉 본인과 본인의 지위에 대한, 그리고 모스크바가 우크라이나 문화에 헌신하리라는 자신감은 그 기반이 이미 흔들리고 있었다는 점을 고려하면 놀라울 정도로 강했다. 우크라이나의 상황에 적응할수록 카가노비치는 자신이 보고 듣는 내용 때문에 갈수록 불안해졌다. 그는 "이런저런 정부에서 일했던", 즉 볼셰비키가 아닌 정부에서 일했던 흐루셰우스키가 여전히 키이우 거리에서 자유롭게 걸어다니고 있다는 사실에 깜짝 놀랐다. 소련의 다른 지역에서 이런 사람들은 오랫동안 감옥에 갇혀 있었다. 또한 우크라이나 문인들의 공격적인 글, 특히 우크라이나 시문학이 "러시아 문학과 러시아 문학 양식에서 최대한 빨리 벗어나야 한다"는 흐빌로비의 주장은 이 스탈린 특사를 충격에 빠뜨렸다.[38] 흐빌로비가 자주 언급한 구호인 '모스크바로부터 벗어나자Hetvid Moskvy!'도 마찬가지였다. 카가노비치는 흐빌로비의 일부 인용문을 선별해 스탈린에게 보냈고, 스탈린은 당연히 분노했다. 그는 이 '극단적인 견해'를 비난하고, "준동하고 있는 우크라이나식 문화와 사회생활을 소련 문화와 사회생활로 바꾸려면 이러한 극단주의에 맞서 싸워야 한다"는 사실을 이해하지 못했다는 이유로 '슘스키 동지'를 맹비난했다.[39]

스탈린은 우크라이나에 있는 다른 동맹자에게 자신의 우려를 알릴 필요가 없었다. 이미 다들 같은 생각을 하고 있었기 때문이다. 당시 브세볼로트 발리츠키는 이미 수년간 우크라이나 OGPU를 운영하고 있었고, 그의 활동은 대부분 비밀리에 수행되었다. 엄밀히 따지자면 우크라이나 조직의 책임자였지만, 발리츠키는 주요 문화계 인사와 정치인에 대한 감시를 비밀리에 진행했으며 우크라이나 각료회의나 지역 행정관에게 정기적인 보고를 누락하고 있었다. 심지어 요원들의 업적을 찬양하는 선전 영화가 너무 많은 비밀을 폭로할 수 있다는 이유로 상영을 막기도 했으며, 그는 우크라이나 공화국이 아닌 모스크바의 공산당 지도부에 충성했고, 부하들에게도 똑같은 행동을 요구했다. 한때 그는 부하들에게 이렇게 말했다. "군중에게 발포하라는 명령을 거부한다면, 나는 너희 모두를 쏠 것이다. 너희는 내 명령에 군말 없이 따라야 한다. 어떤 항의도 용납하지 않을 것이다." 동시에 발리츠키는 자신은 물론 다른 사람들의 급여와 특권을 개선하기 위해 열심히 노력했다. 그가 보석과 미술품(발리츠키가 사망했을 때 그의 물건들 중에서 나온) 애호가가 된 것은 아마 이 무렵이었

을 것이다.⁴⁰

　1925년 발리츠키는 우크라이나 정치국을 설득해 '우크라이나 지식인', 특히 한림원과 관련된 지식인의 활동을 감시하는 위원회를 설립하기도 했다. 1926년 OGPU는 '우크라이나 분리주의에 관한' 보고서를 작성했는데, 이 보고서는 과거에 '우크라이나 반소비에트 운동'과 관련 있는 사람을 모두 면밀하게 관찰해야 한다고 권고했다.⁴¹ 민족주의자들은 소비에트 국가에 대한 공개적인 투쟁을 중단했지만, 그렇다고 해서 "현 상황에 완전히 순응하고 적대적인 의도를 진심으로 포기했다는 의미는 아니다".⁴² 아마 보고서 저자들은 민족주의자들이 이념이 아니라 전술을 바꿨다고 생각했을 것이다.

　소비에트 정권 전복이라는 그들의 희망은 이루어지지 못했다. 민족주의자들은 소비에트 권력을 피할 수 없는 현실로 받아들이도록 강요받았다. 따라서 새로운 전투 전술이 개발되었다. 그들은 소련 권력에 대항해 '문화 작품'이라는 새로운 무기를 사용할 것이다. (…) 대부분의 우크라이나 민족주의 대표자들은 대중에게 민족주의적 감정을 심어주고자 쉬지 않고 일한다……⁴³

　보고서를 모두 읽었을 카가노비치는 이러한 민족주의자들, 그중에서도 전 보로트바 출신들은 진정한 볼셰비키여서가 아니라, "우리를 다시 전향시킬 수 있다고 계산했기에" "우리 편으로 전향했다"는 결론을 내렸다. 그는 소비에트의 우크라이나화 프로그램이 우크라이나를 소비에트화하지 못했다고 우려했다. 대신 이 프로그램은 소비에트의 적들을 더 대담하게 만들어, 소비에트 사회를 내부에서 위협하는 '적대 세력'이 되게 했다. 우크라이나 민족주의자들이 권력을 유지하도록 허용함으로써 볼셰비키는 새로운 반대의 씨앗을 키운 것이다.44

숙련된 음모론자로서 발리츠키는 더 깊은 음모를 감지했다. 그는 우크라이나 민족주의자들이 단순한 적이 아니라는 의심을 제기했다. 반역자이자, 외세를 대신해 소련 체제에 잠입한 '제5열'이라고 의심했다. 「우크라이나 반혁명 세력의 힘에 관하여On the Strength of the Counter-Revolution in Ukraine」라는 보고서에서 그는 이 비밀 세력이 1926년 5월 폴란드에서 피우수트스키가 일으킨 쿠데타를 통해 탄생했다고 말했다. 그는 우크라이나의 "반소련 분자들"이 "피우수트스키를 페틀류라의 오랜 동맹으로 간주했고", 부르주아 민족주의라는 대의를 위해 다시 한번 싸우도록 고무되었다고 설명했다. 이 치밀한 음모를 깨트리려면 "반소비에트 우크라이나 활동을 저지하기 위한 대규모 작전"을 수행해야 했다.45

1927년에 접어들자 대규모 작전이 시작되었다. 스탈린은 슘스키의 이름을 들먹이며 일련의 공격을 퍼부었다. 우크라이나 공산당 중앙 위원회의 다른 회원들도 하나둘 슙스키를 비난하고, 질책하고, 모욕했다. 슙스키는 교육 위원에서 물러나는 한편, 우크라이나어 사전 편찬을 담당하는 철자법 특위를 비롯한 여러 기관에서 물러나야 했다. 흐빌로비도 공격을 받아 VAPLITE에서 제명되었다. 이 문학 단체는 강제로 해산되고 더 '친소련적'인, 즉 통제를 받으며 외부 인사가 침투한 프롤레타리아 작가 동맹인 '전 우크라이나 공산주의 문화 노동자 연합'으로 대체되었다. '슙스키주의'와 '흐빌로비주의'는 위험한 민족주의적 일탈을 의미하는 유행어가 되었다. 이후 몇 달 혹은 몇 년 동안 이러한 주의와 연관되는 것은 해로운 일로 간주되었다.

슙스키와 흐빌로비에 대한 공격은 앞으로 다른 우크라이나 지식인들에게 뻗어나갈 노골적인 정치적 압력의 시작에 불과했다. 키이우로 돌아온 이후 초유의 엄중한 감시를 받은 흐루셰우스키는 책을 출판하는 데 어려움을 겪기 시작했다.[46] 어느 날부터는 갑자기 해외여행도 하기 어려워졌고(흐루셰우스키를 감시하던 정보원들은 그가 망명을 계획하고 있다고 확신했다), OGPU의 음모 때문에 한림원의 원장이 되는 일도 좌절되었다.[47]

OGPU는 감시 활동도 강화했다. 한 정보원은 소련과 폴란드 간 전쟁을 예측한 어떤 우크라이나 교수가 우크라이나인이 "이 갈등을 이용해서 스스로를 강화해야 한다"라고 주장했다고 전했다. 또 다른 정보원은 '우크라이나화'가 민족의식을 고취해 조만간, 즉 2~3년 안에 우크라이나가 러시아로부터 분리될 것이라고 생각하는 교수도 있다고 주장했다. OGPU는 우크라이나 지식인들이 공화국이 '외국' 요소, 즉 러시아인과 유대인의 손에 곧 넘어갈 것이라 우려하고 있다는 사실도 기록했다.[48] 이러한 감시와 비난의 언어는 지도부에도 스며들었다. 1927년 봄에 열린 특별 총회에서, 슘스키를 대신해 교육 위원으로 임명된 스크리프니크는 외부 적에 대한 일반적인 편집증에 동조했고 슘스키와 흐빌로비가 '파시스트' 폴란드와 협력하고 있다고 비난했다.[49]

1927년 말 발리츠키는 더 광범위한 음모를 폭로할 준비를 끝냈다. 우크라이나에서 공산당은 전례 없는 유형의 반대에 직면해 있었다. 반볼셰비키 정당과 연관된 사람들은 그들이 진정으로 충성하는 대상을 숨기기 위해, 소련 기관 내에서 일하며 공개적이고도 체제 전복적인 방식으로 행동했다. 많은 이는 1919년에 그랬던 것처럼, 반혁명을 적극적으로 추진하는 '외국인'과 계속 접촉했다.

이러한 일련의 혐의 제기는 1927년의 식량 부족과 불만, 그리고 혁명 10주년과 동시에 일어났는데, 이는 우연의 일치가 아니었다. 결국 누군가는 소련의 느린 성장 속도에 따른 비난을 받아야 했고, 그게 스탈린이 될 수는 없었다.

1927년 OGPU는 소련의 발전을 저해한 파괴 책동 분자와 외국 요원을 대상으로 새로운 작전을 개시할 만한 '사건'을 찾기 시작했다. 1928년 봄, 그들은 한 사건을 찾아냈다. (우크라이나 동쪽, 북캅카스

내 돈바스 석탄 분지의 가장자리에 있는) 샤흐티라는 러시아 마을에서, 교묘한 술수를 부리는 외국 세력과 결탁해 석탄 산업을 파괴하려는 것으로 추정되는 기술자들의 음모가 '발견'됐다. 일부 기술자는 실제로 외국에서 왔고, 얼마 지나지 않아 스물네 명 이상의 독일인 기술자와 비슷한 수의 소련 동료들이 체포되었다. 또한 비밀경찰은 여기서 일부 노동자, 혁명 때문에 잃은 재산을 되찾으려 한다고 의심되는 전 공장 소유주, 그리고 폴란드를 포함한 다른 외국 세력과의 연관성을 찾을 수 있다고 생각했다.

그 결과 정교한 여론 조작용 재판이 열렸는데, 이는 앞으로 열릴 숱한 여론 조작용 재판의 시작이었다. 수많은 외국 언론인이 러시아 남서부 샤흐티에 있는 법원에 참석했고, 독일 대사와 다른 저명한 손님들도 현장을 찾았다. 수석 검사인 니콜라이 크릴렌코는 법치보다 정치가 더 중요하다는 '사회주의 정의' 이론의 옹호자로, 노동자계급의 피를 빨아먹은 '흡혈귀'에 대해 강연했고 청중은 완전히 빠져들었다. 유진 라이온스는 이렇게 적었다. "이것은 혁명 심판이었다. 불타는 두 눈은 크게 떠져 있고, 타오르는 검은 내려칠 준비가 되어 있었다."[50] 모든 증언이 예상대로 진행되지는 않았다. 증인 가운데 한 명인 수감자 네크라소프는 법원에 나오지도 않았다. 그의 변호사는 네크라소프가 "환각 증세 때문에 격리실에 갇혀 있으며, 환각으로 자신의 심장을 조준하는 소총을 보고 비명을 지르며 발작을 일으켰다"라고 설명했다.[51] 독일인 기술자 한 명은 자신이 강압에 못 이겨 "자백"했다고 공개적으로 선언했다.[52] 그러나 "파괴 행위" 혐의로 기소된 기술자 다섯 명은 사형을, 44명은 징역형을 선고받았다. 러시아 전역의 신문들은 이 재판을 매우 상세히 보도했다. 지역에 상관없이 모든 당 간부는 메시지를 파악할 수 있었다. 복종하지 않으면 너희도 같은 운명을 맞게 된다는 것이었다. 실제로 "샤흐티 기술자들은 본질적으로 개인이 아닌 계급의 일원으로서 재판을 받았다."[53] 이제 교육을 받았거나 전문 지식 또는 기술적 경험이 있는 사람은 누구나 의심의 대상이 되었다.

많은 외국인이 연루되어 있었기에, 샤흐티 재판은 외국에서 높은 악명을 떨쳤다. 외국 외교관들은 이 재판을 신경제정책이 폐기되었고 더 큰 변화가 다가오고 있다는 신호로 해석했으며, 이는 올바른 판단이었다. 소련 내부에서는 두 번째 여론 조작용 재판에 거의 같은 수준의 관심이 집중되었다. 허구의 조직으로 추정되는 우크라이나 해방 연합SVU과 관련된 재판이었다. 비슷한 이름의 단체가 1914년 르비우에서 창설되었고(나중에 빈과 베를린에 작은 지부가 생겼다가 사라졌다), 전쟁 포로에게 우크라이나의 대의를 전파했었다. 그러나 소련의 SVU는 발리츠키의 우크라이나 OGPU가 만들었다. 목표는 분명했다. 우크라이나 독립에 대한 믿음을 비밀리에 품고 있을지도 모르는 우크라이나 지식인을 체포하고, 그들의 믿음을 완전히 파괴하는 것이다.[54]

SVU 재판은 샤흐티 재판만큼 준비가 잘되었고, 비슷한 수준의 광범위한 목표를 추구했다.[55] 첫 번째 체포는 1929년 봄에 이뤄졌다. 결국 OGPU는 지식인, 예술가, 기술 전문가, 작가, 과학자를 비롯한 3만 명을 구금했고, 1930년 봄에 그들 중 45명을 하르키우 오페라 극장에서 공개 재판했다. 가장 눈에 띄는 인물은 문학평론가이자 역사학자이고, 우크라이나 한림원 부원장이며, 중앙 라다의 전 부의장인 세르히 예프레모프였다. 예프레모프는 폴란드 국경 너머 르비우의 한 우크라이나어 신문에 기사를 게재했다는 이유로 이미 수개월 동안 대중의 공격을 받아온 터였다. 재판에 회부된 사람 중에는 교수, 강사, 편집자, 실험실 조교, 언어학자, 의사, 변호사, 신학자, 화학 엔지니어도 있었다.[56] 중앙 라다의 정치가도 여러 명 있었는데, 거의 절반은 성직자이거나 성직자의 아들이었다.[57]

교사와 학생들은 특별 표적이 되었다. 이들 중에는 우크라이나 국민 시인의 시를 중심으로 교육 과정을 열정적으로 구성했던 타라스 셰우첸코 키이우 제1노동학교의 교장이 있었다. 교장과 교장의 동료 네 명은 유대인과 노동자들의 자녀를 학교에서 쫓아냈고, '부르주아 민족주의자'에게만 음식을 제공했으며, 페틀류라 기념비를 위한 기금을 모금했다는 이유로 체포되었다. 학생 조직의 지도자도 체포되어 재판을 받았는데, 일부는 셰우첸코의 시를 낭독하며 쿨라크 가정의 자녀를 모집했다는 혐의를 받았다. 국가는 많은 우크라이나인이 민족주의 시에 현혹될 것을 두려워하는 듯했고, 이러한 편집증은 1980년대까지 지속되었다.[58]

우크라이나 자치 정교회도 또 다른 표적이었다. 이 교회의 성공 (전성기에는 600만 명의 신도와 30명의 주교가 있었다)은 의심을 불러일으켰다. 발리츠키의 비밀경찰은 교회의 진정한 본질을 말해주는 '단서'를 포착했다. 대표적인 예로, 정보원은 교회 지도자들이 농민에게 우크라이나의 대의를 계속 따르라고 비밀리에 지시한다고 보고했다.[59] SVU 재판이 진행되는 동안 국가는 교회가 반란을 준비하고 있다며 공개적으로 비난했다.

우크라이나 반혁명 세력은 내전의 전장에서 패배한 후 지하에 숨어 파르티잔을 조직하기 시작했다. 목적은 소비에트 정권 확립을 방해하고 노동자-농민 국가에 대항해 봉기를 일으키는 것이다. 봉기에서 가장 중요한 역할은 페틀류라 운동의 지도자와 이념 신봉자들이 창설한 독립 교회가 수행했다.[60]

(형제 사이이며 한 명은 전 중앙 라다 위원인) 두 교회 지도자가 SVU 재판의 피고인단에 포함되었다. 이후에는 성직자는 물론 일반 신도까지 포함한 수천 명이 대량 체포되었다.

피고인들의 직업은 매우 다양했다. 국가는 최대한 많은 우크라이나 지식인을 중상모략할 수 있도록, 이 집단이 우크라이나 지식인

사회의 되도록 많은 부분을 대표하기를 바랐다. 기소장은 "외국 부르주아 국가의 도움을 받아", 즉 폴란드의 도움을 받아 "우크라이나 인민공화국의 형태로 자본주의 질서를 복원하려 했다"는 혐의로 SVU를 고발했다. 재판이 진행되는 동안『볼셰비키 우크라이니*Bilshovyk Ukrainy*』지는 더 직설적인 표현을 썼다. "프롤레타리아 법원은 페틀류라 잔당 사건을 조사할 뿐만 아니라, 우크라이나 민족주의, 민족주의 정당과 그들의 기만적인 정책, 부르주아 독립과 우크라이나 독립에 대한 그들의 무가치한 생각을 소급적으로 검토하여 심판하고 있다." 피고인 중 한 명으로 학생이던 보리스 마투셉스키는 나중에 심문관으로부터 비슷한 말을 들었다고 회상했다. "우리는 우크라이나 지식인을 무릎 꿇려야 해. 이것이 우리 임무야. 반드시 수행해야 할 임무지. (무릎을 꿇지 않는) 사람은 쏴버릴 거야!"[61]

스탈린은 재판 시나리오 작성에 직접 힘을 보탰고, 우크라이나 지도부에 관련 서한을 보냈다. 한 서한에서 스탈린은 독특한 편집증적 사고를 드러냈는데, 이 편집증은 여러 해가 지난 1950년대 초반의 "의사들의 음모" 수사에서 다시 나타났다. 그는 우크라이나 공산당 지도부에 보낸 편지에서 이렇게 말했다. "피고인의 반란과 테러 행위뿐만 아니라, 책임자인 노동자를 살해하려던 의료적 속임수도 재판에서 다뤄야 한다." 그 결과 키이우의 유명한 의사이자 의학 교수인 아르카디 바르바르가 체포되었다. 관련 증거는 제출되지 않았고, 심지어 재판 과정에서도 마찬가지였다. 그저 중요한 것은 "공산주의 환

자를 중독시키고 살해하려는 반혁명적인 전문가"를 처벌하고자 하는 스탈린의 욕망이었다.[62]

재판 자체는 우스꽝스럽기 짝이 없었다. 예프레모프 사건은 그의 일기장에 있는 기록이 증거의 거의 전부였는데, 다른 피고인이 경찰에 알린 것이었다. 그러나 이 일기장에는 몇몇 우크라이나 공산주의 지도자를 비판하는 내용만 있을 뿐 비밀 조직에 대한 언급은 전혀 없었다. 외국과의 접촉이나 혁명 음모에 대한 증거도 찾을 수 없었다. 그런데도 예프레모프는 '자백'했다. 자백하지 않으면 아내가 체포되어 고문받을 거라는 말을 들었기 때문이었다. 같은 감방에 배치된 정보원은 예프레모프의 행동에 대해 이렇게 보고했다.

심문을 받은 예프레모프는 매우 격앙되어 돌아왔고, "어땠소?"라고 묻자 이렇게 대답했습니다. "이렇게 끔찍하고, 비참하고, 한심한 상태에 놓인 건 처음이오. 매일 이런 심문을 통해 고문을 당하느니 차라리 당장 끌려가 죽는 게 나을 것 같소…… 그런 조직이 정말로 존재했고, 그들이 관련이 있다고 주장하는 사람들과 세부 사항이 정말로 존재했다면 몹시 기쁠 것이오. 모든 걸 털어놓고 다 끝낼 수 있을 테니…… 하지만 나는 내가 전혀 모르는 세부 사항을 말해야 하오……." 이 대화에서 예프레모프는 대단히 흥분한 상태였고, 완전히 지쳐 있었으며, 떨리는 목소리로 눈물을 글썽이며 말했습니다.[63]

결국 예프레모프는 120쪽 분량의 '범죄' 자백서를 작성했다. 그리고 하르키우 오페라 극장에서 열린 재판에서 동일한 조작된 이야기를 반복했다. 다른 피고인도 같은 행동을 했다. 우크라이나 작가 보리스 안토넨코는 나중에 다른 피고인을 이렇게 묘사했다. "그가 하는 모든 진술을 믿는다고 해도, 재판을 받는 그는 군대도 없고 동료 사상가도 없는 오페레타 속 족장처럼 보였다." 또 다른 사람은 이 재판을 "극장 속의 극장"이라고 불렀다. 아마 재판과 그 이후의 투옥 및 제2차 세계대전을 겪고 살아남은 유일한 피고인일 작가 코스트 투르칼로는 재판을 이렇게 설명했다.

재판은 피고인 심문으로 시작되었고, 재판장이 모든 피고인에게 기소장 사본을 받았는지, 받았다면 유죄를 인정하는지 물었다. 모든 피고인이 이 힘든 과정을 끝내자 재판장은 기소장을 공개적으로 낭독했다. 기소장은 230장에 달하는 한 권의 책이었기에 낭독 시간은 이틀을 넘어갔다. 피고인들은 이 책에 특별한 이름을 붙여, '그랜드 SVU 오페라 대본'이라고 불렀다. (…) 모든 사람이 법원의 태도를 완벽하게 파악하고 있었다. 재판의 모든 세부 사항과 최종 결과는 사전에 계획되었으며, 이 모두가 대외 선전 목적과 광신적인 당 지지자, 그리고 국내의 일부 미혹된 시민들을 위한 일임이 너무나 명백했다.[64]

모든 피고인은 결국 유죄 판결을 받았다. 대부분은 굴라크Gulag행이나 징역형을 받았고, 많은 이는 훗날 1938년에 발생하는 일련의 감옥 내 처형에서 총살당했다. 그러나 숙청은 거기서 끝나지 않았다. 1929년에서 1934년 사이에 우크라이나 OGPU는 세 가지 민족주의 음모를 추가로 '발견'했다. 바로 '우크라이나 민족 센터UNT' '우크라이나 군사 조직UVO'과 '우크라이나 민족주의 조직OUN'이었다. UVO와 OUN은 실제로 있는 조직이었다. 두 조직 모두 폴란드 국경 너머에서 활동했고, 서부 우크라이나에서 폴란드의 통치에 저항했다. 그러나 우크라이나에서 이들의 영향력은 너무 과장되었다. 이러한 모든 사건은 계속 새로운 양상을 띠었고, 결국 1930년대 말이 되자 정치경찰이 체포하고 싶은 사람은 누구든 목록에 추가할 수 있을 정도로 왜곡되었다.[65]

SVU 수사처럼 이 사건도 최고위층의 지원을 받았고, 사건을 확대한 이들은 상당한 보상을 받았다. 우크라이나에서 민족주의 음모를 '발견'한 OGPU 요원은 승진했다. 1931년 봄, 이 문제를 다루는 데 특화된 사람들은 비밀경찰 자체 특수 부서인 우크라이나 OGPU 비밀 정치부SPV로 배치되었다. 이후 SPV는 우크라이나 한림원을 감시하고, 폴란드에서 소련으로 이주한 우크라이나인 6만 명을 추적하며, 다양한 문학 단체와 출판사, 대학교수, 고등학교 교사 및 기타 '의심스러운' 단체를 조사하는 특별 부서를 만들었다. 1930년 OGPU는 우물에 독을 타고 가축을 살해하는 "반혁명적인 수의사 및 세균학

자"들의 음모를 발견했다고 발표하기도 했다.⁶⁶

이러한 모든 사건에는 공개적인 대규모 허위 정보 작전이 동반되었다. 1927년부터 소련 언론에는 '우크라이나 반혁명'과 '우크라이나 부르주아 민족주의'를 비난하는 구호가 넘쳐났다. 대중 작전의 목적은 피해자의 심신을 뒤흔드는 것이었고, 목적은 달성되었다. 공개적으로 수치심을 느끼게 하는 전략은 체포된 사람들을 '굴복시켜' 저지르지도 않은 범죄를 자백하게 만드는 데에 중요한 역할을 했다. 당연하게도 그들을 아는 모든 사람이 침묵하고 겁을 먹었기 때문이다. 광기와 증오가 가득한 분위기 속에서 공산당이나 공산당의 정책, 특히 농업정책에 대한 비판은 민족주의자, 파시스트, 반역자, 방해 행위자, 첩자라는 증거로 사용됐다.⁶⁷

시공간적으로 멀리 떨어져서 보면, 우크라이나의 민족적 열망은 소련의 곡물 조달에 대한 저항과 완전히 다른 문제처럼 보일 것이다. 전자는 우크라이나가 독립국 또는 준독립국이라는 생각을 포기하지 않은 지식인과 작가를 비롯해 많은 사람이 관련된 문제다. 후자는 소련 때문에 빈곤해질 것을 두려워하는 농민들이 관련된 문제다. 그러나 1920년대 후반에는 두 문제가 서로 연결되어 있다는 증거가 넘쳐났다. 최소한 스탈린과 그에게 협력한 비밀경찰이 생각하기에는 그랬다.

유명한 일이지만, 스탈린은 '민족 문제'와 '농민 문제'를 여러 차례 명시적으로 연결지었다. 1925년의 잊지 못할 연설에서 스탈린은

"농민이 민족운동의 주력 군대이며, 농민 군대가 없다면 강력한 민족운동도 존재할 수 없다"라고 선언했다. 그리고 같은 연설에서 이 위험한 조합을 심각하게 생각하지 않고 "민족운동의 심오한 대중성과 심오한 혁명적 성격"을 보지 않으려 한다는 이유로 동지 한 명을 질책하기도 했다.[68] 스탈린은 우크라이나를 구체적으로 언급하진 않았지만, 우크라이나가 당시 가장 큰 민족운동과 가장 많은 농민을 보유한 소련 공화국 중 하나임을 잘 알고 있었다.

다시 말해 스탈린은 자신의 이론적 논평에서도 민족의 깃발 아래 단결한 '농민 군대'의 위험을 인식하고 있었다. 그의 볼셰비키 동료인 미하일 칼리닌도 같은 주장을 펼쳤지만, 칼리닌은 집단화 옹호자들이 제시한 해결책, 즉 농민을 프롤레타리아트로 전환하는 일을 반복해서 언급했다. 그렇게 되면 농민은 특정 장소나 국가에 대한 애착을 잃을 것이다. "민족 문제는 순수한 농민 문제다. (…) 민족성을 제거하는 가장 좋은 방법은 노동자 수천 명이 일하는 대규모 공장이다. (…) 이런 공장은 맷돌처럼 모든 민족성을 갈아 새로운 민족성을 만들어낸다. 바로 보편적 프롤레타리아트라는 민족성이다."[69]

실제로 OGPU는 우크라이나 농민이 소련 국가에 유발할 수 있는 구체적인 위험을 예상했으며, 이는 터무니없는 이론이 아니었다. 경제적 압박에 시달린 농민들은 1918년에서 1920년에 반란을 일으켰고, 집단화가 시작되면 같은 지역이 다시 경제적 압박을 받을 것이었다. 당연히 OGPU는 반란기가 반복되는 것을 우려했고, 이에 스

탈린의 말을 따라하는 OGPU 간부들은 내전 시대의 표현을 그대로 사용하기 시작했다.[70]

OGPU가 느낀 두려움은 일면 근거가 있었다. 무엇보다 그들의 임무 중 하나가 '정치적 분위기'를 풍기는 일반인의 의견과 그와 관련된 정보를 정기적으로 수집하는 것이었다. 따라서 OGPU는 곡물 징수에 관한 (본질적으로는 부활한 옛 정책인) 새로운 정책이 정책의 대상의 될 사람들, 특히 우크라이나에 있는 사람들에게 얼마나 혐오감을 줄지 잘 알고 있었다.

OGPU는 도시의 교육받은 우크라이나인 사이에서도 불만이 고조되고 있음을 잘 알고 있었고, 두 불만 집단이 서로 연결될까봐 두려워했다. 1927년 OGPU는 무엇보다 중앙 위원회의 전 우크라이나 공산당원이 우크라이나에 대한 모스크바의 '식민주의적' 정책을 비난하는 것을 엿들었다고 보고했다.[71] 그들은 '민족적 독립'이란 열정에 사로잡힌 '쇼비니스트' 무리가 등장해 오데사 콘서트에서 우크라이나의 유명한 두 음악가에게 (우크라이나 국기의 색인) 노란색과 파란색 꽃을 선물하는 모습을 목격했다.[72] 또한 OGPU는 한 신문사에 온 익명의 편지에 주목했는데, 이 편지는 농민을 "모스크바 유대인 신병"과 "체카에서 보낸 차르" 아래에서 억압받는 "노예"라고 묘사했다. 같은 편지에는 민족의 침묵에 너무 안주하지 말라고 편집 위원회에 경고하는 내용도 있었다. 우크라이나인이 "모든 것을 잊지는 않았"다는 것이었다.[73] 심지어 지토미르의 경찰 정보원들은 우크라이나의 식량과 자원을 러시아로 보내는 일에 대해 교사들이 불평하는 것을 듣기도 했다. 그들은 농민 또한 그러한 관행에 반발할 것이라는 데 동의했다. "농민 대중이 믿을 수 있는 농민 중에서 지도자를 찾아야 합니다."[74]

더 우려되는 일은 일부 농민이 전쟁 선전의 끊임없는 북소리에 겁먹은 나머지, 차라리 침략이 새로운 곡물 징발로부터 자신을 구해주길 바라고 있다는 것이었다. 폴란드 군대가 곧 국경을 넘는다는 소문 때문에 미하일리우카 마을의 농민들은 식량을 비축하기 시작했고, 지역 협동조합 상점의 비축분도 모두 동나버렸다. 지역 신문은 이러한 공황 상태를 묘사하는 편지를 게재했다.

모두가 울부짖고 있으며, 전보만큼 빠르게 보고서가 쏟아지고 있다. '폴란드 군대가 벌써 벨리키 보브리크에 도착했다!' '보브리크가 이미 점령당했다!' '놈들이 미하일리우카로 바로 진격하고 있다!' 도망쳐야 하는지 남아야 하는지 아는 사람은 아무도 없었다.[75]

비밀경찰 보고서에는 다음과 같은 농민들의 대화가 기록되어 있다. "두 달 안에 폴란드 군대가 우크라이나에 도착할 거고, 그러면 곡물 징수가 끝날 거야." "우리에게 곡물이 하나도 없는 건 당국이 곡물을 모스크바로 보내고 있기 때문이야. 조금 있으면 우크라이나를 잃는다는 사실을 알기에 곡물을 옮기고 있지. 뭐, 상관없어. 놈들이 도망칠 시간이 다가오고 있으니까." 한편 우크라이나에 거주하는 폴란드인, 독일인, 유대인 들은 탈출 계획을 세우기 시작했다. 이러한 소수민족 구성원들은 서로에게 이렇게 말했다. "러시아 거주 독일인은 버림받았어. 우린 미국으로 가야 해." "러시아에서 형편없는 농부로 살면서 쿨라크라고 불리느니, 미국에서 좋은 농부가 되는 게 낫지." 그리고 보고에 따르면 폴란드계 주민들은 폴란드 군대가 국경 너머에서 군사 훈련을 한다는 소식에 흥분했고, "임박한 정권 교체 전망에 악의적인 즐거움을 느꼈다."⁷⁶

비밀경찰은 집단화 이후에 어떤 일이 일어날지를 알거나 최소한 짐작할 수 있었고, 농민뿐만 아니라 도시에 사는 우크라이나인 사이에서도 반대가 늘어나리라 예상했다. 그들의 이데올로기에서도 이러한 저항은 예상 가능했다. 계급 투쟁이 심해지면 부르주아지는 당연히 혁명에 더 강하게 맞서 싸우게 되기 마련이다. 그럼에도 불구하고 OGPU는 혁명의 승리를 보장하는 것이 자신들의 임무임을 잘 알고 있었다.

1928년 10월, OGPU의 두 고위 관료인 테렌티 데리바스와 A. 아우스트린은 상급자에게 제출할 「농촌 지역의 반소비에트 운동 Anti-Soviet Movements in the Countryside」이라는 광범위한 보고서에서 문제의 본질을 설명하려 했다. 그들은 자신들이 경력 대부분을 보낸 소련 전역에서 벌어졌던 쓰라린 내전 경험을 회상하며 보고서를 시작했다. "체카-OGPU 기관과 반혁명 세력과의 투쟁사에서, 농촌 지역에서 발생한 반혁명적 현상과의 투쟁은 중요한 역할을 수행했음." 두 관료는 반소련 정당이 이끄는 '쿨라크와 농촌 부르주아지'가 1918년에서 1919년의 '쿨라크 봉기', 즉 페틀류라, 마흐노, 흐리호리예우 등이 이끈 대규모 농민 반란 기간에 볼셰비키와 어떻게 싸웠는지를 회상했다. 이어서 그들은 이러한 농민 운동이 1920년대 초반에 잠잠해졌음을 확인했다. 그러나 그들은 동시에 농민 운동이 다시 힘을 얻고 새로운 형태를 취하며 새로운 구호를 사용한다고 의심하기도 했다. 간단히 말하자면, 과거의 농민 봉기가 새로운 형태로 돌아올지도 모른다는 것이었다.

두 관료는 새로운 현상을 실제로 확인했거나, 확인하고 있다고 주장했다. '도시의 반소비에트 지식인'들이 '쿨라크의 반소비에트 운동'과 연결되기 위해 어느 때보다 더 노력하고 있다는 것이다. 그들은 도시와 시골 사이의 관계가 확대됨에 따라 전국에 소규모 반체제 세력이 등장하고 있으며, 심지어 붉은 군대 내부에도 이러한 세력이 존재한다고 썼다. 두 관료는 농민 노동조합이나 (노동자 정당에 대응하는 정당인) 계급 기반 농민 정당에 대한 요구가 주기적으로 나타나는 일을 특히 우려했다. OGPU의 정보원들은 이제 소련 농촌 전역에서 이러한 요구를 우려스러울 정도로 많이 듣거나, 최소한 듣게 되리라고 간주했다. 그들은 1925년에 139건의 농민 노동조합 요청이 들어왔음을 확인했다. 1927년에는 그 수가 2312건으로 증가했다.

한편 시몬 페틀류라 본인은 2년 전 파리에서 암살자의 총에 맞아 사망했지만, 두 관료는 폴란드 군대의 지원 덕분에 그의 군대가 한때 키이우를 정복했던 기억을 조금도 잊지 못했다.

최근 페틀류라파가 눈에 띄게 활동을 재개하고 있음. 이들은 우크라이나를 앞으로 소련에서 펼쳐질 제국주의적 전쟁의 교두보로 만들려 함. 피우수트스키 정부가 페틀류라파 UNR[우크라이나 인민 공화국 운동]의 배후임은 의심의 여지가 없지만, 우크라이나 공화국에서 페틀류라파가 다시 나타나는 현상을 단순히 폴란드 정부와 UNR의 음모라고 설명하는 것은 옳지 않음. 맹목적 애국주의와 반유대주의 구호를 내세우고 독립 [우크라이나 민족]공화국 확립으로 대중을 끌어들이는 페틀류라파는 시골과 도시 소부르주아지의 광범위한 반소비에트 조직들을 단일한 민족 깃발 아래 통합해 소비에트 정권에 대한 합동 공격을 수행하는 조직의 핵심이 될 수 있음.[77]

지금 다시 살펴보더라도 이 보고서가 진실인지 여부는 판단할 수 없다. 우크라이나의 반소련 지식인과 반소련 농민 간의 관계는 중요한 현상이었을 수 있으며, 농민 연합에 대한 요구가 확산되었을 수도 있다. 물론 비밀경찰의 보고서에는 다양한 정치적 동요 사례가 포함되어 있다. 1927년 말 『베스티Vesti』 신문사는 우크라이나 농민 연합이라던 단체가 '키이우, 페틀류라 가'라는 가짜 주소로 보낸 익명의 편지를 받았는데, 여기에는 "우리는 더 이상 공산당의 통치를 견딜 수 없다"는 내용이 적혀 있었다. 편지는 우크라이나 국가國歌에서 "우크라이나는 아직 죽지 않았다"라는 노랫말을 인용하며 끝났다. 거의 같은 시기에 GPU는 '우크라이나 혁명 위원회'가 인쇄한 것으로 추정되는 전단이 우크라이나 전역에 뿌려지는 것을 목격했다. 우크라이나 혁명 위원회는 농민들에게 '모스크바 볼셰비키의 통치가 끝나는 날'과 우크라이나 인민 공화국이 돌아올 날을 대비하라고 촉구했다.[78]

그러나 일련의 이론은 OGPU의 집단적 상상력에 의해 꾸며내거나 과장된 것일 수 있었다. 일부 정당과 전단은 비밀경찰이 직접 만들었을지도 몰랐다. 전임자였던 차르로부터 그들이 배운 대표적인 기술은, 가짜 야당 운동과 조직을 만들어 잠재적인 반체제 인사들이 합류하게 함으로써 스스로 정체를 드러내게 하는 것이었다.

그러나 도시-농촌 음모에 대한 이러한 믿음은 편집증적일지 몰라도, 완전히 비합리적인 믿음은 아니었다. 볼셰비키가 직접 경험한 바, 그들에게 혁명은 지식인과 노동자의 연계에서 비롯되었다. 그렇다면 우크라이나 민족주의 지식인과 농민 사이의 연계를 통해 새로운 혁명이 일어나지 않을 이유가 있겠는가? 그리고 그러한 움직임이 빠르게 성장하지 못할 이유가 있겠는가? 그리고 1919년에 이러한 일이 정말로 일어났지 않은가. 갑자기 일어난 농민 반란은 우크라이나 전역으로 확산됐었다. 운동의 지도자들 가운데 일부는 뚜렷한 민족적 열망에 불타 있었고, 그들의 반란은 실제로 외국의 '제국주의' 침략을 위한 길을 마련해주었다.

1928년 초, 이 진지한 보고서를 쓴 두 OGPU 관료는 곧 10주년이 되는 그 사건들을 또렷이 기억하고 있었다. 그들은 '반소련'적인 소문과 전단, 그리고 그보다 더 나쁜 일에 관한 보고서를 매일 받았고, 우크라이나에 또 다른 폭발의 조짐이 실제로 존재한다고 생각할 수밖에 없었다. 도시-농촌 민족주의의 부상을 예상한 OGPU는 이를 조사하고, 찾아내고, 사실인지 거짓인지에 상관없이 증거를 기록했다. 다시 말해 집단화 추진이 제대로 시작되기도 전에, 소련 비밀경찰과 소련 지도부는 이미 곡물 징수에 대한 우크라이나의 저항을 소련에 대한 정치적 음모의 증거라고 생각하고 있었다.

OGPU의 예상은 매우 빠르게 현실이 되었다. 소련 전역의 농민들이 재산 몰수, 자의적 체포, '곡물 비축'의 범죄화, 벌금 부과에 반대했다. 우크라이나뿐만 아니라 시베리아와 북캅카스를 비롯한, '긴급 조치'가 강력하게 시행된 모든 곳에서 저항 운동에 대한 보고가 쏟아졌다. 유진 라이온스는 이렇게 회상했다. "모스크바는 쿠반, 우크라이나 및 기타 지역에서의 국지적 반란에 대한 소문으로 들썩였다. (…) 언론이 좀더 자유롭게 보도할 수 있게 되자, 많은 소문이 사실로 확인되었다. 지역 공산당원, 방문 곡물 요원, 세금 징수원 들이 폭행당하고 살해되었다는 보고가 전국 각지에서 쇄도했다."[79] 일부 지역에서는 분노가 실제 폭력으로 이어졌다. 1928년 1월, OGPU는 오데사 인근의 한 마을에서 집단 농장 서기를 구타한 혐의로 여섯 명을 체포했다. 남부 우크라이나에서는 세무 징수원을 폭행한 혐의로 또 다른 반란 집단이 붙잡혔다.[80]

일부 우크라이나인에게 이것은 저항이 아니라 생존을 위한 투쟁이었다. 1928년에서 1929년은 흉년이었다. 수확기의 변덕스러운 날씨와 강수량 때문에, 겨울과 봄 수확에서 생산된 곡물의 양은 평균을 훨씬 밑돌았다. 1921년처럼 농민들은 정치적 압력 때문에 곡물을 거의 비축하지 못했다. 식량이 다시 부족해졌고, 특히 우크라이나 남동부의 대초원 지역에서는 식량이 심각하게 모자랐다. 그러나 곡물 징수는 이전과 같은 속도로 계속 이뤄졌다. 기억하는 사람이 거의 없지만 1928년에서 1929년에 걸친 소규모 기근 때문에 최소 2만3000명이 굶어 죽었고, 질병과 기아의 파급 효과로 8만 명이 사망했다.[81]

여러 면에서 이 소규모 기근은 1921년의 재앙과 1932년부터 1933년까지의 더 큰 기근 사이 전환점을 나타내는 '예행연습'이었다. 소련은 1921년과 달리 국제사회의 개입을 요구하지 않았다. 모스크바도 곡물이나 다른 식량 원조를 제공하지 않았다. 대신 소련은 이 문제를 우크라이나 공산주의자들이 해결하도록 내버려두었다. 1928년 7월 우크라이나 정부는 '기근 피해자'를 돕는 공화국 위원회를 만들었다. 이 위원회는 농민들에게 종자 구매를 위한 (반드시 상환해야 하는) 대출을 제공했고, (공공 노동에 대한 보상으로) 식량 원조를 했으며, 아이들에게 음식과 의료 지원을 제공했다. 그러나 기근에 대한 소식은 최대한 적게 기록되었다. 기아 피해자 가운데 약 3분의 1은 사망 진단서에 다른 원인이 기재되었다. 그리고 1928년에서 1929년에는 지도부의 누구도 '특단의 조치' 자체가 문제의 원인이라는 데 의문을 제기하지 않았다.[82]

대신 OGPU는 1928년 내내 반혁명 활동의 증거를 수색했다. OGPU 관료들은 우크라이나 시골의 여러 지역에서 '친페틀류라 집단'이 만든 '반소비에트 전단'이 발견되었다고 기록했다. 그들은 우크라이나 시골에서 들은 '반소비에트적인' 발언을 수집했다. 한 농민은 이렇게 말했다. "볼셰비키에게 넘겨주느니 차라리 빵을 태우는 게 낫지."[83] 소련 지도부는 많은 우크라이나인이 외부 침략에 대비하고 있다고 믿었고, 우크라이나 OGPU는 그들에게 기꺼이 증거를 제공했다. 1928년 여름 발리츠키는 카가노비치에게 우크라이나 내부의 반체제 활동은 본질적으로 외국 세력과 관련된다고 말했다.

내부에 있는 맹목적 애국주의 분자들의 활동 수준이 복잡하고 첨예한 소련의 국제사회 내 위상과 직접 대응하는 환경이 확립되었다고 생각해도 됩니다. 그들은 소련의 해체가 피할 수 없는 사실이며 이

재앙을 통해 우크라이나가 독립할 수 있다는 근본적인 가설에서 출발합니다.[84]

설상가상으로 우크라이나 군사 지구에 배치되어 있으며 대부분이 농민이었던 붉은 군대 병사들이 불만을 토로한다는 증거도 있었다. 가족들이 얼마나 열악한 상황에 있는지 아는 그들은 부대를 이탈하고 파르티잔에 합류하거나, 심지어 농민들의 권리를 위해 싸우겠다는 말도 했다. 역사학자인 류드밀라 흐리네비치는 1928년 5월 우연히 들은 충격적인 불만 목록을 작성했다.

전쟁이 터지면 숲에는 도적이 넘쳐날 거예요.(제80보병사단)
전쟁이 나면 모든 조직은 즉시 붕괴되고, 농민들은 자신의 권리를 지키기 위해 싸울 겁니다.(제44보병사단)
전쟁이 발발하면 우린 농민의 가죽을 벗기는 자들에게 총검을 겨눌 거라고요.(제51보병사단)
전쟁이 나면 우린 바로 총을 버리고 각자의 집으로 흩어질걸요.(제17보병사단 통신부대)[85]

또한 우크라이나의 '정치적 분위기'가 매우 나쁘다고 간주되었기에, 1928년 OGPU는 농민 봉기나 우크라이나 해방 운동의 지도자가 될 수 있는 모든 사람을 면밀히 감시하기 시작했다. 한 정보원의 보고에 따르면, 우크라이나 학술 언어 연구소장인 흐리호리 홀로드니는 마을과 밀접한 관계에 있거나 농민들 사이에서 평판이 좋은 사람을 경찰이 체포하는 것 같다고 동료에게 말했다. 이러한 발언은 홀로드니의 묘사에 정확하게 부합하는 사람을 수색하는 계기가 되었다. 그리고 피해자 한 명이 일련의 체포에 대해 만든 이 가설은 GPU의 대표적인 작업 이론이 되었다. 홀로드니는 결국 SVU 사건 때문에 체포되었고, 8년간 굴라크에서 복역한 뒤 1938년에 총살당했다.[86]

OGPU는 또 다른 잠재적 희생양을 찾아냈다. 그 희생양은 우크라이나 공산당 자체였다. 1928년 스탈린이 시베리아에 있을 때, 몰로토프는 우크라이나로 비슷한 여행을 떠났다. 모스크바로 돌아온 그는 정치국에 나쁜 소식이 있다고 말했다. 몰로토프가 관찰한 바에 따르면 소련 전체 곡물 징수 계획의 37퍼센트를 차지하는 우크라이나의 월간 곡물 징수량은 이미 점점 줄어들고 있었다. 그는 쿨라크와 투기꾼은 물론이고 우크라이나 공산당원까지 비난했다. 그리고 우크라이나 공산당이 곡물 부족을 과소평가했다고 불평했다. 지방에는 '기본적인 규율'이 부족했다. 지방 관료들은 '전 연방 차원'의 목표와 키이우에서 보낸 요청을 무시하고 자체적으로 곡물 징수 목표를 설정하고 있었다. 심지어 이러한 지방 관료 중 일부는 몰로토프의 방문을 전혀 신경 쓰지 않는 듯했고, 몰로토프는 격노한 상태로 그들을 관찰했다. 그들은 이러한 '특단의 조치'가 곧 지나갈 '작은 폭풍'에 불과하다고 믿어 의심치 않는 듯했다.[87]

얼마 지나지 않아 OGPU 보고서에는 일부 지역 공산당에 단순한 비효율성 이상의 문제가 있다는 내용이 적히기 시작했다. 또 다른 기록에는 러시아어로 '꼬리'를 뜻하며 뭐든 앞장서지 않고 마지못해 한다는 뜻인 '흐보스티즘 khvostism'과 당원들의 '게으름'이 기록되어 있었다. "[곡물 조달] 작전 목표에 대한 잘못된 설명"을 제공하며 쿨라크에 대한 불필요한 동정심을 품고 있다고 당원들을 비난하기도 했다. 보고서에 따르면 일부 하급 관료들은 실제로 곡물 조달을 거부하거나 어떤 명령도 수행하지 않고 있었다.[88] OGPU 정보원들은 심지어 두 지역의 관리인인 마르첸코와 레베덴코에 대한 불평을 기록했다. 전자는 몰로토프라는 사람 자체를 적대시했다. 마르첸코는 그가 모스크바에 사는 러시아인이라며 투덜거렸다. 몰로토프의 방문은 우크라이나 공화국이 '허구'일 뿐이고 우크라이나 공산주의자들이 단순한 꼭두각시임을 보여주는 증거였다. 레베덴코는 여기서 더 나아갔다. "볼셰비키가 지금보다 더 철저하고 냉소적으로 우크라이나를 약탈한 적이 없을 겁니다. 기근이 발생하리라는 사실은 의심의 여지가 없습니다……."[89]

소련 공산당은 문제를 해결하는 대신 반체제 인사를 제거하려 했다. 1928년 11월, 국가는 빈농 위원회인 콤네자미를 숙청해 열의가 부족한 구성원을 추방했다. 같은 해 우크라이나 공산당에 대한 숙청도 이뤄졌다. 이는 1937년에서 1938년의 치명적인 숙청과는 달랐다. 그 목적은 사람을 해치는 게 아니라 잠재적인 문제 유발자를 제거하고, 불안과 긴장이 감도는 분위기를 조성해 당원들이 앞으로 몇 달간 집단화라는 어려운 과업을 수행하도록 압박하는 것이었다.[90] 실제로 모스크바는 미래에 필요할지 모르는 증거를 모으고 있었다. 집단화는 다가왔고 우크라이나에서 집단화가 실패한다면, 모스크바는 우크라이나 공산당에 책임을 떠넘길 수 있었다.

이제 과장된 소문이 농촌 전역을 휩쓸었다. 우크라이나인들은 새로운 징발, 기근, 경제 붕괴나 전쟁의 공포에 떨어야 했다. 농민들은 소련이 외국 정부에 돈을 빚졌기에 곡물 징발이 더 가혹해졌다고 말했다. 많은 농민이 곡식을 땅에 묻기 시작했다. 물건을 팔 때 지폐를 받지 않는 사람도 있었고, 살 수 있는 물건이라면 뭐든 사서 비축하는 사람도 있었다.[91] 집단화는 음모, 신경증, 불확실성과 의심이 넘치는 분위기 속에서 서서히 감행됐다.

5장

집단화:
농촌에서의 혁명,
1930년

> 심은 지 얼마 안 된
> 풋옥수수가 새싹을 틔우네
> 우리 대장은 새 신발을 신는다네
> 우리는 아직도 맨발이건만
> —집단 농장 노래, 1930년대[1]

> '쿨라크 청산'이라는 문구는
> 사람들이 겪는 고통의 의미를 제대로 전달하지 못한다.
> 이 문구는 사회공학적 공식처럼 보이며,
> 비인격적이고 기계적인 느낌을 준다.
> 그러나 그 과정을 가까이에서 본 사람에게
> 이 문구는 공포로 다가온다…….
> —유진 라이온스, 『유토피아에서의 과업 Assignment in Utopia』, 1937[2]

1929년 겨울, 우크라이나 중부 티아스민강 유역, 미론 돌로트의 마을에 외부인이 찾아왔다. 이곳은 800여 가구와 교회와 중앙 광장이 있는, 당시로서는 제법 큰 마을이었다. 주민들은 자기 집과 땅을 소유하고 있었지만, 대부분은 초가집이었고 땅은 협소했다. 몇몇 농부는 50에이커가 넘는 토지를 소유했는데, 당시 기준으로는 상당히 부유한 편에 속했다.

돌로트의 기억에 따르면, 1920년대에 그가 사는 마을에서 소비에트 국가는 존재감이 거의 없었다. "우리는 완전히 자유롭게 이동할 수 있었습니다. 유람 여행도 떠났고, 일자리를 찾아서도 마음껏 이동했죠. 결혼식, 교회 바자회, 장례식에 참석하고자 대도시와 인근 마을에 가기도 했습니다. 누구도 서류를 요구하거나 목적지를 묻지 않았죠."³ 다른 이들도 집단화 이전 시대를 비슷하게 기억했다. 소련 통치하에 있었지만 국가가 삶의 모든 측면을 통제하지는 않았고, 농민들은 이전과 거의 같은 방식으로 생활했다. 땅을 경작하고, 작은 사업체를 운영하고, 무역과 물물교환을 했다. 폴타바의 한 여성은 "대단히 부지런하고 종교적인" 부모님이 10헥타르의 땅을 소유하고 있었고 다른 잡일을 통해 돈을 벌었다고 기억했다. "아버지는 훌륭한 목수였어요. 다른 기술도 많이 알고 계셨죠."⁴

정치는 여전히 느슨하고 분권화된 상태였다. "우크라이나 정부는 1920년대에 특정 학교에서 우크라이나어나 러시아어를 사용해야 한다고 명령하지 않았다. 그러한 결정은 현지에서 자체적으로 이루어졌기 때문이다."⁵ 마을은 언제나처럼 자치적으로 운영되었다. 볼셰비즘 지지자와 전통적인 농민 사이의 긴장은 여전했지만, 다양한 집단은 서로를 수용하려 노력했다. 필리피우카에서는 소년들이 크리스마스에 캐럴을 부를 준비를 하기도 했다.

소년들은 (크리스마스 캐럴 순회 합창단의 전통인) 별을 만들려다, 별 모양을 어떻게 할지 고민했다. 토론 끝에 별 한 면에는 성모 마리아 성화를, 다른 한쪽에는 (소비에트의) 오각형 붉은 별을 그려넣기로 했다. 소년들은 옛 캐럴뿐만 아니라 새 캐럴도 배웠다. 공산주의자 집에 갈 때는 붉은 별을 보여주며 새 캐럴을 부르고, 종교인 집에 갈 때는 성모 마리아 성화를 보여주며 옛 캐럴을 부르기로 한 것이다.⁶

하지만 그해 12월, 돌로트가 살던 마을에 온 외부인들은 마을의 생활 방식이 달라져야 한다고 생각했다. 느슨한 조직을 엄격한 통제 체제로 대체해야 했으며, 기업가형 농부는 유급 노동자로, 엄격한 규제를 받는 노동자로 대체해야 했다. 무엇보다 효율성을 높인다는 명목으로 모든 개인 농장을 코뮌이나 국가가 공동으로 소유하는 집단 농장으로 대체해야 했다. 스탈린이 시베리아에서 말했듯이, "소규모

영세 자영농을 대규모 집단 농장으로 통일하는 것이…… 우리에게 남은 유일한 길"이었다.7

결과적으로 공동 소유 정도가 저마다 다른 다양한 유형의 공동 농장이 탄생했다. 그러나 대부분의 공동 농장은 구성원에게 토지는 물론 말, 소, 기타 가축과 농기구 같은 사유재산까지 집단에 넘길 것을 요구했다.8 자기 집에 계속 사는 농민도 있었지만, 다른 농민들은 결국 집단 소유의 집이나 막사에서 생활하고 모든 식사를 공동 식당에서 했다.9 트랙터를 포함한 중요 장비는 개인이 소유하는 대신 구매와 정비를 담당하는 중앙 국유 기계 트랙터 관리소에서 대여해줬다. 농민들은 실제 돈 대신 일당으로 트루도드니trudodni•를 받았고, 대개는 노동의 대가로 현금 대신 식량과 기타 물품을, 그것도 아주 적은 양을 받았다.

설정상 이 모든 변화는 농촌에서 열성이 고조된 나머지 자발적으로 일어난 일이어야 했다. 1929년 11월, 스탈린은 집단화 '운동'이 '전국을 휩쓸고 있다'고 주장하며 찬사를 보냈다.

우리의 농업 발전에서 급격한 변화가 일어나고 있다. (…) 후진적인 소규모 개별 농장이 선진적인 대규모 집단 농장, 공동 토지 경작으로

• 러시아어 트루도덴trudoden, '노동일'에서 나온 말로, 1930년부터 1966년까지 소련의 집단 농장에서 매일매일의 노동의 양과 질을 계산하는 가치 단위이자 유형을 지칭했다.

바뀌고 있는 것이다. (…) 농민 집단 농장 운동의 새롭고 결정적인 특징은 농민이 이전처럼 개별적으로 집단 농장에 참여하는 것이 아니라 마을 전체, 지역 전체, 지구 전체, 심지어 주 단위로 참여한다는 점이다.[10]

그러나 실제로 이 정책은 상부의 지시로 강하게 밀어붙인 것이었다. 1929년 11월 10일부터 일주일 동안 당 중앙 위원회는 모스크바에서 회의를 열어, 당 간부를 마을에 파견해 새로운 공동 농장을 설립하고 농민을 설득해 '농민 가구의 집단화 과정을 가속화'하기로 결의했다. 이 결의안에는 집단화 반대파를 비난하고 당시 스탈린의 가장 중요한 정치적 반대자였던 니콜라이 부하린을 정치국에서 추방하는 내용도 있었다. 몇 주 후 농업 인민 위원회는 소련의 모든 곡물 생산 지역을 3년 안에 집단화하겠다고 선언했다.[11]

그해 겨울 돌로트가 사는 마을에 나타난 남녀는 새로운 정책의 첫 번째 가시적인 증거였다. 처음에 마을 사람들은 그들을 진지하게 받아들이지 않았다. "그들의 외모는 실소를 자아냈습니다. 창백한 얼굴과 옷차림이 마을 주변 환경과 전혀 어울리지 않았기 때문이죠. 광택이 나는 신발에 눈이 묻지 않도록 조심스레 걷는 그들은 우리에게는 전혀 낯선 존재였습니다." 그들의 단장인 '제이틀린 동지Comrade Zeitlin'는 농민들을 무례하게 대했고, 농민들이 사는 방식을 전혀 모르는 것 같았다. 송아지를 망아지로 착각하기도 했다. 한 농부가 그 점을 지적하자, 제이틀린은 이렇게 대답했다. "망아지든 송아지든 알 게 뭐요? 그런 게 세계 프롤레타리아 혁명에 지장을 주기라도 한단 말이오?"[12]

제이틀린 동무는 당시 표현으로 '이만오천인대', 줄여서 '천인대' 중 한 명이었는데, 이들은 1929년 말 중앙 위원회의 결의에 따라 소련 농업의 집단화를 수행하기 위해 모집된 인원이었다. 이 도시 활동가들은 노동자계급이 '역사의식의 주체'라는 마르크스-레닌주의 신념의 물리적 현현으로서, '애국 전쟁 초기의 군사 모집 운동' 같은 캠페인을 통해 시골에 온 사람들이었다.[13] 신문에는 이들 '노동자계급 자원자'의 사진이 게재됐고, 공장에서는 이들을 축하하는 모임이 열렸다. 최소한 공식 자료에서는 천인대에 합류하기 위한 경쟁이 상당히 치열했던 것으로 보인다. 파르티잔 출신이었던 한 자원자는 나중에 이를 지난 10년간 수행한 피비린내 나는 전투에 비유하기도 했다. "1919년의 광경이 떠오릅니다. 그때 저는 같은 지구에서 소총을 들고 지금처럼 눈보라가 휘몰아치던 날에 눈더미를 오르고 있었습니다. 다시 젊어진 것 같군요……."[14]

도시 출신 남녀들은 다양한 동기를 지니고 있었다. 출세를 원하는 이도 있었고, 물질적 보상을 바라는 이도 있었다. 많은 사람은 한결같이 분노에 찬 반복적인 선전에 자극받아 진심으로 혁명에 대한 열정을 느꼈다. 전쟁이 임박했다고 끊임없이 보도하는 신문 때문에 두려움을 느끼는 사람도 있었다. 도시의 식량 부족은 매우 현실적인 문제였고, 모두가 농민을 비난했으며, 이만오천인대도 이를 알고 있었다. 이미 1929년에도 소련 시민들은 반항적인 농민이 자신과 혁명의 미래에 대단히 실질적인 위협이 된다고 믿었다. 그들은 이러한 강력한 믿음에 힘입어 '부르주아 도덕'을 사악한 것으로 취급했다.

혁명적 열정에 사로잡힌 대표적인 인물은 이만오천인대 대원이자 소련 문학사에서 독특한 역할을 한 레프 코펠레프였다. 코펠레프는 키이우의 고학력 유대인 가정에서 태어나 하르키우에서 공부했고 러시아어와 우크라이나어를 구사했지만, 자신을 '소련인'으로 규정했다. 시간이 훨씬 지난 1945년, 그는 체포되어 강제 수용소로 보내졌다. 코펠레프는 살아남아 작가 알렉산드르 솔제니친과 친구가 되었고, 솔제니친 작품 속 등장인물의 모델이 되었다. 이후 영향력 있는 회고록을 집필했고 저명한 반체제 인사가 되지만, 1929년에 그는 체제를 따르는 진실한 신자였다.

나와 같은 세대는 모두 그랬지만, 나 역시 목적이 수단을 정당화한다고 굳게 믿었다. 우리가 추구하는 위대한 목표는 공산주의의 보편적 승리였고, 목표를 달성할 수 있다면 거짓말, 도둑질은 물론 우리 일을 방해하거나 방해할 수 있는 수십만, 수백만 명을 죽이는 일도 허용되었다. 그리고 이 모든 일에 대해 주저하거나 의심하는 것은 '나무만 보고 숲을 보지 못하는' 사람들의 특징인 '지적 비굴함'과 '어리석은 자유주의'에 굴복하는 일이었다.[15]

그는 혼자가 아니었다. 1929년, 미국의 사회주의자 모리스 힌두스는 러시아인 친구였던 나디아가 보낸 편지를 받는다. 나디아는 코펠레프의 뒤늦은 깨달음의 혜택을 받지 못한 상태였다. 그녀는 격분해서 편지를 썼다.

다른 단장들과 함께 마을에서 콜호스를 조직하고 있습니다. 엄청나게 방대한 일이지만 놀라운 진전을 거두고 있죠…… 조금만 지나면 본인 소유의 땅을 가진 농부는 한 명도 없을 것입니다. 우리는 자본주의의 마지막 잔재를 부수고 착취로부터 영원히 벗어날 것입니다…… 지금 이곳은 공기 자체가 새로운 정신과 새로운 에너지로 불타고 있습니다.[16]

코펠레프와 나디아, 그리고 이와 비슷한 사람들은 불만에 찬 시간을 보내왔다. 볼셰비키는 인민에게 부와 행복, 토지 소유권, 권력을 선물하겠다는 대담한 약속을 했다. 그러나 혁명과 내전은 폭력적이고 혼란스러웠으며 약속은 지켜지지 않았다. 혁명 후 10년이 지나자 많은 사람이 실망했다. 그들에게는 볼셰비키 승리가 왜 공허한지에 관해 설명이 필요했다. 공산당은 그들에게 희생양을 제공해줬고 그들에게 자비를 베풀지 말라고 부추겼다. 미하일 숄로호프는 소설 『개척되는 처녀지』에서 실망한 광신도들의 모습을 묘사하기도 했다. 등장인물 다비도프는 어떤 대가를 치르더라도 농민을 집단화하고자 시골에 온 이만오천인대 대원이었다. 어느 날 한 농부가 그에게 쿨라크에 너무 잔인하게 대하는 거 아니냐고 말하자 다비도프는 격렬히 반박한다. "당신은 그들이 불쌍하군요…… 동정심을 느끼고 있어요. 그런데 그들은 우릴 불쌍히 여긴 적이 있습니까? 적들이 우리 아이들의 눈물을 보고 운 적이 있나요? 부모가 죽은 뒤 남겨진 고아를 보고 운 적이 있단 말입니까?"[17]

이런 태도로 무장한 도시 출신 자원봉사자들은 대부분 2주 미만의 짧은 교육만 받고 마을로 출발했다. 레닌그라드, 모스크바, 키이우에서 울려 퍼지는 혁명의 음악과 애국의 연설을 들으며 기차에 올라탔지만, 시골로 들어갈수록 음악은 잦아들었다. 한 단장은 나중에 이런 글을 남겼다. "그들은 우리를 승리의 행진곡으로 배웅하고 장송곡으로 맞이했다."[18] 스탈린주의가 주창하는 진보의 언사가 우크라이나와 러시아 농민들의 실제 삶과 정면으로 충돌하는 순간이었다.

시골에 가까워질수록 기차는 더 느리게 달렸다. 모든 지방 철도 관리자가 새로운 도시 활동가에게 열광하지는 않았기 때문이다. 우크라이나에 도착한 외지인 자원봉사자들은 대부분 러시아어를 사용하며 러시아 또는 우크라이나 도시 출신이었지만, 우크라이나어를 사용하는 농민들에게는 그저 이방인으로 보였다. 지방 수도에 도착했을 때 활동가들이 적대적인 반응에 맞닥뜨린 것은 놀라운 일이 아니었다. 1929년 여름의 식량 부족과 기근에서 벗어난 지 얼마 되지 않은 지역 농민들에게 새로 당도한 이들은 10년 전 우크라이나 시골에 곡물을 수탈하러 왔던 군인이나 활동가와 다름없었을 것이다.

이들의 임무도 간단하지는 않았다. 집단화는 자발적으로 진행되는 것으로 설정되어 있었으므로, 활동가들은 논쟁하고 장광설을 늘어놓으면서 설득하기만 하면 됐다. 마을 회의가 열렸고, 선동가들은 모든 집을 돌아다녔다. 우랄 지역의 도시 활동가이자 콤소몰 회원이었던 안토니나 솔로비예바는 집단화 운동을 기억하며 향수에 젖었다. 그의 이야기에서 잘 알 수 있듯이, 지역 공산당과 콤소몰을 비롯한 여러 단체가 집단화 실행을 책임지고 있었다.

목표는 농민들을 개인적으로 설득해 집단 농장에 참여하게 하고, 집단 농장이 파종을 시작할 준비가 되었는지 확인하고, 무엇보다 국가 곡물을 누가 어디에 숨겨놓았는지를 알아내는 것이었다. (…) 우리는 등유 램프가 희미하게 깜박이는 집단 농장 본부의 작은 식탁에서, 또는 가난한 농민의 오두막 속 난로 옆에서 긴 저녁 시간을 보내곤

했다.[19]

허나 목표가 명확했을지언정 지휘 계통은 그렇지 않았다. 지역 공산당, 콤소몰, 젊은 개척자(공산주의 어린이 조직), 잔여 빈농 위원회, 중앙 통제 위원회, 노동자 농민 감찰국, 콜호스-첸트르kolkhoz-tsentr(집단 농장 센터), 노동조합, 비밀경찰 등 여러 단체를 비롯해 국가 관료, 특히 새로운 세대의 교육자인 교사들도 집단화 실행에 관여했다.

지휘 계통이 혼란스러운 데다 우선순위가 상충하는 바람에 지역 당국은 이미 부담을 느꼈고, 농사와 농업은커녕 심지어 시골에서 생활한 경험조차 없는 이 젊은 열정가들에게 복잡한 감정을 품었다. 도시 출신 젊은 열정가들 역시 지역 당국에 모호한 감정을 느끼기는 마찬가지였다. 당시에 작성된 많은 문서에는 지역 마을 위원회에 대한 불만이 기록되어 있는데, 위원회가 자원봉사자의 일을 방해하거나 발목을 잡는다는 내용이었다. 마을 위원회가 비효율적이었던 것은 분명한 사실이다. 그러나 마을 위원회 역시 광신적인 젊은 외부인들이 내리는 명령이 미칠 가혹한 영향으로부터 이웃을 보호하고 싶었는지도 모른다.[20]

쿨라크로 분류되는 농민이든 아니든, 모든 농민은 도시에서 온 활동가들에 대해 별 호응이 없었다. 구술 역사가인 윌리엄 놀은

1980년대 우크라이나인들을 인터뷰한 결과 민중이 이만오천인대를 여전히 생생하게 기억한다는 것을 알게 된다. 돌로트의 설명처럼 그들은 무능한 존재로 각인되었다. 토양에 맞지 않는 씨앗을 뿌리고, 부적절한 조언을 했으며, 시골에 대해 아무것도 몰랐다.[21] 또한 그들은 외국인, 러시아인, 유대인으로 기억되었다. 당시 청년이었던 올렉산드르 혼차렌코는 훗날 이만오천인대 대원들을 '모두 러시아인'이라고 사실과 다르게 회상했지만, 사실 대원 중 많은 이는 우크라이나 도시 출신이었다. 또한 그는 체르카시주에 있는 자신의 마을에서 '분명' 러시아인인 단장이 도착하자마자 거부당했다고 기억했다. "그 단장은 소비에트로서의 삶이 얼마나 멋진지 농민들에게 설득하러 왔습니다. 하지만 누가 그의 말을 들었을까요? 아무도요. 거짓말쟁이는 마을 전체를 돌아다녔지만, 누구도 그와 함께 일하기를 원치 않았습니다."[22]

물론 단지 도시 활동가들이 '외부인'으로 보였기 때문만은 아니었다. 정책이 너무도 매력적이지 못한 탓에 인기가 있을 리 만무했다. 이에 대한 더 자세한 이야기는 다음 장에서 다루겠다. 코펠레프 같은 소수의 농민이 이들의 견해에 공감하기도 했지만, 대부분은 정반대 반응을 보였다. 농민들의 완강한 반대 때문에 활동가들은 더 분노에 차서 폭력을 휘둘렀고, 자신의 대의가 옳다고 확신하게 되었다. 1930년 1월, 당시 비밀경찰의 부국장이었던 겐리흐 야고다는 고위 간부들에게 저항이 거세질 것이라고 말했다. 쿨라크는 "자신들이 집단화 때문에 멸망하리란 사실을 아주 잘 알고 있었고, 그래서 점점 너 잔인하고 격렬하게 저항했다. 우리는 반란 음모부터 반혁명 쿨라크 조직의 방화와 테러에 이르는 다양한 행위를 이미 목격하고 있다."²³

그들의 이 같은 관념은 마을까지 퍼져나갔고, 노동계급 파견 대원들은 농민들의 불친절함이 미리 경고받았던 '쿨라크의 반혁명적 성향'을 보여주는 증거라고 생각했다. 이후 벌어진 잔인한 행위들은 도시 활동가가 원했던 이상과 시골의 상반된 현실 사이에서 벌어진 충돌의 결과로 볼 수 있다.

나아가 이들은 스스로의 존재와 충성심을 증명해야 했다. 한 지역 공산주의자는 안토니나 솔로비예바에게 이렇게 말했다. "당신의 임무는 마을 청년들을 선동하고 (…) 쿨라크가 곡물을 어디에 숨기며 누가 농기계를 망가뜨리는지 알아내는 것이오." 그리고 "마을 청년들과 대화하며 그들에게 당 정책과 집단화에 대해 설명해줘야 하오"라는 말도 덧붙였다. 당시 젊은 학생이었던 솔로비예바는 잠시 의구심을 느꼈다. "이건 정말 엄청난 일인데, 왜 우리가 이런 일을? 우린 이런 일에 대해서는 아무것도 몰랐고, 무슨 일부터 해야 할지 전혀 몰랐습니다." 그러나 솔로비예바는 자신의 가치를 증명하기로 결심했고, "더 이상 지체할 시간이 없었던" 그녀에게 타인을 친절하게 대할 동기 따위는 전혀 없었다.²⁴

1928년 말 스탈린이 시베리아를 방문했을 때 처음 설명한 것처럼, 집단화 추진은 모스크바의 명령에 따라 '상부에서' 내려온 것이었으며 스탈린의 개인적 방침이었다는 사실에는 의심의 여지가 없다. 우크라이나에서는 집단화가 문화적으로 이질적인, 하물며 언어나 민족까지도 다른 도시 외부인들에 의해 시골에 도입되었다는 사실도 너무나 명백하다. 그럼에도 일부 지역 관료와 농민들은 집단화 추진을 지지하기 시작했다. 혁명 직후 알렉산드르 실리흐테르가 가난한 마을 주민을 부유한 마을 주민과 대립하게 했던 것처럼, 볼셰비키는 다시 한번 특정 농민 집단에 국가를 대신해 이웃을 착취할 권한을 부여하려 했다.

마을에 도착한 외부 선동가들은 즉시 자신을 도와줄 수 있는 현지 협력자, 즉 아크티프$_{aktiv}$('적극 분자')를 찾아내 임무를 배정했다. 나중에 유명한 '놀라운 노동자'이자 소련 최초의 여성 트랙터 운전사인 파샤 안겔리나는 도네츠크 지방의 마을 스타로베셰베에서 진행된 집단화에 대해 대단히 정치적인 회고록을 썼다. 이 회고록은 사회주의적 사실주의의 틀에 엄격히 부합한다는 점, 즉 모든 장애물을 극복한 공산당의 승리에 대해 예측 가능한 이야기를 한다는 점과 순수한 증오가 딱딱한 문체로 표현되었다는 점에서 유명하다. 자세한 내용을 다 말할 수는 없지만, 안겔리나와 그 가족은 이웃들이 새로운 집단 농장에 가입하도록 강요하는 일에 적극적으로 참여했다. "치열한 계급 투쟁으로 긴장감이 가득한 힘든 시기였다. 쿨라크를 물리치고 땅에서 쫓아낸 후에야 우리 빈농들은 진정 주인일 수 있었다." 안겔리나와 그녀의 부모, 형제자매들은 어떤 죄책감도 느끼지 않았다.

우리는 새로운 것이면 뭐든 증오하는 강력하고 잔인한 '쿨라크'를 추적했다. (…) 우리 가족이나 우리와 비슷한 많은 가족은 여러 세대 동안 쿨라크 밑에서 일해왔다. 우리는 그 흡혈귀들과 같은 땅에서 살 수 없다는 사실을 깨달았다. 쿨라크들은 우리가 좋은 삶을 살지 못하게 가로막았고, 설득이나 규제 또는 평범한 과세로는 그들을 몰아낼 수 없었다. 당은 이번에도 우리의 필요를 이해하고 해결책을 제시해주었다. 스탈린 동지를 통해 당은 이렇게 말했다. "쿨라크를 제한하는 데서 벗어나, 쿨라크라는 계급 자체를 청산하라……."[25]

그녀와 그녀의 형제자매들은 혼자가 아니었다. 1930년 2월 발행된 우크라이나 비밀경찰 보고서는 일부 마을에서 '붉은 깃발을 흔들고 혁명가'를 부르며 집단화를 감독하기 위해 모인 빈농과 소위 '중농'들 무리를 열정적으로 묘사하고 있다.[26] 이러한 지역 참가자 중 일부는 '빈농 위원회' 출신으로, 1918년에서 1920년 곡물 징발 운동을 주도했으며 소련 체제에 충성심이 강했다. 1921년 쿨라크가 '나와 내 가족을 죽이겠다고 협박'했음에도 조달 대원으로 일했다는 마트비 하브릴류크는 다시 투쟁에 합류할 기회를 놓치지 않았다. "1930년 내내 나는 선동가로서 활동에 참여했다. (…) 탈쿨라크화를 피하려 숲에 숨은 쿨라크를 찾아내기까지 했다. 나는 그들을 내 손으로 법의 심판대에 세웠다."[27]

어떤 참가자는 새로운 혁명적 상황을 이용해 지위를 높이려 했다. OGPU도 인정했듯이, 많은 '빈농'은 실제로는 이웃의 불행을 이용해 이득을 취하려는 '범죄 분자'였다.[28] 당시 우크라이나와 모스크바를 오가며 일했던 OGPU 수장 세르고 오르조니키제는 당국이 배경이나 경험이 없는 자들에게 지나치게 의존한다고 우려했다. "우리는 콤소몰 회원 한 명을 데려와 빈농 두세 명을 추가한 다음 이를 '아크티프'라고 부른다. 그리고 이러한 아크티프가 마을 일을 처리한다."[29]

이만오천인대와 마찬가지로, 일부 지역 협력자는 볼셰비키 이데올로기에 매력을 느꼈다. 그들은 '더 나은 삶'에 대한 약속을 믿었는데, 이 문구는 누군가에게는 배부름을, 다른 누군가에게는 그보다 신비로운 무언가를 의미했을 것이다. 그들은 당의 '적'을 제거하면 더 나은 삶이 더 빨리 찾아온다고 믿었다. 1918년에 그랬던 것처럼, 집단화는 결국 새로운 농촌 엘리트를 만들어냈고 그들은 자신에게 통치권이 있다고 확신했다. 활동가들은 수년이 지나고 비판이 제기되는 와중에도 집단화가 '더 큰 선을 위한 일'이었다고 주장했다.[30] 전부는 아니어도 다수는 일자리와 더 나은 배급이라는 보상을 받을 것이었다. 이 새로운 엘리트 무리가 강화될수록 집단화에 반대하는 사람들도 더 강하게 위협받았다. 1930년 3월 우크라이나에서 발행된 OGPU 보고서는 "마을 주민들의 활동이 몹시 활발해 작전 기간이 끝날 때까지 군대를 부를 필요가 없었다"며 당시를 긍정적으로 설명한다. 지역 자원봉사자들의 '열정과 활동력' 때문에 집단화에 반대하는 사람들은 자신들이 버림받고 고립되었다고 느꼈다. OGPU에 따르면 이러한 현상은 저항의 동기를 뿌리 뽑고 체포된 사람들의 사기를 떨어뜨리는 결과를 낳았다.[31]

현존하는 증거만으로는 그 '열정과 활동력'이 얼마나 진짜였는지 알 수 없다. 기존 회고록에 따르면 집단화 부대에 참여한 사람 중 아마 절대다수는 열정적이지도, 냉소적이지도, 범죄적이지도 않았으며 그저 두려움에 떨고 있었던 것 같다. 그들은 다른 선택의 여지가 없다고 느꼈다. 다치거나, 두들겨 맞거나, 굶주림에 시달리거나, '쿨라크' 또는 적으로 지목될지 모른다고 두려워했다. 콤소몰 회원들은 참여 명령을 직접 받았기에, 참여 거부가 불가능하다고 생각했을지도 모른다.[32] 한 회원은 나중에 이렇게 회상했다. "콤소몰 회원과 당원인 모든 학생 및 교사는 마을 중 하나를 포위해 아무도 탈출하지 못하게 하라는 명령을 받았습니다. [비밀경찰 차량은] 농민들을 태우고 마을을 떠난 뒤, 이들을 추방하기 위해 대기 중이던 뜨거운 화물열차로 옮겨 태웠죠."[33] 또 한 교사는 이렇게 회상했다. "모든 교사는 마을의 사회화를 이끄는 조력자로 간주되었고, 그래서 집단 농장 가입을 독려하는 활동가로 자동 징집되었습니다." 거부하는 사람은 재산을 잃거나 다른 마을로 이송될 수도 있었다.[34]

반대자들은 이러한 협력자를 타인의 불행을 이용해 이득을 취하려는 '게으른 건달'이나 '도둑'이라고 생각했다.[35] 그러나 현지 가해자 중 상당수는 피해자만큼이나 폭력적인 저의와 위협적인 언어에 겁먹고 공포와 트라우마에 시달렸을 것이다. 곧이어 기근이 닥치자 가해자 중 일부는 실제로 피해자가 되었다.

1930년 1월 어느 날 아침, 이만오천인대가 돌로트의 마을에 도착한 지 얼마 되지 않았을 때, 농민들은 잠에서 깨어났고 마을에서 가장 존경받던 교사, 점원, 상점 주인, 상대적으로 재산이 많았던 여러 부농을 포함한 유력한 주민 다수가 체포되었음을 알게 되었다. 남편들이 체포된 직후 그들의 아내 역시 자녀와 함께 집에서 쫓겨났다. 이들 중 한 명이자, '티미시 아저씨'라 불리던 농부의 아내는 체포된 후 맞서 싸우기도 했다.

그녀는 몸부림치며 그들의 머리카락을 잡아당겼다. 하지만 결국 집 밖으로 끌려 나와 썰매 위로 던져졌다. 두 남자가 그녀를 붙잡았고 아이들도 밖으로 끌려 나왔다. 소지품 몇 개를 실은 후 썰매가 출발했다. 여전히 두 조직원의 손에 붙잡혀 있던 티미시 아저씨의 부인과 아이들은 울부짖고 소리치며 겨울 안개 속으로 사라졌다.36

이 부유한 농부와 그의 아내를 추방한 지 며칠 지나지 않아(이들이 시베리아로 갔는지 우크라이나의 다른 지역으로 갔는지는 아무도 모른다), 모스크바에서 온 사람들이 '티미시 아저씨'의 집을 차지하고 구청 사무실로 개조했다.

돌로트가 목격한 것은 '탈쿨라크화'의 시작이었다. 탈쿨라크화는 '계급으로서의 쿨라크 제거'를 의미하는 추악하고 관료주의적인 용어였다.[37] 그렇다면 쿨라크는 누구를 말하는 것일까? 앞서 언급했듯이 이 용어는 이전에는 소련 어느 곳에서도 통용되지 않았고, 우크라이나에서는 더욱 그러했다. 니콜라이 2세 황제가 몰락한 후 신문과 선동가 및 모든 정부 당국에서 자주 사용하긴 했지만, 이 용어는 언제나 모호했고 명확하게 정의되지 않았다. 러시아 혁명에 대한 회고록에서 예카테리나 올리츠카야는 내전 시기를 이렇게 언급했다.

불만을 표출하는 사람은 다 쿨라크였다. 노동자를 한 번도 고용한 적 없는 농민 가정도 쿨라크로 분류되었고, 소 두 마리나 소 한 마리와 송아지 한 마리, 또는 말 한 쌍을 소유한 가정도 쿨라크로 간주되었다. 잉여 곡물을 포기하지 않거나 쿨라크를 고발하지 않는 마을은 징벌 부대가 급습했다. 그래서 농민들은 특별 회의를 열어 누가 쿨라크가 될지를 정해야 했다. 나는 이 모든 일이 너무나 놀라웠지만, 농민들은 이렇게 설명했다. "쿨라크를 고발하라는 명령을 받았는데, 달리 할 수 있는 일이 뭐가 있겠어요?" (…) 아이들을 살리기

위해, 많은 농민은 아이가 없는 독신자를 선택했다.[38]

1919년 때처럼 1929년에도 '부유한' 농민이라는 개념은 여전히 상대적인 개념이었다. 가난한 마을에서는 돼지 두 마리를 가진 사람이 한 마리를 가진 사람보다 '부유한' 사람일 수 있었다. 또한 이웃 간에 혐오나 시기를 유발하거나, 마을 지도자나 지역 공산주의자의 적이 된 사람도 '부유한' 농민이 될 수 있었다.

'계급으로서의 쿨라크 제거'가 국가의 최우선 요구가 되면서, 우크라이나 당국은 탈쿨라크화를 더 명확하게 정의해야 한다는 사실을 인지했다. 1929년 8월 우크라이나 인민 위원회는 쿨라크 농장의 '증상'을 파악하라는 법령을 발포했고, 정기적으로 노동력을 고용하는 농장과 제분소, 가죽 공장, 벽돌 공장 또는 기타 소규모 '산업' 작업장을 운영하는 농장, 정기적으로 건물이나 농기구를 임대하는 농장이 쿨라크 농장으로 정의되었다. 소유주나 관리자가 무역, 고리대금업 또는 기타 '불로소득'을 창출하는 활동에 관여하는 농장도 쿨라크가 운영하는 농장으로 분류되었다.[39]

시간이 지나면서 이러한 경제적 정의는 더욱 발전한다. 노동자를 고용하지 않거나 재산을 임대하지 않은 사람들이 어떻게 집단화에 반대할 수 있는지를 설명해야 했던 당국은 새로운 용어를 만들었다. '쿨라크 밑의 쿨라크'나 '쿨라크 끄나풀'이라 번역할 수 있는 폿쿨라치니키podkulachniki는 쿨라크의 친척, 고용주, 이웃 또는 그 영향을 어떤 식으로든 받은 가난한 농민을 의미했다. 가난하지만 부모가 부유해 쿨라크의 본질을 물려받은 사람도 폿쿨라치니키가 될 수 있었다. 볼셰비키에 반대하도록 기만되거나 호도된 결과 재교육이 불가능한 사람도 마찬가지로 취급됐다.[40]

어떤 가난한 농민들은 집단 농장 가입을 거부했다는 이유만으로 쿨라크가 되었다. 벨라루스의 볼쇼예 비코보 마을을 방문한 당원이 현지 여성들에게 집단 농장 가입의 혜택을 설명하는 동안, 모리스 힌두스는 방 뒤편에 서 있었다. "그는 이렇게 말했습니다. 아기들은 우수한 시설을 갖춘 보육원에서 돌볼 테니 전혀 신경 쓸 필요가 없을 거라고. 공동 부엌에서 모든 요리를 할 테니 오븐 앞에서 땀을 흘리지 않아도 된다고……."

이러한 열변에 여성들은 침묵으로 반응했고, 그다음에는 '소란스러운 외침'이 터져 나왔다. 결국 한 여성이 모든 참가자를 향해 침을 뱉으며 이렇게 말했다. "여긴 온 건 돼지들뿐이니 집에 가는 게 낫겠네." 그러자 한 지역 선동가가 소리쳤다. "지금 우리는 무엇을 보고 있습니까? 무엇을 듣고 있습니까? 우리 시민 중 한 명, 가난한 여성이지만 쿨라크 기질이 있는 사람이 방금 우리를 돼지라고 불렀습니다!" 즉 이 여성을 '쿨라크'로, 또는 '쿨라크 기질이 있는 사람'으로 정의한 근거는 그의 재산이 아니라 집단화를 반대했다는 사실이었다.[41]

무한대로 확장 가능한 이 정의가 가장 쉽게 적용되는 대상은 소련에 사는 소수민족이었다. 그중에는 우크라이나에서 뚜렷한 존재감을 보이던 폴란드인과 독일인도 있었다. 1929년과 1930년에 많은 우크라이나 관료는 18세기부터 우크라이나에서 살아온 모든 독일계 주민을 쿨라크로 분류해야 한다고 믿었다. 실제로 그들은 토착 우크라이나계의 약 세 배에 달하는 비율로 탈쿨라크화를 당해 추방되었고, 학대의 표적이 되는 경우도 허다했다. 한 집단 농장 주인은 독일계 마을 주민에게 이렇게 말했다. "너희 해충들이 우리가 사는 곳 어디에 정착하든, 어떤 신도 하늘에서 만나를 내려 도와주지 않을 거다. 너희의 비참한 불평을 들어줄 사람도 없을 거고."[42] 반면 유대인은 극히 일부만이 쿨라크로 분류되었다. 많은 유대인이 투기꾼이라는 이유로 체포되었지만, 제정 러시아가 유대인의 재산 소유를 제한했기 때문에 토지를 소유한 사람은 거의 없었다.

처음에 일부 OGPU 인사들은 '쿨라크'의 정의가 너무 빠르게 확대되는 현실을 바람직하다고 생각하지 않았다. 야고다는 1930년 3월 스탈린에게 보낸 짧은 편지에서 '중농과 빈농, 심지어 농장 노동자와 일꾼'까지 '쿨라크' 범주로 포함되어가는 현실에 우려를 표했다. 심지어 '붉은 파르티잔' 출신과 붉은 군대 군인의 가족까지도 쿨라크로 분류되었다. 중부 볼가주에서는 '중농과 빈농'을 '골수 쿨라크'로 간주했다. 야고다는 심지어 우크라이나에서는 빈농들이 '말이 많거나' 말썽꾼이라는 이유만으로도 쿨라크가 된다고 불편해했다. 우크라이나 북쪽의 러시아 행정 구역인 중부 체르노젬주에서는 쿨라크 명단

에 빈농 세 명과 상인 집안의 몰락한 아들인 일용직 노동자 한 냉이 포함되었음이 밝혀지기도 했다.[43]

그러나 쿨라크로 정의되는 사람의 범위가 이렇게 급속히 확대된 데는 OGPU 자체의 책임도 있었다. 모스크바에서 쿨라크 숫자를 늘려야 한다고 말했기 때문이었다. 쿨라크를 청산하라는 명령에는 몇 명을 제거해야 하는지, 몇 명을 추방해야 하는지, 몇 명을 새로 확대 설치되는 강제 수용소로 보내야 하는지, 몇 명을 다른 마을에 정착시켜야 하는지 등에 관한 숫자와 목록이 첨부되어 있었다. 현장에 있는 경찰은 쿨라크를 식별할 능력이 없더라도 이러한 할당량을 달성해야 했다. 쿨라크를 찾을 수 없다면 만들어내야 했다.

동시대의 중앙 집권적 기획자들처럼 OGPU도 야심 찬 계획을 세웠다. 소련의 모든 곡물 생산 지역 중 우크라이나에서 가장 많은 쿨라크를 제거하기로 한 것이다. 가장 '완강하고 활동적인 쿨라크' 1500명이 체포되었고, 쿨라크 가족 3만~3만5000명이 추방되었으며, 총 5만 명이 백해 연안의 아르한겔스크 인근 러시아 북부 지대인 북부 크라이로 강제 이주됐다. 반면 벨라루스에서 체포되거나, 추방되거나, 강제 이주된 쿨라크 수는 각각 4000~5000명, 6000~7000명, 1만2000명이었다. 중부 체르노젬주에서는 각각 3000~5000명, 1만~2만5000명, 총 2만 명으로 집계된다. 우크라이나의 높은 수치는 우크라이나 농민 비율이 높기 때문일지도 모르지만 우크라이나 농민들이 여전히 가장 심각한 정치적 위협의 원천이라는 모스크바의 인식

이 반영된 결과일 수도 있다.[44]

이렇게 큰 수치를 달성해야 했기에, 반쿨라크적 표현은 시간이 지날수록 온건해지는 대신 점점 더 극단적으로 변해갔다. 1930년 1월 초, 한 OGPU 요원은 집단화 반대자를 묘사할 때 '쿨라크-백군-도적단'이라는 용어를 사용해, 쿨라크를 계급의 적일 뿐만 아니라 국가의 적인 '백위군' 요원이자 범죄자로 낙인찍었다.[45] 현장에서의 언어도 빠르게 극단적으로 변해갔다. 돌로트의 마을에서 강제로 열린 한 강요된 회의에서는 주민들이 집단 농장 가입을 거부하자 대혼란이 일어났다. 단체의 '선동가'가 주민들을 독려했지만 누구도 응답하지 않았다.

"서둘러요! 늦었다고요." 그가 우릴 재촉했습니다. "빨리 서명할수록 빨리 집에 갈 수 있어요." 하지만 아무도 움직이지 않았어요. 모두 조용히 앉아 있었습니다. 당황하고 긴장한 의장은 선전원에게 귓속말 했습니다…… 우린 계속 침묵했습니다. 그래서 관료들, 특히 의장이 짜증을 냈죠. 선전원이 훈계를 마치자마자, 의장이 탁자 뒤에서 뛰쳐나와 앞에 있던 첫 번째 남자를 붙잡고 세게 흔들었습니다. "이…… 이, 인민의 적!" 의장은 분노에 목멘 상태로 소리쳤습니다. "뭘 기다리는 거야? 페틀류라를 기다리는 건가?"[46]

반 소비에트 반란의 촉발자였던 '페틀류라'라는 이름을 이들과 엮은 것은 이번에도 역시 우연이 아니었다. 선동가들에게 있어 집단 농장에 가입하지 않는 사람은 반드시 반혁명의 일원, 패배한 우크라이나 민족운동의 일원이나 소련 정권의 수많은 '적' 중 하나로 정의되어야 했다.

이러한 언사는 단순한 욕설이 아니었다. 탈쿨라크화가 본격적으로 시작되면서, 악랄한 언사는 실질적인 결과를 가져왔다. 한 번이라도 '쿨라크'로 지명된 농민은 자동으로 반역자, 적, 비시민권자가 되었으며, 재산권, 법적 지위, 집과 직장을 빼앗겼다. 이전의 소유물을 소유할 수도 없었고, 많은 농민이 수용소로 보내졌다. 아크티프는 선동가 및 경찰과 함께 쿨라크의 집, 도구, 가축을 아무런 제재 없이 몰수할 수 있었고 실제로 그렇게 했다.

원칙적으로 새로운 집단 농장은 이러한 대규모 절도의 수혜자였다. 1930년 2월 집단 농장 센터에서 당국에 제출한 한 보고서에는 부농과의 전쟁을 수행하는 이들이 쓰는 '단호한 방법'이 긍정적으로 언급되어 있다. "쿨라크의 재산 (…) 생산 수단, 장비, 가축, 사료를 몰수하고 있습니다. 쿨라크의 집은 공동 조직이나 농장 노동자를 위한 막사로 사용 중입니다."[47]

실제로 탈쿨라크화는 급속히 약탈로 변했다. 일부 쿨라크의 재산은 몰수된 후 즉석 경매를 통해 대중에게 판매되었으며, 옷과 장신구는 마을 광장의 수레에 쌓였고, 농민들은 이웃의 소유물에 입찰

하라는 초대를 받았다.

나는 다음 장면을 지금 바로 일어나고 있는 것처럼 생생하게 떠올릴 수 있다. 콤소몰 일원인 한 소녀가 마을 소비에트 앞에 서서 '경매'를 진행하고 있다. 소녀는 '쿨라크'에게서 몰수한 물품 더미에서 형편없는 옷 하나를 집어 들고 허공에 흔들며 이렇게 말한다. "누가 사시겠어요?"[48]

대놓고 도난당한 재산도 많았다. 하르키우 인근의 한 마을에서는 열두 개 농장이 '탈쿨라크화'되었다. 이는 붉은 깃발을 든 400명의 농민 폭도가 정해둔 농장을 향해 행진했다는 뜻이다. 마을에 도착한 그들은 오두막을 부수고 원하는 것을 앗아갔다. 폭도 지도자 중 한 명은 쿨라크의 머리에서 모자를, 몸에서 코트를 빼앗은 다음 자신이 꿰어 걸치고 걸어갔다.[49] 다른 마을에서는 집단 농장 사람들과 농장의 책임자가 몰수한 재산을 나눠 가지기도 했다.[50] 이러한 형태의 절도를 '전시 공산주의'라고 부르며 과거를 회상하는 사람도 있었다.[51]

때로는 몰수가 신속하고 폭력적으로 진행되기도 했다. 체르니히우주에서는 지역 단체들이 한겨울에 한 농민 가족을 집에서 내쫓았다. 길에서 온 가족의 옷을 벗겼고, 난방도 되지 않는 건물로 끌고 가서 그곳을 새집으로 정해줬다.[52] 베레즈네후바테현에서는 열두 살 소녀가 셔츠 한 벌만 빼고 모든 재산을 몰수당했다. 옷이 벗겨진 채 어머니와 함께 거리로 내쫓긴 아기도 있었다. 한 활동가 단체는 10대 소녀의 속옷을 빼앗은 다음 알몸으로 길거리에 방치하기도 했다.[53]

탈쿨라크화가 수개월에 걸쳐 진행될 때도 있었다. 한 농민이 지역 집단 농장 가입을 거부하자, 당국은 대가를 치르게 했다. "그들은 우리에게 점점 더 많은 세금을 부과했습니다. 소를 빼앗아가더니 버터, 치즈, 우유에 세금 할당량을 부과했죠. 있지도 않은 물건인데 말입니다!" 농부의 가족이 더 이상 내줄 것이 없어지자, 단체 지도자들이 남은 물건을 압수하러 왔다.

그들은 우리가 씨앗을 보관하던 곡물 창고를 부수고 들어갔습니다. 말이 끄는 수레를 몰고 와서 물건을 실었습니다. 모든 것을 가져갔죠. 종자를 빼앗은 후에는 옷을 가져갔습니다. 몰수는 단계적으로 진행됐어요. (…) 양가죽 코트, 망토 같은 겨울옷을 빼앗더니 그 밖의 옷가지도 모조리 빼앗더군요. 그다음에는 우리가 입고 있던 옷까지 벗기기 시작했죠.

마지막으로, 겨울이 찾아오자 지역 적극 분자들은 농부의 가족을 집에서 쫓아내고, 아버지를 추방하고, 아이들을 친척 집에 보내 가족을 뿔뿔이 헤어지게 만들었다.[54]

과중한 소급 과세를 매겨 수탈하는 경우도 있었다. 한 농민은 가축을 집단 농장에 기부했다. 그는 1년 동안 그곳에서 일했지만, 자신의 소를 되찾고 싶어졌다. 아이들이 굶주렸고 우유가 필요했기 때문이다. 소를 가져가도 좋다는 허락을 받았지만, 이튿날 '개인' 농민에게 부과되는 엄청난 세금을 내라는 요구를 받았다. 세금을 내기 위해 농부는 소 한 마리, 염소 두 마리와 몇 벌의 옷을 팔아야 했다. 하지만 세금은 계속 늘어났고, 농민의 가족은 집을 팔고 헛간으로 이사해 건초 위에서 잠을 자야 했다. 참다못한 그들은 결국 도망쳐 레닌그라드의 거리 속에 몸을 감추었다.[55]

집단화가 진행되는 한편 선동과 선전도 수반되었다. 집단화가 원활하지 않은 곳에는 붉은 군대가 간헐적으로 모습을 드러냈다. 군인들이 거리를 행진하고, 훈련을 실시하고, 공중에 총을 쏘기도 했다. 기병대는 전속력으로 거리를 질주했다. 도시에서 파견된 선동 및 선전 팀이 등장하기도 했는데, "인근 도시에서 온 수백 명이 질서 정연하게 대열을 지어 [행진]했다. (…) 그들은 평범한 산업 노동자, 학생, 사무원이었다". 그들은 도시가 집단화를 지지한다는 사실을 보여주기 위해 왔고, 선전 영화와 즉흥극 및 '끊임없는 소음'을 선사했다.[56] 표면적으로는 국가와 도시 간의 연대를 보여주기 위한 일이었지만,

그들의 존재는 집단화 반대가 무의미할 뿐이라는 사실을 강조했다. 농민들은 도시 노동자계급이 집단화를 지지하고 있으며 반대자에게는 어떤 동맹자도 없다는 사실을 받아들여야 했다.

할당량을 채워야 한다는 부담과 선전 기계가 주는 압박과 공포에 시달린 집단화 단체들은 노골적인 협박과 고문을 동원하기도 했다. 회고록과 기록물 모두에서 위협과 괴롭힘, 물리적 폭력을 동반한 다양한 '설득' 사례를 확인할 수 있다. 러시아의 어느 마을에서는 단체가 쿨라크 여성 두 명을 성폭행했고, 노인 한 명에게 춤추고 노래하라고 강요한 뒤 구타했다. 다른 러시아 마을에서는 한 노인이 강제로 옷과 신발을 벗은 다음 방 안을 돌아다니다 쓰러지기도 했다. OGPU 보고서에서는 다른 형태의 고문도 언급되어 있다. "노보올렉산드립카 마을의 콤소몰 감옥에서, 에로힌 서기가 한 중농에게 목에 걸린 올가미 끝을 당기라고 강요함. 농민이 숨을 어떻게든 쉬려고 헐떡이자 서기는 그를 이렇게 조롱함. '여기 물이 있네, 마셔보시지.'"[57]

폴타바주의 또 다른 쿨라크의 딸은 아버지가 냉장 창고에 갇힌 채 음식과 물을 먹지 못했던 모습을 회상했다. 그의 아버지는 사흘 동안 벽 틈새로 들어오는 눈덩이밖에 먹지 못했다. 사흘째 되는 날, 아버지는 집단 농장에 가입하는 데 동의했다.[58] 수미에서는 지역 단체 지도자들이 한 마을 주민의 오두막에 본부를 설치했다. 지도자 몇 명이 거실에 앉았고, 탁자 위에 총을 올려놓았다. 완강한 농민들은 한 명씩 방으로 끌고와 집단 농장에 가입하라고 윽박질렀다. 거부하는 이들에게는 리볼버를 보여주었고, 그래도 동의하지 않는 농민의 등에는 분필로 '국가 곡물의 악의적인 비축자'라고 쓴 다음 다른 마을의 격리실로 보내버렸다.[59]

우발적인 잔혹 행위도 많았다. 한 마을에서는 집단화 단체들이 얼마 전에 고아가 된 두 자매의 집을 불태웠다. 언니는 집단 농장으로 끌려가 일해야 했고, 병세가 심한 동생을 돌보겠다는 것조차 허락받지 못했다. 누구도 두 소녀를 동정하지 않았다. 대신 이웃들은 불에 탄 집의 잔해를 뒤져 땔감을 구하고 남은 소지품을 챙겼다.[60]

하지만 공포와 증오를 유발하는 극단적인 상황이 때로는 용기와 친절, 동정심을 불러일으키기도 했다. OGPU조차도 이러한 현상을 목격했다. 한 OGPU 장교는 "대중을 대상으로 하는 설명 작업이 부족하다 보니, 일부 빈농과 중농이 쿨라크를 동정하거나 특별히 적대시하지 않곤 한다. 그들에게 연민을 보이고 숙소를 제공하며, 신체적이거나 물질적인 도움을 주는 이들도 있다"라고 우려했다. 한발 더 나아간 사람들도 있었다. "한 마을에서는 쿨라크 농장이 몰수되는 동안 빈농 50명이 몰수 자체에 항의하지는 않았으나, 쿨라크와 함께 울면서 가재도구를 옮겼고 그들이 숙소 얻는 일을 거들었다."[61]

장교가 볼 때 '쿨라크와 함께 울고' 그들을 자신의 집으로 초대한 농민의 사례는 '대중 대상 설명 작업', 즉 악의적인 선전이 실패했다는 증거였다. 하지만 이러한 농민은 폭력이 난무하고 신경증적인 분위기 속에서도 인간성을 잃지 않는 사람들이 있음을 보여주는 증거이기도 했다.

적으로 지목되어 재산을 빼앗긴 쿨라크들은 다양한 운명을 맞이했다. 마을에서 계속 살아도 된다고 허락받은 이들도 있었지만, 그들은 가장 열악하고 접근하기 어려운 땅에 살아야 했다. 집단 농장 가입을 계속 거부한다면 가축은 물론 농기구까지 몰수되는 경우도 부지기수였다. 이들은 '오드노오시브니크odnoosibnyk', 즉 '외톨이'라고 불렸는데, 이러한 명칭은 나중에 일종의 멸칭으로 자리 잡았다.[62] 훗날 기근이 닥쳤을 때 가장 먼저 죽은 사람은 대부분 이들이었다.

친구나 이웃으로부터 멀리 떨어뜨리기 위해, 일부 쿨라크에게는 다른 지역의 토지를, 또는 같은 지역이지만 원래 농장에서 멀리 떨어진 척박한 토지를 배정했다. 헨리흐 피드비소츠키의 가족은 우랄 지역으로 이주해야 했다. "우리는 그곳에서 여름을 보냈고, 걸어서 돌아왔더니 가을이 몽땅 지나 있었습니다."[63] 1930년 말 우크라이나 정부는 쿨라크의 재산을 몰수하고 그들을 공화국 내에서 '가장 멀고 불편한' 땅으로 보내라고 명령했다.[64]

이러한 악운을 피하려 많은 사람이 도망쳤다. 재산 처분을 도와주거나, 심지어 재산 일부를 몰래 돌려주어 쿨라크가 수월하게 도망칠 수 있도록 돕는 이웃이나 지역 관료도 있었다.[65] 도시로 도망칠 수 있는 사람들은 그렇게 했으며, 1928년부터 1932년 사이에 약 천만 명의 농민들이 소련의 산업 노동자로 유입되었다. 다는 아니더라도 많은 이가 집단화와 탈쿨라크화 때문에 강제로 그렇게 되었고, 또는 그렇게 해야 한다는 설득을 당해내지 못했다.[66] 한두 해 전만 해도 일부 도시에서는 실업이 문제였기에, 1930년 5개년 계획 목표를 달성하기 위해 안간힘을 쓰던 공장은 노동자가 절실했다. 따라서 그들에게 노동자들의 사회적 출신은 그다지 중요치 않았다.

우크라이나 촌락에서 도망친 쿨라크들에게 가장 분명한 목적지는 공화국 남동쪽 구석에 있는 탄광과 산업의 중심지, 돈바스였다. 돈바스는 빠르게 확장되고 있었고, 오래전부터 카자크와 모험가의 땅인 '와일드 이스트wild east'로 유명한 곳이었다. 차르 시대의 러시아 돈바스에는 도망친 농노, 종교적 이단자, 범죄자와 암시장 상인이 몰려들었다.[67] 1930년이 되자 이곳은 '쿨라크' 출신을 숨기고 싶은 사람들이 선택하는 확실한 목적지가 되었다. 훗날 올렉산드르 혼차렌코는 돈바스에 '숨어' 체포를 피했던 일을 회상하며 이렇게 적었다. "모두가 알듯, 그들은 돈바스에서는 쿨라크를 사냥하지 않았다." 혼차렌코는 이것이 고의적이라고 생각했다. 소련 당국은 우수한 노동자는 공장으로 가고 '쓸모없는 인간'은 집단 농장에 남기를 원했다.[68] 나중에 농민에게 거주 허가증을 요구하는 법이 생긴 후에도, 돈바스에서는 여전히 규칙을 어길 수 있었다. 광산과 중공업 공장에서의 노동은 힘들고 위험했으며, 당국은 직원들의 과거를 눈감아주곤 했다.[69]

한편 여전히 쿨라크의 행적을 추적하는 관료도 있었다. 미콜라이우주에서 당국은 쿨라크 가족 172명이 도망친 뒤 돈바스의 산업 지구에 도착해, "노동자계급 아파트에 거주하며 노동자들을 상대로 반소련 선동을 벌이고 있다"라고 기록했다. 수미주에서도 쿨라크 수백 명이 의심스러운 인물로 여겨졌는데, 이들은 파종을 '거부'한 채 땅을 버리고 떠났으며 때로는 떠나기 전에 농기계를 파괴했다는 혐의를 받았다.[70]

그러나 압도적인 수의 쿨라크는 고향을 떠나 훨씬 더 멀리 떨어진 곳으로 가야 했다. 1930년부터 1933년 사이에 200만 명 이상의 농민이 시베리아, 러시아 북부, 중앙아시아 및 기타 소련 내 인구 희박 지역으로 추방되었고, 지정된 마을을 벗어나지 못하는 '특별 망명자'로 살아야 했다.[71] 이러한 대규모 인구 이동은 집단화 및 기근과는 또 다른 이야기지만, 그렇다고 비극적이지 않은 일은 아니었다. 이것은 1930년대와 1940년대에 진행된 소련의 여러 대규모 강제 이주 중 첫 번째 사건이었고, 동시에 가장 혼란스러운 사건이었다. 가족 전체가 화물 열차에 실려 수백 마일을 이동했고, 많은 이가 음식이나 거처도 없이 들판에 방치되었다. 이들을 맞이할 사람이 전혀 없었기 때문이다. 중앙아시아 마을에 내려진 사람도 있었는데, 카자흐인은 이들을 수상하게 여겼고 도움을 주기도 했지만 그렇지 않기도 했다. 많은 가족은 이동 중에 죽거나, 외부세계와 단절된 정착지에서 첫 번째 겨울을 맞으며 사망하고 말았다.

거의 모든 곳에서 시설은 원시적이었으며 지역 행정은 주먹구구에다 냉담했다. 나중에 아르한겔스크 지역의 노동 수용소로 사용되는 곳에 도착한 한 수형자는 이렇게 회상했다. "막사도 마을도 없었습니다. 한쪽에 경비병과 장비를 위한 천막이 있을 뿐이었죠. 사람은 많지 않았는데, 1500명 정도였을 겁니다. 대다수는 쿨라크 출신 중년 농민이었습니다. 범죄자도 있었고요."[72] 1930년 2월, 정치국은 시베리아가 수형자들의 아내와 아이는 고사하고 수많은 수형자 당사자조차 수용할 준비가 되지 않았다는 점을 긴급히 논의했다. OGPU는 망명자를 6만 명 이하로 제한하고 가족 단위로 나누기로 했다. 우크라이나, 벨라루스, 그리고 쿨라크가 많은 다른 지역은 이 기준에 맞게 추방 인원을 조정하라는 요청을 받았다.[73]

추방된 수많은 쿨라크는 나중에 굴라크라고 불리는 소련 강제 노동 체제의 확장을 매우 빠르게 촉진했다. 1930년부터 1933년 사이에 최소 10만 명의 쿨라크가 굴라크에 곧장 수용되었고, 굴라크라는 체제는 쿨라크 전부까지는 아니라도 이들을 다수 수용하려는 목적으로 빠르게 확립됐다.[74] 이 시기에 솔로베츠키섬에 있던 비교적 작은 여러 '정치' 수용소가 극북 및 극동으로 확장되었다. OGPU의 지도하에 굴라크는 백해 운하, 보르쿠타 탄광, 콜리마 금광 같은 일련의 야심 찬 산업 프로젝트에 투입됐는데, 이 모든 사업은 갑자기 공급된 풍부한 강제 노동력 덕분에 가능한 일이었다.[75] 반대로 일부 지역에서는 야심 찬 지역 지도자가 산업 프로젝트를 확장하기 위해 강제 노동 공급을 늘리려고도 했다. 우랄 지역 관료들은 5개년 계획이 요구하는 불가능한 기준을 충족하려면 지역 탄광과 야금 공장에서

일할 쿨라크의 수를 늘려야 했을 것이다.[76]

결과적으로 쿨라크는 다른 굴라크 수형자 및 소련 추방자처럼 다양한 운명을 맞이했다. 굶어 죽는 사람도 있었고, 1937년 대숙청 기간에 '적'으로 몰려 살해당한 사람도 있었다. 일부 쿨라크는 자신이 추방된 곳인 도시나 산업 현장에 남아 소련 노동계급 문화에 자연스럽게 동화되기도 했다. 붉은 군대에 입대해 나치와 싸우는 쿨라크도 있었다. 1980년대에 한 우크라이나 농부는 구술 역사학자에게 시베리아로 추방된 것은 행운이라고 말했다. 식량 부족이 시작되었을 때 가족을 시베리아로 데려갈 수 있었기 때문이다.[77]

대부분의 쿨라크는 자신의 마을로 돌아가지 못했다. 그들은 시베리아나 돈바스에 머물면서 농사를 그만두고 노동자계급에 동화되었다. 마침내 스탈린주의 정책은 소련의 시골에서 가장 부유하고, 가장 유능하며, 가장 저항적인 농민을 제거하는 데 성공했다.

탈쿨라크화는 시골에서 혁명을 강제하기 위해 사용한 많은 도구 중에서도 가장 극적인 도구였다. 하지만 탈쿨라크화에는 쿨라크가 대표하고 있으나 집단 농장으로 대체되어야 한다던 그 '체제', 즉 마을의 경제 구조에 대해서도 같은 수준의 강력한 이념적 공격이 동반되었다. 또한 마을 교회와 사제, 다양한 종교적 상징으로 표현되는 사회적이고 도덕적인 질서도 공격 대상이었다. 소련의 종교 탄압은 1917년에 시작되어 1991년까지 지속되었고, 우크라이나에서는 집단화 과정 중 그 잔인함이 극에 달했다. 1930년 1월 정치국의 집단화 법령에 교회 폐쇄와 사제 체포 명령이 포함된 것은 우연이 아니었다. 소련 지도자들은 시골의 계급과 경제 구조를 혁명하려면 이들의 습관, 관습, 도덕까지 혁명해야 한다는 것을 알았다.

종교 공격은 처음부터 집단화의 일부였다. 우크라이나 전역에서 집단화를 조직한 단체들은 농민들에게 교회 종을 부수고, 종을 녹여 금속으로 만들고, 교회 재산을 불태우고, 성상을 파괴하라고 명령했다.[78] 사제들은 조롱당하고 성지는 더럽혀졌다. 올렉산드르 혼차렌코는 "사제의 제의를 입고 샹들리에를 잡은 채 교회에서 광대놀이를 하며 성화 벽을 밟고 다녔던" 한 선동가를 묘사했다.[79] 우크라이나의 오데사, 체르카시, 지토미르를 비롯한 여러 지역의 많은 목격자는 이후 몇 년 동안 이러한 모독을, 그중에서도 교회 종을 망가뜨린 일을 생생하게 기억했다.[80] 한 성직자의 폴타바주 출신 아내는 마을 종탑 공격을 이렇게 묘사했다. "한 남자가 종을 치우러 올라갔어요. 종이 땅에 떨어졌고 그 남자는 도망갔죠. 마을 사람 모두가 울음을 터뜨렸습니다. 모두가 울면서 교회 종에 작별 인사를 했어요. 그게 마지막 종소리였으니까요……."

그다음에는 아크티프들이 몰려와 교회 성상을 파괴했다. 결국 그녀의 남편은 다른 많은 사제와 함께 체포되었다. "그들이 남편을 데려갔고 우리는 남겨졌어요. 제 아들은 아버지 없이 자라야 했죠."[81] 교구에서 강제로 쫓겨난 사제도 있었다. 많은 사제는 쿨라크와 함께

추방되거나 강제로 직업을 바꿔야 했고, 사제들은 사제복을 벗고 육체노동자나 공장 노동자가 되었다.[82]

국가는 종교의 물리적 상징을 파괴하고 사제들을 탄압하는 동시에, 격렬한 반종교 선전을 펼치고 종교의식 및 일반 농민의 생활의식까지 공격했다. 시골과 도시의 학교에서 아이들은 신을 믿지 말라고 교육받았다. 국가는 크리스마스, 부활절, 만성절 같은 전통 명절과 일요일 예배를 금지하고, 이를 노동절과 혁명 기념일 같은 볼셰비키 기념일로 대체했다. 무신론 강연과 반종교 집회가 조직되었으며, 세례, 결혼식, 장례식 같은 전통적인 농민생활의 순환이 무너졌다. 당국은 결혼 대신 '동거'를 장려했는데, 동거하는 사람은 교회가 아닌 등기소를 방문했고, 전통적인 잔치나 축하 행사는 사라졌다.[83]•

10년도 지나지 않아 음악 전통도 사라졌다. 전통사회에서 젊은이들은 누군가의 집에 모였고, 어린 미혼 여성들은 길쌈이나 자수를 도왔으며, 소년들은 노래를 부르고 연주했다. '동틀 때까지'라는 뜻인 이 도스빗키dosvitky 축제 관습은 일요일 무도회나 다른 비공식 음악 모임처럼 차츰 중단되었다. 대신 젊은이들은 콤소몰에 모여야 했고, 공식 음악회가 자발적인 마을 작곡 모임을 대체했다.[84]

• 이것은 우크라이나에 한정된 탄압이 아니었으며, 소련 전역에서 1920년대 중반까지 추진된 정책의 일환이었다. 엥겔스의 이론 이래 가족 제도가 사회주의로 나아가는 흐름의 걸림돌이 된다고 여겼던 볼셰비키는 결혼 제도의 법적, 문화적 힘을 약화시키고 궁극적으로 가정을 없애려고 했다. 그러나 그 반발과 부작용이 묵과할 수 없게 커지면서 1926년 이후 전통적 가족 제도를 인정하는 쪽으로 전환했다.

같은 시기에 우크라이나 시골생활의 필수 요소였던, 전통 방랑 음유 시인을 계승한 사람들이 반두라를 연주하는 코브자르 모임도 갑작스럽게 사라졌다. 오랫동안 많은 사람은 그들이 한꺼번에 체포되었다고 믿었다. 드미트리 쇼스타코비치도 회고록에서 그 가능성을 언급하기는 했지만, 이를 입증하는 문서는 딱히 없다. 하지만 상상할 수 없는 일은 아니었다. 고의로 살해하지는 않았더라도, 코브자르(음유시인)는 1932년에 통과된 여권법을 위반했을 것이고, 이후 기근이 닥치자 배급권을 쉽게 구할 수 없던 많은 코브자르가 굶어 죽었을 것이다. 또한 그들은 경찰의 눈에 들 수밖에 없었다. 그들이 부르는 전통 노래 중 상당수가 카자크 전설을 재구성한 노래였고 반러시아적 의미를 지녔기에, 반소련을 지향한다는 의심을 받았다. 1930년 하르키우의 한 민감한 시민은 지역 신문에 분개에 가득 찬 편지를 보냈는데, 편지에는 바자회에서 한 음유 시인이 반레닌적인(그리고 반유대주의적인) 구절을 낭송하고 반소련 노래를 불렀다는 주장이 담겨 있었다.

겨울이 서리에게 묻네
집단 농장에 장화가 있느냐고
장화는 없다네, 샌들뿐이라네
집단 농장은 무너지리[85]

(우크라이나어로 부를 때 운율이 맞는) 이 노래는 인기 있는 노래였음이 분명하다. 두 명의 민족학자가 크레멘추크의 시장에서 한 맹인 코브자르가 부르는 이 노래를 녹음했다. 경찰이 체포하러 오자 그 코브자르는 다른 구절을 불렀다.

보시오, 선량한 분들이여
어떤 세상이 왔는지 보시오
경찰이 앞 못 보는 사람의
안내자가 되고 있지 않소[86]

관료들이 코브자르와 반두라를 싫어하는 것은 놀라운 일이 아니었다. 그들은 셰익스피어 시대의 궁정 광대처럼 정치적으로 부적절한 생각과 견해를 끊임없이 표현했으며, 말해선 안 되는 내용을 노래하기도 했다. 모두가 적을 찾아나섰던 집단화의 격앙된 분위기 속에서 이러한 형태의 유머는 우크라이나에서 민속 음악이 자극하는 향수와 감정만큼이나 용납할 수 없는 일이었다. 키이우의 한 붉은 군대 대령도 동료에게 불만을 터뜨렸다.

피아노 연주회나 바이올린 연주회, 교향악단이나 합창단의 음악을 청중이 항상 경청하는 이유가 무엇이겠나? 여성 반두라 합창단의 노래를 듣는 청중이 두미dumy(서사시적 발라드)를 따라 부르면 붉은 군대의 병사들이 눈물을 흘리는 이유는 무엇이겠나? 이러한 반두라들에 페틀류라주의자의 영혼이 있다는 말일세.[87]

민속 음악은 우크라이나에 대한 정서적 애착과 시골생활의 추억을 떠올리게 했고, 소련 정권은 이 두 가지 요소를 모두 파괴하려 했다.

교회와 마을 의례를 모두 공격하는 행위에는 이념적 정당성이 있었다. 볼셰비키는 교회를 구체제의 필수 요소로 치부하는 열성적인 무신론자였다. 그리고 다른 유의 세상이 존재했다는 기억조차 말살하려는 혁명가이기도 했다. 수십 년 또는 수 세기 동안 마을 사람들이 모였던 교회는 여전히 현재와 과거를 연결하는 강력한 상징이었다. 볼셰비키는 1918년부터 1930년까지 소련 전역을 가로지르며 러시아와 우크라이나 도시에서 만 곳이 넘는 교회를 폐쇄한 뒤 창고, 영화관, 박물관, 차고로 개조했다.[88] 1930년대 초반이 되자 예배 장소로 기능하는 도시 교회는 거의 다 사라졌다. 어느 시골에 교회가 계속 존재한다는 사실은 도시인과 그중에서도 집단화 수행을 위해 도착한 도시 선동가가 농민들을 의심하게 만드는 대표적인 요인이었다.

교회는 다른 사회 기관이 거의 없는 가난한 마을에서 사회적 기능을 수행해왔다. 교회는 국가의 통제를 받지 않는 대면 모임 장소를 제공하기도 했고, 때로는 국가에 반하는 행위를 할 때 구심점이 되기도 했다. 모스크바 인근 랴잔주에서 일련의 폭력적인 농민 폭동이 일어났을 때, 교회 종소리는 수도에서 단장과 군인들이 도착했음을 경고하는 역할을 했다.[89] 무엇보다도 교회는 사람들이 자선활동과 사회활동을 위해 조직을 만들 수 있는 제도적 보호막 역할을 했다. 1921년 기근 당시에도 우크라이나의 사제와 교회 기관은 굶주림에 시달리는 이들을 위한 구호활동을 조직하는 데 도움을 주었다.

시골에서 교회가 사라지자 자원봉사자에게 동기를 부여하거나 봉사 단체를 조직할 만한 독립 기관이 없어졌다.[90] 시골의 문화 및 교육에서 교회가 차지하던 자리는 공산당의 통제 아래 '문화의 집', 등기소, 소비에트 학교 같은 국영 기관이 차지했다. 교회는 집단화에 대한 반대를 원천 차단하기 위해 제거되었지만, 현실에서 교회의 부재는 사람들이 굶주림으로 죽기 시작했을 때 도움이나 위안을 주는 곳이 사라졌다는 의미였다.

공동 농장에 자발적으로 가입했든 강제로 가입했든, 집단화 운동에 동참했든 반대했든, 집단화는 소련 시골의 모든 주민에게 돌이킬 수 없는 전환점이었다. 폭력 행위에 가담했던 마을 사람들은 예전으로 돌아갈 수 없다는 사실을 깨달았다. 오랜 우정과 사회적 관계가 용서할 수 없는 행위 때문에 완전히 파괴되었다. 마을과 일, 삶에 대한 태도도 완전히 바뀌었다. 페트로 흐리호렌코는 1930년에 시골을 여행하던 중 자신이 알고 지냈던 근면한 이웃들이 자기 자신의 농작물을 수확할 의욕조차 잃었다는 사실을 발견하고 충격을 받았다.

2000채 이상의 농가로 이루어진 매우 큰 스텝 촌락인 아르한겔카는 수확철이 한창일 때마저 죽은 듯이 조용했다. 남자 여덟 명이 하루 1교대로 탈곡기 한 대를 돌렸다. 남성과 여성, 소년 등 나머지 일꾼들은 주변에 퍼질러 앉아 있거나 그늘에 널브러져 있었다. 내가 말을 걸자 사람들은 느리고 완전히 무관심한 태도로 대답했다. 밀알에서 곡식이 떨어져 썩어가고 있다고 말해도 "물론 썩겠죠"라고 대답했다. 곡식을 들판에 내버려두는 극단적인 행동을 할 정도로 뭔가 무섭도록 강렬한 감정에 사로잡혀 있음이 분명했다.[91]

가족관계도 달라졌다. 재산을 빼앗긴 아버지는 더 이상 아들에게 땅을 물려줄 수 없었고 권위를 잃어버렸다. 집단화 이전에는 부모가 자녀를 버리는 일이 매우 드물었지만, 집단화 이후에는 어머니와 아버지가 도시로 일자리를 찾아 떠나고 집에는 가끔 돌아오거나 아예 돌아오지 않는 일이 흔해졌다.[92] 소련의 다른 지역에서처럼 아이들은 부모를 고발하라고 교육받았고, 학교에서는 집에서 무슨 일이 있었는지 캐물었다.[93] 마을 자치 전통도 갑작스레 끝나고 말았다. 집단화 이전에는 지역 남성들이 스스로 지도자를 선출했지만, 집단화 이후에는 촌극에 가까운 '선거'가 열렸다. 후보자는 이웃에게 위대한 소비에트 프로젝트에 동참하라고 독려하는 연설을 했지만, 모두 결과가 이미 정해져 있으며 어디에나 존재하는 경찰이 다른 결과는 용납하지 않으리란 사실을 알고 있었다.[94]

어쩌면 가장 불길한 것은 집단화 때문에 농민이 경제적으로 국가에 의존하게 되었다는 것이다. 일단 집단 농장이 설립되면 집단 농장에 사는 사람들은 별도의 월급을 받을 수 없었다. 집단 농장 소속 농부는 돈을 받지 못했고, 배급 시스템에 따라 트루도드니로 보수를 받았다. 농장주는 노동의 질과 양을 기준으로 식량과 기타 물품을 분배했다. 이론적으로 이 시스템은 노동을 장려하는 시스템이어야 했다. 하지만 현실에서 이 시스템은 이제 농민은 현금도, 식량을 구입할 방법도, 다른 곳으로 이주할 방법도 없음을 의미했다. 무단으로 이탈하거나 노동을 거부하는 사람은 배급을 박탈당할지도 몰랐다. 1932년에서 1933년 가을과 겨울에 그랬던 것처럼, 집안의 소와 텃밭을 빼앗긴 농민에게는 아무것도 남지 않았다.[95]

집단화 자체가 반드시 1932년에서 1933년에 발생했던 것과 같은 대규모 기근을 일으킨다고 할 수는 없다. 그러나 농민을 집단화하는 데 동원한 방법은 시골사회의 윤리적 구조와 경제 질서를 파괴했다. 재산에 대한 존중, 인간의 존엄성, 인간 생명의 소중함 같은 오래된 가치는 사라졌다. 볼셰비키는 그 빈 자리에 치명적인 결과를 가져올 이데올로기의 기반을 주입했다.

13_ 쿨라크 자산이 경매에 부쳐졌다.
14_ 집 밖으로 쫓겨난 쿨라크 가족.

15_ 하르키우에서 찍은 사진. 성상들을 몰수하고 있다.
16_ 지토미르에서 찍은 사진. 파괴된 교회 종은 나중에 녹여서 썼다.

17_ 가난한 농민들이 불타버린 집 잔해 앞에 서 있다.

6장

반란, 1930년

동지들이여!
여러분의 재산과 인민의 재산을 지키기 위해 요청합니다.
제 처음이자 마지막 요청에 대비하십시오.
강과 바다가 마르고, 물이 높은 쿠르간으로 거슬러 흐르고,
개울에는 피가 흐르고, 높은 회오리바람이 일어나
땅이 솟아날 것입니다. (…)
서로를 보호하고, 집단 농장에 가입하지 말고,
소문을 믿지 말 것을 요청합니다. (…)
동지들이여, 과거를 기억하십시오.
그때는 모두가 자유로웠고
가난한 사람도 부자도 모두 잘살았습니다.
하지만 지금은 모두가 가난해졌습니다.
―익명의 선언문, 1930[1]

당 노선 위반을 즉각 조치하지 않았다면,
광범위한 농민 반란이 일어나고,
하급 관료 상당수가 농민들에게 학살당했을 것.
―중앙 위원회 비밀 비망록, 1930[2]

1929년 겨울부터 1930년 초까지 불과 몇 달 동안, 소련 정부는 최초의 볼셰비키 혁명보다 훨씬 심원하고 충격적인 두 번째 혁명을 시골에서 진행했다. 소련 전역에서 지역 지도자, 성공한 농부, 사제, 마을 원로 들이 축출되거나, 토지를 몰수당하거나, 체포되거나, 추방당했다. 마을 주민 전체가 집단 농장에 가입하기 위해 땅과 가축, 때로는 집까지 포기해야 했다. 교회가 무너지고, 성상이 파괴되고, 교회 종이 산산이 조각났다.

그 결과 신속하고 대대적이며 때로는 혼란스럽고 종종 폭력적인 저항이 일어났다. 그러나 엄밀히 말하면, 저항이 집단화 때문에 일어난 것은 아니었다. 실제로는 1928년의 곡물 징발부터 1930년의 추방, 1931년과 1932년 내내 계속된 기아와 억압에 이르는, 탈쿨라크화와 집단화의 모든 단계에서 다양한 형태의 저항이 일어났기 때문이다. 저항은 기아와 억압으로 인해 더 이상 불가능할 때까지 계속되었다. 집단화는 처음부터 저항의 양상을 보고 그 방향성을 결정했다. 농민들이 협조를 거부했기에 외부에서 온 이상주의적인 젊은 선동가와 그들의 동맹은 더 분노했고, 더 극단적인 방법을 동원했으며, 더 가혹하게 폭력을 휘둘렀다. 특히 우크라이나에서 일어난 저항은 최고 수준의 경고였다. 1918년에서 1919년의 농민 반란을 기억하는 사람에게 1930년의 반란은 익숙하고도 위험한 일처럼 느껴졌다.

반란은 다양한 단계에서 여러 형태로 나타났다. 초기에는 집단 농장 가입을 거부한 것 자체가 저항의 하나였다. 많은 우크라이나 농민은 불과 10년 전만 해도 싸움의 대상이었던 소련 국가를 신뢰하지 않았다. 우크라이나의 일부 지역은 1929년의 기근과 식량 부족에서 겨우 회복하는 중이었고, 토지 공동 소유라는 전통이 없었기 때문에 농민들에게는 외부인이 상황을 개선하기는커녕 악화시킨다고 믿을 만한 충분한 이유가 있었다. 또한 소련 전역의 농민들은 소, 말, 농기구에 애착을 느꼈으므로 불확실한 존재에게 소유권을 넘겨주고 싶지 않아했다. 하물며 농지를 공동으로 소유하는 전통이 있던 러시아에서도 농민들은 불확실한 미래와 낯선 조직 구조를 가진 집단 농장에 의구심을 가졌다. 소련 국가는 이전에도 급격한 정책 변화를 제안했지만 빠르게 철회하곤 했다. 어떤 이들은 내전 시기의 혼란이 보다 '합리적인' 신경제정책에 자리를 내준 것을 떠올리며 집단화 역시 소련의 또 다른 짧은 유행에 불과할 뿐 곧 사라질 것이라고 생각했다.

또한 농민들은 집단화에 동참하더라도 더 나쁜 상황이 닥칠 수 있다는 두려움에 시달렸다. 1930년 모스크바에 보낸 첫 번째 보고서에서 우크라이나 OGPU의 수장인 브세볼로트 발리츠키는 쿨라크는 아니지만 그렇다고 최빈층도 아닌, 많은 중농이 '쿨라크 다음으로는 우리를 탈쿨라크화 대상으로 삼을 것'이라고 떠도는 말에 동요한다고 언급했다.[3]

노골적인 거부는 대부분 즉각적인 조치로 이어졌다. 신뢰하지 않는 집단 농장에 가축을 넘기라는 명령을 받은 농민들은 소, 돼지, 양은 물론 말까지 도살하기 시작했다. 고기를 직접 먹거나, 소금에 절이거나, 팔거나, 숨기는 등, 집단 농장에 가축을 넘기지 않을 수 있다면 무슨 일이든 했다. 갑자기 소련 전역의 모든 농촌 지역에서 도축장들이 밤늦게까지 일하기 시작했다. 미하일 숄로호프는 그의 소설에서 가축 대학살에 관해 유명한 묘사를 남겼다.

> 어둠이 내리자마자 양의 목이 졸리는 듯한 짧은 울음소리, 죽어가는 돼지나 송아지의 비명이 정적을 깨고 들려오곤 했다. 집단 농장에 가입한 농민은 물론 개인 농민도 가축을 도살했다. 황소, 양, 돼지, 심지어 젖소까지 죽였다. 번식용으로 키우던 동물도 도살 대상이었다. (…) 개들이 마을 곳곳에서 고기와 창자를 물고 질질 끌고 다니기 시작했고, 지하 저장고와 곡물 창고에는 고기가 가득했다. (…) '죽여, 이제 우리 가축이 아니니까!' '죽여, 안 그러면 고기 징수세로 빼앗길 거야!' '죽여, 집단 농장에선 고기를 먹을 수 없을 테니까!'[4]

이렇게 가장 본능적이고 즉각적인 형태의 저항은 해를 넘겨서도 계속되었다. 1928년부터 1933년 사이에 소련에 존재하는 소와 말의 수는 거의 절반으로 줄어들었다. 돼지는 2600만 마리에서 1200만 마리로, 양과 염소는 1억 4600만 마리에서 5000만 마리로 감소했다.[5]

가축을 도살하지 않은 농민은 자신의 가축을 필사적으로 보호했다. 한 마을에서 OGPU는 말 한 마리를 끌고 가려던 콤소몰 단원을 구타하려드는 군중을 목격했다. 다른 마을에서는 여성 스무 명이 말을 되찾으려 몽둥이를 들고 집단 농장을 습격했다. 또 다른 마을에서는 말이 가득한 헛간을 농민들이 불태워버렸는데, 말이 몰수되느니 차라리 죽이는 게 낫겠다고 생각했기 때문이다.[6] 농민들은 당국에 재산을 넘기느니 차라리 "모든 것을 파괴하는 게 낫다"라고 선언했다.[7]

일부 농민은 가축을 넘겨주는 대신 그냥 길거리에 풀어놓았다. 북캅카스에 있는 마을인 예카타리놉카에서 한 농부는 자신의 밤색 암말이 거리를 마음껏 돌아다니게 했는데, 말의 목에는 '원하는 사람은 누구든 가져가세요'라는 팻말이 걸려 있었다. 이 사건을 다룬 한 보고서는 이 말이 '쿨라크 선동가' 역할을 했다고 분노에 가득 찬 묘사를 남겼다. 암말이 "이미 이틀 동안 마을을 돌아다니며 호기심과 웃음, 공포를 유발했다"는 것이다.[8]

가축 도살과 몰수에 대한 저항은 모두 전적으로 개인적인 일이었다. 농민은 재산과 식량, 그리고 자신의 미래를 송두리째 잃을까봐 두려워했다. 그러나 당국은 도살을 반혁명적 사고에 따른 고의적인 '방해 행위'로 인식했고, 이에 따라 방해 행위자들을 처벌했다. 소를 집단 농장에 넘기는 대신 자기 손으로 죽인 한 남성은 죽은 소의 머리를 목에 묶은 채 마을을 돌아다녀야 했다. 지역 단체 지도자들은 "어떤 일이 일어날 수 있는지, 나중에 모든 사람에게 어떤 일이 닥칠 수 있는지를 마을 전체에 보여주고 싶었다".⁹ 가축을 도살한 농민 대부분은 아직 지정되지 않았다면 '쿨라크'로 자동 분류되어 재산 상실, 체포, 추방 등을 겪어야 했다.

당연한 일이지만, 종자 곡물에 대한 요구 역시 비슷한 반응을 불러일으켰다. 지난 10년간의 곡물 몰수, 식량 부족, 기근에 대한 기억이 여전히 강렬히 남아 있었다. 당시 어린 소녀였던 한 여성은 아버지가 갑자기 집에 들어와 자신을 집 안에 가둔 날을 기억했다. 그녀는 창가에 앉아서 대부분 여성인 수십 사람이 마당을 가로질러 기차역으로 달려가는 모습을 보았다. 얼마 지나지 않아 그녀는 곡식 자루를 끌고 돌아오는 사람들을 목격했다. 나중에 아버지는 그녀에게 주변 마을 사람들이 마을 철도역의 (그녀 가족의 곡물을 보관하던) 곡물 저장고를 습격해 보관 통에서 곡물을 빼냈다고 알려줬다. 현지 보안 요원들은 이들의 저장고 진입을 막지 못했지만, 폴타바에서 출발한 추가 경찰 병력이 도착했다. 그들은 말발굽으로 '도둑' 무리를 짓밟았다. 소수의 사람은 곡물을 가지고 탈출했지만, 대부분은 아무것도 얻지 못했다.[10] 이런 일은 종종 벌어졌다. 우크라이나 16개 지역을 대상으로 하는 한 보고서에서 OGPU는 종자 곡물의 '집단화' 이후 발생한 폭동으로 '우리 측', 즉 경찰과 당국의 인력 35명이 죽었다고 언급했다. 37명은 부상을 입었고 314명은 구타를 당했다. 그 대가로 경찰이 '반혁명분자'로 묘사한 폭도 26명이 사살되었다.[11]

그러나 경찰이 폭도들을 굶주림을 두려워하는 절박하고 가난한 사람이 아니라 정치적 행위자로 보았다면, 폭도들 역시 정부를 적대 세력이나 그보다 더 나쁜 존재로 여겼다. 어떤 이들에게 집단화 정책은 혁명에 대한 궁극적인 배신이며, 볼셰비키가 '제2의 농노제'를 강요하고 19세기 차르처럼 통치하려 한다는 증거였다. 1919년에도 비슷한 두려움이 농민 반란에서 반볼셰비키 정서를 자극했다. 이러한 두려움은 이제 너무 자주 표출되어 OGPU가 정보원에게서 듣는 내용만으로도 물밀 듯할 정도였다. 러시아 중부 체르노젬주에서 OGPU 정보원은 한 농민이 이렇게 말하는 것을 들었다. "공산주의자들이 혁명으로 우리를 속였다. 토지를 빼앗고 무급으로 일하게 하더니 이젠 마지막 남은 소까지 가져간다." 중부 볼가주의 또 다른 농민은 이렇게 말했다. "그들이 '혁명'이라고 했을 때 대체 무슨 말인가 했더니, 이제 알겠다. 그 혁명이란 것이 농민에게서 모든 것을 빼앗아서 벌거벗고 굶주리게 하는 짓이라는 걸 말이다." 우크라이나에서는 한 농민이 "그들은 우릴 집단 농장으로 몰아넣어 영원한 노예로 만들려 한다"라고 외쳤다.[12] 수십 년 후, 소련 공산당의 마지막 총서기이자 쿨라크의 손자인 미하일 고르바초프는 집단 농장을 '농노제'라고 묘사했다. 집단 농장을 '제2의 농노제'로 기억하는 일이 이렇게 오래 지속된 것은 그 처절함이 그만큼 뿌리깊기 때문이리라.[13]

어떤 이들에게는 정권이 순식간에 단순한 세속의 적 이상의 존재가 되었다. 과거에는 종말에 대한 두려움과 기대가 러시아와 우크라이나 시골을 주기적으로 휩쓸었는데, 종교적 숭배와 마술적 관습이 수 세기 동안 존재해왔기 때문이었다. 1917년 혁명은 또 다른 종교적 광기의 확산을 유발했다. 1920년대는 불길한 예언이 가득했고, 마찬가지로 징조와 기적도 흔했다. 보로네시주에는 예기치 않게 꽃을 피운 나무를 보기 위해 순례자들이 몰려들었고, 나무의 '재생'은 다가올 변화의 징조로 인식되었다.[14] 우크라이나에서는 하르키우로 가는 길에 있던 녹슨 성화가 '생명을 얻어' 형태와 색깔을 되찾는 모습을 보기 위해 군중이 모여들기도 했다.[15]

1929년에서 1930년에 자행된, 교회와 사제들에 대한 공격에 충격받은 일부 소련 농민은 소련이 적그리스도이며, 따라서 집단 농장 관리자들이 적그리스도의 대표자라고 다시 한번 확신했다. 사제는 신도들에게 적그리스도가 그들의 식량을 빼앗고 있거나 그들을 죽이려 한다고 말했다.[16] 이러한 믿음 때문에 농민들은 물질적, 정치적 이유뿐만 아니라 영원한 저주가 두렵다는 영적인 이유로도 집단 농장을 거부했다. 국가가 교회를 공격했으니, 단체 기도와 찬송, 교회 예배는 저항의 한 형태로 자리잡았다. 한 현지 관료가 남긴 기록에서 어느 우크라이나 농민은 이렇게 말했다. "집단 농장에 들어가면 일요일에도 강제로 일해야 해요. 이마와 팔에는 적그리스도의 인장이 찍히게 될 겁니다. 적그리스도의 왕국은 이미 시작되었고 집단 농장 가입은 큰 죄입니다. 성경에 다 적혀 있어요."[17] 우크라이나의 소수민족도 그런 정신에 감화되었다. 독일계 민족 마을인 칸델에서는 지역 주교인 안토니우스 제르가 반종교법을 무시한 채 비밀리에 상담을 제

공하고 사제 서품까지 하기 시작했다.[18]

때로는 신앙으로, 때로는 소유물 강탈에 대한 분노로 힘을 얻은 농민들은 갈수록 대담해졌다. '짐이 가벼워졌다네!' '삶이 즐거워졌다네!' 같은 후렴구가 반복되는 소련 선전 노래에 대응하여, 농민은 그들만의 노래를 만들기 시작했다.

이보게, 우리의 수확물은 무한하며 측정할 수 없다네
자라고, 익어가고, 대지에 넘쳐흐른다네
온 들판 위로 끝도 없다네…… 개척자들이 순찰을 돌며
익어가는 밀 이삭을 지키러 나오는 동안[19]

저항의 노래와 시가 마을에서 마을로 전해졌다. 드네프로페트롭스크주의 한 주민의 기억에 따르면, 이러한 노래와 시가 인쇄되어 작은 책자로 제본되기도 했다.[20] 낙서도 저항 문화의 일부가 되었다. 한 우크라이나 농민은 자기 집 벽에 '스탈린은 물러가라' '공산주의자는 물러가라' 같은 문구가 적혀 있었다고 훗날 회상했다. 이러한 문구는 지워도 다음 날 다시 나타났다. 결국 두 남성이 이 문구를 쓴 '조직'의 일원으로 체포되었다.[21]

저항은 시골뿐만 아니라 소련 연방 자체를 탈출하는 형태로도 나타났다. 이미 1930년 1월 카마아네츠-포딜스키 변경주에서 폴란드-우크라이나 국경을 넘으려던 농민 세 명을 경비대가 체포했다.[22] 한 달 후, 여러 마을에서 모인 농민 400명이 '우리는 집단 농장을 원하지 않는다. 우리는 폴란드로 간다!'고 외치며 국경을 향해 행진했다. 그들은 길을 가로막는 사람들을 공격하고 구타하다가 결국 국경 수비대에게 제지당했다. 다음 날 같은 마을의 또 다른 군중이 폴란드에 도움을 요청하겠다고 외치며 국경을 향해 행진했다. 이들 역시 경비대가 저지했는데, 이번에는 국경에서 불과 400미터 떨어진 곳이었다. 비밀경찰도 국경 근처의 곡물 창고가 습격되었다고 수차례 기록했다. 국경 근처에 살던 농민은 국경 너머에 사는 이웃들의 "정상적인" 생활에 자극을 받았을 것이다.[23]

이러한 자발적인 시위, 교회 집회, 국경 행진은 필연적으로 조직적인 폭력으로 이어졌다. 소련 전역에서, 특히 우크라이나에서는 훨씬 더 많은 사람이 재산은 물론 목숨까지도 잃을 수 있다고 생각한 나머지 자력 구제에 나섰다. OGPU 공문서에는 그 이후에 일어난 일이 기록되어 있다.

수미주에서는 '쿨라크' 열세 명이 내전 때 챙겨둔 무기를 들고 숲으로 들어가 파르티잔이 되었다. 비밀경찰 보고서에 따르면 키이우주의 빌라 체르크바 근처에서 또 다른 전직 파르티잔이 무장대를 조직했다. 쿨라크 이웃들의 몰락을 기꺼워하던 여성 트랙터 운전사 파샤 안겔리나는 이러한 폭력을 직접 경험했다.

1929년 여름, 제가 남동생 코스티아, 여동생 렐리아와 함께 이웃 마을 노보셰셰베에서 열린 콤소몰 모임에 가던 중 누군가가 단총형 산탄총을 쏘더군요…… 우린 맨발로 가시덤불 사이를 뛰어 달아났고 두려움 때문에 심장이 요동쳤어요. 그 순간을 절대로 잊지 못할 거예요.[24]

OGPU는 이러한 초기 '테러 사건'에 즉각적으로 대응했다. 1930년 2월 6일까지, 즉 11월 집단화가 공식적으로 시작된 후 불과 몇 달 만에 소련 비밀경찰은 소련 전역의 시골에서 '반혁명 활동'을 했다는 혐의로 이미 1만5985명을 체포했다. 그중 약 3분의 1은 우크라이나 사람이었다. 2월 12일부터 17일까지 비밀경찰은 1만8000명을 추가로 체포한다. 감옥에 끌려간 사람들은 조직적인 무장봉기를 계획하고, 빈농과 중농에서 반군을 '모집'하며, 심지어 붉은 군대의 농민 병사들과 접촉해 그들을 정부로부터 소외시키고 쿨라크의 대의에 동조하게 만들려 했다는 혐의를 받았다.[25]

하지만 이러한 소식만으로는 스탈린을 설득해 집단화를 포기하게 하거나, 농민들을 집단 농장으로 강제로 보내는 것이 과연 좋은 생각인지 재고하게 할 수 없었다. 상황은 여전히 통제되고 있는 것처럼 보였다. 하지만 스탈린은 이러한 초기 보고를 충분히 우려한 나머지 집단화에 대한 표현 수위를 낮췄고, 이는 예상치 못한 결과를 낳았다.

"도취할 만한 성공." 스탈린이 1930년 3월 2일 『프라우다』에 게재한 글의 제목이다. 이 문구는 1919년 돈 카자크에서의 유혈 탄압을 중단하고자 같은 표현을 사용했던 체카 요원, 요세프 레인골트에게 빌려온 것일지도 모른다. 하지만 이를 암시했든 그렇지 않든, 스탈린이 의도적으로 아이러니를 표현하려던 것은 아니었다. '도취할 만한 성공' 기고문은 집단화의 위대한 업적에 대한 긴 찬사로 시작된다. 스탈린은 정책이 잘 진행되고 있을뿐더러 예상보다 훨씬 더 빠르고 수월하게 진행되고 있다고 선언했다. 소련은 이미 집단화 5개년 계획을 "초과 달성"했으며, "우리의 적들조차도 그 성과가 상당함을 인정할 수밖에 없다"라고 선언했다. 불과 몇 주 만에 농촌은 이미 "사회주의 방향으로…… 급격히 전환"했다. 엄청난 성과를 달성했으니, 이제는 변화의 속도를 늦춰야 할 때였다. 스탈린은 이러한 위대한 성과에도 단점이 있다고 경고했다.

이러한 성공은 허영심과 자만심으로 이어지기도 한다. (…) 사람들은 자주 성공에 도취한 나머지 균형 감각과 현실 지각 능력을 모조리 잃어버린다. (…) 사회주의 건설의 모든 문제를 단번에 해결하려는 모험주의적 시도가 자행되고 있다. (…) 따라서 당의 임무는 우리

의 대의를 위협하는 이러한 위험한 정서에 맞서 단호한 투쟁을 벌이고 이를 당에서 몰아내는 것이다.[26]

스탈린은 간부들에게 집단화는 '자발적'이어야 한다고 기만적으로 말했다. 무력을 동원해선 안 되는 일이었다. 진행 속도가 균일하지 않을 수도 있었다. 모든 지역을 같은 속도로 집단화할 수는 없기 때문이다. 스탈린은 엄청난 열정이 이러한 원칙을 퇴색할까 염려했다. 실제로 일부 과도한 행위가 발생하기도 했다.

물론 스탈린이나 모스크바의 그 누구도 당시나 그 이후에 '과도한 행위'에 대해 책임지지 않았다. 스탈린은 자세한 설명도 하지 않았다. 살인과 구타, 옷도 입지 못한 채 눈 속에 방치된 아이들, 이 모든 일은 당연히 언급되지 않았다. 대신 스탈린은 모든 실수에 대한 책임을 "성공에 도취해 일시적으로 맑은 정신과 냉철한 시각을 잃은" 지역 당원들, 즉 계층 구조의 가장 낮은 단계에 있는 사람들에게 전가했다. 그는 그들이 군사주의적 언어를 사용한다고 조롱했고(물론 스탈린 본인이 사용한 언어였지만) 서로 다른 농장을 한데 묶으려던 그들의 시도를 "멍청"하다고 비난했다. 스탈린은 심지어 그들이 교회 종을 망가뜨린 것도 비난했다. "이러한 곡해, 집단 농장 운동에 대한 관료주의적 명령, 농민들에 대한 부적절한 위협으로 누가 이득을 보겠는가? 우리의 적들 외에는 아무도 없다!"[27]

스탈린은 왜 이 기고문을 썼을까? 기고문이 실릴 무렵, 스탈린은 당원들에 대한 반란과 저항, 무장 공격에 관한 비밀경찰의 기록을 보았을 것이다. 그리고 러시아와 우크라이나의 공산당 지도부 중 적어도 일부는 이 정책을 의심한다는 사실도 알고 있었을 것이다. 이러한 비판자들은 몇 달 후에야 공개적으로 발언하기 시작했지만, 스탈린은 이미 집단화 추진이 실패하거나 혼란에 빠진 상황에서 자신에 대한 반발이 일어날 가능성을 알아차렸고, 그래서 비난의 대상이 될 다른 누군가를 찾았던 것일지도 모른다. 최하급 당 간부, 즉 지역 지도자와 마을 이장이 완벽한 표적이었다. 이들은 멀리 떨어져 있었고, 명성도 힘도 없었다. 이 편지는 재앙과 다름없던 정책의 책임을 스탈린이 아닌 모스크바에서 멀리 떨어진 곳에 있는 사회 단체로 완벽하게 전가하는 데 성공했다.

표면적으로 이 기고문에는 회유도 담겨 있었다. 스탈린은 자신의 정책으로 인한 최악의 과잉 행위를 최소한 일시적으로나마 중단하려는 것처럼 보였다. 기고문 게재 후 몇 가지 실질적인 양보도 이루어졌다. 예를 들어 중앙 위원회는 농민들이 가족용 소 한 마리와 가금류, 텃밭을 가질 수 있도록 허용했다.[28] 그러나 이러한 제스처가 반란을 막기 위한 것이었다면, 결과는 정반대였다. '도취할 만한 성공'은 농민들을 진정시키기는커녕 새로운 반란의 물결, 즉 광범위한 무장 및 비무장 저항을 유발했다. 한 관료는 이 운동을 '3월의 열병'이라 명명했지만, 이 표현은 오해의 소지가 있었다. 일련의 시위를 일시적인 질병이나 일시적인 광기로 암시했기 때문이다. 실제로 일어나기 시작한 것은 훨씬 더 심오한 일이었다. 린 비올라는 이런 글을 남겼다. "국가가 열병이라고 명명한 일은 원인과 내용 면에서 실제로는 합리적인 대규모 농민 반란이었다."29

영향은 즉각적으로 나타났다. 소련 전역의 당 간부들은 당 회의에서 스탈린의 글을 읽고 서로 토론했다. 다른 수많은 마을에서처럼 미론 돌로트의 마을에서도 한 지역 활동가가 '도취할 만한 성공'을 주민들에게 큰 소리로 읽어주었다. 그가 실수가 있었고, 착오가 있었으며, 당원들이 심각한 오판을 했다고 설명하는 동안 "모인 군중은 쥐 죽은 듯이 조용했다". 활동가는 자신의 견해를 덧붙였다. 당 자체가 아닌 당내 유대인들의 잘못이라는 것이다. 이 설명은 활동가 자신과 동지들의 책임을 깔끔하게 면제해주었다. 돌로트는 "그다음에 일어난 일은 자발적인 폭동이었다"라고 적었다. "꺼져버려!" 한 남자가 소리쳤다. "너희 같은 놈들은 지긋지긋해." 다른 사람이 외쳤다. "우린 속았습니다! 너무 늦기 전에 악취 나는 집단 농장에서 우리 말과 소를 빼냅시다!" 마을 사람들은 가축을 찾으러 마구잡이로 달려갔고, 어둠 속에서 서로 걸려 넘어졌다. 이어진 혼란 속에서 약 스무 명의 농민이 총에 맞았다.30

그 후 며칠 동안 소련 전역에서 비슷한 폭동이 일어났고, 몇몇 지역에서는 새로운 수준의 더 체계화된 폭동이 일어났다. 실제로 지난 1월에 발리츠키가 그토록 걱정했던, 조직적인 저항의 조짐은 3월,

4월, 5월이 되자 실제 사태로 발전했다. 폭동은 빠르게 조직화되었고(때로는 과도할 정도로 조직화되었다), 정치적 성격은 훨씬 강해졌다. 1930년 봄 소련 전역에서, 특히 우크라이나에서는 가장 많은 수의 남성과 여성이 활동가들을 공격, 구타, 살해했다. 그들은 창고와 곡물 저장 컨테이너를 습격했다. 그들은 자물쇠를 부수고 곡물과 다른 식량을 훔쳐 마을 곳곳에 나눠주었다. 집단 농장 재산 및 소련 국유 재산에 불을 질렀고, '협력자'들을 공격했다. 한 마을에서는 "체제에 만족하지 못한 사람들이 (…) [집단 농장] 활동가들의 집을 불태웠다."31 '사제의 예복을 걸치고' 성상을 짓밟았던 어느 활동가는 다음 날 도랑에서 시체로 발견되었다.32

희생자들에 대한 연민은 찾아보기 어려웠다. 지역 연주단에서 연주했던 한 남성은 농민에게 살해된 '이만오천인대 대원'의 장례식에서 연주해달라고 요청받았던 것을 기억했다. "우리에게는 기분 좋은 사건이었습니다. 누군가가 살해될 때마다 그들이 우리를 마을로 데려가 음식을 주었고, 우린 장례식에서 연주할 수 있었죠. 우리는 언제나 다음 장례식이 있길 기대했습니다. 음식을 먹을 수 있다는 뜻이니까요."33

가장 격렬한 시위는 '바브스키 분티babski bunty' 형태로 나타났다. 이 문구는 '여성들의 반란' 또는 '여성 폭동'으로 번역되지만 '바바baba'라는 단어는 단순한 여성이 아닌 농민 여성을 의미하며, 난폭하고 제정신이 아니라는 뜻도 은근히 내포한다. 소련 여성들은 앞서,

1927년과 1928년에도 조직적으로 항의 시위를 벌였다. 그러나 당시에는 폭동의 초점이 정치가 아닌 식량 부족이었다. 한 비밀경찰은 초기 항의 운동을 이렇게 기록했다. "이 시기에 여성들이 참여한 시위는 대부분 명확하게 정의된 반소련적 성격을 띠지 않았다. 여성 군중이나 집단은 주 정부와 협동 조직에 모여 빵을 요구했다."[34]

1930년 봄, 농민 여성들의 빵에 대한 요구는 빵을 압수한 남성에 대한 원시적인 공격으로 바뀌었다. 수많은 여성이 활동가, 소련 관료, 지역을 방문 중인 고위 인사에게 몰려가 재산을 돌려달라고 요구했다. 그들은 소리를 지르고 구호를 외치며, 노래를 부르고 위협을 퍼부었다. 다른 이들은 직접 행동에 나섰다. 우크라이나의 어느 마을에서 한 소녀는 어머니가 다른 '굶주린 여성들'과 함께 집단 농장 창고의 자물쇠를 부수고 저장된 곡물을 가져가는 것을 보았고, 폭도의 위협에 겁을 먹은 지역 관료들은 지방 당 관료와 콤소몰 회원들에게 여성 폭도 체포와 곡물 회수를 도와달라고 요청했다. 이 여성들은 2주 동안 투옥되었다.[35] 우크라이나의 또 다른 마을에서는 한 소년이 활동가들이 집단 농장을 대신해 집집을 돌아다니며 가진 것을 내놓으라고 요구하는 걸 목격했다. 이에 대응해, 한 무리의 여성들은 농장을 습격해 모든 것을 돌려달라고 요구했다. "한 여성은 빼앗긴 쟁기를 붙잡았다. 다른 여성은 말을, 세 번째 여성은 소를 돌려달라고 했다." 군인들, 아니 어쩌면 비밀경찰 부대(회고록 작성자는 이들의 정체를 정확하게 몰랐다)가 "현장에 도착해 여성들을 모두 쫓아냈고⋯⋯ 몰수한 물건과 농기구, 말은 모두 다시 집단 농장의 소유가 되었다."³⁶ 1930년 3월 초, 세 마을에서 온 500여 명의 독일계 여성도 일주일간 시위를 벌이며 집단 농장이 가져간 물건 반환을 요구했고 농장 운영을 방해했다.³⁷

더 과격하게 나간 무리도 있었다. OGPU는 우크라이나 마리우폴주에서 일어난 사건을 직접 기록했는데, 이 사건은 300명의 여성으로 이루어진 '폭도'가 마을 의회에 몰려와 이제는 행정 건물이 된 마을 교회의 열쇠를 요구하면서 시작되었다. 여성들은 마을 소비에트의 지도자인 나우멘코가 교회 협의회 회원의 집 문을 부쉈다고 소리쳤다. 나우멘코가 이를 부인하자, "여성들은 그를 타찬카(마차)에 앉혀 강제로 그 남자의 집으로 데려갔고, 그 집에 나우멘코가 실제로 있었음이 밝혀졌다. 폭도들은 즉석에서 재판을 열기로 했다".

여성들은 나우멘코에게 교인 석방을 약속하는 서류에 서명하도록 강요했고, 지역 공산당 당료인 필로미노우에 대한 시민 체포를 시도했다. 그들은 두 당료를 공개적으로 조롱했다. 눈과 얼굴에 침을 뱉었고, 두 사람을 '강도, 도둑, 백위군'이라고 불렀다. 두 사람은 OGPU가 개입한 덕분에 간신히 풀려났다. 그 후 며칠 동안 막대기와 곤봉으로 무장한 군중들이 지역 행정 건물 앞에서 재산을 돌려달라고 요구하며 계속 집회를 열었다. 마침내 반란은 진압되었고, 농민들은 '진정'되었다. 그러나 소련 국가가 그들을 이겼다고 생각하는 사람은 아무도 없었다.³⁸

이러한 사건은 수없이 발생했다. OGPU 기록상 1930년 3월 말까지 우크라이나에서만 2000건의 '대중' 시위가 발생했는데, 대부분은 여성들이 조직한 시위였다.[39] 1930년 여름 우크라이나 당 대회에서 여러 연사가 이 문제를 언급했다. 더 이상 우크라이나 공산당의 수장이 아니지만 여전히 우크라이나 문제에 깊은 관심이 있었던 카가노비치는 집단 농장에 대한 반동적 행위에서 여성들이 "가장 '두드러진' 역할을 했다"라고 언급했다.[40] OGPU는 이 현상을 '쿨라크-반소비에트 분자'가 무지한 부인과 딸들에게 영향을 미친 증거라고 설명했다. 선전 활동을 배가하고 농민 여성들 사이에 선동 활동가를 더 많이 배치하면 분명 문제를 해결할 수 있다는 것이었다.[41]

OGPU는 여성들이 체포될 가능성이 적다는 사실을 알기에 시위를 벌인다고 의심하기도 했다. 맞는 말인지도 몰랐다. 남자가 없어도 여성들은 때로는 물리력까지 동원해 관료들을 공격할 수 있었고, 보복에 대한 우려는 훨씬 적었다. 또한 여성들의 시위는 남성들이 참여할 수 있는 '정당한' 방법을 제공하기도 했다. 활동가들이 농민 여성들과 싸우기 위해 도착하면 마을 남성들이 아내, 어머니와 딸의 명예를 지킨다는 명목으로 개입하는 것이다.

이런 명분이 필요하지 않은 이들도 있었다. 일부 우크라이나 남성들은 최근에 그들이 당한 일로 통치자를 증오하며 그에 맞서 무기를 들었다. 내전 때 그랬듯 일부는 파르티잔 부대를 조직했다. 한 남자는 이렇게 회상했다. "밤이면 소총 소리가 들렸어요. 파르티잔 부대는 숲속에서 활동했습니다. 전형적인 농민 봉기였죠. 마을 소비에트는 파괴되었습니다. 마을 소비에트 지도자는 목숨을 걸고 도망쳐야 했고요."[42] 많은 지역 공산당원은 탈출에 실패해 그 자리에서 살해당했다.

폭력은 실제로 존재했고 광범위하게 퍼져 있었다. 1930년 작성된 소련 문서에는 1만3794건의 '테러 사건'과 1만3754건의 '대규모 시위'가 기록되어 있는데, 이 중 가장 많은 수는 우크라이나에서 발생했으며 OGPU가 보기에는 집단화와 탈쿨라크화가 원인이었다.[43] 우크라이나 비밀경찰의 현지 기록은 자국 영토에서 일어난 반란을 더 감정적이면서도 정확하게 묘사한다. 이전에 무기 압수 시도가 있었지만, 농민들에게는 여전히 무기가 있었다. 내전 시기부터 창고에 산탄총과 소총, 창과 지팡이 같은 무기를 보관해두었기 때문이다. 1930년 봄, 그들은 다시 한번 조직적인 방식으로 무기를 사용하기 시작했다. 발리츠키는 자신이 지금 과거 우크라이나에서 일어났던 것과 같은 종류의 '반소련 활동'을 목격하고 있음을 의심하지 않았다. 그는 "쿨라크 반혁명 활동가들은 투쟁을 멈추지 않으며, 오히려 자신들의 입지를 강화하고 있다"라고 밝혔다. 1월 20일부터 2월 9일까지, 그의 부하들은 '반혁명 조직 및 단체'의 구성원, '무장 혁명'을 준비 중인 사람들, 그리고 그러한 혁명의 '사상가'가 될 수 있는 사람을 포함한 1만1865명을 체포했다. 외국, 특히 폴란드와 연고가 있는 사람은 의심의 대상이 되었는데, 해외로부터 '적극적인 지원'을 받을 수 있기 때문이었다. 비밀경찰은 또한 '우크라이나 쇼비니스트', 즉 '페틀류라파'의 구호처럼 들리는 말을 사용하는 사람들을 집중적으로 감시했고, 내전 기간에 중요한 분쟁의 중심지였던 드네프로페트롭스크, 하르키우, 크레멘추크에서 이들의 주요 세 집단을 확인했다.[44]

 3월 중순이 되자 상황은 더 악화되었다. 3월 9일, 발리츠키는 우크라이나의 16개 지역에서 '대규모 봉기'가 일어났다고 보고했다. 그가 보고할 당시에는 대부분의 봉기가 '진정'되었지만, 서부 셰페틱카 지역에서는 300~500명 규모의 '반소련 및 범죄 분자들'이 산탄총, 사냥용 소총, 도끼로 무장하고 있었다. 셰페틱카의 농민들은 발리츠키가 이 지역에 도착한 2월부터 전투를 벌이고 있었다. 그의 명령에 따라 OGPU는 기관총으로 무장한 기병대를 투입했고 국경 수비대와 민병대의 지원을 요청했다.[45] 발리츠키는 OGPU가 도적 떼를 해산시켰다고 주장했지만, 그 도적 떼는 콤소몰 지도자를 죽이고 다른 공산주의 지도자들을 인질로 잡고 있었다. 발리츠키는 이들이 인근 지역의 다른 무장 집단과 접촉했을지도 모른다고 걱정했다.[46] '도취할 만한 성공'이 발표된 지 불과 몇 주 만에, 반란은 통제 불능에 가까운 상태가 되었다.

 1930년의 반란에 대한 기록들을 읽다 보면 사실과 허구를 구분하기가 쉽지 않다. 반대파는 실제로 얼마나 잘 조직되어 있었을까? 비밀경찰은 존재하지도 않는 음모를 얼마나 많이 만들어냈을까? 그들이 찾고 있던 민족주의 운동을 얼마나 많이 '발견'했을까? 그들이 나중에 해결했다고 주장한 문제는 어디까지가 진짜였을까? OGPU는 불과 1년 전에 허구의 조직, SVU(우크라이나 해방 연합)를 만들어냈었다. 몇 년 후, 소련 비밀경찰은 1937년에서 1938년 대테러 기간에 수십만 건의 거짓 혐의를 조작했다.

1930년 반란에 대한 기록은 때로는 의도적으로 꾸며진 것처럼 보인다. OGPU가 명령을 충실히 따르고 있음을 모스크바에 보여주려는 것처럼 말이다. 예를 들어 1930년 2월 OGPU는 소련 전역에서 '반혁명 쿨라크-백위군과 도적단'을 대상으로 작전을 수행해 우크라이나에서 가장 많은 수의 '반소련 활동가'를 체포했으며, 78개의 개별 반소련 조직을 확인했다. 그중 가장 심각한 사례는 '페틀류립스카Petliurivska' 도적단으로, 이들은 우크라이나 중부 크레멘추크 지역에서 1930년 봄에 무장봉기를 계획한다는 혐의를 받았다. OGPU는 이들의 지도자가 1924년 폴란드 국경을 넘어 우크라이나에 불법 입국한 '전 페틀류라군 장교'인 '만코Manko'라고 특정했는데, 의심스럽게도 그 이름은 '마흐노'와 비슷했다.

보고서에는 만코의 말이 인용되어 있다. "집단화를 수행할 때 국가 당국은 대중에 대한 자신의 영향력을 확보하고 사방을 감시할 것이며, 그 결과 그들에게 접근하기가 어려워지고 우리의 조직적 노력은 실패하게 될 것이다." 또한 만코 집단은 "토지의 사적 소유권에 기반한 독립 우크라이나의 건설"과 카자크 계급의 보존을 목표로 삼았다는 혐의도 받았다. 혐의대로라면 만코는 마을 밖에서 불을 지르고 기차역과 전신국을 점령해 크레멘추크 시를 공격할 계획이었다.[47]

다른 집단도 비슷한 목표를 추구했다고 여겨졌다. 서로 연루되었다는 혐의를 받은 집단도 있었고, 붉은 군대 내에 반역 사상을 심었다는 혐의를 받은 집단도 있었다. 또 다른 집단은 우크라이나 서부 지역에서 '쿨라크-페틀류라파' 조직을 만들어 '반혁명 선동'을 벌이고 '도발적인 소문'을 퍼뜨린다는 의심을 받았다. 같은 보고서에 따르면 북캅카스 지역에서 불과 5일 동안 420명의 '반혁명 조직 및 단체' 구성원이 체포되었고, 볼가 지역에서도 체포가 이어졌다.[48] 발리츠키 자신도 1930년 봄 툴친현을 방문했을 때 무장 반군, 마을 주변의 참호, 그리고 '소련을 타도하라'고 외치며 중앙 라다 시대 우크라이나 인민 공화국의 국가인 '우크라이나는 아직 죽지 않았다'를 부르는 농민을 목격했다고 기록했다.[49]

기록의 어조는 과장되고 신경증적이다. 그러나 문서와 회고록 등 증거에 따르면 이러한 운동이 모두 조작된 것은 아님을 잘 알 수 있다. 실제로 폭력 행위가 있었으며, 이러한 행위는 잘 조직되어 있었고 민족주의적인 성격을 띠었다. 수많은 지역에서 무장 행위가 잇따르며 마을에서 마을로 퍼져나갔고, 농민들은 이웃의 행동과 구호를 보고 자신감을 얻었다.

예를 들어 1930년 3월 중순, 툴친현의 여러 마을에서 연이어 시위가 벌어졌다. 기록에 따르면 농민들은 '우리는 농민을 수탈하는 지도자를 원하지 않는다!' '나라를 재앙으로 이끄는 공산주의자는 물러가라!'고 외쳤다. 지역 당국자들을 죽이지는 않았지만 그들을 공직에서 몰아냈다. 343개 마을에서 농민들은 '스타로스타starosta', 즉 옛 시대에 마을의 일을 맡아 보던 장로를 직접 선출하고 공산주의자와의 협력을 거부했다.50 또한 많은 지역에서 소비에트 교사를 해고하고 협동조합을 금지했으며 자유 상거래의 부활을 발표했다. 마을 주민 중 일부는 무장 저항 조직에 관해 이야기했고, 일부는 GPU가 '반소비에트적 성격'을 갖는다고 비난하는 내용을 담아 전단을 돌리기도 했다. 한 회의에서 사람들은 '쿨라크'에게 재산을 돌려주고 집단농장을 청산할 것을 요구했다. 많은 반군은 '우크라이나는 아직 죽지 않았다!'를 불렀다. 하지만 툴친에서의 승리는 오래가지 못했다. GPU는 '페틀류라파'를 비난하고 '작전적 수단' 시행을 촉구했다. 이에 따라 툴친은 여러 구역으로 분할되었고, 각 구역에 무장 OGPU 기병대가 배정되었다.51 발리츠키는 동료에게 자신이 스탈린 본인으로부터 "말을 늘어놓기보다 단호하게 행동하라"라는 지시를 받았다고 말했다.52

여러 지역에서는 반란이 진정 정치적이었고, 농민 반란과 우크라이나 민족운동 또는 내전에서 활약했던 사람들이 실제로 반란을 주도하기도 했다. 우크라이나 동부 드네프로페트롭스크주에 있는 파블로흐라드현에서도 무장 반란이 일어났는데, 이 반란에 대한 문헌 자료가 매우 상세히 남아 있다.53 '3월의 열병' 반란이 일어나기 전에도 당국은 원래 카자크 기지로 창설되었던 파블로흐라드에서 폭력 사태가 일어날 것을 예상하고 있었다. 19세기에는 파블로흐라드현의 한 마을이 지역 귀족에 대항하는 반란에 가담했고, 1919년에는 이 지역의 많은 주민이 마흐노를 지지했다.[54] 집단화 이후 폭력 사태를 예상한 지역 경찰은 1930년 2월 79명을 체포하고 그중 21명을 반란 음모 혐의로 처형했다.

그 후에도 군대 경험이 있는 여러 파블로흐라드 지도자들은 여전히 저항 의지를 잃지 않았다. 1930년 3월, 스코로파즈키 군대에서 복무했던 키릴로 쇼핀은 체포를 피해 이 지역을 돌아다녔다. 그는 여러 마을을 넘나들며 농민들의 반란을 독려했다. 그와 함께한 사람 중 일부는 이전에 페틀류라나 마흐노를 위해 싸웠던 이들이었다.

쇼핀의 노력은 4월 초, 지역 전역의 대표들이 보그다닙카에서 모여 봉기를 계획하면서 결실을 맺었다. 참석자 중 상당수는 집단화 과정에서 재산을 잃었고, 이를 되찾을 수 있다는 믿음이 봉기의 동기 중 하나였다. 그러나 그들에게는 또한 정치적 목표가 있었기에 '소비에트 정권 타도'와 '다른 종류의 자유를 위해 싸우자' 등의 정치 구호를 사용했다. 첫 번째 모임 이후 인근 시골을 중심으로 소규모 반군 조직이 다소 혼란스럽게 조직되었다. 4월 4일, 많은 조직원이 보그다닙카 근처의 작은 마을, 오사드치에 도착했다. 이들은 반란에 합류하길 원했고 무기 지급을 기대했다.

예방 조치가 취해졌다. 반군들은 반란이 실패할 경우 반란에 가담한 모든 사람은 자신의 의지가 아니라 강제로 동원됐다고 주장해야 한다는 데 뜻을 모았다. 반군 지도자들은 파블로흐라드 지역 민병대 병사들도 합류하길 바라며 연락을 취했다. 그들은 계획을 세웠다. 파블로흐라드로 진격해 무기를 모아 드네프로페트롭스크를 습격하고, 최종적으로는 우크라이나의 나머지 지역을 점령하는 것이다. 심문 기록, 조사 보고서, 회고록, 이후 작성된 기록 등등 여러 문서를 살펴보면, 파블로흐라드 봉기 참가자들은 성공에 대한 확신에 차 있었던 것 같다. 그들은 우크라이나 전역에서 학대받는 농민들이 일어나 봉기에 동참할 것이라고 서로에게 말했다.

4월 5일, 그들은 오사드치에서 반란을 시작해 지역 소비에트 위원과 공산당 활동가들을 살해한 후 인근 마을로 빠르게 이동했고, 그곳에서 더 많은 사람이 반란에 합류했다. 한낮에 보그다닙카에 도착한 이들은 교회 종을 울리고 주요 교량을 장악한 후 지역 민병대와의 전투를 시작했다. 반군은 하루 동안 공산당원, 콤소몰 회원, 마을 소비에트 의원 등을 비롯한 정부 인사 수십 명을 사살했다. 그날 저녁 그들은 전화선을 끊는 것까지 성공했지만 때는 이미 늦었다. 마을 소비에트의 의장이 파블로흐라드에 도움을 요청하는 전보를 보냈기 때문이다.

반군의 합류 요청을 받아들이지 않았던 파블로흐라드 민병대는 저녁에 도착했다. 반군 농민들은 후퇴했지만, 그사이 다른 반군 집단이 인근 마을인 테르닙카의 마을 소비에트 회관과 공산당사를 점령했다. 마침내 4월 6일, 드네프로페트롭스크에서 무장한 GPU 부대가 보그다놉카에 도착했다. 총 200명이었고 그중 58명은 기병이었다. 발리츠키는 이들에게 가장 강력한 언사를 사용해, '반혁명 무리를 청소하라'고 분명히 명령했다.

결국 전투는 이틀을 넘기지 못했다. 반란군이 공산당원, 콤소몰 회원, 마을 소비에트 의원을 비롯한 정부 인사 수십 명을 죽였음에도 승산이 없었다. 대부분 문맹인 지도자들은 통신 수단이나 병참 체계도 없었고 무기도 충분하지 않았다. 그들은 쉽게 제압당했고 체포되어 살해당했다. 열세 명이 사망하고 소수는 중상을 입었다.

300명 이상이 구금되었고, 그중 210명이 재판에서 유죄 판결을 받았다. SVU 재판과 달리 이 재판은 철저히 비공개로 진행되었다. 당은 진정한 반란을 상대로 '여론 조작용 재판'을 벌인다는 위험을 감수할 수 없었다. 증인을 조종하기란 그렇게 쉬운 일이 아니었고 실제 일어난 일, 즉 실제 군 경험이 있는 자들이 이끌고 가난한 농민들이 국가에 대항해 무기를 들었다는 사실을 숨긴 채 이야기를 재구성하기란 어려웠다. 생존자들이 살아서 진실을 전하는 일도 방지해야 했다. 그래서 5월 20일, 이들 중 27명이 처형되었다.

파블로흐라드 반란은 유달리 잔인했지만 유일한 사건은 아니었다. 3월에는 '거의 100퍼센트' 집단화율을 달성해 순종적인 지역으로 여겨지던 우크라이나 동부의 크리비리흐주에서 반란이 일어나 OGPU를 놀라게 하기도 했다. OGPU 보고서에 따르면 체포와 추방이 '일부 부정적인 현상을 동반'했지만, 탈쿨라크화는 빈농과 중산층 농민의 열렬한 지지를 받은 것으로 되어 있었다.

그러나 봄파종기를 앞두고 종자 곡물을 압수하라는 명령이 내려지자 "분위기가 달라졌다". 한 지역 농민은 종자 곡물을 압수당하면 "우크라이나에서 모든 빵이 사라져 아무것도 남지 않을 것이다"라고 말했다. 또 다른 마을에서는 "그들이 우리의 마지막 곡식을 가져가 농민들은 굶주리게 될 것"이라고 두려움을 표출했다. 스탈린의 '도취할 만한 성공' 기고문이 발표된 후, OGPU 인사들은 지나치게 열성적인 크리비리흐 관료들이 '쿨라크'가 아닌 농민에게 압박을 가한 것이 불만의 원인이라고 탓했다. 한 무리의 관료들은 가난한 농민에게서 '더러운 리넨 옷가지'를 압수하고는 단원들이 먹을 우유와 돼지기름을 요구했다. 다른 관료들은 농민이 사는 오두막집의 문을 부수고 주민들의 옷을 벗긴 뒤 거리로 내쫓았다. 이에 대응해 여성들의 무리가 한 지역 공산당 활동가 주위에 모여, 스탈린이 집단 농장은 '자발적으로' 조직되어야 한댔다고 외쳤다. 다른 사람들은 토지를 돌려달라는 청원서를 작성하거나, 장비와 가축을 되찾기 위해 집단 농장으로 달려갔다.

더 심한 요구를 하는 이들도 있었다. OGPU의 보고에 따르면, '반소비에트 준동 및 쿨라크 선동의 영향을 받은' 시로케 마을의 농민들은 일련의 '반혁명적 정치 요구'를 했다. 마침내 3월 14일, 500명의 남녀 군중이 지역 관공서를 포위하고 종자 곡물 반환, 콤소몰 해

체, 몰수되거나 강제로 '기부'된 재산의 반환, 지방 당국에 납부한 벌금 환불을 요구했다.[55]

이번에도 마찬가지로, 툴친과 파블로흐라드 및 크리비리흐 등지에서 일어난 반란들처럼, 이 반란이 실제 있었던 일임은 문서로써 명확히 알 수 있다. 이러한 반란은 반군이 격렬히 저항했던 정책과 정책을 시행하기 위해 동원된 폭력에 따른 조직적인 반응이었다. 반란을 주도한 이들 중 일부는 어쩌면 당연히도 소비에트 정권에 꾸준히 반대해온 사람들이었다.

그러나 반란이 실제로 존재했더라도, 그 원인과 영향에 대한 OGPU의 설명은 믿기 어렵다. 스탈린의 소련에서 비밀경찰은 상사에게 정책이 잘못되었다고 말하거나, 정직한 소련 시민들이 합당한 이유로 정책을 반대했다고 말할 수 없었기 때문이다. 대신 그들은 계급의 적과 외국인의 영향력을 암시하고, 연고와 인맥을 만들어내거나 과장해야 했다. 예를 들어 크리비리흐에 관한 보고서에서는 모든 폭력을 '반소비에트 분자, 쿨라크 및 쿨라크 관련자' 탓으로 돌렸다. '폴란드에서 온 난민'인 카르푸크, 추방된 쿨라크의 형제인 리소호르, 제화공이며 약간의 재산을 소유했던 크라술리아 등이 이런 일들의 원흉이라는 것이었다.[56] 이들은 외국에 연고가 있고, 이전에 가족이 체포되었으며, 얼마든 재산이 있었기에 모두 용의자 범주에 속한다고 여겨졌다.

또한 관료들은 반란이 치열했던 원인을 해당 지방의 역사에서 거듭 찾았으며, 특히 1918년에서 1920년 사이에 일어난 반란에 주목했다. 한때 OGPU는 "특히 국경 지역의 정치적 중요성과 이 지역의 역사"를 언급하며, 여러 현에 특별 요원들을 배치했다. 그중에는 볼린, 베르디치우, 모길료프, 빈니차, 카미아네츠, 오데사 등이 포함됐는데, 모두 지난 수십 년 동안 주요 전투가 벌어진 곳이었다.[57] 발리츠키가 또 특별한 주의를 기울여야 한다고 언급한 지역은 내전 당시 파르티잔 부대였던 '자볼로트니Zabolotny 강도단'의 본거지였다.[58]

내전 당시 일들에 집착한 것은 우크라이나에만 국한된 것이 아니었다. 이러한 집착은 북캅카스 지역까지 퍼져나갔고, 이곳은 소련 당국이 집단화에 대한 폭력적인 저항이 우크라이나 민족주의자뿐만 아니라 카자크의 영향 때문이라고 말할 때 거론되던 곳이었다. 소련 비밀경찰이 '전직 백군 장교들'을 표적으로 삼았던 시베리아와 우랄 지역도 마찬가지였다. 중앙아시아와 카자흐스탄, 타타르스탄, 바시키르•에서 발생한 폭력적인 저항 역시 반소련적이고, 반혁명적인 것으로 즉각 간주되었으며, 이 역시 이유가 없지는 않았다. 중앙아시아의 페르가나 지역에는 바스마치Basmachi운동• 의 잔여 세력이 펼친 게릴

• 타타르스탄과 바시키르 이 두 공화국은 모두 러시아에 속해 있지만 우랄산맥을 접하고 있는 변방 지대로, 타타르, 튀르크 등 아시아 계통의 주민이 많다. 바시키르는 소련 붕괴 이후 바시코르토스탄으로 개명했다.
• 1916년 촉발된 중앙아시아의 튀르크계 민족의 자치운동으로, 제정 러시아의 소수민족 정책에 반발해 일어났다. 무장 투쟁으로 이어졌으나 1920년대까지 소련의 꾸준한 토벌에 의해 차차 진압되었다.

라 활동을 진압하기 위해 붉은 군대가 도착했다. 몇 년 전에 진압되었던 이 운동은 집단화에 대한 분노 때문에 부활했다. 캅카스의 자치 공화국인 체첸과 다게스탄에서도 집단화 이후 폭력적인 투쟁이 이어졌다.[59]

그러나 우크라이나에서는 도시에서의 민족주의가 갖는 힘이 농촌에서의 격앙된 분위기를 더 위험하게 고조시켰다. 1930년, OGPU 분석가들은 도시와 농촌 간의 접촉 문제와 1929년에 예측된 지식인과 농민 사이의 연결 고리를 자꾸만 다시 살펴보았다. 일부는 실제로 존재했지만, 다른 일부는 명백히 조작된 것이었다. 3월 21일, 발리츠키는 우크라이나 공산당 총서기인 스타니슬라프 코시오르와 당시 OGPU의 수장인 야고다에게 보고서를 보냈는데, 빈니차현의 한 마을에서 지역 반란의 지도자들과 SVU 사이의 연결 고리를 발견했다는 내용이었다. 그곳의 한 반군은 "SVU가 청산된 뒤에는 다른 방법으로 활동해야 한다. 무지한 대중을 선동해 반란을 일으키게 하는 것이다"라고 발언했다는 혐의를 받았다. 이후 며칠 동안 빈니차에서 다른 SVU 대원들이 '발견'되었다. 발리츠키는 이들을 발견한 것에 대해, 그리고 자신이 만들어낸 허구 조직인 SVU의 영향력을 예측한 것을 자축했다. 그는 이러한 지하 조직 세포들이 "SVU와 활동적인 농촌 반혁명 간부들 간의 강력한 연결 고리를 증명하며, 1930년에서 1931년에 일어난 봉기에 대한 SVU의 기대를 정확하게 확인시켜주었다"라고 썼다. 발리츠키는 "조직의 파편을 해체하고 개인적인 두려움과 위험을 무릅쓸 수 있었던 것은 오직 SVU의 적시 청산을 위해서였다"라고 자화자찬했다. 발리츠키는 바로 이점 덕분에 농촌 봉기를 막지 못했다는 비판을 피할 수 있었을 것이다. 그는 실제로 존재하지도 않았던 SVU를 우크라이나에서 없애지 않았다면 사태는 더 악화했을 것이라 주장했다.60

이후 몇 달 동안 경찰은 아직 발각되지 않은 새로운 음모들을 계속 탐색했다. SVU가 격파되었다고 추정된 이후에도, GPU는 크고 작은 농촌 비밀 조직들이 도시에 본부를 두고 있다고 주장하며 여전히 '도시와 시골의 반혁명분자 간의 연계 강화'를 예상했다. 도시의 반혁명 세력들이 우크라이나 전역을 배회하고 있으며, 공화국 서부 지방에서는 "우크라이나에서 청산된 (주로 페틀류라파인) 다양한 반혁명 조직이 (…) 폴란드와 긴밀히 연계되어 있었다"라고 주장됐다.61

SVU와 '페틀류라파'에 대한 탐색은 10년 동안 계속되었다. 돌이켜보면 1932년과 1933년은 1937년과 1938년 소련 전역에서 절정에 달했던 대숙청의 물결이 시작된 해였다. '대숙청'의 모든 요소, 즉 의심과 신경증적인 선전 및 선동, 중앙에서 계획한 대량 체포 등은 대기근 직전 우크라이나에서 이미 나타나고 있었다. 실제로 우크라이나의 반혁명 가능성에 대한 모스크바의 편집증은 제2차 세계대전 이후에도 계속되어 1970년대와 1980년대까지 이어졌다. 이러한 가르침은 OGPU에서 NKVD, KGB에 이르는 모든 세대의 비밀경찰과 당 지도자들에게 전수됐다. 이는 심지어 소련이 사라진 후 한참 후에도, 소련 이후 러시아 엘리트들의 사고방식에까지 영향을 미쳤다.

7장

집단화 실패,
1931년부터 1932년

> 우리는 우크라이나를 잃을지도 모르오······.
> —스탈린이 카가노비치에게 보낸 편지, 1932년 8월[1]

비밀경찰은 승리를 거두었다. 항의 시위가 집단화를 늦췄지만, 국가는 대량 체포, 대량 추방, 대량 탄압으로 반격했다. 공산당은 일단 기다린 후, 밀어붙였다. 스탈린이 '도취할 만한 성공' 기고문에서 사용한 온건한 말들은 결국 말에 불과함이 입증되었다. 동일한 정책이 계속 적용됐고 심지어 더 가혹해졌다.

1930년 7월, 격렬한 '3월 열병' 시위가 일어난 지 불과 몇 달 후 정치국은 새로운 목표를 설정했다. 1931년 9월까지 우크라이나를 포함한 주요 곡물 재배 지역의 가구 중 최대 70퍼센트를 집단 농장에 가입시키는 것이다. 1930년 12월, 정치국 위원들은 자신의 열의를 증명하기 위해 목표를 전체 가구의 80퍼센트로 상향 조정했다.[2] 중앙위원회 결의안은 특정 지역(우크라이나, 북캅카스, 볼가주 중부 및 하부)에서 이 목표를 달성하려면 '계급으로서의 쿨라크 청산'이 필요하다는 점을 다시 한번 분명히 했다.[3]

가을 파종과 겨울 추수, 그리고 봄 파종과 여름 추수 내내 농민들을 향한 압박이 이어졌다. 자기 땅이 남아 있는 농민은 여전히 높은 세금을 내야 했으며, 빠르게 확장 중인 굴라크 수용소로 추방되는 사례가 증가했다. 식량 부족은 만성화되었다. 1930년 여름, 사람들이 또다시 굶주림으로 인한 질병에 시달리기 시작하면서 비밀경찰 보고서에 기아의 첫 징후가 다시 기록되었다. 우크라이나의 한 마을에서는 식량 부족으로 쇠약해진 운전자가 트랙터에서 떨어졌고, 다른 마을에서는 굶주림 때문에 사람들이 부종에 시달렸다. 몇 달 동안 북캅카스의 농민 1만 5000명이 농장을 버리고 도시로 일자리를 찾아 떠났다. 크림에서는 사람들이 말 사료를 먹고 병에 걸렸다.[4]

폭력의 위협과 굶주림에 대한 두려움 때문에 수십만 명의 농민은 결국 땅과 동물, 기계를 집단 농장에 넘겼다. 그러나 강제로 이주했다고 해서 하루아침에 열성적인 집단 농민이 된 것은 아니었다. 노동의 결실은 더 이상 농민의 것이 아니었고, 그들이 파종하고 수확한 곡물은 이제 당국에서 징발해갔다.

집단화는 농민이 자신의 삶에 대한 결정권을 상실했음을 의미했다. 과거의 농노처럼 그들 역시 이동 제한이 포함된 특별한 법적 지위를 받아들여야 했으며, 모든 콜호즈니크kolkhozniks(집단 농장 농민)는 마을 밖에서 일하려면 허가를 받아야 했다. 콜호즈니크는 스스로 수확, 파종, 판매 시기를 결정하는 대신 소비에트 정권의 지역 대표가 내린 결정을 따랐다. 그들은 정규 급여를 받지 못하고 트루도드니, 즉 성과 일당을 받았는데, 이러한 일당은 종종 현금이 아닌 곡물, 감자 또는 기타 농산물 등 현물로 지급됐다. 또한 농민은 자치 능력도 상실했는데, 집단 농장주와 그 측근들이 전통적인 마을 의회를 대체했기 때문이었다.

그 결과 얼마 전까지만 해도 자립적인 농부였던 사람들은 이제 최대한 일을 적게 하려 했고 농기계는 관리되지 않아서 자주 고장났다. 1930년 8월, 우크라이나의 트랙터 1만6790대 중 약 3600대가 수리가 필요했으며, '계급 투쟁'과 농기계를 망가뜨리는 '파괴자'가 이 문제의 원인이라는 냉소적인 비판이 나왔다.[5]

농민들은 씨를 뿌리고 밭을 경작하더라도 대체로 과거처럼 정성과 열의를 보이진 않았다. 집단 농장의 생산량은 농민이 달성할 수 있거나 달성해야 하는 양보다 훨씬 적었다. 모든 사람은 집단에서 최대한 많은 것을 빌리거나 가져가려 했다. 어차피 국가의 곡물은 '누구에게도' 속하지 않았기 때문이다. 과거에는 도둑질을 생각조차 하지 않았던 사람들이 이제는 누구의 소유도 아니며 누구도 존중하지 않는 국가 기관의 곡식을 훔치는 데 거리낌 없었다. 이러한 형태의 '일상적 저항'은 농민에게만 국한된 것이 아니었다.[6] 최대한 적게 일하고, 공공재산을 훔치고, 국가 소유의 장비와 기계를 관리하지 않는 것은 저임금, 식량 부족, 동기 부족에 시달리는 모든 소련 노동자가 살아가는 방법이었다.

동시에 농민들은 계속해서 집단 농장을 벗어나 일자리를 찾아 도시로 떠났다. OGPU는 "더 이상 참을 수 없다"는 한 농민의 말을 인용했다. 농민들은 땅이나 수확한 곡식을 다른 사람들과 나누지 않고 자기들끼리 나눠 가졌다. 일부 지역에서 당국은 자신의 농장에서 쫓겨난 쿨라크들이 모여 단체를 결성하는 모습을 목격했고, 이러한 단체를 '쿨라크 집단'이라고 불렀다. 이들은 서로 힘을 합쳐 "지역 주민의 동정을 얻고 다른 집단 농장보다 자신들이 우월함을 증명하기 위해 노력"했다. 이 역시 반소비에트 활동의 한 형태로 간주되었다.[7]

상점과 곡물 창고 습격도 계속되었다. 1930년 5월에는 오데사 외곽에서 (대부분 여성인) 군중 수천 명이 도시로 몰려들어 국영 식료품점과 식당을 공격했다. 질서를 회복하기 위해 기마경찰이 투입되었고, 여러 명을 체포했다. 이 소요 사태는 오데사 주재 튀르키예 영사와 일본 영사의 보고서에도 언급될 만큼 심각했고, 두 보고서는 OGPU를 몹시 불안하게 만들었다. 일본 측은 경찰이 신속하게 대응했지만 "마을의 전반적인 분위기는 여전히 동요된 상태"라고 전했다.[8]

그러나 1930년 여름은 모스크바의 눈에는 승리의 시간이었다.

고통의 증거와 혼란에 대한 보고가 넘쳐났지만, 집단화가 여전히 '성공'할 것이라는 환상은 성공에 도취되든 말든 1930년 말까지 지속됐다. 같은 해와 이후 몇 년간의 공식 수치가 실제인지, 조작된 것인지, 아니면 단순한 착오인지에 대해서는 많은 논쟁이 있다. 그러나 1930년에 곡물 징수량이 최고점을 찍었다는 국가의 주장에는 의문이 있을 수 없었고, 스탈린도 그렇게 믿었던 것처럼 보인다. 공식 통계에 따르면 1930년에 8350만 톤의 곡물이 징수되었는데, 이는 기근과 악천후 때문에 7170만 톤이 징수되었던 1929년에 비하면 눈에 띄게 증가한 양이었다.[9] 이제 집단화가 성공의 길에 들어섰다고 확신한 크렘린은 훗날 재앙이 될 냉혹한 결정을 내렸다. 경화를 얻기 위해 소련 연방의 곡물 및 기타 식품 수출을 늘리기로 한 것이다.

물론 곡물 수출은 새로운 일이 아니었다. 앞서 살펴본 것처럼 1920년 볼셰비키는 곡물을 서방에 판매하기에 가장 안전한 상품으로 간주했는데, '자본가'와의 상호작용이 필요 없었기 때문이다.[10] 또한 곡물이 경화를 얻는 유일한 원천도 아니었다. '부르주아지'와 교회에서 압수한 예술품, 가구, 보석, 성상 및 기타 물건을 판매해 자금을 얻기도 했다. 또한 1930년 7월 국가는 '토르그신Torgsin'('외국인과의 무역'에서 나온 명칭) 경화 체인점을 열었다. 원래는 다른 곳에서 외화를 사용할 수 없는 외국인 관광객을 유치하기 위해 만든 곳인데, 나중에는 소련 시민들도 이용할 수 있게 되었다. 제정 러시아 시대의 금화를 가지고 있는 사람들은 이곳에서 물품을 구매할 수 있었고,

기근이 닥쳤을 때 이곳은 금품을 모아뒀거나 외국에 있는 친척으로부터 외화를 송금받은 농민들의 생존 수단이 되기도 했다.[11]

그러나 곡물은 여전히 가장 수익성 높은 수출품이었으며, 특히 목재 무역이 어려워진 후에는 더욱 그랬다. 소련의 목재가 강제 노동으로 생산되었다는 보도(사실이었다) 때문에 여러 서방 국가에서 보이콧 요구가 일어났기 때문이다. 곡물 수출은 1920년대 내내 꾸준히 증가했다. 영국은 1924년에 소련으로부터 2만6799톤의 밀을 사들였는데, 1926년에서 1927년에는 수입량이 13만8486톤으로 증가했다. 이탈리아, 튀르키예, 네덜란드로의 수출도 증가했다. 1929년부터 1931년까지 소련의 대독일 곡물 수출은 세 배로 증가했다.[12]

수출이 증가함에 따라 소련 지도부는 수출이 경화 외에 다른 것도 가져다준다는 사실을 깨달았다. 향후 소련(및 러시아)이 가스를 영향력 있는 무기로 사용할 것을 예고라도 하듯, 볼셰비키는 상대적으로 저렴한 곡물의 대량 선적에 대한 보답으로 정치적 호의를 요구하기 시작했다. 1920년 그들은 곡물을 대가로 라트비아에 우크라이나 소비에트 공화국을 인정할 것을 요구했다. 1922년 소련 정부는 영국 외무장관 커즌 경에게 영국이 소련 러시아와 평화 조약을 체결하지 않으면 영국 시장에 대한 곡물 공급을 중단하겠다고 통보했다. 1920년대 후반 소련이 지정학적 이유로 곡물을 헐값에 팔아넘겼다고 추측하는 사람도 있다. 스탈린은 서구 자본주의에 타격을 주고 싶었다. 1930년 독일의 한 신문은 실제로 '값싼 러시아 농산물'의 범람을 막기 위해 무역 블록을 만들어야 한다고 주장했다. 1931년 국제연맹 회의에서 소련 외무장관 막심 리트비노프는 "제가 대표하는 국가가 경제 위기를 겪기는커녕 오히려 경제적으로 전례 없는 호황을 경험하고 있는 덕분에 저도 여기서 특별한 지위를 누리고 있습니다"라고 득의양양하게 자랑했다.[13]

이 '특별한 지위'를 유지하려는 욕구는 아주 강했지만, 더 많은 수입품에 대한 국내의 요구도 아주 강했다. 도시와 새로운 건설 현장에서는 스탈린의 산업화 추진이 더욱 거세지고 있었다. 제1차 5개년 계획의 매우 야심 찬 목표를 달성하기 위해, 소련 공장에는 경화로만 구매할 수 있는 기계, 부품, 도구 및 기타 물품이 긴급히 필요했다. 스탈린은 1930년 7월 몰로토프에게 보낸 편지에서 이미 "곡물 수출을 강제할 필요가 있소. (…) 이것이 핵심이오"라고 썼다. 8월에는 미국산 곡물이 곧 시장에 넘쳐날 것을 우려하며 속도를 높여야 한다고 다시 한번 재촉했다. "1억 3000만에서 1억 5000만 푸드[210만에서 240만 톤]를 수출하지 않으면 우리의 통화 상황은 절망적인 상태가 될지도 모르오. 다시 말하지만, 우리는 전력을 다해 곡물 수출을 강행해야 하오."[14]

다른 곳에서 스탈린은 경화 부족이 야금 및 기계 제작 산업에 미치는 위험과 국제 시장에서 발판을 마련해야 할 필요성에 대해 언급했다. 또한 그는 가격이 오를 때까지 기다리라고 조언하는 수출 부서의 '만물박사들'을 비난하며, 그들의 목덜미를 잡아 내쫓아야 한다고 말했다. "기다리려면 외환 보유고가 있어야 한다. 그러나 우리에겐 없다."[15] 1930년 9월, 당시 대내외 무역 위원이었던 아나스타스 미코얀은 곡물 수출 산업 대표에게 편지를 보내 유럽 기업과 장기 수출 계약을 체결할 것을 촉구했다. 이는 "그들을 위해 약간의 보유고를 확보하는 일"에 불과했지만 말이다.[16] 몇 주 후 정치국은 파시스트 이탈리아에 대한 식량 수출 증대와 심지어 이탈리아 은행으로부터 신용 대출을 받아 자금을 조달하는 방법까지 논의했다.[17]

이 긴급한 정책 지시는 곡물의 수출 비중 증대로 이어졌다. 1930년 곡물 수출량은 1929년의 17만 톤에서 480만 톤으로 대폭 증가했고, 1931년에는 520만 톤으로 더 증가했다.[18] 이는 스탈린이 수확해야 한다고 생각한 8300만 톤 이상의(그리고 앞으로는 그 이상의) 총량 중 상대적으로 작은 부분이었다. 그러나 실제로 그보다 적은 양이 수확된다면, 계획대로 수출했다가는 소련 국민은 물론이고 식량을 생산한 우크라이나 농민이 먹을 곡물조차 남아나지 않았다.

1930년 여름 추수 이후의 낙관론은 오래가지 못했다. 가을 파종은 전반적인 혼란 때문에 지연되었는데, 농민들이 여전히 집단 농장에 가입하고 탈퇴한 후 재가입하는 상황이었고, 누가 어떤 토지를 통제하는지가 분명하지 않았기 때문이다. 1931년 봄의 파종은 말, 트랙터, 종자 부족 때문에 쉽지 않았다. 설상가상으로 그해 봄은 추웠고, 특히 동부 지역에는 다른 해보다 비가 적게 내렸다. 볼가, 시베리아,

카자흐스탄은 모두 가뭄에 시달렸고 우크라이나 중부도 마찬가지였다. 날씨 자체만으로는 위기가 아닐 수도 있었다. 하지만 1921년에서처럼 열악한 환경과 소련 정책의 혼란이 결합하면서, 농민들은 국가가 요구하는 만큼의 농산물을 생산할 수 없었다. 일부 농민은 자신이 먹을 식량조차 생산하기 어려웠다.[19]

1931년 여름이 되자 각계각층의 관료와 활동가들은 앞으로 닥칠 문제를 다시 한번 경고했다. 우크라이나 OGPU는 '수확의 상당 부분'이 손실되리라 예측했다. 날씨 문제 외에도, 그들의 보고서에는 준비되지 않은 저장 용기와 상태가 좋지 않은 트랙터 및 기타 기계에 대한 설명도 있었다. "어떤 지역에도 개별 마을과 집단 농장에 지구 계획이 전달되지 않았다. (…) 지역 수준에서 수확을 위한 집단 교화 작업이나 조직적인 준비가 전혀 이루어지지 않았다."[20] 스탈린에게 직접 전달된 여러 보고서에서는 집단 농장의 열악한 작업 관행과 비효율적인 방법이 묘사되기도 했다.[21]

여름과 가을 내내 모스크바와 하르키우 사이에는 수많은 서신과 지시가 오갔는데, 모두 곡물 징발이 잘되지 않을 것이라는 두려움을 표현하고 있었다. 특히 우크라이나에 대한 우려가 컸고, 심지어 우크라이나 농민들이 아예 파종을 하지 않을 것이라는 내용도 있었다. 6월 17일, 스탈린과 몰로토프는 우크라이나 지도부에 "파종하지 않은 밭에 파종할 것"을 요구했고, 우크라이나 공산당에 모든 가용 자원을 동원할 것을 촉구하는 명령을 공동 서명해서 보냈다. "6월 25

일까지 결과를 알려주기 바람."²²

그러나 정해준 날은 물론 가을이 되어서도 상황은 나아지지 않았다. 9월이 되자 이미 1931년 수확량은 예상처럼 많기는커녕 전년도보다 적을 것이라는 사실이 분명해졌다.²³ 소련 지도부는 국가가 수출 할당량을 채우지 못할 것을 특히 우려했다. 같은 달 중순 몰로토프는 북캅카스의 공산당 지도자들에게 비밀 전보를 보내, 수출용 곡물 징발이 '끔찍할 정도로 느리게' 진행되고 있다고 밝혔다.²⁴ 늦가을이 되자 소련 전역의 곡물 징발이 목표에 미치지 못할 것이 분명해졌다. 1931년에서 1932년의 공식 수확 총량은 결국 예상했던 8300만 톤 이상이 아닌 6950만 톤에 그치고 말았다.²⁵

수치가 오르지 않으면 소련의 수출은 타격을 받게 될 것이었다. 설상가상으로, 도시에 사는 사람들이 다시 한번 빵 없이 살아야 할 것이었다. 키이우주의 지사는 그때 이미 무역 위원이었던 미코얀에게 "2주 동안 배급 고기를 전혀 받지 못했고, 누구도 생선을 가져다주지 않으며, 가끔 감자만 먹을 수 있습니다"라는 애원의 편지를 보냈다. "노동자들은 동요하고 있으며 농촌 빈민은 빵을 먹지 못합니다. 산업 생산성은 심각한 위기에 돌입하기 직전입니다". 그는 이렇게 부탁했다. 누구라도 좋으니 "정해진 수량대로 키이우에 빵을 빨리 공급해주십시오."²⁶ 또한 모스크바에서는 고기를 전혀 구할 수 없었다.²⁷

모든 사람은 집단화 자체가 새로운 식량 부족의 원인이라는 점을 어느 정도 이해하고 있었다. 스탈린 자신도 집단 농장의 문제점과 비효율성을 매우 자세히 설명하는 보고서를 받았다. 심지어 중부 체르노젬주의 한 관료는 스탈린에게 사유재산제를 대담하게 옹호하는 글을 보내기도 했다. "집단 농장 생산량의 엄청난 감소를 어떻게 설명할 수 있겠습니까? 손실과 낮은 작업 수준에 대한 물질적 이해관계와 책임이 개별 농가에는 직접적인 영향을 끼치지 않는다고 설명할 수밖에 없는데 말입니다……."[28]

집단화로 인한 '책임감' 결여는 소련식 농업(그리고 소련식 산업)이 존재하는 한 소련 농업을 계속 괴롭힐 것이었다. 1931년 초반에 이 점이 이미 분명하게 드러났지만, 이미 스탈린과 너무 밀접하게 연결된 정책이기 때문에 누구도 정책에 의문을 제기할 수 없었다. 스탈린은 자신의 당 지도력을 집단화에 걸었고, 집단화를 위해 싸우는 과정에서 경쟁자를 물리쳤다. 스탈린은 절대로 틀려선 안 됐다. 따라서 10월에 열린 중앙 위원회 전체 회의의 상당 부분은 다른 희생양을 찾는 데 할애되었다. 스탈린은 책임을 질 수 없었고 고위 당 간부들도 책임지려 하지 않았기에, 다가오는 재난에 대한 책임은 그보다 아래쪽에서 져야 했다.

1928년부터 우크라이나 공산당 총서기이자 소련 정치국 위원으로 활동한 스타니슬라프 코시오르는 '도취할 만한 성공'과 관련한 비판에 응수하며, 수확 실패의 책임을 당의 하위 계급 탓으로 돌렸다. 그는 우크라이나 관료들이 시골 지역으로 내려갔다고 설명했다. 관료들은 기계 트랙터 관리소의 책임자와 직접 대화를 나눴다. 그들은 책임자들이 곡물 수확에 힘을 쏟지 않았다고 비난했다. 그러나 이 이야기를 들은 사람들은 국가에서 원하는 곡물 수요가 너무 높다는 생각에 "사로잡히고 말았다". 시골 방문을 끝낸 관료들이 하르키우와 모스크바로 돌아가 "농민들이 몹시 굶주리고 있으며 더 많은 식량이 필요하다"는 메시지를 지도부에 전달했기 때문이다.

신실한 볼셰비키였던 코시오르는 이러한 요구를 음모론으로만 치부할 수 없었다. 그는 이렇게 선언했다. "우리 공산주의자들과 심지어 우리 이만오천인대조차도 굶주린 농민이라는 허구를 믿게 되었다." 설상가상으로, "이만오천인대 중에서 이질적인 요소가 다수 나타났다". 그 결과 "그들은 계급의 적에 대항해 빵을 얻기 위한 투쟁에서 집단 농장 대중을 조직하는 데 실패했을 뿐만 아니라, 때로는 속아서, 때로는 의식적으로 이러한 농민 분위기에 동조하곤 했다". 의심스러운 당원들은 이미 우크라이나 공산당에서 추방되었다. "시골에는 사회주의 건설을 위해, 집단 농장을 위해, 소련 국가의 이익을 위해 싸울 진정한 볼셰비키가 필요하지, 쿨라크류의 헛소리를 위해 싸울 사람은 필요 없다."[29]

정책이 실패했을 때 늘 그랬던 것처럼, 당국은 '방해 행위'로 탓을 돌리기도 했다. 1928년 샤흐티 재판에서 당국은 중공업의 생산 실패를 설명하기 위해 광산 기술자에게 집중했다. 이번에는 농업 전문가에게 책임을 물었다. 1931년 봄, 우크라이나 서부 도시 빈니차의 비밀경찰들은 '방해 행위 반혁명 조직'인 '포돌리아 농민 노동당'

을 폭로하고 제거했다. '계획, 토지 관리, 신용, 기계 공급 같은 농업의 모든 분야에서 조직적인 방해 행위'를 한 혐의로 체포된 열여섯 명은 대부분 농업 경제학자였다. 이들은 한층 낙관적인 해였던 1923년에 설립된 전 우크라이나 농업협회의 포돌리아 지부 회원들이었다. 이제 그들은 '소련 통치의 전복과 부르주아 민주공화국의 수립'을 추구한다는 혐의를 받았다.

이들 중 명백하게 반혁명적인 약력을 가진 사람은 없었지만, 이들은 도시와 국가 모두에 연줄이 있는 교육받은 사람이었다. 그리고 이런 사람은 OGPU가 가장 눈독을 들인 용의자 범주에 속했다. 스테판 체르니압스키는 페틀류라 시절부터 우크라이나 정부를 위해 일해온 농업 경제학자로, 포돌리아 토지청의 청장을 역임했다. 유힘 핏쿠이-무하는 같은 기관의 비서였다. 이반 올리니크는 카미아네츠-포딜스키의 농업 연구소에서 교수로 재직 중이었다. 다른 사람들도 농업 신용 문제나 다양한 농업 및 축산 분야의 전문가로 활약한 이들이었다. 교육받고 성공한 이들로 구성된 이 집단에는 거듭된 농업 실패에 대한 책임뿐만 아니라, 시골 농민에게 반혁명 사상을 퍼뜨렸다는 혐의까지 씌울 수 있었다. 이 재판은 소련 언론에 의해 대대적으로 보도되었고, 피고인 대부분은 굴라크 3년에서 10년 형에 처해졌다.[30]

이처럼 희생양 찾기는 효과는 있었지만, 좁은 의미에서만 그랬다. 계급의 '적'인 농업 경제학자를 체포하고 일부 당원을 추방한 것이 나머지 당원들에게 우크라이나의 할당량 달성 실패를 설명해줄 수 있었을지는 몰라도, 더 많은 곡물을 생산하지는 못했다. 마찬가지로 모스크바에서 보낸 분노에 가득 찬 전보도 곡물 생산으로 이어지지는 않았다.[31] 1931년 10월, 한 해의 계획은 날씨와 상관없이 반드시 달성해야 하므로 가뭄의 영향을 받지 않은 지역은 특히 더 많이 기여해야 한다고 말한 미코얀의 발언도 마찬가지로 도움이 되진 않았다. 이는 불공평한 말이었으며, 미코얀 자신도 "사람들은 열심히 일하고 있다. (…) 우리가 더 많은 것을 요구할 뿐이다"라고 인정했다. 그러나 이 또한 그다지 중요하지 않았다. 어떤 말로도 더 많은 빵을 진열대에 올릴 수는 없었기 때문이다.[32]

위협과 설득 모두 실패로 돌아갔다. 남은 것은 강압뿐이었고, 결국 1931년 12월 스탈린과 몰로토프는 강압적인 정책을 발표했다. 곡물 할당량을 채우지 못한 집단 농장은 미납 대출금을 상환해야 하고, 기계 트랙터 관리소에서 빌린 트랙터나 기타 장비를 모두 반환해야 한다는 것이다. (종자 구입을 위한 현금을 포함한) 여유 자금은 몰수 대상이었다. 새로운 규칙을 설명하기 위해 하르키우로 파견된 몰로토프는 조금의 자비도 보이지 않았다. 그는 악천후와 흉작에 대한 불평은 모두 무시했다. 그는 우크라이나 당 지도부에 곡물 부족이 문제가 아니라 농민의 무능함이 문제라고 말했다. 농민들은 조직도 제대로 갖추지 못했고, 동원에 실패했으며, 필요한 만큼의 곡물을 모으지도 못했다. 지역에서 몰로토프는 집단 농장 지도자들을 '쿨라크의 끄나풀'이라고 부르며 꾸짖었다. 그는 트랙터를 빼앗겠다는 스탈린의 위협을 반복했고, 동시에 국가 목표를 달성한 농장에 더 많은 공산품을 제공하겠다고 약속했다. 모스크바로 돌아온 몰로토프와 스탈린은 소치에서 휴가를 보내고 있던 코시오르에게 또 다른 서신을 보냈다. 그들은 코시오르에게 우크라이나로 돌아갈 것을, 그리고 국가가 곡물 요구량을 계획대로 달성하도록 강요할 것을 요구했다.[33]

이 험악한 회의가 끝난 후, 우크라이나 정치국은 12월 말에 다시 모였다. 우크라이나 공산주의자들은 다시 한번 5개년 계획에 대해 입에 발린 말을 했다. 그들은 830만 톤의 곡물을 모으기로 합의했지만, 회의실에 있던 모든 사람은 그것이 불가능한 목표임을 알고 있었다. 그들은 자신이 마을로 직접 가서 조달을 감독하겠다고 선언했지만, 그래봐야 어떤 차이도 생기지 않는다는 사실 또한 알고 있었다. 전체 작전의 효율성을 높이기 위해, 그들은 우크라이나를 여섯 개의 징수 구역으로 재편하고 각 구역을 당 지도자 한 명이 담당하게 했다. 지도자가 된 모두가 앞으로 닥칠 임무에 대해 깊은 불안을 느꼈을 것이다.

그들은 각 구역 담당자에게 비상 권한이 부여된다는 소식을 듣고 안심했다. 이 권한에는 계획 달성에 방해가 된다면 누구든 해고할 권한도 있었다. 즉 할당된 곡물 징수를 실패한 사람은 여전히 희생양에 일부 책임을 전가할 수 있다는 뜻이었다.[34] 하지만 동시에 위험 부담도 커졌다. 우랄, 볼가, 카자흐스탄, 시베리아 서부 지역의 수확이 부족했다. 이는 우크라이나를 비롯한 소련 서부의 다른 지역 주민들이 원래의 곡물 할당량에 더해, 다른 지역의 봄 파종에 사용할 종자 곡물도 추가로 납부해야 함을 의미했다. 다시 말해, 국가는 이미 불가능한 수준의 할당량에 훨씬 더 불가능한 새로운 요구를 추가한 셈이었다.[35]

1932년 봄, 새로운 기근이 닥칠지도 모른다는 사실을 알고 일자리는 물론 목숨까지 걱정하게 된 절박한 관료들은 어디서든, 어떻게든 곡물을 모으기 시작했다. 소련 전역에서 대규모 몰수가 실행되었다. 우크라이나에서는 몰수의 강도가 거의 광적인 수준이었다. 당시 우크라이나의 일부였던 몰도바 자치 공화국을 방문한 『프라우다』 특파원은 곡물 조달 관료들의 악랄함에 충격을 받았다.[36] 그는 동료에게 보낸 개인 서신에서 농민에 대한 '공공연한 반혁명적 공격'을 이렇게 묘사했다. "수색은 보통 밤에 진행돼. 그들은 치열하고 극도로 진지하게 수색하고 있어. 루마니아 국경에 있는 어느 마을은 난로가 무사한 집이 단 한 채도 없을 정도야."

아무리 가난한 농민이라도 빵이나 곡물을 조금이라도 소지하고 있음이 발각되면, 몇 달 전 쿨라크들이 당했던 것처럼 집에서 끌려나와 소유물을 빼앗겼다. 사실 이 역시 이례적인 일이었다. "웬만큼의 식량을 찾아내는 경우는 극히 드물었다. 대부분의 수색은 아주 적은 양, 빵 몇 조각을 압수하는 것으로 끝났다."[37] 당국의 누구도 이러한 행동이 과연 현명한지에 대해 의문을 제기하지 않았다. OGPU와 공산당 관료들이 정권에 충성하는 기자들에게 곡물 몰수 과정을 관찰할 수 있게 한 것을 보면, 최고 수준의 지도자들은 자신들의 지시가 정당하다고 확신했던 듯싶다.

지역 공산당 지도자들은 자신의 경력이 위태로워지자, 활동가들을 조직하고 마을별로 그들을 보내 곡물을 몰수하도록 명령했다. 우크라이나 서부에 있는 소볼립카 마을의 한 농부는 폴란드 친척에게 이 일을 설명하는 편지를 보냈다.

> 당국은 이렇게 하고 있어요. 이른바 '단체'를 보내 일반인이나 농부에게 접근한 다음 수색을 실시해요. 수색은 매우 철저해서 날카로운 금속 도구로 땅을 파헤치고, 성냥을 켜고 벽을 살피며, 정원과 짚으로 만든 지붕까지 뒤진답니다. 반 푸드라도 발견하면 마차에 싣고 가 버려요. 이것이 이곳에서의 삶입니다. (…) 친애하는 이그나시 형, 가능하다면 소포를 보내주세요. 절실히 필요해요. 먹을 것이 아무것도 없는데, 사람은 먹어야 살잖아요.[38]

이러한 방법은 모두 과거의 일들을 떠올리게 했다. '전시 공산주의' 시대에 붉은 군대는 비슷하게 폭력을 저질렀으며 농민들의 재산을 수색하고 그들의 생명을 경시했다. 하지만 이는 동시에 가까운 미래를 예고하기도 했다. 이는 1932년부터 1년 후인 1933년 겨울, 우크라이나 전역에서 활동가들에 의해 수천 번 수행될 격렬하고 파괴적인 식량 수색의 서막이었다. 숨겨진 곡물을 찾기 위해 벽과 가구를 부수는 폭력 행위는 앞으로 일어날 일의 전조일 뿐이었다.

소련 전역에서 관찰된 기아 현상은 불길한 징조였다. 볼가 지역의 현들, 캅카스, 카자흐스탄에서는 이미 굶주린 아동, 너무 쇠약해 일할 수 없는 사람들, 빵이 모두 사라진 상황 등이 보고되고 있었다. 우크라이나에서는 오데사주 여러 마을의 상황이 너무나 심각해 3월에 지노빕스키현 당 지도부가 의료 팀을 파견해 조사할 정도였다. 의사들은 자신이 목격한 상황에 경악을 금치 못했다. 코지립카 마을에서는 주민 절반이 아사했다. 의료진 방문 당일에는 365가구 중 100가구가 남아 있었고, 나머지는 "비워지는 중이었다." "남은 오두막 중 상당수가 해체되고 있었으며, 창문과 문틀은 연료로 사용되고 있었다." 이반 미로넨코의 가족(학령기 자녀 세 명을 포함한 총 일곱 명)은 "썩은 고기만 먹으며" 연명하고 있었다. 조사단이 오두막에 들어갔을 때, 미로넨코 가족은 삶은 말가죽과 그 국물로 만든 "악취가 나는 노란색 액체"를 함께 먹고 있었다. 근처에서 조사단은 자녀 네 명을 둔 코발 가족을 만났다. 오두막에 들어서자 조사단은 죽은 말의 뼈를 삶고 있는 마리아 코발과 마주쳤다. 한 노파는 침대에 누워

"더 빨리 죽게 하는" 약을 달라고 애원하고 있었다.[39]

타라십카 마을의 상황도 나을 게 없었다. 이곳은 가구 수가 400가구에서 200가구로 절반으로 줄었다. 시신이 길거리에 널브러져 있었는데, 그걸 묻어줄 사람도 없었다. 의료진은 시신이 사나흘 동안 방치되는 마을에서 이것쯤은 정상이라는 말을 들었다. 의사들은 "얼굴이 누렇고 너무 쇠약해 일어서 있기도 힘든" 아버지를 둔 가정을 방문했다.[40] 의료진은 주, 현, 마을과 공산당료들이 "기아 발생을 무시하고 있으며, 기아에 대해 말하지 않으려 한다"라고 보고했다. 실제로 지역 지도자들은 사망률 증가를 '숨기고' 있었다. 이 또한 얼마 지나지 않아 반복될 패턴의 하나였다.[41]

우크라이나의 OGPU는 무슨 일이 벌어지고 있는지 제대로 알고 있었다. 1932년 일사분기에 정보원들은 우크라이나인 83명이 굶주림 때문에 몸이 부었고 여섯 명이 사망했다고 기록했다. 정보원들은 또한 하르키우, 키이우, 오데사, 드네프로페트롭스크, 빈니차 지방에서 산발적인 식량 부족이 발생했다고 보고했다. 말들도 빠른 속도로 죽어가는 것이 관찰되었다. 우크라이나 전역에서 집단화 이후 말의 수는 절반 아래로 감소했다.[42] 한 집단 농장의 지도자들은 굶주림과 과로 때문에 하루에 최대 네 마리의 말이 죽는다고 당 당국에 합동 전언을 보냈다. 더 심각한 문제는 농민이 말을 잡아먹는 것을 막을 수 없었다는 것이다. "우리는 콜호즈니크 사람들에게 사체를 먹지 말라고 수차례 경고했지만, 그들은 이렇게 대답했습니다. '어차피 굶어 죽을 테니, 우린 사체를 먹을 겁니다. 감염된 소의 사체라도 상관없어요. 원한다면 우릴 쏘시든지요.'"[43]

공산당 사무실, 특히 스탈린에게 편지가 쇄도했다. 니즈니오드니프롭스크의 한 여성은 스탈린에게 이런 편지를 보냈다. "아이를 낳고 문명화된 환경에서 키울 수 없다는 것은 끔찍한 일입니다. 차라리 아이를 낳지 않는 게 나아요."[44] 한 당원은 징수 팀이 '곡물 징발 의무를 모두 수행한' 빈농과 중농의 오두막에 들어가 모든 곡물을 가져간 나머지 '먹을 곡식도, 가을 파종할 곡식도 남지 않은' 사건에 대해 편지를 썼다.[45] 또 다른 당원은 이런 글을 보냈다.

친애하는 스탈린 동지, 대답해주십시오. 왜 집단 농장의 농민들이 굶주림 때문에 몸이 부어야 하며, 죽은 말을 먹어야 합니까? 휴가를 받아 지노빕스키현에 갔는데, 그곳에서 사람들이 말을 먹는 광경을 목격했습니다……[46]

1932년 봄, 비밀경찰 정보원들은 우크라이나 마을의 상황을 설명하며 10년 만에 처음으로 '기근'이라는 단어를 사용했다.[47] 하르키우의 공화국 정부도 기아의 위협이 매우 현실적인 문제임을 이해한 듯 행동하기 시작했다. 정부 곡물 창고에서는 4월에 '가장 어려운 상황에 처한' 사람들을 돕기 위해 2000톤 이상의 기장을 방출했다.[48] 한 달 후 키이우주 정부는 특히 어린이들이 먹을 수 있도록 30개 지역에 추가로 식량을 공급하는 방안을 논의했다.[49] 그리고 도움이 절실한 두 지역에는 긴급 곡물을 즉시 보내기로 결정했다.[50]

위기가 임박했다는 인식은 우크라이나에 거주하는 외국인에게도 영향을 미쳤다. 키이우 주재 폴란드 영사는 여러 마을에서 '심각한 식량 부족'이 발생하고 있다는 내용의 전보를 바르샤바로 보냈다. 그는 빈니차와 우만에서 굶주림 때문에 길거리에 쓰러진 사람들을 목격했다.[51] 독일 영사는 이민 갈 수 있도록 시민으로 인정해달라는 독일계 소수민족 구성원의 청원이 들어온다고 보고했다. "빵이 부족하며, 마을 주민들은 식품이랄 수도 없는 대용[식품]을 먹어야 함. (…) 집단 농장에서 영양실조에 시달리는 마을 주민과 배급량이 부족한 노동자들이 음식을 구걸하고 있음."[52]

식량 부족의 규모를 고려하면 농민들이 그해 봄 농사를 주저하고, 1921년처럼 파종을 거부한 것은 당연한 일이었다. 마지막 남은 종자 알갱이까지 심으면 먹을 것이 하나도 없었기 때문이다. 또한 농민은 간신히 재배해봐야 모두 몰수당한다는 사실도 알고 있었을 것이다. 1932년 4월, OGPU는 4만 가구 이상이 파종하지 않을 것이라 경고했다.[53] 기아가 확산되면서 많은 사람이 너무 쇠약해져 밭에서 일할 수도 없었고, 아무것도 없는 밭은 더 이상 비밀도 아니었다. 우크라이나 공화국 정부의 주요 신문인 『비스티 부츠브크 Visti VUTsVK』

는 그해 봄 우크라이나 밭의 약 3분의 2만이 파종되었다고 공개적으로 보도했다.[54]

이 당시 편견 없는 관찰자라면 누구나 우크라이나가 그해 모스크바의 곡물 수요를 충족할 가능성이 전혀 없음을 알았을 것이다. 식량 공급 감소는 명백히 예상되는 사실이었으며, 수출용 곡물 확보는 실현 불가능한 일이었다. 수많은 사람이 굶주림에 시달리게 될 것이었다.

1932년 봄, 몇몇 고위급 우크라이나 공산주의자들이 마침내 용기를 내 과감한 방향 전환을 촉구했다. 2월이 되자 혁명 이전부터 당원이었고 이제는 우크라이나 정치국 위원이자 우크라이나 최고 소련 의장이던 '원로 볼셰비키' 흐리호리 페트롭스키가 동료들에게 짧은 편지를 보냈다. 그는 희생양을 지목하지 않았고, 식량 부족을 '일시적'이거나 가상의 문제라 설명하지 않았다. 대신 그는 키이우와 빈니차, 오데사, 드네프로페트롭스크, 하르키우를 비롯한 우크라이나 전역의 '마을들뿐 아니라 노동계급의 도시'에서 식량 부족이 관찰된다고 밝혔다.

페트롭스키는 제안서를 만들었다. 그는 중앙 위원회에 '주민이 먹을 농산물과 가축에 줄 사료의 극심한 부족'을 설명하는 편지를 보냈고, 우크라이나에서 곡물 징발을 중단하고 '법률에 따르는' 자유로운 물품 교환을 복원할 것을 요청했다. 또한 1921년에 그랬던 것처럼 가장 피해가 심각한 지역의 주민, 특히 어린이를 구조하기 위해 적십자 및 기타 긴급 구호 단체에 자원을 모아줄 것을 요청하고, 우크라이나 공화국 내 조직을 동원하여 기아 피해 지역을 도울 것을 촉구했다. 그는 1932년 소비에트 국가가 우크라이나에서 아무것도 징수해선 안 된다고 단도직입적으로 선언했다. 굶주린 우크라이나 농민을 먹여 살리려면 수확한 식량은 모두 공화국 내에 남아 있어야 했다.55

우크라이나 당 지도부는 페트롭스키의 요청에 주목했다. 3월이 되자 당 관료들은 이전의 입장을 뒤집고, 갑자기 지역 지도자들에게 곡물 징발을 중단하라고 지시했다. 봄 할당량을 채우진 못했지만 농민들이 다음 철 작물 파종에 집중해야 하기 때문이었다.56 고위층에서 보낸 이러한 신호에 고무된 몇몇 하위 우크라이나 관료들은 다른 공화국과 국가 기관의 곡물 요구를 거부했다. 1천 톤의 곡물을 우랄로 보내달라는 요청을 받은 한 관료는 '불가능하다'고 답장했다. 콩과 완두콩을 보내달라는 요청도 거절했다.57

모스크바 지도부 내부, 하르키우의 우크라이나 공산당, 그리고 모스크바와 하르키우 사이에서 이어진 논쟁은 모호하고 조심스러웠으며, 혼란스럽고 모순적이기까지 했다. 기아가 광범위하게 퍼질 가능성은 이제 모든 측면에서 완벽하게 이해되고 있었다. 그러나 집단화 정책을 구상하고, 주장하고, 지지하고, 옹호했던 스탈린의 개인적 책임도 다시 한번 완벽하게 이해받고 있었다. 정책이 실패했다고 말하는 것은 물론, 공개적으로 반대하는 것조차 지도자를 향한 비판으로 들릴 뿐이었다. 우크라이나에 대한 식량 지원은 스탈린의 실패를 암묵적으로 인정하는 일임을 모두가 알고 있었다. 하지만 우크라이나 농민의 곡물 징발을 중단하고 농작물 파종을 장려하지 않으면 재앙이 뒤따른다는 사실 또한 모두가 알고 있었다.

지도자들은 신중하게 단어를 선택해 저마다 다른 전략을 시도했다. 4월 26일, 코시오르는 스탈린에게 우크라이나 시골의 전반적인 상황에 관해 지나치게 조심스러운 내용을 담은 장문의 편지를 보냈다. 그는 문제의 심각성을 축소했다. 코시오르는 방금 여러 남부 지역을 방문하고 왔다고 썼다. 모든 부정적인 보고에도 불구하고 그는 1932년 수확량이 전년도를 능가할 것이라고 확신했는데, 가장 큰 이유는 개선된 날씨 상황이었다. 동료들의 두려움에 찬 서신과는 대조적으로, 코시오르는 "우크라이나의 '기아'에 대한 모든 대화는 단호히 폐기되어야 합니다"라고 밝혔다. 몇몇 지방의 "곡물 징발 과정에서 심각한 실수가 있었기는 합니다"라고 인정했지만, 그는 이 문제를 바로잡을 수 있다고 예상했다. 코시오르는 키이우 지방에서 굶주린 농민들이 곡물 파종을 거부하는 '페틀류라파' 성격의 시위가 벌어진 '사건'이 있었다는 점도 인정했다. 하지만 모든 일이 순조롭게 진행되고 있다고 스탈린을 안심시켰다. 국가는 해당 지역에 기장, 옥수수, 말사료를 포함한 약간의 식량 원조를 제공했다. 코시오르는 스탈린에게 이처럼 사소한 문제가 있으니 지원을 부탁드린다고 말했다. 사소한 혼란이기는 하지만 그 때문에 우크라이나의 다른 일부 지역에서 '추가 지원'이 필요할 수 있다는 것이다. 그의 요청은 "다시 한번 중앙위원회에 의지해야" 함을 뜻했다.[58]

코시오르는 매우 조심스럽게 식량 지원을 요청했다. 하지만 이런 식으로는 단 몇몇 지구에 제한된 양의 곡물을 지원할 뿐이었고, 지원이 필요한 유일한 이유는 일부 반혁명분자들이 정치적 시위로 파종 시기를 방해했기 때문이어야 했다. 코시오르와 다른 우크라이나 공산주의 지도자들은 어렵사리 신중하게 표현한 요청을 스탈린이 호의적으로 받아들일 것이라 믿었다. 그 이유는 1932년 봄이 끝날 때까지 스탈린이 정책 변경에 대해 수차례 열린 태도를 보였기 때문이었다. 그는 카가노비치에게 농민을 고무하려면 그들에게 더 많은 공산품을 공급해야 한다고 말했고, 식량 부족을 완화하기 위해 4월에는 곡물을 소량만 선적하자고 제안했다.[59] 서방 국가로의 수출이 계속되는 동안에도 스탈린은 극동과 페르시아산 옥수수, 밀 및 기타 곡물의 비밀 구매를 승인했는데, 이는 그가 소련 내부의 식량 부족 문제를 알고 있었음을 보여준다.[60] 그는 오데사 지방에 소량의 곡물을 보내기로 한 정치국의 결정을 지지했다.[61] 스탈린은 심지어 소련 전역의 곡물 조달 계획이 "지나치게 기계적"이며 날씨를 비롯한 지역 요인에 맞게 조정되어야 한다는 안을 두고 고심했다. 카가노비치와 몰로토프도 그해 여름 후반에 이 점을 반복해서 지적했다.[62]

하지만 4월이 되자 스탈린의 어조가 바뀌었다. 스탈린은 우크라이나의 정치 상황에 관한 몇 가지 우려스러운 자료를 받았다. 기록 보관소에서 그가 무엇을 읽었는지 정확하게 알 순 없지만, 추측해보면 아마 코시오르가 언급한 '페틀류라파'의 시위나 파블로흐라드 폭동에 대한 보고서였을 것이다. 아니면 공산당 내부의 분위기에 관한 보고서였을 수도 있다. 우크라이나 OGPU의 수장인 브세볼로트 발리츠키는 시골 지역 정보원들의 보고를 부지런히 수집하고 있었는데, 특히 당원들의 불만과 집단화에 대한 혐오감, 모스크바에 대한 분노를 중점적으로 기록했다. 그해 가을 후반 그는 정보원을 통해 수집한 우크라이나 당 간부들의 분노에 찬 발언과 당원증을 반납한 당원들을 확인한 뒤 스탈린에게 보고서를 올렸다. 아마도 그해 봄 스탈린이 본 것과 비슷했을 것이다. 그것이 무엇이든, 스탈린은 4월 26일 코시오르에게 보낸 편지에서 분노를 표출했다(처음이 아니었다). "이 자료를 보면 우크라이나의 여러 지역에서 소비에트는 더 이상 지배하지 않는 것 같소. 그게 정말 현실이오? 농촌의 상황이 정말로 그렇게 끔찍하단 말이오? GPU 조직원들은 어디서 무엇을 하고 있소? 이 사례를 확인하고 어떻게 조치했는지 중앙 위원회에 보고해주겠소?"[63]

보고서에 작성된 내용과 그 원인에 분노한 스탈린은 우크라이나에 주기로 한 기장과 기타 식량 원조를 즉시 철회했다. 그리고 우크라이나 공산당에 실적이 부진한 농장의 트랙터와 기타 장비를 몰수하는 정책을 유지하도록 요구했다. 그는 관대한 제스처가 우크라이나 지도부의 독자적인 행동으로 오해받는 일을 원치 않았고, "모스크바와 소련 공산당에 대한 시위"로 비치는 일도 절대 원치 않았다.⁶⁴ 그는 우크라이나 당을 신뢰할 수 있을지 깊이 우려스러웠다. 그는 소련 국가가 개인 독재의 길에 들어섰음을 보여주는 말들을 사용하여, 카가노비치와 몰로토프에게 현지 지도자들의 충성도가 충분하지 않다고 말했다. 그는 6월 2일 두 사람 모두에게 '우크라이나에 진지한 관심을 기울여야 할 것'이라는 내용의 서신을 보냈다. "[블라스] 추바르[우크라이나 정부 수장]는 부패했고 기회주의적인 성격이며, 코시오르는 썩어빠진 외교와…… 범죄를 가볍게 여기는 태도로 우크라이나를 완전히 망치고 있소. 이 동지들은 오늘날의 우크라이나를 이끌 능력이 없소."⁶⁵

그러나 이 '부패한' 지도자들은 다시 마지막으로 호소했다. 6월 10일, 페트롭스키는 가장 솔직하게 편지를 썼다. 사람들이 굶어 죽기 시작한 여러 시골 지역을 방문한 직후였다. 그는 굶주리는 농민들을 직접 마주했다.

우리는 우크라이나에서 국가 곡물 조달 목표를 달성하기가 쉽지 않으리란 사실을 알고 있었습니다. 제가 시골에서 목격한 광경은 우리가 너무 과도했고 지나쳤음을 보여줍니다. 저는 많은 마을을 방문했고 농촌의 대부분이 기아에 시달리는 모습을 목격했습니다. 많지는 않지만 굶주림 때문에 부종에 시달리는 사람들이 있었는데, 대부분 가난한 농민이었으나 중산층 농민도 있었습니다. 그들은 통 바닥에 남은 음식물 찌꺼기를 먹었습니다. 그런 게 있기라도 하면 말이죠. 마을에서 큰 회의가 열리자 농민들은 당연히 저를 저주했고, 노파들은 눈물을 터뜨렸습니다. 때로는 남자들도 울었습니다. 악화된 상황에 대한 비판이 대단히 깊고 광범위했습니다. 왜 그들은 일부러 기아를 유발했는가? 어찌 됐든 우리는 풍작을 거두었다. 그런데 왜 파종 씨앗을 모두 빼앗아갔는가? 구정권에서도 이런 일은 없었다. 구정권 때도 이런 일은 듣도 보도 못했단 말이다. 우크라이나 사람들은 왜 비옥하지 않은 지역에서 빵을 찾기 위해 위험한 여정을 떠나야 하는가? 왜 이곳에 빵이 공급되지 않는가? 등등…… 이런 상황에서는 설명을 제공하기가 쉽지 않습니다. 당신은 과도한 행동을 저지른 사람들을 비난하지만, 대부분은 프라이팬 위에서 몸부림치는 잉어와 다를 바 없습니다……[66]

페트롭스키의 설명에 따르면 마을에서 절도가 증가했고, 상점에서는 설탕이나 다른 물건은 말할 것도 없고 빵조차도 살 수 없었다. 물가는 오르고 '투기'가 확대되고 있었다. 지역 사무소에서는 기차표 판매를 거부했는데, 왜 그래야 하는지 뭘 아는 사람도 없었다. 페트롭스키는 이러한 사실 하나하나가 "당과 집단 농장에 불리하게 이용되고 있습니다"라고 썼고, 식량 원조를 간청하는 말로 편지를 마무리했다. "결론적으로, 우크라이나 촌락에 긴급 식량 지원을 제공하기 위해 가능한 모든 방법과 자원을 고려해주시길 다시 한번 요청합니다. 그리고 파종을 위한 메밀을 최대한 빨리 공급해주시길 바랍니다. 파종되지 않은 양을 보충해야 하기 때문입니다."[67]

같은 날 우크라이나 지도자 추바르도 스탈린과 몰로토프에게 "식량 지원이 필요한 지역이 최소 백 곳에 달합니다"라는 장문의 편지를 보내, 열악한 봄 수확과 기아 발생을 설명했다. 페트롭스키처럼 추바르도 시골 출신이었다. 코시오르처럼 추바르도 국가 정책을 직접적으로 비난하는 대신 수확의 '부실한 계획과 관리'를 위기의 원인으로 꼽았다. 그러나 그는 현재 진행 중인 일을 대단히 명확하게 설명했다. "3월과 4월에는 모든 마을에서 영양실조, 굶주림, 부종에 시달린 수만 명의 사람이 기아로 죽어갔고, 부모에게 버림받은 아이와 고아들이 생겨났습니다. 지구 및 지방 정부는 내부 비축분으로 식량 원조를 제공했지만, 절망과 기아 심리가 강해지면서 도움을 요청하는 사람들이 늘어났습니다."

그는 같은 결론에 도달했다. '비현실적인' 곡물 조달 정책을 끝내야 할 때가 되었다는 것이다. "이미 할당량을 충족한 일부 집단 농장에서도 두 번째, 심지어 세 번째 할당량을 채우라는 요구를 받았습니다."[68]

카가노비치는 두 편지를 스탈린에게 전달했다. 그는 추바르의 편지가 더 '사업 자체에 충실하고 자기비판적인 성격'을 띠고 있다고 스탈린에게 말했다. 반면 페트롭스키의 편지는 '부패'의 요소를 띠고 있었다. 카가노비치는 우크라이나 지도자가 소련 공산당, 그리고 암묵적으로 스탈린을 비판하는 것을 특히 싫어했다. 하지만 그는 우크라이나에 도움을 제공할 때가 되었다는 그들의 요청을 지지했다.[69] 몰로토프도 스탈린에게 편지를 보내, 소련의 곡물 수출을 한동안 줄여 우크라이나에 식량 지원을 제공하는 방안을 제안했다.[70]

스탈린은 반박했다. 편지의 어조를 볼 때, 스탈린은 우크라이나에 곡물이 실제로 부족하다는 사실을 믿지 못했다(혹은 믿고 싶지 않았다).

나는 추바르와 페트롭스키의 편지가 마음에 들지 않소. 전자는 모스크바에서 100만 푸드의 빵을 더 확보하기 위해 '자기비판'을 내뱉었고, 후자는 곡물 조달 수준을 줄이기 위해 [중앙 위원회로부터] 피해를 입었다고 주장하며 성자 행세를 하고 있소. 둘 중 어느 쪽도 용납할 수 없소. 우크라이나 내부의 힘과 자원을 동원함이 아닌 외부의 '도움'을 확보하기 위해 자기비판이 필요하다고 생각한다면, 추바르는 착각하고 있는 것이오. 내 생각에 우크라이나는 이미 충분한 양 이상을 제공받았소······.[71]

물론 스탈린이 말하는 제공이란 애초에 우크라이나에서 빼앗은 곡물을 우크라이나에 '제공'하는 것이었다. 하지만 아무도 이의를 제기하지 않았다. 6월 16일, 카가노비치는 다시 한번 스탈린에게 편지를 보냈다. "올해 추수 활동은 어려울 것이며, 우크라이나에서는 특히 더 어려울 것입니다. 불행히도 우크라이나는 이에 충분히 대비하지 못하고 있습니다."[72] 그러나 그는 우크라이나 동료들처럼 대량 식량 원조를 보내자는 말은 하지 않았다.

오히려 1932년 여름, 우크라이나의 대규모 기아를 막을 수 있었던 정책들은 조용히 폐기되었다. 키이우와 오데사에 약간의 곡물이 지원되었지만 요청했던 만큼은 아니었다. 말이나 트랙터는 지원 대상에 포함되지도 않았다.[73] 코시오르는 600여 현 중 '20개 현'만을 도울 수 있는 양이라고 지역 당 지도부에 말했다. "귀하의 주에서 어느 현이 목록에 포함되어야 하는지 신속히 전보로 알려주십시오."[74]

기아가 확산되는 와중에도 국가는 곡물의 수출을 유지하기 위한 계획과 명령을 계속 발표했다. 1932년 3월 모스크바는 하르키우 정부에 우크라이나 관료들이 '오데사 항구에서의 호밀 수출을 자체적으로 책임지게 될 것'이라고 말했다. 인민 위원회는 수출에 관여하는 모든 기업에 곡물을 담는 통과 용기, 해외로 보내는 물품의 저장용 통과 컨테이너 품질을 개선하도록 촉구했다.[75] 굶주린 공화국을 떠나는 식량을 지켜보던 우크라이나 국민에게 수출정책은 미친 짓이었고, 자살 행위와 다르지 않았다. 당시 오데사에 살던 기술자 미콜라 코스티르코는 항구에 들어오는 '외국 선박'을 기억했다. "그들은 트랙터 구입과 해외 선전이라는 '국가의 필요'를 위해 외국 자본을 확보할 수 있다면 뭐든지 수출했습니다." 그는 또한 한때 오데사의 해안가 노동자들이 돼지를 배에 태우지 않으려 했다고 회상했다. 그러자 노동자를 대신해 돼지를 태울 붉은 군대 병사들이 파견되었다.[76]

오데사 주재 이탈리아 영사관의 한 직원도 수출정책에 대한 대중의 분노를 기록했다. "이곳에는 [식물성] 기름이 없다. 정작 기름과 기름 생산에 사용하는 씨앗을 수출 중인데도 말이다."[77] 공산당 역시 수출에 대한 대중의 분노를 잘 알고 있었다. 1932년 4월 우크라이나 당 지도부는 '불건전한 분위기'를 조성하기만 하니 이 문제를 공개적으로 논의하지 않기로 합의했다.[78] 그해 말이 되자 수출량은 520만 톤에서 173만 톤으로 급감했다.[79] 국가 재정에 대한 기여도 1931년 2억 3350만 루블에서 1932년 8810만 루블로 급락했다.[80] 그럼에도 수출은 완전히 중단되지 않았다.

당 내부의 분위기도 나아지지 않았다. 7월 몰로토프와 카가노비치는 다시 우크라이나에 도착했는데, 그들의 목표는 남아 있는 반대를 다시 한번 무력화하는 것이었다. 그들은 스탈린으로부터 직접 명령을 받았고, 스탈린은 7월 2일 편지를 보내 우크라이나와 우크라이나 지도부에 대한 우려를 반복해서 언급했다. "우크라이나에 더 진지한 관심을 기울이시오. 추바르의 저열함과 기회주의적 성격, 코시오르의 썩어빠진 외교와······ 범죄를 가볍게 여기는 업무 처리는 결국 우크라이나의 상실로 이어질 것이오."[81]

그들은 자신들의 주장을 관철하기 위해 암울한 행사였던 제3차 당 회의를 이용했다. 참석한 우크라이나인 전원은 자국에 지정된 할당량에 대해 최대한 반대했다. 일부 지역 지도자들은 아주 직설적이었다. 하르키우주에 소속된 어느 현의 제1서기는 비축 곡물과 종자 곡물이 없어 자신의 지역에 '식량 부족'이 발생했다고 지적했다.[82] 키이우주의 한 공산당원은 곡물 징발 단체가 농민들을 죽음으로 내몰았다고 더욱 직설적으로 불평했다. 그는 당이 농업정책에서 '왜곡'을 저지른 죄가 있다고 말했다.[83] 멜리토폴현의 한 당원은 중앙 계획 내용은 대부분 구체적인 집단 농장들의 상황과 동떨어져 있으며, 중앙이 지역 농민과 상의하지 않고 계획을 준비하는 것 같다고 불평했다.[84] 하르키우주의 로만 테레호프는 모든 현에서 계획이 잘못 수립되었고, 작업이 제대로 조직되지 않았으며, 그 결과 '막대한 손실'이 발생해 최소 25개 현에서 '식량 부족'이 발생했음을 잘 알고 있다고 언급했다.[85]

곡물조달정책 전면 중단을 재차 요구하지는 않았지만, 교육 위원 미콜라 스크리프니크도 상당히 직설적이었다. 우크라이나는 필요한 양의 곡물을 생산할 수 없었고 생산할 의지도 없었다. 계획은 달성될 리 만무했다. "이것은 막대하고 수치스러운 실패입니다."[86] 페트롭스키와 추바르도 '부족'과 '실패'를 언급했다.[87] 그러나 그들이 요구한 결과는 우크라이나가 생산해야 하는 곡물의 지정 수량 축소에 그쳤다.

몰로토프와 카가노비치는 양보하지 않았다. 몰로토프는 우크라이나 공산주의자에게 그들이 '고자질쟁이와 항복자'가 되었다고 말했다.[88] 나중에 두 사람은 스탈린에게 자신들이 할당량 감축을 요구하는 우크라이나 결의안을 거절했다고 보고했다. "우리는 계획 수정을 단호히 거부하고, 손실과 곡물 낭비를 막고 집단 농장을 활성화하기 위해 당력을 동원할 것을 요구했습니다."[89] 그 결과 회의는 계획을 철회하는 대신 비현실적이고 불가능한 580만 톤(3억 5600만 푸드) 수출 계획을 '올바른 계획'으로 인정하고, '이를 무조건 이행하는 방안을 채택'하도록 결의했다.[90]

몰로토프와 카가노비치는 또한 하르키우 공산당 지도부의 분위기가 예상했던 것보다 "더 호의적이다"라고 묘사했는데, 이는 우크라이나인들이 여전히 명령을 잘 받아들인다는 뜻이었다.[91] 두 사람은 조심스럽게 스탈린에게 상황의 심각성을 숨기자고 제안했다. "외국 언론에 어떤 정보도 주지 않으려면, 우리 언론에 적당한 비판만 게재해야 합니다. 열악한 지역의 상황에 대한 어떤 정보도 누출해선 안 됩니다."[92] 이에 따라 공식적인 노선은 계속 긍정적으로 유지됐다. 회의 몇 주 후 소련 정부와 공산당은 공동으로 농업에서의 '완전한 승리'를 선언했다. 소련이 자본주의와 시장으로 돌아가야 한다는 '부르주아 이론'은 "완전히 박살나 먼지가 되었다."[93]

스탈린이 580만 톤이라는 수치가 비현실적임을 알고 있었다는 점은 의심의 여지가 없다. 7월 25일 그는 카가노비치에게 우크라이나의 '고통받는' 집단 농장이 버틸 수 있도록 할당량을 줄일 의향이 있다고 말했다. 스탈린은 우크라이나인의 사기를 떨어뜨리거나 수확에 방해하는 일을 피하고 싶었기에 이전에는 곡물 수확량 감축을 언급하지 않았다고 썼다. 대신 그는 추수철에 농민들이 '자극'받을 때까지 조금 기다렸다가 발표했다. 3000만 푸드(49만 톤) 또는 '최후의 수단으로'(이 단어에는 밑줄을 그었다) 4000만 푸드(65만5000톤)의 감축을 제안함으로써 자비로운 사람으로 보이기 위함이었다. 카가노비치는 이에 동의하며 이렇게 답장했다. "지금은 우크라이나 국민에게 감축을 말할 때가 아닙니다. 불가능한 수요 충족을 걱정하도록 내버려두는 것이 낫습니다."[94]

게임이 시작되기도 전에, 스탈린은 소련 전역에서 들려오는 나쁜 소식, 특히 우크라이나에서 들려오는 나쁜 소식에 다시 한번 정신을 빼앗겼다. OGPU는 여름 내내 절도 사건이 증가했다고 보고했다. 사람들은 철도, 상점, 기업, 그리고 무엇보다도 집단 농장에서 물건을 훔쳤다. 놀라울 일도 아니었다. 집단 농장 노동자는(그리고 공장 노동자도) 국가 재산은 누구의 소유도 아니기 때문에 훔쳐도 해가 되지 않는다고 생각했기 때문이다. 더 중요한 문제는, 그들이 너무나 굶주렸다는 사실이다. 이는 7월에 OGPU가 제출한 보고서에서 분명하게 드러난다. 이 보고서는 많은 농민이 곡물을 너무 일찍, 그리고 몰

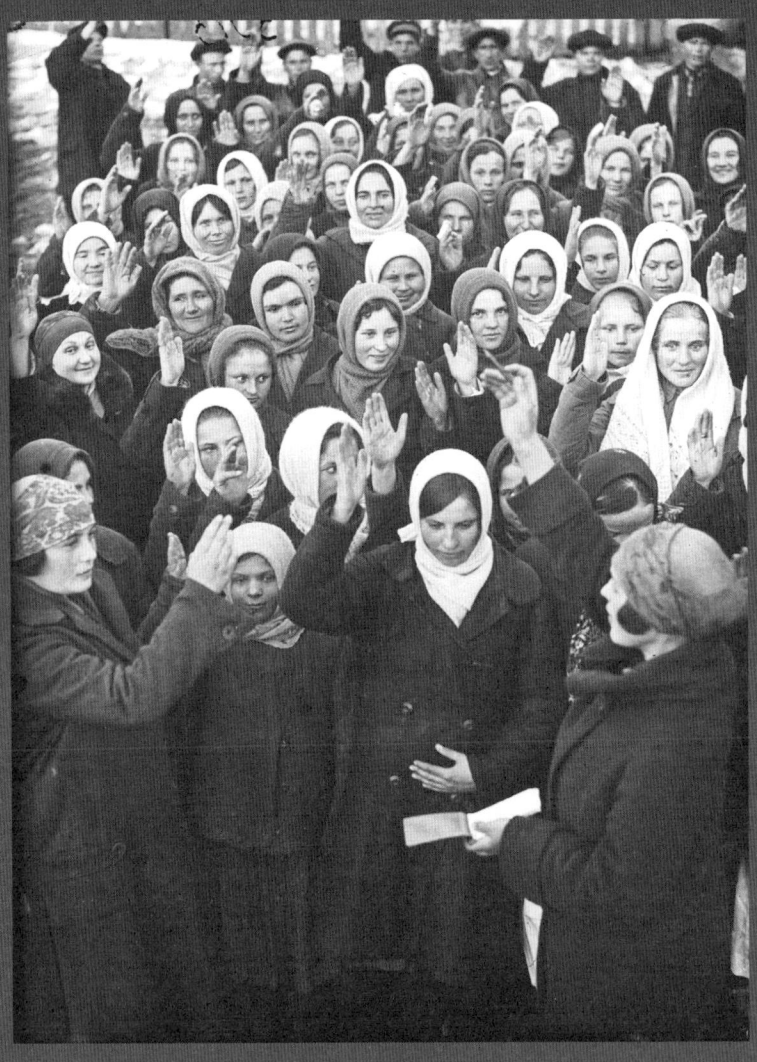

18_ 집단 농장이 불러올 폐해를 알기 전, 여성들이 집단 농장에 참여하겠다고 투표하고 있다.

19_ 농민들이 휴식 시간에 라디오를 듣고 있다.
20_ 농민 가족이 『프라우다』를 읽고 있다.

21_ 토마토 풍작.
22_ 지역 공장에서 온 일꾼들이 "자발적으로" 수확을 돕고 있다.

래 수확한 후 직접 보관하기 시작했다는 우려스러운 추세를 설명했다. 중부 볼가주에서는 다음과 같은 보고서가 제출되었다.

> 7월 9일 밤, 밭에서 밀 이삭을 자르는 여성 다섯 명을 발견했습니다. 체포하려 하자 그들은 서로 다른 방향으로 도망쳤습니다. 경비병은 사냥용 총으로 두 발을 사격했습니다. 도망친 집단 농장 여성 중 한 명은 중상을 입었습니다(그리고 몇 시간 후 사망했습니다)…….

같은 날 밤, 같은 마을에서 한 파수꾼이 '훔친 곡식 자루를 들고 말을 탄 도둑 열다섯 명'을 발견했다. 이 '도둑' 무리는 다섯 명의 여성보다는 더 나은 대처를 했다. 그들은 격렬하게 저항했고, 파수꾼은 겁을 먹고 도망쳤다.[95]

과거에도 종종 그랬던 것처럼, 스탈린은 이러한 절박한 행동에 대한 정치적 해석을 찾아냈다. '고급 식료품이 잘 갖춰진 열차'를 타고 소치에서 휴가를 보내던 그는 이 주제를 다루며 카가노비치에게 여러 통의 편지를 보냈다.[96] 두 사람은 서로의 견해를 확인했다. 국가와 국가의 정책은 굶주린 농민들에게 위험이 아니었지만, 굶주린 농민은 국가에 큰 위험이다. 스탈린은 카가노비치에게 "쿨라크들, 탈쿨라크화된 자들, 반소련 분자들이 모두 도둑질한다"라고 말했다. "범죄는 10년형이나 사형에 처해야 하며", 사면은 없어야 했다. "이러한 (그리고 이와 유사한) 엄격한 사회주의 조치 없이는 새로운 사회 규율을 확립할 수 없으며, 그러한 규율 없이는 우리의 새로운 질서를 강화하고 지킬 수 없다."[97]

며칠 후 카가노비치와 몰로토프에게 보낸 또 다른 편지에서 스탈린은 좀더 자세히 설명했다. 해변에서 휴가를 보내며 이 문제를 다시 깊이 생각해보았음이 분명하다. 그는 새로운 법이 충분한 억제책이 되지 못한다고 걱정했다. 사람들이 식량을 훔치지 않게 하려면 마르크스주의 이론에 근거한 선전 캠페인이 법률을 뒷받침해야 했다. 자본주의가 봉건제를 물리친 것은 사유재산을 국가가 보호하도록 보장했기 때문이며, 따라서 사회주의 역시 협동적이고 집단적인 국가 재산, 즉 공공재산을 신성불가침의 것으로 선언해야만 자본주의를 물리칠 수 있다. 사회주의의 생존 여부는 국가가 "반사회적이고 쿨라크-자본주의적인 분자들"의 공공재산 절도를 막을 수 있는지 그 여부에 달렸는지도 몰랐다.[98]

마르크스주의 이론에 대한 스탈린의 강박적인 신념이 그가 '부르주아 도덕'이라고 불렀던 개념을 또다시 제압했다. 1932년 8월 7일, 소련은 소련 기준으로도 가혹한 포고령을 정식으로 통과시켰다. 이 포고령은 다음과 같은 선언으로 시작된다.

공공재산(국가, 콜호스, 협동조합)은 소비에트 체제의 근간이다. 이것은 신성불가침의 것이며, 공공재산을 훔치려는 자는 인민의 적으로 간주해야 한다. (…) 공공재산 약탈자에 대한 단호한 투쟁은 소비에트 행정의 모든 기관의 최우선 의무이다.

그리고 개념 정의와 결론으로 이어진다.

중앙 집행 위원회와 인민 위원 평의회는 이에 다음과 같이 결의한다. (…)
1. 콜호스 및 협동조합의 재산(상점에 배치된 수확 농산물 등)은 국가 재산과 동일한 것으로 간주한다.
2. 콜호스와 공공재산의 약탈(절도)에 대한 징벌적 조치로, 사회적 방어의 최고 수단인 모든 점유물의 몰수와 처형을 적용한다. 이는 10년 이상의 자유 박탈로 대체될 수 있다.[99]

다시 말해, 아주 적은 양의 식량을 훔쳐도 노동 수용소 10년 형이나 사형이 내려질 수 있었다. 이러한 수위의 처벌은 이전에는 반역죄에만 적용되는 것이었다. 이제 집단 농장에서 밀 몇 알을 훔친 농민 여성은 전시에 국가를 배신한 군 장교와 같은 취급을 받게 되었다. 이것은 소련에서조차 전례가 없는 법률이었다. 불과 몇 달 전만 해도, 러시아 공화국 대법원은 집단 농장 밭에서 밀을 훔친 사람에게 단 1년의 강제 노역을 선고했다.[100]

스탈린의 바람대로, 교육적인 언론 캠페인이 이어졌다. 법령 발표 후 2주가 지나자, 『프라우다』는 '붉은 건설자' 집단 농장의 밭에서 곡물을 훔친 '쿨라크 여성 그리바노바' 사건에 관한 기사를 실었다. 그는 총살형을 선고받았다. 우크라이나 언론은 오데사에서 '절도죄'로 총살당한 부부의 이야기를 포함한 세 건의 재판을 자세히 보도했다.[101] 보도된 다른 사건 중에는 열 살짜리 딸이 주운 소량의 밀을 소지했다는 혐의로 총살당한 농민의 사건도 있었다.[102]

이 특별한 법은 엄청난 대가를 치렀다. 법이 통과된 지 6개월도 채 되지 않은 1932년 말까지 4500명이 법 위반으로 처형당했다. 그보다 훨씬 더 많은 10만 명 이상이 노동 수용소 10년 형을 선고받았다. 상부에서 사형보다 장기 수용소 형을 선호한 것은 명백히 실용적인 이유에서였다. 강제 노동자들을 당시 시작 단계였던 굴라크 체제의 방대한 신규 산업 프로젝트(광산, 공장, 벌목 작업)에 투입할 수 있었기 때문이다.[103]

이후 몇 주, 몇 달 동안 농민 수천 명이 8월 7일 법의 희생양이 되어 수용소 체제로 쏟아져 들어왔다. (모든 체포자를 반영하지는 않는) 공식 통계에 따르면 1932년과 1934년 사이에 굴라크 수용소

수감자 수는 26만 명에서 51만 명으로 거의 두 배 증가했다. 수용소 체제는 이러한 엄청난 인구 유입에 대처할 자원이나 조직적 역량이 없었으며, 이러한 인구 중 상당수는 이미 굶주림으로 쇠약해진 상태였다. 그 결과 굴라크에서의 사망률도 1932년 4.81퍼센트에서 1933년 15.3퍼센트로 증가했다.[104] 수감 때문에 목숨을 구한 사람도 있었다. 몇 년이 지나 후기형 굴라크 수감자였던 수산나 페초라는 농민 출신인 동료 수감자를 만났던 일을 회상했다. 빈약한 일일 배급을 받자 그는 한숨을 내쉬며 작고 딱딱한 빵 조각을 쓰다듬었다. "흘레부시카Khlebushka•, 내 작은 빵 조각아." 그리고 이렇게 속삭였다. "생각해보니, 그들은 매일 널 우리에게 주잖니!"[105]

1932년 여름 스탈린의 고민거리는 절도 문제만이 아니었다. 8월 7일 법이 통과된 직후, 그는 우크라이나 비밀경찰이 보낸 놀라운 문서를 받았다. 이 문서의 중요성을 최초로 파악한 역사학자 테리 마틴은 이를 "특별하고 독특한 문서"라고 불렀다.[106] 스탈린은 이전에도 이와 비슷한 보고서를 보았을 것이다. 이 문서 역시 지난 4월 스탈린을 분노케 하고 우크라이나 일부에서 '소련 권력이 사라지고 있는지'를 알고 싶게끔 했던 자료와 비슷한 내용이었다. 하지만 이번에는 새로운 식량 위기가 발생하고 있었기에 그의 반응은 훨씬 더 거칠었다.

• 러시아어로 '작은 빵 조각'을 의미하는데, 사람이나 동물에게 애칭으로 많이 붙인다.

평소에 OGPU는 적과 음모에 대한 상투적인 문구를 가득 채워, 신중하게 작성한 산문 형태의 보고서를 보냈다. 하지만 1932년 8월 우크라이나 비밀경찰은 스탈린에게 어떠한 해설도 달지 않은 인용문 모음을 보냈다. 모든 인용문은 정보원이 지역 단위에서 활동하며 곡물 징발 운동에 격렬하게 반대한 우크라이나 당원들로부터 수집한 것이었다. 일반적으로 이런 유형의 자료는 더욱 정교한 보고서를 작성하는 기초 자료 역할을 한다. 하지만 이번에는 원자료 자체가 충분히 충격적이라 그대로 전송되었다.

문서에 담긴 거의 모든 증거는 모스크바의 명령에 대한 직접적인 반항을 표출하고 있었다. 한 당원은 "나는 이 (곡물 징발) 계획에 따르지 않을 거요"라고 말했다. "이따위 계획은 받아들일 수 없소. 이런 곡물 징발 계획을 나더러 완수하라니, 천만에." 비밀경찰의 기록에 따르면 그 후 그 당원은 "당원증을 테이블 위에 던지고 방을 나갔다".

또 다른 당원도 비슷한 반응을 보였다. "이 곡물 징발 계획을 완수하기 위해 싸우려면 힘들겠지요. 하지만 전 이 어려움에서 벗어날 방법을 알고 있답니다. 지방 의회에 당원증을 벗어던지고 자유의 몸이 되는 거죠."

세 번째 당원이라고 다를 건 없었다. "우린 이 곡물 징발 계획을 받아들이지 않을 거요. 지금 형태로는 이행할 수 없기 때문이오. 사람들을 또 굶주림으로 몰아가는 건 범죄요. 집단 농장 농민을 속여 굶주리게 하느니, 차라리 내 당원증을 내놓겠소."

네 번째 당원까지도. "이 계획은 나를 망칠 거요. 당 세포에 직무 제외를 요청하겠소. 그렇게 하지 않으면 업무 수행 능력 부족, 당의 과제 이행 불능의 꼬리표가 붙어서 조만간 당에서 숙청될 테니 말이오."[107]

만약 OGPU 인사들이 소련 지도자가 우크라이나에 편견을 갖길 바랐다면, 이보다 나은 방법은 없었을 것이다. 이 보고서는 스탈린이 가장 두려워하는 일을 모두 확인해주었다. 스탈린은 우크라이나의 곡물 징발 문제와 공화국의 민족주의 위협 사이에 분명한 연관성이 있음을 오래전부터 인식하고 있었다. 이제 그는 내전, 농민 반란, 볼셰비키의 패퇴 등 지난 10년간의 사건을 다시 떠올렸다. 카가노비치에게 보낸 답장에서 그의 반응은 그야말로 엄혹했다.

지금 가장 중요한 문제는 우크라이나요. 우크라이나의 상황은 끔찍하오. 당내 상황도 끔찍하오. 우크라이나의 일부 지역(내가 보기엔 키이우와 드네프로페트롭스크)에서는 약 50개의 지구 위원회가 곡물 징발 계획이 비현실적이라며 반대 의견을 말했다고 하오. 다른 지구 위원회 상황도 그다지 낫지 않은 것 같소. 이게 무슨 일이란 말이오? 이렇게 나오는 것은 당이 아니오. 의회도 아니오. 의회의 풍자화 같은 수작이오. (…)

지금 우크라이나의 상황을 개선하기 위해 노력하지 않으면 우리는 우크라이나를 잃을지도 모르오. 피우수트스키가 나설 수 있음은 몽상이 아니오. 우크라이나에 있는 그의 요원들은 레덴스나 코시오르가 생각하는 것보다 몇 배는 강하다는 점을 명심하시오. 우크라이나 공산당에는 의식적으로나 무의식적으로 페틀류라파인 부패 분자와, 피우수트스키의 직속 요원들이 다수 포함되어 있다는 점을 명심하시오. 상황이 악화되면 이러한 분자들은 당 내부에서 (그리고 외부에서도) 당에 대항하는 전선을 바로 구축할 것이오. 최악의 문제는 우크라이나인들이 이러한 위험을 전혀 모르고 있다는 거요······.[108]

스탈린은 자신이 원하는 우크라이나 공산당의 변화를 모두 나열했다. 그는 우크라이나 비밀경찰의 수장인(그리고 자신의 동서인) 스타니슬라프 레덴스를 교체하고 싶었다. 그는 OGPU의 부위원장으로 잠깐 활동했던 자신의 든든한 우군인 발리츠키를 모스크바에서 우크라이나로 다시 보내고 싶었고, 이 명령은 10월에 시행될 예정이었다. 또한 그는 카가노비치가 우크라이나 공산당을 다시 한번 전적으로 책임지길 원했다. "우크라이나를 소련의 진정한 요새, 진정한 모범 공화국으로 신속히 변모시키는 임무를 맡으시오. 우리는 이 임무 달성을 위해 뭐든 아끼지 않을 것이오."[109] 스탈린은 지금이 과거에 사용했던 전술을 되살려야 할 순간이라고 믿었다. "레닌의 말대로, 필요할 때 시류를 거슬러 헤엄칠 용기가 없는 사람은 진정한 볼셰비키 지도자가 될 수 없소……."

또한 그는 시간이 얼마 남지 않았다고 생각했다. "이러한 조치와 유사한 조치(우크라이나, 특히 국경 지역 등에서의 이념적 작업과 정치적 작업)를 취하지 않으면, 다시 말하지만, 우리는 우크라이나를 잃을지도 모르오……."110

우크라이나 내전을 기억하고 있던 스탈린에게 공화국의 손실은 매우 위험한 전망이었다. 1919년 우크라이나에서 일어난 농민 반란 덕분에 백군은 모스크바까지 며칠 만에 진격할 수 있었고, 1920년 우크라이나의 혼란을 틈타 폴란드 군대가 소련 영토 깊숙한 곳까지 들어왔기 때문이다. 소련에게는 우크라이나를 다시 잃을 여유가 없었다.

8장

기아를 일으키기로 결정하다, 1932년: 징발, 블랙리스트, 국경 봉쇄

모세가 데리고 나간 이집트 노예였던 유대인들처럼
반쯤은 야만인이고, 우둔하며, 멍청한 사람들은
러시아 마을에서 (…) 사라지고, 새로운 부족이 그들을 대신할 것이다.
글을 읽고 쓸 줄 알며, 분별력 있고, 친절한 사람들이.
—막심 고리키, 「러시아 농민에 대하여On the Russian Peasant」,
1922[1]

혁명 15주년 기념식이 엄숙하게 거행된 지 이틀 후인 1932년 11월 9일 어스름한 이른 아침, 스탈린의 아내 나데즈다 세르게예브나 알릴루예바가 권총으로 스스로 목숨을 끊었다. 그녀는 즉사했다.

몇 시간 후 의사는 시신을 검안한 뒤 사인을 '심장의 개방성 상처'로 판정했다. 하지만 이윽고 몰로토프, 카가노비치와 날 선 말이 오갔고, 판정이 달라졌다. 사망 진단서에는 '급성 맹장염'이 사인으로 기록되었다. 스탈린의 측근들은 사인 변경이 갖는 정치적 의도를 명확히 알았다. 1932년 가을, 그들은 나데즈다가 자살한 진짜 원인이 무엇이든 간에 이것이 일종의 정치적 항의로, 심지어 확산되는 기아에 대한 고통스러운 절규로 해석되리란 사실을 알고 있었다.[2]

옳고 그름을 떠나, 이것이 나데즈다의 자살이 기억되는 방식이다. 몇 년 후 스탈린 부부의 딸 스베틀라나는 아버지와 아버지의 정치에 대한 어머니의 '끔찍하고 파괴적인 환멸'에 대해 글을 남겼다.[3] 1929년 학생 파티에서 나데즈다를 만난 한 수다스러운 오세티아 사람은 나데즈다가 스탈린의 가장 중요한 정적이던 부하린을 동정했다고 회상했다. 부하린은 집단화에 반대했다가 정치국 자리를 잃고 결국에는 목숨까지 잃었다.[4] 기아는 산업 아카데미 학생들의 공통 화제였고, 많은 학생은 나데즈나가 집단화를 비난하는 것을 들었다. 생의 마지막 몇 달 동안 그녀는 편두통과 복통, 급격한 기분 변화와 히스테리 증상에 시달렸다. 돌이켜보면 이러한 병태는 급성 우울증이 원인이었다. 하지만 당시에는 양심의 가책, 실망감과 절망의 증상으로 해석됐다.[5]

스탈린의 측근 중에도 기아를 초래한 상황에 불만을 품은 이들이 있었다. 그해 여름 많은 볼셰비키 고위 간부들이 잘 꾸며진 열차의 레이스 커튼 사이로 끔찍한 광경을 목격했고, 그중 몇몇은 용기를 내 지도자에게 이 사실을 알렸다. 1932년 8월, 스탈린이 아직 소치에 있을 때 곧 국방 인민 위원이 될 클리멘트 보로실로프의 편지가 도착했다.

> 스타브로폴 전역에서 어떤 밭도 경작되지 않은 모습을 보았습니다. 우리는 풍작을 기대했지만 현실은 그렇지 않았습니다. (…) 차창 너머로 본 우크라이나 전역의 진실은 북캅카스보다도 경작이 덜 되었다는 것입니다. (…) 휴가 중에 이런 이야기를 전해드려 죄송하지만, 가만있을 수가 없습니다.[6]

또 다른 군 고위 인사인 내전의 영웅 세묜 부둔니도 기차 안에서 스탈린에게 편지를 썼다. "사람들은 낡은 옷을 입었고 너무나 지쳐 있었습니다. 말들은 가죽과 뼈만 남았습니다."[7] 나데즈다의 조카인 키라 알릴루예바는 당시 우크라이나 OGPU의 수장이었던 스타니슬라프 레덴스 삼촌을 만나기 위해 하르키우로 떠났다. 그 역시 기차역에서 걸인과 배만 부풀어 오른 쇠약해진 사람들을 보았다. 그는 이 이야기를 어머니에게 들려줬고, 어머니는 이를 스탈린에게 전했다. 스탈린은 "그 애는 어린애예요. 다 지어낸 말입니다"라고 일축

했다.⁸

소련 지도자와 친밀하지 않은 사람들이 보고 듣는 것도 매한가지였다. 부하린은 자신의 견해를 철회했다. 1930년 12월 그는 쿨라크를 파멸시키고 "낡은 구조와 직접적으로 단절"해야 한다는 사실을 이제는 이해한다고 밝혔다.⁹ 그러나 그렇지 않은 이들도 있었다. 대표적인 인물은 모스크바 당 수장인 마르테먄 류틴이었다. 류틴은 1930년 '우익 기회주의자적인 견해를 표명'했다는 이유로 당에서 쫓겨났지만, 부하린과 달리 자신의 견해를 철회하지 않았다. 류틴은 체포된 후 풀려났고 다른 반체제 인사들과 계속 연락을 주고받았으며, 1932년 봄에는 반체제 인사 열두 명을 초대해 함께 반대 성명을 작성했다. 이들은 8월 모스크바 교외에 모여 변화를 촉구하는 정치적 강령과 짧은 '모든 당원에게 보내는 호소문'을 완성했다.¹⁰ 두 문서는 복사되어 모스크바, 하르키우 및 기타 도시에 인편이나 우편으로 배포되었다.

'류틴의 강령'으로 알려진 이 문서는 스탈린을 명확한 언어로 비난했다. 저자들은 스탈린을 '파렴치한 정치적 음모자'라고 불렀고, 레닌의 후계자라는 스탈린의 주장을 조롱했으며, 그가 노동자와 농민 모두를 공포에 떨게 했다고 질책했다. 무엇보다도 류틴은 스탈린이 소련의 농촌 지역을 공격했다고 분노했다. 류틴은 '전면적 집단화' 정책이 선전에서 주장하는 것처럼 자발적이지 않았고 성공하지도 못했다고 선언했다. 실상은 오히려 그 반대였다는 것이다.

이 정책은 농민들을 집단 농장에 강제로 가입시키기 위해 고안된 가장 가혹한 직간접적인 강압에 기반한다. 농민의 상황 개선이 아니라, 농민에 대한 직간접적인 몰수와 대규모 빈곤에 근거한 정책이다. (…) 지금 스탈린이 쿨라크를 향해 내뱉는 외침은 대중을 공포에 떨게 하고 스탈린 자신의 파산을 감추려는 방편일 뿐이다.

류틴은 일련의 일이 단순히 실수가 아니라 범죄라고 분명히 했다. 그는 동료 반체제 인사들에게 반란을 조직하자고 촉구했다.

스탈린의 독재를 무너뜨리기 위한 투쟁에서, 우리는 옛 지도자들 대신 새로운 세력에 의존해야 한다. 새로운 세력은 엄연히 존재하며, 빠르게 성장할 것이다. 새로운 지도자, 새로운 대중 조직자, 새로운 권위자 들이 필연적으로 등장할 것이다. (…) 투쟁은 지도자와 영웅을 낳는다. 우리는 행동해야 한다.[11]

분명 볼셰비키적 언어로 쓰인 글이었으므로, 스탈린은 이 글을 매우 심각하게 받아들였다. 그는 이전에 혁명을 좇는 열정을 본 적이 있었고, 그러한 열정이 다시 촉발될 수 있다는 사실을 알고 있었다.

9월, 스탈린에게 제보가 들려왔고, 그는 자비를 베풀 의향 따윈 없었다. 며칠 만에 공산당은 우크라이나 최고 소련 의장이었던 흐리호리 페트롭스키의 아들과 류틴을 포함한 스물한 명을 추방하고 체포했다. 이들은 모두 반혁명 세력으로 선고받았다. 류틴의 아내와 성인인 두 아들도 모두 처형당했다.[12] 이후에는 '류틴의 강령'을 읽거나 들어본 것만으로도 사형에 처해질 수 있었다.

스탈린은 민감해졌고, 류틴의 견해가 특히 당의 하급 간부들 사이에서, 그리고 굶주린 농촌 인구와 일상적으로 접촉하는 사람들 사이에서 널리 공유되고 있다고 추정했다. 1932년 여름 내내 스탈린은 우크라이나의 불안정한 소식을 들었고, 소련 전역에서 전달되는 보고서를 읽었다. 9월 초에는 더 많은 보고서가 도착했다. 북캅카스에서 OGPU는 "전면적 집단화의 속도가 너무 빠르다며" 소련 정책에 반대하는 반혁명 단체를 발견했다고 주장했다.[13] 소련 전역의 비밀경찰은 상부에 "쿨라크가 실행 중인 새로운 전술"을 전했다. 여기에는 "가짜" 기아에 대한 불만도 포함되어 있었다. 쿨라크는 조사받아야 했고, "기아를 가장했음이 밝혀지면 반혁명분자로 간주되어야 했다."[14]

나데즈다의 죽음, 류틴 사건, 측근들의 걱정스러운 편지, 현장에서 보내는 냉혹한 메시지까지, 이 모든 것이 그해 가을 스탈린의 편집증을 부채질했다. 그의 주변에는 불만이 들끓었고, 반혁명의 가능성은 불현듯 현실로 다가왔다. 역사가들은 1932년 여름과 가을의 사건이 훗날 대숙청이라 불리는 1937년에서 1938년의 대량 체포와 처형의 촉매제가 되었다고 오랫동안 생각해왔다.[15] 또한 이러한 사건은 우크라이나에 영향을 미친 일련의 특별한 결정을 이끈 직접적인 배경이기도 했다.

그해 가을까지만 해도 아직 돌이킬 기회가 있었다. 크렘린은 1921년에 소련 정권이 간헐적으로 시행했던 것처럼 우크라이나와 소련의 다른 곡물 생산 지역에 식량을 지원할 수 있었다. 국가는 모든 가용 자원을 재분배하거나 해외에서 식량을 수입할 수도 있었다. 심지어 1921년처럼 해외에 도움을 요청할 수도 있었다.

하지만 스탈린은 우크라이나와 우크라이나인이 많이 거주하던 러시아 지방인 북캅카스에 강경하게 대했다. 8월에 스탈린은 카가노비치에게 이렇게 말했다. "우크라이나를 소련의 진정한 요새, 진정한 모범 공화국으로 신속히 변모시키는 임무를 맡으시오." 그는 "곡물 징발을 제대로 수행하지 못한 북캅카스 지도부를 비난하시오"라고 덧붙였다.[16] 다른 이들도 현장에서 그의 말에 동조했다. 10월 초 우크라이나 공산당 총서기인 스타니슬라프 코시오르는 곡물을 충분히 거두지 못한 지역 관료들이 '우익적 태도'를 취하고 있다고 비난했다. 며칠 후, 우크라이나 지방의 곡물 생산량이 할당량의 18퍼센트에 불과함이 밝혀진 지 일주일이 지났을 때, 우크라이나 정치국은 당황한 나머지 지역 지도자들에게 "시간이 얼마 남지 않았다"라고 경고하고, "당과 국가 기관의 태평한 태도를" 경각하는 서한을 보냈다.[17] 얼마 지나지 않아 몰로토프가 하르키우에 도착했고 카가노비치는 "곡물 징발과 파종을 방해한 계급의 적과 투쟁"하기 위해 북캅카스로 향했다.[18]

그러나 1932년 11월이 되자 가을 수확이 계획에 미치지 못한다는 사실이 명확해졌다. 소련 전체에서는 계획자들의 예상보다 40퍼센트, 우크라이나에서는 60퍼센트 낮은 수준의 수확량이 전부였다.[19] 흥미롭게도 전체 생산량 감소는 1921년만큼 극적이지 않았고, 이후 몇 년 동안 거의 같은 수준을 유지했다. 소련 전역에서 1931년부터 1932년까지의 총 곡물 수확량은 6950만 톤(1930년에서 1931년의 8350만 톤에서 감소한 수치)이었고 1932년에서 1933년의 총 수확량은 6990만 톤이었다. 1933년에서 1934년에는 총 6840만 톤, 1934년에서 1935년에는 총 6760만 톤이 수확되었다. 그러나 농민에 대한 국가의 비현실적인 요구, 즉 달성 불가능한 목표치를 채워야 한다는 기대는 모든 것이 실패했다는 인식으로 이어졌다. 결국 스탈린이 반드시 만들어내라던 곡물 수확량에 대한 고집은 인도주의적 재앙을 초래했다.[20]

그해 가을 스탈린의 정책은 필연적으로 소련의 모든 곡물 생산 지역의 기아를 유발했다. 그런데도 스탈린은 1932년 11월과 12월 우크라이나의 상황을 더 악화시켰고, 고의적으로 더 심각한 위기를 조성했다. 소련 지도부는 겁에 질린 우크라이나 측 인사들의 도움을 받아, 관료적 언어와 무미건조한 법률 용어를 사용해 기아 속에서 또다시 기아를 단계적으로 일으켰다. 이것은 우크라이나와 우크라이나인만을 겨냥한 재앙이었다.

그해 가을 여러 지침, 즉 징발과 블랙리스트, 국경 통제, 우크라이나화 종식 등이 정보 차단 및 (농민 수백만 가구에서 먹을거리를 모조리 제거하기 위한) 특별 수색과 결합되어, 현재는 홀로도모르라고 기억되는 기아로 귀결됐다. 그리고 홀로도모르는 예측할 만한 결과를 가져왔다. 우크라이나 민족운동이 소련의 정치와 공적 생활에서 완전히 제거된 것이다. 스탈린은 '1919년의 잔인한 교훈'을 배웠고, 이를 절대 반복하지 않으려 했다.

징발

1932년 7월, 스탈린은 우크라이나에 요구한 비현실적인 곡물 할당량을 줄여 좀더 자비로운 사람으로 보이고 싶어했다. 하지만 가을이 되자 우크라이나의 곡물 생산량이 필요한 양에 한참 못 미친다는 사실이 분명해졌고, 스탈린은 전술을 바꿨다. 우크라이나는 할당된 양보다 7000만 푸드(110만 톤) 적게 생산해도 된다고 '허가'받았지만, 여전히 비현실적으로 많은 할당량이 징수됐다. 10월 29일 몰로토프는 스탈린에게 전보를 보내 자신이 우크라이나인들에게 지시한 내용을 전했다. 남은 계획은 "조금도 줄이지 말고 무조건적으로, 완전하게 이행되어야 한다."[21]

11월 18일 우크라이나 공산주의자들은 스탈린의 소망을 실행에 옮겼다. 당은 "곡물 조달 계획의 완전한 이행은 모든 집단 농장의 핵심 의무"라고 선언하는 결의안을 발표했다. 곡물 비축, 종자 비축, 동물 사료, 일일 식량까지 포함한 모든 곡물 소비보다 곡물 조달이 우선시되어야 한다는 것이다. 이를 실천하려면 개인 농민이나 집단 농장 농민 모두 어떤 것도 소유할 수 없었다. 과거에는 곡물을 보유할 수 있었던 사람도 곡물을 반납해야 했다. 개인 경작지에서 가족이 먹을 곡물을 생산하던 집단 농부도 이제 모든 곡물을 넘겨야 했다.[22] 어떤 변명도 용납되지 않았다.

명령 하달 후 몇 주가 지났을 때, 카가노비치는 이 명령이 잘 이행되는지 확인하기 위해 우크라이나로 향했다. 새벽 4시까지 이어진 또 한 번의 격렬한 정치국 회의를 마치고, 그는 스탈린에게 전보를 보냈다. 수많은 우크라이나 공산주의자가 농민들이 먹을 곡물 비축과 다음 철 파종을 위한 종자 비축을 허용해달라고 간청했지만, 카가노비치가 단호하게 대응했다는 내용이었다. "우리는 종자 비축분 등에 대한 이러한 '집착'이 전체 곡물 조달 계획을 심각하게 방해하고 저해하고 있다고 확신합니다."[23] 이틀 후인 12월 24일, 우크라이나 공산당은 저항을 포기했다. 지도부는 완패를 인정했고, 실적이 저조한 모든 집단 농장에 "파종 종자를 포함한 모든 집단 농장 비축분을

예외 없이 5일 이내에 출하하라"라고 지시했다.²⁴

모스크바는 이제 우크라이나에서 곡물뿐만 아니라 다른 식량도 쥐어짜내기로 했다. 지난 몇 년간 흉작과 악천후에 시달렸지만, 농민들은 자신의 가축과 텃밭에서 기른 채소 덕분에 살아남을 수 있었다. 소련의 농업 경제학자들은 1924년 흉작 이후 낙농업과 가금류 산업이 실제로 확대되었다고 밝혔다.²⁵ 그러나 1932년 가을, 실적이 부진한 개인 농민과 집단 농장은 종자 비축분을 포기해야 했을뿐더러 '15개월분 고기 할당량에 해당하는 집단 및 개인 소유 가축'이라는 고기 벌금과 '1년분 감자 할당량'이라는 감자 벌금도 내야 했다. 실제로 이 법에 따라 가족들은 저장해두었던 감자를 모두 포기해야 했고, 1930년 3월부터는 사육이 허용되던 소와 그 외의 가축도 모조리 넘겨야 했다.²⁶

명령에 항의하거나 저항하는 사람이 없도록, 스탈린은 1933년 1월 1일 하르키우에 있는 우크라이나 공산당 지도자들에게 전보를 보냈다. 곡물 은닉 혐의를 받는 집단 및 개인 농부들을 '국가 재산 절도'에 관한 8월 7일 법을 이용해 기소하라는 내용이었다.²⁷ 역사학자 스타니슬라프 쿨치츠키는 당 지도자가 직접 보낸 이 전보가 당시의 긴박한 상황에서 대량 수색과 박해를 시작하라는 신호였다고 주장했다. 다만 그의 견해는 확실한 증거에 따른 것이 아닌 해석일 뿐으로, 스탈린은 기아에 대한 명령을 문서로 작성하거나 보관하지 않았다. 하지만 현실에서 이 전보는 분명 우크라이나 농민에게 치명적인 선택을 강요했다. 곡물 비축분을 포기하고 굶어 죽거나, 곡물 비축분을 숨겼다가 체포되고 처형되거나. 뭐가 됐든 죽는 위험을 감수하는 것이다.[28]

2주 반이 지나서 소련 정부는 언뜻 보기엔 타격을 완화하려는 듯한 또 다른 명령을 내린다. 각료 회의는 기이한 말들로 성명을 작성하고, 나라 전역에서 시행되던 비정상적인 식량 징수 방법(계획과 실패, 보조 계획 등)을 비난하더니 농민들에게 곡물 생산량의 일정 비율을 세금으로 납부하도록 촉구했다. 단, 한 가지 조건이 있었다. 이 명령은 1933년 여름에 시행된다는 것이었다. 그전까지는 치명적인 수준의 징발이 계속됐다.[29] 다시 말해 스탈린은 현재 사용 중인 일련의 방법이 피해를 준다는 사실을 알고 있었고, 실패할 것이라는 사실도 알고 있었다. 그러나 그는 몇 달 동안 치명적인 곡물 징수를 계속하도록 허용했고, 이 기간에 수백만 명이 사망했다.[30]

1933년 겨울까지도 스탈린은 추가 식량 원조를 제공하지 않았고 곡물 징발을 완화하지도 않았다. 곡물 수출 또한 과거보다 줄었지만 여전히 진행되었다. 1932년 봄부터 소련의 대외 무역 관료들은 수출용 곡물 감소를 두고 불만을 토로했다. 오데사의 선적 담당자들도 품질이 형편없고 제대로 포장되지 않은 곡물을 받고 불평했다. 과거에 소련 관료들은 곡물 선적이 지연되거나 아예 선적량이 없을 때면 서방 사업가들을 저녁 식사에 초대해 아첨하라는 지시를 받았었다.[31] 그 같은 제스처가 1932년에도 필요했을지 모른다. 수출 수준이 급락했기 때문이다. 1931년 520만 톤에 달했던 수출량은 1932년에 절반 아래로 감소한 173만 톤에 그쳤다. 그러나 이 양이면 여전히 우크라이나의 많은 사람을 기아에서 구할 수 있었다. 수출량은 1933년과 1934년에도 계속해서 감소했다.[32]

하지만 수출량이 0으로 떨어지지는 않았다. 다른 종류의 식품 수출도 중단되지 않았다. 1932년 소련은 우크라이나에서만 3500톤 이상의 버터와 586톤의 베이컨을 수출했다. 1933년에는 수출량이 버터 5433톤, 베이컨 1037톤으로 증가했다. 두 해 동안 소련 수출업자들은 계란, 가금류, 사과, 견과류, 꿀, 잼, 생선 통조림, 야채 통조림, 육류 통조림을 계속해서 선적했다.[33]

블랙리스트

1932년 11월과 12월, '무조건적인' 징발 명령의 중요성이 제대로 인식됨에 따라 우크라이나 공산당은 공화국의 블랙리스트 제도를 확대하고 공식화했다. '블랙리스트'(초르나 도시카 chorna doshka, 직역하면 '흑판')라는 용어는 새로운 개념이 아니었다. 볼셰비키는 집권 초기부터 낮은 생산성 문제로 골머리를 앓았다. 국영 기업의 경영진과 노동자 모두 시장 유인이 없어 열심히 일하거나 효율적으로 일하지 않았고, 따라서 국가는 정교한 보상 및 처벌 제도를 만들었다. 그중 하나로, 많은 공장에서는 가장 성과가 우수한 노동자의 이름을 '빨간색 판'에, 가장 성과가 낮은 노동자의 이름을 '검은색 판'에 붙이기 시작했다. 1920년 3월 스탈린은 돈바스에서 연설하면서 '한 그룹을 다른 그룹보다 우대'하고 '군사 작전에서처럼' 지도자들에게 '붉은 메달'을 수여해야 한다고 구체적으로 언급했다. 동시에 일하기를 싫어하는 동지들은 "머리채를 잡아당겨야 하며" "그들을 위해 흑판이 필요하다"라고 말했다. 내전 중이던 1919년에서 1921년, 볼셰비키는 곡물 징발 요건을 충족하지 못하면 마을 주민 전체를 블랙리스트에 올렸다.[34]

1932년 블랙리스트는 곡물 조달 정책을 강화하는 도구로 다시 등장했다. 소련의 다른 모든 곡물 생산 지역에서도 어느 정도 사용되었지만, 우크라이나에서는 블랙리스트가 더 일찍, 더 널리, 더 엄격하게 적용되었다. 그해 초부터 주 및 지방 당국은 곡물 할당량을 채우지 못한 집단 농장, 협동조합, 심지어 마을 전체를 블랙리스트에 올리고 다양한 처벌과 제재를 가했다. 늦여름이 되자 지역 지도자들은 블랙리스트를 확대했다. 11월에는 이 관행이 보편화되어, 우크라이나 거의 모든 지역의 마을과 집단 농장으로 확산되었다.[35]

공화국 전역에서 블랙리스트에 오른 마을 이름과 이 마을이 달성한 곡물 할당량이 신문에 실렸다. 예를 들어 1932년 9월 폴타바주에서는 '블랙리스트'라는 단순한 제목의 기사가 발행되었고, 기사 글은 검은색 테두리로 둘러져 있었다. 목록에는 마을 일곱 곳이 포함되어 있었는데, 각 마을은 연간 계획의 10.7퍼센트에서 14.2퍼센트의 곡물을 생산했다.[36]

기록이 우크라이나의 지역별로 따로 보관되었기 때문에, 블랙리스트에 오른 전체 단체의 수를 파악하기는 쉽지 않다. 그러나 연말까지 공화국 전역에서 수백 개, 어쩌면 수천 개의 마을과 집단 농장 및 독립 농장이 블랙리스트에 올랐으며,[37] 최소 79개의 지구 전체가 블랙리스트에 올랐고 174개의 지구가 부분적으로 블랙리스트에 올랐다고 확인된다. 이는 공화국 전체의 절반에 가까운 수치였다.[38] 명단은 지역 지도자들이 작성했지만 모스크바 역시 이 과정에 큰 관심을 보였다. 카가노비치는 블랙리스트 시스템이 역사적으로는 카자크 지역이었으며 주민 대다수가 우크라이나어를 사용하던 북캅카스의 쿠반주까지 확산되도록 개인적으로 애썼다.[39] 쿠반은 몇 년 전 우크라이나화를 열정적으로 추진하던 이들이 그곳에서 우크라이나어를 홍보하기 시작하면서부터 부정적인 관심을 끈 곳이었다. 카가노비치는 이제 곡물 공급과 국민 정서라는 복합적인 문제의 해결을 맡은 위원회의 장이 되어 있었다. 11월 4일 북캅카스 지도부는 15개 카자크 정착지(스타니츠시)의 블랙리스트를 정식으로 발표했다.

블랙리스트에 오른 농장과 마을에 일련의 제재가 뒤따랐다. 우크라이나 중앙 위원회는 모든 지방에 전보를 보내 곡물 목표를 달성하지 못한 블랙리스트 지구에서 제조품이나 공산품 구매를 금지했다.

초기 명령에서는 등유, 소금, 성냥이 예외 품목이었다. 2주 후, 몰로토프는 모스크바에서 전보를 보내 코시오르에게 이 세 가지 품목도 공급하지 말라고 명령했다. 금지령이 발효되자, 농민들은 음식을 조리할 수도 없게 됐다.[40]

그다음에는 모든 상거래가 금지됐다. 1932년 초반 농장에서 징발 할당량을 채우지 못한 농민들은 포고령에 따라 곡물과 육류 제품을 거래할 수 없었다. 이제 곡물 조달 목표를 달성하지 못한 지구(우크라이나의 대부분 지역이 포함되는)에서는 더 이상 곡물, 씨앗, 밀가루, 빵을 어떤 형태로도 합법적으로 거래할 수 없었다. 거래하다 적발되면 누구든 체포됐고, 경찰은 시장에서 곡물과 빵을 압수했다. 성과가 저조한 농장에 살던 농민들은 곡물을 구매하거나 물물교환을 할 수 없었고, 합법적인 방식으로 곡물을 얻거나 소유할 수도 없었다.

정치국의 다음 포고령은 블랙리스트에 오른 지역사회의 '반혁명 분자'를 숙청하라는 것이었다. 쿠반의 지역 활동가들은 현지 방해 세력에 대해 자체 '재판'을 진행할 권리를 얻었고, 이후 몇 주 동안 4만 5000명을 추방한 다음 제대한 붉은 군대 병사와 다른 외부인으로 이들을 대체했다.[41] 카가노비치는 쿠반 블랙리스트의 목적을 명확히 꿰고 있었다. 스탈린에게 보낸 편지에서 그는 이렇게 말했다. "저항했던 테레크 카자크 모두 1921년에 추방되었다는 사실을 모든 쿠반 카자크가 알아야 합니다. 바로 지금처럼 쿠반의 땅, 그 황금의 땅에서 그들이 파종을 거부하고 우리를 방해하도록 허용해선 안 됩니다."[42]

블랙리스트는 우크라이나에서 저항의 어리석음을 보여주는 교육 자료로 역할했다. '블랙리스트'라는 용어가 곡물 생산자에만 적용되었던 러시아와 벨라루스와 달리, 우크라이나에서는 거의 모든 단체에 적용됐다. 하나의 현 전체가 블랙리스트에 오르기도 했다. 곡물 생산과 거리가 먼 기계 트랙터 관리소, 목재 회사 및 모든 종류의 지방 기업도 함께 블랙리스트에 올랐다. 한 역사학자는 우크라이나에서 "블랙리스트는 모든 농촌 주민을 겨냥한 보편적인 무기가 되었다"라고 기술했다.[43] 블랙리스트는 농민뿐 아니라 장인, 간호사, 교사, 사무원, 공무원, 그리고 블랙리스트에 오른 마을에 살거나 블랙리스트에 오른 기업에서 일하는 모든 사람에게 영향을 미쳤다.

블랙리스트에 오른 사람들의 수가 증가함에 따라 '블랙리스트에 오른다'는 게 뜻하는 바도 달라졌다. 곡물 목표량을 채우지 못한 지역의 모든 사람과 마찬가지로, 블랙리스트에 오른 이들은 어떤 제조품도 수령할 수 없었다. 몰로토프 때문에 등유, 소금, 성냥도 금지 품목이 되었다. 또한 활동가들은 상점과 창고에 보관 중인 의류, 가구, 도구를 포함한 모든 제조품을 중앙 당국에 반납하도록 강요했다.

금융 제재도 뒤따랐다. 블랙리스트에 오른 농장과 기업은 더 이상 어떤 종류의 신용 거래도 할 수 없었다. 미상환 대출금이 있다면 조기에 상환해야 했다. 모든 돈을 몰수당하는 경우도 있었다. 국가가 은행 계좌를 폐쇄하고 직원들에게 집단 채무를 상환하도록 강요하기도 했다. 또한 국가가 곡물 제분을 금지했기 때문에 (설령 곡물을 구할 수 있더라도) 빵을 굽는 데 필요한 밀가루를 만들 수가 없었다. 게다가 블랙리스트에 오른 농장은 트랙터 관리소에서 수리를 받을 수 없었고 모든 농장 일을 사람이나 가축이 직접 수행해야 했다.44 일부 지역에서는 특수 단체나 군인 또는 비밀경찰이 마을, 농장 또는 지구와의 교역을 차단하는 방식으로 블랙리스트 제도를 시행하기도 했다.45

때로는 특정 농장이 추가 제재를 받기도 했다. 1932년 11월 도네츠크주 보로실로프현에 있는 호로디셰 마을이 블랙리스트에 오른 후, 지역 당국은 기존 규정이 별다른 영향을 미치지 못한다는 사실을 알게 되었다. 호로디셰는 불법 거래가 횡행하는 데발체베의 대형 기차역 근처에 있었다. 마을 주민 대부분은 장인이거나 인근 광산에서 일했고, 광범위한 인맥과 사유지를 보유하고 있었으며, 필요한 물품을 손에 넣을 방법을 알았다. 설상가상으로 호로디셰는 의심스러운 역사를 가지고 있었다. 지역 당 위원회 보고서에 따르면 내전 기간에 이 마을에는 수많은 '도적단, 말 도둑 및 이와 유사한 집단'이 존재했다. 집단화는 '대규모 쿨라크 공동체' 덕분에 마을에서도 '적극적인 저항'에 부딪혔다. 지구 지도자들은 호로디셰에 대해서만 규정을 강화하기로 마음먹었다. 그들은 집단 농장이 빌린 대출금 2만3500루블의 조기 상환을 요구했다. 트랙터 세 대를 압수하고 마을의 모든 종자를 몰수했다. 가축 몰수를 의미하는 육류 '벌금'을 부과하고 광부들의 텃밭을 압수했다. 곡물을 넘겨주지 않았다는 이유로 150명을 지역 공장에서 해고하기도 했다. 마지막으로 그들은 집단 농장 지도부를 체포해 재판에 회부하고, 마을 주민들에게 '방해 행위'를 중단하지 않으면 추방되어 '양심적인 집단 농장 농부'로 대체될 것이라고 경고했다. 그들의 집은 몰수되어 '숙소가 필요한 산업 노동자들'에게 제공될 예정이었다.[46]

블랙리스트는 제재를 받은 농민들이 더 열심히 일하고 더 많은 곡물을 생산하도록 설득하기 위해 고안되었다. 하지만 현실에서는 전혀 다른 결과를 도출했다. 곡물도 가축도 도구도 돈도 신용도 없었고, 거래할 수도 없으며, 일터를 떠나지도 못했던 마을 주민들은 먹을 것을 재배하지도, 준비하지도, 구매하지도 못했다.

봉쇄

우크라이나 농민들이 극심한 기아에 시달리자, 또 다른 문제가 발생했다. 굶주린 사람들이 먹을 것을 찾아 집을 두고 떠나는 것이었다.

새로운 문제는 아니었다. 이미 1931년에 OGPU는 우크라이나 마을에서의 '조직적인' 농민 이탈을 경고했고, 이탈 농민의 수는 계속 증가하고 있었다.[47] OGPU의 자체 통계에 따르면 수천 명이 집단 농장에서 탈출하면서 농촌 노동자의 수가 급감했다.[48] 1932년 1월이 되자 문제는 갑자기 악화되었다. 당시에도 우크라이나 GPU의 수장이었던 브세볼로트 발리츠키는 스탈린에게 보낸 보고서에서 한 달 동안 3만 명이 넘는 사람이 우크라이나 공화국을 떠났다고 말했다.[49] 1년 후 우크라이나 GPU는 더욱 충격적인 집계를 보고했다. 1932년 12월 15일부터 1933년 2월 2일 사이에 거의 9만5000명의 농민이 고향을 떠났다는 것이다. GPU는 사람들이 굶주림 때문에 떠났다는 사실을 인정하지 않으며 "탈출자는 대부분 곡물 조달 의무를 이행하지 못하고 탄압을 두려워하는 자영 농민과 쿨라크"라고 했다. 다만 탈출자 중 일부만 "식량 공급 문제를 우려"했다고 인정했다.[50]

일부 농민은 러시아에서 식량을 구하기 위해 우크라이나 경계를 넘었다. 한 우크라이나 노동자는 이렇게 회상했다. "감자가 떨어지자 사람들이 러시아 마을로 가서 옷과 식량을 교환하기 시작했습니다. 무척 재미있게도, 러시아 영토가 시작되는 곳인 하르키우 너머에는 배고픔에 시달리는 사람이 없었어요."[51] 실제로 우크라이나 국경에 있는 러시아 지구의 관료들은 이미 1932년 초부터 우크라이나인의 유입에 대해 불평해왔다. '군중', 그리고 어린아이와 노인을 포함한 온 가족이 빵을 사거나 구걸하기 위해 국경을 넘어 몰려들고 있었다. 한 러시아 지역 관료는 "상황이 위험해지고 있다"라고 편지에 썼다. 그는 굶주린 사람들로 인한 '도덕적' 위협과 절도 증가에 대해서도 언급

했다.[52]

 몇 주 후 한 벨라루스 노동자 집단이 우크라이나 공산당에 편지를 보냈다. 그들은 굶주린 우크라이나 사람들이 도로와 철도를 막고 있다고 항의했다.

 부끄러운 일입니다. 이 방황하는 굶주린 우크라이나인들에게 왜 일을 하지 않느냐고 물으면, 파종할 씨앗이 없고 집단 농장에서 할 일이 없으며 물자가 잘 공급되지 않는다고 대답합니다. (…) 사실은 사실입니다. 수백만 명이 헐벗고 굶주린 채 벨라루스의 숲, 역, 마을과 농장에서 빵 한 조각을 구걸하고 있습니다.[53]

 우크라이나인들은 계속해서 떠났다. 러시아와 벨라루스에는 먹을 게 더 많았기 때문이다. 1932년 10월 말 한 소녀의 아버지가 레닌그라드에 도착했다. 한밤중에 몰래 떠난 소녀의 가족은 굶주린 우크라이나인들로 가득찬 여러 역을 지나 몇 주 후에야 가까스로 아버지와 만날 수 있었다. "모스크바는 물론이고 인근의 다른 도시에도 굶주리는 사람이 없었어요." 당시 소녀였던 그는 이렇게 회상했다. "오직 우크라이나인만이 가시 면류관을 쓰는 영광을 누렸죠." 먼 북쪽으로의 고된 여행을 감행한 덕에 온 가족은 살아남을 수 있었다.[54]

다른 사람들도 탈출에 성공했다. 1933년 1월, GPU는 우크라이나 북부 하르키우 지방의 로조바 역에서 1만6500장, 수미 역에서 1만5000장의 장거리 기차표가 팔렸음을 확인했다.[55] 수만 명의 사람도 기차표 구매자와 함께 떠나려 했다. 1932년 말, 우크라이나 전역의 기차역은 누더기를 입은 쇠약한 사람들로 가득 찼다. 이들은 돈이 하나도 없었고 승객에게 음식과 기차표를 구걸했다. 당시 어머니와 함께 여행하던 한 소년은 하르키우 기차역에서 시체를 보았고, 한 어린 소녀가 역 식당 바닥에서 닭 뼈를 주워 갉아먹는 모습을 목격했다. 사람들은 가까스로 기차에 탑승해 의자 밑에 몸을 숨겼고, 차장이 그들을 내쫓았지만 더 많은 사람이 계속 올라탔다.[56] 1932년 여름 보로실로프, 부돈니, 키라 알릴루예바는 그런 사람들을 보며 마음이 착잡했다. 1932년 가을과 1933년 겨울까지도 무리의 수는 늘어갔다.

배를 타고 떠난 사람도 있었다. 조지아의 흑해 연안 바투미 시 이탈리아 영사는 1933년 1월 "오데사에서 일주일에 세 척씩 도착하는 증기선이 보통 1000~2000명의 우크라이나인을 실어 나른다"라고 추정했다. 그 이전에 우크라이나인들은 바투미에서 밀가루나 씨앗을 구입하기도 했고 이윤을 남기고 팔기도 했다. 그러나 늦가을이 되자 대규모 인구 이동은 난민 유입과 비슷해졌고, 수천 명이 '생존 수단과 식량을 얻을 가능성이 높은 곳에 정착'하려 했다.[57]

1930년 때처럼 아예 나라에서 탈출하려는 농민들도 있었다. 폴란드계인 마리아 브와제예프스카는 1932년 10월 세탁부로 가장해 우크라이나에서 폴란드로 넘어갔다. 그는 당시 국경 역할을 하던 즈브루치강에서 빨래를 하다가 강 건너편으로 몰래 건너갔다. 그의 아들 중 두 명이 그와 함께 횡단을 감행했고, 세 번째 아들은 이미 극동 지역으로 추방당한 상태였다. 마리아는 폴란드 국경 경찰에게 이렇게 말했다. "1931년부터 소비에트 러시아에서의 삶은…… 견딜 수 없는 고문이 되었어요. 소련 당국이 거의 모든 곡물과 가축을 가져가기 시작했고, 최저 수준의 생활도 유지할 수 없을 만큼 아주 적은 양만 남겨놓았으니까요."[58] 또 당시 열다섯 살이던 레온 보지니아크도 이렇게 진술했다. "우린 집에서 쫓겨났어요…… 동생과 저는 숲에서 일했지만, 그것만으론 생계를 유지할 수 없었죠. 급기야 어떤 일도 할 수 없게 되었고 제가 굶어서 죽어갈 지경이었기 때문에, 10월 15일에 어머니 마우고르자타, 동생 브로니스와프와 함께 소비에트 러시아에서 폴란드로 탈출했습니다."[59]

같은 방식으로 탈출을 시도했지만 실패한 이들도 있었다. 마리아와 레온이 국경을 넘은 지 몇 달 후, 60명의 사람이 즈브루치강을 건너려 했다. 그중 열네 명만이 성공했고, 나머지는 익사하거나 국경 수비대의 총에 맞았다. 1932년에서 1933년 겨울에는 또 다른 가족 250명이 국경을 넘으려 했다. 1932년 12월 폴란드 내무부는 적십자 대표와 국제연맹 대표와 함께 우크라이나 난민을 위한 특별 위원회를 설립했다.[60]

또 다른 사람들은 우크라이나 도시까지 걷거나, 도시로 향하는 기차에 올라탔다. 충분히 일찍 떠났거나, 맞이해 줄 친척이 있거나, 일할 수 있을 만큼 체력이 강한 이들은 이주에 성공했다. 많은 '쿨라크'들은 이전에 도네츠크의 광산 및 공장과 키이우 및 하르키우로 이주해 추방을 면했다. 그러나 1932년 말 탈출자의 수가 늘어났고, 특히 키이우, 하르키우, 오데사는 더 이상 이들을 감당할 수 없었다. 1932년 가을, 한 회고록 저자는 하르키우의 '불안한 분위기'를 이렇게 회상했다.

식량이 하나도 없었다. 긴 줄이 늘어섰고, 신문에서는 곡물 조달에 대해, '쿠르쿨' 또는 '쿨라크'라고 불리는 반소련 분자들이 정부로부터 곡물을 숨기는 방식에 대해 떠들어댔다. (…) 배급표로 살 수 있는 빵 판매는 규칙적이지 않았다. 밤이 되면 줄이 늘어서기 시작했지만, 대부분 민병대가 해산시켰다. 상황을 감추기 위해 빵은 상점이 아닌 야외에서 배급되었다.[61]

더 많은 농민이 하르키우 중심부로 몰려들면서 상황은 악화되었다. 이들은 누더기와 맨발로 쉽게 식별됐는데, 2년 전부터 시행된 트루도디니 배급제 때문에 돈도 없거니와 식량이나 옷을 살 방법도 없었기 때문이다. 자신들 역시 식량이 거의 없고 배급에 의존했던 도시 거주자들은 본능적으로 이들을 멀리했다. 겨울이 되자, 도시로 이주한 농민들은 고향에 남은 사람들과 크게 형편이 다르지 않았다.

많은 사람이 거리를 배회했다. 어디서나 그들을 만날 수 있었다. 노인, 젊은이, 어린이, 유아까지, 연령대도 다양했다. 느린 몸놀림은 그들의 몸이 얼마나 쇠약한지를 분명하게 말해주었다. 초췌하고 붓기까지 한 얼굴의 퀭한 눈에서는 생기를 찾아볼 수 없었다. 그들은 배고프고, 지치고, 남루하고, 더럽고, 춥고, 씻지도 못한 상태였다. 일부는 용감하게 남의 집 문이나 창문을 두드렸고, 일부는 구걸하는 손을 간신히 내밀었다. 벽에 기대어 앉아 움직이지도 말하지도 않는 이들도 있었다.[62]

또 다른 회고록 저자는 시장에서 본 농민들을 이렇게 회상했다.

아기를 품에 안은 엄마들이 가장 인상적이었다. 그들은 다른 사람들과 좀처럼 어울리지 않았다. 사람이라기보다는 그림자에 가까웠던 한 엄마가 기억난다. 그는 길가에 서 있었는데, 뼈만 남은 아기는 엄마의 빈 가슴이 아니라 반투명하고 얇은 피부로 덮인 자신의 작은 손가락을 빨고 있었다. 내가 본 불행한 사람 중 얼마나 많은 이가 살아남았는지는 알 수 없다. 매일 아침 출근길에 도로, 도랑, 덤불이나 나무 아래에서 시체를 보았을 뿐. 그들은 시간이 지나면 어딘가로 치워졌다.[63]

지방 당국은 인구가 유입되면서 발생한 여러 위기에 동시 대처해야 했다. 많은 부모가 살아남으려 아이들을 두고 떠나면서 고아들이 도시의 고아원으로 몰려들었다. 시체는 위생 위기를 초래했다. 1933년 1월 키이우 시는 거리에서 400구의 시체를 치워야 했다. 2월에는 시체의 수가 518구로 증가했고, 3월에는 첫 8일 동안에만 248구를 기록했다.[64] 하지만 이것은 공식적으로 기록된 수치일 뿐이다. 키이우와 하르키우의 수많은 목격자는 당시 시내를 순회하는 트럭이 거리에서 시체를 끌어내 차량에 싣던 모습을 떠올렸다. 시체 수를 셀 겨를이 있는 사람은 없었다.

시골에서 온 걸인들은 가뜩이나 식량이 부족한 도시 주민의 부담을 가중시켰다. 하르키우 내의 분위기는 특히 빠르게 격앙됐다. 그해 봄 이탈리아 영사는 도시 교외에서 빵을 나눠주러 온 민병대를 수천 명의 군중이 공격했다고 보고했다. 마을의 다른 지역에서는 성난 폭도들이 빵집 두 곳을 공격해 밀가루를 훔치고 건물을 파괴했다. 경찰은 이에 대응해 특수 예방 조치를 취하기 시작했다. 어느 날 새벽 4시경, 영사는 하르키우 경찰이 수백 명이 밤새 문만 열리길 기다리던 빵집 주변 골목길을 차단했다고 보고했다. 경찰은 이들을 구타하고 기차역 쪽으로 몰아붙였다. 그런 다음 기차에 밀어넣고 도시 밖으로 쫓아냈다.

인구 감소는 시골의 사기를 더 떨어뜨렸다. 대규모 이주 때문에 남아 있는 사람들의 삶은 더 어려워졌다. 절망에 빠진 빈니차의 한 공산당원은 1932년 가을 스탈린에게 도움을 요청하는 편지를 썼다.

> 모든 농민이 굶주림에서 벗어나기 위해 마을을 떠나고 있습니다. 마을에서는 매일 10~20명의 가족이 아사하고, 아이들은 갈 곳이 있다면 어디로든 도망치며, 모든 기차역에는 탈출하려는 농민들이 가득합니다. 시골에는 말도 없고 소도 없습니다. 굶주린 농민-집단 농장 노동자들은 모든 것을 버리고 사라지고 있으며······ 파종 작전 완수는 언급할 수조차 없습니다. 남아 있는 얼마 안 되는 농민들은 이미 굶주림으로 극히 쇠약하기 때문입니다.[65]

소련 당국이 진정으로 우려했던 것은 이 대규모 인구 이동의 정치적 중요성이었다. 소련 전역, 극북과 극동, 폴란드의 우크라이나어 사용 지역과 우크라이나 안에서 배회 중인 우크라이나인들은 기아 소식은 물론 자신들의 반혁명적 태도까지 함께 퍼뜨리고 있었다. 이들의 숫자가 급격히 증가하자, 소련 정부는 결국 더는 의심의 여지가 없다고 선언했다. "작년과 올해 벌어진 마을 주민들의 이동과 우크라이나 탈출은 농민들에게 선전을 퍼뜨릴 목적으로 소련 정부의 적과 (…) 폴란드 요원들이 조직한 일이다."

소련 정부는 해결책을 찾아냈다. 1933년 1월, 스탈린과 몰로토프는 우크라이나 공화국 경계선을 폐쇄했다. 공화국 밖에서 발견된 우크라이나 농민은 모두 고향으로 돌려보내졌다. 기차표는 더 이상 우크라이나 마을 주민에게 판매되지 않았다. 허가를 받은 사람만 집을 떠날 수 있었지만, 당연히 허가는 거부되었다.[66] 우크라이나인이 많이 거주하는 북캅카스 현들의 경계도 폐쇄되었고, 2월에는 하부 볼가주의 현들도 폐쇄되었다.[67] 경계 폐쇄는 기아가 끝날 때까지 유지되었다.

이와 별도로 내부 여권 제도에 대한 작업이 추진되었고, 마침내 1932년 12월에 완전히 구축되었다. 이 제도에 따르면 도시에 거주하는 사람은 누구나 특별 여권, 즉 거주 서류가 필요했고, 농민은 명시적으로 여권을 취득할 수 없었다. 하르키우, 키이우, 오데사는 이 새로운 법률을 이용해 시골에서 도시로 옮겨가는 '과도한 요소'를 제거해야 했다.[68] 도시 거주자들은 새로운 조치가 '도시의 부담을 덜고 쿨라크 범죄 분자를 숙청'할 것이라 안심했다.[69]

제한 조치는 전례 없는 속도로 시행되었다. 불과 며칠 만에 OGPU는 모스크바에서 지원군을 보냈다. 우크라이나를 빠져나가는 도로와, 도시로 진입하는 주요 고속도로에 저지선이 설치되었다. 1933년 1월 22일부터 30일까지 OGPU의 수장인 겐리흐 야고다는 스탈린과 몰로토프에게 자신의 부하들이 경계를 넘으려는 사람 2만 4961명을 붙잡았으며, 그중 3분의 2는 우크라이나 출신이고 나머지는 거의 북캅카스 출신이라고 보고했다. 대부분은 고향으로 돌려보내졌지만, 거의 8000명이 구금 상태로 경찰 조사를 받았고 1000명 이상이 체포되었다.[70]

그들의 설명에 따르면 야고다의 우크라이나 동료들은 훨씬 더 바빴다. 2월에는 어떤 농민도 합법적으로 자신의 마을을 떠날 수 없도록 '무조건적인 여행 서류 발급 금지령'이 내려졌다. 또한 '기동 순찰대'를 만들어 도로에서 3800명 이상을, 기차에서 1만 6000명 이상을 구금했다. 그들은 '비밀 요원'과 '마을 활동가'를 동원해 '탈출 조직원'을 찾아내고 체포를 지원했다.[71]

효과는 너무나 극명해, 우크라이나와 러시아 사이에 눈에 보이는 국경이 생긴 것 같았다. 1933년 5월 하르키우에서 모스크바로 자동차 여행을 떠난 폴란드 외교관은 이 광경을 보고 깊은 인상을 받았다.

여행 내내 가장 눈길을 끈 것은 우크라이나 마을과 이웃하는 (러시아의) 체르노젬주의 차이였다. (…) 우크라이나 마을은 다 쓰러져가고 있었고, 사람이 살지 않았으며, 황량하고 초라했다. 오두막은 반쯤 철거되고 지붕은 날아간 상태였다. 새집은 하나도 보이지 않았고, 아이들과 노인은 뼈밖에 남지 않았으며, 가축도 없었다. (…) 나중에 (러시아에) 도착했을 때는 소비에트 국가에서 서유럽으로 국경을 넘어온 듯한 느낌이 들었다.[72]

표면적인 질서 유지를 위해 경찰은 도시로 들어온 농민들을 모두 제거하기 시작했다. 우크라이나에서 성장하고 돈바스에서 일했으며 기아 사태를 잘 알고 있던 소련 작가 바실리 그로스만은 이렇게 회상했다. "농민들이 키이우로 들어오지 못하도록 도로에 차단 장치를 설치했다. 그러나 그들은 우회도로, 숲과 늪을 이용해 키이우로 들어왔다."[73] 그곳에 도착한 사람들은 차단선을 '뚫고' 덤불을 헤쳐 들어왔다.[74] 그러나 빵을 얻기 위해 줄을 서는 것까지 성공했대도 오래 버티지는 못했다. 다른 키이우 주민은 "경찰이 마을 사람들을 줄에서 끌어내 트럭에 싣고 도시 밖으로 데려갔다"라고 회상했다.[75]

할리나 키리첸코는 하르키우에서도 경찰이 빵 배급 줄에 선 사람들을 연행하는 장면을 목격했다. 키리첸코의 기억에 따르면, 그들은 트럭에 실려 마을 밖 멀리까지 끌려가 돌아오지 못했다. "그들은 너무 지쳐서 길 위에서 죽었어요." 경찰은 거리에서 빵을 사거나 물물교환을 시도하는 것처럼 보이는 사람도 체포했는데, 도시 거주자들은 배급표를 가지고 있었고, 정식 등록한 노동자들은 구내식당에서 식사했기 때문에 이는 의심스러운 행동이었다. 당시 열세 살이었던 키리첸코 자신도 여러 차례 경찰을 피해 도망쳤다.[76]

도시에 사는 우크라이나인은 현장에서 벌어지는 일을 목격하고 소문을 퍼뜨렸다. 마리아 우만스카의 아버지는 그녀에게 하르키우 거리에서 농민과 아이들을 태우는 일을 도왔다고 말했다. 당국은 농민에게 음식을 주고 집으로 데려다주겠다고 약속했지만, 우만스카의 아버지는 완전히 다른 이야기를 들려줬다. 밤이 되면 산 자와 죽은 자를 한꺼번에 트럭에 태우고 마을 외곽의 계곡으로 가 던져버렸다는 것이다. "그들은 그걸 땅의 감옥이라고 했어."[77] 올레나 코빌코도 같은 이야기를 들었다. 하르키우 거리에서 발견된 농민은 "아무도 보지 못하는 곳에서 죽을 수 있도록 화물 열차에 실려 도시 뒤편 들판으로 옮겨졌고", 산 사람이든 죽은 사람이든 다 구덩이에 던져졌다.[78]

소문들은 마을로 퍼져나갔다. 농민들은 지방 당국의 허가 없이 집을 떠나면 강제로 귀환해야 한다는 사실을 단단히 배워야 했다. 레프 코펠레프는 냉정한 결론을 내렸다. "여권 제도는 새로운 농노제의 행정적, 사법적 초석을 마련했고, (동시에) 1861년 해방 이전처럼 농민들을 묶어두는 역할을 했다."[79]

9장

기아를 일으키기로 결정하다,
1932년: 우크라이나화의 종말

그들은 쿨라크와 우크라이나 반혁명 민족주의자들을 위해
자신의 재능을 바쳤고, 심지어 지금도 당과 소련 정부,
그리고 위대한 사회주의 조국인 소련 노동자들의 이익을 위해
예술로 온전히 봉사할 준비가 되어 있음을 증명할 만한
예술적 변화의 징후를 보이지 않고 있다.
—일부 우크라이나 작가들의 작가 조합 가입
거부 이유를 설명하는 이반 미키텐코, 1934[1]

1932년 가을, 우크라이나 시골 이야기를 들은 사람이라면 누구나 광범위한 기아가 닥쳐오고 있으며 많은 사람이 죽으리라는 사실을 모를 수 없었다. 이렇게 엄청난 재앙에는 특별한 정당화가 필요했다. 12월 정치국은 바로 그것을 내놓았다. 정치국은 식량 징발과 블랙리스트에 관한 새로운 포고령을 공개적으로 발표하는 동시에, 징발 실패를 우크라이나화 탓으로 돌리는 비밀 포고령 두 개를 12월 14일과 15일에 각각 발표했다.

1932년에서 1933년까지 이어진 소련 기아의 더 넓은 맥락에서, 이 두 법령은 그 뒤에 일어난 사건과 마찬가지로 매우 독특한 일이었다. 물론 다른 지역도 특수하게 취급됐다. 우크라이나와 같은 수준은 아니었지만, 공산주의 지도자를 대량 체포하는 등 우크라이나에서 사용된 정책 중 일부가 볼가주 지역에도 적용됐다. 이들 지역에서 농민의 충성도에 대한 의심은 농민의 높은 사망률로 이어졌다.[2] 카자흐스탄에서는 정권이 전통적인 유목 경로를 차단하고 가축을 징발해 러시아 도시에 공급했고, 그 결과 카자흐 민족 유목민은 끔찍한 고통을 겪어야 했다. 기아로 인해 전체 인구의 3분의 1이 넘는 150만 명이 사망한 와중에, 카자흐스탄의 슬라브족 인구는 거의 영향을 받지 않았다. 유목민 '정착화'라고도 불리는 이 공격은 소비에트화의 또 다른 형태이자 반항적인 민족 집단에 대한 명백한 공격이었다.[3] 그러나 우크라이나와 우크라이나어를 사용하는 인구가 많았던 북캅카스만큼 농업 실패를 언어나 문화에 명백하게 연루시킨 곳은 없었다. 북캅카스 지역에서 가장 큰 피해를 입은 지역 중 하나인 쿠반은 당시 우크라이나인이 인구 다수를 차지하고 있었다.

첫 번째 법령은 우크라이나와 북캅카스 모두에서 곡물 조달 실패가 지역 및 지방 공산당의 '미흡한 노력과 혁명적 경계심의 부재' 때문이라고 비난했다. 하급 당 위원회는 소련에 충성하는 척하지만 실제로는 "쿨라크, 전직 장교, 페틀류라파, 쿠반 라다 지지자 같은 반혁명적 분자들이 위원회에 침투했다"는 것이었다. 그들은 은밀한 반역자들로, 당과 국가 관료제의 핵심부에 침투해 있다고 의심받았다.

그들은 집단 농장의 감독자와 기타 영향력 있는 관리직, 회계사, 상점 주인, 탈곡장 감독 등으로 잠입하는 데 성공했다. 마을 소비에트, 토지 관리국, 협동조합에 침투하는 데 성공했으며, 이제는 조직의 업무를 프롤레타리아 국가의 이익과 당 정책에 반하는 방향으로 이끌고, 반혁명 운동을 조직하고, 수확 및 파종 운동을 방해하려 한다. (…)

당과 노동자계급, 집단 농장 농민의 가장 큰 적은 당원증을 주머니에 넣고 다니는 곡물 조달 방해꾼이다. 그들은 쿨라크와 다른 반소련 분자들을 기쁘게 하기 위해 국가 사기와 이중 거래, 그리고 당과 정부가 설정한 과제의 실패를 조직한다.[4]

또한 포고령은 우크라이나화 정책이 잘못되었다고 적시했다. 목적을 제대로 고려하지 않은 채 "기계적으로" 수행되었다는 것이다. 우크라이나화는 소련의 이익을 증진하는 대신 '부르주아 민족주의 분자, 페틀류라파 및 기타 세력'이 국가 기구 내에 비밀 반혁명 조직을 만드는 계기로 작용했고, 이는 단순히 우크라이나만의 문제가 아니었다. 포고령은 "소련 권력의 적들에게 합법적인 은신처를 제공한 북캅카스의 무책임한 비볼셰비키적 '우크라이나화'"를 비난했다.[5]

내전 당시 쿠반에서 독립 카자크 국가를 위해 싸웠던 쿨라크, 전직 백위군, 카자크족, 그리고 쿠반 라다 구성원들은 모두 비난의 대상이 되었다. 이들은 '우크라이나인'으로, 또는 적어도 우크라이나화의 수혜자라는 이름으로 함께 명명되고 연관 지어졌다.

두 번째 포고령의 내용은 첫 번째 포고령과 같은 유였지만, 우크라이나화 금지를 더욱 확장해 극동, 카자흐스탄, 중앙아시아, 중부 체르노젬 지역 및 우크라이나 민족주의에 감염되었을 가능성이 있는 '소련의 다른 지역'에도 적용됐다. 소련 정부는 "소련 전 지역의 의무적 우크라이나화에 대한 개별 우크라이나 동지들의 제안을 비난"하고 모든 우크라이나화의 즉각적인 중단을 승인하기 위해 보충 포고령을 발표했다. 법령에 언급된 지역은 우크라이나 신문과 서적의 인쇄를 즉시 중단하고, 러시아어를 학교 교육의 주요 언어로 사용해야 했다.[6]

이 두 포고령은 왜 곡물 위기가 왔는지에 대한 변명을 제공하고 희생양을 지목했다. 또한 우크라이나 공산당 관료에 대한 즉각적인 대량 숙청과 대학교수, 학교 교사, 학자, 지식인 같은 우크라이나 국가론을 지지하는 모든 사람에 대한 언어적, 물리적 공격을 촉발했다. 이듬해에는 대학, 학술원, 미술관, 문화 단체를 비롯해 이 사상과 관련된 모든 기관이 숙청되거나, 폐쇄되거나, 변질되었다.

두 포고령은 이후의 사건들이 왜 함께 일어났는지를 잘 설명해 준다. 우크라이나 공산당과 우크라이나 민족운동을 파괴한 탄압의 물결은 대량 기아를 초래한 새로운 징발, 블랙리스트, 수색과 같은 시기에 일어났다. 모든 작업은 동일한 비밀경찰 조직이 수행했고, 똑같은 관료들이 선전을 감독했다. 국가의 관점에서 볼 때, 모든 사건은 한 프로젝트의 동일 선상에 있었다.

우크라이나 공산당 숙청

OGPU는 종종 적에 대한 허황된 음모론을 고안하곤 했다. 그러나 우크라이나 공산당 하급 지도부가 곡물 징발 정책을 반대하고 있다는 말만큼은 사실이었다. 1932년 11월, 스탈린이 "우크라이나의 상황이 끔찍하다"라고 선언하게 만든 당내 불만에 대한 보고서가 보완되어 다시 회람되었다. 우크라이나 당원 수백 명은 말과 실제 행동을 통해 곡물 징발과 블랙리스트를 정기적이고 반복적으로 반대했다.

감정적 호소도 더해졌다. 스바토베 마을의 한 당원은 지역 당 위원회에 보낸 장문의 편지에서 자신의 견해를 공개적으로 밝혔다. "저는 1921년 콤소몰에 들어간 첫날을 기억합니다. 당시 저는 당 노선이 옳고 내가 옳다는 생각으로 열의에 가득 차 일하러 갔죠." 하지만 1929년이 되자 의구심이 일기 시작했다. 그리고 국민이 굶어 죽기 시작하자, 그는 항의해야 한다고 생각했다. "당의 전반적인 노선과 그 실행이 가져온 시골의 빈곤과 농업의 강제 프롤레타리아화는 잘못되었습니다. 기차역에서 벌어진 상황과 도시에서 보이는 수많은 집 없는 고아들이 이를 증명합니다."7 어떤 사람들은 새로운 징발이 공화국 자체를 향한 공격이라 생각했다. 한 지역 당 서기는 이렇게 말했다. "열 개 또는 스무 개 현에서 실수할 수는 있지만, 우크라이나의 모든 현에서 실수한다는 것은 무언가가 잘못되었다는 뜻입니다."8

이러한 의심의 표출은 소련 지도부를 불안하게 만들었다. 공산주의자들이 공식 정책을 지지하지 않는다면 누가 그 정책을 실행한단 말인가? 이 문제를 스탈린 자신보다 더 심각하게 받아들인 사람은 없었다. 1932년 11월 발리츠키와 두 차례 만나 상의한 후 스탈린은 전국, 지역, 지방의 모든 당 지도자에게 당내 반역자와의 전쟁을 선포하는 서신을 보냈다. 그는 "주머니에 당원증이 있는 적은 당원증이 없는 적보다 더 가혹한 처벌을 받아야 한다"라고 선언했다.

방해 공작의 조직자들은 대다수가 '공산주의자', 즉 주머니에 당원 증이 있지만 오래전에 변절해 당과 결별한 사람이다. 이들은 당의 전반적인 노선에 '동의'한다는 위장 술책을 이용해 쿨라크정책을 수행하는 사기꾼이자 협잡꾼이다.⁹

그 무렵 고위급에서는 이미 변화가 일었다. 스탈린은 발리츠키를 돌려보내 우크라이나의 비밀경찰을 다시 이끌게 했고, 그의 모스크바 본부에서의 짧은 체류를 끝냈다. 또한 하르키우 당의 수장이었고 모스크바 중앙 위원회에서 선전국을 운영하던 파블로 포스티셰프도 우크라이나로 돌려보내졌다. 이후 몇 달 동안 포스티셰프는 스탈린의 직속 특사로, 일종의 우크라이나 총독으로 활동했다. 스탈린은 블라스 추바르를 우크라이나 지도부에서 제거했지만, 스타니슬라프 코시오르와 흐리호리 페트롭스키는 남겨두었다(코시오르는 1938년에 체포되어 1939년에 처형되었고, 페트롭스키는 1950년대까지 살아남는 데 성공했다).¹⁰ 1932년에서 1933년 겨울, 스탈린은 대담하게도 항의를 감행했던 하위급 우크라이나 공산당원에 대한 일련의 조사, 기소, 체포를 시작했다. 기아와 동시에 진행된 이 숙청 때문에 우크라이나 공산당은 자율성이나 독자적인 의사 결정 능력을 상실한 채 모스크바의 도구로 전락했다.¹¹

지역 지도자들은 솔직했던 탓에 막대한 대가를 치러야 했다. 가령 오리히우 마을에서는 지역 공산주의자들이 진실을 밝히려 했고, 그들은 하르키우의 동료들에게 "우리는 당원이므로 솔직해야 한다"라고 말했다. "계획은 비현실적이며 우리는 이를 달성하지 못할 것이다. 계획의 45~50퍼센트 수준밖에 달성할 수 없다."[12] 수년 후인 1964년 '흐루쇼프 해빙기'라 알려진 짧은 기간 동안 오리히우 사건을 재검토했을 때, 여러 증인은 오리히우 공산주의자들이 계획을 이행하지 않은 것은 애초에 그것이 불가능한 일이었기 때문이라고 말했다. 그들의 밭에서는 그렇게 많은 곡물을 생산할 수 없었다. 대표적인 인물이자 집단 농장의 책임자였던 미하일로 네스테렌코는 그 당시 얼마나 많은 압박이 있었는지를 기억했다. "사실 당시에 '방해 행위'라는 단어는 아무 의미도 없는 단어였습니다. 아무리 작은 결함이 있어도 그들은 우리 책임자들을 방해 행위자라고 불렀고, 탄압으로 우릴 위협했습니다."[13]

하지만 이러한 생각은 반역죄로 간주되었고, 수많은 오리히우 당 관료들이 체포되어 형을 선고받았다. 굴라크에서 장기간 복역한 관료도 있었으며, 많은 이가 집으로 돌아오지 못했다. OGPU는 이들의 행동에 심오한 해석을 덧붙여 극단적인 처벌을 정당화했다. 오리히우의 공산주의자를 비롯한 여러 공산주의자가 당원인 척했지만, 비밀리에 국가 전복을 계획했다는 것이다. 오리히우 공산주의자들은 "당과 노동자 국가에 대한 쿨라크적 배신이라는 길을, 방해 행위라는 길을, 집단 농장의 사기 저하라는 길을, 곡물 수집에 대한 조직적인 방해 행위라는 길을 걸었고, 당의 전반적인 노선에 '동의'한다는 미명 아래 쿨라크적 절도 행위를 저질렀다".[14]

당시 형을 선고받은 사람으로, 굴라크에서 10년을 보낸 당료 마리아 스키피안-바실레비치는 30년 후 "정말로 무고한 사람들, 정직하고 원칙적인 공산주의자들이 고통받았다"라고 증언했다.[15] 그러나 1933년 오리히우 검거 사건은 강력한 메시지를 전달했다. 당원조차도 기소로부터 자유롭지 않다는 것이다. 이제 아무리 충성스러워 보이고 선량한 공산주의자라 하더라도, 당국에 동의하지 않으면 희생양이 될 수 있었다.

오리히우 공산주의자를 비난하는 데 사용된 언어는 공화국 전역에 적용되었다. 11월 18일, 우크라이나 정치국은 모든 곡물 저장고를 몰수하라고 요구했고, '반혁명 소굴의 청산과 쿨라크 집단의 패배'에 관한 법령을 발포했다. 블랙리스트에 오른 마을에서는 '쿨라크, 페틀류라파, 유대인 학살 수행자 및 기타 반혁명분자들'이 제거 대상으로 지정되었다.[16] 나흘 후 모스크바의 소련 정치국은 곡물 목표를 달성하지 못한 당 지도자와 집단 농장 지도자에게 사형 선고를 내리기로 결의했다. 코시오르를 포함한 우크라이나 관료로 구성된 특별 '트로이카troika'가 사형을 결정할 권한을 받았다. 이들은 열흘마다 결정 사항을 모스크바에 보고했다.[17]

이들은 신속히 움직였다. 고작 나흘 만에 비밀경찰은 우크라이나의 243개 현에서 팽배한 불만과 '쿨라크-페틀류라파' 음모의 증거를 발견했다.[18] 비밀경찰은 1932년 11월에만 1만4230명을 체포했고, 그해 총체포자 수는 2만7000명이었다. 이는 풀뿌리 수준에서 당을 말살하기에 충분한 수였다.[19] 아직 당원이 아니었던 젊은이도 의심의 대상이었다. 1932년 말부터 1934년 초까지 콤소몰은 회원 1만8638명을 제명했다.[20]

체포가 진행됨에 따라 GPU의 언어는 더 날이 섰다. 우크라이나 OGPU는 작전 공보에서 "집단 농장 내부의 반소련 집단에 대한 공격이 빠른 속도로 이행되고 있다"라고 밝혔다.

집단 농장에서 적발되어 청산된 단체들의 반혁명 활동은 곡물 조달을 저해하는 행위, 곡물을 낭비하거나 은폐하는 행위, 반집단 농장 및 반소비에트적 선동으로 구성된다. (…) 청산된 집단 농장 내부 단체의 압도적 다수는 쿨라크와 반혁명 단체, 특히 집단 농장과 집단 농장의 행정 기구를 부패시킨 페틀류라파 분자들에게 강한 영향을 받았다……[21]

허구의 '음모'는 더욱 치밀하고 복잡해졌으며 과거의 반란과 더욱 밀접하게 연관되었다. 체포된 사람들, 특히 11월과 12월에 체포된 사람 중 상당수는 집단 농장의 의장이나 지도자였고, 다른 이들은 회계사나 사무원이었다. 체포된 사람들의 이름에는 '전 페틀류라 군 지휘관' '상인의 아들이자 어머니가 북쪽으로 끌려간 사람' '전 지주' '페틀류라와 마흐노 일파에 적극 참여한 경력이 있는 자' 같은 실제 또는 가상의 연고와 신분이 함께 나열되곤 했다. 이들의 '범죄'는 언제나 빵 절도, 곡물 수집 작전에 대한 비판, 우크라이나의 수확 실패를 설명하는 기타 활동과 관련했다.[22] 이들의 동기는 정치적일 뿐만 아니라 반혁명적인 것으로 묘사되었다. 이들은 마흐노, 페틀류라, SVU, 계급 적대 분자, 쿨라크 또는 과거 다른 혁명 운동의 영향을 받았다고 규정되었다.

과거와 현재가 명시적으로 연결된 소수의 사례도 있었다. 오데사주의 코스티안티닙카 마을 당국은 1932년 12월, 티모피 피칼을 현재 및 과거 소행이 의심스럽다며 체포했다. 사건 기록에 따르면 피칼은 동료 농부들에게 곡물을 넘기지 말라고 말했다. "올해 소련 당국이 우리의 빵을 모두 가져갈 거야. 빵을 넘기면 우리 모두 굶주림으로 쓰러질 거고." 동시에 경찰은 피칼이 10년 전 '농민 봉기 당시 한 부대의 지휘관'이었다는 사실에 주목했다. 그는 악명 높은 우크라이나 제54-10조항인 '반소비에트 선동 및 선전'에 따라 체포됐고 형을 선고받기 위해 송치됐다.

오데사 지방의 다른 마을 주민인 페트로 옵차렌코도 비슷한 운명을 맞이했다. 1932년 12월 옵차렌코는 과거에 '종파 단체를 조직했다'는 혐의와 '곡물 징발 계획에 반대하는 조직적인 선동'을 했다는 혐의를 동시에 받았다. 그가 "왜 이런 계획이 필요하지? 곡물을 징수하고 우리를 굶주리게 할 권리가 누구에게 있단 말이야? 곡물을 넘겨주지 않을 거야……"라고 말하는 것을 누군가가 엿들었기 때문이었다.[23]

연말이 되자 '음모'는 국제적인 양상까지 띠었다. 12월 말 발리츠키는 '우크라이나의 67개 현에 걸친 폴란드-페틀류라파 반란 지하 조직'이라는 음모를 폭로했다. 1933년 2월에 그는 '대부분 폴란드 장교인 외국인 및 외국 첩자와 연계된 반혁명 반군 지하 조직'에 대한 글을 작성했다.[24] 발리츠키의 러시아 동료들은 그해 초 이러한 음모론적 사고에 힘을 실어주었다. 모스크바에서 OGPU 기관이 우크라이나는 물론 1932년 12월 법령에 따라 북캅카스, 중앙 흑토 지대 및 우랄 지역의 '쿨라크-백군 반란 반혁명 조직을 적발하고 근절'하기 위한 매우 정교한 보고서를 작성했기 때문이다.

모스크바 보고서는 발리츠키의 허구적 주장에서 한발 더 나아가, 성과가 저조한 집단 농장과 백군 장군 표트르 브란겔이 이끄는 추방된 전 제정 러시아군 장교들의 조직인 '러시아 전군 연합' 사이의 연관성을 찾아냈다고 주장했다. 우크라이나에서는 곡물 조달과 집단화에 반대하기 위해 브란겔이 파리에서 파견한 것으로 추정되는 바릴니코프라는 이름의 '쿨라크'를 체포했다. 그들은 "폴란드-페틀류라파 대표 23명"과 우크라이나 서부 지역 및 돈바스에 "광범위하게 퍼져 있는 반군 지하 조직"도 발견했는데, 이들은 "바르샤바에 기반을 두고" 망명 중인 우크라이나 정부와 연계되었다는 혐의를 받았다. 그리고 루마니아 정보기관과 연계된 "쿨라크-백군 전환 조직"과 쿠반에서는 "백인 이민자들의 카자크 중심지"와 연계된 조직도 있었다. 이렇게 다양한 단체는 여러 혐의 중에서도 특히 정치 전단 배포, 콜호스 재산에 대한 방화 공격, 양계장 파괴 및 조류 1만1000마리 사살, 선원을 요원으로 사용해 외국 반혁명 조직과 연계, 수확 방해 및 곡물 절도 혐의로 기소되었다.[25]

하급 당원의 저항은 사실이었지만, 이렇게 방대한 국제적 음모란 OGPU의 기준으로 보더라도 터무니없는 것이었다. 폴란드는 1932년 7월 소련과 불가침 조약을 체결했다.[26] 보고서에 언급된 백군 장군들은 이미 반쯤 은퇴해 파리에 살고 있었고, 소련에 어떠한 실질적인 인맥이나 영향력도 없는 노인들일 뿐이었다. 페틀류라는 이미 오래전에 사망했다.

그러나 발리츠키와 OGPU의 수장 겐리흐 야고다가 꾸며낸 혐의는 애초에 진실을 비추려는 게 아니었다. 이 거대한 정치적 음모의 발견은 수확이 실패한 이유, 사람들이 굶주린 이유, 그리고 무엇보다도 스탈린과 밀접하고 긴밀하게 연결된 소련 농업정책이 실패한 이유를 변명해주었다. 이러한 변명을 더 그럴듯하게 만들기 위해 스탈린은 12월 말 중앙 위원회 위원과 후보 위원, 그리고 공화당, 지방 및 지역 수준의 당 지도자들에게 직접 편지를 부쳤다. 편지에는 '하르키우와 드네프로페트롭스크 지방의 곡물 징발 방해'와 '쿠반의 파괴 집단'의 활동을 자세히 설명하는 길고 장황한 법률 문서가 첨부되어 있었다. 마지막 첨부 문서는 유죄 판결을 받은 관료의 명단과 그들의 범죄 행위 내역이었다.[27]

음모는 당에 남아 있던 사람들에게 조만간 할 일에 대한 이념적 정당성을 제공했다. 치명적인 새 포고령은 모스크바만으로는 시행할 수 없었기에, 지역 협력자가 필요했다. 몇 주 안에 수천 명의 사람들이 이웃을 굶주리게 하는 정책에 투입될 것이었다. 이들에게는 체포에 대한 두려움과 굶주림에 대한 두려움은 물론 적에 대한 히스테리, 의심, 증오 같은 다양한 동기가 필요했다.

민족운동의 숙청: '부흥을 처단하다'

우크라이나 공산당은 12월 포고령의 즉각적인 피해자였다. 우크라이나화와 곡물 징발을 연결 지은 포고령은 우크라이나 민족 정서와 소비에트 권력을 조화시키려는 시도도 영원히 끝장내버렸다.

실제로 1932년 가을에는 이미 국가 문화 지도자들의 상황이 크게 악화된 상태였다. 1927년 '슘스키주의'에 대한 조직적인 비판 이후, 우크라이나 문화와 관련된 여러 사람의 삶은 더 위태로워졌다. 예를 들어 미하일로 흐루셰우스키는 눈에 보이는 방식과 보이지 않는 방식 모두를 통해 거의 언제나 공격받고 있었다. 그를 담당한 비밀경찰 특무대는 고의적으로 주위 사람들의 적개심을 부추겨 그의 친구들을 비판자로 돌려놓았다. 자금도 동났다. 새로운 마르크스주의 역사학파는 우크라이나 역사에 관한 그의 저서를 공격하며, 그가 노동자계급의 이야기에는 관심도 없으면서 우크라이나적 정체성의 발전에만 지나친 관심을 보인다고 성토했다.

OGPU는 1931년 봄, 모스크바로 여행 중이던 흐루셰우스키를 마침내 체포했다. 그들은 흐루셰우스키를 우크라이나로 데려왔고, 발리츠키가 직접 사건을 담당했다. 발리츠키는 우크라이나의 위대한 역사학자를 감옥으로 보내는 대신 추방하기로 결정했다. OGPU는 흐루셰우스키를 러시아로 추방하고 그곳을 벗어나지 못하게 했다. 얼마 지나지 않아 당국은 세 번의 공개 토론회를 열어 그의 업적을 폄훼했다. 이러한 '여론 조작용 재판'은 민족운동과 관련된 세 건물, 즉 키이우 오페라 극장, 구 중앙 라다 건물, 한림원에서 거창하게 진행되었다. 그들은 흐루셰우스키의 "가면을 벗겨" 그가 "우크라이나를 소련에서 분리하고 자본주의 서방에 예속시키기 위해 활동하는 우크라이나 부르주아 민족주의자이자 파시스트"라고 주장했다.[28] 그의 이름은 공적 생활에서 사라졌고, 그는 두 번 다시 우크라이나로 돌아오지 못했다. 흐루셰우스키는 1934년 캅카스의 휴양지인 키슬로봇스크에서 여전히 많은 사람이 의심스러워하는 죽음을 맞이했다.

흐루셰우스키 재판 이후 몇 달 동안, 우크라이나 문화와 소비에트식 어법으로 우크라이나의 농민과 노동자들을 고무할 수 있다고 믿었던 충실한 볼셰비키 민족 공산주의자들도 모두 비슷한 운명을 맞이했다. 슘스키에 대한 비난을 주도하고 흐루셰우스키의 비난을 묵인하며 당 노선을 충실히 따랐던 미콜라 스크리프니크도 이제 주요 표적이었다. 1933년 1월, 당은 스크리프니크가 우크라이나 대학에 개설한 우크라이나 역사 및 언어 강좌를 폐지했다. 2월, 스크리프니크는 러시아 아동들을 강제로 '우크라이나화'하려 했다는 혐의에서 자신을 변호해야 했다. 3월, 사실상 스탈린의 대변인 역할을 하던 포스티셰프는 우크라이나에서 기아가 격화되는 동안 우크라이나 교과서와 우크라이나 어린이를 위한 맞춤형 학교 수업을 없애는 법령을 강제로 통과시켰다.[29]

스크리프니크의 학교 제도는 이제 완전히 무너졌다. 6월, 포스티셰프는 교육 위원회에서 스크리프니크가 이론적 '실수'를 저질렀다고 비난했다. 포스티셰프는 여기서 그치지 않았다.

> [이러한 이론적 오류는] 프롤레타리아트에 적대적인 이데올로기로 젊은이들을 혼란에 빠뜨리려던 교육 기관에서 일어난 파괴 행위에 비하면 사소한 일이오…… [그 결과] 우크라이나화는 대부분 페틀류라파 돼지들의 손에 떨어졌고, 주머니에 당원증이 있는 적들은 우크라이나 정치국 위원인 당신의 넓은 등 뒤에 숨었으며, 당신은 그들

을 종종 옹호했소. 당신은 이 이야기부터 했어야 했소. 이것이 핵심 문제인데 말이오.

포스티셰프가 스크리프니크를 대놓고 '숨은 적'이라고 부르지는 않았지만, 그의 비난은 그렇게 말하는 것과 다름없었다.[30] 얼마 지나지 않아 공산주의 언론에는 우크라이나어 사용 지역 학자들의 의견을 수렴해 수년에 걸쳐 만든 새로운 우크라이나어 철자법과 스크리프니크의 언어 및 언어학 정책을 공격하는 일련의 기사가 실렸다.[31] 7월 7일 정치국 회의에서 스크리프니크는 동료들이 가득한 방에서 모든 혐의에 맞서 항변했다. 동료들은 그의 발언을 공식적으로 무시했다. "스크리프니크는 자신의 잘못을 인정하는 짧은 서신을 중앙 위원회에 제출할 의무를 이행하지 않았다." 스크리프니크는 정치국 회의를 마치고 집으로 돌아와 권총으로 자살했다.[32]

다른 사람들, 특히 부디노크에 하르키우 문화계 인사들을 위해 만든 아파트 단지 '슬로보slovo(작가의 집)'에 입주한 우크라이나 예술가와 작가에게도 올가미가 조여오고 있었다. 1930년 이후 부디노크 '슬로보'는 거의 히스테리에 가까운 OGPU 감시의 핵심 표적이 되었다. 건물을 감시하기 위해 감시원이 배정됐으며, 경찰은 아파트 68채를 정기적으로 수색하고, 마당에서 우연히 마주쳐 대화를 나누는 세 명 이상의 모임도 음모를 계획하는 불법적인 '조직적' 모임일 수 있다는 이유로 해산시켰다. 작가인 오스타프 비시냐는 아예 아파트 밖으로 나가지 않았고, 또 다른 작가인 미콜라 바잔은 연행될 때를 대비해 매일 밤 옷을 입은 채로 잠을 잤다.

사람들이 체포되면서 건물이 텅 비어갔고, 우크라이나에서 '유럽' 문학을 추구하여 카가노비치와 스탈린에게 큰 충격을 주었던 작가 미콜라 흐빌로비 주위에는 특히 고통스러운 분위기가 감돌았다. 그 무렵 흐빌로비는 '모스크바에서 벗어나자!'라는 유명한 슬로건을 포함한 자신의 도발적인 작품 대부분을 철회하거나 취소했다. 그는 폐허가 된 시골을 돌아다니며 점점 더 많은 농민이 굶주리게 되는 상황을 지켜봤고, 이후 황폐해진 하르키우로 돌아왔다. 그는 친구에게 자신이 목격한 기아는 "우크라이나에 도사리던 위험한 문제들을 한꺼번에 해결하기 위해 고안된" 순전히 정치적인 구상의 결과라고 말했다. 실제로 흐빌로비에게 치명적인 곡물 징발 정책과 우크라이나 문화 탄압 사이의 연관성은 이미 너무나 명확했다. 그를 감시하던 비밀경찰도 그가 기근에 시달리는 시골을 보고 온 후 "감정에 완전히 사로잡혔다"라고 적었다. 아마도 절친한 작가 미하일로 얄로비의 체포 또한 흐빌로비를 벼랑 끝으로 몰아갔을 것이다. 흐빌로비는 권총으로 자살하기 몇 시간 전에 유서를 썼다. 그는 이런 글을 남겼다. "한 세대 전체를 죽이는 행위…… 무엇을 위한 일인가? 우리가 가장 진실한 공산주의자라서? 이해할 수가 없다." 그리고 유서는 이렇게 끝난다. "공산주의여 영원하라. 사회주의 건설이여 영원하라. 공

산당이여 영원하라."³³

흐빌로비의 죽음은 상황을 더 어렵게 만들었다. 부디노크 '슬로보'에 있는 정보원들은 OGPU 감시원에게 작가의 남은 친구들이 그의 자살을 "영웅적 행위"로 여긴다고 보고했다. 사람들은 당이 "모든 연설을 사전에 통제"할 것이기 때문에 흐빌로비의 장례식 기간에 시위를 할 수 없다고 격하게 불만을 터뜨렸다. 정보원들의 결론은 다음과 같았다. "학술 연구 기관 출신 반소련 분자와 우크라이나 지식층은 흐빌로비의 죽음을 반혁명 음모를 위한 새로운 기회로 삼고 있다." 추가 체포가 이어졌고, 새로운 희생자 중에는 올렉산드르 슘스키도 있었다. 몇 달 후 어느 당 기관지는 흐빌로비, 슘스키, 스크리프니크를 싸잡아 비난했다. 그들 모두 "소비에트 우크라이나를 소련에서 분리해 제국주의 식민지로 만들고자 했다"는 것이다.³⁴

그 무렵 스크리프니크 산하 교육 위원회에 대한 숙청이 본격적으로 진행됐다. 숙청의 토대는 1927년 마련되었는데, 이때 교사들의 정치적 견해를 조사한 OGPU는 이들이 집단 농장 노동자들처럼 겉으로는 국가를 지지하지만 실제로는 '반소련적 견해'를 숨기고 있다고 결론 내렸다.³⁵ 1929년과 1930년에는 SVU 재판에서 수천 명이 반혁명 음모 혐의로 기소되었다.³⁶ 스크리프니크의 사임과 자살 이후 우크라이나 교사, 교수, 교육 관료 들에 대한 조직적인 해고가 이어졌다. 1933년에는 모든 지역 교육부 수장이 해고되었고, 지역 교육 관료도 대부분 해고되었다. 약 4000명의 우크라이나 교사는 '계급 적대자'로 지목되었으며 교육 기관장 29명 중 18명이 해임되었다.[37] 공화국 전역에서 민족주의와 조금이라도 연관될 수 있는 사람, 또는 민족주의처럼 보일 수 있는 무언가와 억지로라도 엮을 수 있는 사람은 누구나 직장을 잃었다. 이후에도 많은 사람이 잡혀갔다.

어떤 기준을 대봐도 희생자 수가 너무 많았다. 기아 발생 기간인 2년, 즉 1932년과 1933년에 시골의 기아를 감독하던 소련 비밀경찰은 우크라이나 공화국에서 거의 20만 명을 체포했다.[38] 그러나 이 엄청난 숫자도 이러한 표적 숙청이 특정 기관과 사회 분야, 그중에서도 교육, 문화, 종교, 출판에 미친 치명적인 영향을 충분히 설명하진 못한다. 본질적으로 20만 명이라는 숫자는 교육을 받고 애국심을 가진 우크라이나 국민 전체를 대표한다. 우크라이나의 역사에서 1932년과 1933년의 숙청은 소련 지도부의 대부분을 제거하고 수많은 우크라이나 희생자를 낳은 1937년과 1938년의 '대숙청'과 규모가 비슷했다.[39]

한편 1932년부터 1933년까지 폴란드 교육 기관과 독일 중등학교 등의 전체 교육 기관은 폐쇄되거나 교직원 전체가 정리되었다.[40] 대학 교수진이 해고되고 출판사는 문을 닫았다. 우크라이나 국립도서관 직원 40명은 '민족주의 파시스트 파괴 행위자'로 체포됐다.[41] 우크라이나 한림원의 남은 모든 부서가 해체됐다.[42] 우크라이나 농학 아카데미는 회장단의 80~90퍼센트를 잃었다. 1933년에 비슷한 방식으로 사라진 다른 조직으로는 우크라이나 소비에트 백과사전 편집

위원회, 측지국, 영화 제작소, 도량형 위원회, 하르키우 소비에트 법률 연구소 등이 있었다. 200편의 '민족주의적' 우크라이나 연극이 상연 금지되었고, 세계 고전을 번역한 '민족주의적' 우크라이나 번역본 수십 편도 금서가 되었다.[43]

특히 가슴 아픈 것은 체르니히우 지방 니진에 있는 한 교육학 연구소의 운명이었다. 이 연구소는 19세기 초에 설립되었고, 니콜라이 고골을 비롯한 유명한 졸업생을 배출했다. 1933년 하반기에 중앙 위원회 특별 조사단이 이 연구소를 조사했고, 수많은 의심스러운 요소를 '발견'했다. 조사 결과는 흉흉했다. 연구소의 학술지에는 위험한 민족주의 사례가 가득했고, 교수진은 이제 금서가 된 흐루셰우스키의 작품을 전파하고 있으며, 연구원들은 과거 카자크 지도자들을 이상화하고 있다는 혐의를 받았다. 소련 역사학과 학과장은 우크라이나 역사에서 계급 투쟁의 역할을 무시했고, 공개적으로 자신의 견해를 철회해야 했다. 경제학과 학과장은 경제 위기에 대한 '반레닌주의적' 이론을 지지했다. 이 보고서를 검토한 지역 당 기관은 생물학과, 역사학과, 경제학과를 비롯한 많은 학과의 학과장을 해임하고 연구소 박물관을 폐쇄하고 학술지를 폐간했다. 니진 연구소는 살아남았지만, 이름이 바뀌었고 완전히 다른 교사들로 교체됐다.[44]

이제 누구든 상황이 어떻게 돌아가는지 알 수 있었다. 우크라이나화 정책은 서류상으로는 계속 존재했지만, 실제로는 러시아어가 고등 교육과 공공생활 모두를 다시 장악했다. 수백만 명의 사람이 우크라이나어나 우크라이나 역사와 관련된 모든 것을 유독하고 위험하며, '후진적이고' 열등한 것으로 간주했다. 도네츠크 시 정부는 우크라이나어 사용을 중단했고, 우크라이나어로 발행되던 공장 신문은 러시아어로 발행됐다.45 얼마 전에 우크라이나어를 채택했던 오데사대학도 다시 러시아어로 강의하기 시작했다. 야심적인 학생들은 우크라이나어를 공부하지 않으려 대놓고 무시하며 러시아어 수업을 선호했는데, 그래야 경력을 더 많이 쌓을 기회를 얻을 수 있기 때문이었다.46

두려운 나머지 우크라이나어를 아예 사용하지 않는 이들도 있었다. 우크라이나어로 수업을 진행했던 오데사의 미술 아카데미 원장은 이런 현실을 명확하게 설명했다. "스크리프니크 사건 이후 모든 사람이 우크라이나 민족주의자로 분류될까 두려워 다시 러시아어를 쓰기 시작했습니다."47 비슷한 압력이 지역 박물관은 물론 지역 연구와 우크라이나 역사를 다루는 소규모 정기 간행물까지 뻗쳤다. 대부분은 자금원이 끊겼고, 박물관과 간행물들도 사라지기 시작했다.48

비슷한 탄압의 물결이 교회에도 밀어닥쳤다. 1921년 정교회의 독립 분파로 설립된 우크라이나 자치 정교회는 많은 지도자가 체포되고 유죄 판결을 받았던 1929년 SVU 재판 때문에 이미 심각하게 약화된 상태였다. 농민 반란이 절정에 달한 1930년 2월, 소련은 '종교단체 지도부 내 새로운 반혁명분자들과의 투쟁'에 관한 법령을 채택했고, 교회 종과 성상의 절도를 조장했으며, 사제들을 체포했다.

1931년부터 1936년까지 키이우 전체 교회의 4분의 3에 해당하는 수천 개 교회가 완전히 기능을 잃었다. 물리적으로 파괴된 교회도 많았다. 1934년부터 1937년까지 키이우에서만 69곳의 교회가 파괴되었다. 교회와 회당 모두가 다른 용도로 개조되었다. 굶주린 농민들은 이러한 건물이 앞으로 '곡물 창고'가 될 거라는 말을 들었다. 그 결과 1936년까지 우크라이나 공화국 전체에서 단 1116개의 교회에서만 예배가 진행되었다. 도네츠크, 빈니차, 미콜라이우를 비롯한 큰 지방에는 정교회가 하나도 남지 않았으며, 루한스크, 폴타바, 하르키우 같은 다른 지역에도 제대로 작동하는 교회는 하나밖에 없었다.[49]

키이우 시도 공격을 피할 수 없었다. 많은 키이우 건물은 과거 국가적으로 거머쥔 승리의 순간과 연관됐고, 따라서 이러한 건물 역시 기근 이후 반민족적 공격의 표적이 되었다. 소련 건축가 연합은 전문지에서 키이우의 건축물이 '계급 적대적 이데올로기'를 구현하고 있다고 비판했다. 키이우를 사회주의 이념에 맞게 재건하기 위한 특별 정부 위원회가 설립되었고 발리츠키와 포스티셰프도 동참했다.[50] 1935년까지 위원회는 "교회와 수도원이 있는 도시를 건축적으로 완전한, 소비에트 우크라이나의 진정한 사회주의 중심지로 바꾸는" 도시 '일반 계획'을 승인했다.[51] 불과 몇 년 전 우크라이나 한림원은 도시의 가장 오래된 지역에 역사 보존 구역인 '키이우 아크로폴리스'를 조성하자고 제안했다. 그러나 1935년 키이우 시는 오히려 정교회와 유대인 묘지는 물론 교회와 교회 건축물까지 포함해 수십 개의 건축 기념물을 파괴했다. 19세기와 20세기 초의 문학적, 정치적 인물들의 무덤과 기념비도 키이우에서 사라졌다.[52] 포스티셰프는 이러한 파괴 행위가 당이 '역사적 쓰레기'에서 영감을 받은 부르주아 민족주의와 싸우는 데 도움을 주리라 생각했다.[53]

건물의 파괴는 건물을 가장 잘 이해하는 사람들, 즉 모든 세대의 미술사학자와 큐레이터에 대한 공격도 동반했다. 예술과 지식이라는 대의를 위해 평생을 바친 사람들은 끔찍한 최후를 맞이했다. 키이우 화랑의 미하일로 파블렌코는 1934년 체포되어 3년간의 추방생활 끝에 1937년에 총살당했다. 키이우의 물질문화사 연구소 소장인 페디르 코주봅스키는 1938년 총살당했는데, 총살 전 신문 과정에서 너무나 절망한 나머지 고통을 덜기 위해 독약을 달라고 요청할 정도였다. 역사박물관에 자신의 그림을 기증한 미술 수집가 파블로 포토츠키는 81세에 체포되었다. 그는 악명 높은 모스크바 감옥인 루뱐카에서 심장 마비로 사망했다.[54]

사람들과 기념물이 사라진 뒤에는 책에 대한 공격이 이어졌다. 1934년 12월 15일, 당국은 금지 작가 목록을 발표하고 출판 연도와 언어에 상관없이 이들의 모든 책을 도서관, 상점, 교육 기관 및 창고에서 제거하라고 명령했다. 최종적으로 우크라이나 작가, 시인, 비평가, 역사가, 사회학자, 미술사학자 및 체포된 모든 이들의 작품이 포함된 네 개의 목록이 발표되었다. 다시 말해, 지식인 계층의 말살은 그들의 언어 및 사상의 말살과 함께 수행되었다.[55]

마지막으로, 신문화 수립 정책은 우크라이나어 자체를 공격했다.

첫 공격 대상은 대단히 신중한 협력의 결실인 스크리프니크의 사전이었다. 이 사전은 혁명 이전의 출처에 너무 많이 의존했고, 새로운 혁명적 "소비에트적" 단어들을 무시했으며, "계급의 적의 성격"을 띤 언어 요소를 포함했다는 비판을 받았다. 사전의 저자들은 "부르주아 민족주의의 언어 이론"을 대표하며 '우크라이나 해방 연합의 전통을 계승'했다는 이유로 다양한 기관에서 숙청되어야 했다. 많은 사람이 체포되고 나중에 살해당했다.[56]

사전의 폐지는 공문서와 학술 문서, 문학 및 학교 교과서에서 언어적 변화를 초래했다. 가령 우크라이나어 문자 'g(Г)'가 삭제되었는데, 우크라이나어를 러시아어에 '더 가깝게' 보이도록 하기 위한 변화였다. 외래어는 우크라이나어 형식이 아닌 러시아어 형태로 표현되었다. 우크라이나어 정기 간행물에는 '사용하지 말아야 할 단어'와 '사용해야 할 단어' 목록이 적용되었으며, 사용하지 말아야 할 단어에는 '우크라이나어' 단어가 많았고 사용해야 할 단어는 러시아어처럼 들리는 단어였다. 이러한 변화 중 일부는 1937년에 철회되었으나, 이 해에는 1934년의 변화를 시행한 이들을 포함해 그 밖에 남은 우크라이나 언어학자들도 '대공포'에 희생되었다. 1930년대 말은 혼란이 지배하는 시기였다. 언어학자 게오르게 셰벨로프는 이 시기를 이렇게 묘사했다.

교사들은 혼란과 두려움에 떨었고 학생들은 당황했다. 새로운 추세를 따르지 않는 것은 범죄였지만, 정보가 부족했기 때문에 추세를 따를 수도 없었다. 어떤 격변도 겪지 않은 러시아어와는 달리 우크라이나어는 불안정성이 고유한 특징이 된 것 같았다. 이미 손상된 우크라이나어의 명성은 더욱 추락하고 말았다.[57]

1939년 니키타 흐루쇼프가 우크라이나의 제1당서기가 되자 상황은 어느 정도 진정되었다. 그러나 그날이 오기 전에 전문가들은 이미 투옥되거나 사망해버렸고, 그들이 만든 책들과 정성껏 고안한 문법은 소비에트 우크라이나에서 끝내 부활하지 못했다.

10장

기아를 일으키기로 결정하다,
1932년: 수색과 수색자

나는 마법에서 풀려났다.
이제 쿨라크가 인간이었다는 사실을 안다.
하지만 그때는 내 마음이 왜 그렇게 얼어붙었던 걸까?
그런 끔찍한 일이 벌어지고 있을 때,
내 주위 사람들이 그런 고통에 시달리고 있을 때 말이다.
사실 나는 정말로 그들이 인간이라 생각하지 않았다.
'그들은 인간이 아니야. 쿨라크 쓰레기지.'
나는 이 말을 계속 들었고, 모두가 이 말을 반복했다……
—바실리 그로스만, 『모든 것은 흐른다*Everything Flows*』, 1961[1]

집단화가 시작되기 훨씬 전부터, 소비에트 우크라이나에서는 총을 휘두르며 구호를 외치고 식량을 요구하는 폭력적인 징발자를 자주 볼 수 있었다. 이들은 1918년과 1919년에 군대를 먹일 곡물을 찾기 위해 나타났고, 1920년 볼셰비키가 정권을 되찾자 다시 나타났다. 그리고 1928년과 1929년 식량 부족이 일면서 또 나타났다. 1932년과 1933년 겨울에도 그들은 어김없이 다시 나타났지만, 이번에는 달랐다.

1932년과 1933년에 우크라이나를 겨냥한 다른 조치와 달리, 활동가들의 행동을 규율하는 서면 지침은 단 하나도 발견되지 않는다. 아마도 지침이 종이에 기록되지 않았거나 우크라이나의 다른 기록 자료와 함께 파기되었을 것이다. 이 시기에 지방 및 지구 수준의 문서 기록은 같은 시기 러시아보다 훨씬 더 희소하다. 하지만 놀라울 정도로 일관된 구술사 기록을 보면 홀로도모르 전날에 활동가들의 행동이 급변했음을 알 수 있다.

그해 겨울 우크라이나 전역의 마을에서 활동가들은 곡물은 물론이고 먹을 수 있는 것이라면 뭐든 찾기 시작했다. 그들은 곡물을 찾기 위해 어떤 표면이든 찌를 수 있는 긴 금속 막대를 특수 제작했는데, 때로는 막대 끝에 갈고리를 달기도 했다. 농민들은 이 도구를 철선, 몽둥이, 쇠막대기, 날카로운 막대기, 막대, 창, 작살, 바큇살 같은 다양한 이름으로 불렀다.[2] 수천 명의 증인이 활동가들이 이 도구로 어떻게 오븐, 침대, 요람, 벽, 나무줄기, 굴뚝, 다락방, 지붕, 지하실을 수색했는지 설명해주었다. 성상 뒤, 통 속, 빈 나무줄기, 개집, 우물 밑, 쓰레기덤 밑도 수색 대상이었다. 이 도구를 든 사람들은 아무것도 가리지 않았고, 심지어 공동묘지와 헛간, 빈집, 과수원까지도 샅샅이 뒤졌다.³

과거의 징발자처럼 그들은 곡물을 찾고 있었다. 그러나 그들은 나무에서 과일을 땄고, 텃밭에서 씨앗과 채소(사탕무, 호박, 양배추, 토마토)를 챙겼고, 나아가 꿀과 벌집, 버터와 우유, 고기와 소시지까지 가져갔다.⁴ 올하 침발리우크는 그들의 행동을 이렇게 술회했다. "밀가루, 곡식, 냄비에 담아 둔 모든 것, 옷과 소를 가져갔습니다. 숨길 수는 없었어요. 금속 막대를 이용해 수색했으니까요. (…) 그들은 난로를 뒤지고, 바닥을 부수고, 벽을 뜯어냈죠."⁵ 아나스타샤 파블렌코는 그들이 안에 먹을 게 들어 있을지 모른다며 어머니의 목에서 구슬 목걸이를 채갔다고 회상했다.⁶ 라리사 셰프추크는 활동가들이 할머니가 채소밭에 심으려고 기르던 사탕무와 양귀비 모종을 가져가는 모습을 기억했다.⁷

체르카시주의 마리아 벤드리크는 이런 글을 남겼다. 활동가들이 "와서 모든 것을 가져갔다. 그들은 부엌 저장 통을 뒤져 한 사람의 강낭콩과 다른 사람의 말린 빵 껍질을 빼앗았다. 챙긴 물건은 탈탈 턴 다음 가져갔다".⁸ 키로보흐라드주의 레오니드 베르니두브는 내년에 씨앗으로 사용하기 위해 천장에 매달아 말리던 옥수수 속대 세 개를 단체들이 떼내는 모습을 떠올렸다. 그들은 "강낭콩, 곡식, 밀가루,

심지어 설탕 조림으로 만들려던 말린 과일"도 가져갔다.⁹

체르니히우주의 마리야 코제두브는 활동가들이 메밀 수프는 물론 수프를 끓이는 냄비까지 가져갔다고 말했다. 그들은 "우유, 달걀, 감자, 닭도 가져갔습니다. (…) 그들에게는 쇠막대가 있었고 그걸 이용해 숨긴 음식이 없는지 수색했죠. 영리한 사람들은 숲속에 음식을 숨겼어요. 집이나 헛간에 숨긴 음식은 모조리 찾아낼 수 있었으니까요."¹⁰

1930년부터 많은 지역에서 활동가들은 집집에서 키우던 소를 가져갔고, 심지어 집단 농장에 살던 가족들의 소도 빼앗아갔다. 이러한 상실은 때때로 사람의 죽음보다 더 생생하게, 더 슬프게 기억되기도 했다. 한 10대 농민 소녀는 소가 끌려가는 동안 소뿔을 붙잡고 울었다.¹¹ 어느 부자는 소를 빼앗기지 않기 위해 총과 갈퀴를 들고 소를 지켰다.¹² 빈니차의 한나 마슬랸추크는 "소가 한 마리라도 있는 사람은 살아남을 수 있었다"라고 기억했다. 그의 가족은 소를 지키는 데 성공했고 생존했다. 소가 없는 이웃들은 굶주림 때문에 몸이 부었고 결국 사망했다.¹³ 사료를 얻거나 살 수 없었던 가족들은 소를 살리기 위해 엄청난 노력을 기울였고, 자기 집 지붕에서 짚을 뜯어다 소에게 먹이기도 했다.¹⁴

활동가들은 돼지와 가금류를 포함한 다른 가축도 빼앗아갔으며, 때로는 개와 고양이도 압수 대상이었다. 키이우주에서 미콜라 파트린추크는 활동가들이 "우리 식량을 모두 가져갔고…… 심지어 우리 개를 죽여서 수레에 싣고 갔다"라고 증언했다.[15] 다른 많은 생존자도 개를 데려가거나 죽이는 모습을 보았고, 개가 짖거나 물지 못하도록 개를 사냥하는 일이 너무 흔해 거의 스포츠처럼 여겨질 정도였다고 말한다. "제가 살아 있는 동안 절대로 잊지 못할 겁니다. 그들은 각각 여덟 명에서 열두 명을 태운 차량 두 대를 몰았습니다…… 다리를 차 밖으로 늘어뜨렸고, 소총을 들고 마당을 돌아다니며 개를 모조리 죽여버렸어요. 개를 다 죽인 후에는 음식을 챙기기 시작했죠……"[16]

활동가들은 갑자기 돌아와 무방비 상태인 사람들을 기습해 음식을 빼앗기도 했다. 단체는 집을 여러 번 방문했다. 이미 수색당한 가족들이 정말 아무것도 남아 있지 않은지 다시 확인하기 위해 또 수색당했다. 한 여성은 이렇게 회상했다. "그들은 아무것도 남지 않을 때까지 세 번이나 찾아왔어요. 그러고 나서야 다시 오지 않았죠."[17] 때로는 단체가 밤낮으로 아무때나 들이닥쳐 음식을 가진 사람을 현장에서 잡아가기도 했다.[18] 한 가족이 부실하게나마 저녁 식사를 하고 있으면, 활동가들이 와서 식탁 위 빵을 가져가버렸다.[19] 수프가 끓고 있으면 난로에서 수프를 꺼내 내용물을 쏟았고, 가족에게 어떻게 수프에 넣을 음식이 있었느냐며 추궁했다.[20]

뭔가 먹을 것이 있는 것처럼 보이는 사람들은 특히 더 철저하게 수색당했다. 굶주리지 않은 사람들은 의심의 대상이 되었다. 한 생존자는 가족이 어떻게든 밀가루를 구해 밤에 빵을 구운 적이 있다고 기억했다. 소음과 집안에서 요리하는 소리를 듣고는 한 단체가 곧바로 찾아왔다. 그들은 강제로 쳐들어와 오븐에서 빵을 꺼냈다.[21] 또 다른 생존자는 단체가 "언덕에서 굴뚝을 지켜보다가 연기가 올라오는 집으로 찾아가 요리 중인 음식을 가져갔다"라고 말했다.[22] 또 다른 가족은 친척이 보낸 소포를 받았는데 그 안에는 쌀, 설탕, 기장, 신발이 있었다. 몇 시간 후 한 무리가 도착해 신발을 제외한 모든 내용물을 빼앗았다.[23]

시간이 지나면서 활동가들은 농민들이 식량을 숨길만 한 장소를 식별하는 법을 익혔다. 많은 사람이 곡식을 땅에 묻었기에, 단체들은 쇠막대로 땅을 찔러 땅을 새로 판 흔적이 있는지 수색했다.[24] 한 생존자는 어머니가 기장을 자루에 담아 굴뚝에 숨기고 시멘트로 덮는 모습을 회상했다. 하지만 시멘트가 새것이어서 기장이 발견되고 말았다. 다른 이웃은 아기 요람 아래에 밀가루를 숨겼지만 이 역시 발각당했다. "엄마는 아기가 굶어 죽을지도 모르니 제발 남겨달라고 울면서 애원했지만, 그 잔인한 자들은 하나도 남기지 않고 가져갔어요."[25]

식량 습격을 하지 않을 때도, 단체와 단체의 지도자들은 식량과 식량을 가진 자들에 대한 정보를 수집했다. 활동가를 도울 정보원도 모집했다. 일부 마을에서는 사람들이 익명으로 자백하거나 이웃이 곡물을 어디에 숨겼는지를 알릴 수 있는 특별한 상자가 설치되었다.[26] 한나 수헨코는 정보 제공이 아주 '인기' 있었는데, 다른 사람의 식량을 발견하면 그 식량의 최대 3분의 1을 보상으로 받았기 때문이었다고 설명했다.[27] 지역 공무원들도 여기에 기여해야 했다. 이호르 부하이예비치의 가족은 레닌그라드에서 일자리를 찾은 어머니가 정기적으로 말린 빵 껍질을 집으로 보내준 덕분에 폴타바 지방에서 살아남을 수 있었다. 그러나 그 소포는 우체국장의 의심을 샀고, 우체국장은 소포에 무엇이 들어 있는지 확인하기 위해 활동가와 함께 집으로 찾아왔다. 활동가는 빵 껍질의 절반을 몰수했다.[28]

비밀리에 돈을 받은 사람도 있었다. 할리나 오멜첸코는 지역에 사는 한 남자를 기억했는데, 그는 첩보원으로 배치되어 그의 가족을 면밀히 감시하고 가족의 행동을 당국에 일러바쳤다.[29] 미콜라 밀로프는 어느 날 찾아와 집을 둘러본 이웃을 회상했다. 이튿날 활동가들이 도착해 밀로프의 음식을 몰수했다. 밀로프는 이웃에게 자신을 고발했는지 물었다. "당연히 내가 했지. 내가 찌르는 걸 겁낼 사람 같아? 이제 밀 두 자루를 받았으니, 내 여섯 아이는 굶주리지 않아도 돼."[30] 굶주림 때문에 농민이 공모자가 된 사례는 이 외에도 아주 많았다.

징발단은 돈도 요구했다. 모든 농민에게는 여전히 1929년 법률이 적용돼 있었고, 따라서 생산하지 못한 곡물 가치의 최대 다섯 배에 달하는 벌금을 내야 했다. 블랙리스트에 오른 마을의 주민들은 저축한 돈까지 넘겨야 했다. 돈을 징수하는 일은 오랫동안 골칫거리였다. 우크라이나에서 스탈린의 심복 노릇을 하던 라자르 카가노비치는

1932년 12월 일기에서 우크라이나의 개인 농부에게 780만 루블의 벌금이 부과되었지만, 그중 190만 루블만 징수되었다고 기록할 정도였다. 블라스 추바르는 농민들이 돈이 없는 까닭을 "팔 물건이 없었기 때문"이라며 얼토당토않은 이유를 댔다.[31] 1932년 가을에는 농민들이 돈을 납부할 수 있도록 가구와 기타 물품을 경매에 부쳤다. "세금을 내면 더 많은 세금이 부과되었습니다. 아버지가 추가 세금을 내지 못하자 경매가 열렸습니다…… 창고와 헛간이 팔렸죠."[32] 세금과 상관없이 돈을 납부하라고 하기도 했다. 어느 마을에서는 미국에 친척이 있는 사람은 누구나 외국에서 받은 돈을 넘기라고 했다.[33]

식량과 돈을 수색하는 과정에서 폭력이 자주 동원되었다. 체르니히우 지방의 한 여성은 이렇게 회상했다.

> 수색하는 활동가들은 금과 곡식이 어디 있냐고 물었습니다. 어머니는 둘 다 없다고 대답했죠. 그러자 고문을 당했습니다. 어머니의 손가락을 문에 끼운 후 문을 닫아버렸어요. 손가락이 부러지고, 피가 흐르고, 어머니는 의식을 잃었습니다. 활동가들은 어머니의 머리에 물을 부었고 고문을 다시 시작했습니다. 그들은 어머니를 구타하고 손톱 밑에 바늘을 꽂았습니다……[34]

지토미르 지방에서 온 두 자매도 아버지가 비슷하게 위협당하는 광경을 목격했다.

아버지는 다락방에 보리 세 통을 숨겼고 어머니는 우릴 살리기 위해 저녁에 몰래 죽을 끓였습니다. 그런데 누군가 우리를 고발했나봐요. 그들은 우리가 가진 모든 것을 가져갔고, 보리를 내놓지 않았다는 이유로 수색 중에 아버지를 잔인하게 구타했어요…… 손가락을 끼운 후 문을 세게 닫아 부러뜨리고, 욕설을 퍼붓고, 바닥에 내던진 다음 발로 찼죠. 아버지가 그렇게 맞고 욕먹는 모습을 보며 우리는 꼼짝할 수도 없었어요. 우리 가족은 반듯한 가족이었고, 아버지 앞에서는 언제나 목소리도 높이지 않곤 했으니까요……[35]

빈니차주에서는 한 대장장이가 세 자녀를 먹이기 위해 밀 이삭을 훔쳤다는 이유로 마을 위원회에 끌려갔다. "그들은 그를 때리고, 고문하고, 머리를 앞뒤로 꺾은 다음 계단 아래로 던졌다."[36] 드네프로페트롭스크주에서는 남성들이 곡물을 숨긴 사실을 자백할 때까지 뜨거운 난로 안에 갇혔다.[37] 집단화 과정에서처럼, 식량을 숨긴 게 발각된 농민들은 남은 재산을 빼앗기고 집에서 쫓겨나 옷도 입지 못한 채 눈 속에 던져졌다.[38]

투옥도 방법이었다. 한 마을에서는 마을 소비에트 위원장이 곡식을 하나도 구하지 못한 농민들을 '유치장'에 집어넣었다. '유치장'은 마을 회관 뒷방이었고, 침대도 벤치도 없었으며 음식도 제공되지 않았다. 농민들은 친척이 음식을 전해주지 않으면 굶주린 채 바닥에 앉아 있어야 했다. "남자와 여자가 함께 감금되었습니다. 지푸라기 위에 나란히 누워 있었죠."[39]

징발단이 식량을 가져가기만 한 게 아니라 망치기도 했다고 회상하는 이들도 있다. 블랙리스트에 올라 특별 관심 대상이었던 호로디셰 마을의 한 생존자는 활동가들이 곡물에 물을 부어 검게 변하게 하고, 싹이 나면 현지 계곡에 던져버렸다고 회상했다. 그들은 소금에 절인 생선에 석탄산을 붓기도 했는데, 농민들은 이런 생선이라도 먹어야 했다.[40] 또 다른 가족은 빼앗긴 음식이 모조리 사람이 먹을 수 없게 망쳐진 모습을 기억했다. "그들은 큰 자루를 가지고 와 씨앗, 밀가루, 밀을 모두 자루에 쏟아부었습니다. 모든 것이 뒤섞여 돼지나 먹을 수 있게 돼버렸죠."[41] 사람들 대부분은 이 행동이 일종의 가학 행위라고 생각했다. "그들은 뭔가를 찾으면 모조리 바닥에 뿌려버렸고, 흙에서 렌틸콩이나 콩 알갱이를 주워 먹으며 우는 아이들을 보며 즐거워했습니다."[42]

굶주린 농민들이 밭에서 자라는 곡식을 '도둑질'하지 못하도록, 단체 지도자들은 (대부분 음식을 주겠다는 약속을 받고 협조하기로 한 마을 주민인) 기마 경비병을 보내 밭을 감시하게 하거나, 밭 옆에

망루를 설치해 아무도 곡식을 훔쳐가지 못하게 했다. (마찬가지로 대부분 마을 주민인) 무장한 경비병이 헛간이나 곡물을 보관하는 장소 앞에 배치되었다. 이제 식량이 거의 남지 않았기에, 8월 7일에 시행된 이삭줍기 금지령이 작동하기 시작했다. 폴타바의 한 남성은 1932년 늦은 가을, "우리는 음식을 찾기 위해 추수가 끝난 밭에서 밀 이삭을 주웠습니다"라고 회상했다. "하지만 이삭줍기는 금지되었고, 우리는 말을 탄 감독관에게 쫓기고 채찍질당했습니다."[43] 사람들은 얼어붙은 사탕무, 싹이 난 곡물은 물론 자신의 개인 경작지에서 밀을 훔친 혐의로도 처벌받았다.[44] 키이우주의 한 사탕무 공장 밖에는 사탕무를 훔치려는 사람들에게 경고하기 위해, 가공되지 않은 사탕무 더미 옆에 피투성이 시체를 쌓아두었다.[45]

일부 농민은 가족이 굶어 죽지 않도록 어린아이들을 들판에 보내 남은 곡식을 찾게 했고, 아이들이 발각되지 않길 바랐다. 당시 여덟 살이었던 코스탼틴 모츄스키는 "아이들인 우리는 집단 농장의 그루터기 밭으로 달려가 곡물 줄기를 모았습니다"라고 회상했다. "기마 순찰대가 아이들을 쫓아다니며 생가죽 채찍을 휘둘렀어요. 하지만 저는 곡식을 10킬로그램 정도 모았죠."[46] 감독관을 피하지 못한 아이들도 있었다. 하르키우주에서 온 한 소녀는 조용히 밀 이삭을 모으는 데 성공했지만, 밭에서 집으로 돌아오는 길에 젊은 콤소몰 회원 세 명을 만났다. 그들은 소녀의 밀을 빼앗고 "어깨와 종아리에 멍이 들 정도로 심하게" 구타했다.[47] 그 소녀는 운이 좋은 편이었을지도 모

른다. 또 다른 생존자는 남은 감자를 줍다가 그 자리에서 총살당한 어린 소녀를 떠올렸다.[48]

음식을 소유하고 준비하는 일, 심지어 곡물을 제분하는 일조차도 불온한 일이었다. 체르카시주에서 활동가들은 티모십카 마을의 맷돌을 모두 망가뜨렸다. 현지 주민들은 이것이 "곡물이 조금이라도 남아 있대도 곡물을 빻을 곳을 없애기 위한" 조치라고 생각했다.[49] 활동가들은 또 다른 체르카시 마을인 스타리 바바니에서도 맷돌을 망가뜨렸다. 그곳의 농민들은 활동가들이 더 많은 돈을 뜯어내기 위해 맷돌을 파괴했다고 생각했다. 곡물을 빻으려면 집단 농장에 곡물을 가져가 돈을 내야 했기 때문이다.[50]

몇 주가 지나자 살아 있다는 사실만으로도 의심을 샀다. 가족이 살아 있다는 것은 음식이 있다는 뜻이었다. 하지만 음식이 있다면 음식을 넘겨야 했고, 그러지 않았다면 쿨라크, 페틀류라파, 폴란드 간첩이나 기타의 적으로 간주되었다. 체르카시주에서 미하일로 발라높스키의 집을 수색하던 한 무리는 "어떻게 이 가족 중에 아무도 죽지 않았는지"를 설명하라고 요구했다.[51] 수미주의 흐리호리 모로즈의 집에서 지붕 볏짚을 수색하던 한 무리는 음식을 찾지 못하자 "누가 도와줘서 살고 있느냐?"라고 물었다.[52] 날이 갈수록 요구는 더 거세지고, 언어는 더 무례해졌다. 왜 아직도 사라지지 않았지? 왜 아직 죽지 않았어? 대체 왜 아직까지 살아 있냐고?[53]

수년, 수십 년 후 생존자들은 남성과 극소수의 여성으로 구성된 집단을 다양한 방식으로 묘사한다. 생존자들이 굶주리게 될 걸 알면서도 그들의 집에 찾아와 음식을 빼앗아간 징발단 말이다. 구술사에서 이 집단은 '활동가' '콤소몰' '몰수꾼' '살인자'로, 또는 마을을 휩쓴 '철의 단체' '붉은 팀' '붉은 카라반' '붉은 빗자루'로 묘사된다. 때로는 1919년에 설립된 '빈농 위원회'의 이름을 따 '콤네자미'라고 불리기도 했는데, 대부분 콤네자미 경력자로 구성되었기 때문이다. 이 특수한 집단은 마을이 곡물 할당량을 달성하도록 끌고 갔다고 해서 '예인선', 북시르니키buksyrnyky라는 이름으로도 불렸다. 그리고 때로는 단순히 '러시아인' '외국인'이나 '유대인'으로 기억되기도 했다.[54]

실제로 1932년 가을과 1933년 겨울에 활동한 집단은 거의 언제나 복합적인 조직이었다. 1930년 때와 마찬가지로 이러한 집단에는 대부분 지역 당 지도부와 지방 정부, 콤소몰, 공무원, 비밀경찰 같은 다양한 조직의 구성원이 포함되어 있었다. 의도적인 구성이었다. 농촌의 모든 기관이 참여했다면 책임도 모든 기관이 나누어져야 했기 때문이다. 단체에는 과거 곡물 수집 팀 구성원이 자주 참여했고, 집단화 수행에 도움을 준 활동가나 1920년에 '빈농 위원회' 회원이었던 이들도 종종 포함됐다.

하지만 몇 가지 차이점이 있었다. 일단 수가 더 많았다. 1932년 11월 11일 우크라이나 공산당은 12월 1일까지, 즉 3주 이내에 1100개 이상의 신규 활동가 집단을 만들라고 요구했다. 이는 기아 법령

집행을 전담할 인력을 늘리기 위한 일련의 시도 중 첫 번째 단계였다. 시간이 지나자 추가 인력이 필요했는데, 식량 수집뿐만 아니라 굶주린 농민으로부터 밭과 농작물을 보호하고, 사람들이 기차역이나 국경을 넘지 못하게 하고, 마지막에는 사망자를 매장할 사람이 필요했기 때문이다.[55]

임무도 1930년과 달랐다. 이 새로운 집단들은 농업 개혁을 수행하지도 않았고, 농업 개혁을 하는 척하지도 않았다. 그들은 굶주리는 가족들로부터 음식을 빼앗고, 음식으로 교환할 수 있는 모든 가치 있는 물건을 압수했으며, 어떨 때는 음식 준비에 사용하는 도구까지 가져갔다. 따라서 그들의 본질과 동기는 더욱 면밀히 관찰될 필요가 있다.

과거와 마찬가지로, 대부분의 활동가 집단에는 마을이나 지방, 심지어 공화국 출신도 아닌 외부인이 한두 명 이상 존재했다. 이들 중 소수는 과거의 '이만오천인대' 출신으로, 그중 약 3분의 1은 1930년 이후에도 시골에 남아 집단 농장, 기계 트랙터 관리소나 당 관료 조직에서 일하던 사람이었다.[56] 1932년 12월 카가노비치는 우크라이나 남부의 보즈네센스크를 방문해 당 활동가 집단에게 그들이 충분히 강경하지 않다고 말했다. "우크라이나 속담에 '쥐어짜야 하지만 지나치게 쥐어짜면 안 된다'는 말이 있다고 하네만." 하지만 활동가들은 "전혀 쥐어짜지 않기로" 결정한 듯 보였다. 카가노비치는 "농민들이 스스로 은신처를 공개할 정도로" 마을을 공황 상태에 빠뜨리는 것이

목표라고 솔직하게 설명했다.[57]

같은 달 카가노비치는 스탈린에게 전보를 보내 곡물 징발 단체에 속한 우크라이나 구성원을 "신뢰할 수 없"다고 불평하며, 러시아 공화국 내 러시아인의 도움을 요청했다. 이 명령은 한 달 후에 실행되었다.[58] 한 전직 활동가는 크루포데렌치 마을에서 "러시아어를 사용하는 젊은이들"을 처음 만났다고 회상한다. 그는 청년들이 그곳에 있었던 이유가 "지역 당 활동가들이 임무를 제대로 수행할 수 있다고 당국이 믿지 않았기 때문"이라는 말을 들었다.[59]

일부 외부인은 어떤 의미에서 '외국인'이었다. 그들은 우크라이나 대학의 활동가, 학생 또는 교사였지만 집단화 시기에 그랬듯이 농민에게는 외국인처럼 보였다. 그들 중에는 집단화 경험자도 있었지만 대부분은 1932년과 1933년에 처음으로 시골에 온 사람들이었고, 그곳에서 어떤 일이 일어났는지 전혀 알지 못했다. 하르키우대학 학생들은 1933년 곡물 징발을 돕기 위해 '자발적'으로 파견되었고, 진실을 알게 된 후 충격을 받았다. 빅토르 크랍첸코는 폴타바 지역에서 막 돌아온 친구에게 "귀신이라도 본 것 같네"라고 말했다. 친구는 "맞아"라고 대답한 후 눈을 피했다.[60]

얼마 후 크랍첸코 자신도 농촌으로 갔다. 그는 마을 당국으로부터 '볼셰비키 강철의 주입'이 필요하다는 말을 들었다. 그리고 얼마 지나지 않아 선전과 현실 사이의 간극을 목격했다. '쿨라크'는 부유하지 않았고 오히려 굶주리고 있었다. 시골은 부유하긴커녕 황무지였다. "한때 개인 소유주들이 보석처럼 아끼던 수많은 농기구와 기계가 이제는 더럽고 녹슬고 수리되지 않은 상태로 야외에 널부러져 있었습니다. 쇠약해진 소와 말들은 분뇨를 뒤집어쓴 채 마당을 배회하고 있었고요. 닭, 거위, 오리는 탈곡하지 않은 곡식 밭에서 무리를 지어 땅을 파헤쳤습니다."[61]

당시 크랍첸코는 항의하지 않았다. 몇 년 후 그는 자신이 이전의 이만오천인대처럼 의도적으로 일종의 지적 맹신에 빠졌다고 설명했다. 크랍첸코의 묘사는 많은 이의 심정을 대변해주었다. "정신적 고통을 피하기 위해 눈을 반쯤 감고, 불쾌한 진실을 보지 못하도록 마음까지 반쯤 닫았습니다. 공황 상태에서 이는 불가피했다고 자기변명을 하고 과장이나 히스테리 같은 단어로 지식을 차단하는 거죠."[62] 선전 언어도 현실을 가리는 데 한몫했다.

우리 공산주의자들은 서로 이 주제를 회피했습니다. 아니면 당에서만 사용하는 은어를 이용해 고상한 완곡어법으로 말했죠. 우리는 '농민 전선'과 '쿨라크 위협' '마을 사회주의'와 '계급 저항'에 대해 이야기했습니다. 우리 인생을 살려면 언어적 위장을 통해 현실을 알아보지 못할 정도로 뭉개야 했죠.[63]

크랍첸코처럼 레프 코펠레프도 1932년 12월 곡물 징발단 중 하나에 합류했다. 집단화에 참여한 그는 정신적 무장을 끝낸 참이었다. 당시 그는 하르키우 공장 신문 기사를 쓰는 일종의 언론인이었다. 폴타바주의 미르호로트에 도착한 코펠레프는 바로 '모피 재킷과 회색 카프탄을 입은 콧수염을 기른 남자들, 무관심하거나 경멸에 찬 젊은 이들'을 대상으로 저녁 강연을 했다. 그와 몇몇 동료들은 격일로 '곡물 전달 관련 통계, 비양심적인 농민들에 대한 비난, 발각된 파괴 행위자들에 대한 저주'를 담은 소식지를 발행했다. 그러나 선동은 금방 실패로 돌아갔고 수색이 시작되었다.

여러 젊은 집단 농부, 마을 소비에트와 코펠레프 자신으로 구성된 팀들이 "오두막, 헛간, 마당을 수색하고, 저장한 씨앗을 모조리 빼앗고, 소와 말, 돼지를 가져갔다". 그들은 성상, 겨울 외투, 카펫, 돈을 비롯한 귀중품은 무엇이든 가져갔다. 여성들은 집안의 가보를 붙잡고 "히스테릭하게 울부짖었지만" 수색은 멈추지 않았다. 활동가들은 곡물을 넘기면 나중에 모두 돌려받을 수 있다고 말했다. 코펠레프 자신도 이 일이 "매우 괴로운" 일이라고 생각했지만, 혐오스러운 선전을 끊임없이 반복하면 당면한 임무를 수행하는 데 도움이 된다는 사실을 알아차렸다. "나는 나 자신을 설득하고 나 자신에게 설명했다. 나약한 동정심에 굴복해선 안 된다고. 우리는 역사적 필연성을 실현하고 있었다. 우리는 혁명적 의무를 수행하고 있었다. 우리는 사회주의 조국을 위해 곡물을 확보하고 있었다. 모든 것은 5개년 계획을 위해서였다."[64]

선전은 많은 활동가들이 농민을 이등 시민으로, 심지어 이등 인간으로 여기도록 세뇌했다. 농민이 최소한 인간으로 간주되기라도 했다면 말이다. 농민은 이미 대부분의 도시 거주자에게는 이질적인 존재였다. 극심한 가난과 굶주림은 이제 그들을 비인간적이고 혐오스러운 존재로 만들었다. 볼셰비키 이데올로기는 그들이 곧 사라질 것이라 암시했다. 1933년 봄 오데사를 방문한 프랑스 작가 조르주 심농은 한 남자로부터 거리에서 음식을 구걸하는 '말우로malheureux', 즉 불행한 사람들은 동정할 대상이 아니라는 말을 들었다. "그들은 체제에 적응하지 못한 농민, 즉 쿨라크입니다. (…) 그들에게는 죽음 외에는 다른 선택지가 없어요." 동정할 필요가 없었다. 조금만 있으면 그들은 열 사람 몫을 해낼 수 있는 트랙터로 대체될 것이기 때문이다. 멋진 신세계에는 그렇게 많은 쓸모없는 인간이 있을 공간이 없었다.[65]

이러한 정서는 기아를 다룬 안드레이 플라토노프의 부조리극인 『열네 개의 작고 빨간 오두막*Fourteen Little Red Huts*』에서도 찾아볼 수 있다. 한 굶주린 등장인물이 다른 등장인물에게 '이런 상태인 우리가 국가에 무슨 소용이 있겠냐'고 묻는다. "국가 입장에서는 여기에 사람이 아니라 바다가 있는 게 더 나을 거야. 바다에는 물고기라도 있으니까."[66] 플라토노프의 언어에는 그가 공식 언론에서 본 내용이 배어 있었다. 지난 2년 동안 이 미개하고, 문맹이며, 후진적이고, 결국 아무짝에도 쓸모없는 시골 주민들은 미래 지향적인 프롤레타리아트의 진보를 막는다는 단호한 비난에 반복적으로 노출됐다. 소련 신문들은 도시의 식량 부족이 집단화 때문이 아니라, 자신이 생산한 농산물을 손에서 놓지 않으려는 탐욕스러운 농민 때문이라고 꾸준히 설명했다. 몇 년 후 코펠레프는 한 취재진에게 이렇게 말했다.

> 저는 마을을 뒤흔들어 곡식을 내놓게 해야 한다고 믿는 사람이었습니다. 마을 주민에겐 어떠한 자각이나 의식도 없으며, 이들은 후진적인 인간이라 생각했죠. 자기 재산에만 관심이 있고 노동자는 신경쓰지 않는다고 생각했습니다. 사회주의 건설의 일반적인 문제와 5개년 계획 완수에는 관심이 없다고…… 이것은 제가 학교와 콤소몰에서 배웠고, 신문에서 읽었고, 회의에서 들은 말이기도 합니다. 젊은이라면 누구나 이렇게 생각했습니다.[67]

당의 다른 사람들처럼 코펠레프도 '마을 주민들이 빵과 고기를 숨기고 있다'고 믿었다. 코펠레프 주위에 있는 사람들도 그와 비슷하게 적대적이었다. 코펠레프는 당시 세대의 관점을 이렇게 표현했다. "나는 진정한 프롤레타리아이고 빵이 부족하다. 그리고 너희 시골 촌놈들, 메밀 씨나 뿌리는 놈들, 너희는 일할 줄도 모르면서 주머니에는 돼지 지방이 가득하지."[68]

활동가들을 고용해 마을로 보낸 도시 공산당 수장들도 정확하게 동일한 정서에 의존했다. 식량이 부족한 마을에는 사방에 '빵 전선에서 싸울 군인'을 모집하는 광고가 붙었다.[69] 활동가들은 식량 징발을 수행하면서 같은 말을 반복했다. "그들은 우리가 할당량을 채워야 한다고 계속 소리쳤습니다. 가서 죽어라. 그래도 러시아는 구원받을 것이다!"[70] 코펠레프는 회고록에서 이 유독한 언어가 마을 주민인 젊은 농민 여성에게도 영향을 미쳤는데, 그 여성은 너무나 배가 고팠지만 활동가 단체가 먹을 밀 1.5킬로그램을 자발적으로 가져왔다고 설명했다. "검은색 머리의 그 친구는 노동자들이 너무 배고프고 노동자의 아이들이 먹을 빵이 없다고 말했습니다. 그래서 가져올 수 있는 만큼 가져왔어요. 마지막 남은 곡식이었죠."[71]

그러나 1930년과 마찬가지로, 1932년부터 1933년에 식량을 구하기 위해 마을을 수색한 집단 구성원은 대체로 외부인이 아니었다. 그들 역시 우크라이나 농민이었기에, 우크라이나 농민에 대한 증오심 때문에 행동한 것도 아니었다. 더 중요한 사실은 그들 자신이 식량을 훔친 사람들, 즉 지역 집단 농장 책임자와 마을 의회 회원, 교사와 의사, 공무원, 콤소몰 지도자, 1919년의 '빈농 위원회'의 전 회원, 탈쿨라크화 참여자의 이웃이었다는 것이다. 역사 속 다른 집단 살육에서처럼, 그들은 개인적으로 매우 잘 아는 사람들을 죽이라고 설득받았다.

최고위층은 이 지역 활동가들을 전적으로 신뢰할 수 있는 존재로 여기지 않았다. 그들을 돕기 위해 파견된 외부인들은 지역 활동가들이 일을 제대로 하는지 확인하는 역할도 수행했다. 지역 활동가들은 대부분 자신의 마을이 아닌 이웃 마을을 수색하라고 지시받았는데, 식량을 몰수당하는 농민들과 개인적으로 아는 사이가 아니어야 했기 때문이었다.[72] 우크라이나 지도부는 징발단이 희생자에게 너무 동정적인 태도를 보일지도 모른다는 우려를 자주 표했다. 추바르는 이렇게 지적했다. "회원들을 더 자주 교체해야 한다. 회원들이 지역 주민과 금방 친해져 그들을 감싸기 때문이다."[73]

또한 회고록과 문서 증거에 따르면 여러 지역 활동가는 이웃을 죽음으로 몰아넣을 수 있는 명령을 거부했다. 1925년부터 빈니차에서 공산당원으로 활동하며 1932년 곡물 징발 위원회에 임명된 미콜라 무시추크는 농민의 개인 냄비와 항아리에서 곡물을 가져가는 일을 거부했다는 이유로 당원 자격을 박탈당했다. 이틀 후 그는 목을 매 자살했다.[74] 토포리셰 마을에서는 지역 집단 농장의 수장인 드미트로 슬리뉴크가 활동가들이 몰수한 곡물을 빼앗아 제분한 뒤 굶주린 농민들에게 나눠주었다. 이 일로 그는 직장을 잃었다.[75] 바시탄카 마을에서 비라 키리첸코의 아버지는 징발단에 가입하라는 요청을 받았지만 거절했다. 그는 사흘 동안 감금된 후 미콜라이우 시로 가서 일자리를 찾았지만 실패했다. 결국 그는 굶어 죽고 말았다. 비라의 형제도 같은 제안을 받았지만 그 역시 거절하고 체포되어 심하게 구타당했고, 풀려났지만 사망하고 말았다.[76] 몇 년 후 농민들은 협조를 거부한 형제와 아버지들이 어떻게 추방되고 처형되거나 구타당했는지를 자세히 이야기했다.[77]

하지만 또 여러 사람들이 다양한 방식과 수준으로, 그리고 복합적인 동기를 바탕으로 협력했다. 선택의 여지가 없는 사람도 많았다. 한 열세 살 소녀는 학교 교실에서 바로 징발단에 가입했다. 활동가들이 도착했고, 수색을 수행하기 위해 소녀를 데려갔다. 소녀는 부모에게 말할 기회도 없이 일주일 동안 명령에 따라 곡물을 수색했다.[78]

그리고 비슷한 처지에 있던 사람들은 선택의 여지가 없다고 믿었거나, 명령을 거부하면 체포되거나 죽을 수도 있다는 두려움에 떨었다. 당시 우크라이나 공산주의자에게 선고된 수천 건의 장기 징역형 사례 중 대부분은 이웃에게 식량을 내놓으라고 압박하지 못한 경우였는데, 이 중에는 일부러 압박하지 않은 사람도 있었다. 곡물 징발 시기에는 발리츠키의 우크라이나 공산당 숙청이 시작되었고, 수준에 상관없이 모든 지도자는 자신이 체포되거나 처형될 수 있음을 알고 있었다. 당 재판은 신문에서 공개적으로 논의되었으며, 체포된 사람들의 이름은 마을과 지구의 당 사무실로 발송되는 당 공보에 실렸다.[79] 당과 조금이라도 관련된 사람들은 체포자와 같은 운명을 피하고 싶어했다.

공포는 과거의 폭력에 대한 기억에 힘입어 더 강해졌다. 우크라이나에 있는 거의 모든 사람은 연이은 정치적 변화의 물결 속에서 잔혹한 대우를 받았다. 아주 어린 아이들을 제외한 모두가 불과 13년 전에 발생한 내전 당시의 대학살과 대량 살인을 기억했다. 그리고 최근 진행된 탈쿨라크화의 잔혹함도 여전히 생생했다.[80] 많은 사람은 이미 이웃을 상대로 권력을 휘둘러봤고, 그들로부터 무엇을 얻어내야 하는지 알고 있었다. 코펠레프가 속했던 집단의 지도자인 부비르는 땅 없는 농부의 폐결핵 걸린 아들로, '너무 일찍 고아가 된' 사람이었다. 부비르는 혁명 기간에 토벌대에 참여했고, 1921년부터 콤소몰에서 일했으며, 집단화와 탈쿨라크화에 참여했고, 권력을 이용해 이웃을 위협하는 일을 즐겼음이 분명했다. 토포리셰 마을의 '빈농 위원회' 회원이었던 마트비 하브릴류크는 1921년 '쿨라크에서 빵을 징발하는' 단체의 일원으로 활동했고, 나중에 법정에서 한 증언에 따르면 '빈농 대중을 조직'하는 일을 했다. 그는 탈쿨라크화에 적극적으로 참여했고, 집단화를 위해 선동했으며, 기아를 유발한 가택 수색에 열성적으로 참여했다. 그는 자신 때문에 굶어 죽어가는 사람들과 잘 알았지만, 어떠한 연민도 느끼지 못했다. "저는 쿨라크와 아무런 공통점이 없었습니다. 그들이 항상 절 반대했다는 사실이 그 증거죠."[81]

1933년 겨울과 봄에 농민들은 굶주렸고, 이제 굶주림은 가장 중요한 동기였다. 식량이 부족하고 소유물이라곤 찾아볼 수 없는 황폐한 세상에서, 절망에 빠진 사람들은 이웃의 식량을 몰수해 먹었다. 징발단의 행동은 범죄 조직의 행동과 구별하기 어려울 때가 잦았다.

드네프로페트롭스크주의 마리나 코롭스카는 이렇게 회상했다. "그들은 모든 사람을 약탈해 잘 먹고 잘살았어요. 남들의 옷을 빼앗아 입고 우리 음식을 먹었죠."[82]

공개적으로 절도를 저지르지 않더라도 이득을 기대해볼 수 있었다. 앞서 언급했듯이 정보 제보자들은 보상을 기대했다. 일부 현에서는 활동가들이 본인이 징수한 금액의 일정 비율을 직접 받기도 했다. 12월 2일의 블랙리스트 관련 법에는 '숨겨진 곡물을 찾아낸 활동가에게 보너스를 지급하라'는 명령이 포함되어 있었다.[83] 1933년 2월 드네프로페트롭스크주 의회는 징발단원들에게 '10~15퍼센트'를 지급하도록 권고했고, 다른 지방에서도 비슷한 지침을 내렸다.[84] 당과 함께 일하면 식량이나 배급표를 얻거나, 배급표를 가진 다른 사람에게 접근할 수 있다는 사실을 모두가 알고 있었다. 드네프로페트롭스크주 출신인 카테리나 야로셴코는 그의 아버지가 곡물과 설탕을 공급하는 공산당 특별 상점에 접근할 수 있는 당 지도자였기에 기아에서 살아남을 수 있었다.[85] 또한 최고위 당 간부들은 배급표를 가졌기에 다른 사람들과 달리 구매를 할 수 있었다. 이러한 특권은 그들의 자녀들에게도 확대되었는데, 불운한 사람들은 이렇게 기억했다. "간부의 자녀들을 위한 특별 학교가 있었습니다. 그 안에는 식당이 있었죠…… 주방에서는 숨이 멎을 듯한 냄새가 퍼져나왔어요. 저는 그 냄새 때문에 울었습니다. 진짜로 눈물이 났어요!"[86]

한편 그렇게 음식을 얻을 수 있다고 믿었건만, 그렇지 못한 사람들도 있었다. 한 폴타바 남성은 이렇게 회상했다. "막대기를 들고 음식을 찾아 나선 사람 중에서 절반이 굶어 죽었습니다. 그들은 음식을 찾으면 음식을 주겠다고 약속받았습니다. 하지만 아무것도 받지 못했죠!"[87] 또 다른 생존자는 음식을 훔쳐서 집에 보관하던 징발단원도 본인이 수색당했을 때는 겁에 질렸다고 기억했다. 한 마을의 활동가들은 다른 마을의 가택 수색을 위해 파견되었는데, 동료 협력자라고 봐줄 필요는 없었다.[88] 일부 가해자는 자신이 약탈한 이웃으로부터 폭행당하기도 했다. 1932년 12월에는 단 3주 만에 키이우주에서만 아홉 명의 지방 관료가 살해되었고, 여덟 건의 살인 미수와 열한 건의 방화 사건이 발생했으며, 농민들이 징발단원의 집을 불태우려 했다.[89] 심지어 아이들도 작은 복수를 했다. 드네프로페트롭스크주 노보포크롭카의 어느 활동가의 아들은 학교에서 다른 아이들이 먹지 못하게 흰 빵을 숨겼지만 소용없는 일이었다. 같은 반 아이들에게 구타를 당했기 때문이다.[90]

겨울이 봄으로 바뀌고 식량 부족이 극심해지자, 대다수의 농민은 저항을 멈췄다. 1930년에 반란을 일으켰던 사람들조차 침묵을 지켰다. 심리적인 이유가 아니라 육체적인 이유 때문이었다. 굶주린 사람들은 단지 힘이 없어 저항할 수가 없었다. 배고픔이 저항의 의욕마저 짓눌러 부쉈던 것이다.

현지인이든 외부인이든, 식량 몰수 명령을 수행한 사람들은 모두 자신은 처벌받지 않으리라 생각했다. 이후 몇 년 동안 개인적인 죄책감을 느낀 사람도 있고, 굶주리도록 내몰린 농민들의 분노와 절망을 깨달은 사람도 있었다. 그러나 그들에게는 자신의 행동이 최고위층의 승인을 받았다는 확신이 있었다. 그들은 굶주리는 이웃이 쿨라크 요원, 즉 위험한 적대적 분자라는 말을 수도 없이 들었다. 1932년 11월 우크라이나 공산당은 당원들에게 그 같은 말을 반복하라고 지시했다. 법적, 물리적 탄압을 사용하는 '동시에', 당과 당의 징발단들은 다음과 같이 행동해야 했다. "도적, 깡패, 빵 도둑에 맞서, 프롤레타리아 국가와 집단 농민을 기만하는 이들에 맞서…… 우리는 집단 농장 대중의 증오심을 강화하고, 모든 집단 농장 대중이 이들을 쿨라크 요원이자 계급의 적으로 비난하게 해야 한다."91 이처럼 지시받은 곡물 징발단원들은 자신들의 행동에 대한 처벌을 두려워하지 않았고 보상까지 기대했다.

안드리 리치츠키의 흥미로운 이야기는 이 복잡한 심리를 잘 설명해주는데, 그는 이 규칙의 매우 드문 예외였다. 리치츠키는 어느 현의 전권 결정자가 되기 전부터 이미 당시의 많은 지적, 정치적 운동에 참여하고 있었다. 최소한 경찰 기록에 따르면 그는 젊은 시절 1919년 농민 봉기에 참여했고, 한 파르티잔 단체에서 활동했다. 이후 깨달음을 얻어 열렬한 공산주의자가 되기 전 그는 사회주의 혁명가로 활동했는데, 처음에는 볼셰비키에 반대했던 '민족 공산주의' 정당 중 하나인 우크라이나 공산당의 지도자였다. 이후 그는 시인 타라스 셰우첸코의 전기 작가이자 카를 마르크스의 저작을 우크라이나어로 번역한 최초의 번역가로 활동하기도 했다. 1931년 리치츠키는 미하일 흐루셰우스키에 대한 조직적인 공격에 가담해, 이 저명한 역사학자의 "가면을 벗기고" 사회주의의 적인 부르주아라는 실체를 폭로하려 했다.[92] 정권에 잘 보이려는 이러한 노력에도 불구하고, 리치츠키는 복잡한 정치 참여 이력 때문에 1930년대 초 우크라이나에서 의심스러운 인물로 간주되었고 1933년 11월에는 조작된 '우크라이나 군사 조직' 사건의 일환으로 체포되었다.[93]

1934년 3월에 열린 리치츠키의 재판은 1932년 12월부터 1933년 2월 말까지 미콜라이우주의 아르부진카에서 곡물 징발자이자 활동가 단체의 지도자로 활동한 그의 짧은 경력에 집중했다. 이 3개월 동안 그가 한 활동에 대한 조사는 수백 쪽에 달하는 문서와 40명이 넘는 증인을 통해 철저하게 이루어졌다. 법원은 리치츠키와 다른 지역 지도자들, 특히 지구 당 위원회 서기인 이반 코브자르를 반혁명, 당 노선 왜곡, '불만'을 조성하기 위해 과도한 폭력을 고의적으로 사용한 혐의로 기소했다.

사실 문서에 따르면 리치츠키와 코브자르, 그리고 다른 지역 지도자들은 같은 시대 우크라이나의 다른 공산당 관료 수천 명과 별반 다르지 않게 행동했다. 리치츠키는 빈니차주에서 곡물 수집가로서 이미 성공적인 실적을 기록했기에 아르부진카로 파견된 것이었다. 그 이전인 1930년에도 리치츠키는 우크라이나의 몰도바 자치 공화국에서 곡물 징발단원으로 일했는데, 이곳은 매우 일찍부터 잔인한 방법을 사용한 지역이었으며 그는 공로를 인정받아 훈장을 받았다. 새로운 직장에 도착하자마자 그는 아르부진카의 농민을 윽박지르기 위한 단체를 결성했다.

한 농부의 증언에 따르면, 그의 의도는 첫날 밤부터 분명했다. 리치츠키는 마을 지도자들을 한 방에 모아놓고 문을 닫은 뒤 "집단 농민은 모두 페틀류라파이며, 곡물이 모일 때까지 그들을 두들겨패야 한다"라고 소리치기 시작했다. 일부 인원이 반대하자 그는 다시 소리쳤다. "누가 당신들에게 말하고 있는지 아시오? 정부 구성원이자 중앙 위원회 위원이며 정치국 후보 위원이오." 그런 다음 그는 이전의 다른 어떤 집단과도 다르게 행동할 징발단을 창설했다. "징발단이 들어가는 모든 집은 전면 보수가 필요할 거요. 오븐도 지붕도 없어질 테니까."

여러 지역 비밀경찰 정보꾼과 경찰관이 여기에 가입했다. 유명한 범죄자 두 명도 가입했는데, 이 역시 흔한 관행이었다. 경찰은 악명 높은 무자비함을 위해 일부러 이런 사람들을 택했기 때문이다. 그중 한 명은 1932년 9월 절도죄로 지역 집단 농장에서 추방된 스피리돈 벨리치코였다. 벨리치코가 이 징발단에 가입할 수 있었던 건 동료 집단 농부들을 밀고하고 그들이 곡물을 숨겨둔 곳을 고발할 뜻을 비쳤기 때문이었다. 그는 징발단 활동이 일종의 거래임을 이해했고, 벨리치코의 경우에는 거래가 효과가 있었다. 증언에 따르면 "그는 기아

기간 동안 잊히지 않았다". 다시 말해, 그는 굶주리지 않았다.

리치츠키가 도착한 후 몇 주 동안, 새로운 아르부진카 징발단은 통상적인 곡물 징발 방법에 몇 가지 변형을 더했다. 그들은 반항하는 농민들을 지하실에 가두고 때로는 이틀이나 사흘간 음식을 아주 적게 주거나 하나도 주지 않았다. 그들은 농민이 곡물을 숨긴 곳을 밝힐 때까지 정기적으로 구타했다. 일종의 공개적인 수치심을 주기도 했다. 농민들을 나체로 통에 넣고 여러 마을로 끌고 가 남들에게 '본보기'로 보여준 것이다. 이 두 가지 방법으로도 효과가 없으면 리치츠키 팀은 훨씬 더 극적인 처벌을 가했다. 속옷, 프라이팬, 신발까지 농민들의 재산을 남김없이 빼앗고는 집을 완전히 부숴버렸다.

다른 종류의 폭력과 고문도 동원되었다. 한 지역 주민은 리치츠키가 사용한 방법이 어떻게 작동했는지 자세히 설명했다. "한 농부의 집에서 곡식을 숨긴 장소 네 곳을 발견한 후, 저는 그 남자를 마을 소비에트로 데려갔습니다." 리치츠키는 농부를 구타하며 이렇게 소리쳤다. "빵을 숨기면 총살이라는 사실 알고 있나?" 농부는 이렇게 외쳤다. "상관없어, 우린 어차피 죽을 테니까." 다른 사례에서는 여러 단체 회원들이 고양이에게 등유를 붓고 불을 붙여 남성과 여성, 어린이들이 갇혀 있는 지하실에 던졌다. 성적 강압도 무기로 사용됐다. 한 징발단원은 여러 여성에게 자신과 성관계를 하면 곡식을 내놓지 않아도 된다고 말했다.

후에 이들을 학대 혐의로 고발한 것은 폭력의 책임을 불량 분자들의 탓으로 돌리고, 이러한 범죄에서 당의 역할을 최소화하려던 것이었다. 하지만 리치츠키에게는 강력한 방어 수단이 있었다. 그는 명확히 명령을 따랐고, 그에 대한 보상을 지속적으로 받았다. 증언에서 그는 자신이 아르부진카에 도착했을 때 1932년 가을의 법령들이 실제로는 적용되지 않고 있음을 알아차렸다고 설명했다. 지역 공산주의자들은 농민들이 곡물 할당량을 채우지 못하더라도 그들의 식량을 모두 몰수하거나 '세금'을 내게 하지 않았다. 그들은 누구도 집에서 쫓아내지 않았다. 이는 리치츠키가 상위 당국의 승인을 받아 빈니차에서 성공적으로 사용했던 방법이었고, 리치츠키는 아르부진카에 도착하자마자 이 방법을 다시 쓰기로 결심했다.

리치츠키는 카가노비치를 본받음으로써 이러한 방법에 대한 믿음을 굳건히 했다고 말했다. 1932년 12월 24일, 리치츠키와 지역 공산당 지도자 코브자르는 보즈네젠스크 마을에서 열린 회의에 카가노비치와 함께 참석했는데, 이 회의는 카가노비치의 일기에 묘사된 여러 회의 중 하나였다. 두 사람은 이 소련 고위 인사가 하는 말을 분명히 들었다. 그는 회의에 모인 당 간부들에게 그들이 충분히 강경하지 않다고 말했다. 두 사람은 심지어 그들의 임무가 "농민들이 스스로 은신처를 공개할 정도로" 마을을 공황 상태에 빠뜨리는 것이라는, 앞서 언급했던 명령도 들었다.[94] 새벽 4시에 끝난 이 회의에서 그들은 1933년 2월 1일까지 1만2000톤의 곡물을 징발한다는 안에 합의했다. 리치츠키는 그의 연설에서 영감을 받았다고 증언했다. 그는 마을이 기존의 '비효율적인' 곡물 조달 방법을 버리고 더 가혹한 기법을 채택해야 한다고 설득당했다.

이 점을 강조한 고위 당 인사는 카가노비치뿐만이 아니었다. 1월 하반기에 우크라이나 정치국 지도자인 볼로디미르 자톤스키가 아르부진카를 방문했는데, 그는 징발단의 잔인무도한 활동에 매우 흡족해했다. 자톤스키는 무엇보다도 농민들에게 가해진 '집중적인 타격'을 벌금, 강제 퇴거, 체포와 함께 칭찬했다. 이러한 방법은 '당사자 외의 사람들을 겁주기 위해' 필요한 방법이었다. 리치츠키는 이런 대화에서 영감을 받아 농민들의 집을 파괴했다고 공개적으로 인정했다. "더 큰 효과를 내려면 몰수 대상인 집을 파괴해야 한다고 생각했습니다. 사람들이 두 눈으로 직접 확인할 수 있으니까요."

리치츠키의 재판은 흥미로웠다. 그는 자신의 주장을 일축하는 검사의 반대에도 불구하고 강력하게 의견을 피력했다. 누가 수사를 지시했는지, 어떻게 그런 일이 허용되었는지는 명확하지 않지만, 일반적으로 기근 사태의 가해자가 어떤 식으로든 법적 조치를 당하는 일은 매우 드물었다.[95] 이 재판은 비밀 민족주의자와 비밀 반혁명분자를 찾던 OGPU 관료들이 리치츠키의 복잡한 경력에 관심을 가졌기 때문에 일어난 것이었다. 그는 1934년 사형 선고를 받았다.

리치츠키의 증언은 당시 지배적이었던 도덕적 분위기에 대한 의문을 해소해준다. 리치츠키는 자신이 비정상적이거나 범죄자가 아니라, 오히려 주류에 속한다고 느꼈다. 그뿐만 아니라 다른 단체 회원들 역시 당 지도부의 최고위층이 극단적인 잔인성을 승인하고 농민의 식량과 재산을 빼앗는 일을 지지한다고 진심으로 믿었다. 여기에는 어떠한 오해도 없었다.

23_ 징발단이 땅속에서 곡물을 찾아냈다. 징발단 수장이 수색에 사용한 긴 쇠막대를 들고 있다.
24_ 징발단원들이 찾아낸 곡물과 옥수수를 과시하고 있다.

25_ 기마 경비병이 밭을 수색하고 있다.
26_ 총을 들고 곡물 창고를 지키고 있다.

27_ 식량을 찾아 집을 떠나는 농민들.
28_ 버려진 농가.

29_ 길가에 앉아 굶주리는 사람들.
30_ 버려진 땅에서 굶주리는 사람들.

31_ 농민 소녀. 알렉산더 비너베르거의 사진 중 가장 유명한 사진.

11장

굶주림:
봄과 여름, 1933년

> 밖에 나갈 힘도 없는데 어떻게 저항할 수 있겠어요?
> ―마리야 지우바, 폴타바주, 1933[1]

> 그들 중 누구도 죄인이 아니었지만
> 그들은 무슨 행동이든 죄가 되는 계급에 속해 있었습니다.
> ―일리야 에렌부르크, 1934[2]

굶주린 인간의 육체는 항상 같은 과정을 밟는다. 첫 번째 단계에서 체내에 저장된 포도당이 소비된다. 극심한 배고픔과 함께 음식에 대한 생각이 멈추지 않는다. 두 번째 단계는 몇 주간 지속되기도

하는데, 신체에서 자체적으로 지방을 소비하기 시작하고 신체 조직이 급격히 약해진다. 세 번째 단계에서는 신체 스스로 단백질을 분해하며 조직과 근육을 먹어치운다. 결과적으로 피부가 얇아지고, 눈이 돌출되며, 극심한 불균형으로 체내에 수분이 축적되어 다리와 배가 부풀어 오른다. 조금만 애써도 금방 피로해진다. 이 과정에서 괴혈병, 단백열량부족증, 소모증, 폐렴, 발진티푸스, 디프테리아가 발병하고 음식을 충분히 먹지 못해 직간접적으로 발생하는 여러 감염과 피부 질환을 비롯한 다양한 질병이 사망을 앞당긴다.

1932년 가을과 겨울에 식량을 빼앗긴 우크라이나 시골 주민들은 1933년 봄부터 굶주림 과정을 모두 경험하기 시작했다(이전에는 이런 일을 겪지 않았던 주민들이 말이다). 몇 년 후 생존자 중 일부는 서면 기록과 수천 회의 인터뷰를 통해 이 끔찍한 기간을 묘사하려 시도했다. 이 시기를 견뎌낸 다른 사람들은 그 경험이 너무나 끔찍해서 기억을 온전히 되살릴 수가 없었다. 당시 열한 살 아이였던 한 생존자는 기아 이전에 슬픔이나 실망을 안겨준 일, 심지어 귀걸이를 잃어버린 일 같은 사소한 경험도 기억했다. 그러나 기아에 대해서는 어떠한 정서적 기억도 남아 있지 않았고, 당시에도 공포나 슬픔을 느끼지 못했다. "아마 배고픔 때문에 감정이 위축되었던 것 같아요." 그 외에도 사람들은 기아 경험이 어떤 식으로든 감정을 무디게 하고, 이후의 삶에서도 감정과 기억을 억누른 것이 아닐까 하고 의심했다. 기아가 '아이들의 미성숙한 영혼을 훼손했다'고 생각한 이들도

있었다.³

어떤 사람들은 비유를 통해 무슨 일이 일어났던가를 설명했다. 키이우주에 살았던 테티아나 파블리치카는 여동생 타마라가 "배가 크게 부풀어 올랐고, 목은 새의 목처럼 길고 가늘어졌어요. 사람처럼 보이지 않았고, 굶주린 유령처럼 보였죠"라고 회상했다.⁴ 또 다른 생존자는 어머니가 "맑은 샘물로 가득 찬 유리병처럼 보였습니다"라고 말했다. "눈에 보이는 모든 부위는…… 비닐봉지처럼 투명하고 물이 가득 차 있었죠."⁵ 다른 생존자는 "살아 있지만 온몸이 완전히 부어오른 데다 유리로 만들어진 것처럼 번들거리던" 형의 누운 모습을 기억했다.⁶ 또 다른 생존자는 "현기증을 느꼈다"라고 회상했다. "모든 것이 안개 속에 있는 것 같았어요. 다리가 끔찍할 정도로 아팠는데, 누가 힘줄을 잡아당기는 것 같았어요."⁷ 또 다른 사람은 한 아이가 앉아서 몸을 "앞으로 뒤로, 앞으로 뒤로" 흔들면서 작은 목소리로 끝없는 '먹어, 먹어, 먹어'라는 '노래'를 읊조리던 모습을 머릿속에서 떨쳐낼 수 없다고 했다.⁸

징발정책을 집행하기 위해 우크라이나에 파견되었던 러시아의 한 활동가도 아이들의 모습을 떠올렸다.

모든 아이가 똑같았어요. 머리는 큼직한 호두알 같았고, 목은 황새처럼 가늘었죠. 팔다리 피부 아래로 뼈의 움직임이 훤히 보였고, 피부는 뼈대에 씌운 노란 거즈 같았어요. 그리고 아이들의 얼굴이, 70년은 족히 산 것처럼 늙고 지쳐 보였어요. 그리고 그 애들의 눈은, 아, 하느님!"[9]

일부 생존자들은 굶주림 때문에 발생한 여러 질병과 다양한 신체적 부작용을 구체적으로 떠올렸다. 괴혈병 때문에 관절이 죽을 만큼 아팠고 이가 빠졌다. 굶주림은 야맹증도 일으켰다. 사람들은 어두운 곳에서는 앞을 볼 수가 없어 밤에 집을 나서기를 꺼렸다.[10] 수종, 즉 부종은 이들의 다리를 부풀게 했고 피부는 매우 얇아지거나 심지어 투명해졌다. 드네프로페트롭스크주의 한 마을에 살던 나디아 말리시코는 어머니가 "37세밖에 되지 않았는데도 몸이 부어오르고 쇠약해졌으며 매우 늙어 보였습니다"라고 말했다. "어머니의 다리는 번들거렸고 피부는 여기저기 터졌죠."[11] 흐멜니츠키주의 흘라피라 이바노바는 노랗고 검게 변한 사람들을 기억했다. "몸이 부은 사람들의 피부가 갈라지고, 상처에서 진물이 흘러나왔습니다."[12]

다리가 부어오르고 상처로 덮인 사람들은 앉을 수가 없었다. "그런 사람이 앉으면 피부 부종이 터져 진물이 다리를 타고 흘러내렸습니다. 악취가 진동하고, 그는 참기 어려운 고통에 휩싸였죠."[13] 아이들은 배가 부풀었고 머리는 목이 가누기에는 너무 무거워 보였다.[14] 한 여성은 "피부 아래로 심장이 뛰는 게 보일 정도로" 너무나 쇠약해진 소녀를 기억했다.[15] M. 미솅코는 굶주림의 마지막 단계를 이렇게 설명했다. "전반적으로 극심히 쇠약해지고, 환자는 침대에서 일어나지 못하거나 몸을 전혀 움직이지 못하게 됩니다. 환자는 졸음에 빠지며, 이 상태가 일주일이나 지속되다가, 결국 심장이 멈춥니다."[16]

쇠약해진 사람은 매우 빠르고 갑작스럽게 사망할 수 있으며, 실제로 많은 사람이 그렇게 죽었다. 볼로디미르 슬립첸코의 자매는 학교에서 일했는데, 수업 중에 죽어가는 아이들을 목격했다. "학교 책상에 앉아 있다가 쓰러져 죽은 아이도 있고", 야외 잔디밭에서 놀다가 죽은 아이도 있었다.[17] 도망치며 걷다가 죽은 사람도 많았다. 또 다른 생존자는 돈바스로 이어지는 도로에 시체가 늘어선 모습을 기억했다. "죽은 마을 주민들이 도로와 길가에 널브러져 있었습니다. 시체를 옮길 사람보다 옮겨야 할 시체가 더 많았죠."[18]

식량을 빼앗긴 사람들은 먹을거리를 간신히 구하더라도 먹는 도중에 갑자기 죽기도 했다. 1933년 봄, 흐리호리 시먀는 도로 근처 밀밭을 감돌던 끔찍한 악취를 떠올렸다. 굶주린 사람들이 밀 줄기 사이로 기어들어 이삭을 잘라 먹다가 죽었기 때문이었다. 그들의 텅 빈 위장은 어떤 것도 소화할 수 없었다.[19] 도시의 빵 배급 줄에서도 같은 일이 일어났다. "굶주림 때문에 너무 쇠약해져, 빵을 받아먹다가 그 자리에서 즉사하는 사람들이 있었습니다."[20] 한 생존자는 사탕무 몇 개를 찾아 할머니께 드린 일을 떠올리며 괴로워했다. 할머니는 사탕무 두 개는 날것으로 먹고 나머지는 익혀 먹었다. 그리고 몇 시간

후, 굶주린 몸으로 음식물을 소화해내지 못해 죽고 만다.[21]

많은 생존자에게 신체적 증상은 시작에 불과했다. 심리적 변화도 신체적 변화만큼이나 극적이었다. 어떤 사람들이 나중에 '기아 정신 질환'이라 부르기도 했지만, 이것은 명쾌히 정의하거나 측정할 수 없는 일이었다.[22] 페트로 보이추크는 "배고픔 때문에 사람들의 정신이 혼란스러워졌습니다. 상식이 사라지고 자연스러운 본능도 흐릿해졌죠"라고 회상했다.[23] 1921년 기근에서 굶주림을 경험한 피티림 소로킨은 식량이 떨어진 지 단 일주일 만에 "음식 외에는 어떤 것에도 오랫동안 집중하기가 매우 어려웠다"라고 기억했다. "잠깐이나마 억지로 '굶주림에 대한 생각'을 의식에서 쫓아낼 수는 있었지만, 굶주림은 언제나 다시 머릿속으로 돌아와 나를 사로잡았다." 결국 음식에 대한 생각은 "의식 속에서 빠르게 증식했고, 결국 너무나 다양하고 전례 없는 수준으로 생생해지며, 많은 경우 환각 단계에 이르렀다". 다른 생각은 "의식의 영역에서 사라져, 너무나 모호하고 무미건조해졌다".[24]

생존자들은 배고픔으로 인해 성격이 어떻게 변했는지, 그리고 정상적인 행동이 어떻게 중단되었는지에 대해 수많은 말과 글을 남겼다. 식욕이 다른 모든 것을 압도했으며, 무엇보다 가족 간의 감정이 사라졌다. 항상 친절하고 너그러웠던 한 여성은 음식이 부족해지자 돌변했다. 그는 본인의 어머니를 집에서 내쫓고 다른 친척과 함께 살라고 말했다. 그는 어머니에게 이렇게 말했다. "우리와 함께 2주 동안

사셨으니, 이제 그 사람과 함께 사세요. 제 아이들에게 짐이 되지 마시고요."[25]

또 다른 생존자는 들판에서 남은 곡식을 찾던 어린 소년을 떠올렸다. 소년의 여동생이 달려와 아버지가 돌아가셨으니 집에 가자고 했다. 소년은 "아빠가 어떻게 됐든 알 게 뭐야. 난 먹을 생각뿐이야"라고 대답했다.[26] 한 여성은 막내딸이 죽어가고 있어도 빵을 주지 않았다고 이웃에게 털어놨다. "나부터 먹고살아야지, 아이들은 어차피 죽을 테니까."[27] 아버지가 죽은 다섯 살 소년은 먹을 것을 찾으러 삼촌 집에 몰래 들어갔다. 화가 난 삼촌의 가족은 소년을 지하실에 가뒀고, 소년은 그곳에서 죽었다.[28]

끔찍한 선택에 직면한 많은 사람은 이전에는 상상조차 할 수 없었던 결정을 내렸다. 한 여성은 마을 주민들에게 자신은 언제든 다른 아이를 낳을 수 있지만, 남편은 하나뿐이니 남편이 살아남아야 한다고 말했다. 그는 자녀들이 지역 유치원에서 받은 빵을 빼앗아 먹었고, 아이들은 모두 죽고 말았다.[29] 한 부부는 아이들이 죽는 모습을 보지 않기 위해 아이들을 깊은 구덩이에 넣고 떠나버렸다. 이웃 사람들이 비명을 듣고 구조해준 덕분에 아이들은 살아남았다.[30] 또 다른 생존자는 어린 동생의 울음소리가 듣기 싫다며 집을 나간 어머니를 회상했다.[31]

인터뷰 당시 80세였던 울리아나 리트빈은 이러한 감정적 변화를, 무엇보다도 모성애와 부성애라는 가족 감정이 사라진 것을 술회했다.

"제 말을 믿어요. 기아는 착하고 정직한 사람들을 동물로 만들어버린다고요. 지성도, 배려도, 슬픔도, 양심도 없는 동물로요. 친절하고 정직한 농부들도 그렇게 될 수 있습니다. 아직도 그 끔찍한 광경이 꿈에 나타나곤 하죠. 그럴 때마다 꿈속에서 울음을 터뜨린답니다."[32]

불신도 커졌다. 사실 불신은 몇 년 전 집단화 및 탈쿨라크화 운동이 시작될 때부터 커지고 있었다. 미론 돌로트는 이런 글을 남겼다. "이웃이 다른 이웃을 감시해야 했고, 친구가 다른 친구를 배신해야 했으며, 아이들은 부모를 고발하라는 교육을 받았고, 심지어 가족들은 서로 만나지 않으려 했다. 마을 주민들의 따뜻한 전통적 환대는 사라지고 불신과 의심이 그 자리를 차지했다. 공포가 우리의 영원한 동반자가 되었다. 국가라는 괴물 같은 권력 앞에 무력하고 절망적으로 홀로 서 있는 것만 같은 무시무시한 공포였다."[33]

야리나 미치크는 혁명과 내전 시기에도 항상 집을 열어두었던 가족들이 이제는 문을 잠그기 시작했다고 회상했다. "수백 년 동안 이어져온 진실함과 관대함은 더는 존재하지 않았습니다. 사람들의 굶주린 배와 함께 완전히 사라져버렸죠."[34] 부모는 자녀들에게 평생 알고 지낸 이웃을 조심하라고 일렀다. 누가 도둑이나, 첩자, 또는 식인종이 될지 알 수 없었기 때문이다. 자신이 살아남은 비결을 다른 사람들에게 알리고 싶어하는 사람도 없었다. 마리야 도로넨코는 "신뢰라는 게 사라졌다"라고 적었다. "음식을 손에 넣거나 손에 넣을 방법을 찾아낸 사람은 그것을 자신만의 비밀로 했다. 가장 가까운 가

족에게도 말하지 않았다."³⁵

　공감도 사라졌는데, 가장 굶주린 사람들 사이에서만 사라진 것은 아니었다. 굶주린 사람들의 절망과 히스테리 때문에 아직 먹을 것이 충분한 사람도 공포와 불안에 떨어야 했다. 바티칸 기록 보관소에서 발견된 한 익명의 편지는 굶주린 사람들 옆에 있는 느낌을 이렇게 묘사했다.

　저녁은 물론 낮에도 빵을 집으로 몰래 가져갈 수 없습니다. 굶주린 사람들이 다가와서 들고 있던 빵을 빼앗으며, 손을 물어뜯거나 칼을 휘두르는 경우가 허다합니다. 저는 그렇게 야위고 야만적인 얼굴과 누더기를 간신히 걸친 몸은 본 적이 없습니다⋯⋯ 재앙이 얼마나 광범위하게 퍼져 있는지 이해하고 믿으려면 이곳에서 살아봐야 합니다. 오늘도 시장에 갔다가 굶어 죽은 남자 두 명을 군인들이 수레로 던지는 모습을 보았습니다. 어떻게 해야 우리가 살 수 있을까요?³⁶

　홀로코스트 시기처럼, 극심한 고통을 목격한 사람들은 동정심을 느끼지 않기도 한다. 아마 느낄 수 없다고 해야 할 것이다. 대신 그들은 고통받는 사람에게 분노를 표현한다.³⁷ 선전은 이러한 감정을 부추겼다. 공산당은 우크라이나 농민의 운명이 농민 자신의 탓이라고 분개하며 비난했고, 다른 사람들도 그처럼 행동했다. 마리우폴의 한 주민은 특히 더 추악했던 장면을 기억했다.

> 어느 날 빵을 사려고 가게 앞에 줄을 서서 기다리는데, 누더기를 입고 굶주림에 지친 표정을 한 열다섯 살 남짓한 시골 소녀가 눈에 띄었습니다. 소녀는 빵을 사는 모든 사람에게 손을 내밀어 빵 부스러기를 구걸했습니다. 소녀는 가게 주인 앞까지 이르렀습니다. 가게 주인은 우크라이나어를 못하거나 할 생각이 없는, 새로 도착한 이방인이었던 듯합니다. 그는 소녀를 너무 게을러서 농장 일도 못 한다며 나무랐고, 소녀가 뻗은 손을 칼의 무딘 쪽으로 내리쳤습니다. 소녀는 쓰러졌고 다른 손에 들고 있던 빵 부스러기를 떨어뜨렸습니다. 그러자 가게 주인이 더 가까이 다가가 소녀를 발로 차며 "일어나! 돌아가서 일하라고!"라고 소리치더군요. 소녀는 신음하며 몸을 쭉 뻗더니 죽어버렸습니다. 줄을 선 사람 중 몇몇이 울기 시작했습니다. 공산주의자인 가게 주인은 사람들을 윽박질렀습니다. "여기 감성팔이들이 계시는군. 인민의 적은 참 알아보기 쉽단 말이야."[38]

굶주림은 이방인과 외부인, 심지어 아이들에 대한 의심도 키웠다. 도시 주민들은 경찰의 봉쇄를 뚫고 도시로 들어와 구걸하는 농민이나, 먹을 것을 찾지 못한 도시 거주자에게 특히 더 적대적이었다. 기근 당시 하르키우에 살던 아나스타샤 K.는 아버지의 손에 이끌려 여러 번 식당 밖에서 손님이 먹다 남긴 음식을 구걸했는데, '잘 차려 입은 남자'가 나타나 꺼지라고 소리쳤다.[39] 하지만 아나스타샤는 정반대 경험도 했다. 한번은 빵 한 덩이를 겨우 사서 서둘러 집으로 돌아가고 있었는데, 아기를 업은 농부 여인이 그에게 빵을 나눠달라고 간청했다. 아나스타샤는 가족을 생각하며 서둘러 자리를 떴다. "제가 지나치자마자 그 불운한 여자는 쓰러져 죽었어요. 저는 두려움에 사로잡혔습니다. 그 크게 뜬 두 눈이 빵을 주지 않은 저를 비난하는 것 같았으니까요. 그들이 와서 아기를 데려갔는데, 그 여성은 죽어서도 아기를 꼭 안고 있었습니다. 죽은 여인의 환영은 그 뒤로도 오랫동안 절 괴롭혔어요. 눈앞에 계속 그 여자가 보여 밤에 잠을 잘 수가 없었습니다."[40]

이러한 상황에서 일반적인 도덕 규칙은 이제 아무 의미도 없었다. 이웃, 사촌, 집단 농장, 직장에서 절도 행위가 만연했다. 고통받는 사람들 사이에서 도둑질은 대부분 묵인되었다. 이웃은 다른 이웃의 닭을 훔쳤고, 어떻게든 자신을 변호했다.[41] 한 익명의 편지 작성자가 드네프로페트롭스크주 위원회에 하소연했듯이, 사람들은 낮에는 밖에서 집 문을 잠그고 밤에는 안에서 문을 잠갔다. "누군가 침입해 마지막 남은 음식을 빼앗고 나까지 죽이지 않는다는 보장이 없습니다. 어디에 도움을 요청해야 합니까? 민병대원들은 배고프고 겁에 질려

있습니다."⁴²

집단 농장, 학교, 사무실을 비롯한 국가 기관에서 일하는 사람들도 모두 훔칠 수 있다면 무엇이든 훔쳤다. 사람들은 공공 작업소를 나가기 전에 주머니에 곡식을 넣고 신발에 곡식을 밀어넣었다. 나무로 만든 작업 도구에 몰래 구멍을 파고 그 안에 곡물을 숨긴 사람도 있었다.⁴³ 사람들은 (민병대 본부에 있는 말을 포함한) 말, 소, 양, 돼지를 훔쳐서 도살해 먹었다. 드네프로페트롭스크주의 한 현에서는 1933년 4월과 5월에 집단 농장의 말 30마리가 도난당했고, 다른 현에서는 도둑이 소 50마리를 훔쳤다. 일부 지역에서는 아직 소를 가지고 있는 농민들이 밤에는 소를 집 안까지 들여놓는다는 보고가 들어왔다.⁴⁴

종자 비축분을 훔치는 이들도 있었는데, 물론 이 역시 몰수되어 저장 시설에 보관되었다. 그래봐야 대부분 적은 양이었다. 집단 농장 노동자들이 주머니에 곡물을 숨기다가 적발되었기 때문이다. 그러나 이 문제는 너무나 만연해져, 1933년 3월 우크라이나 당국은 OGPU, 민병대, 활동가 팀에게 종자를 보호하고 8월 7일의 가혹한 법에 따라 적발된 사람들을 처벌하도록 지시하는 특별 법령을 공표했다. 신속한 기소를 위해 특별 이동 재판부가 설치되었다.⁴⁵

아무도 공동 재산을 훔치는 일로 죄책감을 느끼지 않았다. 한 남자는 기아 시기에 저지른 자신의 절도에 대해 이렇게 적었다. "당시에는 이것이 큰 죄라고 생각하지 않았고, 우리는 식량을 빼앗으면 누군가가 죽을 수도 있다는 사실을 기억하지 못했다."⁴⁶ 이반 브린자와 그의 어린 시절 친구인 볼로댜는 곡물 승강기 밖에 서 있다가 낟알이 바닥에 떨어질 때마다 광란의 싸움을 벌였다.

> 자루가 찢어지면, 눈치 빠른 NKVD 군인들은 즉시 그 자리를 둘러싸고 "사회주의 재산에서 손 떼!"라고 외쳤습니다. 땅에 흘린 곡식은 새 자루에 담았지만, 언제나 낟알 십여 개가 먼지 속에 남아 있었습니다. 배고픈 아이들은 먼지 위로 몸을 던져 최대한 많이 긁어모으려 했죠. 하지만 그 '전투'에서 아이들은 두들겨 맞고 짓밟혔습니다. 굶주림 때문에 쇠약해진 아이들은 땅바닥에서 다시 일어나지 못했습니다.⁴⁷

때로는 절도가 훨씬 더 큰 규모로 일어났다. 1933년 1월 우크라이나의 빵 공장과 빵집을 조사한 결과, 공화국 전역의 노동자들이 개인 용도나 암시장에 판매할 목적으로 빵과 밀가루를 대규모로 비축하고 있음이 밝혀졌다. 그 결과 공식 매장에서 판매되는 거의 모든 빵은 "품질이 형편없어"졌다. 공기와 수분을 과도하게 넣고 밀가루 대신 톱밥이나 다른 곡물을 넣었기 때문이다. '범죄 조직'이 공장을 장악해 빵을 수탈한 뒤 다른 식품과 교환하기도 했다. 회계 장부는 이

같은 거래를 숨기기 위해 대규모로 조작되곤 했다.[48]

정직한 사람들이 도둑으로 변한 것은 시작에 불과했다. 몇 주가 지나자 기아는 말 그대로 사람들을 미치게 했고, 비이성적인 분노와 더욱 비상식적인 공격 행위를 유발했다. 한 생존자는 이렇게 회상했다. "기아는 끔찍했지만 문제는 그것만이 아니었습니다. 사람들이 맹렬하게 화를 내고 난폭하게 변해 밖에 나서기가 무서웠습니다." 소년이었던 그는 이웃집 아들이 자기 가족이 구한 빵 한 덩어리와 잼으로 다른 아이들을 놀렸던 일을 회상했다. 다른 아이들이 돌을 던지기 시작했고 결국 이웃집 아들은 맞아 죽고 말았다. 또 어떤 소년은 빵 한 덩이를 차지하기 위해 싸우다 죽었다.[49] 어른들도 굶주림으로 인한 분노에 대처하지 못한 것은 마찬가지였다. 한 생존자는 음식을 달라고 떼쓰는 자기 아이들의 울음소리에 너무 화가 나 요람에 있는 아기를 질식시키고, 다른 두 아이의 머리를 벽에 박아 죽였던 이웃을 떠올렸다. 그 이웃의 아들 중 한 명만이 간신히 도망칠 수 있었다.[50]

빈니차주의 비밀경찰도 비슷한 이야기를 기록했다. 아이들이 굶어 죽는다는 생각을 견딜 수 없었던 한 농부는 아이들을 자기 손으로 죽이기 위해 "난로에 불을 붙이고 굴뚝을 닫아버렸"다. "연기 때문에 질식하기 시작한 아이들은 살려달라고 울부짖었고, 농부는 자기 손으로 아이들을 목 졸라 죽인 후 마을 의회에 가서 자수했습니다……". 농부는 '먹을 것이 없어' 살인을 저질렀다고 말했다. 이후 그

의 집을 수색했을 때 음식은 하나도 발견되지 않았다.[51]

자경단 행동이 널리 퍼졌다. 무장 경비원들은 이삭 줍는 사람을 현장에서 총살했고, 창고에서 물건을 훔치려던 사람도 같은 운명을 맞이했다. 기아가 심해지자 일반 시민도 도둑질하는 사람에게 복수하기 시작했다. 올렉시 리트빈스키는 집단 농장 지도자가 빵을 훔친 소년을 들어올린 다음 나무에 머리를 내리쳐 죽이는 모습을 보았다. 지도자는 이 살인에 대해 어떠한 책임도 지지 않았다.[52] 한나 칩카는 빵 한 덩어리를 훔쳤다는 이유로 조카를 죽인 여성을 기억해냈다.[53] 미콜라 바샤의 형은 이웃의 텃밭에서 상한 감자를 찾다가 붙잡혀 물이 허리까지 차 있는 지하실에 갇혔다.[54] 또 다른 생존자의 이모는 이웃집 마당에서 파를 훔치다가 쇠스랑에 찔려 죽었다.[55]

때로는 자경단 활동이 모두를 장악하기도 했다. 드네프로페트롭스크주의 '새 연합New Union' 집단 농장에서는 농장 위원장, 지역 수의사, 회계사를 포함한 폭도들이 집단 농부 한 명을 우유 한 병과 비스킷 몇 개를 훔쳤다는 이유로 때려죽였다.[56] 체르니히우주의 라시코바 슬로보다에 있던 집단 농장에서는 인근 마을의 농민들이 양을 훔치자 사냥 팀이 조직되었고, 농부들은 범인 네 명을 찾아 포위한 후 그 자리에서 총살했다. 미콜라 오파나센코는 어린아이였을 때 이 공격을 목격했다. 나중에 그는 이렇게 반추했다. "괴로운 질문이 떠오른다. 도대체 누가 농민들의 영혼에 그토록 지독하고 짐승 같은 잔인함을 불어넣어 다른 사람을 무자비하게 다루게 만들었을까?"[57]

때때로 폭도들이 그들의 희생양을 고문하기도 했다. 빈니차주에서는 폭도들이 절도 혐의가 있는 여성을 이틀 동안 헛간에 가둔 후 음식과 물을 주지 않았고, 이후에 생매장했다. 빈니차주의 다른 곳에서는 열두 살 소녀인 마리아 소키르코가 양파를 훔쳤다는 이유로 살해당했다. 키이우주에서는 마을 의회 수장이 절도 혐의로 기소된 10대 소녀 두 명을 '체포'한 후, 성냥으로 팔을 지지고 바늘로 찌른 다음 심하게 구타해 한 명은 사망하고 다른 한 명은 병원에 입원했다.[58] 이런 행위가 너무 흔해져서 1933년 6월 우크라이나 정부는 검찰에 가해자들을 공개 재판에 회부해 '폭민 정치'를 막으라고 명령했다. 6월과 7월에 우크라이나 전역에서 수십 건의 소규모 '여론 조작용 재판'이 열렸지만, 1934년은 물론 1935년에도 린치 폭도들이 우크라이나 전역에서 계속 보고되었다.[59]

'짐승 같은 잔인함'은 더 심해지기도 했다. 얼마 지나지 않아 굶주림으로 인한 다양한 진짜 정신이상, 즉 환각과 정신병 및 우울증이 나타났다. 1933년 5월에는 사흘 동안 여섯 명의 자녀를 잃은 한 여성이 실성한 나머지 옷을 입지 않고 머리를 풀어헤친 상태로, '붉은 빗자루'가 가족을 데려갔다고 사람들에게 말했다.[60] 한 생존자는 두 자녀와 함께 남겨졌던 이웃인 바르바라의 끔찍한 이야기를 회상했다. 1933년 초반에 바르바라는 남은 옷을 빵과 교환하기 위해 인근 도시로 갔다. 거래에 성공한 그는 빵 한 덩어리를 가지고 집으로 돌아왔다. 그러나 빵을 자르자마자 비명을 지르기 시작했다. 진짜 빵

한 덩어리가 아니라, 속에 종이봉투가 가득 채워져 있었기 때문이다. 여전히 먹을 게 하나도 없다는 뜻이었다. 그는 뒤돌아 아들의 등에 칼을 꽂고는 병적으로 웃기 시작했고, 이 광경을 본 딸은 죽어라 도망쳤다.[61]

시간이 지나자 이러한 모든 감정은 가라앉았고 완전한 무관심으로 대체되었다. 굶주림은 결국 모든 사람을 무기력하게 만들어 움직이지도, 생각하지도 못하게 만들었다. 사람들은 농장 마당, 길가, 집 안 의자에 앉아 꼼짝도 하지 않았다. 오데사주의 기근에서 살아남은 미콜라 프로스콥첸코는 북적이던 마을이 조용해졌다고 말했다. "도처에 이상한 침묵이 감돌았습니다. 누구도 울거나, 신음하거나, 불평하지 않았죠. 사방에 무관심이 가득했습니다. 사람들은 몸이 부어 있거나 완전히 지쳐 있었습니다…… 심지어 죽은 사람을 부러워하는 분위기마저 일었어요."[62] 1933년 봄, 올렉산드라 랏첸코는 한밤중에 이런 일기를 썼다. "벌써 새벽 3시다. 오늘이 4월 27일이라는 뜻이다. 잠이 오지 않는다. 최근 며칠은 끔찍한 무관심밖에 느낄 수가 없다……."[63]

또 다른 생존자인 할리나 부단체바는 이렇게 썼다. "누구도 타인을 동정하지 않는다. 사람들은 아무것도 원하지 않으며, 식욕조차 잃어버렸다. 목적 없이 마당과 거리를 배회한다. 조금만 지나면 걷고 싶지도 않아진다. 걸을 힘이 없기 때문이다. 이제 누워서 죽음이 찾아오길 기다린다." 그는 삼촌이 구하러 온 덕분에 간신히 회복될 수 있었지만 그의 자매 타냐는 삼촌이 사는 마을로 가다 죽고 말았다.⁶⁴

당시 사관 학교에 재학 중이던 페트로 흐리호렌코는 1931년 12월 아버지의 건강이 좋지 않다고 암시하는 이상한 편지를 계모에게 받고, 깜짝 놀라 마을로 돌아와서 이러한 무관심을 목격하게 된다. 그곳에서 그는 집단화를 열렬히 지지했던 아버지가 굶주린다는 사실을 알게 되었다. 페트로는 지역 집단 농장 사무실로 들어가 관료들에게 부모님을 데려가겠다고 통보했다.

그곳 회계관은 콤소몰 시절부터 알고 지내던 친구였습니다. 혼자 앉아 있더군요. 전 "안녕, 콜랴!"라고 인사했어요. 그는 가만히 앉아서 테이블을 쳐다보고 있었죠. 고개를 들지도 않은 채 마치 5분 전에 헤어진 것처럼 "아, 페트로"라고 말했습니다. 아무것도 느끼지 못하는 것처럼 보였어요. "아버지를 찾으러 왔어? 자, 데리고 가. 어쩌면 죽지 않으실지도 몰라. 우린 다 죽겠지만."⁶⁵

바실리 그로스만은 『영원한 흐름*Forever Flowing*』에서 굶주림의 단계를 이렇게 설명했다.

처음에는 굶주림이 사람을 집 밖으로 내몬다. 첫 번째 단계에서 그는 불에 타는 것 같은 고통을 느끼고 내장과 영혼이 찢어진다. 그래서 집에서 탈출하려 노력한다. 땅에서 벌레를 파내고, 풀떼기를 모으고, 심지어 장애물을 뚫고 도시로 가려고도 한다. 집을 떠나자! 집에서 멀리 떠나자! 그러다 어느 날 굶주린 사람은 다시 집으로 기어든다. 기근, 즉 굶주림이 승리했다는 뜻이다. 이렇게 된 인간은 구원받을 수 없다. 그는 침대에 가만히 누워 있는다. 힘도 없지만, 삶에의 관심이 사라졌고 더 살고 싶지도 않기 때문이다. 그는 조용히 침대에 누운 채 다른 사람의 손길을 뿌리친다. 심지어 먹고 싶어하지도 않는다…… 그저 혼자인 채 모든 것이 조용해지길 바랄 뿐이다……[66]

공무원들도 만연한 무관심에 충격을 받았다. 1932년 8월 초, 한 경찰 정보원은 자신의 정보 제공자에게 털어놓았다. 은행 직원인 동료가 "더 나은 미래에 대한 믿음이 완전히 무너졌다"는 것이다. 그는 이렇게 설명했다. "도시와 농촌 주민, 노인과 젊은이, 당원과 비당원 모두가 깊은 절망감을 느낀다. 지식인과 육체노동자 모두 근력과 지적 에너지를 잃고 있다. 자신과 자녀가 어떻게 해야 더한 굶주림을 느끼지 않을 수 있을지만 생각하기 때문이다."[67]

1933년 6월 카가노비치와 코시오르가 받은 상세한 보고서에서, 카먄스키현의 기계 트랙터 관리소에서 일하던 한 당 관료는 자신의 지역에서 굶주림으로 죽어가는 사람이 수천 명에 이른다고 보고했다. 그는 일하다가 들판에서 죽는 사람, 집으로 돌아오는 길에 죽는 사람, 아예 집에서 나가지도 못하는 사람들의 사례를 나열했다. 그 역시 점점 커지는 무관심을 목격했다. 그는 이렇게 썼다. "사람들은 무감각해졌고, 아무 반응도 하지 않습니다. 죽음, 식인 행위는 물론 그 어떤 것에도 반응하지 않습니다."[68] 무관심은 곧 죽음 자체에 대한 무관심으로 번졌다. 우크라이나의 전통 장례식은 교회 전통과 민속 전통을 결합해 성가대, 식사, 시편 노래, 성경 낭독을 선보이며 때로는 전문 애도객이 참여하기도 했다. 이제 이러한 의식은 모두 금지되었다.[69] 무덤을 파거나, 의식을 치르거나, 노래를 연주할 힘이 남은 사람이 아무도 없었다. 종교적 관습도 교회 및 사제와 함께 사라졌다. 의식을 중시하던 문화권에서 망자에게 제대로 작별 인사조차 할 수 없다는 것은 또 다른 트라우마의 원인이 되었다. 카테리나 마르첸코는 이렇게 회상했다. "사제도, 진혼곡도, 눈물도 없었습니다. 울 힘조차 없었으니까요."[70]

한 여성은 관 없이 묻힌 할아버지를 기억했다. 그는 한 이웃과 두 손자와 함께 구덩이에 묻혔다. "아이들은 할아버지를 위해 울지 않았고 기독교 전통인 '영원히 잊지 않으리' 노래를 부르지도 않았습니다."[71] 또 다른 남성은 친구들이 돌아가신 아버지를 어떻게 대했는지를 회상했다. "우리 아이들은 1933년에 들판으로 나가 얼어붙은 감자를 찾았습니다. 얼어붙은 감자를 집으로 가져와 '쿠키'를 만들었죠…… 한번은 친구들을 찾아갔는데, 친구들은 '쿠키'가 [준비되길] 기다리고 있었습니다. 친구들의 아버지는 몸이 부은 상태로 걸상에 누워 있었고 일어나지도 못하셨어요. 그분은 자녀들에게 한 조각만 달라고 부탁했지만 거절당했죠. '나가서 직접 감자를 찾아요.' 그들은 이렇게 대답했습니다." 그 아버지는 그날 저녁 사망했다.[72]

또 다른 한 소년도 의지할 데가 완전히 없어졌다.

어머니는 돌아가셨고 저는 난로 위에서 자고 있었어요. 그날 저는 해가 뜨기 전에 깨어났어요. "아빠, 나 밥 줘, 아빠!" 집은 추웠어요. 아빠는 대답하지 않았죠. 저는 소리치기 시작했어요. 날이 밝았고 아버지 코 밑에 거품이 묻어 있었죠. 저는 아버지의 머리를 만졌어요. 차가웠죠. 그때 수레가 도착했는데, 그 안에는 시체가 곡식 단처럼 쌓여 있었어요. 두 남자가 집에 들어와 아버지를 마대에 담더니 수레에 던졌죠…… 그날부터 전 집에서 잠을 자지 못했어요. 마구간과 건초 더미에서 잠을 잤는데, 몸이 부어오르고 옷은 걸레가 되었어요.[73]

많은 가정에는 죽어가는 사람을 돌보거나 장례를 치를 사람이 한 명도 없었다. 공공건물들은 대충 만든 시체 안치소로 빠르게 바뀌었다. 1933년 3월 안나 S.는 '이질과 장티푸스의 유행' 때문에 학교가 문을 닫는다는 소식을 들었다. 교실에서 책상을 치우고, 바닥에 건초를 깔고, 굶주린 사람들을 데려와 죽게 내버려두었다. 부모와 자녀들이 나란히 누워 죽음을 맞았다.[74] 때로는 개인 주택도 이런 용도로 사용되었다. 지토미르주에서는 이웃 주민들이 어떤 집을 가리키며 며칠 동안 굴뚝 연기가 나지 않는다고 신고하자 지역 당국이 집에 강제로 들어갔다. 집 안에는 노인, 성인, 아이 들이 있었다. "난로, 난로 옆 걸상, 침대 위에 시체가 누워있었다." 시체는 모두 우물에 던졌고, 그 위로 흙을 부었다.[75] 때로는 시체가 바로 발견되지 않기도 했다. 1933년의 겨울은 매우 추웠고, 땅이 녹기 시작한 뒤에야 시체를 매장할 수 있었다. 개와 늑대가 시체에 덤벼들었다.[76] 그해 봄, "어딜 가더라도 시체 썩는 냄새가 진동했다. 바람은 악취를 우크라이나 전역으로 멀리 날려 보냈다".[77]

기차역, 철로, 도로에도 시체가 쌓였다. 탈출을 시도한 농민들은 앉거나 선 채로 사망했고, 이후에는 "장작처럼 한곳에 모여 운반되었다".[78] 한 목격자는 1933년 3월 기아로 황폐해진 지역을 어머니와 함께 여행했는데, 그곳에서 길을 따라 누워있거나 때로는 앉아 있는 시체를 기억했다. "마부가 가지고 있던 마대를 찢어 죽은 사람들의 얼굴을 덮었습니다."[79]

다른 이들은 그마저도 신경 쓰지 않았다. 철도 직원이던 올렉산드르 혼차렌코는 이렇게 회상했다. "매일 아침 출근길에 철로를 따라

걸으면 매일 두세 구의 시체를 마주치곤 했지만, 시체를 넘어 계속 걸었습니다. 기아는 제게서 양심과 인간의 영혼, 감정을 빼앗아갔어요. 시체를 넘어갈 때도 통나무를 넘을 때처럼 아무것도 느끼지 못했습니다."[80] 페트로 모스토비는 마을에 찾아온 거지들이 '유령처럼' 보였고, 길가나 울타리 아래에 앉아 있다가 결국 사망했다고 기억했다. "아무도 그들을 매장하지 않았습니다. 우린 자신의 슬픔만으로도 벅찬 상태였으니까요." 야생 고양이와 개가 시체를 뜯어먹어 상황이 더 끔찍해졌다. 당시 어린아이였던 모스토비는 마을 근처에 있는 동네를 무서워했는데, 주민들이 모두 죽었고 아무도 그들을 묻어주지 않았기 때문이다. 그들은 몇 주 동안 집과 헛간에 그대로 방치되었다.[81] 그 결과 발진티푸스를 비롯한 온갖 질병이 창궐했다.[82]

당국이 도시에는 시골에서 벌어지는 공포를 알리지 않으려 했기에, OGPU 요원들은 주로 밤에 시체를 수습해 비밀리에 매장했다. 예를 들어 1933년 2월부터 6월까지 하르키우의 OGPU는 2785구의 시체를 몰래 매장했다고 기록했다.[83] 몇 년 후 대공포 시기인 1937년에서 1938년에는 이러한 비밀이 더욱 공고해졌다. 기아 희생자들의 공동묘지는 은폐되고 숨겨졌으며, 무덤 위치를 아는 것부터가 위험한 일로 여겨졌다. 1938년에는 키이우에 있는 루카닙스케 공동묘지의 모든 직원이 반혁명 반란군으로 체포되어 재판을 받고 총살당했는데, 그들이 보고 들은 것이 새어나가지 않게 하려던 목적이었을 것이다.[84]

더 큰 도시와 마을에서는 지역 관료들이 시체 수습 팀을 조직했다. 때로는 팀이 콤소몰 회원으로 구성되기도 했다.[85] 1933년 늦봄에는 외부에서 파견된 군인들도 합류했는데, 이들은 지역 주민에게 협조와 침묵을 명령했다.[86] 다른 팀원은 단지 공동묘지를 파낼 수 있을 만큼 건강하고, 음식을 대가로 일할 의향이 있는 사람들이었다. 한 생존자는 무덤 파는 사람으로 임명되어 매일 빵 반 덩어리와 청어 한 마리를 받았기에 기아를 견딜 수 있었다고 말했다.[87] 또 다른 생존자는 이러한 단체가 시체와 빵을 교환했다고 회상했다. "낮에 40명이 죽으면 그들은 보수를 두둑하게 받았습니다."[88] 특히 키이우와 하르키우 같은 도시에서는 시체 수습 팀이 주로 밤에 일했는데, 그 편이 작업 규모를 감추는 데 용이했기 때문이다.[89]

집단 매장은 급하게 이루어졌으며 어떤 의식도 없이 진행됐다. 한 목격자는 이렇게 회상했다. "사람들은 관도 없이 묻혔습니다. 그저 구덩이에 던져지고 흙으로 덮였죠."[90] 현지 매장 팀이 신원을 확인하거나 장소를 표시하지도 않은 채, 시체가 누워 있던 자리에 바로 무덤을 파기도 했다. "작은 언덕은 폭우가 몇 차례 내리자 금세 사라지고 풀이 무성해져 흔적조차 남지 않았습니다."[91] 한 생존자의 할머니는 가축 수레를 몰고 집집을 돌아다녔다. 까마귀가 보이면 '시체가 있다는 뜻'이었다. 할머니는 아직 죽지 않은 사람을 발견하면 "나중에 운반하기 쉽도록" 문 가까이 끌어당겼다.[92] 대부분의 공동 매장지에는 아무런 표시도 없었다. 일부 지역에서는 그로부터 몇 년 후, 젊

은 세대가 무덤을 찾을 수도 없었다.[93]

일부 매장 팀은 무관심을 넘어 잔인한 수준에 도달했다. 우크라이나 여러 지역의 생존자들은 심하게 아픈 사람들이 생매장되었다고 반복해서 증언했다. "반쯤 살아 있는 사람을 묻기도 했습니다. '시체'들은 이렇게 외쳤어요. '선량하신 여러분, 절 내버려두세요. 전 죽지 않았습니다.' 대답은 이랬어요. '지옥에나 떨어져! 내일 또 오란 말이야?'"[94] 또 다른 팀은 아직 살아 있는 사람도 데리고 갔는데, 어차피 내일이면 다른 거리에 쓰러져 있을 테니 지금 데리고 가서 '시체' 하나당 더 많은 '보수'를 받아 음식을 챙기는 게 낫다고 생각했다.[95] 일단 공동묘지를 파고 나면 묘지를 어떻게 채우는지는 중요하지 않았다. "그들은 총을 쏘지도 않았습니다. 총알을 아끼기 위해 아직 살아 있는 사람들을 구덩이에 밀어넣었죠."[96] 심지어 가족들도 죽어가는 가족 구성원을 똑같은 방식으로 대했다. 한 할머니는 병에 걸려 의식을 잃었다. "할머니가 잠에 빠진 듯한 상태에 접어들자, 집안사람들은 모두 할머니가 죽었다고 생각했습니다. 매장하러 갔을 때 할머니가 아직 숨을 쉰다는 사실을 알았지만, 어차피 죽을 거라고 말하며 그냥 묻어버렸어요. 아무도 미안해하지 않았죠."[97]

하지만 탈출에 성공한 이들도 있었다. 데니스 레비트라는 남성은 공동묘지에 던져졌던 경험을 복기했다. 그는 묘지에서 빠져나오려고 했지만 힘이 하나도 없었다. 그는 그곳에 주저앉아 죽음이 찾아오거나 다른 시체가 자기 위로 떨어지기를 기다렸다. 데니스는 결국 구덩이를 메우러 온 트랙터 운전사에게 구조되었다.[98] 그의 이야기는 다른 여성의 이야기와도 이어지는데, 이 여성은 비명을 질렀고 덕분에 지나가던 다른 여성에게 구조될 수 있었다.[99] 체르카시, 키이우, 지토미르, 빈니차 등에서도 비슷한 이야기가 전해졌다.[100]

이런 일을 목격했거나, 더 끔찍하게도 직접 경험한 사람들은 절대로 잊지 못했다. "저는 그 일이 너무 무서워서 며칠 동안 말을 할 수가 없었어요. 꿈에서 수많은 시체를 봤습니다. 그리고 비명을 수도 없이 질렀죠……."[101]

공포와 탈진, 생명에 대한 비인간적인 무관심, 증오의 언어에의 끊임없는 노출은 그 흔적을 남겼다. 또한 이러한 요소는 극도의 식량 부족과 결합해 우크라이나 시골에서 매우 드문 형태의 광기를 낳았다. 늦봄과 여름, 식인 풍습이 널리 퍼진 것이다. 더 놀라운 것은 하르키우, 키이우 또는 모스크바에서 식인 풍습이 쉬쉬하는 일이 아니었다는 사실이다.[102]

많은 생존자가 식인 풍습을 목격했으며, 굶어 죽은 사람을 먹는 행위는 훨씬 더 잦아졌다. 다만 이미 이러한 현상이 만연했대도 이것이 '정상적인' 행위로 여겨진 적은 없었고, 사람들이 식인 풍습에 무관심했다는 기계 트랙터 정비소 관료의 주장과 달리 식인 행위에 아무렇지 않은 사람은 거의 없었다. 식인 풍습에 대한 기억은 주로 먼 마을에서 일어난 사건을 전해 들은 사람의 기억과 실제로 사건을 경험한 사람의 기억으로 나뉜다. 전자, 즉 시공간적으로 멀리 떨어진 곳에서 만들어진 기억은 식인 풍습을 '일상적인 일'로 묘사한다. 기아 발생 10년 후, 나치가 점령한 우크라이나를 여행한 한 여행자는 이렇게 주장했다. "사람을 잡아먹는다고 공공연하게 말하는 남녀를 만났습니다…… 주민들은 그런 사건을 절박한 욕구에 따른 결과라고 생각했기에 그들을 비난하지 않았죠."[103] 키이우주의 OGPU 책임자가 우크라이나 GPU 상급자에게 보낸 보고서에도 식인이 하나의 '관습'이 되었다고 언급된다. 일부 마을에서는 "인육을 먹는들 어떠냐는 입장이 날로 두드러지고 있습니다. 이러한 의견은 특히 굶주리고 몸이 부어오른 아이들 사이에서 확산되고 있습니다".[104]

그러나 실제로 식인 사건을 목격한 사람들은 거의 언제나 사건을 다르게 기억한다. 당시의 회고록과 문서를 살펴보면 식인 풍습이 충격과 공포를 불러일으켰고, 경찰이나 마을 의회의 개입으로 이어지기도 했음을 알 수 있다.

키이우주 출신의 라리사 벤지크는 처음에는 단순한 소문이었다고 회상했다. "아이들이 어딘가에서 사라지고 타락한 부모가 자신의 자녀를 잡아먹는다는 이야기였죠. 하지만 소문이 아니라 끔찍한 진실이라는 사실이 밝혀졌어요." 그가 사는 동네에서 이웃의 딸인 두 소녀가 사라졌다. 여섯 살이었던 그들의 오빠 미샤는 집에서 도망쳤다. 그는 마을을 돌아다니며 구걸하고 도둑질을 했다. 왜 집을 떠났느냐는 질문에 미샤는 "아버지가 절 토막 낼 테니까요"라고 대답했다.

경찰은 집을 수색해 증거를 발견하고 부모를 체포했다. 라리사는 미샤에 대해 "자신의 운명을 맞이했지요"라고 말했다.[105]

경찰은 수미주의 마리야 다비덴코의 마을에서도 한 남성을 체포했다. 그는 아내가 죽은 후 굶주림 때문에 미쳐버린 나머지 딸을 먼저 먹고 이어서 아들을 먹었다. 한 이웃이 그 아버지가 다른 사람들보다 굶주림으로 인한 부종이 덜한 것을 눈치채고 어떻게 그럴 수 있는지 물었다. "내 자식들을 잡아먹었거든." 그 아버지는 대답했다. "당신이 말을 너무 많이 하면, 당신도 잡아먹을 거야." 이웃은 뒤로 물러나 괴물이라고 소리치며 경찰에 신고했고, 경찰은 아버지를 체포한 후 형을 선고했다.[106]

빈니차주의 생존자들은 자신의 자녀를 도살한 야리나의 운명도 기억하고 있었다. 그녀는 직접 이야기를 시작했다. "뭔가가 저를 사로잡았어요. 아이를 작은 대야에 넣었는데, 아이가 묻더군요. '뭐 하는 거예요, 엄마?' 저는 대답했죠. '아무것도 안 할 거야, 아무것도.'" 하지만 창문 밖에서 감자를 지키고 있던 이웃이 집 안의 광경을 목격했고 마을 소비에트에 신고했다. 그녀는 3년 형을 살고 집으로 돌려보내졌다. 나중에 재혼을 했지만, 남편에게 기근 시기에 자신이 한 일을 털어놓자 남편은 등을 돌렸다.[107] 수년이 지난 후에도 낙인은 지워지지 않았다.

미콜라 모스칼렌코도 이웃의 아이들이 사라졌다는 소식을 접했을 때 자신의 가족이 느낀 공포를 기억하고 있었다. 그가 어머니에게 이 사실을 알리자 어머니가 지역 당국에 신고했다. 마을 주민들이 함께 그 이웃의 농장 주변에 모였다. "우리는 그의 집에 들어가 아이들이 어디 있는지 물었습니다. 그는 아이들이 죽어서 밭에 묻었다고 말했습니다. 우리는 밭에 갔지만 아무것도 찾지 못했죠. 주민들이 집 근처를 수색했고, 아이들은 토막 나 있었습니다…… 주민들이 왜 이런 짓을 했는지 묻자, 그는 어차피 아이들은 살아남지 못하지만 이렇게 하면 자신은 살 수 있지 않냐고 대답했습니다." 여성은 끌려갔고, 아마도 형을 선고받았을 것이다.[108]

이러한 이야기들이 빠르게 퍼져나가 흉흉한 분위기를 조성했다. 도시에서도 굶주린 사람들이 아이들을 식용으로 사냥한다는 이야기를 들을 수 있었다. 이탈리아 영사인 세르조 그라데니고는 하르키우에서는 모든 부모가 아이들을 직접 학교에 데리고 가는데, 굶주린 사람들이 아이들을 사냥할까봐 겁이 나서 그런다고 보고했다. "당 지도층과 OGPU의 자녀가 다른 아이들보다 더 좋은 옷을 입고 있기 때문에 특히 사냥의 표적이 되고 있습니다. 인육 거래가 더 활발해지고 있습니다."[109]

우크라이나 당국은 많은 사건을 알고 있었고, 경찰 보고서는 매우 상세한 내용으로 채워져 있었다. 하지만 발리츠키는 이야기가 퍼지지 않도록 각별한 노력을 기울였고, 우크라이나의 비밀경찰 책임자는 부하들에게 기아 관련 정보를 너무 많이 기록하지 말라고 경고했다. "식량 문제 관련 정보는 당 지방 위원회 제1서기에게 구두로만 제공하라. (…) 이 주제에 대한 쪽지가 관료 사이에 유포되어 소문으로 돌지 않게 하려는 조치다…….."110 하지만 비밀경찰, 일반 형사경찰과 기타 지방 관료들은 기록을 남겼다. 1933년 4월 키이우주의 한 경찰 보고서는 "페트롭스키현에서 특이한 식인 사건이 발생"이라는 문장으로 시작된다.

> 1932년부터 쿠반에 숨어 살던 젤렌키주, 보후슬랍스키현 출신의 50세 쿨라크 여성이 (성인인) 딸과 함께 고향으로 돌아옴. 그는 호로디셴스카 역에서 코르순으로 가던 도중 지나가던 열두 살 소년을 유인해 목을 그었음. 그 장기와 다른 신체 부위를 가방에 넣었음. 호로디셰 마을에서 살던 시민 셰르스튜크가 그를 하룻밤 재워줌. 그는 송아지 장기라고 속이고, 노인에게 심장을 삶고 구워달라고 함. 노인의 온 가족이 그 심장을 먹었고, 노인 자신도 먹음. 밤이 되자 가방에 있던 고기 일부를 더 사용하려고 하던 노인이 잘게 잘린 소년의 신체 일부를 발견함. 범인들은 체포됨.111

많은 보고서에는 경찰들이 느낀 도덕적 공포는 물론, 이러한 이야기가 퍼져나가 정치적 영향을 미칠지도 모른다는 우려도 담겨 있다. OGPU는 드네프로페트롭스크주에서 집단 농장 구성원인 이반

두드니크가 아들을 도끼로 살해한 사건을 보고했다. 범인은 "가족이 많고 생존하기가 어려워 아들을 살해했다"라고 진술했다. 경찰 보고서는 집단 농장 구성원들이 공개 재판을 열고 '두드니크에게 사형을 선고'했다며 사건을 긍정적으로 언급하고 있다.[112] 또한 이 사건을 계기로 마을 주민들이 파종 활동을 두 배로 늘리고 생산량을 높이기로 결정했다는 만족스러운 언급도 나온다.

우크라이나 남동부 노보올렉산드립카 마을에서는 열네 살 소년이 음식 때문에 누이를 살해했는데, OGPU는 이 사건이 '불건전한 소문'을 일으키지 않았다고 안심하며 보고했다. 이웃 주민들은 모두 소년이 정신 질환이 있다고 믿었고, 그저 소년이 마을로 돌아올까봐 두려워했을 뿐이다.[113] 드네프로페트롭스크주에서는 식량 때문에 딸을 살해한 여성이 곡물 납부를 거부하다 체포된 남성의 아내였다고 OGPU가 밝혔다. 경찰은 이 여성이 '사회적 위험' 징후를 보였기 때문에 사형에 처해야 한다고 권고했다.[114]

'정신 질환', 또는 '사회적으로 위험한' 감정의 갑작스러운 발작은 경찰이 보기에 이유가 너무나 명백했다. 사람들이 굶주렸기 때문이다. 펜킵카에서 빈니차 OGPU는 한 집단 농부가 두 딸을 살해하고 그들의 살점을 식량으로 사용했다고 보고했다. "K.는 너무 오래 굶주려서 자녀를 살해했다고 말했다. 수색 과정에서 어떠한 식량도 발견되지 않았다." 두비니 마을에서는 또 다른 농부가 두 딸을 살해했고, "기아가 원인이다"라고 말했다. 경찰에 의하면 '다른 유사한 사건'도

많았다.[115]

이러한 사건은 1933년 봄 내내 계속 늘어났다. 하르키우주에서 OGPU는 부모가 굶어 죽은 아이들의 살을 먹은 사건 다수를 보고했고, "굶주린 가족 구성원들이 더 약한 가족, 주로 아이들을 죽이고 그들의 살을 식량으로 사용한" 사례도 보고했다. 3월에는 9건, 4월에는 58건, 5월에는 132건, 6월에는 221건이 보고되었다.[116] 도네츠크주에서도 3월부터 다시 여러 사건이 목격되기 시작했다. "이리나 흐리푸노바는 아홉 살 손녀의 목을 졸라 죽이고 내장을 요리함. 안톤 흐리프노프는 죽은 여덟 살 여동생의 내장을 꺼내 먹음." 이 보고서는 정중함에 가까운 어조로 결론을 내렸다. "이러한 사실을 전함에, 적절한 지시를 간곡히 요망."[117]

3월 키이우주의 OGPU는 매일 열 건 이상의 식인 행위를 보고받고 있었다.[118] 같은 달, 빈니차주의 OGPU는 지난달에 "기아 때문에 부모가 자녀를 죽이고 자녀의 살을 음식으로 사용한 식인 행위" 여섯 건을 보고했다. 그러나 이는 심각하게 과소 평가된 수치일지 몰랐다. 키이우주의 GPU 책임자가 작성한 보고서에 따르면 1월 9일부터 3월 12일까지 69건의 식인 사건이 발생했다. 그러나 "이러한 수치는 정확하지 않다. 실제로는 훨씬 더 많은 사건이 발생하고 있기 때문이다."[119]

물론 당국은 이를 범죄 행위로 취급했고, 때로는 식인종에게 '적'이라는 딱지를 붙이기도 했다. 예를 들어 한나 빌로루스는 식인 행위와 폴란드 선전 유포 혐의로 유죄 판결을 받았다. 그는 1933년 감옥에서 사망했다.[120] 비밀경찰 파일에는 이후에 수감되거나, 처형되거나, 린치를 당한 식인종에 관한 기록이 다수 포함되어 있다. 심지어 대단히 독특한 한 굴라크 회고록 저자는 1935년 백해의 솔로베츠키 섬 수용소에서 식인종을 만난 일을 묘사했다. 젊은 폴란드 여성인 올가 마네는 1935년 국경을 넘어 소련으로 가다 체포당했고(그는 모스크바에서 의학을 공부하고 싶어했다), 간첩 혐의로 형을 선고받았다. 수용소에서 얼마간 지낸 후, 그는 솔로베츠키 제도에 속하는 섬인 묵살마로 이송되었다. 올가는 저항했는데, 섬에 '우크라이나인 식인종' 약 300명이 있다는 소문을 들었기 때문이다. 하지만 막상 그들을 만나고 나니 생각이 달라졌다.

식인종에 대한 충격과 공포는 금세 사라졌다. 맨발에 반나체 상태인 이 불행한 우크라이나인들을 보는 것만으로 공포를 떨치기 충분했다. 그들은 낡은 수도원 건물에 갇혀 있었는데, 많은 이들이 굶주림 때문에 배가 부었고 대부분은 정신 질환을 앓고 있었다. 나는 그들을 돌보고 그들이 회상하는 이야기와 고백을 들어주었다. 그들은 자기 자녀들이 어떻게 굶어 죽었는지, 그리고 굶어 죽기 직전이었던 자신들이 어떻게 자녀의 시체를 요리해 먹었는지를 들려주었다. 굶주림에 시달린 나머지 쇼크 상태에 빠져 저지른 일이었다. 무슨 짓을 저질렀는지 나중에 깨달은 그들은 이성의 끈을 놓고 말았다. 나는 그들에게 동정심을 느꼈고, 친절하게 대하려 노력했다. 그들이 후회에 사로잡혀 발작할 때면 따뜻한 말을 건넸다. 얼마간 효과가 있었다. 그들은 진정되었고, 눈물을 흘리기 시작했다. 나도 그들과 함께 울었다……[121]

식인 풍습에 대한 이야기는 우크라이나 지도부는 물론 모스크바 지도부도 알고 있었다. 카가노비치도 분명히 이 이야기를 들었다. 1933년 봄 파종 캠페인을 담당한 우크라이나 중앙 위원회 실무단은 '식인 행위'와 '노숙 아동'이 있는 지역에서 업무가 특히 어려웠다고 당에 보고했다.[122] OGPU는 1934년에도 식인 사례를 계속 보고했다.[123]

그러나 하르키우나 모스크바가 식인 행위에 대처하는 방법을 지시하거나, 식인 행위의 원인을 깊이 성찰했다는 사실은 아직 발견되지 않았다. 어떻게 조치했다는 증거도 전혀 없다. 보고서가 작성되었고 관료들이 접수했지만, 보고서는 서류철 속에 던져진 채 잊히고 말았다.

12장

생존:
봄과 여름, 1933년

저는 언덕 위 교회에 가서 보리수나무 껍질을 벗기곤 했습니다.
집에는 메밀껍질이 있었죠. 어머니는 메밀껍질을 체로 치고,
갈아놓은 보리수나뭇잎과 껍질을 섞어 비스킷을 구웠습니다.
우리 가족은 그렇게 먹고살았습니다.
—흐리호리 마주렌코, 키이우주, 1933[1]

구스베리가 커지면, 충분히 익지 않았어도 따서 먹었습니다.
우리 가족은 야생 제라늄도 먹었습니다.
아까시나무에 꽃이 피면, 꽃을 흔들어 떨어뜨려 먹었죠.
—비라 티센코, 키이우주, 1933[2]

우리 가족은 소처럼 풀과 비름을 뜯어 먹었습니다.
—토도스 호둔, 체르카시주, 1933[3]

이러한 신체적, 심리적 변화, 심지어 굶주림과 갈증, 피로와 허탈감에도 불구하고, 사람들은 살아남기 위해 최선을 다했다. 때로는 엄청난 악행을 불사하는 능력(활동가 집단에 속한 많은 이들이 살아남았다)이나 인간의 가장 근본적인 금기를 어기는 기지가 필요했다. 또는 엄청난 재능과 의지력을 발휘하거나, 그러한 자질을 가진 사람에 의해 구원받는 놀라운 행운이 주어진 이들도 있었다.

폴타바 지역의 한 열 살 소녀는 주위 어른들이 무너지는 모습을 지켜보면서 가족을 떠나야겠다는 생각을 용케 떠올렸다. 소녀는 하르키우주에 있는 삼촌에게 편지를 보냈다.

사랑하는 삼촌! 우리에겐 빵은 물론이고 먹을 게 아무것도 없어요. 부모님은 탈진한 나머지 일어나지도 못하세요. 엄마는 굶주림 때문에 눈이 멀어 앞을 보지 못하시고, 밖으로 나가실 때는 제가 데리고 나가야 해요. 빵이 너무 먹고 싶어요. 삼촌, 절 하르키우로 데려가주세요. 여기선 굶어 죽을 것 같아요. 절 데려가주세요. 전 아직 어리고 살고 싶어요. 하지만 여기 있으면 죽을 거예요. 모두가 죽어가고 있으니까요.……4

소녀는 살아남지 못했다. 하지만 이처럼 삶의 의지를 가진 사람들이 스스로 생명을 구할 때도 있었다.

살아남기 위해 사람들은 무엇이든 먹었다. 징발단이 간과한 썩은 음식이나 찌꺼기도 먹었다. 말, 개, 고양이, 쥐, 개미, 거북이를 먹었다. 개구리와 두꺼비는 삶아 먹었다. 다람쥐도 잡아먹었고, 고슴도치는 불에 구워 먹고, 새의 알은 튀겨 먹었다.[5] 참나무 껍질을 먹었다. 이끼와 도토리를 먹었다.[6] 나뭇잎과 민들레는 물론 금잔화와 야생 시금치의 일종인 오라치도 먹었다. 까마귀, 비둘기, 참새를 먹었다.[7] 나디야 루치시나는 이렇게 회상했다. "머잖아 개구리의 씨가 말랐습니다. 사람들이 다 잡아먹었으니까요. 고양이, 비둘기, 개구리까지 사람들이 모두 먹어치웠습니다. 저는 잡초와 사탕무를 먹을 때 맛있는 향이 난다고 상상했어요."[8]

여성들은 쐐기풀로 수프를 만들고 비름을 구워 빵을 만들었다. 도토리를 빻아 만든 대체 밀가루로 팬케이크를 구웠다.[9] 보리수나무의 꽃봉오리도 요리했다. 한 생존자는 "맛있고, 부드럽고, 쓰지도 않았습니다"라고 회상했다.[10] 그들은 뿌리가 양파 모양이고 "설탕보다 더 달게 느껴지는" 눈풀꽃을 먹었다.[11] 사람들은 잎과 풀로도 팬케이크를 만들었다.[12] 다른 사람들은 징발단에서 눈여겨보지 않는 아까시나뭇잎과 썩은 감자를 섞어 구운 뒤, 빵에 싸서 먹는 전통 소시지 페레피치키의 대체품을 만들었다.[13] 썩은 감자에서 전분을 긁어내 튀기기도 했다.[14] 나디야 옵차루크의 이모는 보리수나뭇잎으로 비스킷을 만들었다. "이모는 오븐에서 잎을 말리고 잎맥을 제거해 비스킷을 구웠어요."[15]

아이들은 대마 씨를 먹었고[16] 사람들은 강가의 갈대 아랫부분을 먹었다. "어린 갈대의 뿌리 근처는 오이처럼 단맛이 났죠." 하지만 당국이 갈대를 짓밟고 불태워버려 그마저도 먹을 수 없게 되었다.[17] 어느 마을 주민들은 도살장에서 나온 폐기물을 먹었는데, 도살장을 운영하는 사람들이 뼈와 가죽에 석탄산을 뿌리는 바람에 이 역시 더는 불가능했다. 옥사나 지하드노와 그녀의 어머니는 그렇든 말든 내장을 먹었고, 결국 병에 걸렸다. 어머니는 사망했지만 옥사나는 살아남았다.[18] 많은 농민은 들쥐가 만든 굴에 물을 부어 설치류 동물이 저장해둔 곡물을 찾아낸 경험을 기억했다. 벨트와 신발을 삶아 가죽을 먹은 이들도 있었다.

당국은 식인 사건에 대해 알고 있었던 것처럼, 사람들이 먹으려 했던 특이한 물건들에 대해서도 잘 알고 있었다. 1933년 3월에 작성된 한 비밀경찰 보고서는 굶주린 가족들이 "옥수수 속대와 줄기, 기장 꼬투리, 마른 짚, 향초, 썩은 수박과 사탕무 뿌리, 감자 껍질, 아카시나무 꼬투리"는 물론 고양이, 개, 말까지 먹는다는 내용을 사무적인 어조로 기록했다.[19] 이러한 음식 중 태반은 이미 아픈 사람들을 더 아프게 만들었다.

조금 더 평범한 음식을 먹어 생존한 사람도 있었는데, 특히 호수나 강 근처에 살았던 사람들이 그러했다. 강 근처 마을에 살았던 카테리나 붓코는 "물고기가 없었다면 아무도 살아남지 못했을 것"이라 회상했다.[20] 그물을 쓸 줄 아는 사람들은 고둥을 잡을 수 있었다. 그들은 고둥을 삶은 다음 껍데기에서 작은 살점을 끄집어냈다.[21] 숲 근처에 살았던 농민들은 버섯과 열매를 채집하거나, 새와 작은 동물을 잡기도 했다.

대체로는 훨씬 더 평범한 방법으로 목숨을 지켰다. 소를 지켜낸 것이다. 좋았던 시절에도 소는 자녀가 네 명 이상인 농민 가족에게 매우 중요했다. 그러나 기아 시기에 접어들며 집단화와 몰수를 모면한 개인 농민이나, 허가를 받은 일부 집단 농장 농민이 소를 집에 둔다는 것은 말 그대로 생사가 걸린 문제였다. 수백 건의 구두 증언에서 농민들은 자신의 생존 비결을 한 문장으로 설명했다. "우리 가족은 소 덕분에 살아남았습니다." 대부분은 우유를 먹고 살았다. 키이우주의 사람들은 소에서 짠 우유를 곡물이나 빵과 교환했다.[22]

소에 대한 애착은 점점 더 강해졌다. 폴타바주에 살던 페트로 모스토비는 소가 너무 소중해서 아버지와 형이 총과 갈퀴들을 들고 지키던 모습을 떠올렸다.[23] 체르카시주에서는 도둑이 한 농부의 소를 훔쳤는데, 농부는 나중에 소가 도살되어 한 이웃의 창고에 보관되어 있음을 알게 되었다. 그는 창고로 달려가 "지친 적의 눈을 갈퀴로 찔렀다".[24] 마리야 파타의 가족은 소에게 먹이를 주기 위해 집 지붕의 짚을 떼어내 잘게 찢은 다음, 소가 먹을 수 있도록 끓는 물에 삶아 부드럽게 만들었다.[25]

소가 없는 사람들은 다른 사람에게 자주 의존해야 했다. 굶주린 사람들 간의 사랑과 친족 간의 유대처럼, 조건 없이 베풀어진 친절한 행동이 사람들의 목숨을 구했다. 폴타바주에서는 소피아 잘립차와 그의 두 형제자매가 집단 농장에 날품팔이꾼으로 고용되었다. 보상으로 하루에 묽은 수프 한 그릇과 빵 200그램을 받았다. 그들은 수프만 먹고 빵은 아껴두었다. 주말이 되면 한 명이 가족이 기다리고 있는(그들에게는 일곱 명의 형제자매가 더 있었다) 집으로 돌아가 상한 빵을 나눠 먹었다. 열 명 중 세 명은 기아로 사망했지만, 나머지 자녀들은 빵이나 수프 덕분에 살아남을 수 있었다.[26]

이웃이나 친척에게 입양된 덕분에 살아남은 아이들도 있었다. 한 소녀는 이렇게 회상했다. "부모님의 사촌과 그녀의 남편이 하르키우로 떠나면서 저와 여동생을 데리고 갔어요…… 덕분에 살아남을 수 있었죠." 또 다른 소녀는 이렇게 말했다. "지금도 기아로 고통받던 시절에 저를 구해준 마르파 이모를 감사한 마음으로 기억하고 있어요."[27]

우크라이나 밖에 사는 친척들이 도움을 주기도 했다. 아나톨리 바카이의 여동생은 우랄 지역으로 이주한 뒤 밀가루 5킬로그램을 집으로 보냈다. 동봉한 편지에서 그는 우랄에는 기아가 없으며, 우크라이나가 기아에 시달린다는 사실을 믿지 않는 이들도 있다고 썼다. 밀가루는 아나톨리의 어머니까지 살리지는 못했지만, 아나톨리 본인은 목숨을 부지할 수 있었다.[28]

일부 우크라이나 농민이 유대인 이웃에게 도움을 받았다는 일화도 전해진다. 유대인들은 대체로 농부가 아니었기에 블랙리스트 마을에 사는 게 아닌 한 치명적인 징발을 피할 수 있었다. 빈니차주의 마리야 하브리시는 병들고 몸이 부어올라 죽기만을 기다리고 있을 때 자신을 찾아온 유대인 이웃을 기억했다. 이웃 여인은 식사를 준비해 온 가족에게 먹이고, 빵과 보드카까지 남겨둠으로써 "온 가족을 구했다".[29] 갖가지 증오와 의심이 고조되던 시기에, 이러한 행동은 대단히 강력한 힘을 발휘했다.

여행과 거래는 금지되었지만, 우크라이나 농민들은 두 가지 방법을 모두 시도했다. 그들은 저지선을 뚫고 울타리 밑을 기어 도시로 몰래 들어가 식량을 구걸했다. 공장 도시와 산업 현장에 진입했고, 일꾼이 필요했기에 감독관이 보고도 못 본 척해주었던 돈바스의 광산 마을에 잠입했다. 그들은 공장 근처를 샅샅이 뒤져, 증류소나 포장 공장 쓰레기에서 먹을 수 있는 걸 찾아냈다. 그리고 눈에 띄는 폐품을 모조리 주워 팔기도 했다. 당시 신실한 공산주의자였던 헝가리계 독일인 작가 아서 쾨슬러는 1933년 하르키우에서 목격한 시장의 모습을 인상적으로 묘사했다.

팔 물건이 있는 사람들은 먼지를 뒤집어쓰고 쪼그려 앉아 손수건이나 스카프에 물건을 펼쳐놓았다. 녹슨 못 몇 개부터 너덜너덜해진 이불이나 숟가락에 담아 파는 (파리가 들어간) 신 우유 한 병에 이르기까지 다양한 물건을 팔았다. 한 노파는 페인트칠한 부활절 달걀 한 알이나 말린 염소 치즈 한 조각을 앞에 두고 몇 시간 동안 앉아 있기도 했다. 상처투성이인 맨발 차림으로 나와, 찢어진 신발을 검은 빵 1킬로그램과 마호르카 담배 한 갑과 바꾸려 하는 남자 노인도 있었다. 삼베 슬리퍼는 물론, 신발에서 밑창과 뒤꿈치를 뜯어내고 누더기를 채운 물건도 자주 교환되는 물품이었다. 팔 만한 물건이 하나도 없는 노인도 있었다. 이들은 우크라이나 민요를 불렀고 가끔 보상으로 코페크 동전을 받았다. 어떤 여성들은 길바닥에 앉아 아기를 옆에 두거나 무릎에 올려놓았는데, 파리가 달라붙은 아기의 입술이 가죽만 남은 젖꼭지에 달라붙어 있어 모유가 아닌 담즙을 빠는 것처럼 보였다.30

우크라이나 도시의 시장이란 (허울뿐인 시장이라 할지라도) 어떤 이들에게는 생명줄과도 같았다. 그러나 도시가 완전히 절망적인 상황에 빠지지 않을 수 있었던 진짜 이유는 배급이었다. 노동자와 관료들은 식량 쿠폰을 받았다. 쿠폰은 모든 사람에게 제공되지는 않았다. 1931년 법률에 따라, 국가 부문에 종사하는 소련 시민은 배급표를 받았다. 그러나 농민들은 제외되었고 공식적인 직업이 없는 이들도 제외 대상이었다. 또한 노동 역할의 중요성은 물론 일하는 곳에 따라서도 배급량이 달라졌다. 주요 산업 지역에 우선순위가 부여되었고, 우크라이나에서는 돈바스가 유일한 우선 배급 지역이었다. 실제로 우크라이나 인구의 약 40퍼센트가 식량 공급량의 약 80퍼센트를 차지했다.[31]

우선순위가 높지 않은 사람은 배급량이 적었다. 1932년 키이우를 방문한 캐나다의 농업 전문가 앤드루 케언스는 도시공원에서 두 여성을 목격했는데, 그들은 수프를 만들기 위해 풀을 뜯고 있었다. 여성들은 케언스에게 배급을 받기는 하지만 충분하지 않다고 말했다. "나는 강을 가리키며 정말 아름답다고 말했고, 그들은 그건 알겠고, 배가 고프다고 말했다." 그 여성들은 한 달에 125루블과 하루에 빵 200그램(약 네 조각)을 받는 '3등급' 노동자였다.[32]

키이우의 협동조합 상점 관리자이자 또 다른 '3등급' 노동자는 케언스에게 자신과 아들이 각각 하루에 빵 200그램을 받고, 추가로 매달 100루블을 받는다고 말했다. '2등급' 노동자는 매일 525그램의 빵과 한 달에 180루블을 받았다. 하지만 180루블도 지역 시장에서 뭘 사기에는 턱없이 부족한 액수였다. 시장에는 거의 언제나 빵과 토마토만 있었고 가끔 닭고기나 유제품을 팔았대도 모든 상품의 가격이 몹시 비쌌기 때문이다. 빵은 1킬로그램당 5~6루블, 달걀은 0.5루블 이상이었고 우유는 리터당 2루블이었다.[33] 당시 키이우의 학생이었던 페테르 에기데스는 빵 한 덩이도 살 수 없는 수준의 봉급을 받았다. "열일곱 살이지만 걸을 힘조차 없어 지팡이를 짚고 다녀야 하는 상황에 이르렀죠." 에기데스의 할머니도 키이우에서 살고 있었지

만 결국 굶주림으로 사망했다.³⁴

국영 상점은 이론적으로는 더 저렴하고 접근하기 쉬운 가격으로 식품을 판매해야 했다. 하지만 국영 상점에는 아무것도 없었다. 당시 교사이자 국가 관료였던 헤오르히 삼브로스는 하르키우 상점에 대한 인상적인 묘사를 일기에 남겼다. 바닥부터 천장까지 상품으로 가득 차 있던 '거대한 공간'이 이제 완전히 비어 있거나 알코올만 남아 있었다("보드카 병이 비처럼 쏟아져 도시 전체를 뒤덮었다."). 아주 가끔 음식을 팔기도 했지만, 생각하기만 해도 역겨운 수준이었다.

일부 상점과 계산대에서만 평범한 '제품'을 [팔았는데], 급조된 요리를 담은 쟁반이나 접시 대여섯 개가 전부였다. 썩어서 구역질 나는 사우어크라우트로 만들어 가축 사료나 다를 바 없는 차가운 샐러드, 물에 불린 양배추와 잘게 자른 짭짤한 피클을 곁들인 생선 찌꺼기로 만든 파테, 구두약처럼 생긴 소스가 뜨문뜨문 들어간 냉동 고기 조각, 쉰내 나는 통에 담긴 절인 녹색 토마토, 냄새를 감추기 위해 후추를 과하게 뿌린 정체불명의 고기 찌꺼기를 채워 얼린 신 토마토를 팔았고, 아주 가끔은 삶은 달걀이나 작은 과일 같은 진미를 팔기도 했다. 모든 요리(나는 그 모습을 생생하게 기억한다!)는 계산대에 놓이자마자 순식간에 팔렸다.³⁵

앤드루 케언스도 가게 앞에 줄을 서서 "무겁고 따뜻하고 축축한 빵이 한 개에 10루블에 팔리고, 작은 돼지기름이 1파운드당 12루블에 팔리는 모습을 봤다."[36]

모든 직장에 존재하는 정부 구내식당에서는 수프, 카샤*, 그리고 가끔은 고기 같은 고급 음식을 제공했다. 하지만 이러한 음식을 이용하려면 당원증이나 노동조합증 같은 특별한 증명서가 필요했다. 이런 증명서가 없던 삼브로스는 자신이 일하는 교육 기관의 비서와 친해졌고, 비서는 당원증을 요구하지 않고 식권을 제공했다. "당시 저는 '불법자'로 살고, 숨 쉬고, 밥을 먹었습니다." 식량 부족이 심해지고 기관에서 식권 수령 대상자를 확인하기 시작하자, 삼브로스는 지인을 통해 '우크라이나 작가의 집'에 접근했다.

> 저는 위험을 인지하고 있었습니다. 그들이 제 테이블로 찾아와 작가 회원증을 요구하고, 테이블에서 끌어내 망신을 줄 수도 있었죠. 하지만 다른 방법이 없었고, 위험을 감수해야 했으며, 그래서 작가를 위한 구내식당에 자주 들렀습니다. 저는 운이 좋았습니다. 그곳에서 1개월 반에서 2개월 정도 식사를 했는데, 한 번도 제 신분을 묻는 사람이 없었으니까요……[37]

---

* 러시아, 우크라이나, 벨라루스 등에서 흔히 먹는 곡물 죽.

삼브로스는 나중에 농업 아카데미 구내식당에 들어갈 방법을 찾아내 그곳에서 몇 주 동안 식사를 했다. 덕분에 그는 살아남을 수 있었다. 그러나 그는 깨어 있는 시간 대부분을 음식 생각을 하며 보냈다. "거의 언제나 월급 전체를 음식을 구하는 데 썼습니다."[38] 짐작했겠지만, 그는 다른 많은 사람보다 형편이 훨씬 나았다.

삼브로스는 농민은 아니었지만, 어떤 의미에서 그의 경험은 상당히 전형적이었다. 역설적이게도 굶주린 사람들에게 가장 결정적인 도움은 소련 관료와 소련 관료주의가 제공했다. 역사학자인 티머시 스나이더는 나치가 점령한 유럽에서 어떻게 국영 기관이 기능을 유지해 유대인을 홀로코스트에서 구할 수 있었는지를 설명한 바 있다. 비슷한 설명을 스탈린의 소련에도 적용할 수 있다.[39] 볼셰비키가 교회, 자선 단체, 민간 기업을 포함한 독립 기관을 체계적으로 파괴하는 동안에도 학교, 병원, 고아원 같은 국영 기관은 여전히 남아 있었고, 이러한 기관 중 일부는 도움을 줄 수 있었다. 일부 기관은 원칙상 그렇게 해야 했다.

굶주린 사람들을 가장 잘 도울 수 있었던 이들은 체제 내에서 일자리를 구하는 데 성공한 친척, 부모 또는 가족이었다. 나중에 우크라이나 공산당의 제1서기가 된 페트로 셸레스트는 이 시기를 회고록에서 다뤘다. 일기로 시작된 이 회고록을 2004년 그의 가족들이 출판했다. 1933년의 비극은 당시 그에게 명확한 사실이었다. "가족 전체, 심지어 마을 전체가 굶어 죽어가고 있었다. 식인 사건이 수

32·33_ 하르키우에서 빵 배급 줄에 선 사람들.

34·35_ 하르키우의 기근.

36·37_ 하르키우의 기근.

38·39_ 비너베르거가 찍은 한 남자. 살아 있었지만 이내 죽었다.

40_ 1933년 4월, 미콜라 보칸이 체르니히우 지역의 바투린에서 찍은 사진. "300일 동안 빵 한 쪽도 없이"라고 적혀 있다.
41_ 1933년 7월, 미콜라 보칸이 찍은 또 다른 사진. "굶주림 끝에 죽은 코스탸를 기리며"라고 적혀 있다. 보칸과 그의 아들은 기근을 기록했다는 이유로 체포되었으며, 둘 다 굴라크에서 죽었다.

없이 발생했다. (…) 이것은 우리 정부가 저지른 범죄임이 분명했지만, 이 사실은 부끄럽게도 비밀에 부쳐졌다." 이 시기 셸레스트는 군수 공장에서 공부를 겸하며 엔지니어로 일하고 있었다. 그러나 그는 동시에 지위가 높은 공산당원이었고, 덕분에 어머니에게 식량을 보낼 수 있었다. 그의 지원 덕분에 어머니는 하르키우주에서 굶어 죽지 않을 수 있었다.[40]

인맥과 친구도 도움이 되었다. 폴타바주의 한 소녀는 아버지가 농업 교육 과정을 듣다가 만난 친구 덕분에 기아에서 살아남았다. 지방 정부에서 일하던 아버지의 친구는 가족의 소가 몰수당하자 다른 소를 몰래 마련해주었다. 덕분에 소녀의 가족은 살아남을 수 있었다.[41] 또 다른 소녀는 운 좋게도 이모가 집단 농장 의장과 결혼했다. "전 이모를 보러 갔어요. 빵, 돼지기름, 우유가 있었으니까요. 이모는 아무도 눈치채지 못하게 몰래 그 물건들을 제게 주셨죠."[42] 체제 내에서 일자리를 얻은 한 사람이 온 가족을 구하는 사례도 많았다. 나디아 말리시코의 어머니는 드네프로페트롭스크주의 한 학교에서 청소부로 일했는데, 교장은 그녀가 매달 기름 250밀리리터와 옥수숫가루 8킬로그램을 배급받을 수 있도록 도와주었다.[43] 마찬가지로 드네프로페트롭스크주에 살던 여성 바르바라 호르반의 일곱 자녀 중 네 명은 그녀가 곡물 창고에서 일하면서 매일 받은 작은 빵 한 덩어리 덕분에 살아남을 수 있었다.[44]

국가 기관에 취직하지 못한 사람들은 자녀를 구하기 위해 국가에 맡기기도 했다. 한 어머니는 네 자녀를 지역 집단 농장의 본부로 데려간 다음, 자신은 자녀들을 먹일 수 없다고 선언하고 책임을 포기한 후 농장 의장단에게 자녀를 키워달라고 말했다.[45] 빈니차주에 사는 할리나 티모시추크의 어머니도 같은 결정을 내렸다.

> 어머니는 집단 농장 대표에게 갔고…… 이렇게 말씀하셨습니다. "적어도 제 두 딸만은 데려가주세요. 우린 죽을 수밖에 없다면 그렇게 하겠습니다." 대표는 친절했고, 전 그 사람이 어머니를 좋아한다는 사실을 알고 있었습니다. 그는 이렇게 말했습니다. "두 아이를 데려오세요." 대표는 우리를 받아주었어요. 그의 아내는 보육원을 책임지고 있었는데, 제 언니가 보육원 도우미가 되었죠. 나중에 어머니는 보육원 구내식당에서 설거지를 담당했습니다. 당시 저는 겨우 여덟 살밖에 되지 않은 어린아이였습니다. 집단 농장 대표는 절 본인의 집으로 데려갔죠. 그래서 우리 가족은 살아남았지만, 다른 사람들은 모두 죽었어요. 정말 많은 사람이 죽어나갔습니다.[46]

흔한 종착지는 고아원이었다. 1933년 2월 3주 동안 빈니차주에서만 105명의 아이가 고아원 문 앞에 버려졌다.[47] 때로는 고아원이 도움이 됐다. 한 소년은 어머니가 몰래 드리지나 마을의 고아원에 두고 간 덕분에 기아에서 살아남았다. 어머니는 소년에게 엄마가 살아 있다는 사실을 아무에게도 말하지 말라고 당부했는데, '진짜' 고아가 아니면 음식을 받지 못할 수 있었기 때문이다. 고아원에서 일하던 한 여성 역시 상황을 파악하고는, 소년에게 엄마 이야기를 하지 말라고 주의했다. 그는 소년을 보호하고 굶어 죽지 않도록 도와주었으며, 덕분에 소년은 가족과 재회할 수 있었다.[48] 폴타바주의 한 여성도 평생 자신을 구해준 사람에게 감사하며 살았는데, 마을 학교의 한 교사가 자신의 지위를 위험에 빠뜨리면서까지 자신과 자신의 형제자매에게 몰래 음식을 주었기 때문이다. 그들이 '쿨라크의 자녀들'이었는데도 말이다. 음식이 많지는 않았다. 빵이 들어 있지 않은 국물과 '강낭콩만 한' 작은 메밀만두가 전부였지만, 그들 모두를 살리기에는 충분한 양이었다.[49]

공화국 전역에서 굶주린 아이들이 거리를 배회하는 모습을 본 일부 소련 기관 직원들은 더욱 체계적인 행동에 나섰다. 진정으로 마음이 동한 사람들은 때때로 도움을 주었고, 특히 어린이들을 지원했다. 최소한 지역 수준에서는 굶주린 고아들을 옹호하는 일이 가능했다. 이는 파블로흐라드의 당 위원회 최고결정권자가 드네프로페트롭스크의 상급자에게 보낸 일련의 편지에서 확인할 수 있다. 첫 번째 편지인 3월 30일자 편지에서 그는 무엇보다도 기아가 어린이에게 미치는 영향을 이렇게 설명했다.

부모가 버리거나 부모가 죽은 후에 방치된 수많은 노숙 아동이 우리 마을에 나타났습니다. 이런 아동은 대충 봐도 최소한 800명이 넘습니다. 예산에 없는 자금을 동원해야 하는 특별 고아원이 두세 곳 필요합니다. 한편 우리는 이러한 아이들을 위해 특별 식량 공급을 조직했습니다. 이를 위한 추가적인 식량 재고가 필요하오니, 이 점을 고려해주시고 올바른 소비에트 정책에 따라 저희를 지도해주시기 바랍니다.[50]

한 달 후인 4월 30일, 파블로흐라드 당 위원회 서기는 또 다른 보고서를 보냈다. "이전 보고서에서 제가 쓴 내용과 비교해보면, 매일 노숙자가 점점 더 늘어나고 있습니다." 지난 이틀 동안만 해도 65명의 아이가 마을 거리에서 발견되었다. 그는 지역 당국이 현재 710명의 아이를 위해 일곱 곳에 급식소를 마련했다고 설명했다. 그러나 이러한 조치만으로는 부족했다. 해당 현에는 최소한의 자원밖에 없었기 때문이다. 대신 그들은 1500명의 아이를 수용하는 고아원 설립을 제안했다. "이 문제는 수많은 아이를 구하기 위한 시급한 당면 과제이며, 이 문제를 빨리 해결할수록 아이들의 대규모 부종 현상을 더 빨리 해소할 수 있습니다. 이런 상태로 방치하면 아이들은 죽게 될 것입니다."[51] 이 편지는 다음과 같은 호소로 끝을 맺는다. "문제가 매우 심각하며 긴급한 해결을 요구하는데도 지금까지 누구도 반응하지 않았습니다."⁵² 마을은 할 수 있는 일을 했고, 덕분에 몇몇 아이들은 살 수 있었을 것이다.

굶주린 사람들이 필사적으로 들어가려 했던 대표적인 도시인 하르키우에서는 상황이 훨씬 더 심각했다. 시 당국은 적어도 아동에 대해서만큼은 원칙적으로 도움을 주려 노력했거나 최소한 문제의 규모를 인정했다. 5월 30일, 하르키우 보건부는 우크라이나 공화당 당국에 "하르키우와 하르키우주의 다른 대도시에 고아와 노숙자, 굶주린 아이들이 대규모로 계속 유입되고 있습니다"라고 보고했다. 1933년의 예산으로는 고아원에 아동 1만 명을 수용할 수 있었지만, 실제 아동 수는 그 두 배가 넘는 2만4475명이었다. 일주일 후에는 9000명이 넘는 아동이 거리에서 추가로 발견되었는데, 5월 27일에서 28일까지 하룻밤 사이에 발견된 아동만 해도 700명에 달했다. 하르키우주는 이들을 돌보기 위해 국가에 640만 루블을 요청했고, 굶주린 성인들을 위해 45만 루블을 추가로 요청했다.

현실에서 이러한 조치는 거의 성공하지 못했다. 빈니차 비밀경찰 국장은 1933년 5월 도시에 있는 한 고아원의 상황을 설명하는 특별 보고서를 제출했는데, 그 내용은 몹시 충격적이다.

가정 지원대가 길거리에서 아이들을 데려왔습니다. 원래는 40명의 아이를 수용하도록 설계되었지만, 현재 100명 이상의 아이가 그곳에 있습니다. 침대와 시트가 부족해 아이 두 명이 한 침대를 같이 씁니다. 시트는 67개, 담요는 69개밖에 없습니다. 더 이상 사용할 수 없을 만큼 해진 담요도 있습니다. 숟가락과 접시 및 다른 도구도 부족합니다. 유아들은 대부분 더러운 상태로 방치되며, 눈에 딱지가 끼어 있고 신선한 공기를 마시지 못한 상태입니다. 간혹 괜찮은 상태로 도착한 아이도 시설에 도착한 지 2~3개월 만에 사망했습니다. 사망률이 증가하는 추세입니다. 3월에는 115명 중 32명이, 4월에는 134명 중 38명이, 5월에는 첫 2주 동안 135명 중 16명이 사망했습니다. 아픈 아이들과 건강한 아이들이 한데 누워 있어 질병이 퍼지고 있습니다. 직원들은 시설의 음식을 훔칩니다. 전기가 끊겼고, 수돗물도 나오지 않습니다.[53]

멀리 떨어진 지방은 상황이 훨씬 더 안 좋았다. 벨리카 레페티하 마을에서는 고아원 내부가 너무 열악해서, 아이들이 낮에 고아원을 탈출해 시장에서 구걸하고 음식을 훔치기도 했다.[54] 헤르손에서는 3월 첫 3주 동안 480명이었던 고아원 아동 수가 750명으로 두 배 가까이 증가하면서, 도시 내 네 개 고아원으로는 감당하기 어려운 지경에 이르렀다.[55] 하르키우에서는 식량과 원조 요청을 해도 지원이 제시간에 도착하지 못했다. 5월 시 보건부는 고아원이 도시에 넘쳐나며, 그곳 아이 대부분이 밥을 먹지 못해 쇠약해졌다고 보고했다. 많

은 아이가 홍역을 비롯해 다양한 전염병에 걸렸고, 사망률은 30퍼센트에 달했다.[56]

'고아원'이라는 이름이 전혀 어울리지 않는 고아원도 있었다. 1933년, 하르키우에서 지질학을 공부하던 류보프 드라젭스카는 수업이 취소되었는지 확인하기 위해 학교로 갔다. 다음 날 그녀와 40여 명의 사람이 전차를 타고 기차역으로 보내졌고, 그곳에서 아이들로 가득 찬 객차를 보게 된다. "[비밀경찰] 제복을 입은 남자가 우리에게 다가와 말했습니다. '앞으로 몇 주 동안 여러분은 이 아이들과 함께 일해야 합니다. 아이들을 감독하고 음식을 먹이시오.'"

드라젭스카는 객차 중 하나에 들어갔다. "비교적 상태가 정상적인 아이도 있었지만, 대부분은 매우 창백하고 마른 상태였으며 많은 아이가 굶주림 때문에 몸이 부어 있었습니다." 그녀와 다른 사람들은 아이들에게 죽을 먹였지만, 많이 먹이지는 않았다. 너무 굶주린 상태라 과식하면 오히려 병이 날 수 있기 때문이었다. 아이 대부분은 어떻게 객차에 도착했는지를 설명하지 못했고, 부모님이 데려다주었는지, 길거리에 있다 이곳에 왔는지 기억이 안 난다고 했다. 드라젭스카는 첫날에 아이들 여러 명이 죽었다고 회상했다. "살면서 사람이 죽는 모습은 처음 보았어요. 당연한 일이지만 정말 힘든 경험이었죠." 또한 아이들은 정신적으로도 불안정했다. 한 소녀는 이렇게 소리치기 시작했다. "날 토막 내지 말아요, 토막 내지 말아요!" 환각까지 본 소녀는 "저기서 이모가 사탕무를 뽑고 있어요!"라고 외치기도 했다.

다른 사람들이 동요하지 않도록, 결국 소녀는 객차에서 내려야 했다.

드라젭스카는 이 경험을 견딜 수가 없었다. "저는 전반적으로 자제력이 제법 강한 사람인데, 그날은 집에 돌아온 후 히스테리 발작을 일으켰어요. 이전에는 히스테리가 뭔지 몰랐지만, 그때 제대로 경험했죠." 드라젭스카는 곧 이러한 상황의 기이함에, 그리고 아이들에게 익숙해졌다. 아이들에게 책과 종이를 가져다줬고 읽기를 가르치려 애썼다. 매일 아이들이 죽었지만, 또 한편 다른 아이들은 살아남았다. 결국 아이들이 있을 곳이 정해졌다.

> 우리는 전차를 타고 하르키우의 한 현으로 갔고, 그 후에는 아주 먼 거리를 걸어야 했습니다. 날은 이미 어두워졌습니다. 아이들은 다섯 살이나 여섯 살 정도였죠. 지친 아이들은 계속 물었습니다. "이모, 우리 어디로 가는 거야?" 하지만 저 또한 답을 알지 못했습니다. 제가 아는 것은 아이들을 막사로 데려간 다음 두고 와야 한다는 것뿐이었습니다. 그게 전부였죠. 그 후 아이들에게 무슨 일이 일어났는지는 모릅니다.[57]

수많은 사람이 죽고 고통받았지만, 드라젭스카의 이야기는 잔인한 진실을 보여준다. 경찰이 '자원봉사단'을 조직하지 않았다면, 더럽고 자금이 부족한 (나아가 직원이 정직하지 않고 환경도 열악한) 고아원이 없었다면, 더 많은 아이가 죽었을 것이다. 고아원은 끔찍했다. 그러나 그나마 있었기에 여러 생명을 구했다.

또 다른 인기 없던 소련 기관인 토르그신 경화 상점도 고아원처럼 역설적인 역할을 했다. 앞서 살펴본 바와 같이, 1930년에 처음 문을 연 이 상점은 루블화를 합법적으로 소유할 수 없는 외국인을 위한 곳이었다. 1931년에는 소련 시민들에게도 개방되어, 소련 시민이 소유 중인 외국 화폐나 금붙이를 교환할 수 있었다. 1932년에서 1933년의 기아 시기에는 토르그신 상점이 늘어나고, 그 활동과 중요성이 확대되며 기록적인 매출을 달성했다. 어떤 사람들은 이 일을 '토르그신 골드 피버gold fever'로 기억했다. 1932년 11월 소련 정치국은 상점에서 금뿐만 아니라 은도 매입할 수 있다는 법령을 발포했는데, 이는 이탈리아 영사가 1933년 1월 보고서에서 언급할 정도로 중요한 일이었다. "조금만 지나면 보석도 매입될 것이라고 합니다."[58] 전성기였던 1933년에는 1500개의 토르그신 상점이 존재했고, 대부분 눈에 잘 띄는 곳에 위치했다. 키이우에서는 도시에서 가장 중요한 쇼핑 구역인 흐레샤티크가에 상점이 하나 있었다.

상점의 확장은 우연이 아니었다. 정권은 기아가 국고에 금을 가져다준다는 사실을 알고 있었다. 1932년 토르그신이 높은 매출을 기록하자(소련 산업이 채굴한 양의 1.5배에 달하는 21톤의 금을 매입했다), 소련은 탐욕스럽게도 1933년 목표를 두 배 이상으로 설정했다.[59] 토르그신의 수입은 잠시나마 소련 국제 무역의 중요 요소가 되었다. 1932년부터 1935년까지 토르그신을 통해 국가가 얻은 금과 기타 귀중품은 기계, 원자재, 기술에 드는 소련 경화 지출의 5분의 1을 충당했다.[60]

배고픈 사람들에게 (마을에서 음식을 구할 수 있는 거의 유일한 곳이었던) 토르그신 상점은 선망과 집착의 대상이 되었다. 상점은 호기심 가득한 구경꾼과 걸인의 관심을 끌었다. 1933년, 웨일스 출신의 저널리스트인 개러스 존스•가 모스크바에 있는 토르그신 상점을 방문했다. 그는 자신의 노트에 "모든 것이 풍족하다"라고 기록했다.[61] 맬컴 머거리지는 상점 밖에서 "유혹적인 과일 피라미드"를 바라보는 "애처로운 군중"을 기록했다.[62] 불가코프의 소설 『거장과 마르가리타』에서는 두 악마가 '스몰렌스크 시장의 토르그신 상점 유리문' 앞에서 인상적으로 등장한 후, '다양한 패턴과 화려한 색상의 포플린 천'과 '신발이 끝도 없이 늘어선 선반'이 가득한 방으로 들어가는 대목이 나온다.[63]

수도에서 떨어진 곳에 있는 토르그신 상점은 다른 소련 상점들처럼 어둡고 더러웠으며, 무례하고 신경질적인 직원들이 운영했다.[64]

• 1905~1935. 뒤에 나오는 맬컴 머거리지(1903~1990)와 함께 러시아를 여행하다가 처음에는 좋은 인상을 받았으나, 우크라이나 대기근의 진상을 알게 되면서 이를 서방세계에 처음으로 보도했다. 자세한 내용은 14장 참고.

많은 농민은 소비재를 소유하고 경화를 다룬다는 이유로 토르그신을 '미국' 상점이라 착각했다.[65] 토르그신에서 살 수 있는 상품에 관한 소문은 심지어 집단화를 피해 도망쳤던 한 남자가 러시아의 로스토프로 돌아오게 만들었다. 그의 아들이 기억하기로 아버지는 우크라이나에서 금을 빵으로 교환할 수 있다는 말을 듣자 위험을 감수하고 집으로 돌아왔고, 숨겨뒀던 차르 시대 금화를 꺼내 메밀 몇 킬로그램과 빵 몇 개로 교환했다.[66]

이렇게 긴 여행은 드문 일이 아니었다. 시골을 돌아다니며 금을 매입하는 이동식 토르그신 상점도 소수 존재했지만, 그런 상점을 이용할 수 없는 농민들은 도시와 시내에 있는 상점으로 가기 위해 대규모 원정을 떠났다. 나디야 바벤코의 아버지는 가족의 결혼반지, 세례 십자가와 귀걸이를 모아 자신이 살고 있던 필리포비치 마을에서 키이우의 토르그신까지 200킬로미터를 걸었다. 하지만 그럴 만한 가치가 있었다. 그는 밀가루 16킬로그램, 기름 1리터, 메밀 2킬로그램을 받았고, 얼린 감자, 괭이밥, 버섯, 열매, 도토리와 함께 가족이 다음 몇 주 동안 생존할 수 있었다.[67]

모든 여행이 행복하게 끝난 것은 아니었다. 도둑들이 토르그신 상점 주변을 배회했고, 사람들이 드나들 때마다 물건을 빼앗거나 심하면 죽이기까지 했다. 토르그신 직원 또한 농민을 속이거나 학대하기도 했다. 이반 클리멘코와 그의 어머니는 할머니의 결혼반지를 밀가루 몇 홉에 팔기 위해, 키이우주의 크라스나 슬로빗카 마을에서 키이우의 흐레샤티크 거리로 여행을 떠났다. 아무도 반지의 무게를 재지 않았기에 공정한 거래였는지 알 수 없었고, 하물며 집에 도착한 이반의 어머니는 밀가루에 석회가 섞여 있음을 알게 되었다. 하지만 그들은 아랑곳하지 않고 먹었다.[68] 흐리호리 시먀는 계부와 함께 토르그신에 갔다. 계부는 군대 훈장인 조지아 십자 은메달을 팔고 싶어했다. 판매자는 훈장 매입을 거부했다. 점원은 훈장을 보더니 이건 고위 장교이자 '차르의 하수인'만 받을 수 있는 거라고 말했다. 시먀의 계부는 자신이 계급과 관계없이 부상자라면 누구나 치료하는 군의관이었다고 항의했지만 소용없었다. 판매자는 대답했다. "장교를 치료했다는 말이군! 상류층! 혁명의 적! 맞지? 여기서 당장 나가. 나가지 않으면 경찰을 부르겠어!"[69]

기아가 심해지자 몇몇 사람은 금이 있는 곳이라면 어디든 찾아다녔다. 수 세기 동안 우크라이나인들은 장례를 치르고 죽은 사람과 보석, 무기, 십자가 등 귀중품을 함께 매장했다. 하지만 굶주림은 그나마 남아 있던 예의마저 없애버렸고, 오래된 묘지들은 다수 도굴당했다. 도굴은 처음에는 밤에만 일어났지만 나중에는 낮에도 빈번했다. 소련 당국은 묘지가 '기독교적'이라는 이유로 도굴을 금지하지 않았고, 일부 지역에서는 직접 도굴단을 조직하기도 했다.[70]

소련 정권은 토르그신 상점을 소련 시민의 친구나 친척이 외국에서 외화를 기부하도록 장려하는 수단으로도 활용했다. 뒤이은 몇 년 동안 이러한 외국과의 접촉은 모두 금지되었고, 접촉을 유지하는 일은 위험하며 때로는 목숨을 잃을지도 모르는 일이 되었지만, 1932년에서 1933년의 정권에는 경화 획득 욕구가 들끓었다. 따라서 정권은 소련에 살지 않는 사람들이 굶주린 친척에게 상점을 통해 '식량 송금'을 보내는 일을 허용했다.[71] 운 좋게 송금을 받은 사람들은 총액의 25퍼센트를 국가에 반납해야 했고, 때로는 50퍼센트까지 내야 했다. 그러나 토르그신에서 음식을 살 수 있는 쿠폰을 받을 수 있었고, 독일, 폴란드, 리투아니아, 프랑스, 영국, 그리고 특히 미국으로부터 송금이 도착했다.[72] 우크라이나와 볼가 지역의 독일계 민족 공동체는 외국에 사는 형제들, 즉 메노파와 침례교 및 가톨릭 신자들에게 식량을 구걸하는 편지 쓰기 운동을 시작했다. 아주 작은 손길만으로도 큰 도움을 받을 수 있었다. 하르키우주의 교사인 올렉산드라 랏첸코는 3달러를 송금받았다. 그 돈으로 "토르그신에서 밀가루 6킬로그램, 설탕 2킬로그램, 쌀 3~4킬로그램, 밀가루 1킬로그램을 구입했습니다. 정말 큰 도움이 되었죠."[73]

토르그신 거래는 사람들의 생명을 구했지만, 큰 원한을 낳기도 했다. 많은 사람은 상점을 냉혹한 곳으로, 굶주린 농민들의 남은 가계 재산을 강탈하기 위한 곳으로 이해했다. 오데사의 한 정보원은 OGPU에 교사 두 명이 기아가 농민의 재산을 앗아가기 위한 것으로 추측했음을 보고했다. "그들은 토르그신에 더 많은 금과 은을 제공하기 위해 기아를 만든 거야."[74] 폴타바 농민들은 토르그신TORGSIN이 실제로는 "친애하는 동지들이여, 혁명이 죽어가고 스탈린이 인민을 말살한다!Tovarishchi, Revoliutsiia Gibnet, Stalin Istrebliaet Narod"는 뜻이라며 음울한 농담을 했다.[75] 토르그신 체계의 착취에 대항할 수 있는 유일한 방법은 익명의 항의였다. 어느 날 아침 한 토르그신에 출근한 직원들은 상점 문에 붙어 있는 플래카드를 발견했다 "스탈린은 사형 집행인이다."[76]

하지만 셀 수 없이 많은 가족은 물건을 판 덕분에 살아남았다. 한 생존자는 이렇게 회상했다. "우리 가족은 금을 팔아 옥수수를 얻었습니다."[77] 파블로 초르니의 가족은 1830년대 캅카스에서 진행된 제정 러시아의 전쟁에서 증조부가 받은 은제 훈장을 팔았다.[78] 또 다른 여성은 이렇게 회상했다. "어머니에게는 혁명 이전 시대에 얻은 금붙이 몇 개가 있었습니다. 아버지도 금시계와 반지 여러 개를 가지고 계셨죠. 그래서 때때로 토르그신에 가셨어요…… 어머니는 은과 금을 팔아 죽, 감자나 밀가루를 받았습니다. 그리고 이것들을 다른 풀과 섞어 하루에 한 번씩 우리에게 주셨어요. 우린 그런 식으로 살아남았습니다."[79] 또 다른 생존자는 어머니가 귀걸이와 결혼반지를 밀가루로, 치마와 블라우스를 사탕무 뿌리와 곡물로, 지참금으로 가져왔던 '원단, 자수 수건, 아마포'를 밀기울이나 기장과 교환했다고 회상했다.[80]

이 여성들은 살아남았지만, 그 과정에서 자신의 일부를 잃었다. 어머니로부터 물려받았을지도 모르는 물건, 과거와 연결해주던 물건, 그대로 사용하거나 다른 식으로 투자할 수도 있었을 반지와 장신구가 모두 사라졌다. 역사, 문화, 가족, 정체성도 기아 때문에 파괴되었다. 생존이라는 이름 앞에 모두 희생되고 만 것이다.

13장

기근, 그 뒤

호밀이 익기 시작한다
하지만 남자의 머리카락은 곤두서 있다
새로운 수확을 볼 때까지
살아남을 이가 많지 않기에
그는 새벽까지 잠들지 못한다……
어머니가 다가와
슬픔을 담아 말한다
'아들아, 일어날 시간이다.
해가 들판 위에 떠올랐단다.
우리는 무덤에 평화롭게 누워있을 수 없구나.
우리 같은 죽은 자들은 쉴 수가 없으니까.
들판의 소중한 곡식 이삭을
누가 돌보겠니, 사랑하는 내 아들아?'
—미콜라 루덴코, 『십자가*The Cross*』, 1976[1]

봄이 되면 우크라이나의 시골은 벚꽃과 튤립의 꽃잎, 새싹이 돋아나는 풀과 검은 진흙으로 물든다. 키이우에서 차로 한 시간 거리에 있는 이 마을들은 중요한 역사적 사건을 목격한 곳이라고 하기에는 너무 소박해 보인다. 도로에는 물웅덩이가 가득하고, 몇몇 낡은 오두막집에는 여전히 초가지붕이 남아 있다. 집마다 텃밭이 있으며 벌통과 닭장, 도구들로 가득 찬 정원 창고가 있는 집도 많다.

하지만 1933년 봄, 바로 이 소박한 우크라이나 시골에서 기근이 절정에 달했다. 한때 집단 농장이었던 넓은 들판과 풀이 무성한 묘지, 소련 해체 이후 세워진 추모비에서 그 역사를 확인할 수 있다. 코다키 마을의 끝자락에는 여러 집들이 넓은 들판으로 연결되는 지점이 있는데, 지역 주민들은 이곳에 검은 돌 조각을 세웠다. 중앙에는 십자가 모양의 구멍이 뚫려 있고, '홀로도모르 희생자를 추모하며'라는 문구가 새겨져 있다. 흐레빈키 마을 끝에 사람이 살지 않는 언덕에는 1933년 기근의 희생자들이 묻힌 후 잊혔다가 다시 발견된 공동묘지가 있다. 이곳은 벽돌담으로 둘러싸여 있고, 1990년에 간단한 십자가 표식이 추가되었다.

바라흐티에서는 기근 추모비를 아주 쉽게 찾을 수 있다. 십자가 옆에 무릎을 꿇고 애도하는, 실물보다 큰 어머니 동상이 마을 중심부의 눈에 잘 띄는 사거리에 있기 때문이다. 동상 뒤편 검은 화강암에 새겨진 희생자 명단은 진실을 드러내기도 하고 감추기도 한다. 반복해서 새겨진 성씨는 기근 때문에 온 가족이 몰살되었음을 증명해주지만, 기록이 제대로 보관되지 않은 탓에 많은 이의 세례명이 누락되어 있다.

> 오베르코 본다르를 추모하며,
> 이오시프 본다르를 추모하며,
> 마리아 본다르를 추모하며,
> 본다르 집안의 두 아이를 추모하며……

누락된 이름은 더 심층적인 문제를 알려준다. 상황이 나았대도 도로나 기차역, 키이우의 거리에서 사망한 수많은 사람을 정확히 기록하는 일은 쉽지 않았을 것이다. 또한 현 등록관들은 이주하거나 탈출한 사람, 심지어 멀리 떨어진 고아원에서 기적적으로 살아남은 어린이 모두를 파악할 수 없었을 것이다. 게다가 정권은 이 문제를 더 악화시켰다. 1933년에는 사망자 통계가 최대한 정확하게 기록되었지만, 이후 우크라이나 정권은 (다음 장에서 자세히 설명할 내용인) 굶주림으로 인한 사망자 수를 숨기기 위해 사망자 등록부를 변조했고, 1937년에는 진실이 드러났다는 이유로 전체 인구 조사를 폐기했다.

이 모든 이유들로 과거에는 사망자 수 추정치가 수만 명에서

200만 명, 700만 명, 심지어 1000만 명에 이를 정도로 범위가 넓었으나, 최근 몇 년 동안 우크라이나 인구통계학자 팀이 현과 주 수준에서 집계해 하르키우와 모스크바로 넘긴 숫자를 다시 살펴본 결과, 보다 구체적인 값이 도출되었다.[2] 그들은 "사망 진단서에 적힌 사인이 일부 위조되기는 했지만, 등록된 사망자 수가 조작되지는 않았다"라고 주장하며, '초과 사망자' 수, 즉 예상 평균을 초과해 사망한 사람들의 수를 입증하려 했다. 그리고 '잃어버린 출생아', 즉 출생이 예상되었지만 기근 때문에 태어나지 못한 출생아 수도 조사했다.[3] 이들의 노력 덕분에 현재 두 가지 수치에 대한 합의가 이루어졌다. 초과 사망자, 즉 직접적 손실은 390만 명이며 잃어버린 출생아, 즉 간접적 손실은 60만 명이다. 이들 연구를 통해 사라진 우크라이나인의 수는 총 450만 명으로 늘어났다. 이 수치는 길가, 교도소, 고아원 등 사망 장소와 관계없이 모든 희생자를 포함하며, 기아 이전과 이후 우크라이나에 사는 사람들의 수를 기준으로 한다.

당시 공화국의 총인구는 약 3100만 명이었다. 직접적 손실은 그 중 약 13퍼센트를 차지한다.[4] 사상자 대부분은 시골에서 발생했다. 초과 사망자 390만 명 중 350만 명이 시골에서, 40만 명이 도시에서 사망했다. 사망자의 90퍼센트 이상은 1933년에 발생했는데, 대부분 상반기에 발생했고 5월, 6월, 7월에 가장 많은 사상자가 발생했다.[5]

그러나 수치 속에는 다른 이야기가 숨어 있다. 예를 들어 통계에 따르면 1932년부터 1934년을 기점으로 다양한 집단에서 기대 수명이 급격히 눈에 띄게 감소했다. 1932년 이전 도시 남성의 기대 수명은 40~46세, 도시 여성의 기대 수명은 47~52세였다. 농촌 남성의 기대 수명은 42~44세, 농촌 여성의 기대 수명은 45~48세였다.

반면 1932년에 태어난 우크라이나 남성의 평균 기대 수명은 도시와 시골 모두에서 약 30세였으며, 같은 해에 태어난 여성의 평균 기대 수명은 40세였다. 한 해가 지나 1933년에 태어난 사람의 평균 기대 수명은 충격적으로 줄어든다. 그해 우크라이나에서 태어난 여성의 평균 수명은 8세이며, 남성의 기대 수명은 5세다.[6] 이러한 극단적인 통계는 그해에 매우 높았던 아동 사망률을 반영한 결과다.

새로운 통계법을 러시아에 적용했을 때도 비슷한 결과가 나온다. 전체적으로 봤을 때 기아의 영향은 우크라이나보다 러시아에서 훨씬 적었으며, 러시아 농촌 지역의 '초과 사망자'는 총 3퍼센트인 반면 우크라이나 농촌 지역에서는 14.9퍼센트에 달한다. 러시아에서 우크라이나와 같은 패턴의 기아가 나타난 지역은 극소수에 불과했다. 볼가 독일인 자치 지역, 사라토프 지역, 크라스노다르, 북캅카스 지역은 1933년 상반기에 매우 높은 사망률을 보였는데, 이는 그해 겨울의 정치적 결정과 관련했다. 그러나 이러한 경우에도 전체 '초과 사망자' 수는 우크라이나 최악의 지역들보다 적었다.[7]

통계로는 알 수 없는 이야기도 있다. 예를 들어 이러한 통계는 우크라이나 내 특정 집단에 대한 이야기를 숨기고 있는데, 이 집단의 기록이 따로 보관되지 않았기 때문이다. 대표적인 예로, 일화적 증거에 따르면 우크라이나뿐만 아니라 볼가 지역에서도 독일계 민족 공동체는 큰 고통을 겪었으나 일부는 독일로부터 식량 원조와 다른 형태의 도움을 받았다. 1933년부터 1936년까지 키이우 주재 독일 영사로 근무한 안도르 헨케는 "당국과 소련 기관들이 원조활동에 본질적으로 비우호적인 태도를 보였지만", 우크라이나에서 보낸 처음 몇 달 동안 원조받은 대부분의 식량을 독일계 소수민족 공동체에 전달했다. 그는 독일계 주민에게 관심을 끌지 않도록 신중히 행동하고 영사관을 직접 방문하지 말라고 조언했고, 대신 우편으로 이들과 소통했다.[8] 마찬가지로, 앞에서 설명한 것처럼 농촌 지역에 사는 유대인은 대부분 농부가 아니었기에 탈쿨라크화나 집단화의 대상이 되지 않아 생존율이 높았다는 사실도 통계로는 입증되지 않지만 일화로 전해진다. 유대인, 독일인, 폴란드인에게는 또 다른 이점도 있었다. 이들은 우크라이나 민족운동의 구성원으로 인식되지 않았기에 1932년부터 1933년에 실시된 억압 정책의 구체적인 표적이 되지 않았다.

한편 통계는 우크라이나의 여러 지역에서 기아에 대한 예상치 못한 이야기를 드러내기도 한다. 19세기까지 거슬러 올라가는 과거에는, 가뭄과 기아가 곡물 의존도가 가장 높은 남부 및 동부 대초원 지역을 가장 치명적으로 타격해왔다. 1921년에서 1923년 사이에도 확실히 그랬고, 1928년의 소규모 기근과 1946년부터 1947년 전후의 기근 시기에도 마찬가지였다. 그러나 1932년에서 1933년에 이르는 기근 때는 키이우와 하르키우주에서 사망률이 가장 높았는데, 이곳은 농민들이 전통적으로 사탕무, 감자, 기타 채소 같은 다양한 작물을 재배했고 역사적으로 기근을 거의 경험하지 않았다. 그 당시 키이우주의 사망률은 홀로도모르가 없었을 때보다 약 23퍼센트 높았고, 하르키우주에서는 24퍼센트 높았다. 빈니차와 몰도바 '자치'주에서는 13퍼센트, 드네프로페트롭스크와 오데사에서는 각각 13퍼센트와 14퍼센트 더 높았다. 반면 도네츠크주에서는 기아 시기 사망률이 9퍼센트밖에 증가하지 않았다.[9]

인구통계학자들은 이러한 지역적 차이를 설명하기 위해 다양한 가설을 제시했으며, 최소한 세 가지 예외적인 사례에서 그럴듯한 설명을 확인할 수 있다. 예를 들어 산림 지역에 사는 농부들은 이론적으로는 버섯, 작은 동물, 기타 식량 공급원에 쉽게 접근할 수 있었을 것이다. 이러한 환경적 요인은 우크라이나 북부의 체르니히우주가 공화국의 다른 지역들보다 피해가 덜한 이유가 될 수 있다. 그러나 이로써는 산림과 대초원이 혼합되어 있으며 일부 지역은 나무나 늪으로 뒤덮인 하르키우와 키이우주의 높은 사망률을 설명하지 못한다.[10]

국경과의 근접성이 사망률에 영향을 주었을지도 모른다. 실제로 폴란드와 루마니아에 접해 있는 두 주인 빈니차와 몰도바, 그리고 키이우주의 가장 서쪽 지구는 사망률이 낮았다. 이러한 지역의 지방 당국은 외국에서 유입될 밀수나 불만과 선동을 우려한 나머지 다른 지역과 동일한 수준의 잔인한 정책을 적용하길 꺼린 듯하다. 따라서 농민들은 물물교환, 국경 간 접촉, 국경 너머에 사는 친척을 통해 식

량을 구할 수 있었을 것이다.[11]

도네츠크주도 이와 비슷한 특별한 경우였다. 앞서 설명했듯, 이 주는 정권에서 산업 '우선순위' 지역으로 지정된 몇 안 되는 우크라이나 주 중 한 곳이었기 때문에 노동자에게 더 많은 식량이 할당되었다. (상대적으로) 많은 식량이 농촌 지역에도 도달했는데, 아마도 도시에 사는 가족을 통해서였을 것이다. 또한 국경과의 근접성 덕분에 이 주의 농민들은 기아에 시달리는 시골을 떠나, 광산과 공장의 프롤레타리아에 더 쉽게 합류할 수 있었다.

하지만 가장 흥미로운 차이는 직접적 손실이 매우 컸던 키이우 및 하르키우와, 직접적 손실이 상대적으로 낮았던 드네프로페트롭스크 및 오데사 사이에 있다. 가장 설득력 있는 설명은 이렇다. 1918년부터 1920년과 1930년부터 1931년 모두 키이우와 하르키우주에서 가장 큰 정치적 저항이 있었는데, 처음에는 볼셰비키에 대한 저항이었고 그다음에는 집단화에 대한 저항이었다. 두 곳에서 '테러 사건'이 가장 많이 발생했고, 따라서 비밀경찰도 가장 많이 투입되었다. 안드레아 그라치오시는 이렇게 주장한다. "1918년부터 1920년의 농민 중심 사회의 국가 반란과 1930년부터 1931년의 탈쿨라크 징발 및 집단화에 대한 반란 사이에는 기근이 가장 극심했던 지역에서 특히 인상적인 지리적, 이념적, 나아가 개인 및 '가족적' 연속성이 보인다."[12] 이 상관관계가 정확하지는 않지만(무엇보다도 마흐노의 부하들은 우크라이나 남동부에서 매우 활발하게 활동했다) 우크라이나에서 문화적으로 가장 중요한 두 도시와 인접한 이 두 주에서 민족주의 운동과 기근이 밀접하게 관련되었다는 것은 사실이다. 그래서 억압이 가장 잔인하게 자행되고, 식량 원조가 가장 부족했으며, 사망률이 가장 높았는지도 모른다.[13]

다시 말해 '일반적으로' 가뭄과 기근의 영향을 가장 많이 받던 지역이 1932년부터 1933년에 걸친 기아의 영향을 가장 적게 받았다. 즉 이 시기의 기근은 '일반적'인 일이 아니었다. 이는 농민의 저항과 민족 정체성 약화라는 명백한 목적을 위해 만들어진 정치적 기아였다. 그리고 이 점에서, 기근은 성공을 거두었다.

우크라이나 기근은 1933년 봄에 절정에 달했다. 사망률은 1월부터 봄이 끝날 때까지 계속 증가했다. 그해 여름에 이르러서야 비극은 서서히 줄어들었다. '초과 사망자'는 1933년과 1934년 내내 계속 발생했다. 5월이 되자 정권은 마침내 우크라이나에 대한 대규모 식량 원조를 승인했다(물론 애초에 농민으로부터 빼앗은 식량이었지만 말이다). 하지만 원조의 주된 대상은 (외부로부터의 영향을 가장 두려워했던) 국경 지역과 수확물을 가져올 건강한 인력이 부족했던 지역이었다.[14] 마침내 수확물이 도착하자 변화가 일어났다. 학생, 노동자, 기타 인력 들이 부족한 노동력을 보충하기 위해 시골로 달려갔고, 도시는 물론 시골에서도 더 많은 식량을 쉽게 구할 수 있게 되었다. 또한 원칙적으로는, 1월에 각료 회의가 내린 포고령에 따라 곡물 징발단원들이 징발을 중단해야 했다. 그해 봄부터 징발단원들은 모스크바에서 계획한 양만큼의 곡물이 아니라, 수확량의 일정 비율에 해당하는 세금을 징수하도록 되어 있었다. 하지만 현실에서 이 규칙은 불균등하게 적용되었다. 어떤 지역에서는 농민에게 세금을 부과했지만, 다른 지역에서는 곡물 몰수를 계속했다.[15]

또한 중앙 위원회와 우크라이나 정부는 5월에 '농민 대량 추방 중단, 체포 및 교도소 수감 감축'에 관한 공동 지침을 발표했다. 모든 당 관료는 물론 OGPU, 법원과 검찰청에도 전달된 이 비밀 법령은 "원칙적으로 농촌에서의 대량 추방과 가혹한 행태의 탄압을 중단"하고 온건한 농촌 체제를 도입하기로 한 결정을 반영했다. 이러한 변화에는 실용적인 이유가 있었다. 이전 법령 발표 당시 소련 전역에서 80만 명이 체포되었고, 교도소와 수용소가 죄수들로 넘쳐났으며, 국가는 이에 간신히 대처하고 있었기 때문이다. 또한 정권은 수확물을 가져오려면 사람이 필요하다는 사실을 깨달았다. 어쨌든 이 법령은 주민들에 대한 가혹한 대우의 종식을 알리는 신호였으며, 식량 몰수 정책의 종식을 의미하는 신호이기도 했다.[16]

예년과 마찬가지로 1933년 늦여름에도 곡물 조달 활동이 이어졌다. 곡물이야 여전히 부족했지만, 이를 두고 왈가왈부하는 일은 훨씬 더 줄어들었다. 1933년 10월, 우크라이나 공산당 총서기인 스타니슬라프 코시오르는 스탈린에게 편지를 보내 그해 가을 수확이 이전보다 '개선'되었다고 칭송했지만, 여전히 '문제'가 있음을 인정했다.

예상 수확량이 여전히 달성되지 않았다는 것이다.[17] 그는 우크라이나에 정해진 곡물 조달 계획 축소를 요청했다.

1933년 10월 18일, 소련 정치국은 이 요청을 승인했다. 1934년 우크라이나의 필수 기여량이 41만5000톤 감소했다. 몇 주 후 코시오르와 전 하르키우 당 대표이자 우크라이나 주재 스탈린 특사였던 파블로 포스티셰프가 소련 지도자를 만났는데, 그는 이번에는 호화로운 자신의 개인 객차에서 우크라이나의 기여량을 50만 톤 더 감축하기로 결정했다. 공화국은 아직도 막대한 양의 곡물을 국가에 바쳐야 했지만, 이는 분명 중요한 변화였다.

우크라이나 공산주의자들은 이 같은 양보를 인정하고 어조를 달리했다. 그들은 가혹한 징발 정책에 대한 비판을 중단했다. 그 대신 여러 연설과 기사를 통해 '민족주의'에 맞선 소련의 전쟁, 즉 지도부에서 농촌정책의 모든 '착오'의 원인으로 지목한 일을 중심으로 결집했다. 코시오르는 11월 총회에서 "소련의 일부 공화국, 특히 우크라이나에서는 우리의 성공적인 사회주의 공세에 대한 쿨라크의 필사적인 저항이 민족주의의 성장으로 이어졌다"라고 말했다.

그러나 '착오'라는 단어는 지도자의 성에 차지 않았다. 스탈린은 연설을 강화하기 위해 직접 수정했다. "소련의 일부 공화국, 특히 우크라이나에서는 제국주의 개입주의자들과 동맹을 맺은 우크라이나 민족주의가 가장 중대한 위협이다."[18] 스탈린은 1934년 1월 '승리자의 대회'로 기억되는 제17차 당 대회에서 이 점을 직접 강조했다. 긴 연설은 박수갈채를 받았고 그는 민족주의를 악랄하게 공격하면서, 소련 역사상 최악의 기근이 종식되었음을 알렸다.

> ……사람들의 마음속에 남은 자본주의는 다른 어떤 영역보다 국가 문제의 영역에서 훨씬 끈질기다는 점에 주목해야 합니다. 민족의상이라는 외피를 둘러 자신을 잘 위장할 수 있기 때문입니다……. 민족주의로의 일탈은 소련 체제를 약화하고 자본주의를 복원하려는 '민족주의' 부르주아지의 '자체적인' 시도를 반영합니다…… 그것은 레닌주의적 국제주의에서 **벗어나는 행위입니다**……. [우레와 같은 박수][19]

같은 당 대회에서 포스티셰프는 우크라이나 고위 공산당 간부로서 우크라이나 농업의 '심각한 착오와 실수'에 대한 모든 책임을 졌다. 그는 기근에 대해서는 언급을 피하며, 민족주의와 반혁명 세력 및 보이지 않는 외세가 원인이라고 명시적으로 비난했다.

> CP(B)U[우크라이나 공산당]는 우크라이나 계급 투쟁의 독특한 특징과 CP(B)U 내부 상황의 특수성을 고려하지 않았습니다.

이러한 특징은 무엇일까요?……

첫 번째 특징은 우크라이나에서는 계급의 적이 사회주의 건설에 반대하는 자신의 활동을 민족주의 깃발과 광신적 애국주의의 구호로 위장한다는 점입니다.

두 번째 특징은 우크라이나 쿨라크는 소련 권력에 대항하는 투쟁과 관련해 오랫동안 교육받았다는 점입니다. 우크라이나에서는 내전이 특히 치열하고 길어, 정치적 도적단이 우크라이나를 특히 오래 장악해왔습니다.

세 번째 특징은 다양한 반혁명 조직과 정당의 분파가 다른 곳보다 우크라이나에 더 많이 정착했다는 것이며, 그 원인은 서부 국경과 우크라이나의 근접성입니다.

네 번째 특징은 우크라이나가 다양한 개입주의 세력의 관심을 받고 있으며 그들의 끊임없는 관찰 대상이라는 점입니다.

그리고 마지막 다섯 번째 특징은 CP(B)U의 일탈주의자들이 대부분 모든 당 문제에서 자신과 서열이 비슷한 민족주의자 분자들과 연합했고 지금도 계속 연합하고 있으며, 민족주의 문제에 대해 또 다른 일탈주의자와 연합한다는 점입니다…….

불행히도 CP(B)U는 이러한 모든 결론을 충분히 이끌어내지 못했습니다. 이 사실은 농업과 더불어 우크라이나의 레닌주의적 민족정책 수행에서 발생한 착오와 실패의 원인을 설명해줍니다……[20]

이후 또 다른 양보가 이어졌다. 1934년 봄에는 채소를 징발하지 않았다. 농민들은 남은 개인 할당지에서 자신이 재배한 식량을 보관할 수 있었다. 우크라이나 지도부는 용기를 내, 파종할 사람이 없으므로 일부 밭에는 파종하지 않을 것이며, 옥수수, 아마, 대마 씨앗 같은 종자가 부족하다는 사실을 스탈린에게 공개적으로 알렸다. 스탈린은 우크라이나에 식량과 함께 종자도 '대여'하는 데 동의했다.[21]

집단화는 계속되었고, 심지어 속도가 빨라졌다. 기아에서 살아남은 개인 농부들은 그해 봄 집단 농장에 한꺼번에 가입했다. 이번에는 누구도 반란을 입에 담지 않았고, 15만1700개 가구가 공포에 떨며 집과 재산을 포기하고 국가를 위해 일했다. 가을에는 5만1800개 가구가 추가로 합류했다. 곡물에 대한 요구는 잠잠해졌고, 시골에서의 체포 건수도 감소했다.[22]

삶이 '정상'으로 돌아선 것은 아니며, 앞으로도 그럴 수는 없었다. 그러나 속도는 느려도, 우크라이나인의 아사를 멈출 수는 있었다.

1933년 늦은 봄, 드네프로페트롭스크주의 농업 전문가인 막스 하르마시는 집에서 약 25킬로미터 떨어진 집단 농장의 파종 작업을 지원해달라는 지방 정부의 요청을 받는다. 시골에 도착한 첫날 밤, 한 마을 의원이 하르마시에게 숙소를 안내해주며 여기서 자면 된다고 알려줬다. 그곳에서 '누더기를 입은 비쩍 마른 남자'를 만났는데, 그는 하르마시의 인사에 대꾸하지 않았다. 하르마시는 화물 운반대

위에 누워 있는 또 다른 인물의 몸이 '반나체에 기괴하게 부어올라' 있음을 발견한다. 바닥에는 넝마가 널려 있었고 악취는 참을 수 없는 수준이었다. 하르마시는 그들을 위해 빵을 조금 남겨둔 채 숙소를 나와 마을 회관으로 달려갔다. 그곳의 한 경비원은 하르마시에게 이 주변 어디에서도 식량을 찾기 어렵다고 말했다. 오직 집단 농장의 몇몇 구성원만이 약간의 비축물을 가지고 있었다. 마을 주민의 절반 정도는 이미 사망한 상태였다. 남은 주민은 고양이, 개와 새를 잡아먹으며 살아남았다.

자신이 본 광경에 충격을 받고 공포를 느낀 하르마시는 죽어가는 마을에서 최대한 빨리 벗어났다. 그 후 오랫동안 그는 '악몽'에 시달렸고, 임무를 다하지 않았으니 가혹한 처벌을 받을 것이라 예상했다. 하르마시는 두려운 나머지 누구에게도 자신이 겪은 일을 말하지 못했다. 하지만 처벌은 없었다. 몇 년 후 그는 자신을 마을로 보낸 관료들이 사실 그곳에는 파종할 곡식도, 파종할 사람도 없다는 사실을 알면서도 보냈음을 깨달았다. 누군가 그들에게 그렇게 하라고 지시했고, 그들은 그저 임무를 수행했을 뿐이었다. 누구도 용기를 내 마을 사람들이 굶어 죽어가고 있다고 확실히 말하지 못했다.[23]

거의 같은 시기에 하르키우의 학생이었던 리디야도 노동 단체의 일원으로 시골에 파견되었다. 그녀와 동료들은 빈 학교 건물에 숙소를 배정받았고, 밤에는 밖에 나가지 말라는 경고를 들었으며, 문을 열지 말라는 지시를 받았다. 낮에는 밭에 나가 사탕무 주변 잡초를 뽑았다. 그들은 아무도 만나지 못했다. 하지만 고작 며칠 만에 그들의 임무는 갑자기 중단되었다. "우리는 새벽에 하르키우로 돌아왔지만, 집에 돌아갈 수는 없었습니다. 배고프고 더러운 상태였는데도 관공서 건물로 끌려갔죠. 정부 관료들이 도착하자 한 소녀가 저에게 특별 부서로 가야 한다고 말했습니다. 관리자는 제가 무엇을 보았는지 물었습니다. 저는 아무 말도 하지 않았죠. 그러자 그는 '가봐. 아무것도 말하면 안 돼'라고 하더군요. 저는 겁에 질린 나머지 다른 이들에게 같은 부서로 불려갔는지 물어보지도 못했습니다."[24]

리디야와 막스는 기아 이후 위기의 또 다른 측면을 목격한 사람들이었다. 1933년 소련 정부는 우크라이나 시골의 갑작스러운 극심한 노동력 부족에 직면했는데, 일부 현에서는 이 문제가 특히 심각했다. 대표적인 곳인 도네츠크주의 마르킵카현은 12월에 열린 마을 협의회 지도자 회의에서 전망이 암울하다고 평가됐다. 인구의 절반 이상인 약 2만 명이 기아로 사망했고, 같은 해에는 지역에 존재하는 말의 60퍼센트 이상이 죽었으며, 소도 70퍼센트나 죽어 사라졌다. 한 주민은 말의 소유자 또한 사라졌다고 증언했다. "지금 시골에 나가면 사람이 한 명도 없어서 마을 집집에 늑대가 살고 있는 것을 볼 수 있습니다." 또한 곡물 저장량이 너무 적어 집단 농장 노동자에게 노동의 대가로 일일 곡물 배급량을 제공할 수 없었다. 1931년 8만 헥타르가 넘었던 경작지는 1933년에는 6만 7000헥타르로 감소해 있었다.[25]

도시에서 시골로 파견된 학생, 노동자, 당 관료 단체가 어느 정도 도움은 되었지만, 이 정책은 도시 소련에서 파견된 팀이 마을에서 일어난 일을 직접 목격한다는 위험을 수반했다. 몇몇 사람들은 막스처럼 도망쳤다. 몇몇 사람들은 리디야처럼 감시 대상이 되었다. 그들은 원래 있던 곳으로 돌아가 죽음과 폐허의 장면을 설명할 수 있었고, 이는 예측할 수 없는 결과를 초래할지도 몰랐다.

학생과 노동자도 영구적인 해결책은 될 수 없었다. 그래서 정권은 영구 거주자, 즉 시골에 살면서 농사를 계속 지을 수 있는 새로운 주민이 필요했다. 1933년 말, 정권은 재정착 프로그램을 실행했다. 우크라이나의 많은 지역에서 이 프로그램은 (최소한 프로그램이 지속되는 동안에는) 우크라이나인을 러시아인으로 대체한다는 실질적인 결과를 불러왔다. 물론 이 프로그램은 오래 지속되지 못했다.

같은 해에 소련은 이미 사람들을 이주시키고 재정착시킨 경험이 있었다. 수십만 명의 쿨라크가 소련의 텅 빈 북부 및 동부 지역으로, 그리고 우크라이나의 더 가난하고 황량한 지역으로 이주했다. 제2차 세계대전 중에는 명백한 민족 추방이 실행되어 체첸인, 인구시인, 카라차이인, 칼미크인, 발카르인, 메쉬케티아인 등 여러 캅카스 부족민은 물론 크림 타타르인과 볼가 독일인까지 포함한 모든 민족이 쫓겨났다. 1956년 당 엘리트들을 대상으로 한 유명한 '비밀 연설'에서, 니키타 흐루쇼프는 이러한 대규모 인구 이동을 비난하며 농담을 던졌다. "우크라이나인이 이러한 운명을 피할 수 있었던 것은 단순히 수가 너무 많아 추방할 곳이 없었기 때문입니다. 그렇지 않았다면 [스탈린은] 그들도 추방해버렸겠죠." 공식 기록에는 이 발언이 "장내에 웃음과 활기를 불러일으켰다"라고 적혀 있다.[26]

공식적으로 러시아인의 우크라이나로의 이주는 명확한 필요에 대응하는 일이었다. 체제의 최고위층은 극심한 노동력 부족 문제를 알고 있었다. 1933년 8월에 보낸 전보에서 소련 농업 위원인 야코프 야코블레프는 우크라이나 남동부 멜리토폴의 한 집단 농장을 이렇게 설명했다. "가구는 3분의 1만이 남았고…… 말이 있는 가구는 5분의 1 미만이다." 한 가구가 20헥타르의 비옥한 토지를 혼자서 경작해야 했다. 반면 서부 러시아에서는 인구 밀집 때문에 한 가족이 경작하는 땅이 1헥타르에 불과했다. 스탈린은 몰로토프에게 전보를 보내 "실현 가능성이 있는 '농민의 재정착' 속도를 높여야 한다"라고 답했다.[27]

프로젝트의 첫 단계는 러시아와 벨라루스의 러시아 농민 11만 7000명(21만 가구)으로 시작했다. 이들은 1933년 가을에 우크라이나에 도착했다. 1934년 1월과 2월에는 추가로 2만 명이 우크라이나 동부와 남부의 인구 감소 마을에 도착했는데, 이번에는 러시아뿐만 아니라 우크라이나의 다른 지역에서 온 사람들도 섞여 있었다.[28] 이러한 수치는 과소평가된 수치일 수 있는데, 국가 지원을 받아 이주한 사람만 수치에 포함되었기 때문이다. 포함되지 않은 다른 사람들은 우크라이나에 더 많은 공간과 빈 땅이 있다는 소식을 듣고, 가져갈 수 있는 소지품을 모조리 챙겨 러시아 및 다른 지역에서 스스로 여행을 떠난 이들이었다. 첫 번째 이주 물결은 대부분 자발적으로 이루어졌으며, 정착민들은 무료 주택과 풍부한 식량 배급은 물론 교통편까지 제공되리라 믿었다. 물론 쿨라크나 인민의 적으로 간주되어 집에서 쫓겨났기 때문에 선택의 여지가 없는 이들도 있었지만 말이다.

그러나 많은 사람이 실망했다. 그들은 숙소와 비옥한 땅을 찾게 되리라 기대했다. 국가는 소와 도구와 교통비를 지불했고, 여행 중에 따뜻한 음식과 배급을 제공했다. 세금 감면 혜택까지 약속했다. 하지만 현실은 완전히 달랐다. 지토미르주의 당시 어린아이였던 한 여성 정착민은 이렇게 회상했다.

집에서 쫓겨난 건 마찬가지지만, 우린 드네프로페트롭스크의 호로디셰로 추방되었어요. 마을은 죽어 있었고 우린 그곳에 다시 정착했죠…… 호로디셰에서 오두막집에 딸린 작은 방이 배정되었고, 우린 건초를 깔고 바닥에서 잤어요. 집단 농장에 있을 때는 열흘 치 식량으로 빵 1킬로그램을 받았죠. 우리는 많은 혜택을 약속받았지만 실제로는 어떤 혜택도 없었어요.[29]

다른 놀라운 일도 기다리고 있었다. 많은 러시아인은 도착하자마자 우크라이나 대초원에 적응할 수 없음을 알아차렸다. 러시아인들은 우크라이나인과 달리 짚과 마른풀로 불을 피울 줄 몰랐기 때문이다. 게다가 알아들을 수 없는 언어를 사용하는 새로운 이웃들은 당연히 그들을 반기지 않았다. 마을은 기이할 정도로 텅 비어 있었고, 1933년 말 우크라이나 비밀경찰들이 언급한 것처럼 고양이와 개조차 보기 어려웠고 집과 들판에는 쥐만 들끓었다.[30] 러시아에 있는 친척들에게 편지를 보낸 한 정착민은 기이하고 이상한 분위기를 느꼈다고 말했다. 하지만 기근이 발생한 것을 알면서도 기근을 언급하지는 않았다. 그는 대신 이렇게 적었다. "1932년에 전염병이 유행해 많은 사람이 이곳에서 죽었어. 생존자가 너무 적어 자체적으로 땅을 경작할 수 없는 수준이야." 또 다른 사람은 이렇게 언급했다. "모든 가정은 파괴되어 버려졌고, 직장은 혼란에 빠졌어. 현지인들은 예전에는 이렇지 않았다고, 마을에 질서가 유지되었다고 말해. 사람들은 이곳에서 잘 살았고…… 감자는 놀랍도록 잘 자랐다고."[31]

다른 이들은 옛 주민들과 같은 운명을 맞게 될까봐 걱정하기 시작했다. 특히 몇 달간 거주한 후 약속받았던 혜택들이 점차 사라지자 걱정이 더욱 심해졌다. 1935년 새로운 정착민들은 현지인처럼 육류세와 우유세를 내야 한다는 말을 들었는데, 이 역시 불길한 징조로 간주되었을 것이다. 마르킵카현의 기록에 따르면 많은 러시아 정착민이 1935년 봄에 떠났고 남은 사람들은 불안에 시달렸다. 그들은 현지 상황에 대한 불평과, 새로운 이웃들이 무기력하고 반쯤 죽은 것

처럼 보인다는 내용의 편지를 고향에 보냈다. 그들은 신발도 신지 않았고 옥수수 껍질을 먹고 살았다.[32]

기록이 불완전할 수도 있지만, 첫 번째 재정착 물결에서 우크라이나로 추방된 정착민 중 상당수는 실제로 1년 안에 집으로 돌아갔다. 아마도 이에 따른 작용으로 새로운 추방 물결이 일어났을 것이다. 그러나 이 두 번째 물결에는 자원봉사자가 없었다. 1935년 2월 3만 9000명의 '정착민'에 대한 추방 명령에 따르면, 이들은 "국경 강화와 집단 농장 체제에서 자신의 가치를 증명하지 못한 사람들"과 "민족주의적이고 반소련적인 분자들"이었다. 많은 이들은 외국과 국경을 접한 우크라이나 서부 지역 출신이었고, 독일계와 폴란드계 사람이 다수 포함되었다. OGPU가 여러 번 설명했던 '제5열'은 이제 국경 지역에서 영원히 제거되었다.

이번에는 새로운 정착민들을 정착시키기 위해 국가에서 훨씬 더 큰 노력을 기울였다. 비밀경찰이 지역 주민들을 동원해 새로 도착한 사람들을 감시하고 탈출을 막았다. 탈출을 시도하다 적발된 사람들은 처벌받았다. 이렇게 비교적 '성공적인' 재정착은 1936년에도 반복되었지만, 당시 우크라이나 서부에서 추방된 사람 중 상당수는 우크라이나 동부를 넘어 더 먼 곳으로 보내졌다. 약 1만5000가구의 폴란드계와 독일계(일부 설명에 따르면 7만 명)는 카자흐스탄으로 배정되었는데, 이곳에서도 시골은 기근 때문에 황폐해진 상태였다.[33]

이러한 재정착 운동은 당시에도 러시아화의 한 형태로 이해되었다. 하르키우 주재 이탈리아 영사로 관찰력이 뛰어났던 세르조 그라데니고는 익명의 지인과 나눈 대화를 로마에 보고했는데, 그는 '돈바스의 러시아화'가 진행 중이라는 데 의견을 같이했다. 그는 이 정책을 우크라이나어 극장의 폐쇄, 우크라이나 오페라 음악을 키이우, 하르키우, 오데사 세 도시에서만 들을 수 있게 하는 것, 그리고 우크라이나화의 종식과 연관 지었다.³⁴ 일반인도 텅 빈 마을이 러시아인으로 채워진다는 사실을 모르지 않았다. 한 목격자는 이렇게 회상했다. "사람들은 당국이 굶주림을 이용해 우크라이나인을 몰살하고, 러시아인이 거주할 수 있도록 그 땅에 러시아 인구를 정착시키려 한다고 말했습니다."³⁵ 폴타바의 한 주민은 『코뮤니스트Kommunist』 신문에 보낸 익명의 편지에서 같은 지적을 했다. "역사상 유례없는 우크라이나 민족의 물리적 몰살은 (…) 볼셰비키 중앙 집권주의의 불법적인 프로그램이 추구하는 핵심 목표 중 하나입니다." 이 편지는 스탈린에게 직통으로 보내는 보고서의 주제가 될 만큼 중요한 사안으로 간주되었다.³⁶

1933년과 1936년 사이의 이러한 긴급 이주는 극적이긴 했다. 그러나 그 후 수년, 수십 년 동안 인구가 감소한 우크라이나로, 그리고 텅 비어버린 우크라이나 공화국 기관들로 러시아인들이 천천히 옮겨온 일을 생각하면 그 수와 영향력 면에서 훨씬 덜 중요했다. 이주해 온 러시아인 중 일부는 1933년의 대대적인 체포 이후 회복에 실패한 우크라이나 공산당을 지원하기 위해 도착했다. 국가는 기아 기간과 그 이후까지 우크라이나 당 관료 수만 명을 숙청하고, 체포하고, 처형했다. 후임자 다수는 모스크바에서 출발한 사람들이었다. 1933년 한 해에만 소련 공산당은 계급을 막론하고 정치 간부 수천 명을 러시아에서 우크라이나로 보냈다. 1934년 1월에는 우크라이나 공산당 정치국 위원 열두 명 중 네 명만이 우크라이나인이었다. 다시 말해 여덟 명은 여전히 우크라이나인 대다수의 토착어였던 우크라이나어를 말하지 못했다.[37]

숙청은 여기서 끝나지 않았다. 3년 후 우크라이나 공산당 지도부는 대숙청, 즉 기존 소련 공산당 당원에 대한 스탈린의 전국적인 공격의 주요 표적이 되었다. 흐루쇼프는 회고록에서 1937년과 1938년에 걸쳐 우크라이나 공산당이 "깨끗하게 숙청되었다"라고 회고했다.[38] 그는 체포 과정을 단계적으로 관리했기 때문에 이 사실을 확실히 알 수 있었다. 우크라이나 국경 근처의 러시아 마을에서 태어난 흐루쇼프는 돈바스에서 노동자계급으로 자랐다. 카가노비치처럼 그 역시 우크라이나어를 사용하는 농민이 아닌 프롤레타리아, 즉 러시아계 우크라이나인과 자신을 동일시했다. 스탈린의 요청을 받은 그는 1937년 비밀경찰 부대와 함께 키이우로 돌아왔다. 처음에는 우크라이나 공산당이 저항했지만, 그는 코시오르, 추바르, 포스티셰프를 비롯한 지도부 전체의 체포를 감독했다. 몇 달 만에 그들은 모두 사망했고, 우크라이나 정부 구성원 대부분은 1938년 봄에 처형되었다. 일반 당원들도 사라졌다. 1934년 1월부터 1938년 5월까지 우크라이나 공산당의 3분의 1에 해당하는 16만7000명이 체포됐다.[39] 흐루쇼프는 이렇게 말했다. "지역 또는 집행 위원회 서기, 인민 위원회 서기, 심지어 대의원조차 한 명도 남지 않은 것 같았다. 우리는 처음부터 다시 시작해야 했다."[40]

10년이 지나서야 숙청이 끝났다. 1939년 전쟁이 발발했을 때는 당시 우크라이나 공산당 지도부 중 누구도 민족운동, 심지어 민족 공산주의와 관련이 없었으며 이에 동감하지도 않았다. 1945년, 전쟁이 끝날 무렵에는 나치의 점령과 홀로코스트 때문에 공화국과 공화국 기관들은 더 황폐해졌다. 전후에도 당은 '우크라이나' 상징은 물론 우크라이나 언어에 대해 말로만 지지할 뿐, 고위층의 압도적으로 많은 사람이 러시아어를 사용했다. 당에 남아 있던 우크라이나 출신 사람들은 대부분 기근을 초래했던 활동가 집단 출신이거나, 향후 몇 년 동안 그들의 자녀이거나 손자들이었다.[41] 당원 중 누구도 다른 우크라이나를 기억하지 못했다.

당이 이끄는 대로 사람들은 따라갔다. 1959년과 1970년 사이에 백만 명이 넘는 러시아인이 우크라이나로 이주했는데, 전쟁, 기근, 숙청으로 인구가 감소한 공화국의 활기찬 새 주민이 될 기회에 이끌렸기 때문이었다. 소련 경제가 산업화되면서, 러시아어를 사용하는 산업 대표 모임이 북쪽에서 동지를 모집했다. 대학, 병원 및 기타 기관도 마찬가지였다. 동시에 우크라이나에 남아 있던 유대인, 독일인, 벨라루스인, 불가리아인, 그리스인을 비롯한 거의 모든 다른 소수민족도 러시아어를 사용하는 다수 민족에 동화됐다. 황폐해진 시골에서 도시로 이주한 많은 농민은 출세하기 위해 우크라이나어 대신 러시아어를 선택했다. 19세기에 그랬던 것처럼, 러시아어는 더 많은 기회와 승진을 제공했다. 우크라이나어는 이제 지방의 '낙후된' 언어일 뿐이었다.[42]

1970년대와 1980년대에는 대규모 우크라이나 민족운동이라는 개념이 완전히 죽고 묻혀버린 것처럼 보였다. 지식인들이 일부 도시에서 그 불씨를 유지하고는 있었으나 러시아인 대부분과 많은 우크라이나인은 우크라이나를 러시아의 한 지방이라 생각했다. 외부인들은 러시아와 우크라이나를 구분하지 못했고, 우크라이나라는 이름 자체를 잊어버린 이들도 있었다.

1933년 봄, 이미 저명한 작가였던 미하일 숄로호프는 북캅카스의 카자크인 마을인 뵤셴스카야에서 타자기 앞에 앉아 스탈린에게 보내는 편지를 썼다. 처음 보내는 서한이 아니었다. 애국적이고 친소비에트적인 시민이었던 숄로호프는 수개월 동안 스탈린에게 뵤셴스카야에서의 집단화 진행 상황을 알리고 있었다. 아마도 모스크바에서 소련 지도자를 만나봤기에, 그는 결과를 두려워하지 않았을 것이다. 미하일의 첫 번째 서신들은 짧고 대부분 자필로 썼으며, 그가 목격한 사소한 잘못에 주로 초점을 맞추었다. 1931년에는 먹이가 부족해 시골 곳곳에서 죽어가는 소와 말에 대한 걱정을 편지에 담았다.

1932년에는 집단 농부들이 파종기에서 씨앗을 훔쳐가는 일을 염려했다. 그리고 소련 지도자에게 가축 집단화 명령이 역효과를 낳았다고 말하기도 했다. 일부 시골 마을에서는 가축 '구매자'들이 농민을 구타해 가축을 강제로 끌고 가기도 했다. 농민들은 반격했고 한 마을에서는 징발자를 살해하는 일도 벌어졌다.

그러나 1933년 봄, 숄로호프의 어조는 갑자기 긴박해졌다. 뵤셴스카야는 위기에 처했다. 스탈린은 사람들이 굶어 죽어가고 있다는 사실을 알아야 했다.

다른 현에서처럼 이 현에서도 집단 농장 농민과 자영 농민들이 똑같이 굶주림으로 죽어가고 있습니다. 어른과 아이들은 몸이 붓고 있으며, 썩은 고기부터 시작해 참나무 껍질과 온갖 흙투성이 나무뿌리까지, 사람이 먹으면 안 되는 것을 먹고 있습니다.

더 자세한 내용이 이어졌다. 숄로호프는 "우리의 빵이 모두 해외로 나간다"는 이유로 일하기를 거부하는 농민들을 문학적으로 묘사했다. "어떤 대가를 치르더라도 곡물을 징발해야 한다! 우리는 모든 것을 파괴하겠지만, 결국 곡물을 얻게 될 것이다!"라고 선언한 지역당 서기인 옵친니코프의 초상을 그리기도 했다. 그는 옵친니코프의 전술을 설명했는데, 대표적인 전술은 종자 곡물 강탈과 소, 감자, 절인 식품 몰수였고, 이는 모두 1932년 포고령이 북캅카스와 우크라이나에 규정했던 내용에 근거한 것들이었다.

숄로호프는 공산당이 하급 당원들을 숙청한 후 일어난 일도 설명했다. 당원증을 잃은 사람들이 체포되었고, 그들의 가족은 배급 식량을 받지 못해 굶어 죽기 시작했다. 그는 스탈린에게 위기를 멈출 용기를 가진 '진짜' 공산주의자를 뵤셴스카야로 보내달라고 간청했다. 그는 스탈린주의적 언어를 사용해, 농민들을 잔인하게 구타하고 괴롭히며 곡식을 훔치고 지역의 농업 경제를 파괴한 자들의 '가면을 벗기도록' 도와달라고 요청했다.

스탈린은 무뚝뚝하게 대답했다. 그는 두 통의 전보와 자필 답장을 통해, 당의 업무에서 이러한 실수가 발생해 유감스럽게 생각한다고 말했다. 그는 뵤셴스카야와 인근 베르흐네-돈스키현에 물질적 지원을 보내겠다고 제안했다. 하지만 완전히 공감하는 모습은 아니었다. 스탈린은 편지 필자의 관점이 불완전하다고 생각했다. "자네 지역에서는 (그리고 다른 지역에서도) 곡물 재배자들이 방해 공작을 벌여 붉은 군대에 곡물을 공급하지 않고 있다네." 스탈린은 이들이 단순한 농부처럼 보이지만, 실제로는 조용히, 유혈 사태는 없다 해도 여전히 효과적으로 '소련 정권과의 전쟁'을 벌이고 있다고 설명했다. 편지 필자가 그들을 무해하다고 생각했다면, 그건 심각한 착각이라는 것이다.

기근이 절정에 달했던 1933년 봄, 숄로호프에게 보낸 스탈린의 답장은 그가 개인 서신과 연설 및 당 토론에서 사용하던 음모론적 문구를 고스란히 반영했다. 굶어 죽어가는 사람들은 무고한 희생자가 아니었다. 그들은 반역자이고, 방해 공작원이며, 프롤레타리아 혁명을 약화하려는 음모를 꾸민 자들이다. 그들은 '소비에트 권력에 반항하는 전쟁'을 벌이고 있었다.

1921년 소련 지도부는 굶주리는 농민을 피해자라고 말했지만, 1933년 스탈린은 단어를 변경했다. 굶주리는 사람들은 피해자가 아니라 가해자였다. 그들은 고통받는 자가 아니며, 자신들이 맞이한 끔찍한 운명에 대한 책임이 있었다. 그들은 기아를 유발했으므로 죽어 마땅했다. 이러한 평가를 바탕으로 논리적인 결론이 도출되었다. 국가가 이들의 생존을 돕지 않는 것은 정당한 일이었다.

이는 스탈린이 남은 생애 동안 계속 옹호한 주장이었다. 그는 숄로호프는 물론 다른 누구에게도 1933년 국가 정책 때문에 일어난 기근으로 농민들이 사망했다는 사실을 부인하지 않았지만, 물론 사과하지도 않았다. 그는 숄로호프의 서신을 분명히 읽었고, 진지하게 받아들여 답장을 보내기까지 했다. 그러나 스탈린은 집단화, 곡물 몰수, 우크라이나에서 기근을 심화시킨 수색과 단속 같은 본인 정책의 핵심 요소가 잘못되었다고는 인정하지 않았다. 대신 그는 식량 부족과 대량 사망에 대한 모든 책임을 죽어가는 사람들에게 전적으로 떠넘겼다.[43]

이것은 스탈린이 당원들에게 한 말이기도 했다. 1934년 초 '승리자의 대회'에서 스탈린은 민족주의를 비난했고, 더 큰 폭력을 예견했다. 그는 "우리는 쿨라크를 물리쳤다"라고 선언했지만, 청산은 아직 완료되지 않았다. 구정권의 요원들, 스탈린의 표현을 빌리자면 "과거의 사람들"은 여전히 심대한 피해를 줄 수 있었다. 더 중요한 점은, 당에서 이처럼 '죽어가는 계급들'의 더 많은 저항을 예상해야 한다는 것이었다. "죽어가고 있으며 그들의 날이 얼마 남지 않았기에, 그들은 공격 형태를 변경해 점점 더 날카로운 공격을 시작할 것입니다. 그들은 과거의 사람들에 호소하고 이들을 동원해 소비에트 권력에 대항할 것입니다."44

이는 마르크스주의적 사고와 일치했다. 모순의 첨예화와 더 큰 갈등의 발생은 혁명적 변화의 전조였다. 다시 말해 수백만 명의 죽음은 스탈린의 정책이 실패했다는 징후가 아니었다. 오히려 성공의 징후였다. 그는 승리를 거두었고, 적은 패배했다. 소련이 존속하는 한, 누구도 이러한 관점에 이의를 제기하지 못할 것이었다.

14장

―

은폐

실제 굶주림이나 굶주림으로 인한 사망자는 없지만,
영양실조 합병증에 따른 사망은 광범위하게 발생하고 있다.
—월터 듀런티, 『뉴욕 타임스 The New York Times』,
1933년 3월 31일 자 기사

저는 문맹에 가까운 수준이며 단순한 방식으로 글을 쓰지만,
제가 쓰는 글은 진실이며, 진실은 악을 이기는 법입니다.
—페트로 드로빌코, 수미주, 1933[1]

1933년, 도시는 촌락들이 죽어가고 있다는 걸 알았다. 공산당과 정부의 지도자와 관리자도 다 알고 있었다. 증거는 모두의 눈앞에 널려 있었다. 기차역의 농민들, 시골에서 들어오는 보고서, 공동묘지와 영안실의 풍경이 그 증거였다. 소련 지도부도 이를 알고 있었다는 것은 의심할 여지 없는 사실이다. 1933년 3월, 코시오르는 굶주림을 명시적으로 언급하는 편지를 스탈린에게 보냈다. 우크라이나의 여러 지방이 중앙 위원회에 도움을 청하고 있다고, 상황이 악화될 것 같다고 적었다. 그는 "심지어 굶주림조차도 농민들에게 분별력을 가르치지 못했다"라고 언급했는데, 농민들은 여전히 봄 파종을 너무 느리게 수행하고 있었다.[2] 4월이 되자 그는 다시 편지를 보내 현재 많은 사람이 집단 농장에 가입하고 있다고 썼다. "기근이 큰 역할을 했는데, 가장 먼저 개인 농민들을 덮쳤습니다."[3]

그러나 소비에트의 공식적인 세계에서 우크라이나 기근은 더 광범위한 소련 기근과 마찬가지로 존재하지 않는 일이었다. 신문에 나오지 않았고, 대중 연설에도 언급되지 않았다. 국가 지도자와 지역 지도자 모두 기근을 언급하기는커녕 앞으로도 언급하지 않을 계획이었다. 1921년 기근에 대한 대응이 국제사회에 적극적으로 원조를 요청하는 것이었다면, 1933년의 대응은 소련 내외부 모두에서 심각한 식량 부족을 완전히 부정하는 것이었다. 목표는 기근을 치우는 것, 기근을 아예 일어나지도 않은 일로 만드는 것이었다. 텔레비전과 인터넷이 없던 시대, 국경과 여행이 개방되지 않았던 시대였고, 이는 21세기에 비하면 쉽게 달성할 수 있는 목표였다. 그럼에도 1933년의 은폐 작업에는 수년 동안 수많은 사람의 엄청난 노력이 동원되어야 했다.

기근에 대한 조직적인 부정은 진즉에 시작되어, 최악의 굶주림이 발생했을 때는 이미 진행 중이었다. 처음부터 조력자들은 다양한 목표를 세웠다. 은폐 작업은 소련 대중이나 적어도 기근에 대한 직접적인 지식이 없는 사람들을 속이기 위한 것이기도 했지만, 이는 아마 성공하지 못했을 것이다. 소문은 통제할 수 없고, 심지어 스탈린도 잘 알고 있듯이 볼셰비키 엘리트 가문에까지 퍼져나갔다. 그러나 기근이 일어나기 전 몇 년 동안 농민, 관료, 관리를 비롯한 온갖 사람들이 꽤 자주 보냈던 항의 서한은 빠르게 중단되었다. 소련에서 붉은 군대에 전달되는 우편물을 통제하려 했다는 일화적 증거가 있다. 마리아 본다렌코의 오빠는 캅카스에서 복무하던 붉은 군대 군인이었는데, 그는 1933년 우크라이나 병사 중 누구도 집에서 온 편지를 받지 못했다고 말했다. 부대원들은 보류된 편지를 기어이 찾아냈고, 그제야 그들은 가족에게 닥친 진실을 알 수 있었다.[4] 다른 군인들은 1932년이나 1933년에 가족들에게 편지를 한 장도 받지 못했고, 몇몇은 가족이 그냥 사라진 것 같았다고 회상했다.[5]

한 우크라이나인 붉은 군대 군인은 기근에서 살아남아 1934년 복무를 시작했다. 모든 군인이 참석해야 하는 '정치 교육' 수업에서 그는 교사에게 기근에 대해 질문했다. 그리고 거센 질책을 받았다. "기근 따위는 없었고, 앞으로도 없다. 계속 그런 말을 하면 10년 동안 투옥될 거다."⁶ 1933년 추수를 돕기 위해 시골로 파견된 많은 학생과 노동자는 목격한 광경을 입 밖으로 꺼내지 말라고 직접적으로 지시받았다. 두려움 때문에 많은 사람이 복종했다. 한 사람은 "입을 꿰매라"라는 말을 들었다고 기억했다.⁷ 모두가 침묵 강령을 따라야 했다.

직장에서는 누구도 기근이나 거리의 시체에 대해 말하지 않았습니다. 모두가 침묵 모의의 공모자가 된 것 같았죠. 가장 가깝고 신뢰할 수 있는 친구에게만 마을에서 들려오는 끔찍한 소식을 말했습니다. (…) 시골로 가 수확을 도우라는 명령을 받은 도시 사람들이 우리 도시의 거리를 배회하던 살아 있는 해골들이 어디서 왔는지 직접 목격했을 때, 소문은 사실로 확인되었죠.⁸

기근에 대해 공개적으로 말하지 못하게 하는 것은 의료 종사자에게도 영향을 미쳤다. 의사와 간호사 모두 사망 진단서를 '꾸며내라'는, 혹은 모든 굶주림 사례를 '전염병'이나 '심장마비'로 기록하라는 지시를 받았다고 회상했다.⁹

두려움은 관료들 간의 서신에도 영향을 미쳤다. 3월 드네프로페트롭스크주 정부 서기는 우크라이나 공산당 중앙 위원회에 편지를 보내 수많은 굶주림과 부종, 그리고 굶주림으로 인한 사망 사례가 공식적인 관심을 받지 못했고, 하급 관료들이 보고하지 않은 것이 그 원인이라고 불평했다. "이러한 사례에 대응하는 것조차 당에 적대하는, 비난받을 만한 행위로 간주되었습니다." 한 촌락 당 서기는 본인조차 굶주림으로 인해 몸이 부었지만 비난이 너무나 두려운 나머지 아무것도 보고하지 못했다고 말했다.[10]

비상사태가 지나가자, 기록 관리자 역시 공식적인 감시 대상이 되었다. 1934년 4월 오데사주 지도부는 모든 지역 당 위원회에 공문을 보내, 출생과 사망 등록이 "너무나 범죄적인 방식"으로 이루어지고 있다고 경고했다. "수많은 마을 위원회에서 이 작업을 실제로는 쿨라크, 페틀류라파, 특수 추방자 같은 계급의 적이 수행하고 있다." 감독을 강화한다는 명목으로 오데사 지도부는 1933년부터 '예외 없이' 모든 마을 소비에트에서 사망 등록부를 회수했고, 일부 지역에서는 1932년의 사망 등록부도 회수했다.[11] 하르키우주에도 비슷한 명령이 떨어졌는데, 관료들은 1932년 11월부터 1933년 말까지 쿨라크, 페틀류라파, 특수 추방자 같은 '계급 적대 분자들'이 개입됐다는 이유로 사망 등록부를 모두 내놓으라고 요구했다.[12]

실제로 사망 진단서와 사망 등록부는 동일한 양식을 따랐고, 이는 아마 우크라이나 당국의 명령에 따른 결과였을 것이다. 두 문서 모두 기근의 증거를 없애는 것이 목적이었다.[13] 지방과 국가 수준에서 집계된 사망자 수는 통계 기록 보관소에 남아 있었지만, 마을 수준에서는 많은 기록이 물리적으로 파괴되었다. 지토미르와 체르니히우주의 목격자들은 1933년과 1934년 마을에서 사망자 명부가 사라진 사건을 묘사했다.[14] 빈니차에서 스테판 포돌리안은 아버지에게 내려졌던 명령을 기억했다. 마을 기록부를 불태우고 굶주림에 대한 언급을 제거한 다음 다시 작성하라는 요청이었다.[15]

최고위층에서 은폐는 일종의 당 규율로 작동했다. 관료를 통제하고, 심지어 충성도를 시험하는 수단이었던 것이다. 자신의 헌신을 증명하기 위해 당원들은 공식적인 거짓말을 수용하고 보증해야 했다. 하르키우의 당 지도자였던 로만 테레호프는 1932년 가을 스탈린과 대중 앞에서 '기근'이라는 단어를 용감하게 사용했다고 나중에 회상했다. 소련 지도자의 반응은 가혹했다. "우릴 위협할 수 있다고 생각해 기근 이야기를 꺼냈나본데, 아무 소용도 없을 것이오!" 스탈린은 그에게 "작가 조합에 가입해 바보들이 읽을 동화나 쓰시오"라고 말했다.[16] 테레호프는 2주 후 직위를 잃었다.

이 사건의 여파는 그다음 해에 열린 당 대회 연설에서 확인할 수 있다. 많은 대회에서 우크라이나 공산주의자들은 '문제'나 '어려움'을 언급했지만 '기근'은 거의 언급하지 않았다. 물론 그들은 기근이 일어나고 있다는 사실을 알았다. 하지만 살아남으려면 크렘린의 금기를 지켜야 했다. 다만 코시오르가 스탈린에게 보낸 편지에서 알 수 있듯이 기근이라는 단어는 사적으로는 계속 사용되었다. '기근'이라는 단어를 공개적으로 사용하지 말라는 명령이 적힌 서면 기록은 없지만, 이 단어는 놀라우리만치 적게 사용됐다.[17] 소련 관료들은 대신 완곡한 표현을 사용했다. 예를 들어 오데사의 한 일본 영사가 기근에 대해 공식적으로 문의했는데, 영사조차도 "식량 부족은 있지만 기근은 없습니다"라는 대답을 들었다.[18]

피해자를 없애는 일은 더 어려웠다. 시체를 아무 표식도 없는 공동묘지에 묻고, 사망 등록부를 변경해도 통계 문제가 남아 있었다. 1937년 소련 인구 조사국은 인구를 집계하고 측정하기 시작했는데, 중앙 계획을 조정해야 했기에 이 방대한 작업은 시급하게 처리되어야 했다. (수백만 명에게 양식을 작성하도록 요청해야 하는) 복잡한 과정이 시작되자, 소련 지도부는 예상되는 결과가 불안해지기 시작했다. 1936년 12월, 지역 통계 사무소 직원들은 "어떤 인구 조사 수치도 공개할 수 없다"는 말을 들었다. '원자료의 예비 처리도 금지'되었다.[19]

그러나 1937년 인구 조사의 최종 결과는 상당히 충격적이었다. 여러 신문에서 성장과 인구 증가에 관한 기사를 앞다투어 실었는데, 이는 "사회주의를 위한 우리의 10년간의 영웅적인 투쟁" 이후 "우리 노동자들의 생활 수준이 크게 향상되었다는 증거"였다.[20] 부정적인 메시지를 전달한다는 비난을 피하고자 통계학자들은 성장 보고서를 정기적으로 제출하기도 했다. 한 예비 보고서는 우크라이나, 북캅카스와 볼가 지역, 즉 "집단화에 대한 쿨라크의 저항이 특히 집요하고 격렬했던 지역"의 인구 수준이 예상보다 낮을 수 있다고 조심스럽게 암시했지만, 이 문제에 많은 분량을 할애하지는 않았다. 전반적인 예측은 낙관적이었다. 1934년 인구 조사 관료들은 소련 인구를 1억 6800만 명으로 추산했다. 1937년에는 1억 7000만 명 또는 최대 1억 7200만 명으로 추산했다.

실제로 도출된 숫자는 완전히 달랐다. 소련의 총인구는 1억 6200만 명이었는데, 이는 (1억 7000만 명을 예상했던 사람들에게는) 약 800만 명이 '실종'되었다는 뜻이었다. 이 부정확한 숫자에는 기근의 피해자와 태어나지 못한 아이들이 포함되어 있었다. 기근 시대의 진정한 혼란을 반영하는 수치였다. 길가에서 죽어가는 농민들, 대량 이주, 추방, 그리고 (공무원을 포함한) 모두가 굶주리고 있는 마을에서는 정확한 통계를 낼 수 없었기에 인구 조사원들의 업무는 더 어려워졌다.[21] 실제로 얼마나 많은 사람이 죽었고 살았는지, 집계되었는지 집계되지 않았는지는 아무도 확실히 알지 못했다. 인구 조사원들은 지나치게 신중한 태도를 취했다.

스탈린은 결과를 받아들이는 대신 폐기했다. 회의가 소집되고 전문가 위원회가 구성됐다. 한 특별 중앙 위원회 결의안은 인구 조사가 제대로 조직되지 않았고, 비전문적이며, "통계학의 기본 원칙을 심각하게 위반했다"라고 선언했다.[22] 볼셰비키 저널은 이렇게 선언했다. "인구 조사는 당시 인민경제회계 중앙국 지도부에 침투해 있던 인민의 혐오스러운 적인 트로츠키-부하린파 스파이와 조국 반역자들의 방해를 받았다. 인민의 적들은 실제 인구수 왜곡을 목표로 설정했다."[23]

1937년 인구 조사 발표는 즉시 중단되었고, 결과는 영원히 발표되지 않았다. 통계학자들이 그 대가를 직접 치러야 했다. 당시 모스크바에서 가장 고급스러운 당 관사인 '제방 위의 집'에 거주하던 인구 조사국 책임자 이반 크라발은 9월에 체포되어 총살당했다. 그의 가장 가까운 동료들도 사형에 처했다. 탄압은 카자흐스탄과 우크라이나는 물론 러시아 지방에도 확산되어, 수백 명의 하급 인구 조사 관료가 해임되었고 때로는 체포되어 처형되기까지 했다. 탄압받은 사람들의 명단에는 인구 조사의 직접적인 책임자는 물론, 원본 수치를 볼 수 있었던 통계학자도 포함되었다. 소비에트 통계청의 키이우 편집자였던 미하일로 아브디옌코는 8월에 체포되어 9월에 처형당했다. 우크라이나 한림원 경제학과 학장인 올렉산드르 아스카틴도 같은 운명을 맞았다.[24]

11월이 되자 완전히 새로운 관료들이 선출됐다. 그들은 정확한 수치를 산출하는 일이 매우 위험하다는 사실을 이해하고 있었다.[25] 새로운 인구 조사가 정식으로 의뢰되었다. 이번에 스탈린은 결과가 나올 때까지 기다리지 않았다. 인구 조사가 실시되기도 전에, 그는 승리를 선언했다.

위대한 사회주의 혁명의 태양 아래에서, 전례 없이 놀라운 속도로 인구가 증가하고 있다. 강력한 사회주의 산업은 새로운 직업을 창출하고 있다. 어제는 미숙련 노동자였던 수만 명이 오늘은 다양한 생산 분야에서 자격을 갖춘 장인이 되었다. 어제의 스타하노프 노동자*들이 오늘은 기사와 기술자가 되었다. 비참한 삶을 살던 수백만 소작농이 지금은 번영하는 집단 농부가 되어, 사회주의적 수확을 창조하고 있다. (…) 전 연합 인구 조사에서는 인민의 삶에서 일어난 모든 거대한 변화, 대중의 문화적, 물질적 수준의 성장, 그리고 공장 노동자와 사무직 노동자의 자격 증진이 드러날 것이다…….26

스탈린은 자신이 주문한 것을 얻는 데 성공했다. 최종 집계가 끝나기도 전인 1939년 3월 제18차 당 대회에서, 그는 소련 인구가 정말로 1억 7천만 명에 도달했다고 말하며 요란한 팡파르를 울렸다.27

결국 통계학자들은 스탈린의 수사법에 맞게 수치를 조작하는 방법을 찾아냈다. 그들은 소련 북부와 동부 지역에 수감자가 많다는 사실을 감추기 위해 데이터를 조작했는데(1937년에서 1939년은 굴

---

* 알렉세이 스타하노프(1906~1977)의 이름을 딴 '스타하노프 방식'을 따르는 노동자. 스타하노프는 광부였는데 1935년 '자신이 고안한 혁신적 작업 방법으로 다른 광부보다 수십 배 높은 성과를 달성'했다고 하여 일약 사회주의 영웅으로 떠받들어졌다. 이후 '스타하노프 방식'을 써서 생산력을 높이자는 '스타하노프운동'이 한동안 소련 전역을 풍미했다. 1980년대에 그의 놀라운 성과는 어느 정도 조작의 산물이었음이 밝혀졌으나, '사회주의 영웅'이라는 모티프를 중국, 북한 등 다른 사회주의 체제에 처음으로 제시했다.

라크가 크게 확장된 시기였다), 당연한 일이지만 이는 기근의 폐해를 감추기 위한 일이기도 했다. 다른 곳에 거주하던 35만 명 이상에 대한 인구 조사 결과가 우크라이나에 배정되었고, 다른 37만5000명의 사망자는 카자흐스탄에 배정되었다. 인구 조사원들은 총계를 변조했을뿐더러, 소련 정책에 맞게 일부 소수 국가 및 민족 집단을 삭제하고 민족적으로 분열된 지역의 인구 균형을 변경했다. 전체적으로 인구 조사원들은 인구를 1퍼센트 이상 부풀렸다. 그리고 1939년 인구 조사는 이후 수십 년 동안 통계 연구의 모범 사례로 간주되었다.[28]

1939년 인구 조사가 발표되자 심각한 기근은 신문은 물론 소련 인구통계, 정치, 관료제에서도 자취를 감추었다. 소련 국가는 피해자에 대해, 그리고 그들의 삶과 죽음에 대해 어떤 기록도 남기지 않았다. 국가가 존속하는 동안, 그들이 죽었다는 사실은 절대로 인정받지 못했다.

폭력과 탄압, 인구 조사 조작은 소련 내에서 기근에 대한 논쟁을 성공적으로 잠재웠다. 그러나 외국에서 기근을 은폐하는 데는 다른 전략이 필요했다. 소련 외부에서는 정보를 쉽게 통제할 수 없었다. 사람처럼 정보도 국경을 넘나들었기 때문이다. 1933년 5월 (당시 폴란드 도시였던) 르비우의 한 우크라이나 신문은 기근을 우크라이나 민족운동에 대한 공격으로 규탄하는 기사를 게재했다.

즈브루치강의 동쪽[국경]은 이제 진짜 군사 캠프처럼 보이며, 일반 시민은 밤에도 건너기가 어려워 전시를 방불케 한다. 최근에 즈브루치강을 건너는 데 성공한 난민들이 이 사실을 제보해주었다. (…) 그들은 현지의 기근이 너무 끔찍해 해골처럼 비쩍 마른 상태로 도착했다. 심지어 개까지 죽여 집단 농장의 노예들에게 개고기를 먹이는데, 비옥한 우크라이나에서도 빵이나 감자를 먹을 수 없기 때문이다.²⁹

다른 소식은 합법적으로 국경을 넘은 관료와 영사를 통해, 그리고 항구에서 전달된 편지, 여행자가 보낸 편지와 검열관이 놓친 편지에 실려 전해졌다. 독일계 사람들은 미국과 독일에 있는 개인에게, 때로는 친척에게, 때로는 종교 공동체의 익명 지도자에게 편지를 보냈다. "멀리 독일에 계신 친애하는 아버지와 형제들에게. 이것은 독일 이름을 가진 제가 러시아에서 보내는 간청입니다⋯⋯ 저는 조언과 도움이 필요하며, 비탄에 잠긴 제 마음을 솔직하게 말씀드리고 싶습니다."³⁰ 편지는 캐나다까지 전달되기도 했다.

소수의 난민이 그랬던 것처럼, 이러한 서신은 영향력을 발휘했다. 기근이 진행되는 동안에도 외국에 있는 우크라이나인들은 평화적으로, 그리고 평화적이지 않은 방식으로 기근에 항의하기 시작했다. 우크라이나계 정치인들은 폴란드 의회 회의에서 기근을 언급했고, 우크라이나어를 쓰는 언론을 통해 기근을 묘사했다.³¹ 1933년 10월,

폴란드 내 우크라이나 민족주의 단체의 일원이었던 미콜라 레미크는 르비우 주재 소련 영사의 비서를 살해했다. 원래 영사를 죽이고 싶었던 그는 폴란드 법정에서 재판을 받는 동안 이 살인이 기근에 대한 복수라고 설명했다.[32] 10월 말 폴란드 내 우크라이나 공동체는 기근에 항의하는 대규모 시위를 조직하려 했지만, 추가 폭력 사태를 우려한 폴란드 정부에 의해 저지당했다.[33]

거의 같은 시기에 지구 반대편에서는 1933년 5월에 결성된 단체인 우크라이나 민족의회가 캐나다 위니펙에서 거리 시위를 벌였고, 루스벨트 대통령에게 목격자 증언을 동봉한 편지를 보냈다.[34] 위니펙의 우크라이나 교회에서 열린 회의에서 고국을 떠난 지도자들은 우크라이나가 소련으로부터 '분리'될 수 있도록 대중에게 호소하는, 우크라이나에서 보낸 편지를 낭독했다.[35] 브뤼셀, 프라하, 부카레스트, 제네바, 파리, 런던, 소피아를 포함한 여러 도시에서 우크라이나인들은 행동 위원회를 조직해 기근을 알리고 굶주린 사람들에게 원조를 제공하려 했지만, 큰 성과를 거두지는 못했다.[36]

소식은 가톨릭교회를 통해서도 새 나왔다. 폴란드에서는 우크라이나 그리스계 가톨릭 사제들이 1933년 기근의 희생자들을 기리는 추모의 날 행사를 열었고, 우크라이나 교회와 우크라이나 문화원 프로스비타의 현지 사무소 정면에 검은 깃발을 걸었다.[37] 폴란드 및 이탈리아 외교관과 소련 내부에 연고가 있는 사제들도 교회 지도부에 경고를 보냈다. 바티칸은 1933년 4월, 러시아 노보로시스크 항구에서 밀반출된 익명의 편지를 통해 기근을 설명하는 문서를 처음 받았다. 8월에는 북캅카스에서 보낸 두 번째 익명의 편지가 로마에 도착했다. 교황 비오 11세는 바티칸 신문인 『로세르바토레 로마노*L'Osservatore Romano*』에 두 편지를 모두 게재하라고 지시했다.[38] 같은 달 빈의 대주교인 이니처 추기경은 경각심을 불러일으키는 호소문을 발표했다. 그는 러시아와 '소비에트 우크라이나 지구'의 기근 상황을 고발했다.

[기근은] 영아 살해와 식인 행위 같은, 대규모 굶주림의 잔인한 현상을 동반하고 있습니다. (…) 이러한 재앙이 새로운 수확기에도 여전하다는 것이 이미 확인되었습니다. 4개월 후에는 재앙이 새로운 정점에 도달할 것입니다. 그러면 또다시 수백만 명이 목숨을 잃게 됩니다. (…) 이러한 상황을 보고만 있다면 러시아에서의 대량 사망에 대해 문명 세계 전체의 책임이 커질 것입니다. 전 세계에 넘쳐나는 밀과 식량이 처치 곤란인 상황에서, 러시아에서는 사람들이 굶주린다는 사실에 대해 죄책감을 짊어져야 한다는 뜻입니다.[39]

나중에 이니처는 특이한 형태의 증거를 받는다. 하르키우 공장에서 일하던 오스트리아 엔지니어 알렉산더 비너베르거가 국경을 넘어 밀반출한 (실제 기근을 담은 거의 유일한 사진인) 20여 장의 사진이 바로 그 증거였다. 빈의 교회 교구 기록 보관소에 보존되어 있던 이 사진은 지금도 1933년 우크라이나의 기근 피해자를 찍은 것으로 유일하게 인증된 사진이다.[40] 그러나 1933년 교회가 직면한 문제는 증거가 아니라 정치였다. 바티칸 내부에서 논쟁이 벌어졌다. 한 파벌은 소련에 기근 구호단을 보내자고 했고, 다른 파벌은 외교적으로 신중을 기해야 한다고 설득했다. 결국 신중론이 승리했다. 바티칸은 기근 관련 정보를 계속 입수했지만, 교황청은 이를 좀처럼 공개적으로 언급하지 않았다. 무엇보다도 1933년 1월 히틀러의 선거 승리는 정치적 함정을 만들었다. 교회 지도부는 소련의 기근을 강경하게 언급하면 교황이 나치 독일을 지지하는 것처럼 보일지도 모른다고 우려했다.[41]

비슷한 정치적 제약 때문에 다른 곳에서도 이 같은 논쟁이 벌어졌다. 많은 유럽 외무부는 당시 계속 진행되고 있던 기근에 관해 뛰어난 정보를 확보하고 있었다. 실제로 1933년 우크라이나에는 관찰력이 탁월한 외국인이 다수 거주했다. 1930년부터 1934년까지 하르키우에 거주했던 이탈리아 영사 그라데니고는 기근의 규모는 물론 기근이 우크라이나 민족운동에 미친 영향까지 파악하고 있었다. 그는 "대부분의 굶주림은 농민에게 교훈을 주기 위해 조직된 기근의 결과"임을 알았다.

……현재의 재앙은 러시아인에 의한 우크라이나의 식민지화로 이어질 것입니다. 그렇게 되면 우크라이나의 성격이 달라집니다. 머지않아 우크라이나나 우크라이나인을 말할 이유가 없어질 것입니다. 원인은 간단합니다. 우크라이나가 러시아와 구별할 수 없는 일부가 되면 '우크라이나 문제'가 사라질 테니까요…….[42]

1933년 오데사 주재 독일 영사 역시 기근의 원인에 대해 단호한 입장을 보였다.

공산주의 통치자들은 하나의 고난이 끝나자마자 곧바로 다른 고난을 맞게 하여, 농민들이 자신의 고난을 오래 기억하지 못하게 합니다. 그래서 원하든 원하지 않든 오래된 두려움을 잊게 되죠. 과거에는 마을의 누군가가 불행을 겪으면 모든 세대가 이를 기억했습니다.[43]

모스크바 주재 독일 외교관이자 훗날 히틀러의 소련 정책 자문관이 된 (그리고 이후에는 CIA 자문관이 된) 구스타프 힐거도 당시 기근이 인위적인 일이라고 믿었다.

우리는 반항적인 농민들에게 집단화의 대안은 굶주림으로 인한 죽음뿐임을 보여주기 위해, 당국이 고통받는 이들에 대한 지원을 의도적으로 자제했고 집단 농장에 속한 사람만 지원했다는 인상을 받았습니다.44

그러나 이미 파시스트 국가였던 이탈리아와 파시스트 국가가 되어가는 중이었던 독일 모두에서, 기근은 공식 정책에 아무런 영향도 주지 못했다. 베니토 무솔리니는 우크라이나에서 온 보고서 일부를 직접 읽고 표시를 남겼지만, 공개적으로는 아무 말도 하지 않았다. 아마 동정을 표하는 일이 무솔리니 정권에 어울리지 않았거나, 1933년 9월 소련과 불가침 조약을 체결한 이탈리아가 기근보다는 무역에 더 관심이 있었기 때문일 터다.45 독일인들도 당시에 독일계 사람들을 돕고자 노력했고 나중에 나치 선전물에 기근을 활용했지만 그 외에는, 어떠한 항의나 지원도 하지 않았다.

사람들이 모든 보고서를 믿은 것은 아니었다. 폴란드 외교관들은 기근 때문에 너무 큰 충격을 받았고, 그래서 그들의 보고서 일부를 불신하기도 했다. 키이우 영사관장이었던 스타니슬라프 코스니츠키는 1934년 1월 '기근과 빈곤, 주민 박해, 우크라이나스러움에 대한 투쟁 등에 관한 정보'를 보고서에 너무 많이 담았다는 이유로 질책받기도 했다. 그러나 폴란드 외교관들은 기근과 탄압이 계획적이라는 사실을 분명히 알았다. "대규모 체포와 박해는 우크라이나 민족운동의 위험에 따른 일로 설명하거나 정당화할 수 없다. (…) 진정한 원인은 점점 더 제국주의자가 되어가는 모스크바 지도자들의 계획적이고 장기적인 정책의 일환이며, 이들은 국가의 정치 체계와 국경을 강화하고 있다."46

반면 영국 외교관들은 자신이 들은 최악의 이야기를 곧이곧대로 믿었다. 1932년 제국 마케팅 위원회 대표로 우크라이나와 북캅카스를 여행한 캐나다 농업 전문가 앤드루 케언스를 비롯해, 수많은 정보원이 있었기 때문이다. 케언스는 이렇게 보고했다. "넝마를 걸친 굶주린 농민들을 보았다. 일부는 빵을 구걸했고, 기차표를 얻으려 기다렸으나 대부분 실패했으며, 많은 이가 계단을 오르거나 각 객차 지붕에서 다른 이들과 한데 섞여 있었다. 모두가 더럽고 비참했으며 아무도 웃지 않았다."47 그는 소련 정부의 곡물 수출 계획이 '터무니없으며' 성공할 수 없다는 결론을 내리기도 했다.48

그러나 영국 정부는 원조를 제공하지 않았고, 나아가 1933년에 굶주리는 사람들에게 식량을 보내려는 다양한 상호 독립적인 노력을 적극적으로 저지했다. 소련 정부가 식량 원조를 적대하고 있으므로 노력해서 될 거라고 생각했다면 그건 너무 순진한 생각이라는 것이었다. 당시 외무부 북방국을 맡고 있던 로런스 콜리어 역시 고국을 떠난 우크라이나인이 여러 자선 단체에서 활동하는 일에 반대했다. "우크라이나 민족주의와 관련된 모든 것은 소련 당국에 황소가 보는 붉은 천과도 같다." 콜리어는 케언스의 보고서에 대해 "이보다 더 설득력 있는 문서는 좀처럼 읽지 못했다"라고 평할 만큼 무슨 일이 일어났는지 정확히 이해하고 있었지만, 물의를 일으키지 않는 것이 더 낫다고 생각했다.[49]

소련 지도부도 외교적으로 침묵을 지켰다. 소련 지도부에는 기근에 관한 소문이 확산되지 않도록 막아야 할 합당한 이유가 있었다. 세계 혁명이라는 볼셰비키의 목표가 아주 먼 이야기가 되었을지언정, 완전히 폐기된 것은 아니었다. 1933년이 되자 유럽에서는 급진적 정치 변화가 다시 한번 가능한 것처럼 보였다. 유럽 대륙은 경제 위기에 휩싸여 있었고, 히틀러는 이제 막 독일의 총리가 되었다. 국제 정세의 악화는 마르크스-레닌주의적 사고방식에서는 자본주의의 최후 위기가 다가온다는 뜻으로 해석되었다. 이러한 맥락에서, 위기를 이용해 소련을 우월한 문명으로 선전하려 했던 소련 지도자들에게는 소련에 대한 외국의 인식이 매우 중요했다.

또한 소련 지도부는 국내적인 이유 때문에 외국 여론에 신경 쓰기도 했다. 1917년부터 외국인들, 즉 미국인 공산주의자 존 리드부터 프랑스 작가 아나톨 프랑스에 이르는 이들이 소련 내부를 정기적으로 보고 갔고 이는 체제 선전의 근거로 활용되었다. 혁명의 성과를 칭찬하는 외국인의 글은 소련 국내에서 출판 및 홍보되었고, 소련 학교와 농장, 공장을 보러 온 열성적인 방문객, 즉 공산주의자와 작가 및 지식인 들의 찬사도 마찬가지로 활용되었다. 기근 이후 소련 지도부는 동지 여행자들에게 식량 부족에 대해 이야기하지 말아달라고 청했고, 일부 여행객은 실제로 그렇게 했다.

그들의 동기는 다양했다. 영국의 사회주의자 비어트리스와 시드니 웨브 부부 같은 일부 사람은 자국에서 일종의 사회주의 혁명이 일어나길 원했고, 자신의 목적을 위해 소련의 사례를 사용하고자 했던 '진정한 신봉자'였다. 웨브 부부는 기근을 알고 있었지만 집단화를 찬양하기 위해 이를 축소했다. 그들은 1936년에 이런 글을 적었다. "지난 세 번의 수확 경험에 따르면 이 거대한 변혁의 초기 어려움이 극복되었다는 소련 정부의 주장은 사실인 듯하다." "실제로 식료품의 총생산량이 매우 빠른 속도로 증가하고 있다는 것을 의심할 여지가 없다."[50]

일부 방문객의 동기는 허영심과 소련이 유명인들에게 베풀어 준 엄청난 환대 및 호의였다. 작가인 조지 버나드 쇼는 1931년 하원의원 낸시 애스터와 함께 모스크바에서 열린, 자신의 75번째 생일을 축하하는 연회에 참석했다. 연회는 그의 기호를 고려해 채식 요리로 준비되었다. 환영단과 브라스 밴드의 환대를 받은 쇼는 매우 들뜬 기분으로 소련 관료와 저명한 외국인 청중 앞에서 연설했다.[51] 그는 주최 측에 감사를 표하며, 자신을 반소련 유언비어 유포자의 적이라고 선언했다. 그리고 자신이 러시아에 간다는 소식을 들은 친구들이 여행 중에 먹으라고 음식 통조림을 주었다고 청중에게 말했다. "친구들은 러시아가 굶주리고 있다고 생각했습니다. 하지만 저는 소련 국경에 도착하기도 전에 폴란드에서 모든 음식을 창밖으로 던져버렸죠."

현장에 있던 한 기자는 청중이 "숨이 멎을 듯 조용해졌다"라고 회상했다. "배에서 경련이 일어나는 듯한 느낌을 받은 사람도 있었다. 영국산 소고기 통조림 하나면 모임에 참석한 노동자와 지식인 가족은 기억에 남을 만한 휴일을 즐겼을 것이다."52 적어도 일부 소련 지식인들은 이 거만한 외부인으로부터 냉소적인 피로감을 느꼈고, 이는 안드레이 플라토노프의 희곡 『열네 개의 작고 빨간 오두막』에서 유추할 수 있다. 플라토노프의 희곡에는 이렇게 요구하는 외국 지식인 방문자가 등장한다. "사회주의를 어디서 볼 수 있죠? 당장 보여주세요. 자본주의는 절 짜증 나게 합니다."53

기근이 진행 중이던 여름, 플라토노프의 악당을 가장 잘 표상하는 실존 인물은 에두아르 에리오였다. 그는 프랑스의 급진 정치인이자 전 총리로, 기근에 관한 소문을 잠재우기 위해 1933년 8월 말 우크라이나에 초청받았다. 에리오의 동기는 정치적이었을 것이다. 많은 서방 국가 수도의 다른 '현실주의' 정치인처럼 그는 자국과 소련과의 무역관계를 장려하고 싶었고, 소련 정부의 성격은 크게 신경 쓰지 않았다. 2주간 여행하면서 에리오는 모범적인 아동 시설을 방문하고, 진열대를 급하게 채운 상점들을 둘러보고, 드니프로강을 따라 배를 타고 가면서 이 행사를 위해 특별히 훈련받은 열정적인 농민과 노동자를 만났다. 에리오가 도착하기 전 그가 묵을 호텔은 급히 단장되었고 직원들은 새 유니폼을 지급받았다.

여행의 하이라이트는 공동 농장 방문이었다. 훗날 그는 '훌륭하게 관개되고 경작된' 채소밭을 회상했다. 에리오는 이렇게 선언했다. "저는 우크라이나 전역을 여행했습니다. 정말로 꽃이 만발한 정원을 보았죠."[54] 이후 제출된 GPU 보고서에 따르면, 에리오는 기근에 대해 물었고, 과거의 어려움은 모두 끝났다는 확답을 받았다.[55] 『프라우다』는 이 방문을 국내 선전용으로 즉시 활용했고, 소련 시민들이 어떻게든 소문을 들을 때를 대비해 에리오가 "소련의 기근에 관한 부르주아 언론의 거짓말을 단호히 부인했다"라고 자랑스레 적었다.[56]

사실 외교관과 일회성 방문객은 소련 당국에 까다로운 존재는 아니었다. 외무부 관료들은 너무 개별적으로 일했기에 단일한 의견을 내기가 어려웠고, 에리오나 쇼 같은 사람들은 우크라이나어를 할 줄 모르는 데다 여행 일정을 마음대로 정할 수 없었기에, 이들이 무엇을 보고 누구를 만나는지 쉽게 감시할 수 있었다. 반면 모스크바에서 외신 기자단을 조종하는 일은 훨씬 더 정교한 작업을 요구했다. 그들의 동선과 대화는 완전히 통제할 수 없었고, 기사 내용을 지시할 수도 없었다.

1933년 소련 정권은 독립적인 성향의 기자단에게 이미 안 좋은 인상을 준 뒤였다. 대표적인 기자는 레아 클라이먼이었다. 그는 아주 비범한 캐나다인으로, 모스크바에서 4년을 보낸 후 애틀랜타 출신 미국인 여성 두 명과 함께 차를 타고 소련을 횡단하기로 결심했고

가는 곳마다 관료들과 논쟁을 벌였다. 클라이먼은 결국 1932년 여름 트빌리시에서 저지당해 강제 추방되었다(다른 두 여성도 타슈켄트에 도착한 후 같은 처지가 되었다).[57] 그 결과 대대적인 헤드라인이 『토론토 이브닝 텔레그램Toronto Evening Telegram』을 장식했다.

러시아에서 온 전보 작성자
레아 클라이먼, 포로 수용소 실태 폭로
소련 독재자들을 분노하게 하다[58]

소련으로 다시는 돌아갈 수 없음을 알게 된 클라이먼은 극북 지방으로 추방된 쿨라크 가족, 점점 심각해지는 우크라이나의 식량 부족, 핀란드 국경 근처 카렐리아의 초기형 굴라크 수용소를 묘사하며, 충격적이지만 정확한 일련의 기사를 발표했다. 그리고 우크라이나에서의 집단화 후유증에 대해 다음과 같이 설명하기도 했다.

여러 마을이 이상할 정도로 황량하고 사람이 아무도 없었다. 처음에는 이해할 수 없었다. 집들은 텅 비었고, 문은 활짝 열려 있었으며, 지붕은 무너져 내리고 있었다. 굶주린 군중이 우리보다 먼저 마을을 휩쓸고 지나가 모든 집을 쑥대밭으로 만든 것만 같았다. (…) 열 개, 혹은 열다섯 개의 마을을 지나고 나서야 이해가 가기 시작했다. 그곳은 재산을 몰수당한 수천 명의 농민, 즉 쿨라크의 집이었다. 나는 북부 광산에서 일하고 나무를 자르는 그들을 목격했다. 우리는 앞뒤로 짙은 먼지구름을 일으키며 계속 달렸지만, 여전히 암흑과 같은 눈으로 우릴 바라보는 빈집들만 있을 뿐이었다.[59]

클라이먼의 글은 소련 정부를 당혹스럽게 만들었지만, 클라이먼과 그녀의 신문사는 고위층에 동요를 일으킬 만큼 저명하지는 않았다. 클라이먼을 추방함으로써 소련 국가는 질서를 유지할 수 있었다. 이 사건은 영향력 있고 유명한 모스크바 주재 기자일수록 직업을 유지하려면 더 조심해야 한다는 메시지를 전달했다.

실제로 기자들은 조심하지 않으면 일을 할 수가 없었다. 당시 모스크바 특파원들은 거주는 물론이고 기사를 제출할 때조차 국가의 허가를 받아야 했다. 언론 부서의 서명과 공식 날인이 없으면 중앙전신국은 외국으로 어떤 급보도 보내지 않았다. 이 허가를 받기 위해 기자들은 사용해도 되는 단어를 놓고 외무부 검열관들과 정기적으로 협상했고, 외신 기자단을 담당하는 소련 관료 콘스탄틴 우만스키와 우호적인 관계를 유지했다.[60] 당시 『크리스천 사이언스 모니터 Christian Science Monitor』의 모스크바 특파원이었던 윌리엄 헨리 체임벌린은 논평 순화를 거부한 외신 기자에 대해 이렇게 적었다. "이러한 기자는 다모클레스의 검, 즉 국외 추방이나 재입국 허가 거부라는 위협을 받으며 일해야 한다. 물론 이 두 가지 위협은 사실상 같은 의미다."[61]

월터 듀런티의 씁쓸한 사례에서 알 수 있듯이, 게임을 특히 잘 수행한 이들에게는 추가적인 보상이 제공되었다. 듀런티는 1922년부터 1936년까지 모스크바에서 『뉴욕 타임스』 특파원으로 활동했으며, 이 역할 덕분에 한동안 상당한 부와 명성을 얻었다. 영국 태생인 듀런티는 이념적 좌파와는 아무런 관련이 없었고, 오히려 냉철하고 회의적인 '현실주의자' 입장에 서서 이야기의 양쪽 측면을 모두 들으려 노력했다. 그는 1935년에 이런 글을 남겼다. "살아 있는 동물을 해부하겠다고 하면 슬프고 끔찍한 일이라며 반대에 부딪힐 것이다. 소비에트 실험에 반대했던 수많은 쿨라크와 다른 이들이 행복하지 않은 것은 사실이다. 그러나 두 경우 모두, 고통은 고귀한 목적을 달성하기 위해 일어났다."[62]

이런 입장 덕분에 듀런티는 소련 정권에 매우 유용한 존재로 여겨졌고, 정권은 듀런티가 모스크바에서 잘 살 수 있도록 특별히 배려했다. 그는 큰 아파트에서 살았고, 자동차와 정부情婦가 있었으며, 어떤 특파원보다도 접근 권한이 높았고, 모두가 탐내는 스탈린과의 인터뷰를 두 번이나 할 수 있었다. 듀런티가 소련에 아첨하는 보도를 하게 된 주 동기는 그러한 보도를 통해 누릴 관심이었을 것이다. 클라이먼의 글은 큰 반향을 일으키지 못했지만, 모스크바에서 작성한 듀런티의 기사는 듀런티를 당대 가장 영향력 있는 언론인으로 만들어 주었다. 프랭클린 루스벨트의 '브레인 트러스트Brains Trust' 일원이 될 많은 사람은 새로운 경제 아이디어를 찾고 있었고 소련의 실험에 관심이 많았다. 그중 다수는 1927년에 모스크바를 방문해 스탈린과 6시간 동안 인터뷰할 수 있었다. 듀런티의 보도는 그들의 일반적인 세계관과 일치했고 큰 관심을 끌었다. 1932년에는 집단화의 성공과 5개년 계획을 다룬 일련의 기사로 퓰리처상을 받기도 했다. 얼마 후 당시 뉴욕 주지사였던 루스벨트는 올버니에 있는 주지사 관저로 듀런티를 초대했고, 이 민주당 대선 후보는 그에게 질문을 쏟아냈다. 루스벨트는 다른 기자에게 이렇게 말했다. "이번에는 모든 질문을 내가 했습니다. 정말 흥미진진했죠."63

그러나 기근이 악화되면서 통제가 더욱 강해졌다. 1933년, 클라이먼과 클라이먼의 동료로부터 교훈을 얻은 외무부 관료들은 특파원에게 여행 전에 허가를 받고 제안된 일정을 제출하도록 요구하기 시작했다. 우크라이나나 북캅카스 방문 요청은 모조리 거부당했다. 모스크바의 유일한 프랑스 특파원은 1933년 여름 에리오의 방문 취재 허가를 받았지만, 이를 위해 전 프랑스 총리의 일행과 떨어지지 않고, 계획된 경로를 벗어나지 않으며, 소련 국가가 신중하게 준비한 행사 외에는 어떤 내용도 쓰지 않기로 동의해야 했다. 또한 검열관들은 급보를 검열해 기근을 은밀히 보도하지 않는지 확인하기 시작했다. '심각한 식량 부족' '식량난' '식량 결핍' '영양실조로 인한 질병' 같은 일부 표현은 허용되었지만 그 외에는 어떤 것도 허용되지 않았다.⁶⁴ 심지어 1932년 말에는 소련 관료들이 듀런티의 집을 방문해 그를 은근히 위협하기도 했다.⁶⁵

이런 분위기 속에서 기근에 관한 기사를 쓰려는 특파원은 극히 드물었다. 모두가 기근에 대해 알고 있었지만 말이다. 체임벌린은 "공식적으로는, 기근은 없었다"라고 적었다. "그러나 1933년 러시아에 살면서 눈과 귀를 열고 있었던 사람들은 기근이 존재한다는 사실에 의문을 제기할 수 없었다."⁶⁶ 듀런티 자신도 1932년 말 영국 대사관에 있던 외교관 윌리엄 스트랭과 기근에 대해 논의했다. 스트랭은 이 『뉴욕 타임스』 특파원이 "한동안 진실을 알고 있었지만, 위대한 미국 대중에게 그 비밀을 알리지는 않았음"이라고 무미건조하게 보고했다. 듀런티는 스트랭에게 "식량 부족의 직간접적인 영향으로 1000만 명이 사망했을 가능성이 아주 큽니다"라는 말도 했지만, 이 수치는 그의 어떤 보도에도 등장하지 않았다.⁶⁷ 듀런티에게 기근과 관련된 기사를 쓴다는 것은 중대한 일이었을 것이다. 기근 이야기를 하면 듀런티가 이전에 쓴 긍정적인 (그리고 상까지 받은) 보도에 의문이 제기될 터였다. 하지만 듀런티만 그런 것은 아니었다. 『유나이티드 프레스 United Press』의 모스크바 특파원이자 한때 열렬한 마르크스주의자였던 유진 라이온스가 몇 년 후 쓴 글을 보면, 이 도시의 외국인들은 모두 카자흐스탄과 볼가 지역은 물론 우크라이나에서 무슨 일이 일어나는지 잘 알고 있었다.

우리가 이 주제를 확인하지 않은 이유는 단순히 의심의 여지가 없었기 때문이다. 너무나 명확한 사실이라 목격자의 확인이 필요하지 않았다. (…) 러시아 기근의 존재를 입증하기 위해 취재할 필요가 없었던 것은, 미국 대공황의 존재를 입증하기 위해 취재할 필요가 없었던 것과 같았다. 러시아 내부에서 이 문제는 논쟁의 대상이 아니었다. 호텔과 집에서 나누는 일상적인 대화에서도 기근은 당연한 것으로 받아들여졌다. 외국인 사회에서는 기근 사망자를 100만 명 이상으로 추정했고, 러시아인들은 300만 명 이상으로 추정했다……[68]

모두가 알고 있었지만 누구도 언급하지 않았다. 그래서 소련 정부 기관과 모스크바 특파원단은 언론인 개러스 존스의 파격적인 행보에 이상 반응을 보였다.

1933년 소련으로 떠날 당시 존스는 겨우 27세의 젊은 웨일스인이었다. 그는 젊은 시절 도네츠크 시를 설립한 웨일스 출신 기업가인 존 휴스의 집에서 가정부로 일했던 어머니의 영향을 받았다. 존스는 케임브리지 대학에서 러시아어, 프랑스어와 독일어를 모두 공부했다.

이후에는 전 영국 총리였던 데이비드 로이드 조지의 개인 비서로 취직했다. 동시에 그는 프리랜서로 활동하면서 유럽과 소련 정치에 관한 글을 쓰기 시작했고, 소련을 짧게 오갔다. 덕분에 그는 체류 허가를 유지하려면 정권의 승인을 받아야 하는 모스크바 특파원과는 다른 입장을 가질 수 있었다. 여행 금지령이 내려지기 전인 1932년 초, 존스는 ('케첩 제국의 후예'인 잭 하인즈 2세와 함께) 시골로 여행을 떠나 소련 마을의 '벌레가 득실거리는 바닥'에서 잠을 잤고 기근의 시작을 목격했다. 몇 달 후 그는 아돌프 히틀러를 수행하며 프랑크푸르트로 이동했고, 새로 선출된 독일 총리를 만난 최초의 외신 특파원이 되었다.[69]

1933년 봄, 존스는 모스크바로 돌아왔다. 이번에는 로이드 조지를 위해 일한다는 이유로 비자를 받을 수 있었다(비자에는 소련 당국의 호의를 나타내는 '베스플라트노Besplatno', 즉 '무료'라는 도장이 찍혀 있었다). 런던 주재 소련 대사였던 이반 마이스키는 특히 로이드 조지에게 강한 인상을 남기고 싶어했고, 대신해 존스에게 로비했다. 존스는 도착하자마자 먼저 소련 수도를 돌아다니며 다른 외국 특파원과 관료들을 만났다. 라이언스는 그를 "진지하고 꼼꼼한 작은 남자…… 메모장을 들고 다니면서 당신이 말하는 내용을 거리낌 없이 기록하는 남자"로 기억했다.[70] 존스는 우만스키를 만나 하르키우 독일 총영사의 초청장을 보여주고, 독일 트랙터 공장 방문 계획을 설명한 후 우크라이나에도 방문하게 해달라고 요청했다. 우만스키는 승

낙했다. 공식 승인 도장을 받은 존스는 남쪽으로 출발했다.[71]

1933년 3월 10일, 존스는 모스크바에서 기차에 올랐다. 하지만 하르키우까지 가는 대신 도시에서 북쪽으로 약 40마일 떨어진 곳에서 내렸다. 그는 '토르그신 상점에서 외화로 구매한 흰 빵 여러 덩이와 버터, 치즈, 고기, 초콜릿이 든' 배낭을 메고 우크라이나 수도를 향해 철로를 따라 걷기 시작했다.[72] 3일 동안 존스는 어떤 공식 경호원이나 수행원도 없이 20개가 넘는 마을과 집단 농장을 지나쳤고, 기근이 한창이던 우크라이나 농촌을 목격했으며, 자신의 생각과 느낌을 나중에 그의 여동생이 보관하게 될 노트에 기록했다.

나는 대러시아에서 국경을 넘어 우크라이나로 갔다. 지나가는 농민들과 이야기 나눴는데, 모두가 같은 이야기를 했다. "빵이 없습니다. 두 달 넘게 빵을 먹지 못했어요. 많은 사람이 죽어가고 있습니다." 첫 번째 마을에는 감자가 남아 있지 않았고 부랴크buriak(사탕무 뿌리) 저장분도 바닥나고 있었다. 모든 농민은 이렇게 말했다. "가축들이 죽어가고 있습니다, 네쳄 코르밋nechem kormit(먹일 것이 없으니까요). 우리는 한때 전 세계를 먹여 살렸는데, 지금은 굶주리고 있습니다. 배가 고파요. 말이 몇 마리 남지 않았는데 어떻게 파종할 수 있겠습니까? 배가 고파 힘이 없는데 어떻게 밭에서 일할 수 있겠어요?"

이후 나는 한 수염 난 농부를 마주쳤다. 그의 발은 마대로 덮여 있었다. 우리는 대화를 나눴다. 그는 우크라이나식 러시아어로 말했다. 나는 그에게 빵과 치즈 한 덩어리를 줬다. "이곳에서는 20루블을 줘도 그런 건 살 수 없어. 음식이 아예 없으니까."
우리는 함께 걸으며 이야기 나눴다. "전쟁 전에는 모든 것이 황금이었어. 말과 소, 돼지와 닭이 있었지. 이제 우린 틀렸어…… 다 망했다고."[73]

존스는 농민 오두막 바닥에서 잠을 잤다. 그는 사람들과 음식을 나누고 그들의 이야기를 들었다. "그들이 성화를 빼앗으려 했지만, 전 이렇게 말했습니다. 난 개가 아니라 농부라고." 누군가가 존스에게 말했다. "신을 믿었을 때 우린 행복했고 잘 살았어요. 그들이 신을 없애려고 하자 우린 굶주리게 되었죠." 다른 남자는 1년 동안 고기를 먹지 못했다고 말했다.

존스는 집에서 천을 짜서 옷을 만드는 한 여인과 주민들이 말고기를 먹고 있는 모습도 목격했다.[74] 결국 존스는 서류를 보여달라는 '민병대원'과 마주쳤고, 이후 사복 경찰들이(물론 이들은 OGPU 요원들이었다) 다음 하르키우행 기차에 동승해 독일 영사관 문까지 데려다주겠다고 고집했다. 존스는 "자유를 되찾은 것에 기뻐하며 그에게 정중한 작별 인사를 건넸다. 그렇게 열정적이지는 않았지만 따뜻한 인사였다."[75]

하르키우에서도 그는 이어서 메모를 작성했다. 그는 빵을 사기 위해 줄을 선 수천 명을 관찰했다. "그들은 이튿날 아침 7시에 빵을 받기 위해 오후 3시부터 줄을 서기 시작한다. 날씨는 너무나 추워 한참 영하로 떨어진다."[76] 존스는 저녁에는 극장에 방문해 '관객: 립스틱은 많지만 빵은 없다'라는 제목의 공연을 열어, 기근과 동시에 우크라이나 전역에서 벌어지고 있던 정치적 탄압과 대량 체포 사태를 관객에게 말해주었다.

"공장은 지금 잔인할 정도로 엄격합니다. 하루만 결근해도 해고당하고, 빵 배급표를 압수당하며, 여권도 못 받게 되죠."
"삶은 악몽 같습니다. 전차를 탈 수가 없어요. 신경이 너무 예민해지니까요."
"그 어느 때보다 끔찍합니다. 지금은 공장에서 한마디만 해도 해고됩니다. 자유가 없어요……."
"사방이 박해받고 있습니다. 모든 사람이 공포에 떨고 있어요. 한 남자는 이렇게 말했습니다. '제 형제가 죽었는데, 아직도 그대로 누워 있어요. 언제 매장할 수 있을지 모릅니다. 장례식 대기열이 너무 길거든요.'"
"미래에 대한 아무런 희망이 없어요."[77]

그는 하르키우에 있는 우만스키의 동료를 만나려 했지만, 끝내 대화를 나누지 못했다. 존스는 조용히 소련을 빠져나갔다. 며칠 후인 3월 30일, 그는 베를린에서 기자 회견을 열었다. 이 기자 회견은 1929년 소련에서 추방된 『베를리너 타게블라트』 기자 파울 셰퍼가 주선한 것으로 추정된다. 존스는 소련 전역에서 대규모 기근이 벌어지고 있다고 밝히고 다음과 같은 성명을 발표했다.

사방에서 외치고 있었습니다. "빵이 없습니다. 우린 죽어가고 있어요." 볼가, 시베리아, 백러시아, 북캅카스, 중앙아시아까지…… 러시아 전역에서 비명이 들려오고 있었습니다.
기차 안에서 만난 한 공산주의자는 기근이 있다는 사실을 부인했습니다. 저는 배급받아 먹고 있던 빵 한 조각을 침통에 던졌습니다. 한 농민 승객이 빵 조각을 낚아채 허겁지겁 먹더군요. 제가 오렌지 껍질을 침통에 던지자 농부는 이번에도 껍질을 꺼내 집어삼켰습니다. 공산주의자는 아무 말도 못 하더군요. 저는 예전에는 소가 200마리 있었지만 지금은 여섯 마리만 남은 마을에서 하룻밤을 묵었습니다. 농민들은 가축 사료를 먹고 있었는데, 이마저도 한 달 분량밖에 남지 않은 상태였습니다. 그들은 이미 많은 사람이 굶어 죽었다고 말했습니다. 군인 두 명이 도둑을 체포하러 왔습니다. 그들은 '굶주리고' 절박한 사람이 너무 많으니 밤에는 여행하지 말라고 경고했습니다.

그들은 "우리는 죽음을 기다리고 있습니다"라는 말로 저를 맞이했습니다. 그리고 이렇게 외쳤습니다. "뭐, 그래도 아직 가축 사료가 있어요. 더 남쪽으로 가보세요. 거기에는 아무것도 없어요. 많은 집은 이미 사람이 죽어 텅 비었습니다."

존스의 기자 회견은 베를린에서 활동하는 두 선임 미국 언론인에 의해 보도되어 『뉴욕 이브닝 포스트*New York Evening Post*』(「기근이 러시아를 휩쓸어 수백만 명이 죽어가고 실업자가 급증했다고 영국인이 폭로하다Famine Grips Russia, Millions Dying, Idle on Rise」)와 『시카고 데일리 뉴스*Chicago Daily News*』(「로이드 조지의 비서에 따르면, 러시아 기근은 이제 1921년 기근만큼 심각한 수준이다Russian Famine Now as Great as Starvation of 1921」)에 실렸다.[78] 이후 다양한 영국 간행물에서 추가 보도를 발표했다. 기사들은 존스가 "긴 도보 여행을 통해 우크라이나를 횡단했다"라고 설명했고, 그의 보도 자료를 인용했으며, 대규모 굶주림에 대한 세부 정보를 추가 공개했다. 이러한 기사는 존스 본인도 밝혔듯 다른 기자들을 방해하던 규칙을 어긴 것이었다. 존스는 이렇게 적었다. "나는 흑토 지대를 걸어 다녔다. 그곳은 한때 러시아에서 가장 비옥한 농지였고, 현재 특파원들은 그곳에 직접 가서 무슨 일이 일어났는지 확인할 수 없었다."[79] 존스는 이후에도 『런던 이브닝 스탠더드_the London Evening Standard_』와 『데일리 익스프레스_Daily Express_』 『카디프 웨스턴 메일_Cardiff Western Mail_』에 10여 개의 기사를 추가로 게재했다.⁸⁰

존스에게 호의를 베풀었던 소련 당국은 분노했다. 소련 외무장관인 막심 리트비노프는 고골의 유명한 희곡•에 나오는 사기꾼 관료에 대한 신랄한 문학적 암시를 이용해, 마이스키 대사에게 화를 내고 투덜거렸다.

> 개러스 존스라는 사람이 흘레스타코프가 되어 당신들 모두를 『감찰관』에 나오는 지방 관리와 여러 등장인물로 만드는 데 성공한 것은 놀라운 일입니다. 사실 그는 평범한 시민에 불과하고, 자신을 로이드 조지의 비서라고 부르며, 그저 로이드 조지의 지시대로 비자를 요청했을 뿐이지만요. 그런데도 당신들은 대사관에서 아무런 확인도 하지 않았고, [OGPU가] 나서서 그의 요청을 들어줘야 한다고 주장했습니다. 우리는 이 사람에게 온갖 지원을 제공했고, 일을 도와주었으며, 심지어 나는 그를 만나기까지 했는데, 그런 사람이 사기꾼으로

• 고골의 『감찰관』. 하급 관료이며 도박과 향락에 빠지는 한편 재능도 미덕도 없어 무전취식 상태인 흘레스타코프를 읍장과 마을 관리, 유지 들이 비밀리에 농촌 관료들의 비리를 캐는 중앙 파견 감찰관으로 오해한다. 그를 융숭히 대접하고 뇌물까지 안겨 보냈지만, 자신들이 속았음을 알고 분개할 때 진짜 감찰관이 나타난다는 줄거리다. 고골은 이를 통해 당시 제정 러시아 고위층의 부패와 모순을 고발했다.

밝혀졌단 말입니다.

존스의 기자 회견 직후, 리트비노프는 언론인의 모스크바 외부 여행에 더욱 엄격한 금지령을 선포했다. 훗날 마이스키는 로이드 조지에게 불만을 제기했다. 소련 대사의 보고서에 따르면 로이드 조지는 존스와 거리를 두었고, 자신은 이 여행을 후원하지 않았고 존스를 자신의 대표자로 보내지 않았다고 선언했다. 그가 실제로 어떻게 생각했는지는 알 수 없지만, 로이드 조지는 다시는 존스를 만나지 않았다.[81]

모스크바 기자단은 더욱 분노했다. 물론 기자단은 모두 존스의 보도가 사실임을 알고 있었고, 몇몇 기자는 이미 같은 이야기를 전할 방법을 찾기 시작한 상태였다. 당시 (외국에 있던 체임벌린을 대신해) 『더 맨체스터 가디언The Manchester Guardian』의 특파원이었던 맬컴 머거리지는 외교 행낭을 통해 기사 세 편을 몰래 국외로 반출했다. 『더 가디언The Guardian』은 이 세 기사를 익명으로 게재했는데, 소련에 대한 그의 비판을 내켜하지 않는 편집자들 때문에 내용이 대폭 삭제되었고, 거의 아무런 관심도 받지 못했다. 기사 내용이 히틀러와 독일에 관해 밝혀왔던 더 거대한 이야기와 충돌했기 때문이다. 한편 우만스키와 리트비노프의 선의에 의존해온 다른 기자들은 존스에 대항해 서로 단결했다. 라이온스는 당시 상황을 세밀하게 묘사했다.

존스를 내쫓는 일은 독재 정권을 만족시키기 위해 수년간 사실을 조작해온 우리에게 유쾌한 일은 아니었지만, 우리는 만장일치로, 그리고 거의 동일한 모호한 표현으로 그를 내쫓았다. 불쌍한 개러스 존스는 그가 우리 입에서 몹시 어렵게 얻어낸 사실이 우리의 부인 때문에 묻혀버렸을 때 누구보다도 놀랐을 것이다. (…) 우만스키의 황금빛 미소 아래에서 신사적인 주고받기 정신으로 많은 협상이 이루어진 후, 우리는 공식적으로 그를 부인하자고 결정했다. 우리는 양심의 가책을 달래기 위해 우회적인 표현을 썼지만 어쨌든 존스를 거짓말쟁이로 몰아붙였다. 더러운 일이 처리되자, 누군가가 보드카와 자쿠스키*를 주문했다.[82]

이 회의가 실제로 있었는지 아닌지에 상관없이, 이 글은 이후에 일어난 일을 은유적으로 요약해준다. 3월 31일, 존스가 베를린에서 발언한 지 하루 만에 듀런티가 직접 대응했다. '러시아인들은 배고프지만 굶주리지는 않는다'라는 헤드라인이 『뉴욕 타임스』를 장식한 것이다. 듀런티의 기사는 존스를 조롱하는 수준까지 나아갔다.

• 러시아와 슬라브어권 국가의 차가운 전채 요리 및 간식. 보통 술을 마시며 먹는다.

"이미 수천 명이 사망했고 수백만 명이 죽음과 굶주림에 위협받고 있다"라는, 소련의 기근에 대한 영국 소식통의 무시무시한 기사가 미국 언론에 보도되었다. 기사 작성자는 개러스 존스였는데, 그는 데이비드 로이드 조지의 비서 출신이고, 최근 소련에서 3주를 보낸 후 소련이 "끔찍한 붕괴 직전에 있다"는 결론을 내렸다고 내게 말했다. 존스 씨는 예리하고 활동적인 두뇌의 소유자로, 러시아어를 배우는 수고를 마다하지 않아 꽤 유창하게 구사할 정도였지만, 필자는 존스 씨의 판단이 다소 성급하다고 생각해 그에게 근거가 무엇인지 물어보았다. 그는 하르키우 인근의 여러 마을을 40마일쯤 걸어 다니고는 상황을 그리 파악한 모양이었다.

나는 그가 보고 파악한 상황이 이 큰 나라의 전체 상황을 반영한다기에는 턱없이 미흡한 단면이라 말했지만, 임박한 파멸에 대한 그의 확신은 흔들리지 않았다.[83]

듀런티는 이후 악명 높은 표현으로 일컬어지는 "직설적으로 말하자면, 달걀을 깨지 않고는 오믈렛을 만들 수 없다"라는 말을 더했다. 이어서 그는 "철저한 조사"를 수행했다고 덧붙이며 "상황은 열악하나 기근은 없다"라고 결론 짓는다.

분노한 존스는 『더 타임스 The Times』 편집장에게 편지를 보내 자신의 출처, 즉 20명이 넘는 영사와 외교관을 포함한 광범위한 인터뷰 대상을 끝까지 나열했고 모스크바 기자단을 공격했다.

검열 때문에 그들은 완곡어법과 과소 표현의 달인이 되었다. 그래서 그들은 '기근'에 '식량 부족'이라는 정중한 이름을 붙이고, '아사'는 '영양실조가 유발한 질병으로 인한 광범위한 사망'으로 완화해서 표현한다.

일은 여기서 더 나아가지 못했다. 듀런티는 존스를 능가했다. 그는 더 유명하고, 독자가 많았고, 신뢰도가 높았다. 그의 권위는 하물며 도전받지도 않았다. 훗날 라이온스와 체임벌린을 비롯한 많은 이는 듀런티를 상대로 더 열심히 싸우지 않은 것을 후회했다. 그러나 당시에는 아무도 존스를 옹호하지 않았고, 심지어 비슷한 견해를 용감하게 표현했던 몇 안 되는 모스크바 특파원인 머거리지조차도 마찬가지였다. 존스는 1935년 몽골 취재 도중 중국 비적단에 붙잡혀 살해당했다.[84]

'러시아인은 배고프지만 굶주리지는 않는다'는 사회적으로 용인되는 통념으로 자리 잡는다. 이 표현은 당시의 어려운 정치적, 외교적 고려 사항과도 절묘하게 맞아떨어졌다. 1933년이 지나 1934년, 1935년이 찾아오자, 히틀러에 대한 유럽인들의 우려는 점차 심각해진다.

에두아르 에리오는 전 총리인 장 루이 바르투와 피에르 라발 등 나치즘의 부상 앞에서 프랑코-소련 동맹이 필요하다고 믿었던 수많은 프랑스 정치인 중 한 명에 불과했다.[85] 영국 외무부의 로렌스 콜리어는 영국-소련 동맹이 필요할 수도 있다고 생각했다. 한 의원의 질의에 답변하면서 그는 이렇게 설명했다.

진실을 말씀드리지만, 당연히, 우리는 기근 상황에 관한 어느 정도의 정보를 가지고 있습니다. (…) 그리고 그것을 비밀로 유지해야 할 의무는 없습니다. 하지만 우리는 이를 공개하지 않을 것입니다. 소련 정부가 분개할 것이고 그들과의 관계가 훼손될 테니까요.[86]

폴란드 국민은 여러 출처를 통해 기근에 관해 매우 상세한 정보를 확보했지만, 이들 역시 침묵을 지켰다. 폴란드는 1932년 7월 소련과 불가침 조약을 체결했다. 이웃 소련에 대한 폴란드의 휴전 및 냉전 평화 정책은 1939년, 큰 역풍으로 돌아온다.[87]

1933년 말, 새로운 루스벨트 행정부는 소련을 둘러싼 나쁜 소식을 무시해야 할 이유를 적극적으로 찾았다. 대통령 참모진은 독일이 발전하고 있고 일본을 봉쇄해야 할 필요도 있기에, 이제는 미국이 모스크바와 정식 외교관계를 수립해야 한다고 결론 내렸다. 루스벨트는 중앙 계획 경제와 자신이 생각했던 소련의 엄청난 경제적 성공에 관심이 있었고(대통령은 듀런티의 보도를 주의깊게 읽었다), 그래서 상업적으로도 유익한 관계가 될 수 있다고 믿었다.[88] 결국 협상이 타결되었다. 리트비노프가 협정서에 서명하기 위해 뉴욕에 도착했을 때, 듀런티도 그와 동행했다. 월도프 아스토리아 호텔에서 열린 소련 외무장관을 위한 호화로운 연회에서, 듀런티는 1500명의 손님에게 소개되었다. 그는 자리에서 일어나 고개를 숙여 인사했다.

박수갈채가 쏟아졌다. 훗날 『뉴요커*The New Yorker*』는 듀런티의 이름이 이날 저녁 "유일하게 오랫동안 이어진 소란"을 일으켰다고 보도했다. "실제로 사람들은 분별력을 잃은 미국이 러시아와 월터 듀런티를 모두 인정한다는 인상을 받았다."[89] 이로써 기근의 은폐는 성공한 것처럼 보였다.

42_ 개러스 존스의 기사, 『이브닝 스탠더드』, 1933년 3월 31일 자.
43_ 월터 듀런티(가운데), 모스크바 아파트에서 호화로운 저녁을 즐기고 있다.

44_ 월터 듀런티의 기사, 『뉴욕 타임스』 1933년 3월 31일 자.
45_ 카가노비치, 스탈린, 포스티셰프, 보로실로프, 1943년.

46_ 하르키우 밖, 기근 희생자들의 공동묘지. 1933년.

15장

역사와 기억 속의 홀로도모르

> 오 신이시여, 또다시 재앙입니까!……
> 그토록 평화롭고, 그토록 고요했건만
> 그러나 우리는 이제 사슬을 끊기 시작했다
> 우리 민족을 노예로 묶어두는 사슬을……
> 이제는 끝낼 때다!…… 민중의 피가 다시 흐른다!
> ―타라스 셰우첸코, 『돌아온 재앙 Calamity Again』, 1859[1]

기근 이후 수년 동안, 우크라이나인들은 어떤 일이 일어났는지 말할 수 없었다. 그들은 공적으로 애도하기를 두려워했다. 설령 애도할 용기가 있다 하더라도 기도할 교회가 없었고, 꽃으로 장식할 묘비도 없었다. 국가가 우크라이나 시골의 오랜 관습을 부쉈을 때, 공공의 기억도 함께 산산이 흩어졌다.

그러나 생존자들의 사적 기억은 간직돼 있었다. 그들은 무슨 일이 있었는지를 실제로 기록하거나 마음속에 새겨뒀다. 일기를 "나무 상자에 넣고 잠갔다"라고 회상한 한 생존자처럼, 어떤 이들은 일기를 쓴 다음 마룻바닥 밑에 숨기거나 땅에 묻었다.[2] 사람들은 마을에서, 그리고 집에서 자녀들에게 자신이 겪은 일을 들려주었다. 볼로디미르 체푸르가 다섯 살 때, 그의 어머니는 "엄마와 아빠는 먹을 것은 모두 네게 줄 거야"라고 말했다. 그의 부모는 설령 자신들이 살아남지 못하더라도, 자신들의 아들이 살아남기를, 증언해주기를 바랐다. "저는 절대로 죽어선 안 됐습니다. 커서 사람들에게 우리 가족과 우크라이나가 얼마나 고통스럽게 죽어갔는지를 말해야 했습니다."[3] 엘라다 졸로토베르하의 어머니는 일기를 썼고, 살아남은 후에는 그 역시 자녀와 손자, 증손자들에게 일기를 읽어주며 "우크라이나가 겪어낸 공포"를 기억하라고 간청했다.[4]

수많은 사람이 사적으로 되뇌어온 말들은 흔적을 남겼다. 공적인 침묵은 여기에 비밀스러운 힘을 더해주었다. 1933년 이후 이러한 이야기는 기근에 대한 대안적 서사, 즉 강렬한 감정을 끌어내는 기근의 '진짜 역사'이자 공적 부인 속에서 성장하고 발전한 구전 역사가 되었다.

수백만 명의 우크라이나인은 당이 공적 논의를 통제하는 선전과 선동의 국가에 살면서도 대안적 서사를 알고 있었다. 단절감, 사적 기억과 공적 기억 사이의 괴리, 국가적 애도의 부재를 비롯한 수많은 요소가 수십 년 동안 우크라이나인들을 괴롭혔다. 하브릴로 프로코펜코는 부모님이 드네프로페트롭스크주에서 굶어 죽은 뒤로 기근에 관한 생각을 끊어낼 수 없었다. 그는 학교 발표를 준비하며 기근에 대해 글을 썼고, 어울리는 그림까지 그렸다. 선생님은 작품을 칭찬했지만, 학생과 자신이 곤경에 처할지도 모른다고 염려한 나머지 작품을 버리라고 지시했다. 프로코펜코는 뭔가 잘못되었다고 생각했다. 왜 기근에 대해 이야기하면 안 될까? 소련 국가는 무엇을 숨기려는 걸까? 30년의 세월이 지나, 프로코펜코는 지역 텔레비전 방송국에서 '굶주림으로 새까매진 사람들'이라는 구절이 포함된 시를 읽는다. 이후 지역 당국의 위협적인 방문이 이어졌지만, 그는 비극의 책임이 소련에 있음을 다시금 확신했다.[5]

추모의 부재는 볼로디미르 사모일류크에게도 괴로움을 안겨주었다. 그는 나치 점령기에서 살아남아 제2차 세계대전에 참전했지만, 그때조차 기근만큼 비극적이지는 않았다. 기근에 관한 기억은 수십 년이 지나도 사라지지 않았고, 그는 기근이 공식 역사에 등장하기만을 기다렸다. 1967년 사모일류크는 1933년을 다룬 소련 텔레비전 프로그램을 시청했다. 그는 화면을 응시하면서, 자신이 기억하는 끔찍한 공포가 나타나길 기다렸다. 그러나 첫 번째 5개년 계획의 열정적인 영웅들, 노동절 행진, 심지어 1993년 축구 경기 장면까지 보았지

만 "끔찍한 기근에 대해서는 단 한마디도 나오지 않았다."⁶

1933년부터 1980년대 후반까지 우크라이나 내부에서는 완전한 침묵이 지속되었다. 단 하나, 눈에 띄고 고통스러우며 복잡했던 단 하나의 예외를 제외하고.

히틀러가 1941년 6월 22일 소련을 침공했다. 독일군은 11월까지 소비에트 우크라이나 대부분을 점령했다. 앞으로 무슨 일이 벌어질지 알지 못했던 수많은 우크라이나인, 심지어 유대계 우크라이나인도 처음에는 독일군을 환영했다. 한 여성은 이렇게 회상했다. "소녀들이 군인들에게 꽃을 건넸고 사람들은 빵을 건넸어요. 군인들을 보자 우리 모두 무척 기뻤답니다. 그들은 우리에게서 모든 것을 빼앗아 굶주리게 했던 공산주의자들로부터 우리를 구해줄 존재였으니까요."⁷

1939년부터 1941년까지 소련이 점령했던 발트 3국에서도 처음에는 독일군을 환영했다. 캅카스와 크림반도 역시 독일군에 열렬히 환호했다. 주민들이 나치라서 그랬던 것은 아니었다. 탈쿨라크화, 집단화, 대규모 테러, 볼셰비키의 교회 공격 등을 비추어보며 주민들은 독일군이 선사할 미래를 순진하고 낙관적으로 상상할 수밖에 없었다.⁸ 우크라이나의 많은 지역에서 독일군의 도착은 자발적인 탈집단화로 이어졌다. 농민들은 땅을 되찾았을 뿐만 아니라, 러다이트적 분노에 휩싸여 트랙터와 콤바인 수확기를 파괴하기까지 했다.⁹

하지만 소동은 순식간에 끝났고, 독일 점령하에서 더 나은 삶을 기대했던 모든 희망은 순식간에 무너졌다. 이후 일어난 일의 전말은 이 책에서 다룰 수 있는 범위를 벗어난다. 나치가 우크라이나에 가한 재앙은 이해하기 어려울 정도로 광범위하고 폭력적이며 잔혹했기 때문이다. 소련에 도착한 독일군은 다른 국가를 파괴한 경험이 많았고 우크라이나에서도 하고 싶은 바가 명확했다. 즉시 홀로코스트가 시작되었다. 멀리 떨어진 수용소가 아닌 공공장소에서였다. 독일군은 유대인과 집시들을 추방하는 대신 이웃이 보는 앞에서, 마을 변두리에서, 숲속에서 대량으로 처형했다. 전쟁 기간 우크라이나 유대인 세 명 중 두 명, 즉 80만~100만 명이 사망했는데, 이는 대륙 전체에서 발생한 수백만 명의 사망자 중에서도 상당한 비중을 차지했다.

히틀러에게 희생된 소련 사람 중에는 2백만 명이 넘는 소련 전쟁 포로도 포함되어 있었다. 대부분은 질병이나 굶주림으로 인해 우크라이나 영토에서 사망했다. 식인 행위가 또다시 우크라이나에 출몰했다. 키로보흐라드(의 306 포로수용소)에서 경비병들은 죽은 전우를 먹는 포로들을 보고했다. 볼로디미르 볼린스키의 365 포로수용소에 있던 한 목격자도 같은 사실을 보고했다.[10] 나치 군인과 경찰은 다른 우크라이나인, 특히 공무원을 약탈하고 구타하며 제멋대로 살해했다. 나치 계급 체계에서 슬라브인은 열등 인류로 분류되어, 유대인보다는 한 단계 높지만 결국에는 제거될 운명이었다. 독일군을 환영했던 많은 이는 원래의 독재 정권이 다른 독재 정권으로 바뀌었을 뿐이라는 사실을 금방 깨달았고, 독일군이 일련의 강제 이주를 추진했을 때는 그 깨달음이 더 분명해졌다. 전쟁이 진행되는 동안 나치군은 200만 명 이상의 우크라이나인을 독일로 보내 강제 노역에 동원했다.[11]

우크라이나를 점령한 모든 세력이 그랬듯이, 나치 역시 실제 관심사는 결국 하나였다. 바로 곡물이다. 히틀러는 오래전부터 "우크라이나를 점령하면 모든 경제적 걱정에서 해방될 것"이며, 우크라이나 영토를 확보하면 "지난 전쟁과 달리 다시는 누구도 우리를 굶주리게 하지 못할 것"이라고 주장했다. 히틀러 정부는 1930년대 후반부터 이러한 열망을 현실로 바꾸기 위해 계획을 세웠다. 나치의 식량과 농업을 담당했던 음흉한 관료, 헤르베르트 바케는 '굶주림 계획'을 고안했으며 목표는 단순했다. "전쟁에서 승리하려면 전쟁 3년 차에 독일군 전체가 러시아에서 식량을 공급받아야 한다." 그는 전체 독일군과 독일이 식량을 공급받으려면 소련인이 먹을 식량을 남김없이 빼앗아야 한다는 결론에 이르렀다. 5월에 발표한 '경제정책 지침'과 1941년 6월 독일 관료 1000명에게 배포한 비공식 문건에서 바케가 설명했듯, '믿을 수 없는 굶주림'이 조만간 러시아, 벨라루스, 소련의 산업도시, 모스크바와 레닌그라드는 물론 키이우와 하르키우까지 덮칠 것이었다. 이 기근은 우연이 아니었다. 약 3000만 명을 '아사'시킬 목적으로 도입된 의도적인 일이었다.[12] 이 사실은 점령지 착취를 담당하는 동방경제참모부의 지침에서 명확하게 드러난다.

이 지역에 사는 수천만 명은 불필요한 존재가 될 것이며, 죽거나 시베리아로 이주해야 한다. 흑토 지대에서 확보한 잉여 자원으로 이곳의 인구를 먹여 살리려면 유럽에 곡물 공급을 중단해야 한다. 하지만 그렇게 하면 독일은 전쟁에서 버티지 못하고, 독일과 유럽이 봉쇄에 저항하지 못한다. 이에 관해서는 절대적인 명확성을 적용해야 한다.[13][원문에서 강조]

이것은 몇 배로 확대된 스탈린식 정책, 즉 굶주림을 통해 민족 전체를 제거한다는 정책이었다.

나치는 우크라이나에서 '굶주림 계획'을 완수하진 못했지만, 나치의 점령정책을 보면 이 계획이 얼마나 중요했는지 알 수 있다. 먼저 자발적인 탈집단화는 빠르게 중단된다. 집단 농장이 곡물을 징발하기 더 쉽다는 이유 때문이었다. 바케는 이렇게 설명했다. "소련이 앞서 집단 농장을 만들지 않았다면 독일군이 도입해야 했을 것이다."[14] 1941년에는 농장을 '협동조합'으로 전환하려 했지만, 이 계획은 실현되지 못한 것으로 보인다.[15]

굶주림도 다시 찾아왔다. 스탈린의 '초토화' 정책 때문에 이미 우크라이나의 많은 경제적 자산은 붉은 군대의 후퇴와 함께 파괴된 상태였다. 독일 점령은 남아 있는 사람들의 상황을 한층 더 끔찍하게 만들었다. 9월에 키이우가 점령되기 직전, 제국 경제부 장관인 헤르만 괴링은 바케와 회의를 가졌다. 두 사람은 도시 주민들이 식량을 '다 먹어치우도록' 허용해선 안 된다는 데 동의했다. "새로 정복한 영토의 모든 주민을 먹이겠다는 꿈은 실현될 수 없다." 며칠 후 나치 친위대의 하인리히 힘러는 히틀러에게 키이우 주민들은 인종적으로 열등하며 폐기해도 된다고 말한다. "그들 중 80~90퍼센트가 없어져도 아무 문제 없습니다."[16]

1941년 겨울, 독일군은 도시로의 식량 공급을 차단했다. 일반적인 관념과 달리 독일 당국은 소련 당국보다 효율성이 떨어졌다. 농민 상인들은 1933년에는 꿈도 못 꿨던 임시 저지선 통과에 성공했고, 수천 명이 식량을 찾아 다시 도로와 철도로 이동했다. 그러나 점령지역 전체에서 식량 부족은 갈수록 심해졌다. 또다시 사람들은 몸이 붓고 움직임이 느려졌으며, 먼 곳을 응시하다 죽어가기 시작했다. 그해 겨울 키이우에서는 최소 5만 명이 굶어 죽었다. 나치 사령관에 의해 봉쇄된 하르키우에서는 1942년 5월 첫 2주 동안 1202명이 굶어 죽었고, 점령 기간 굶어 죽은 총 사망자는 2만여 명에 달했다.[17]

바로 이러한 맥락, 고난과 혼란이 가득하며 잔혹한 점령이 진행되는 데다 새로운 기근이 다가오는 상황 덕에, 마침내 1933년 우크라이나 기근이 처음으로 공개적으로 이야기된다. 하지만 이야기를 전달하는 방식은 당시 상황이 결정했다. 점령 기간에 이뤄진 논의의 목적은 생존자들의 애도나 회복, 또는 정직한 기록이나 미래를 위한 교훈을 남기는 것이 아니었다. 일종의 과거 청산을 기대했던 사람들은 실망하고 말았다. 기근을 비밀 일기로 감춰뒀던 많은 농민은 일기를 파내 지방 신문사 사무실로 가져왔다. 하지만 "안타깝게도 편집자 대부분은 이제 과거에 관심이 없었고, 귀중한 기록들은 어떤 주목도 받지 못했다."[18] 대신 이제 새로운 독재 정권에 직업과 목숨을 빚지게 된 편집자 대부분은 나치의 선전을 뒷받침하는 기사를 게재했다. 기근을 논의하는 목적은 새로운 체제를 정당화하는 데 있었다.

나치는 실제로 소련의 기근을 아주 잘 알고 있었다. 독일 외교관들은 기근이 진행되는 동안 기근을 다룬 대단히 상세한 보고서를 베를린에 보냈다. 요제프 괴벨스는 1935년 나치 당 대회 연설에서 기근을 언급했고, 500만 명이 사망했다고 밝혔다.[19] 우크라이나를 점령한 독일군은 우크라이나에 도착하자마자 기근을 '이념화 작업'에 활용했다. 그들은 모스크바에 대한 증오심을 증폭하려 했고, 사람들에게 볼셰비키 통치의 결과를 상기시키려 했다. 특히 우크라이나 시골 주민들에게 다가가고자 애썼는데, 독일군에 보낼 식량을 생산하려면 농민들이 분발해야 했기 때문이었다. 선전 포스터, 대자보, 만화에는 불행하고 굶어 죽기 직전인 농민들의 모습이 등장했다. 한 포스터에는 쇠약한 어머니와 아이가 폐허가 된 도시 앞에 서 있고, 그 위에는 "이것이 스탈린이 우크라이나에 준 선물이다"라는 슬로건이 적혀 있다. 다른 포스터에는 가난한 가족이 텅 빈 식탁에 앉아 있고 그 아래에는 "삶이 더 나아졌소, 동무들. 삶이 더 즐거워졌소"라는 스탈린의 유명한 발언이 적혀 있다.[20]

1942년부터 1943년(우연히도 우크라이나에서 나치 권력이 최고조에 달했던 시기)에는 기근 10주년을 기념하기 위해 많은 신문에서 농민의 지지를 얻고자 자료를 게재했다. 1942년 7월, 25만 명이 구독하는 농업 주간지인 『우크라인스키 흘리보로프*Ukraïnskiy Khliborob*』에서는 '유대인 볼셰비키 없이 일한 한 해'를 주요 기사로 게재했다.

모든 농민은 굶주림이 사람들을 풀처럼 쓸어버렸던 1933년을 생생히 기억한다. 소련은 20년 만에 풍요로운 땅을 수백만 명이 죽은 굶주림의 땅으로 만들었다. 독일군은 이 공격을 저지했고, 농민들은 우크라이나 농민들이 자유롭게 일할 수 있도록 싸운 독일군을 빵과 소금으로 환영했다.21

다른 기사들도 뒤이어 실렸고, 어느 정도 주목을 받는 데 성공했다. 당시 한 일기 작성자는 나치 선전은 일부 내용이 사실이었기 때문에 강한 영향력을 발휘했다고 기록했다.

……우리의 모습, 우리의 집, 우리의 마당, 우리의 바닥, 우리의 화장실, 우리의 마을 의회, 폐허가 된 우리의 교회, 서류와 흙먼지. 간단

히 말하자면, 유럽인들에게는 극심한 공포를 선사하겠지만 이미 평범한 사람들과 동시대 유럽인의 생활 수준에서 멀어진 우리의 지도자와 그 조수들이 무시하고 있던 모든 것이다.[22]

폴타바 출신의 한 난민은 전쟁 직후 기자에게 점령 기간 기근에 대해 많은 이야기가 오갔다고 말했다. 그리고 붉은 군대가 돌아올 것처럼 보였을 때, 사람들은 이렇게 질문했다고 회상했다. "우리 '빨갱이'들은 무엇을 가져올까? 새로운 1933년 기근일까?"[23]

나치 언론의 다른 모든 기사처럼, 이러한 전시 보도 역시 반유대주의로 가득 차 있었다. 기근과 가난과 억압은 유대인의 책임이라는 비난이 반복되었으며, 물론 이러한 관념이 이전에도 있었다 해도 이제는 점령군의 이데올로기에 확실히 각인되어 있었다. 한 신문은 유대인이 기근을 빗겨난 유일한 인구 집단이며, 그들이 토르그신 상점에서 필요한 모든 물품을 구매했기 때문이라는 기사를 실었다. "유대인은 금도 달러도 부족하지 않았다." 다른 신문들은 볼셰비즘 자체를 "유대인의 산물"이라고 실었다.[24] 한 회고록 작가는 전쟁 중 키이우에서 기근에 관한 반유대주의 선전 영화를 보았던 것을 회고했다. 영화는 발굴된 시체 사진을 보여주었고, 유대인 비밀경찰이 살해되는 장면으로 끝났다.[25]

전시 언론은 나치 선전의 틀을 따르지 않은 특별 기획으로서 기근을 다룬 소수의 기사를 간신히 게재했다. 1942년 11월, 농업 경제학자인 S. 소스노비는 하르키우 신문인 『노바 우크라이나*Nova Ukraïna*』에 기근에 대한 최초의 준학문적 연구로 여겨지는 글을 게재했다. 소스노비의 기사는 나치 선전 용어를 사용하지 않았고, 일어난 일을 있는 그대로 서술했다. 그는 기근이 소련 권력에 대한 우크라이나 농민의 저항을 파괴하기 위해 계획된 일이라고 썼다. 기근은 "자연적인 원인"에 따른 결과가 아니었다. "실제로 1932년의 기후 조건은 1921년처럼 특이하지 않았다." 소스노비는 사망자 수에 대한 최초의 진지한 추정치도 제시했다. 그는 1926년과 1939년의 인구 조사와 기타 소련 통계 간행물을 참고해(탄압받은 1937년 인구 조사는 제외했지만, 소스노비는 그 내용을 알고 있었을 것이다) 1932년 우크라이나에서 150만 명이 굶어 죽었고, 1933년에는 330만 명이 죽었다는 결론을 내렸다. 이는 현재 많은 곳에서 인정된 수치보다 약간 높지만 크게 벗어나지 않는 수준이다.

또한 소스노비는 기근이 어떻게 발생했는지를 정확하게 묘사해 실제 이야기, 즉 '대안적 서사'가 10년이 지난 후에도 여전히 살아 있음을 증명했다.

먼저, 그들은 집단 농장 창고에서 농부들이 '노동일'의 대가(트루도니)로 받은 모든 것을 가져갔다. 그다음에는 사료와 종자를 가져갔고, 그다음에는 오두막으로 가 농민들이 미리 받아둔 마지막 곡물까지 가져갔다. (…) 그들은 1932년에 우크라이나의 파종 면적이 작고 수확량이 적다는 사실을 알고 있었다. 그러나 곡물 조달 계획은 극도로 많은 할당량을 책정했다. 이것이 기근을 조직하기 위한 첫 단계가 아니겠는가? 곡물 조달 과정에서 볼셰비키들은 남은 곡물이 극히 적다는 사실을 알았지만, 개의치 않고 모든 것을 계속 가져갔다. 이것이 바로 기근을 조직하는 방식이다.[26]

훗날 이와 유사한 다양한 관점은 기근을 제노사이드라고 규정하며, 즉 기근이 우크라이나 국가 전체를 파괴하고자 의도적으로 계획된 것이었다고 주장하며 그를 뒷받침했다. 그러나 1942년에는 제노사이드라는 용어가 아직 사용되지 않았고, 나치가 점령한 우크라이나에서는 이 개념이 누구의 관심도 끌지 못했다.

소스노비의 기사는 건조하고 분석적이었지만, 함께 실린 시는 공개적으로 표현할 수 없을지언정 여전히 애도가 계속되고 있음을 보여줬다. 올렉사 베레텐첸코가 쓴 「먼 야생의 북쪽 땅 어딘가Somewhere in the Distant Wild North」는 1943년 내내 『노바 우크라이나』에 연재된, 1933년을 소재로 한 연작시의 일부였다. 연재된 모든 시는 고통과 향수를 불러일으켰다.

웃음소리는 어디로 갔는지
한여름 밤 소녀들이 피우던 모닥불은 어디에?
우크라이나의 마을들은 어디에?
집마다 있던 체리 과수원은 어디에?
모든 것이 탐욕스러운 불길 속에 사라졌다네
어머니들은 자식을 잡아먹네
광인들은 시장에서
인육을 팔고 있다네[27]

감정의 울림은 사람들의 집 안에서도 은밀히 울려 퍼졌다. 소련과 독일의 침략으로 우크라이나 서부(갈리시아, 부코비나, 서부 볼히니아)가 다른 지역과 사실상 통합되었기에, 많은 서부 우크라이나인은 처음으로 동부를 여행하면서 보고 들은 것을 기록할 수 있었다. 1933년에 많은 사람이 기근에 대해 말했지만, 전쟁 중 우크라이나 중부를 직접 방문한 보흐단 리우보미렌코에게는 기근 이야기가 이토록 계속된다는 것이 여전히 놀라운 일이었다. "지역에 상관없이 우리가 대화를 나눈 모든 사람은 자신이 겪어낸 기근 시절이 너무나 끔찍했다고 말했습니다." 때로는 집주인이 그에게 "자신이 겪은 끔찍한 일을 밤새도록 이야기"하기도 했다.

1932년부터 1933년, 정부가 우크라이나에 악의적으로 계획했던 끔찍하고도 인위적인 기근은 사람들의 기억 속에 깊이 새겨졌다. 10년이라는 긴 세월도 그 살인적인 흔적을 지우지 못했고, 죄 없는 어린이와 여성 및 남성, 기근으로 쇠약해져 죽어간 젊은이들의 소리도 지우지 못했다. 슬픈 기억은 여전히 도시와 마을 위에 검은 안개처럼 남아, 굶주림에서 살아남은 목격자들 사이에 죽음의 공포를 불러일으키고 있다.[28]

또한 우크라이나인들은 집단화와 저항, 그리고 1930년 그들을 탄압하기 위해 도착한 무장 민병대에 대해서도 공개적으로 발화하기 시작했다. 많은 이들이 기근의 정치적 원인을 분명히 밝히면서 "농민들이 어떻게 강탈당했는지, 어떻게 모든 것을 몰수당해 어린 자녀가 있는 가정에조차 아무것도 남지 않았는지"를 설명했다. "그들은 모든 것을 몰수해 러시아로 보냈습니다."[29] 소련의 다른 지역에 사는 우크라이나인도 마찬가지였다. 1980년대에 작가 스베틀라나 알렉시예비치는 전쟁 기간에 우크라이나 여성과 함께 참전했던 한 러시아 여성 퇴역병을 만났다. 가족을 모두 잃은 기근 생존자였던 이 여성은 그 퇴역병에게 살아남으려 말똥을 먹어야 했다고 말했다. "나는 조국을 지키고 싶지만, 혁명의 반역자인 스탈린을 옹호하고 싶지는 않아요."[30]

나중에 그랬던 것처럼(그리고 오늘날에도 마찬가지지만), 모든 청중이 이 이야기를 믿는 것은 아니었다. 그 퇴역병은 자신의 전우가 '적'이나 '첩자'가 아닐까 걱정했다. 심지어 갈리시아 출신의 우크라이나 민족주의자들도 국가가 조직한 기근이라는 개념을 받아들이기 어려워했다. "솔직히 말하면, 우리는 정부가 그런 일을 할 수 있다고 믿기가 어려웠습니다."[31] 스탈린이 고의로 사람들을 굶어 죽게 했다는 생각은 너무나 끔찍하고 괴물 같아서, 스탈린을 증오하는 사람들조차도 받아들이기 힘들었다.

제2차 세계대전이 종식되었지만 완전한 현상 유지와 회복으로 나아가지는 못했다. 우크라이나 내부에서는 전쟁 때문에 정권의 언어가 달라졌다. 소련을 비판하는 이들은 더 이상 단순한 적이 아니라 '파시스트'나 '나치'였다. 기근에 관한 모든 언급은 '히틀러식 선전'이 되었다. 기근을 다룬 회고록을 서랍과 옷장 깊숙한 곳에 넣어둬야 했고, 기근을 거론하면 반역죄를 썼다. 1945년, 뛰어난 필력을 자랑하는 홀로도모르 일기 작가인 올렉산드라 랏첸코는 자신의 일기 때문에 박해받아야 했다. 그의 아파트를 수색한 비밀경찰은 일기를 발견하고 압수했다. 6개월간의 심문 끝에, 그는 '반혁명적 내용이 담긴 일기'를 썼다는 혐의로 기소되었다. 재판에 선 랏첸코는 여러 판사 앞에서 이렇게 말했다. "제가 글을 쓴 가장 큰 목적은 제 자녀들에게 글을 헌정하기 위함입니다. 20년이 지나면 아이들은 사회주의를 건설하기 위해 어떤 폭력적인 방법이 동원되었는지를 믿지 않을 테니까요. 우크라이나인은 1930년에서 1933년까지 끔찍한 공포에 시달렸습니다……" 이러한 호소는 무시되었고, 그녀는 굴라크 10년 행을 선고받은 후 1955년에야 우크라이나로 돌아올 수 있었다.[32]

새로운 공포에 대한 기억이 1933년의 기억 위로 덧씌워졌다. 1941년 바비 야르 계곡에서 일어난 키이우의 유대인 학살, 우크라이나 군인들이 참전한 쿠르스크, 스탈린그라드 및 베를린 전투, 전쟁 포로수용소, 굴라크, 귀환한 강제 추방자 여과 수용소, 학살과 대량 체포, 불타버린 마을과 파괴된 들판까지. 이 모든 것은 이제 우크라이나 이야기의 일부가 되었다. 공식 소련 역사에서는 '대조국전쟁'이라 불리는 제2차 세계대전은 연구와 기념행사의 핵심 주제가 되었지만, 여전히 1930년대의 탄압은 한 번도 논의되지 않았다. 1933년은 1941년, 1942년, 1943년, 1944년, 1945년에 밀려 잊히고 말았다.

1946년에도 상황은 더 나빠졌다. 전후의 혼란과 가혹한 징발의 부활, 심각한 가뭄, 그리고 (이번에는 소련이 점령한 중부 유럽에 식량을 공급하기 위한) 수출 필요성이 다시 한번 대두되면서, 식량 공급이 어려워졌다. 1946년부터 1947년, 약 250만 톤의 소련 곡물이 불가리아, 루마니아, 폴란드, 체코슬로바키아, 유고슬라비아, 심지어 프랑스로 수송되었다. 우크라이나인은 소련 전역의 다른 사람들과 마찬가지로 시골과 도시 모두에서 또다시 굶주림에 시달렸다. 식량 부족으로 인한 사망자 수는 너무나 많았고, 수십만 명이 영양실조로

고통받았다.[33]

그러나 우크라이나 밖에서도 상황은 근본적으로 다른 방향으로 바뀌었다. 1945년 5월 유럽에서 전쟁이 끝나자, 우크라이나인 수십만 명은 다른 소련 시민들처럼 자신이 소련 국경 밖에 있다는 사실을 알아차렸다. 대부분은 독일의 공장과 농장에서 일하도록 파견된 강제 노동자들이었다. 독일군과 함께 후퇴했거나, 붉은 군대가 귀환하기 전에 독일에서 도망쳤던 이들도 있었다. 기근을 경험한 이들은 소련의 재집권이 어떤 이득도 제공하지 않는다는 사실을 알고 있었다. 기근 목격자이자 오데사 출신의 농업 전문가인 올렉사 보로파이는 독일 뮌스터 인근의 '실향민 수용소'에 있는 자신을 발견한다. 그는 '군용 차고를 개조한 거대한 막사'에서 동포들과 함께 생활했다. 1948년 겨울, 캐나다나 영국으로 이송되길 기다리는 동안 그들은 "할 일이 없고 저녁은 길고 지루했다. 시간을 보내기 위해 사람들은 자신의 경험담을 말했다". 보로파이는 글을 남겼다.[34] 몇 년 후 이 이야기들은 런던에서 『아홉 번째 원The Ninth Circle』이라는 제목의 작은 책으로 출판되었다.

당시에는 별다른 영향을 미치지 못했지만 『아홉 번째 원』은 현재 주목할 만한 읽을거리로 소개된다. 이 책에는 기근 시기 성인이었고, 여전히 기근을 생생하게 기억하고 있으며, 기아의 원인과 결과에 대해 숙고하는 시간을 가진 사람들의 견해가 담겨 있다. 보로파이는 몇 년 전 소스노비가 그랬던 것처럼 기근이 의도적으로 조직되었고,

스탈린이 치밀하게 계획했으며, 처음부터 우크라이나를 정복하고 '소비에트화'하는 것이 목적이었다고 주장했다. 보로파이는 집단화 이후 일어난 반란을 묘사하고 반란의 의미를 설명했다.

> 모스크바는 이 모든 일이 또 다른 우크라이나 전쟁의 시작이라는 것을 이해했고, 1918년부터 1921년의 해방 투쟁을 떠올리며 두려워했다. 그리고 경제적으로 독립한 우크라이나가 공산주의에 얼마나 큰 위협이 될지도 알고 있었다. 특히 우크라이나 시골에는 민족의식과 도덕성이 강한 세력이 남아 있었고 그들은 독립적이면서도 통일된 우크라이나라는 관념을 중시했다. (…) 그래서 붉은 모스크바는 강력한 우크라이나 국민 3500만 명의 저항력을 꺾기 위해 가장 수치스러운 계획을 채택했다. 기근을 이용해 우크라이나의 힘을 약화하는 것이다.[35]

우크라이나 디아스포라의 다른 구성원들도 보로파이의 주장에 동의했다. 그들은 어디에서든 기근을 중심으로 자발적인 조직을 구성했고, 기근을 우크라이나 역사의 전환점으로 기억하며 기념하기 시작했다. 1948년에는 (대부분 실향민 수용소에 있었던) 독일 내 우크라이나인들이 기근 15주년을 추념해 하노버에서 시위를 조직했고 기근을 '대량 학살'이라고 설명하는 전단을 배포했다.[36] 1950년 바바리아의 한 우크라이나 신문은 점령지 하르키우에서 처음 보도된 소스노비의 기사를 재게시했고, 같은 결론을 내렸다. 기근이 소련 정권에 의해 '조직된' 일이라는 것이다.[37]

1953년, 우크라이나 이민자 세멘 핏하이니는 한 걸음 더 나아갔다. 쿠반의 카자크 가정에서 태어난 핏하이니는 굴라크 경험자였다. 체포되어 솔로베츠키섬 강제 수용소에 수감되었던 그는 나치 침공 전에 석방된 후, 전쟁 기간 하르키우 시 행정 기관에서 일했다. 1949년 토론토에 정착한 뒤로는 우크라이나 역사를 연구하고 알리는 데 전념했다. 독일 내 우크라이나인과 마찬가지로, 그의 목표는 정치적이면서도 도덕적이었다. 그는 기억하고 애도하길 원했지만, 동시에 소련 정권의 잔인하고 억압적인 성격을 서방에 알리고 싶었다. 냉전 초기에는 유럽과 북미의 많은 지역에서 여전히 친소련 정서가 강했다. 핏하이니와 우크라이나를 떠난 사람들은 최선을 다해 이러한 정서와 맞서 싸웠다.

캐나다에서 핏하이니는 '러시아 공산주의 테러 피해자 우크라이나 협회'의 창립을 주도했다. 또한 그는 저명한 망명 조직가가 되어 이민자 단체를 대상으로 자주 연설했고, 기근뿐만 아니라 소련에서의 삶에 대한 기억을 기록하도록 독려했다. 다른 망명자 기관도 같은 작업에 착수했고 때로는 앞서 작업을 마치기도 했다. 1944년 위니펙에 설립된 우크라이나 문화 교육 센터는 1947년에 회고록 작성 대회를 개최했다. 제2차 세계대전 관련 자료 수집이 목적이었지만, 제출된 회고록 중 상당수에는 기근에 관한 내용이 적혀 있었고, 결과적으로 센터는 상당한 양의 자료를 수집할 수 있었다.[38] 또한 전 세계 우크라이나 커뮤니티는 뮌헨의 한 디아스포라 신문에서 주최한 "우크라이나에서 볼셰비키가 얼마나 멋대로 했는지를 알리는 강력한 고발장으로서" 회고록 쓰기 요청에 응답했다.[39]

이러한 노력의 대표적인 결과물은 핏하이니가 편집한 책인 『크렘린의 사악한 행위 The Black Deeds of the Kremlin』다. 두 권으로 구성된(1권은 기근 20주년인 1953년에 출판되었다) 『크렘린의 사악한 행위』에는 수십 편의 회고록과 기근과 더불어 소련 정권의 억압적인 측면을 분석한 내용이 담겨 있다. 소스노비도 저자로 참여했다. 그의 주장은 축약된 뒤 영어로 번역되어 실렸다. '기근의 진실'이라는 제목의 이 글은 단도직입적으로 시작한다. "1932년부터 1933년의 기근은 러시아의 지배를 완성하기 위해 소련 정부에 필요한 일이었다. 그들은 우크라이나 저항의 근간을 무너뜨려야 했다. 따라서 기근은 자연적인 원인의 결과가 아닌 정치적인 전략의 결과였다."[40]

다른 이들은 자신의 경험을 직접 설명했다. 짧고 가슴 아픈 회고록과 길고 문학적인 회상, 그리고 사망자들의 그림과 사진이 한데 실렸다. 폴타바에서 경제학자로 활동하는 G. 소바는 이렇게 회상했다. "농부들이 마지막으로 남은 곡물, 밀가루, 심지어 완두콩과 콩까지 빼앗기는 모습을 수도 없이 보았다."[41] I. 호코는 집이 수색당하는 동안 아버지가 "간신히 부츠 각반에 약간의 곡물을 숨겼지만", 결국 굶주리다 돌아가셨다고 말했다. "아무도 아버지를 묻어주지 않았습니다. 사방에 시체가 가득했으니까요."[42]

편집자들은 『크렘린의 사악한 행위』를 전국의 도서관에 보냈다. 그러나 『아홉 번째 원』이나 캐나다의 신문 기사와 독일 전단에 그랬듯, 대부분의 소련 학자와 주류 학술지는 이 책을 의도적으로 무시했다.[43] 감정을 자극하는 농민 회고록이자 학술적인 에세이인 이 책은 미국의 전문 역사학자들에게 외면받았다. 역설적이게도 냉전은 우크라이나 망명자들의 대의에 도움이 되지 못했다. 많은 이들이 사용한 '사악한 행위'나 '정치적 무기로서의 기근' 같은 표현은 1950년대, 1960년대, 1970년대의 학자들에게는 너무 정치적인 언어로 들렸다. 책을 쓴 저자들은 지어낸 이야기나 늘어놓는 '냉전주의자'로 손쉽게 무시당했다.

기근을 발화한 이들에 대한 소련 당국의 적극적인 탄압은, 당연하게도, 서방의 역사가와 작가에게도 강력한 영향을 미쳤다. 기근에 관한 확실한 정보가 하나도 없었기에 우크라이나의 주장은 매우 과장되거나, 심할 경우 믿기지도 않는 이야기로 취급됐다. 그런 기근이 존재했다면 우크라이나 정부는 왜 대응하지 않았나? 자국민이 굶주리는 모습을 방관하는 정부가 어디 있단 말인가?

또한 우크라이나 자체의 위상 때문에 우크라이나 디아스포라의 입지도 약해졌다. 심지어 러시아 역사를 진지하게 연구하는 학자들에게도 전후 시대의 '우크라이나'라는 개념은 그 어느 때보다 의심스럽게 보였다. 외부인들은 대체로 우크라이나 혁명 후의 짧은 독립 시기를 알지 못했고, 1919년과 1930년에 농민 반란이 일어났다는 사실은 더욱 알지 못했다. 1933년의 체포 사태와 탄압도 전혀 모르는 일이었다. 소련 정부는 자국민뿐만 아니라 외부인마저도 소련을 단일 실체로 생각하게끔 했다. 세계 무대에서 우크라이나의 공식 대표자는 소련의 대변인이었고, 전후 서방의 많은 사람은 우크라이나를 러시아의 일개 지방으로 간주했다. 자신을 '우크라이나인'이라고 부르는 사람들은 진지한 대우를 받지 못했다. 스코틀랜드나 카탈루냐 독립운동가들이 한때 그랬던 것처럼 말이다.

    1970년대에 들어서자 유럽, 캐나다, 미국 내 우크라이나인은 자체적으로 역사학자를 배출하고 학술지를 발간할 만큼 규모가 커졌고, 에드먼턴의 앨버타대학에 하버드대학 우크라이나 연구소와 캐나다 우크라이나학 연구소를 설립할 만큼 부유해졌다. 그러나 이러한 노력은 주류 역사 서술을 변화시킬 만큼의 영향력은 갖지 못했다. 대표적인 디아스포라 학자인 프랭크 시신은 학술 분야의 '민족화'가 우크라이나 역사를 부차적이고 가치 없는 연구 대상으로 보이게 했고, 결과적으로 다른 학술 분야와 멀어지게 하는 결과를 낳았을지도 모른다고 썼다.[44] 또한 나치 점령에 대한 기억과 일부 우크라이나인들이 나치에 협력했던 사실 때문에, 독립 우크라이나를 옹호하는 사람은 수십 년이 지난 후에도 '파시스트'라 불리곤 했다. 우크라이나를 떠난 이들이 자신의 정체성을 고집하는 모습은 많은 북미인과 유럽인에게 그저 '민족주의자'로 보일 뿐이었고, 결과적으로 의심의 눈초리를 받을 뿐이었다.

망명자들은 '끔찍할 정도로 편향된' 사람으로 치부되었으며, 그들의 이야기는 '의심스러운 잔혹한 이야기'라고 조롱당했다. 결국 한 저명한 소련 역사학자는 『크렘린의 사악한 행위』를 학문적 가치가 전혀 없는 냉전 '시대물'이라 지칭하기도 했다.[45] 그러나 시간이 흘러, 마침내 우크라이나에서 자체적으로 사건을 전개하기 시작한다.

1980년대, 기근 50주년을 앞두고 북미의 우크라이나 디아스포라는 다시 한번 기근을 명명하기로 계획한다. 토론토에서는 우크라이나 기근 연구 위원회가 유럽과 북미 전역의 기근 생존자와 목격자를 인터뷰하고 영상 촬영을 시작했다.[46] 뉴욕에서는 우크라이나 연구 기금이 하버드대학 우크라이나 연구소에서 우크라이나를 주제로 박사 학위 논문을 쓴 젊은 학자인 제임스 메이스에게 주요 연구 프로젝트를 의뢰했다.[47] 이전에 그랬듯이 회의가 계획되고, 시위가 조직되었으며, 시카고와 위니펙의 우크라이나 교회와 집회장에서 집회가 열렸다. 하지만 이번에는 완전히 달랐다. 공산주의를 연구하는 프랑스 역사학자인 피에르 리굴로는 이런 글을 남겼다. "인간의 지식은 석공이 쌓는 벽돌처럼 일정하게 쌓이지 않는다. 지식의 발전은 그리고 정체와 후퇴는 사회적, 문화적, 정치적 틀에 따라 달라진다."[48] 우크라이나의 경우 이러한 틀은 1980년대에 달라지기 시작했고, 변화는 10년 동안 이어졌다.

소비에트 우크라이나 내에서 일어난 일련의 사건들 덕분에 서방의 인식도 부분적으로나마 변화했지만, 변화의 속도는 더뎠다. 1953년 스탈린의 사망도 기근에 대한 공식적인 재평가로 이어지지 않았다. 스탈린의 후계자인 니키타 흐루쇼프는 1956년 자신의 중대한 '비밀 연설'에서 소련 독재자를 둘러싼 '개인숭배'를 비판하고, 1937년부 1938년의 당 지도자 다수를 포함해 수십만 명을 살해한 스탈린을 비난했다. 그러나 1939년 우크라이나 공산당을 장악한 흐루쇼프는 기근 사태와 집단화에 대해서는 계속 침묵했다. 그의 침묵 때문에 이후 수년간 반체제 지식인들조차도 농민들에게 가해졌던 운명을 파악하기가 어려웠다. 1969년, 고위 당 내부자였던 로이 메드베데프는 스탈린주의에 관한 최초의 '반체제' 역사서인 『역사가 판단하게 하라』에서 집단화를 언급했다. 메드베데프는 굶주림으로 죽어가는 농민 '수만 명'을 묘사했지만, 자신은 그에 대해 아는 바가 별로 없음을 인정했다.

그럼에도 불구하고 흐루쇼프의 '해빙'은 체제에 균열을 일으켰다. 역사가들은 민감한 주제를 다루지 못했지만, 일부 작가들은 그럴 수 있었다. 1962년 소련의 한 문학잡지는 처음으로 소련 굴라크를 생생하게 묘사한 작품인, 알렉산드르 솔제니친의 『이반 데니소비치, 수용소의 하루』를 게재했다. 1968년에는 또 다른 잡지에서 그리 잘 알려지지 않은 러시아 작가인 블라디미르 텐드랴코프의 단편 소설을 게재했는데, 이 소설에서 그는 "고향에서 추방되고 재산을 몰수당한 우크라이나 쿨라크"가 지방 마을 광장에서 죽어가는 모습을 묘사했다. "사람들은 그곳에서 아침에 시체를 보는 일에 익숙해졌고, 병원 마부인 아브람은 수레를 끌고 와 시체를 가득 실었다. 모두가 죽은 것은 아니었다. 살아남은 사람들은 먼지가 가득한 지저분한 골목을 돌아다녔는데, 질질 끌리는 다리는 코끼리 다리처럼 부어올랐고 핏기 없는 파란색으로 변해 있었다. 그들은 지나가는 모든 사람을 붙잡고 개처럼 애처로운 눈빛으로 구걸했다."[49]

우크라이나에서 스탈린주의에 대한 지식인과 문학인의 거부는 뚜렷한 민족적 특색을 지녔다. 1950년대 후반과 1960년대 초반의 비교적 자유로운 분위기 속에서, 우크라이나 지식인들은 키이우와 하르키우, 그리고 1939년 폴란드 영토에서 소비에트 우크라이나로 편입된 르비우에서 다시 모이고, 글을 쓰고, 민족적 재각성의 가능성을 논했다. 많은 사람이 여전히 우크라이나어로 아이들을 가르치는 초등학교에서 교육받았고, 부모와 조부모로부터 조국의 '대안적 역사'를 들으며 자랐다. 우크라이나어와 우크라이나어 문학, 그리고 러시아 역사가 아닌 우크라이나 역사를 홍보할 방법을 공개적으로 이야기하는 사람도 있었다.

모스크바는 우크라이나에서 이처럼 민족 정체성의 흔적을 되살리려는 조용한 시도가 일었다는 것만으로도 화들짝 놀랐다. 1961년 우크라이나 학자 일곱 명이 체포되어 르비우에서 재판을 받았는데, 그중에는 스테판 비문도 있었다. 그는 '민족주의에 대한 비난과 수많은 당 및 문화계 인사들의 몰살을 동반한 부당한 탄압'을 비판하는 팸플릿 작성을 도왔다.⁵⁰ 1966년에는 키이우에서 또 다른 스무 명이 재판을 받았다. 다양한 '범죄' 혐의가 있었지만, 그중 한 명은 '반소련적인' 시가 수록된 책을 소지한 혐의로 기소되었다. 책에 저자 이름이 인쇄되지 않았기에, 경찰은 이 책이 타라스 셰우첸코의 작품임을 알아차리지 못했다(그의 작품은 당시에는 완벽하게 합법이었다).⁵¹ 셸레스트는 이러한 체포 과정을 통솔했지만, 1973년 제1서기에서 물러나자 그 역시 공격받았다. 근거는 그의 책 『오, 우크라이나여, 우리의 소비에트 땅*O Ukraine, Our Soviet Land*』이 "10월 대혁명의 승리와 사회주의 건설을 위한 투쟁 등 획기적인 사건은 충분히 찬양하지 않으면서 우크라이나의 과거, 즉 10월 혁명 이전의 역사에 너무 많은 지면을 할애했다"라는 것이었다. 이 책은 금서가 되었고, 셸레스트는 1991년까지 불명예를 안아야 했다.⁵²

그러나 1970년대에 소련은 더 이상 예전처럼 세계와 단절되어 있지 않았고, 이번에는 체포 사건이 반향을 일으켰다. 우크라이나 죄수들은 자신이 처한 사건을 키이우에 몰래 전했고, 키이우의 반체제 인사들은 이를 자유유럽방송이나 BBC에 제보했다. 1971년이 되자 소련에서 유출된 자료가 너무 많아, 투옥된 우크라이나 민족운동가들의 열정적인 증언을 모은 다양한 편집본이 출간됐다. 1974년 반체제 인사들은 집단화와 1932년부터 1933년의 기근을 여러 장에 걸쳐 다룬 지하잡지를 발간했다. 잡지는 영어 번역본 『소련 내 우크라이나 민족 학살*Ethnocide of Ukrainians in the U.S.S.R.*』로도 출판되었다.[53] 그 결과 서방의 소련 분석가와 옵서버들은 우크라이나 반체제 인사들에게 특유의 고충이 있다는 사실을 서서히 인식했다. 그리고 1979년 소련의 아프가니스탄 침공과 1981년 로널드 레이건의 당선 때문에 데탕트 시대가 갑작스럽게 종식되자, 훨씬 더 많은 서방 대중이 우크라이나 내 탄압을 비롯한 소련의 탄압 역사에 다시 주목했다.

1980년대 초반에는 우크라이나 디아스포라에도 변화가 생겼다. 더 이상 가난한 난민이 아닌 북미와 유럽의 자리잡은 중산층으로 구성된 디아스포라 단체들은 입지와 자금 상황이 개선되어 더 실질적인 프로젝트를 지원할 여유가 생겼고, 흩어진 자료를 취합해 책과 영화를 제작할 수 있었다. 캐나다의 한 인터뷰 프로젝트는 중요한 다큐멘터리로 발전했다. 다큐멘터리 「절망의 수확*Harvest of Despair*」은 여러 영화제에서 상을 받았고 1985년 봄에 캐나다 공영 텔레비전에서 방영되었다.

미국에서는 이 영화가 너무 '우익적'이라는 이유로 공영 방송사에서 상영하길 꺼렸고, 이는 논쟁을 불러일으켰다. 결국 PBS는 1986년 9월 보수 칼럼니스트이자 『내셔널 리뷰*National Review*』 편집자인 윌리엄 버클리가 제작한 「파이어링 라인*Firing Line*」 프로그램의 특별 에피소드로 이 영화를 방영했다. 방영 후에는 버클리와 역사학자 로

버트 콘퀘스트, 『뉴욕 타임스』의 해리슨 솔즈베리 기자와 당시 『네이션The Nation』에 근무했던 크리스토퍼 히친스 기자가 토론을 진행했다. 토론 내용의 대부분은 기근 자체와는 아무런 관련이 없었다. 히친스는 우크라이나의 반유대주의라는 주제를 꺼냈고, 솔즈베리는 대부분의 발언을 듀런티에 집중했다.[54] 그러나 방송 이후 수많은 평론과 기사가 쏟아졌다.

몇 달 후 하버드대학 문서화 프로젝트의 가장 눈에 띄는 결실인 콘퀘스트의 『슬픔의 수확』이 출판되자, 훨씬 많은 관심이 쏟아졌다. 이 책은 하버드대학 우크라이나 연구소와 공동으로 집필되었다. 오늘날과 달리 콘퀘스트는 기록 보관소를 이용할 수 없었다. 하지만 그는 메이스와 함께 공식 소련 문서, 회고록, 디아스포라 생존자들의 구술 증언 등 기존 자료를 수집했다. 『슬픔의 수확』은 마침내 1986년에 출간되어 영국과 미국의 모든 주요 신문과 여러 학술지에 실렸고, 이는 당시 우크라이나를 주제로 한 책으로서는 전례 없는 일이었다. 많은 평론가는 이렇게 치명적인 비극이 거의 알려지지 못했다는 사실에 충격을 받았다. 소련학 연구자인 제프리 호스킹은 『타임스 문학 부록The Times Literary Supplement』에서 "수년간 얼마나 많은 자료가 축적되었는지, 그리고 자료 대부분을 영국 도서관에서 얼마나 쉽게 확인할 수 있었는지"를 알아차리자 충격을 금치 못했다. "믿기 어렵지만, 콘퀘스트 박사의 책은 20세기 인간이 만들어낼 수 있는 가장 극심한 공포라 할 만한 일을 다룬 최초의 역사 연구서다." 프랭크 시신은 간단하게 설명했다. "우크라이나를 다룬 어떤 책도 이렇게 큰 주목을 받지는 못했다."55

긍정적인 반응만 있었던 것은 아니다. 다양한 전문 학술지는 콘퀘스트의 책을 평론하지 않았고, 일부 북미 역사가들은 콘퀘스트를 전통적인 소련 역사학파의 대표이자 정치적 우파로 간주하며 그의 책을 강하게 비난했다. J. 아치 게티는 『런던 리뷰 오브 북스*London Review of Books*』에서 보수적 싱크탱크인 미국 기업 연구소가 콘퀘스트의 관점을 홍보했다고 불만을 표시했고, '서방의 우크라이나 망명자'로부터 자료를 얻었다는 이유로 그의 자료가 '편파적'이라고 일축했다. 게티는 "오늘날의 보수적인 정치 환경과 '악의 제국' 담론 속에서, 이 책은 큰 인기를 끌 것이라 확신한다"라고 결론 내렸다. 지금도 마찬가지지만, 당시 우크라이나에 대한 역사적 논쟁은 미국 정치에 관한 국내 논쟁이 좌우했다. 기근 연구가 '우익' 또는 '좌익'으로 여겨져야 할 객관적인 이유가 전혀 없음에도, 냉전 시대 학계 내부 정치 때문에 소련의 잔학 행위에 관한 글을 쓴 학자들은 아주 쉽게 특정 진영으로 분류되었다.56

『슬픔의 수확』은 우크라이나 내부에서도 반향을 일으켰다. 물론 소련 당국은 이를 막으려 했다. 1981년 하버드대학 연구 프로젝트가 시작되자, 우크라이나 소비에트 사회주의 공화국의 UN 대표단이 대학을 방문해 우크라이나 연구소에 프로젝트 중단을 요청했다. 그 대가로 연구소에 당시로서는 매우 드문 권한인, 소련 기록 보관소에 대한 접근 권한을 주겠다고 제안했다. 하버드대학은 이를 거절했다. 콘퀘스트의 책에서 발췌한 내용이 『토론토 글로브 앤 메일*Toronto Globe and Mail*』에 실리자, 소련 대사관 제1서기는 분노에 찬 편지를 편집자에게 보냈다. 그는 굶주린 사람도 일부 있었지만, 그들은 가뭄과 쿨라크의 방해 행위의 희생자라고 주장했다.[57] 책이 일단 출판되자 우크라이나인들이 책을 읽지 못하도록 막는다는 것은 불가능한 일로 증명됐다. 미국의 지원을 받는 뮌헨 소재 라디오 방송국인 자유유럽방송에서는 1986년 가을 소련 내 청취자에게 이 책을 낭독해주었다.

소련의 더욱 정교한 대응은 1987년 『사기, 기근, 파시즘: 히틀러에서 하버드대학까지 이어지는 우크라이나 집단 살해 신화*Fraud, Famine and Facism: The Ukrainian Genocide Myth from Hitler to Harvard*』 출판과 함께 시작되었다. 명목상의 저자인 더글러스 토틀은 캐나다의 노동 운동가였다. 그의 책에서는 기근을 우크라이나 파시스트와 서방의 반소련 단체가 만들어내고 퍼뜨린 거짓말이라고 설명한다. 토틀은 당시의 악천후와 집단화 이후의 혼란이 식량 부족을 초래했다는 사실은 인정하지만, 악의적으로 국가가 기근을 확산했다는 사실은 인정하지 않는다. 그의 책은 우크라이나 기근을 '꾸며낸 이야기'로 묘사할뿐더러, 기근에 대한 모든 설명은 본질적으로 나치의 선전에 해당한다고 주장한다. 무엇보다도 토틀의 책은 우크라이나 디아스포라는 모두 '나치'이며, 기근에 관한 책과 논문은 서방의 정보 기관과 연계된 반소련 나치 선전물이라고 주장했다. 그리고 하버드대학이 '오랫동안 반공산주의 연구, 학습 및 프로그램의 중심지'이고 CIA와 연계되어 있으며, 기근에 관한 맬컴 머거리지의 글은 나치가 이용했기에 불순하며, 머거리지가 영국 요원이었다는 주장도 서슴지 않는다.[58]

모스크바와 키이우의 당 역사 연구소가 토틀의 원고 작성에 기여했다. 서명되지 않은 판본이 당 역사 연구소 사무실과 두 당 중앙위원회의 사무실을 오가면서 수정을 거치고 논평을 이어갔다. 소련 외교관들은 이 책의 출판과 진행 상황을 주시했고, 가능한 선에서 책을 홍보해주었다.[59] 결국 소수의 추종자가 생겼다. 1988년 1월 『빌리지 보이스Village Voice』는 「소비에트 홀로코스트를 찾아서: 55년 전 기근이 우파를 먹여 살리다In Search of a Soviet Holocaust: A 55-Year-Old Famine Feeds the Right」라는 기사를 게재했다. 이 기사는 토틀의 작품을 무비판적으로 사용했다.[60]

돌이켜보면 토틀의 책은 거의 30년 후에 일어날 일을 예고했다는 점에서 중요한 의미가 있다. 이 책의 핵심 주장은 (우크라이나에서의 소련 탄압에 대한 모든 논의, 또는 우크라이나 독립이나 주권에 대한 모든 논의로 정의되는) 우크라이나 '민족주의'가 파시즘 및 미국과 영국의 정보 기관과 연관되었다는 의혹을 중심으로 전개된다. 한참 후 2014년에 이 연관성, 즉 우크라이나, 파시즘, CIA 사이의 연관성이 우크라이나 독립 및 반부패 운동에 대한 러시아의 정보 캠페인에서 사용된다. 이 캠페인의 토대는 실제로는 1987년에 마련되었던 것이다.

『사기, 기근, 파시즘』은 당시 소련의 다른 변명처럼 1932년부터 1933년에 우크라이나와 러시아에서 일부 사람들이 굶주렸다는 사실을 인정했지만, 이러한 대규모 굶주림이 '현대화' 요구, 쿨라크의 방해 행위와 악천후 때문에 발생했다고 주장했다. 정교한 비방 캠페인이 그렇듯이, 이러한 주장에는 진실과 거짓, 과장이 뒤섞여 있었다. 토틀의 책은 당시 1933년에 촬영된 것으로 널리 알려져 있던 사진 일부가 실제로는 1921년 기근 때 촬영되었다고 정확하게 지적했다. 또한 저자는 1930년대에 잘못 발표되었거나 오해의 소지가 있는 일부 보도를 놓치지 않았다. 이어서 토틀은 일부 우크라이나인이 나치와 협력했고 나치는 우크라이나 점령기에 기근에 관한 많은 글을 쓰고 말했다고 적었는데, 이는 사실에 기반한 주장이었다.

이러한 사실만으로 1932년부터 1933년의 비극이 축소되거나 그 원인이 바뀌지는 않지만, '나치'와 '민족주의자' 사이에 연관성이 있다는 주장의 의도는 아주 단순했다. 이로써 기근에 관한 글을 쓰는 모든 사람을 비방하는 것이다. 전략은 어느 정도 효과적이었다. 이 캠페인은 우크라이나의 기억과 기근 역사학자들을 노렸고 불확실성이라는 오점을 남기는 데 성공했다. 히친스조차도 「절망의 수확」을 논의할 때 우크라이나 나치 협력자들을 반드시 언급해야 한다고 생각했으며, 일부 학계 인사들은 콘퀘스트의 책을 인용할 때면 언제나 조심스러운 태도를 유지했다.[61] 기록 확인이 여전히 불가능했기에, 1933년 봄 기근을 초래한 일련의 의도적인 결정은 1980년대까지도 설명할 수 없었다. 기근 뒤에 벌어진 일들, 은폐와 조작, 1937년의 인구 조사 억압에 대해 자세히 설명하는 일도 마찬가지였다.

하지만 「절망의 수확」과 『슬픔의 수확』이라는 결실을 낳은 연구 프로젝트는 이러한 상황 속에서도 큰 반향을 불러일으켰다. 1985년 미국 의회는 우크라이나 기근을 조사하기 위해 초당적 위원회를 구성하고, 메이스를 수석 조사관으로 임명했다. 위원회의 목적은 "1932년부터 1933년 사이의 우크라이나 기근에 관한 연구를 수행해 기근에 대한 지식을 전 세계에 보급하고, 소련이 기근과 관련해 어떤 역할을 했는지를 공개하여 미국 대중이 소련 체제를 더 잘 이해하게 하는" 것이었다.[62] 위원회는 3년 동안 디아스포라 생존자들의 구술 및 서면 증언을 수집해 보고서를 작성했다. 이 보고서는 지금까지도 영어로 발표된 가장 방대한 보고서에 해당한다. 1988년 연구 결과를 발표하며 위원회가 내린 결론은 소련의 노선과 정면으로 배치됐다. 위원회는 "소비에트 사회주의 공화국과 북캅카스 지역의 많은 주민이 인위적인 기근 때문에 굶어 죽었다는 것은 의심의 여지가 없으며, 소련 당국의 1932년 수확물 징발이 원인이었다"라고 결론 내렸다.

또한 이 위원회는 "기근 기간 발생한 모든 어려움이 '쿨라크의 방해 행위' 때문이라는 소련의 공식 주장은 거짓"이며, "기근은 소련의 주장과는 달리 가뭄과 관련이 없었고" "굶주린 사람들이 식량이 많은 지역으로 이동하지 못하게 막는 시도가 있었다"라는 사실을 밝혀냈다. 위원회는 "1932년부터 1933년의 우크라이나 기근은 농촌 인

구의 농산물 수탈이 원인이었으며" "악천후"나 "쿨라크의 방해 행위" 때문이 아님을 확인했다.63

이 연구 결과는 콘퀘스트의 연구 결과와도 일치했다. 또한 메이스의 권위를 확인해주었고, 이후 몇 년 동안 다른 학자들이 활용할 방대한 새로운 자료를 제공하는 역할도 했다. 한편 1988년 위원회가 최종 결론을 발표할 때, 우크라이나 기근에 관한 가장 중요한 논쟁은 마침내 유럽이나 북미가 아닌 우크라이나 내부에서 시작되고 있었다.

1986년 4월 26일, 스칸디나비아의 방사능 모니터링 장비에서 이상하리만큼 높은 측정값이 나타났다. 유럽 전역의 핵 과학자들은 처음에는 장비 오작동을 의심해 경보를 울렸다. 그러나 수치는 단순 오류가 아니었다. 며칠이 지나자 위성 사진을 통해 방사능의 근원지가 특정됐다. 바로 우크라이나 북부 체르노빌에 있는 한 원자력 발전소였다. 많은 사람이 소련 정부에 문의했지만 소련 정부는 어떠한 설명이나 지침도 제공하지 않았다. 폭발 5일 후, 채 80마일도 떨어지지 않은 키이우에서 노동절 행진이 진행됐다. 수천 명이 우크라이나 수도 거리를 걸었지만, 도시 공기 속에 눈에 보이지 않는 방사능이 퍼져 있다는 사실은 알지 못했다. 정부는 이러한 위험을 잘 알고 있었다. 행진에 뒤늦게 도착한 우크라이나 공산당 지도자 볼로디미르 셰르비츠키는 불안한 기색이 역력했다. 소련 서기장이 퍼레이드를 취소하지 말라고 직접 명령했기 때문이었다. 미하일 고르바초프는 셰르비츠키에게 "퍼레이드를 망치면 당원증을 반납해야 할 것이오"라고 말했다.[64]

사고 18일 후, 고르바초프는 갑자기 방침을 뒤집었다. 그는 소련 텔레비전에 출연해 국민에게 무슨 일이 일어났는지 알 권리가 있다고 발표했다. 소련 방송국 카메라 기자들이 현장으로 이동해 의사와 지역 주민을 인터뷰하고 사고 경위를 설명했다. 잘못된 결정 때문에 터빈 테스트 중 오류가 발생했고 원자로가 녹아내렸다는 것이다. 소련 전역에서 파견된 군인들이 연기가 피어오르는 잔해 위에 콘크리트를 부었다. 체르노빌에서 20마일 이내에 살던 모든 사람은 집과 농장을 버리고 무기한으로 대피했다. 공식적으로 집계된 사망자 수는 31명이었지만 실제로는 수천 명으로 급증했다. 콘크리트를 파내던 사람들이나 원자로 위를 헬리콥터로 날았던 사람들이 방사능 질환으로 사망하기 시작했기 때문이다.

사고는 사람들의 정신에도 심대한 영향을 미쳤다. 체르노빌은 많은 사람이 믿고 있던 소련의 기술력에 대한 믿음을 무너뜨렸다. 소련은 공산주의가 첨단 기술의 미래로 국민을 이끌어줄 것이라 약속했지만, 체르노빌 사고는 소련의 신뢰성에 의문을 불러일으켰다. 무엇보다도, 체르노빌은 소련과 전 세계에 소련의 비밀주의가 얼마나 극심한 결과를 초래할 수 있는지 의구심을 품게 했다. 심지어 고르바초프 자신도 당의 과거와 현재에 대한 논의를 거부하는 당의 정책을 재고

할 정도였다. 이 사고로 충격을 받은 소련의 지도자는 글라스노스트glasnost 정책을 시작했다. '개방' 또는 '투명성'으로 번역할 수 있는 글라스노스트는 공무원과 일반 개인들에게 1932년부터 1933년의 역사는 물론, 소련의 역사부터 기관에 관한 진실을 밝히도록 장려했다. 이 결정 덕분에 통계 조작, 사망 증명서 파기, 일기 작성자 투옥 등등, 기근을 감추고자 고안되었던 수많은 거짓말이 마침내 들통났다.[65]

이 사고는 우크라이나 내에서 과거의 배신과 역사적 재앙에 대한 기억을 자극했고, 결국 우크라이나 국민은 비밀주의 국가에 도전한다. 체르노빌 폭발로부터 6주 후인 6월 5일, 시인인 이반 드라치가 공식 우크라이나 작가 조합 회의에서 연설자로 나섰다. 평소와 달리 그의 연설은 상당히 감정적이었다. 드라치의 아들은 제대로 된 방호복도 없이 사고 현장에 투입된 젊은 군인이었고, 방사능 피폭으로 고통받고 있는 상태였다. 드라치 자신은 원자력이 우크라이나 현대화에 도움이 된다는 이유로 원자력을 옹호했었다.[66] 그러나 이제 그는 원전 사고와 폭발을 은폐한 비밀주의를, 그리고 그 후에 이어진 혼란이 모두 소련 체제 때문이라고 맹비난했다. 드라치는 공개적으로 체르노빌과 기근 사태를 비교한 최초의 인물이었다. 긴 연설에서 그는 "핵 번개가 이 나라의 유전자형을 강타했다"라고 외쳤다.

젊은 세대가 왜 우리에게 등을 돌렸을까요? 우리가 공개적으로 이야기하는 법을 배우지 않았기 때문입니다. 우리가 어떻게 살았고 지금 어떻게 사는지에 관한 진실을 말하는 법을 배우지 않았기 때문입니다. 우리는 거짓에 너무 익숙해졌습니다. (…) 레이건이 1933년 기근 진실 규명 위원회의 위원장이 되는 걸 보는 지금, 1933년의 진실을 말해줄 우리의 역사 연구소는 어디에 있습니까?[67]

훗날 당국은 드라치의 말을 '감정적 폭발'로 치부하고, 연설을 기록한 내부 자료조차 검열했다. 많은 사람이 그가 제노사이드genocide를 직접 언급했다고 잘못 기억한 "핵 번개가 이 나라의 유전자형genotype을 강타했다"라는 문구는 "아프게 타격했다"로 고쳐 써졌다.[68]

그러나 상황은 돌이킬 수 없었다. 드라치의 발언은 당시 연설을 직접 들은 사람은 물론, 나중에 이 발언을 반복해서 전한 사람들 사이에서도 공감을 얻었다. 사태는 급속도로 진전되었고, 글라스노스트는 매우 빠르게 현실이 되었다. 고르바초프는 이 정책을 통해 소련 제도의 결함이 드러나고, 이로써 제도가 더 잘 작동되길 바랐다. 글라스노스트를 더 폭넓게 해석한 이들도 있었다. 진실한 이야기와 사실에 기반한 역사가 소련 언론에 등장하기 시작했다. 알렉산드르 솔제니친과 다른 굴라크 연대기 작가들의 작품이 처음으로 출판되었으며, 고르바초프는 흐루쇼프에 이어 소련 역사의 '공백'을 공개적으로 언급한 두 번째 소련 지도자가 되었다. 그리고 전임자와는 달리,

고르바초프는 이를 텔레비전에서 언급했다.

> ……1930년대에 개인숭배와 법률 위반, 독단, 탄압이 가능했던 것은 소련 사회가 제대로 민주화되지 못했기 때문입니다. 솔직히 말하면, 이러한 일들은 권력 남용에 기반한 범죄였습니다. 수천 명의 당원과 비당원들이 대규모 탄압의 대상이 되었습니다. 동지 여러분, 이것은 쓰라린 진실입니다.[69]

동일한 속도로, 우크라이나인들은 글라스노스트만으로는 부족하다는 사실을 인식하기 시작했다. 1987년 8월 저명한 반체제 지식인인 뱌체슬라프 초르노빌은 고르바초프에게 30쪽 분량의 공개 서한을 보냈다. 그는 고르바초프가 '피상적인' 글라스노스트를 시작해, 우크라이나와 다른 비러시아 공화국의 '허구적 주권'은 유지했지만 그들의 언어, 기억과 진정한 역사는 억압했다고 비판했다. 초르노빌은 우크라이나 역사 속 '공백'에 대한 자신만의 목록을 제시해, 공식 기록에 여전히 포함되지 않은 인물과 사건을 나열했다. 여기에는 흐루셰우스키, 스크리프니크, 흐빌로비, 지식인 대량 검거, 국가 문화 파괴, 우크라이나어 탄압, 그리고 당연하게도 1932년부터 1933년까지의 '제노사이드'적인 대기근이 포함되어 있었다.[70]

다른 사람들도 동참했다. 스탈린에게 희생당한 이들을 추모하는 소련 단체 '메모리얼Memorial'의 우크라이나 지부는 최초로 증언과 회고록을 공개 수집하기 시작했다. 1988년 6월, 또 다른 시인 보리스 올리니크는 모스크바에서 열린 소련 역사상 가장 개방적이고 논쟁적이며 사상 최초로 생중계된 제19차 당 대회에서 연단에 올랐다. 그는 우크라이나어의 위상, 원자력의 위험, 기근이라는 세 가지 문제를 제기했다. "1933년 수백만 우크라이나인의 목숨을 앗아간 기근의 원인을 공개하고, 이 비극에 책임이 있는 사람들의 이름을 (반드시) 밝혀야 합니다."[71]

이런 맥락에서, 우크라이나 공산당은 미국 의회 보고서에 대응할 준비를 했다. 진퇴양난의 상황임을 인지한 당은 소련 말기의 황폐한 시절에 자주 그랬듯 위원회를 만들기로 결정했다. 셰르비츠키는 『사기, 기근, 파시즘』의 출판을 이끈 조직인 우크라이나 학술원과 당 역사 연구소의 학자들에게 일반적인 비난에 반박하고 특히 미국 의회 보고서에서 내린 결론에 대응하라는 임무를 맡겼다. 위원회 위원들은 다시 한번 '공식적인 부인'을 고안해내야 했다. 임무를 완수할 수 있도록, 역사학자들은 기록 보관소 접근 권한을 얻었다.[72]

결과는 예상과 달랐다. 많은 학자에게 이러한 문서는 계시와도 같았다. 문서에는 정책 결정, 곡물 몰수, 활동가들의 항의, 도시 거리의 시체들, 고아들이 겪은 비극, 공포와 식인 풍습에 대한 정확한 기록이 담겨 있었다. 위원회는 사기가 아니라는 결론을 내렸다. '기근

신화'는 파시스트의 음모가 아니었다. 기근은 실제였다. 더 이상 부인할 수 없었다.

대기근 60주년인 1993년의 가을은 이전의 가을과는 전혀 달랐다. 그로부터 2년 전, 우크라이나는 최초의 대통령을 선출하고 압도적인 표 차로 독립을 선택했다. 이후 우크라이나 정부가 새로운 연방 조약에 서명하지 않으면서 소련의 해체가 촉발되었다. 우크라이나 공산당은 권력을 포기하기 전 오래 기억될 만한 최후의 결정을 감행한다. 그중 하나는 1932년부터 1933년의 기근 책임이 "스탈린과 그의 측근들이 추구한 범죄적 행로"에 있다고 언급하는 결의안을 통과시키는 것이었다.[73] 드라치와 올리니크는 다른 지식인들과 함께 '루흐Rukh'라는 독립 정당을 창당했는데, 이는 1930년대 초의 탄압 이후 처음으로 합법적인 민족운동을 구현한 것이었다. 우크라이나는 역사상 처음으로 주권 국가가 되었고, 대부분의 국가에서 이를 인정했다.

1993년 가을, 우크라이나는 비로소 주권 국가로서 자국의 역사를 토론하고 추모할 자유를 누릴 수 있었다. 옛 공산주의자들과 옛 반체제 인사들 모두 다양한 동기에서 목소리 내고자 열망했다. 정부는 키이우에서 일련의 공식 행사를 조직했다. 9월 9일 부총리는 학술회의를 열었고 기근 추모 행사의 정치적 중요성을 강조했다. 그는 청중들에게 "독립된 우크라이나만이 과거의 비극이 다시 반복되지 않도록 보장할 수 있습니다"라고 말했다. 그 당시 우크라이나에서 이미 존경받는 명사였던 제임스 메이스도 현장에 있었다. 그 역시 정치적 의견을 냈다. "이 추모 행사를 통해 우크라이나인들이 정치적 혼란과 주변 강대국에 대한 정치적 의존이 얼마나 위험한지를 기억하길 바랍니다." 전 공산당 기관원인 레오니트 크랍추크 대통령도 말했다. "민주적 형태의 정부는 이러한 불행으로부터 국민을 보호합니다. 독립성을 잃는다면 우리는 경제적, 정치적, 문화적으로 영원히 뒤처질 수밖에 없습니다. 무엇보다도 외세가 기획한 기근처럼 우리 역사에서 벌어진 끔찍한 사건이 언제든 반복될 수 있습니다."[74]

루흐의 지도자인 이반 드라치는 기근의 중요성을 더 많은 사람이 알아야 한다고 촉구했다. 그는 러시아인들이 '회개'하고, 죄를 인정한 독일인들의 전형을 따르기를 요청했다. 그는 홀로코스트를 직접 언급하면서, 유대인들은 "자신들 앞에서 죄를 인정하라고 전 세계에 강요했다"라고 말했다. 드라치는 모든 우크라이나인이 희생자라고 주장하지는 않았지만("우크라이나의 볼셰비키 약탈자들도 우크라이나인을 내몰았습니다"), 그의 말 또한 민족주의적인 색채를 띠고 있었다. "우크라이나인들이 반드시 알아야 할 첫 번째 교훈은, 러시아는 우크라이나 민족의 완전한 파괴 외에는 우크라이나에 대한 어떠한 관심도 없었고 앞으로도 관심이 없을 것이라는 사실입니다."[75]

추모 행사는 주말까지 이어졌다. 정부 건물에는 검은색 띠가 둘러졌고, 수천 명이 성 소피아 대성당에 모여 추모식에 참여했다. 그러나 가장 감동적인 행사는 자발적으로 열린 행사였다. 키이우 중심가인 흐레샤티크가에 사람들이 몰려들었다. 전국 각지에서 온 사람들이 거리의 광고판 세 곳에 쪽지와 사진을 붙였다. 가도 중간에 제단이 설치되었고, 방문객은 제단 옆에 꽃과 빵을 올렸다. 우크라이나 전역의 시민 지도자와 정치인들이 새로 세운 기념비 아래에 화환을 바쳤다. 기근 희생자들의 공동묘지에서 떠온 흙을 가져온 이들도 있었다.[76]

그 자리를 찾은 사람들은 이 순간을 하나의 결론으로 느꼈을 것이다. 기근이 마침내 공개적으로 인정되었고 추념되었기 때문이다. 그뿐만이 아니었다. 수 세기에 걸친 러시아 제국의 식민 지배와 수십 년간 소비에트 억압을 겪은 후, 비로소 기근이 주권 국가 우크라이나에서 인정되고 추념된 것이었다. 좋든 나쁘든, 대기근은 우크라이나 정치와 현대 우크라이나 문화의 일부가 되었다. 이제 아이들은 학교에서 기근을 공부하리라. 학자들은 기록 보관소에서 자료를 모아 더욱 온전한 이야기를 엮어내리라. 기념비가 세워지고, 책이 출판되리라. 이해하고, 해석하고, 용서하고, 논쟁하고, 애도하는 긴 과정이, 이제 시작되리라.

맺는말

우크라이나 문제를 돌이켜보다

소련의 유럽 진출, 그 특징이기도 한 국민과 민족의 대량 학살은
그들의 확장 정책에서 전혀 새로운 특징이 아니다.
오히려 그것은 크렘린의 국내 정책의 장기적인 특징이며,
현재의 지도자들은 제정 러시아 시대에서
수많은 선례를 확인할 수 있다.
실제로 이는 소련 지도자들이 소망하는 '소비에트적 인간'
'소비에트 국가'를 만들기 위한 '통일' 과정의 필수 불가결한 단계다.
그리고 이러한 목표, 즉 하나로 통일된 국가를 이루기 위해,
크렘린의 지도자들은 동유럽에 오랫동안 존재해온
국가와 문화를 기꺼이 파괴할 것이다.
―라파우 렘킨,
「소련의 우크라이나 제노사이드Soviet Genocide in the Ukraine」,
1953[1]

우크라이나의 영광과 자유는 아직 죽지 않았다
Ще не вмерла України і Слава, і Воля
―우크라이나 국가 가사

기근을 공개적으로 언급할 수 있게 되자, 우크라이나 기근을 겪은 사람들은 기근이 국가적인 적대 행위였다고 서술했다. 식량 수색과 블랙리스트를 경험한 농민들은 이를 농민과 농민 문화에 대한 집단 공격으로 기억했으며, 지식인, 학자, 작가, 예술가의 체포와 살해를 목격한 우크라이나인은 이를 국가 문화 엘리트에 대한 고의적인 공격으로 인식했다.

기록 보관소는 생존자들의 증언을 뒷받침해준다. 우크라이나 기근은 결코 농작물 수확 실패나 악천후 때문에 일어난 일이 아니었다. 또한 집단화가 불러온 혼란이 기근을 부추기긴 했지만, 1932년부터 1934년 사이 우크라이나에서 수많은 사망자가 발생했던, 특히 1933년 봄에 사망자가 급증했던 사건은 집단화가 직접적인 원인이 아니었다. 오히려 굶주림은 식량 강제 탈취, 농민들이 일자리나 식량을 찾아 떠나지 못하게 막은 장애물, 농장과 마을에 적용된 가혹한 블랙리스트 규칙, 물물교환과 거래 제한, 그리고 이웃이 굶주림으로 죽어가는 모습을 가만히 지켜보도록 설계했던 악의적인 선전 캠페인의 결과였다.

앞서 살펴본 대로, 스탈린은 **모든** 우크라이나인을 죽이려 하지는 않았고, 모든 우크라이나인이 그에게 적대한 것도 아니었다. 일부 우크라이나인은 소련의 프로젝트에 적극적이거나 소극적으로 협력했다. 이 책에도 이웃이 다른 이웃을 공격한 수많은 사례가 포함되어 있다. 다만 이는 다른 시기 다른 장소에서 발생한 대량 살상 사건에서도 흔히 볼 수 있는 현상이다. 스탈린은 가장 활동적이고 적극적인 우크라이나인들을 시골과 도시 모두에서 물리적으로 제거하려고 했다. 그는 기근의 결과를, 그리고 기근과 함께 우크라이나에서 진행된 대량 검거가 어떤 결과를 초래했는지 잘 알고 있었다. 스탈린의 측근들도 마찬가지였는데, 그중에는 우크라이나의 거물급 공산주의자도 있었다.

기근이 발생한 당시에는 민족이나 국가에 가해진 국가 주도적 공격을 설명할 수 있는 단어가 없었고, 이를 특정한 범죄로 정의하는 국제법도 없었다. 그러나 1940년대 후반에 '제노사이드'라는 단어가 사용되고부터, 많은 사람은 기근과 기근에 수반된 우크라이나 숙청에 이 단어를 적용했다. 하지만 그들의 노력은 '제노사이드'라는 단어에 대한 다양한 해석, 즉 이 단어를 역사적인 범주보다는 법적, 도덕적 범주로 간주하는 해석과, 러시아와 우크라이나의 복잡하고 끊임없이 변화하는 정치 상황 때문에 과거부터 지금까지 난해하고 어려운 일이 되었다.

'제노사이드'라는 개념은 우크라이나, 특히 폴란드-유대인-우크라이나인의 도시인 르비우에서 유래했다. 1920년대 르비우(당시 이름은 르부프)대학에서 법학을 공부한 법학자 라파우 렘킨은 인종 또는 국가를 뜻하는 그리스어 'genos'와 살인을 뜻하는 라틴어 'cide'를 결합해 이 용어를 만들었다.[2] 르비우는 이전에는 오스트리아-헝가리 제국의 일부였지만 제1차 세계대전 이후 폴란드 영토가 되었고, 1939년 붉은 군대의 침략 이후에는 소련 영토가 되었다. 이후 1941년부터 1944년 사이에는 독일 영토가 되었다가, 1991년까지는 소비에트 우크라이나 영토였으며, 이후에는 독립 우크라이나의 영토가 되었다. 그때마다 새로운 통치자들이 언어, 문화, 관료주의, 법에 대한 변화를 강제했기 때문에 변화는 언제나 격변을 수반했고 때로는 집단 폭력을 유발하기도 했다.

렘킨은 1929년 르비우를 떠나 바르샤바로 갔지만, 자서전을 통해 자신이 집단 살해에 대해 생각하게 된 계기가 르비우의 역사와 제1차 세계대전 당시 그 지역을 휩쓸었던 잔혹한 감정이라고 밝혔다. 그는 이렇게 적었다. "국가, 종교, 인종 집단이 정말로 파괴되고 있는지 연구하기 위해 더 많은 역사 자료를 읽기 시작했다." 특히 그는 아르메니아인에 대한 튀르키예의 공격, 즉 '기독교인이라는 이유만으로 죽임당한' 사건을 기점으로 국제법에 대해 더 깊은 관심을 가졌고, 국제법을 활용해 이러한 비극을 막는 방법을 고민하기 시작했다.³ 1939년 나치가 바르샤바를 침공하자 그의 작업은 더욱 시급한 일이 되었다. 그는 나치가 유대인 집단은 물론 다른 집단도 공격하리라는 사실을 바로 알아차렸다. 결국 나치가 점령한 폴란드를 떠나 1994년 미국에서 『점령된 유럽에서의 추축국 통치*Axis Rule in Occupied Europe*』를 출간했고, 이 책에서 자신의 견해를 명확하게 밝혔다. 렘킨은 이 책에서 '제노사이드'는 독립적 행위가 아니라 과정이라고 정의했다.

제노사이드는 한 국가의 모든 구성원을 대량 학살하는 경우를 제외하면, 반드시 한 국가의 즉각적인 파괴를 의미하지는 않는다. 이는 국가 집단의 생존에 필요한 기반을 파괴하며, 집단의 자멸을 목적으로 행해지는 다양한 조직적인 행동과 계획을 의미한다. 제노사이드의 목표는 정치 및 사회 제도, 문화, 언어, 국민적 감정, 종교, 국가 경제적 존재 기반의 파괴부터 집단에 속한 개인의 안전, 자유, 건강, 존엄성, 심지어 생명까지 파괴하는 것이다. 제노사이드는 민족 집단을 하나의 전체로 간주하며, 이는 한 개인이 아닌 민족 집단 구성원으로서의 개인을 향해 실행된다.[4]

『점령된 유럽에서의 추축국 통치』에서 렘킨은 정치적, 사회적, 문화적, 경제적, 생물학적, 물리적 제노사이드를 논한다. 그리고 끝내 완성하지도 출간하지도 못한, '제노사이드 역사에 관한 개요'에서 제노사이드를 저지르는 데 사용되는 기술을 나열한다. 그중에는 문화적 상징의 훼손과 교회, 학교 같은 문화적 중심지의 파괴가 포함됐다.[5] 다시 말해 1940년대 렘킨의 출간 및 미출간 작품에서 광범위하게 정의된바, '제노사이드'에는 우크라이나의 소비에트화와 우크라이나의 기근이 분명히 포함된다. 그는 나중에 이것이 사실이라고 명시적으로 주장했다. 1953년 「소련의 우크라이나 제노사이드」라는 제목의 에세이에서, 렘킨은 이렇게 적었다. "소련이 우크라이나 엘리트들을 공격한 이유는 그들이 수가 적고 제거하기 쉽기 때문이다. 그래서 소련은 특히 이 집단에 전력으로 도끼를 내리쳤고, 집단 살해와 추방, 강제 노동, 망명과 기근이라는 익숙한 도구를 사용했다."[6]

만약 제노사이드라는 개념이 단순히 학자들이 생각하고 글로 적는 관념에 머물렀다면, 오늘날의 논쟁도 없었을 것이다. 렘킨의 정의에 따르면 홀로도모르는 제노사이드였다. 대부분의 사람도 제노사이드라는 용어를 이렇게 직관적으로 이해했다. 그러나 제노사이드라는 개념은 완전히 다른 맥락에서 국제법에 통합되었다. 그 맥락은 바로 뉘른베르크 재판과 그 이후의 법적 논쟁이다.

렘킨은 뉘른베르크 재판의 수석 검사인 로버트 잭슨 대법관의 고문을 맡았고, 그의 노력 덕분에 제노사이드라는 용어가 재판에서 사용됐다. 이 용어가 판결문에서 언급되지는 않았지만 뉘른베르크 재판 후, 많은 사람은 도덕적 이유와 현실 정치적 이유를 모두 고려해 제노사이드를 UN의 기본 문서에 포함해야 한다고 생각했다. 그러나 노먼 나이마크를 비롯한 여러 학자의 주장처럼 국제 정치, 특히 냉전 정치는 렘킨을 비롯한 학자들의 법학적 지식보다 훨씬 더 큰 영향을 미쳤다.[7]

처음에는 1946년 12월 유엔 총회의 결의안에서 렘킨의 광범위한 이해를 반영하여 제노사이드를 규탄했다. 제노사이드는 "국제법상의 범죄로…… 종교적, 인종적, 정치적 또는 기타 이유로 저질러지는 범죄를 말한다". '제노사이드 방지와 처벌에 관한 UN 협약' 초안에는 집단 살해의 잠재적 피해자로 '정치 집단'이 포함되어 있다. 그러나 소련은 이 광범위한 정의, 즉 쿨라크 같은 '정치 집단'을 대상으로 제노사이드를 저질렀다는 혐의를 받을 수 있는 규정에 저항했다. 소련 대표단은 '정치 집단'이 "제노사이드의 과학적 정의에 전혀 부합하지 않으며, 정치 집단을 포함하는 것은 이 협약을 약화하고 제노사이드와의 싸움을 방해할 것"이라고 주장했다. 그리고 '제노사이드'의 정의를 "파시즘-나치즘 및 기타 유사한 인종 이론과 유기적으로 결합"하려 시도했다. 렘킨은 이 협소한 개념 규정이라도 관철하기 위해 로비를 시작했고, 여러 유대인 단체도 함께했다. 그들은 이 개념이 적용되길 간절히 원했고, 그렇지 않으면 소련에 의해 저지될지 모른다고 우려했다.[8]

협약은 1948년에 마침내 통과되었다. 렘킨과 더불어 협약을 통과시키기 위해 로비를 펼쳤던 많은 이는 개인적인 승리를 거둘 수 있었다. 그러나 법적 정의는 협소했고, 이후 수년간 더 좁은 의미로 해석되고 만다. 실제로 UN 문서에 정의된 '제노사이드'는 홀로코스트와 유사한 방식으로 민족 집단 전체를 물리적으로 제거하는 일을 의미하게 되었다.

홀로도모르는 이 기준을 충족하지 않는다. 우크라이나 기근은 살아 있는 우크라이나인을 모두 제거하려는 시도가 아니었다. 그리고 1933년 여름에 중단됨으로써, 민족 전체가 파멸하는 일도 일어나지 않았다. 렘킨은 나중에 용어의 확장을 주장하고 심지어 우크라이나의 소비에트화를 "소련식 제노사이드의 전형적인 예"라고 서술하기도 했지만, 우크라이나 기근 또는 기타 소련 범죄는 국제법상의 제노사이드로 분류되지 않을 때가 많았다.⁹ 소련이 홀로도모르를 포함한 소련 범죄가 '제노사이드'로 분류되는 것을 막기 위해 용어 정의에 직접 관여했다는 사실을 고려하면 전혀 놀라운 일이 아니었다.

국제법에서 홀로도모르가 제노사이드로 분류되지 않곤 하지만, 그럼에도 우크라이나 정부는 꾸준히 홀로도모르를 제노사이드로 정의하고자 시도했다. 첫 번째 시도는 2004년 '오렌지 혁명' 이후에 일어났다. 오렌지 혁명은 부정 선거, 부패, 우크라이나 정치에 대한 러시아의 영향력 행사에 반대하기 위해 키이우에서 일어난 일련의 거리 시위였다. 이 시위는 공산당 출신이 아닌 최초의 우크라이나 대통령, 빅토르 유셴코의 당선으로 이어졌다. 유셴코는 우크라이나 민족 운동으로부터 강력히 신임받았고, 이를 이용해 기근 연구를 촉진했다. 그는 취임 연설에서 홀로도모르를 언급했고, 홀로도모르 연구를 핵심 과업으로 삼은 '국가기억원National Memory Institute'을 설립했다. 또한 UN과 유럽 안보협력기구 및 기타 국제기구들이 홀로도모르를 제노사이드로 규정할 수 있도록 로비 활동을 시작했다. 유셴코 정부 시기에는 기근 연구 자금이 극적으로 증가했고, 교사, 학생, 사서 단체를 포함한 수십 개의 지역 단체가 민족적 노력에 동참했다. 대표적인 노력은 기근 희생자를 온전히 정리한 『기억의 책Book of Memory』

편찬이었다.[10] 2010년 1월, 우크라이나 법원은 스탈린, 몰로토프, 카가노비치, 포스티셰프, 코시오르 등을 '제노사이드 가해자'로 유죄 판결했다. 다만 법원은 피고인이 모두 사망했다는 이유로 사건을 종결했다.[11]

유셴코는 기근이 우크라이나인을 단결시키는 국가적 기억으로서 자리매김할 때 힘이 발휘된다는 것을, 특히 오랫동안 부정되어온 기억이기에 더욱 강력한 힘을 발휘할 수 있다는 것을 잘 알고 있었다. 그는 의심할 여지 없이 기근을 '정치화'했으며, 정치적 도구로써 이에 대한 관심을 높이려 했다. 기근에 대한 그의 일부 발언, 특히 사상자 수에 대한 주장은 과장된 발언이었다. 그러나 유셴코는 기근을 이용해 러시아와 적대 상태를 만들지는 않았고, 기근을 우크라이나인에 대한 '러시아의' 범죄라고 묘사하지도 않았다. 실제로 2008년 홀로도모르 75주년 기념식에서, 유셴코는 다른 때처럼 러시아 국가가 비극에 책임이 있다고 비난하지 않았다.

> 우리는 모든 이들에게, 특히 러시아 연방에 호소합니다. 스탈린주의와 전체주의 소련의 범죄를 고발함에 있어 형제들 앞에서 진실하고, 정직하며, 진솔해지십시오…… 우리는 모두 같은 지옥에 있었습니다. 우리는 우리가 비극의 원인을 특정 인물에게 돌린다는 뻔뻔한 거짓말을 거부합니다. 이것은 사실이 아닙니다. 범죄자는 단 하나, 바로

제국주의적인 공산주의 소련 정권입니다.¹²

    동포들이 유셴코의 말을 항상 경청한 것은 아니었다. 물론 기근의 책임이 러시아 정책이 아닌 소련 공산당 정책에 있다고 한 그의 말은 옳았다. 1933년에는 '러시아'가 없었고, 주권을 가진 러시아 국가도 없었다. 그러나 소련 공산당의 1933년 당시 본거지는 모스크바에 있었고, 소련 해체 후 러시아의 수도가 된 모스크바가 1991년 이후 소련의 많은 자산을 물려받았기에, 일부 우크라이나인은 지금도 기근이 '러시아' 때문에 일어났다고 비난한다.
    2000년대 중반 이 지역에서 제국주의적 야망을 되살리기 시작한 러시아 정치는 문제를 더욱 혼란스럽게 만들었다. 유셴코의 선거 운동을 소련에 대한 공격이 아닌 러시아에 대한 공격으로 받아들였기 때문이다. 우크라이나 내 친러시아 단체들은 러시아 정부의 지도를 따랐다. 2006년, 지역 공산당원이 이끄는 러시아 민족주의 폭력배 집단이 기근에 관한 글을 쓴 역사학자 볼로디미르 칼리니첸코의 하르키우주 사무실에 침입해 잠긴 문을 발로 차고 큰 소리로 위협을 가했다.¹³ 2008년 러시아 언론은 홀로도모르 추모 행사를 "러시아 혐오적"이라 비난했고, 당시 러시아 대통령 드미트리 메드베데프는 참석 요청을 거절하면서 "이른바 홀로도모르"에 관한 이야기는 "비도덕적"이라고 일축했다.¹⁴ 메드베데프는 배후에서 지역 내 지도자들을 위협했고, 유엔에서 홀로도모르를 '제노사이드'로 지정하는 결의안에 투표하지 말라고 경고했다. 영국의 앤드루 왕자에 따르면, 메드베데프는 아제르바이잔 대통령에게 홀로도모르를 집단 살해로 부르자는 제안에 반대표를 던지지 않으면 아제르바이잔과 아르메니아가 분쟁 중인 나고르노-카라바흐 지역 문제는 "잊어버리는 게 좋을 것"이라고 말했다.[15]

러시아가 펼친 이런 캠페인은 단순히 외교적 사안만이 아니었다. 이 캠페인에는 기근을 부정하지는 않지만 그다지 중요하지 않은 일로 치부하려는 러시아의 역사적 서술이 동반했다. 러시아에서는 1932년부터 1933년의 우크라이나 기근을 추모하는 행사가 거의 진행되지 않았고, 이를 다루는 공개 토론도 극히 드물었다. 기근이 언급된다고 하더라도 대부분은 우크라이나가 겪은 특정 고통을 명백히 부정하는 주장의 일부였다. 2008년 러시아 학자 빅토르 콘드라신은 이러한 반대 담론을 그의 책에서 몹시 설득력 있게 묘사했다. 『1932년부터 1933년 기근: 러시아 마을의 비극 *The Famine of 1932-33: The Tragedy of the Russsian Village*』은 볼가 지역 러시아 펜자주에서 당시에 벌어졌던 끔찍한 상황을 자세히 설명한다. 콘드라신은 우크라이나에서 많은 사람이 굶주렸다는 사실을 부인하지는 않는다. 오히려 그의 책은 스탈린이 집단화라는 잔인한 과정을 시작했고 수백만 명의 농민이 죽으리라는 걸 잘 알면서도 '무분별한' 곡물 몰수를 명령했다는 사실을 제시한다. 그러나 콘드라신은 우크라이나가 우크라이나인 사망률을 너무 높게 추정했고, 볼가 지역의 기근 사망자 추정치는 대부분 너무 낮으며, 스탈린의 정책은 모든 사람에게 동일한 영향을 미쳤다고 주장했다. 그는 인터뷰에서 이렇게 말했다. "기근이 발생한 구조는 러시아와 우크라이나에서 동일했습니다. 민족적 차이는 전혀 없었죠."16

콘드라신의 주장은 부분적으로는 옳았다. 유셴코 대통령은 홀로도모르의 사상자 수를 높여 말하는 대표 인사다. 일부 예외를 제외하면 현재 우크라이나 학계에서는 사망자를 400만 명에 조금 못 미치는 수로 파악하지만, 여전히 사망자가 천만 명에 달했다고 주장하는 이들이 있다.17 또한 (우크라이나처럼 1918년 레닌을 격분하게 만든, 내전 시대 농민 반란으로 유명한 지역인) 러시아 펜자주가 소련 국가의 특별한 표적이 되었다는 콘드라신의 주장도 타당한 말일 것이다.18

펜자주에서 발생한 '특별한' 기근은 분명 면밀히 조사해야 하는 사건이다. 카자흐스탄의 기근 또한 더 면밀히 조사돼야 한다. 사망률이 매우 높은 카자흐스탄의 기근에는 태만보다 훨씬 더 심각한 원인이 있을 것이기 때문이다. 하지만 그렇다고 해서 우크라이나 기근의 특수한 상황을 인정할 필요성이 사라지는 것은 아니다. 이 책에서 알 수 있듯이 역사적 기록에는 우크라이나 국경 폐쇄, 우크라이나 집단농장과 마을 수십 개의 블랙리스트 등록, 곡물 징발 실패를 우크라이나화 실패와 암묵적으로 연결하는 법령 등, 오직 우크라이나만을 대상으로 시행된 법령이 포함되어 있다. 인구통계 기록에 따르면 그 당시 우크라이나 사망자 수는 소련의 다른 어떤 지역보다 많았다.

우크라이나 역사학자 스타니슬라프 쿨치츠키와의 공개 토론에서, 콘드라신은 스탈린이 1932년의 식량 위기를 '기회'로 간주했다는 글을 직접 작성했다.

> 1932년부터 1933년의 기근과 우크라이나의 전반적인 경제 위기는 스탈린주의 정권이 우크라이나 민족운동과 그 잠재적 사회 기반(지식인, 관료, 농민)을 상대로 예방 조치를 취할 구실을 제공했습니다.[19]

이는 우크라이나 주류 역사학자들 대부분의 (그리고 이 책의) 주장과 거의 일치하는 주장이다. 즉 기근에 대한 '러시아'와 '우크라이나'의 학문적 해석의 격차는 간혹 알려진 것만큼 벌어져 있지 않을 수 있다.

그럼에도 불구하고, 기근 논쟁의 정치화 때문에 기근에 관한 러시아와 우크라이나의 대중적 이해는 러시아-우크라이나 관계는 물론 우크라이나 내부에서도 중요한 문제로 불거졌다. 유셴코는 기근을 자주 언급했고, 기근을 추모할 방법을 신중하게 고민했다. 그러나 그의 정적이자 후임이며 러시아의 재정적, 정치적 지원을 받아 당선된 '친러' 대통령인 빅토르 야누코비치는 이 정책을 돌연 뒤집는다. 야누코비치는 대통령 웹사이트에서 홀로도모르에 대한 언급을 삭제하고, 국가기억연구소 소장을 전 공산주의자 역사학자로 교체했으며, 기근을 언급할 때 '제노사이드'라는 단어를 더 이상 사용하지 않았다.

물론 야누코비치는 계속해서 기근을 "비극"이자 심지어 "아마겟돈"이라 말했고, 인위적으로 만들어진 기근을 암시하는 '홀로도모르'라는 단어 또한 자주 사용했다. 그리고 연례 추모 행사를 계속 개최했으며, 많은 사람의 우려와 달리 블라디미르 푸틴 러시아 대통령처럼 기록 보관소 연구자들을 저지하거나 괴롭히지도 않았다.[20] 그러나 대통령의 어조와 강조 사항의 변화는 그의 정적들을 격분하게 했다. 특히 다수는 그가 '제노사이드'라는 단어를 사용하지 않는 것이 러시아에 복종하는 것과 마찬가지라고 일축했다(메드베데프 대통령이 야누코비치 대통령 재임 기간인 2010년 마침내 키이우에 있는 홀로도모르 추모관을 방문한 것은 주목할 만한 일인데, 이는 온건한 언어를 사용한 데 대한 '보상'이었을 것이다). 심지어 한 시민 단체는 야누코비치를 '집단 살해 부인'이라는 혐의로 법정에 세우려 했다.[21] 야누코비치의 대통령 임기는 재앙적이었으며, 그의 기근 경시를 포함한 모든 정책은 신뢰를 잃게 된다. 이후 그는 우크라이나의 정치 제도를 체계적으로 훼손했고 엄청난 규모의 부패에 관여했다. 2014년 2월, 그의 통치에 반대하는 장기 시위가 벌어지던 도중 키이우의 마이단 광장에서 경찰이 100명 이상의 시위자를 사살했으며, 야누코비치는 타국으로 도주했다.

당연하게도 야누코비치의 불명예는 역사의 공론장에 흔적을 남겼다. '제노사이드'라는 단어를 둘러싼 정치적인 논쟁 때문에, 이 단어는 우크라이나 정치에서 일종의 신분증명서가 되었다. 단어를 사용하는 사람과 사용하지 않는 사람을 각기 다른 정파에 속했다고 여기게 되는 것이다. 2014년 봄, 러시아 정부가 자신들의 행동을 정당화하기 위해 '제노사이드'라는 명칭이 왜곡되었다는 주장을 내놓으면서 문제는 더 악화되었다. 러시아가 크림반도와 우크라이나 동부를 침공했을 당시, 러시아의 지원을 받는 분리주의자와 러시아 정치인들은 자신들의 불법적인 개입이 '제노사이드에 대한 방어'였다고, 즉 '우크라이나 나치'가 우크라이나 내 러시아인을 상대로 저지른 것으로 추정되는 '문화적 제노사이드'에 대한 방어였다고 말했다.

러시아와 우크라이나 간의 갈등이 격화되면서, 역사와 역사 기록학에 대한 공격도 심화했다. 2015년 8월, 러시아의 지원을 받는 분리주의자들이 우크라이나 동부 점령지의 스니즈네 마을에 있는 기근 희생자 추모비를 고의적으로 파괴했다. 이곳은 1년 전 분리주의자들이 BUK 미사일을 발사해 말레이시아 항공 17편을 추락시켜 탑승자 전원이 사망했던 곳이었다.[22] 또한 같은 달에 러시아 정부 선전 웹사이트인 '스푸트니크 뉴스Sputnik News'는 '홀로도모르 사기'라는 제목의 영문 기사를 게재했다. 이 기사는 기근을 "20세기의 가장 유명한 신화이자 악의적인 반소련 선전 작품"이라고 칭하며 기근을 부정했던 과거를 연상케 하는 견해를 제시했고, 이미 오래전에 신뢰성을 잃은 책인 더글러스 토틀의 『사기, 기근, 파시즘』을 끌어대기까지 했다.[23] 토틀이 주장한 기근 역사 연구자, 우크라이나 나치 혐의자, 서방 내 반소련 세력 간의 연관성이 우크라이나인을 '나치'로 매도하려는 러시아에 유용하다는 사실이 다시 입증된 것이다.[24]

2016년이 되자 논쟁은 원점으로 되돌아갔다. 소련 해체 후의 러시아 국가는 또다시 기근에 대해 '완전 부인'을 내세웠다. 홀로도모르는 일어나지 않았으며 오직 '나치'만이 그렇게 주장한다는 것이다. 이러한 모든 논쟁은 '제노사이드'라는 단어를 적용하기 어렵게 만들었다. 러시아나 우크라이나에서 이 단어는 사용하는 것만으로도 피곤한 일로 취급될 만큼 논쟁적인 일이 되었다. 사람들은 논쟁에 피로감을 느꼈으며, 어쩌면 이것이야말로 러시아가 기근을 다루는 역사 기록학을 공격한 핵심 이유일지 몰랐다.

하지만 10년 전 치열했던 제노사이드 논쟁은 다른 이유로도 수그러들었다. 증거가 축적되면서 이제 1932년부터 1933년 기근을 제노사이드로 부를지, 반인도적 범죄로 부를지, 아니면 단순한 대규모 테러 행위로 부를지는 중요한 문제가 아니게 되었다. 어떤 식으로 정의하든, 이 기근은 정부가 자국민을 상대로 저지른 끔찍한 폭력이었기 때문이다. 이 사건은 20세기에 일어난 여러 폭력 중 하나이며, 이러한 폭력 중 일부는 법적 정의와 정확하게 일치하지 않는다. 기근이 실제로 일어났고, 의도적인 일이었으며, 우크라이나의 정체성을 약화하려는 정치적 계획의 일부였다는 사실은 국제 법원에서 이를 확인했는지와 관계없이, 우크라이나와 서방에서 점점 더 많은 사람에게 받아들여지고 있다.

또한 이 논쟁의 중요성은 우크라이나인 사이에서도 점점 줄어들고 있다. 실제로 기근 및 제노사이드에 대한 법적 논쟁은 우크라이나와 우크라이나 주권, 우크라이나 생존권에 대한 논쟁의 대체재 역할을 하곤 했다. 기근에 대한 논의는 우크라이나가 독립적인 국가 역사와 국가적 기억을 가질 권리를 주장하는 방식이었다. 그러나 독립 후 25년 이상이 지났고, 거리 혁명이 두 차례 진행되었으며, 우크라이나 군대 덕분에 러시아의 침공이 저지된 지금, 주권은 더 이상 이론적인 게 아니었다. 주권은 역사적 정당화는 물론 다른 어떤 정당화도 필요 없는 사실이다.

우크라이나 기근은 너무나 파괴적이었기에, 너무나 철저하게 침묵을 강요당했기에, 그리고 우크라이나의 인구통계, 심리, 정치에 지대한 영향을 미쳤기에, 우크라이나인과 러시아인들이 자기 자신과 서로를 생각하는 데에 명백하고도 미묘한 방식으로 영향을 주고 있다. 기근을 경험하고 살아남은 세대는 기근에 관한 기억을 영원히 간직한다. 그러나 생존자뿐만 아니라 가해자의 자녀와 증손자조차도 여전히 비극의 영향에서 자유롭지 못하다.

1930년대에 우크라이나 엘리트, 즉 우크라이나 최고의 학자, 작가, 정치 지도자, 활력 넘치는 농부 들이 제거된 것은 여전히 중요한 문제이다. 3세대가 지난 지금도 국가에 대한 광범위한 불신, 취약한 국가 기관, 부패한 정치 계급 같은 현대 우크라이나의 많은 정치 문제는 혁명 이후 최초의 애국심 넘치는 엘리트들이 없다는 게 원인이었다. 1933년에는 국가를 이끌 수 있었던 남녀들, 그리고 엘리트들의 영향을 받아 또다시 다른 사람들에게 영향을 미쳤던 사람들이 갑자기 현장에서 사라졌다. 그들을 대신한 사람들은 공포에 시달린 나머지 침묵과 복종을 선택했고, 경계하고 조심하며 위축하는 법을 배웠다. 이후 몇 년 동안 국가는 존경이 아닌 두려움의 대상이었고, 정치인과 관료들은 다시는 선량한 공무원으로 간주되지 않았다. 우크라이나의 정치적 수동성, 부패에 대한 관용, 민주적 기관까지 포함해 국가 기관 전반에 대한 경계심 등, 현대 우크라이나의 모든 정치적 병리는 1933년에 시작되었다.

   기근 이후 진행된 러시아화도 흔적을 남겼다. 소련이 우크라이나 문화와 기억을 체계적으로 파괴한 덕분에 많은 러시아인은 우크라이나를 독립된 역사를 가진 독립 국가로 취급하지 않는다. 많은 유럽인은 우크라이나가 존재한다는 사실조차 잘 모른다. 우크라이나인 역시 국가에 대한 충성심을 다양하고 혼란스러운 형태로 가지고 있다. 이러한 모호함은 냉소주의와 무관심으로 이어질 수 있는데, 조국에 대해 별로 관심이 없거나 조국을 잘 모르는 사람은 그곳을 더 나은 곳으로 만들기 위해 노력하지 않을 것이다. 시민으로서의 책임감이 없는 사람은 부패 방지에 큰 관심을 느끼지 못한다.

또한 우크라이나의 현대 언어 전쟁 역시 1930년대로 거슬러 올라간다. 역설적이게도 스탈린이 우크라이나어와 우크라이나 국가 정체성을 모두 파괴하려고 한 덕분에 둘 사이의 연관성은 더 강해졌다. 그 결과 언어 논쟁은 오늘날까지도 여전히 정체성에 대한 더 깊은 논의를 반영한다. 우크라이나는 철저한 이중 언어 국가로 인구 대부분이 우크라이나어와 러시아어를 모두 사용하지만, 한쪽 언어를 선호하는 사람들은 여전히 차별받고 있다고 정기적으로 불만을 제기한다. 2012년, 우크라이나 정부가 여러 지방에서 러시아어를 '공식' 언어로 인정해 법원과 관공서에서 러시아어를 사용할 수 있게 되자 폭동이 일어났다. 2014년, 마이단 혁명 이후의 우크라이나 정부는 이 법을 폐지하려 했지만, 러시아의 지원을 받는 '분리주의자'들은 이 변경안을 우크라이나 침공을 정당화하는 용도로 사용했다. 언어와 우크라이나 주권 모두에 대한 러시아의 도전은 오히려 또 다른 유형의 대중적 반발을 유발하기도 했다. 2005년에는 우크라이나어를 주요 의사소통 수단으로 사용하는 우크라이나인이 절반 이하였지만, 10년 후에는 3분의 2가 러시아어보다 우크라이나어를 선호하게 되었다.[25] 러시아의 압력 덕분에, 우크라이나는 1920년대 이후 처음으로 우크라이나어를 중심으로 단결하고 있다.

기근 연구가 현대 우크라이나를 설명하는 데 도움이 된다면, 이를 통해 현대 러시아의 태도도 일면 이해할 수 있다. 러시아의 태도는 대부분 과거 행동 패턴에서부터 비롯했다. 혁명 당시부터 볼셰비키는 자신들이 우크라이나에서 소수 집단임을 알고 있었다. 다수를 지배하기 위해 그들은 극단적인 폭력뿐만 아니라 악의적이고 분노로 가득한 형태의 선전을 사용했다. 홀로도모르 이전에는 우리가 지금 '혐오 발언'이라고 부르는 언어, 즉 어떤 사람은 '충성스러운' 소련 시민으로 규정하고 어떤 사람은 인민 혁명을 실현하려면 반드시 파괴해야 하는 특권층인 '적' 쿨라크로 규정하는 언어가 10년 동안 횡행했다. 이러한 이념적 언어는 기근을 조장한 남녀, 굶주리는 가족으로부터 식량을 몰수한 사람들, 동료 시민을 체포하고 살해한 경찰의 행동을 정당화했다. 그리고 이들에게 도덕적, 정치적 정당성을 부여했다. 기근을 조직했다는 이유로 죄책감을 느낀 사람은 극히 드물었다. 죽어가는 농민들이 '민중의 적'이며, 진보의 이름으로 제거해야 할 위험한 범죄자라고 설득당했기 때문이다.

80년이 지난 지금, (OGPU의 후계자인) KGB의 제도적 후계자인 러시아 연방보안국FSB은 선전과 허위 정보를 통해 반대자들을 악마화하는 행위를 계속하고 있다. 우크라이나에서의 혐오 발언은 성격과 형태는 달라졌지만, 이를 사용하는 사람들의 의도는 달라지지 않았다. 과거에 그랬던 것처럼 크렘린은 여전히 언어를 사용해 사람들을 서로 대립하게 하고, 일등과 이등 시민을 구분하고, 분열과 혼란을 일으키고 있다. 1932년부터 1933년 소련 국영 언론은 현지 협력자와 함께 일하는 OGPU 부대를 '페틀류라파' '쿨라크' '반역자' '반혁명분자'와 싸우는 '소련 애국자'로 묘사했다. 2014년 러시아 국영 매체는 크림반도와 우크라이나 동부를 침공한 러시아 특수부대를 키이우 출신의 '파시스트' 및 '나치'와 싸우는 '분리주의 애국자'로 묘사했다. 이후 우크라이나 민족주의자들이 아기를 십자가에 못 박았다는 둥의 가짜 이야기와 가짜 사진으로 완성된 엄청난 허위 정보 캠페인이 러시아 내부는 물론 전 세계 러시아 국영 매체를 통해 전파되었다. 전자 매체가 없던 시대에 스탈린이 고안한 것보다 훨씬 정교했지만, 허위 정보 캠페인이 추구하는 정신은 거의 동일했다.

 80년이 지난 지금도 스탈린이 우크라이나에 느낀 두려움, 더 정확히는 우크라이나에서 러시아까지 뻗쳐오는 그의 불안이 메아리치고 있다. 스탈린은 우크라이나에 대한 통제력 상실에 대해, 그리고 폴란드나 다른 나라의 우크라이나 전복 음모에 대해 집요하게 이야기했다. 그는 우크라이나인들이 중앙 집권 체제를 의심한다는 사실, 집단화가 본인의 땅과 전통에 깊은 애착을 느끼는 농민들에게 인기가 없으리라는 사실, 그리고 우크라이나 민족주의가 볼셰비즘에 도전하고 나아가 이를 파괴할 수도 있는 강력한 힘이라는 사실을 알고 있었다. 우크라이나가 주권 국가라면, 소련의 곡물 공급을 차단하고, 나아가 소련의 정당성을 박탈함으로써 소련의 계획을 저지할 수 있었을 것이다. 우크라이나는 수 세기 동안 러시아의 식민지였고, 우크라이나와 러시아의 문화와 언어는 밀접하게 얽혀 있었다. 우크라이나가 소련의 체제와 이념을 거부한다면, 소련 계획 전체가 의심을 살 수 있었다. 그리고 1991년에 바로 그런 일이 일어났다.

현재 러시아의 지도부는 이 역사를 너무나 잘 알고 있다. 스탈린이 카가노비치에게 우크라이나를 '잃는' 일이 자신의 가장 큰 걱정거리라고 말했던 1932년처럼, 현재 러시아 정부도 주권을 가진 민주적이고 안정적인 우크라이나가 문화와 무역을 통해 유럽의 다른 지역과 연결되면 러시아 지도부의 이익을 위협하리라고 생각한다. 무엇보다도 우크라이나가 지나치게 유럽화된다면, 즉 서방에 성공적으로 통합되는 일이 일어난다면, 러시아인들은 '왜 우리는 이렇게 할 수 없는가?'라고 질문하게 될 것이다. 2014년 우크라이나의 거리 혁명은 러시아 지도부에게는 최악의 악몽이었다. 청년들이 법치주의를 요구하고, 부패를 비난하며, 유럽 깃발을 흔들었다. 이러한 운동은 전염될 수 있으며, 따라서 가능한 모든 수단을 동원해 막아야 했다. 오늘날 러시아 정부는 과거에 소련 정부가 그랬던 것처럼 가짜 정보, 부패와 군사력을 이용해 우크라이나 주권을 훼손하고 있다. 러시아가 1932년처럼 '전쟁'과 '적'에 대한 언급을 지속하는 것은, 정체된 생활 수준을 설명하거나 자신들이 누리는 특권과 부, 권력을 정당화하지 못하는 러시아 지도자들에게 여전히 유용한 수단이다.

역사는 희망과 비극을 모두 보여준다. 결국 우크라이나는 파괴되지 않았다. 우크라이나어 또한 사라지지 않았다. 독립에 대한 열망도 사그라들지 않았다. 민주주의나 더 공정한 사회에 대한 열망, 그리고 우크라이나인을 진정으로 대표하는 우크라이나 국가에 대한 열망도 마찬가지이다. 표현할 자유가 주어졌을 때, 우크라이나인들은 이러한 열망을 마음껏 표현했다. 열망을 드러낼 수 있게 되자 우크라이나인들은 1991년에 압도적인 표차로 독립을 선택했다. 우크라이나 국가 가사에서 선언하는 것처럼, 우크라이나는 죽지 않았다.

결국 스탈린은 실패했다. 1930년대 우크라이나 지식인과 정치인 세대 전체가 살해당했지만, 그들의 유산은 살아남았다. 1960년대에는 민족적 열망이 되살아났고, 1970년대와 1980년대에는 지하에서 명맥을 유지했으며, 1990년대에는 다시 공개적으로 표출되었다. 2000년대에는 새로운 세대의 우크라이나 지식인과 활동가들이 다시 등장했다.

기근의 역사는 행복한 결말이란 없는 비극이다. 그러나 우크라이나의 역사는 비극이 아니다. 수백만 명이 살해당했지만, 국가는 지금도 여전히 지도에 남아 있다. 기억은 억압되었지만, 오늘날의 우크라이나인들은 과거를 주제로 토론하고 논쟁한다. 인구 조사 기록은 폐기되었지만, 오늘날에는 기록 보관소를 이용할 수 있다.

기근과 기근의 여파는 끔찍한 흔적을 남겼다. 상처는 여전히 남아 있지만, 수백만 명의 우크라이나인은 1933년 이후 처음으로 마침내 상처를 치유하려 애쓰고 있다. 우크라이나인들은 20세기에 어떤 일이 일어났는지 알고 있으며, 그들은 기억에 힘입어 미래를 만들어 나갈 것이다.

옮긴이의 말

아이들끼리의 투덕거림이라도 갈등에는 이유와 배경이 있기 마련이다. '누가 먼저 때렸니?' '누가 더 많이 맞았니?'만 가지고 판단하면 섣부르다. 무려 800쪽이 넘는 이 두꺼운 책은, '홀로도모르' 즉 1930년대 소련이 우크라이나에 일으켰던 대기근에 대하여 그 몇 세기 전까지 거슬러 가 유래를 찾고 다각도로 원인을 짚어본다. 그리고 방대한 문헌만이 아니라 생존자와 가해자 들의 구술 조사 자료까지 종합하여 이 보기 드문 역사적 비극의 추이를 그리고 그 장면 하나하나를 낱낱이 파고든다.

우크라이나와 러시아의 악연은 전설적인 루스 공국의 시대를 넘어, 이 땅이 러시아와 오스트리아에 의해 나뉘던 18세기부터 시작된다. 이후 제정 러시아는 20세기에 들어 멸망할 때까지 우크라이나를 장악했고, 이는 소련으로 바뀌고도 계속되었다. 러시아는 한편으로 이 땅의 지배권을 둘러싸고 독일, 튀르키예, 폴란드, 오스트리아 등과 주기적으로 접전을 벌였다. 우크라이나가 이처럼 강대국들의 격전지가 된 것은 이곳의 지리적 위치가 세력 간의 교차로 역할을 했기 때문이고, 또한 우크라이나의 흑토 지대가 세계에서 제일가는 곡창 지대였기 때문이다.

그러나 이 땅의 사람들은 고유의 문자, 고유의 언어, 고유의 문화를 갖고 있었다. 그리고 유럽의 다른 민족들처럼, 독립 국가를 이루기를 염원했다. 그 점을 아는 러시아는 민족말살정책을 밀어붙였다. 우크라이나어 사용을 금지하고, 우크라이나 역사를 학교에서 배우지 못하게 하고, 우크라이나 지식인을 탄압하고, 우크라이나라는 이름조차 부르기를 꺼려 '소러시아'라면서 우크라이나의 독자적 정체성을 한사코 부정했다. 그러나 누르면 튀는 법이라, 제정 러시아가 무너진 1910년대에는 키이우에서 라다(의회)가 결성되고, 극좌에서 극우에 이르는 모든 우크라이나 정파가 하나 되어 자유롭고 독립한 우크라이나를 주장했다.

그러나 소멸한 줄 알았던 러시아 제국은 붉은 옷으로 갈아입고 다시 그 땅을 점령했다. 점령을 영구화하려면 굽힐 줄 모르는 우크라이나 민족주의의 숨통을 기필코 끊어야 했다. 이때 또 다른 두 가지 필요가 부각된다. 하나는 우크라이나를 비롯한 모든 땅에서 사회주의 체제를 확립해야 한다는 것, 다른 하나는 스탈린의 권좌를 든든히 해야 한다는 것이었다. 그리하여 소비에트 러시아는 기존의 민족 말살정책에 더해, 우크라이나인들이 일찍이 겪어보지 못한 재앙을 유도하기로 한다. "기근을 일으켜라!"

세계에서 가장 풍요로운 땅, 그 땅을 일구는 사람들의 손에서 수확물을 남김없이 빼앗아, 곡물을 수출하여 국고에 보태는 한편 경작자들은 굶어 죽도록 내버려두는 것이다. 국가가 자국민에게 벌일 수 있는 가장 악랄하고 비열한 정책이었다. 정책의 효과는 확실했다. 지옥과 같은 굶주림 속에서 우크라이나인들은 저항의 의지를 잃어버렸고, 이웃끼리 식량을 빼앗고 가족끼리도 죽고 죽이는 아수라장을 벌이며 공동체가 산산이 파괴되었다. 자기 땅과 농기구를 빼앗는 집단 농장을 한사코 거부하던 그들은 이제 살기 위해 집단 농장에 기어들어, 순종적인 사회주의 프롤레타리아가 되었다. 주인이 굶어 죽거나 도망쳐서 텅 빈 집들에는 러시아인들이 대거 이주해와 우크라이나의 민족 정체성을 옅게 만들었다. 이 잔혹한 정책을 끈질기게 밀어붙이고, 이에 반대하는 혁명동지들을 반동으로 몰아 숙청해버린 스탈린은 절대 권력을 거머쥔 채 '승리자의 대회'를 연다. 1934년 1월, 400만 명에 이르는 우크라이나인이 죽어난 뒤였다.

이로써 소련 체제에 대항하면 어떻게 되는지를 몸서리치게 알게 된 우크라이나인들과 그 밖의 소련인들은 스탈린이 죽고 나서도 저항할 엄두를 내지 못했다. 가해자는 가해자대로, 악몽을 되살리고 싶지 않던 피해자는 피해자대로 홀로도모르의 진상을 내내 은폐했다. 콘크리트 바닥의 작은 틈새로 자라나는 풀처럼 간간이 돋아나던 진상 폭로는, 우크라이나인들이 또 하나의 재앙을 겪은 1986년에, 즉 체르노빌 원전 사고 이후에 소련이 무너져 내리면서 비로소 제대로 일어나기 시작했다.

이 책은 붉은 굶주림, 그 진상을 처음의 이전에서 끝의 이후까지 샅샅이 다룬다. 다만 사건과 상황을 기술할 뿐만 아니라, 그 과정에서 희망에서 절망으로, 희극에서 비극으로 미끄러져 갔던 수많은 사람의 모습도 생생히 다룬다. 그동안 우리나라에 널리 알려지지 않았던 사람들의 모습도.

우리는 이 책에서 미하일로 흐루셰우스키를 본다. 저명한 우크라이나 역사학자이자 누구보다 나라를 사랑하는 민족주의자였던 그는 1917년 중앙 라다 의장이 되어 자유 우크라이나의 희망을 전 세계에 외쳤다. 그러나 이후 벌어진 내부 분열에 밀려 해외로 망명했다가, 소련이 한때 내세운 유화책을 믿고 우크라이나 문화를 부흥시키리라 소망하며 소비에트화된 조국에 돌아왔다. 하지만 본색을 드러낸 모스크바는 그를 점점 심하게 박해했고, 그를 모욕하는 것이 볼셰비키의 의무인 듯 굴었다. 결국 그는 1934년, 동포들이 수없이 죽어가는 데 아무것도 하지 못한다는 절망 속에서 숨을 거둔다.

네스토르 마흐노를 본다. 1919년 우크라이나가 저항의 깃발을 쳐들었을 때 가장 카리스마 있는 무장 혁명 지도자였던 그는 카자크들을 이끌고 우크라이나의 평원을 달리며, 한편으로는 구 러시아 체제를 복원하려는 백군과, 혼란을 틈타 키이우에서 권력을 잡은 군사 독재자와 그리고 볼셰비키와 싸우고 또 싸웠다. 그리고 자신의 고향 일대에 자립적이고 자유로운 해방 공간을 한동안 유지했다. 그러나 한때의 동지들에게 배신당하고, 붉은 군대에 쫓긴 나머지 1921년 국외로 탈출했고, 1934년에 파란 많은 생애를 접는다. 그 전후에 모스크바에서 그의 이름은 '우크라이나인들은 언제든 다시 들고 일어날 수 있다'는 경계警戒의 의미로 통했다.

시몬 페틀류라를 본다. 젊어서 우크라이나 민족주의에 몸 바치기로 결심했던 그는 흐루셰우스키의 우크라이나 공화국이 산산조각 나는 가운데 어떻게든 질서를 되찾고, 나라를 유지하려고 백방으로 애썼다. 그러나 1919년, 붉은 군대에 맞서고자 폴란드의 힘을 빌리기로 결정하며 민족주의자 정체성을 잃은 데다, '서방세계가 우크라이나를 앞세워 소련을 무너뜨리려 한다'는 모스크바의 의심에 불을 지른다. 이는 소련이 붉은 굶주림을 결정하는 하나의 근거를 마련해주었다. 그는 보기 드물게 유대인에게 관대했으나 그를 오해한 유대인 과격파에 의해 1926년 망명지에서 암살되었고, 그의 이름은 그 뒤로도 오랫동안 '반소련 음모자들'에게 붙는 낙인에 활용되었다.

미콜라 스크리프니크를 본다. 그는 열성적인 볼셰비키이면서 동시에 우크라이나를 비롯한 소수민족의 정체성이 볼셰비즘과 공존할 수 있으며 공존해야 한다고 믿었다. 그는 소련이 우크라이나에 세운 소비에트 공화국에서 요직을 맡는 한편, 우크라이나어를 가르치는 학교 제도를 정립하고 열성적으로 후원했다. 우크라이나인들이 자신들의 언어로 마르크스-레닌주의를 배울 때 진실로 충실한 소련인이 될 것이라는 생각에서였다. 그러나 붉은 굶주림이 본격화되면서 그의 주장은 반동적이라는 비난에 직면한다. 그가 공들여 세운 학교 체계가 모조리 부서졌을뿐더러 우크라이나의 곡물을 사정없이 빼앗지 말라, 죄 없는 농민들을 죽이지 말라는 그의 피맺힌 호소는 비웃음을 샀다. 자신의 믿음과 꿈이 모조리 배반당했음을 깨달은 스크리프니크는 1933년 자살한다.

개러스 존스를 본다. 웨일스 태생의 영국 언론인인 그는 로이드 조지 수상과의 인연 덕에 1933년, 홀로도모르가 진행 중이던 우크라이나를 여행할 수 있었다. 그리고 소련 정부와의 밀약 때문에 그 참상에 대해 일체 침묵하고 있던 기자 동료들과 달리, 우크라이나에서 실제로 벌어지고 있는 일을 서방세계에 알렸다. 그러나 그의 폭로는 의심받았다. 그게 사실이라면 왜 다른 기자들은 잠자코 있는가? 어떻게 정부가 자국민에게 그런 짓을 저지를 수 있단 말인가? 의심은 '유명해지고 싶어서 가짜뉴스를 날리는 사이비 기자'라는 조롱으로 이어졌고, 그는 끝내 이 용감한 폭로의 가치를 인정받지 못한 채 1935년 몽골에서 비명에 갔다. 그의 뒤를 이어 언론계나 학계에서 홀로도모르의 고발이 간간이 나왔으나, 그것이 반공주의를 강조하는 극우파들의 선전에 이용되는 바람에 '극우 파시스트들의 날조 왜곡'이라는 중상에 시달려야 했다.

그리고 수없이 많은 사람을, 현실 같지 않은 현실을 겪어야 했던 보통 사람들을 본다.

사마라에서, 젖이 안 나오는 가슴을 쥐어짜며 죽어가는 아기를 먹이려 애쓰는 어머니를.

하르키우에서, 빵을 품에 안고 걸음을 서두르다 제발 빵 한 조각만 달라는 아기 엄마의 애원을 뿌리친 여성을, 애원이 더 들리지 않자 돌아본 곳에 쓰러져 죽어 있던 그 시체의 원망하는 눈초리를 몇십 년이고 잊지 못한다는 여성을.

키이우에서, 빵을 준다는 말만 믿고 거리마다 널브러진 시체들을 안간힘을 써서 거두고 매장한 이들, 그 참상이 소문날까 두려워한 당국에 의해 반혁명분자로 몰려 총살당한 마을 사람들을.

드네프로페트롭스크에서, 식량을 숨겼다는 이유로 집과 가구와 모든 것을 빼앗기고, 옷조차 빼앗겨 발가벗은 몸으로 눈보라 속에 내던져졌던 일가족을.

빈니차에서, 식량을 훔쳤다고 의심받던 여성을 고문한 끝에 생매장해버린 마을 사람들을,

호로디셰에서, 지나가는 어린아이를 죽인 뒤 장기와 신체 부위를 가방에 넣고 유랑하던 어머니와 딸을.

땅바닥을 기다가 겨우 곡식 낱알을 입에 넣었으나 너무도 쇠약해진 위장이 그조차 감당하지 못해 그 자리에서 죽어버린 사람들을.

말도 못 할 고생 끝에 얻어온 빵 한 덩어리가 쓰레기를 채운 가짜였음을 알고 정신이 나가서, 빵을 자르려던 칼로 자기 자식을 마구 찔러 죽인 어머니를.

왜 죽어야 하는지 끝까지 모르는 채 스러져 간, 최소 400만 개의 우주를.

이 책은 우리에게 특별한 울림을 주어야 마땅하다. 우리도 한때 나라 잃은 민족이었으니 말이다. 고유의 언어와 역사를 빼앗긴 채 '너희는 우리의 (열등한) 일부이니, 충성을 바쳐라!'라는 강요를 받았던 우리, 이념 때문에 참혹한 전쟁과 동족상잔의 비극을 겪은 국민이니 말이다. 이 책을 읽다 보면 사람의 죽음에 그저 무감각해진 이들을 발견한다. 어머니의 말씀으로는 한국전쟁 때도 그랬다고 한다. 시체를 하도 많이 봐서 시체로 뒤덮인 밭에서도 감자를 캐내 태연히 먹게 되더라고. 죽음에는 무감각해져도 증오와 분노는 겹겹이 쌓인다. 당시 수많은 무구한 사람이, 양쪽에서 배반자로 몰려 무참히 살육당했다. 우리는 정부가 자국민을 학살하는 말도 안 되는 역사를 여러 차례 목격한 국민이다.

그러나 지금도 진행 중인 러시아와 우크라이나의 분쟁에 대해, 우리의 감각은 대체로 둔한 듯하다. '우크라이나가 공연히 러시아를 자극해서 저리된 것 아니냐' '그들이 싸우든 죽든 우리하고 무슨 상관이냐' 심지어 차르들이, 레닌이, 스탈린이, 그리고 푸틴이 되풀이해온 거짓 주장, '우크라이나는 러시아의 한 지방일 뿐이다'에 우리는 고개를 끄덕인다.

먼 곳에서 벌어지는 일, 아주 옛날에 벌어진 일, 그렇게만 생각하면 편하다. 그러나 이 편리함이야말로 무시무시하고도 상식을 뛰어넘는 일이 되풀이되도록(또는 이미 벌어지고 있는 일이 더욱 무시무시해지도록) 방치하는 게 아닐까. 이미 비슷한 일을 겪어본 이 땅에서, 이 일이 단지 남의 이야기일 수는 없지 않을까.

수백 년 전 러시아가 우크라이나를 점령한 때부터 우크라이나가 독립하고 홀로도모르의 진상 규명과 추모가 가능해진 최근까지를 톺아보며, 이 책은 이렇게 끝맺는다.

"우크라이나인들은 20세기에 어떤 일이 일어났는지 알고 있으며, 그들은 기억에 힘입어 미래를 만들어나갈 것이다."

그런데 21세기에 과연 무슨 일이 일어나고 있는가.

2025년 여름.
국가권력의 필요에 따라 죄 없이 죽어간 사람들을 애도하며,
아직도 평화롭지 못한 우크라이나를 슬퍼하며,
함규진

주

머리말

1. V. V. Kondrashin et al., eds., *Golod v SSSR: 1929-1934*, Rossiia XX vek, vol. 1(Moscow: Mezhdunarodnyi fond 'Demokratiia', 2011), 163-165, 다음을 인용. V. S. Lozyts'kyi, *Holodomor 1932-1933 rokiv: zlochyn vlady—trahediia narodu: dokumenty i materialy*(Kyiv: Heneza, 2008), 37-40.
2. TsDAHOU 1/20/5254(1932), 1-16, in R.Ya. Pyrih, ed., *Holodomor 1932-1933 rokiv v Ukraïni: Dokumenty i materialy*(Kyiv: Kyievo-Mohylians'ka Akademiia, 2007), 130.
3. 같은 글, 134.
4. '할라다모르Haladamor'라는 말은 1930년대 체코로 이주한 우크라이나인들의 출판물에서 나타난다. '홀로도모르Holodomor'는 아마도 1988년 2월 18일, 『우크라이나 문학*Literaturna Ukraïna*』에 나오는, 올렉시 무시옌코가 작가 조합에서 한 연설에 처음 우크라이나에서 사용된 예를 찾을 수 있을 것이다.
5. Hennadi Boriak, 'Sources and Resources on the Famine in Ukraine's Archival System', *Harvard Ukrainian Studies* 27(2004-2005), 117-147.
6. Andrea Graziosi, 'The Soviet 1931- 1933 Famines and the Ukrainian Holodomor: Is a New Interpretation Possible, and What Would Its Consequences Be?', *Harvard Ukrainian Studies* 27, no. 1/4(2004), 100.
7. Tetiana Boriak가 그들의 중요성을 다음 책에 요약해뒀다. *1933: 'I choho vy shche zhyvi?'*(Kyiv: Clio, 2016).
8. Boriak, 'Sources and Resources', 117-147.

서론 우크라이나 문제

1. Taras Shevchenko, 'Zapovit'('Testament'), in *Selected Poetry*, trans. John Weir(Kyiv: Ukraine, 1977), 198, http://www.infoukes.com/shevchenkomuseum/poetry.htm에서 찾았다. 2017년 접속.
2. Nikolai Gogol, *Arabesques*, trans. Alexander Th(Ann Arbor, MI: Ardis, 1982), 104.
3. I. M. Dolgorukov, 'Slavny bubny za gorami, ili moe puteshestvie koekuda, 1810 goda: Sochinenie Kniazia Ivana Mikhailovicha Dolgorukago c predisloviem O. M. Bodianskago', *Chteniia v Imperatorskom Obshchestve Istorii i Drevnostei Rossiiskikh pri Moskovskom Universitete* 2(April-June 1869): glava II 'Materiialy otechestvennye', 46.
4. Serhiy Bilenky, *Romantic Nationalism in Eastern Europe: Russian, Polish and Ukrainian Political Imaginations*(Stanford, CA: Stanford University Press, 2012), 96-97.
5. 같은 책, 244. 미콜라 마르케비치의 『소러시아의 역사*Istoriia Malorossii*』에 대한 벨린스키의 비평에서 인용. 그 비평은 Belinskii, *Polnoe sobranie sochinenii*, vol. 7(Moscow: Izdatel'stvo Akademii nauk, 1953), 60.
6. Aleksandra Efimenko, *Iuzhnaia Rus: Ocherki, issledovaniia i zametki*, vol. 2(St. Petersburg: [publisher unknown] 1905), 219.
7. George Y. Shevelov, *The Ukrainian Language in the First Half of the Twentieth Century, 1900-1941: Its State and Status*(Cambridge, MA: Harvard Ukrainian Research Institute, 1989), 54.
8. Paul Robert Magocsi, *A History of Ukraine: The Land and its Peoples*, 2nd edn(Toronto: University of Toronto Press, 2010), 17.
9. 19세기 연작 소설인 헨리크 시엔키예비치의 3부작에서 지금의 우크라이나에 대한 묘사는 사실 작가가 미국을 여행한 경험에 근거하고 있다.
10. Serhii Plokhy, *The Gates of Europe: A History of Ukraine*(New York: Basic Books, 2015), 9. [국역본] 세르히 플로히, 『유럽의 문 우크라이나』, 허승철 옮김(한길사, 2022).
11. 같은 책, 69.
12. Voltaire, *Histoire de Charles XII rey de Suède*, vol. 1(Basel: Revis, 1756), 171.
13. Shevchenko, 'Zapovit', 198. 또한 캐나다 토론토 소재 타라스 셰우첸코 박물관 및 메모리얼 파크 재단 홈페이지에서 찾을 수 있다(2016년 접속 기준). http://www.infoukes.com/shevchenkomuseum/poetry.htm#link3.
14. Magocsi, *A History of Ukraine*, 364.
15. Hennadii Boriak, ed., *Ukraïns'ka identychnist' i movne pytannia v Rosiis'kii imperiï: sproba derzhavnoho rehuliuvannia(1847-1914): Zbirnyk dokumentiv i materialiv*(Kyiv: Instytut Istoriï Ukraïny NAN Ukraïny, 2013), 3.
16. Bohdan Krawchenko, *Social Change and National Consciousness in Twentieth-Century Ukraine*(Edmonton, Alberta: Canadian Institute of Ukrainian Studies, 1987), 24.
17. Francis William Wcislo, '*Soslovie* or Class? Bureaucratic Reformers and Provincial Gen-

try in Conflict, 1906-1908', *Russian Review* 47, no. 1(1988), 1-24, esp. p. 4; 안드레아 그라치오시의 *Stalinism, Collectivization and the Great Famine*, in *Holodomor Series*(Cambridge, MA: Ukrainian Studies Fund, 2009), 9-10에 인용.
18. 우크라이나 민족 부흥에 대해서는 다음의 전거들이 유용하다. Orest Subtelny, *Ukraine: A History*(Toronto: University of Toronto Press, 1988), 221-242; Magocsi, *A History of Ukraine*, 467-488; and Plokhy, *The Gates of Europe*, 147-198.
19. Andrea Graziosi, *Bol'sheviki i krest'iane na Ukraine, 1918-1919 gody: Ocherk o bol'shevizmakh, natsional-sotsializmakh i krest'ianskikh dvizheniiakh*(Moscow: AIRO-XX, 1997), 19-21.
20. Hiroaki Kuromiya, *Freedom and Terror in the Donbas: A Ukrainian-Russian Borderland, 1870s-1990s*(Cambridge: Cambridge University Press, 1998), 43.
21. Graziosi, *Stalinism, Collectivization and the Great Famine*, 9-10; Plokhy, *The Gates of Europe*, 192-193.
22. Richard Pipes, 'Introduction', in Taras Hunczak, ed., *The Ukraine, 1917-1921: A Study in Revolution*(Cambridge, MA: Harvard University Press, 1977), 3.

1장 우크라이나 혁명, 1917년

1. Robert Paul Browder and Alexander F. Kerensky, eds., *The Russian Provisional Government, 1917: Documents*(Stanford, CA: Stanford University Press, 1961), 383-385.
2. Leon Trotsky, *Sochineniia, Seriia 1: Istoricheskoe podgotovlenie Oktiabria*, vol. 3:2(Moscow: Gosidat, 1925), 202. 이는 E. H. 카의 *A History of Soviet Russia: The Bolshevik Revolution, 1917-1923*, vol. 1(London: Macmillan, 1950)의 번역에 의존했다.
3. Victor Chernov, *The Great Russian Revolution*, trans. Philip Mosely(New Haven, CT: Yale University Press, 1936, rpt. New York: Russell and Russell, 1966), 266-267; Thomas M. Prymak, *Mykhailo Hrushevsky: The Politics of National Culture*(Toronto: University of Toronto Press, 1987), 128-129; Serhii Plokhy, *Unmaking Imperial Russia: Mykhailo Hrushevsky and the Writing of Ukrainian History*(Toronto: University of Toronto Press, 2005), 17-91.
4. Prymak, *Mykhailo Hrushevksy*, 129.
5. Plokhy, *Unmaking Imperial Russia*, 80.
6. Plokhy, *The Gates of Europe*, 207.
7. 이 장에 나오는 모든 날짜는 1918년 2월에 채택된 '신력(그레고리우스력)'에 따른다.
8. Subtelny, *Ukraine: A History*, 340.
9. Plokhy, *The Gates of Europe*, 206.
10. 'First Universal of the Ukrainian Central Rada', quoted in Magocsi, *A History of Ukraine*, 473.
11. 'Third Universal of the Ukrainian Central Rada', quoted in 같은 책, 480.
12. Orlando Figes, *A People's Tragedy: The Russian Revolution, 1891-1924*(London: Pimlico,

1997), 79.
13. Shevelov, *The Ukrainian Language in the First Half of the Twentieth Century*, 78-79.
14. Mark von Hagen, 'The Entangled Eastern Front and the Making of the Ukrainian State: A Forgotten Peace, a Forgotten War and Nation-Building, 1917-1918'(unpublished conference paper), 9; George A. Brinkley, 'Allied Policy and French Intervention in the Ukraine, 1917-1920', in Hunczak, ed., *The Ukraine*, 323-351.
15. Von Hagen, 'The Entangled Eastern Front', 18.
16. Mikhail Bulgakov, *The White Guard*, trans. Marian Schwartz(New Haven, CT: Yale University Press, 2008), 54. [국역본] 미하일 불가코프, 『백위군』, 강수경 옮김(지만지드라마, 2019).
17. 같은 책, 67.
18. Arthur E. Adams, *Bolsheviks in the Ukraine: The Second Campaign, 1918-1919*(New Haven, CT: Yale University Press, 1963), 11
19. Bulgakov, *The White Guard*, 76.
20. Serhii Efremov, *Shchodennyky, 1923-1929*(Kyiv: Hazeta Central Rada, 1997), 379-380.
21. Yuri Shapoval, 'The Symon Petliura Whom We Still Do Not Understand', *Den* 18, last modified 6 June 2006, accessed 2017, http://www.ukemonde.com/petlyura/petlyura_notunder.html.
22. Aleksei Aleksandrovich Gol'denveizer, 'Iz Kievskikh vospominanii, 1917-1921', in Iosif Vladimirovich Gessen, ed., *Arkhiv russkoi revoliutsii*, vol. 6(Berlin: n.p., 1922), 161-303.
23. Adams, *Bolsheviks in the Ukraine*, 81.
24. Gol'denveizer, 'Iz Kievskikh vospominanii', 230-234.
25. 같은 글, 232.
26. Bulgakov, *The White Guard*, 59.
27. Richard Pipes, *The Formation of the Soviet Union*, rev. edn(Cambridge, MA: Harvard University Press, 1997), 137.
28. Prymak, *Mykhailo Hrushevksy*, 163.
29. Gol'denveizer, 'Iz Kievskikh vospominanii', 234.
30. Valerii Vasyl'ev, *Politychne kerivnyctvo URSR i SRSR: Dynamika vidnosyn tsentr-subcentr vlady, 1917-1938*(Kyiv: Instytut Istoriï Ukraïny NAN Ukraïny, 2014), 53-93; Jurij Borys, *The Sovietization of Ukraine 1917-1923: The Communist Doctrine and Practice of National Self-Determination*(Edmonton, Alberta: Canadian Institute of Ukrainian Studies, 1980), 129.
31. Graziosi, *Bol'sheviki i krest'iane na Ukraine*, 20-21.
32. 이는 다음에서 논의되었다. Anna Procyk, *Russian Nationalism and Ukraine: The Nationality Policy of the Volunteer Army During the Civil War*(Edmonton, Alberta: CIUS, 1995).
33. Karl Marx, 'The 18th Brumaire of Louis Bonaparte', in *Karl Marx and Friedrich Engels: Selected Works*, vol. 1(Moscow: Progress Publishers, 1968), 394-488. [국역본] 카를 마르크스, 프리드리히 엥겔스, 『칼맑스 프리드리히 엥겔스 저작선집 1』, 편집부 엮음(박종철출판

사, 1997).
34. V. I. Lenin, *Collected Works*, vol. 10(Moscow: Progress Publishers, 1965), 40-43.
35. Karl Marx, *The Communist Manifesto*(Charleston, SC: Filiquarian Publishing, 2005), 32. [국역본] 카를 마르크스, 프리드리히 엥겔스, 『공산당 선언』, 심철민 옮김(비, 2018).
36. Borys, *The Sovietization of Ukraine*, 30-31.
37. 같은 책, 121-138.
38. Josef Stalin, *Works*, vol. 2(Moscow: Foreign Languages Publishing House, 1954), 303, https://www.marxists.org/reference/archive/stalin/works/1933/01/07.htm. Originally published as 'Natsional'nyi vopros i sotsial'demokratiia', *Prosveshchenie* 3-5(March-May 1913).
39. 그의 다음의 연설에서, 'Concerning the National Question in Yugoslavia, Speech Delivered in the Yugoslav Commission of the ECCI, March 30, 1925', Stalin, *Works*, vol. 7, 71-72.
40. Steven Kotkin, *Stalin: Paradoxes of Power*, vol. 1(New York: Penguin Press, 2014), 117.
41. 제정 러시아에서 쓰이던 율리우스력에 따르면 10월 25일. 1918년에 러시아에서 채택된 그레고리우스력에 따르면 11월 7일.
42. Borys, *The Sovietization of Ukraine*, 174-175; Yaroslav Bilinsky, 'The Communist Takeover of Ukraine', in Hunczak, ed., *The Ukraine*, 113. 1917년 12월 18일자(신력 기준) 『프라우다』의 기사를 인용했다.
43. 이 정책은 2014년 러시아 정부가 취한 정책의 직접적인 선례다. Bilinsky, 'The Communist Takeover of Ukraine', 113.
44. Borys, *The Sovietization of Ukraine*, 183; John Reshetar, 'The Communist Party of Ukraine and its Role in the Ukrainian Revolution', in Hunczak, ed., *The Ukraine*, 170-171.
45. Borys, *The Sovietization of Ukraine*, 79; Reshetar, 'The Communist Party of Ukraine', 173-174; James Mace, *Communism and the Dilemmas of National Liberation: National Communism in Soviet Ukraine, 1918-1933*(Cambridge, MA: Harvard Ukrainian Research Institute, 1983), 27.
46. Plokhy, *Unmaking Imperial Russia*, 84-85.
47. Mace, *Communism and the Dilemmas of National Liberation*, 26.
48. N. I. Suprunenko, *Ocherki Istorii Grazhdanskoi Voiny i inostrannoi voennoi interventsii na Ukraine*(Moscow: Nauka, 1966), 16.
49. 옵시옌코와 오르조니키제에게 보낸 전문. V. I. Lenin, *Polnoe Sobranie Sochinenii*, vol. 50(Moscow: Politizdat, 1970), 30. 이와 다른 영어 번역은 Lenin, *Collected Works*, vol. 44, 57-58.
50. Roy A. Medvedev, *Let History Judge: The Origins and Consequences of Stalinism*, first published 1969, rev. and expanded edn, ed. and trans. George Shriver(Oxford: Oxford University Press, 1989), 50.
51. Suprunenko, *Ocherki Istorii Grazhdanskoi Voiny*, 34-35.
52. Borys, *The Sovietization of Ukraine*, 205-206.

53. 같은 책, 215.
54. Adams, *Bolsheviks in the Ukraine*, 100.
55. Borys, *The Sovietization of Ukraine*, 221.
56. How this happened is explained at length in Peter Holquist, *Making War, Forging Revolution: Russia's Continuum of Crisis, 1914-1921*(Cambridge, MA: Harvard University Press, 2002), 16-46.
57. M. Philips Price, *My Reminiscences of the Russian Revolution*(London: George Allen & Unwin, 1921), 12-16.
58. 같은 책, 78.
59. 같은 책, 12-16.
60. George Seldes, *You Can't Print That: The Truth Behind the News, 1918-1928*(New York: Payson & Clark, 1929), 230.
61. Francis Conte, *Christian Rakovski, 1873-1941: A Political Biography*(Boulder, CO: East European Monographs, 1989), 109, 다음을 인용함. *Protokoly VIII Konferentsii RKP(b): 3 December 1919*(Moscow: n.p., 1919).
62. Aleksandr Shlikhter, 'Bor'ba za khleb na Ukraine v 1919 godu', *Litopys revoliutsii: Zhurnal istorii KP(b)U ta zhovtnevoi revoliutsii na Ukraini* 2, no. 29(Berezen'-Kviten', 1928), 97.
63. Holquist, *Making War, Forging Revolution*, 96.
64. 같은 책, 248.
65. Alan M. Ball, *Russia's Last Capitalists: The Nepmen, 1921-1929*(Berkeley, CA: University of California Press, 1987), 6.
66. Boris Pasternak, *Doctor Zhivago*, trans. Richard Pevear and Larissa Volokhonsky(New York: Pantheon Books, 2010), 175. [국역본] 보리스 파스테르나크, 『닥터 지바고 1, 2』, 김연경 옮김(민음사, 2019).
67. Bertrand Patenaude, *The Big Show in Bololand: The American Relief Expedition to Soviet Russia in the Famine of 1921*(Stanford, CA: Stanford University Press, 2002), 18-19.
68. Ball, *Russia's Last Capitalists*, 4.
69. Isaac Deutscher, *Stalin: A Political Biography*(London: Oxford University Press, 1949), 195.
70. Price, *My Reminiscences of the Russian Revolution*, 224.
71. 같은 책, 260 and 308.
72. Gennadii Bordyugov, 'The Policy and Regime of Extraordinary Measures in Russia under Lenin and Stalin', in *Europe-Asia Studies* 47, no. 4(June 1995), 617.
73. Vasyl'ev, *Politychne kerivnytstvo URSR i SRSR*, 64-69. 바실리예프 또한 스탈린의 이후 정책에서 차리친이 갖는 중요성을 강조한다.
74. Oleg V. Khlevniuk, *Stalin: New Biography of a Dictator*, trans. Nora Seligman Favorov(New Haven, CT: Yale University Press, 2015), 55-57. [국역본] 올레그 V. 홀레브뉴크, 『스탈린』, 유나경 옮김(삼인, 2017).
75. 같은 책, 57-59.

76. Deutscher, *Stalin*, 204.
77. Pavlo Khrystiuk, *Ukraïns'ka Revoliutsiia: zamitky i materialy do istoriï Ukraïnskoï revoliutsiï, 1917-1920*, vol. 2(Vienna: n.p., 1921), 136.
78. V. M. Lytvyn et al., *Istoriia ukraïns'koho selianstva: Narysy v 2-kh tomakh*, vol. 2(Kyiv: Naukova Dumka, 2006), 57.
79. O. S. Rubl'ov and O. P. Reint, *Ukraïns'ki vizvol'ni zmahannia, 1917-1921 rr.*, vol. 10(Kyiv: Alternatyvy, 1999), 199-205.
80. Borys, *The Sovietization of Ukraine*, 235.
81. Adams, *Bolsheviks in the Ukraine*, 131-132.
82. Volodymyr Serhiichuk et al., *Ukraïns'kyi khlib na eksport, 1932-1933*(Kyiv: PP Serhiichuk M.I., 2006), 3.
83. Shlikhter, 'Bor'ba za khleb na Ukraine', 135.
84. Elias Heifetz, *The Slaughter of the Jews in the Ukraine in 1919*(New York: Thomas Seltzer, 1921), 58.
85. Leon Trotsky, *History of the Russian Revolution*, 3 vols., trans. Max Eastman(Chicago, IL: Haymarket Books, 2008), 229. [국역본] 레온 트로츠키, 『러시아 혁명사』, 볼셰비키그룹 옮김(아고라, 2017).
86. Vil'iam Noll(William Noll), *Transformatsiia hromadians'koho suspil'stva: Usna istoriia ukraïns'koï selans'koï kul'tury, 1920-1930 rokiv*(Kyiv: Rodovid, 1999), 115.
87. 같은 책.
88. James Mace, 'The *Komitety Nezamozhnykh Selyan* and the Structure of Soviet Rule in the Ukrainian Countryside, 1920-1933', *Soviet Studies* 35, no. 4(October 1983), 487-503.
89. Iosyp Nyzhnyk, 'Poka Reserv', COIM Al-1726/2.
90. Shlikhter, 'Bor'ba za khleb na Ukraine', 98.
91. Graziosi, *Bol'sheviki i krest'iane*, 135.
92. Price, *My Reminiscences of the Russian Revolution*, 309-310.
93. Orland Figes, *Peasant Russia, Civil War: The Volga Countryside in Revolution, 1917-1921*(Oxford: Clarendon Press, 1989), 187.
94. Adams, *Bolsheviks in the Ukraine*, 125-127; Rubl'ov and Reient, *Ukraïns'ki vizvol'ni zmahannia*, 199-205.
95. Shlikhter, 'Bor'ba za khleb na Ukraine', 135.
96. Holquist, *Making War, Forging Revolution*, 175-180.
97. 같은 책, 185.
98. Holquist, '"Conduct Merciless Mass Terror": Decossackization on the Don, 1919', *Cahiers du Monde Russe* 38, nos. 1-2(January-June 1997), 127-162.
99. Shlikhter, 'Bor'ba za khleb na Ukraine', 135.

2장 반란, 1919년

1. Adams, *Bolsheviks in the Ukraine*, 299-300에서 인용.
2. Bulgakov, *The White Guard*, 301.
3. N. Sukhogorskaya, 'Gulyai-Polye in 1918', Nestor Makhno Archive, 2016년 접속. http://www.nestormakhno.info/english/personal/personal2.htm.
4. Leon Trotsky, 'Report to the Plenum of the Kharkov Soviet of Workers', Cossacks' and Peasants' Deputies, 14 June 1919', in *How the Revolution Armed: The Military Writings and Speeches of Leon Trotsky*, vol. 2(London: New Park Publications, 1979), 278.
5. Peter Arshinov, *The History of the Makhnovist Movement(1918-1921)*, trans. Fredy and Lorraine Perlman(London: Freedom Press, 1974), 87-88.
6. 같은 책, 273, '붉은 군대의 동지들이여!'라는 1920년 6월의 팸플릿에서 인용.
7. Stephen Velychenko, *Painting Imperialism and Nationalism Red: The Ukrainian Marxist Critique of Russian Communist Rule in Ukraine*(Toronto: University of Toronto Press, 2015), 177, 다음을 인용. TsDAHOU 57/2/398/12.
8. Heifetz, *The Slaughter of the Jews in the Ukraine*, 59.
9. Adams, *Bolsheviks in the Ukraine*, 149-151.
10. M. Kubanin, *Makhnovshchina: Krest'ianskoe dvizhenie v stepnoi Ukraine v gody grazhdanskoi voiny*(Leningrad: Pirboi, 1927), 65-66; 다음도 보라. Adams, *Bolsheviks in the Ukraine*, 151-152.
11. Kubanin, *Makhnovshchina*, 68-69.
12. Adams, *Bolsheviks in the Ukraine*, 299-300.
13. Graziosi, *Bol'sheviki i krest'iane*, 148.
14. Shlikhter, 'Bor'ba za khleb na Ukraine', 106.
15. Rubl'ov and Reint, *Ukraïns'ki vyzvol'ni zmahannia*, 199-210; Graziosi, *Stalinism, Collectivization and the Great Famine*, 21-24.
16. Richard Pipes, *The Formation of the Soviet Union, 1917-1923*(Cambridge, MA: Harvard University Press, 1964), 137.
17. Heinrich Epp, 'The Day the World Ended: December 7, 1919, Steinbach, Russia', trans. D. F. Plett, *Preservings: Newsletter of the Hanover Steinbach Historical Society*, no. 8, part 2(June 1996), 5-7. http://www.plettfoundation.org/preservings/past-issues(2017년 접속).
18. Michael Palij, *The Anarchism of Nestor Makhno, 1918-1921: An Aspect of the Ukrainian Revolution*(Seattle, WA: University of Washington Press, 1976), 187; Rubl'ov and Reint, *Ukraïns'ki vyzvol'nizmahannia*, 211-212.
19. Graziosi, *Bol'sheviki i krest'iane*, 147.
20. John Ernest Hodgson, *With Denikin's Armies, Being a Description of the Cossack Counter-Revolution in South Russia, 1918-1920*(London: Temple Bar, 1932), 54-55.
21. Rubl'ov and Reint, *Ukraïns'ki vyzvol'ni zmahannia*, 214-218.
22. Epp, 'The Day the World Ended', 5-7.

23. Hodgson, *With Denikin's Armies*, 54-55.
24. Nizhnik, 'Poka Reserv'.
25. 같은 글.
26. Graziosi, *Stalinism, Collectivization and the Great Famine*, 24.
27. Volodymyr Serhiichuk et al., *Pohromy v Ukraïni 1914-1920: vid shtuchnykh stereotypiv do hirkoï pravdy, prykhovuvanoï v radians'kykh arkhivakh* (Kyiv: Vyd-vo im. Oleny Telihy, 1998), 62-63, 다음을 인용. TsDIAUK 1439/1/1552/226.
28. Simon Sebag Montefiore, *The Romanovs* (London: Weidenfeld and Nicolson, 2016), 530.
29. Oleg Budnitskii, *Russian Jews Between the Reds and the Whites, 1917-1920* (Philadelphia, PA: University of Pennsylvania Press, 2012), 225.
30. Serhiichuk, *Pohromy v Ukraïni*, 20-1.
31. Hodgson, *With Denikin's Armies*, 54-55.
32. Henry Abramson, *A Prayer for the Government: Ukrainians and Jews in Revolutionary Times, 1917-1920* (Cambridge, MA: Harvard University Press, 1999), 157.
33. Heifetz, *The Slaughter of the Jews in the Ukraine*, 37.
34. 같은 책, 49; 중앙 라다와 '지도 집단'의 유대인 관련 태도를 분석한 것으로, T. P. Makarenko, 'Evreis'ki pohromy v dobu Ukraïns'koï Revoliutsiï', *Naukovi Pratsi Istorychnoho fakul'tetu Zaporiz'koho Natsional'noho Universytetu* XXXV(2013), 116-119.
35. Serhiichuk, *Pohromy v Ukraïni*, 26-30; Richard Pipes, ed., *The Unknown Lenin: From the Secret Archive* (New Haven: Yale University Press, 1996), 117.
36. Nahum Gergel, 'The Pogroms in Ukraine in 1918-1921', *YIVO Annual of Jewish Social Science* 6(1951), 245.
37. Heifetz, *The Slaughter of the Jews in the Ukraine*, 235-236.
38. Sergei Ivanovich Gusev-Orenburgskii, *Kniga o Evreiskikh pogramkh na Ukraine v 1919 g.* (Petrograd: Z. I. Grzhebina, 1920), 118-121.
39. 같은 책, 119-120.
40. Serhiichuk, *Pohromy v Ukraïni*, 118-119.
41. Le Comité Commemoratif Simon Petliura, *Documents sur les Pogroms en Ukraine et l'assassinat de Simon Petliura à Paris* (Paris: Librairie du Trident, 1927); Henry Abramson, *A Prayer for the Government: Ukrainians and Jews in Revolutionary Times, 1917-1920* (Cambridge, MA: Harvard University Press, 1999), 157.
42. Jan Borkowski, ed., *Rok 1920: Wojna Polsko-Radziecka we wspomnieniach i innych dokumentach* (Warsaw: Pa stwowy Instytut Wydawniczy, 1990), 128-129.
43. Jozef Piłsudski and Mikhail Nikolaevich Tukhachevskii, *Year 1920 and its Climax: Battle of Warsaw During the Polish-Soviet War, 1919-1920* (London: Piłsudski Institute of London, 1972), 13.
44. 완전한 내용은 다음을 보라. Adam Zamoyski, *Warsaw 1920: Lenin's Failed Conquest of Europe* (London: Harper Perennial, 2009).
45. Borys, *The Sovietization of Soviet Ukraine*, 293-295.

46. Graziosi, *Stalinism, Collectivization and the Great Famine*, 22-23.
47. The words of Grigorii Petrovskii, quoted in Terry Martin's *Affirmative Action Empire: Nations and Nationalism in the Soviet Union, 1923-1939*(Ithaca, NY: Cornell University Press), 78.

3장 기근과 휴전, 1920년대

1. 'Letter to Molotov', 19 March 1922, in Richard Pipes, ed., *The Unknown Lenin: From the Secret Archive*(New Haven, CT: Yale University Press, 1999), 152-153.
2. 다음에서 인용. George Luckyj, 'Mykola Khvylovy, a Defiant Ukrainian Communist', in Katherine Bliss Eaton, ed., *Enemies of the People: The Destruction of Soviet Literary, Theater, and Film Arts in the 1930s*(Evanston, IL: Northwestern University Press, 2002), 170.
3. Stanislav Kul'chyts'kyi, *Holodomor 1932-1933 rr. iak henotsyd: trudnoshchi usvidomlennia*(Kyiv: Naukova Dumka, 2008), 51
4. Vladyslav Verstiuk, '*Novyi etap revoliutsiino-viis'kovoho protyborstva v Ukraïni*', in Volodymyr Lytvyn, ed., *Ukraïna: Politychna Istoria 20 pochatok-21 stolitya*(Kyiv: Parlaments'ke vydavnytstvo, 2007), 392-430; Iurii Shapoval, 'Vsevolod Balickij, bourreau et victime', *Cahiers du monde russe*, vol. 44, nos. 2-3(2003), 375.
5. Lyudmyla Hrynevych, *Holod 1928-1929 rr. v radians'kii Ukraïni*(Kyiv: Instytut Istoriï Ukraïny NAN Ukraïny, 2013), 307-308, 다음을 인용. TsDAVOU 2/2/40(1921), 33, and RDVA 40442/3/2(1920), 16, 25.
6. H. H. Fisher, *The Famine in Soviet Russia, 1919-1923: The Operations of the American Relief Administration*(New York: Macmillan, 1927), 497.
7. Andrea Graziosi, *A New, Peculiar State: Explorations in Soviet History*(Westport, CT: Praeger, 2000), 75.
8. Stalin, *Works*, vol. 4, 311.
9. S. V. Iarov, 'Krest'ianskie volneniia na Severo-Zapade Sovetskoi Rossii v 1918-1919 gg.', in V. P. Danilov and T. Shanin, eds., *Krest'ianovedenie. Teoriia. Istoriia. Sovremennost', Ezhegodnik 1996*(Moscow: Aspekt Press, 1996), 134-159.
10. 두 인용 모두 Mace, *Communism and the Dilemmas of National Liberation*, 67.
11. Graziosi, *A New, Peculiar State*, 78, citing V. Danilov and T. Shanin, eds., *Krest'ianskoe vosstanie v Tambovskoi gubernii v 1919-1921 gg. Antonovshchina: Dokumenty i materialy*(Tambov: Aspekt Press, 1994), 52-55.
12. DAZhO(Zhytomyr) F. R-1520/4828(1931), 9-16.
13. Richard Pipes, *Russia under the Bolshevik Regime*(New York: Vintage Books, 1995), 390.
14. TsDAVOU 337/1/8085(1929), 26.
15. Fisher, *The Famine in Soviet Russia*, 497.
16. Vitalii Petrovych Kyrylenko, 'Holod 1921-1923 rokiv u pivdennii Ukraïni'(dissertation,

Mykolaivs'kyi Natsional'nyi Universytet imeni V. O. Sukhomlyns'koho, 2015), 158-160.
17. Pipes, *Russia under the Bolshevik Regime*, 411.
18. 같은 책, 412.
19. R. G. Tukudzh'ian, T. V. Pankova-Kozochkina, 'Golod 1921-1922 gg. i 1932-1933 gg. na iuge Rossii: sravnitel'no-istoricheskii analiz', in N. I. Bondar and O. V. Matveev, eds., *Istoricheskaia pamiat' naseleniia juga Rossii o golode 1932-1933: materialy nauchno-praktisheskoi konferentsii*(Krasnodar: Isd-vo Traditsiia, 2009), 84.
20. TsDAVOU 337/1/8085(1929), 27-28.
21. T. O. Hryhorenko, 'Holod 1921-1923 rokiv na Cherkashchyni', in *Holod v Ukraïni u pershii polovyni XX stolittia: prychyny ta naslidky(1921-1923, 1932-1933, 1946-1947) Materialy mizhnarodnoï naukovoï konferentsiï*(Kyiv: 20-21 November 2013), 38-39; Kyrylenko, 'Holod 1921-1923 rokiv u pivdennii Ukraïni', 101.
22. TsDAVOU 337/1/8085(1929), 38-40.
23. Donald S. Day, 'Woman Reveals Vast Horror of Russian Famine', *Chicago Tribune*(15 August 1921), 5.
24. Patenaude, *The Big Show in Bololand*, 55.
25. 같은 책, 59.
26. In the North Caucuses, 예로는 Tukudzh'ian, Pankova-Kozochkina, 'Golod 1921-1922 gg. i 1932-1933 gg. na iuge Rossii', 85.
27. *The Big Show in Bololand*, 27에서 버트런드 패터노드가 관찰한 내용이다.
28. TsDAHOU 1/6/29(1922), 30.
29. 같은 글, 27-30.
30. 같은 글, 39-41.
31. Pipes, *Russia under the Bolshevik Regime*, 416.
32. Patenaude, *The Big Show in Bololand*, 55.
33. Pipes, *Russia under the Bolshevik Regime*, 417.
34. 같은 책, 418-419.
35. Fisher, *The Famine in Soviet Russia*, 535.
36. 사실 우크라이나 기근 위원회는 두 개가 있었다. 첫 번째는 1921년 봄에 수립되었고, 몇몇 저명한 비볼셰비키 정치인을 포함했다. 이는 빠르게 해체되었으며 보다 안정적인 친소비에트적 기근 위원회로 대체되었다. 다음을 보라. O. M. Movchan, 'Komisii ta komitety dopomohy holuduiuchym v USRR', in *Entsyklopediia istoriï Ukraïny*, V. A. Smolii et al., eds., vol. 4(Kyiv: Naukova Dumka, 2003-2013), 471-473.
37. Stanislav Kul'chyts'kyi and O. M. Movchan, *Nevidomi storinky holodu 1921-1923 rr. v Ukraïni*(Kyiv: Instytut Istoriï Ukraïny NAN Ukraïny, 1993), 26.
38. Lenin, *Collected Works*, vol. 45, 302-303.
39. TsDAHOU 1/20/397(1929), 1-2.
40. G. V. Zhurbelyuk, 'Metodyka istoryko-pravovykh doslidzhen problemy holodu 1921-1923 rr v Ukraïni: Rozvinchannia Mifiv', in Hryhorenko, *Holod v Ukraïni u pershii polovyni XX stolittia*, 53.

41. Fisher, *The Famine in Soviet Russia*, 263.
42. Patenaude, *The Big Show in Bololand*, 96-99; Fisher, *The Famine in Soviet Russia*, 250.
43. TsDAHOU 1/6/29/(1929), 56.
44. O. I. Syrota, 'Holod 1921-1923 rokiv v Ukraïni ta ioho ruinivni naslidky dlia ukraïns'koho narodu', in *Holod v Ukraïni u pershii polovyni XX stolittia: prychyny ta naslidky*(1921-1923, 1932-1933, 1946-1947), 146.
45. TsDAHOU 1/6/29(1929), 6; 또한 Patenaude, *The Big Show in Bololand*, 101.
46. The American Joint Distribution Committee online archives, *Records of the American Jewish Joint Distribution Committee of the Years 1921-1932*, Folder 76, file NY_AR2132_00855, Minutes of the Meeting of the European Executive Council, 12 November 1921.
47. 같은 책, Folder 49, File NY_AR2132_04249, J. H. Cohen의 이름으로 작성된 서한.
48. Fisher, *The Famine in Soviet Russia*, 271-275.
49. 같은 책, 266.
50. 예를 들어, Zhurbeliuk, 'Metodyka istoryko-pravovykh doslidzhen' problemy holodu 1921-1923 rr. v Ukraïni', 51-58; 또한 Kul'chyts'kyi, *Holodomor 1932-1933 rr. iak henotsyd*, 140-170.
51. Kyrylenko, 'Holod 1921-1923 rokiv u pivdennii Ukraïni', 118-129.
52. TsDAHOU 1/6/29(1929), 36-39.
53. 같은 글, 16-17.
54. Pipes, ed., *The Unknown Lenin*, 152-153.
55. 같은 책
56. Pipes, *Russia under the Bolshevik Regime*, 411.
57. Kyrylenko, 'Holod 1921-1923 rokiv u pivdennii Ukraïni', 130-139.
58. Patenaude, *The Big Show in Bololand*, 197-198.
59. Iurii Mytsyk et al., eds., *Ukraïns'kyi holokost 1932-1933: svidchennia tykh, khto vyzhyv*, vol. 6(Kyiv: Kyievo-Mohylians'ka Akademiia, 2008), 599.
60. V. A. Smolii et al., *'Ukraïnizatsiia' 1920-1930-kh rokiv: peredumovy, zdobutky, uroky*(Kyiv: Instytut Istoriï Ukraïny NAN Ukraïny, 2003), 15.
61. Pipes, *Russia under the Bolshevik Regime*, 369.
62. Lenin, *Collected Works*, vol. 33, 62.
63. Martin, *The Affirmative Action Empire*, 78-79.
64. Hennadii Yefimenko, 'Bolshevik Language Policy as a Reflection of the Ideas and Practice of Communist Construction, 1919-1933', *The Battle for Ukrainian: A Comparative Perspective*, eds. Michael S. Flier and Andrea Graziosi(Cambridge, MA: Harvard Ukrainian Research Institute, 2017), 173.
65. Yefimenko, 'Bolshevik Language Policy', 170.
66. 같은 글.
67. Ball, *Russia's Last Capitalists*, 45-48.
68. Borys, *The Sovietization of Soviet Ukraine*, 249-250.

69. Shevelov, *The Ukrainian Language in the First Half of the Twentieth Century*, 86.
70. Mace, *Communism and the Dilemmas of National Liberation*, 197-198.
71. Smolii, *'Ukraïnizatsiia' 1920-1930-kh rokiv*, 28, citing *Desiatyi s'ezd RKP(b)*: Stenog. Ochtet.-M.(1963), 202-203.
72. 극좌파 사회주의혁명당 보로트비스티도 우크라이나 공산당(볼셰비키) CP(B)U에 가입했다. 남은 사회민주당은 1924년까지 존속했던 또 다른 공산당에 가입했다.
73. Mace, *Communism and the Dilemmas of National Liberation*, 89, 다음을 인용. A. I. Bychkova et al., eds., *Kulturne budivnytstvo v Ukraïnskii RSR, cherven 1941-1950: zbirnyk dokumentiv i materialiv*, vol. 1(Kyiv: Naukova Dumka, 1989), 229-232, 242-247.
74. Plokhy, *Unmaking Imperial Russia*, 225.
75. 같은 책, 216-231; Prymak, *Mykhailo Hrushevsky*, 208-212.
76. Plokhy, *Unmaking Imperial Russia*, 234; Prymak, *Mykhailo Hrushevsky*, 208-212.
77. Iurii I. Shapoval, 'The Mechanisms of the Informational Activity of the GPU-NKVD', *Cahiers du monde russe* 22(April-December 2001), 207-230.
78. Plokhy, *Unmaking Imperial Russia*, 266.
79. 같은 책, 233; Prymak, *Mykhailo Hrushevsky*, 208-212.
80. Prymak, *Mykhailo Hrushevsky*, 212.
81. Natella Voiskounski, 'A Renaissance Assassinated', *Galeriya* 2(2012)(35), 2017년 4월 23일 접속, http://www.tretyakovgallerymagazine.com/articles/2-2012-35/renaissance-assassinated.
82. George S. Luckyj, *Literary Politics in the Soviet Ukraine, 1917-1934*(New York: Columbia University Press, 1990), 47-49.
83. 같은 책, 46.
84. Olga Bertelsen, 'The House of Writers in Ukraine, the 1930s: Conceived, Lived, Perceived', *The Carl Beck Papers in Russian and East European Studies* 2302(2013), 13-14.
85. Shevelov, *The Ukrainian Language in the First Half of the Twentieth Century*, 131-136.
86. Martin, *The Affirmative Action Empire*, 213, 281.
87. 같은 책, 282-285.
88. Matthew Pauly, *Breaking the Tongue: Language, Education, and Power in Soviet Ukraine, 1923-1934*(Toronto: University of Toronto Press, 2014), 66-67.
89. Smolii et al., *'Ukraïnizatsiia' 1920-1930-kh rokiv*, 7-8.
90. Pauly, *Breaking the Tongue*, 4.
91. Petro G. Grigorenko, *Memoirs*, trans. Thomas R. Whitney(New York: W. W. Norton, 1982), 14.
92. 같은 책, 15-16.
93. Hiroaki Kuramiya, *The Voices of the Dead: Stalin's Great Terror in the 1930s*(New Haven, CT: Yale University Press, 2007) 108-109.
94. Pauly, *Breaking the Tongue*, 60-61.
95. 같은 책, 259-263.
96. 같은 책, 146.

97. 같은 책, 229-230.
98. 이 부분의 원래 전거는 Shapoval, 'Vsevolod Balickij, bourreau et victime', and Iurii Shapoval, Volodymyr Prystaiko and Vadym Zolotar'ov, *ChK-GPU-NKVD v Ukraïni: osoby, fakty, dokumenty*(Kyiv: Abrys, 1997), 25-43.
99. Shapoval, 'Vsevolod Balickij, bourreau et victime', 373.
100. 같은 글, 376.
101. 사실, 국가정치보안부GPU는 1922년 2월 인민내무위원회 소속으로 출범한 비밀경찰대의 명칭이었다. 이는 1923년 11월 인민 위원회 직속의 통합국가정치보위부OGPU로 개편된다. 그러나 이 두 명칭은 당시 비밀경찰을 부르는 이름으로 혼용되었으며, 1934년에 다시 개명되기까지 계속 그랬다. 혼동을 피하고 표기를 간편히 하기 위해, 이 책에서는 OGPU라는 이름만 사용한다.

4장 이중 위기, 1927년부터 1929년

1. 다음에서 인용. Lynne Viola, V. P. Danilov, N. A. Ivnitskii and Denis Kozlov, *The War Against the Peasantry, 1927-1930: The Tragedy of the Soviet Countryside*, trans. Steven Shabad(New Haven, CT: Yale University Press, 2005), 22-23.
2. Elena Osokina, *Our Daily Bread: Socialist Distribution and the Art of Survival in Stalin's Russia, 1927-1941*, trans. Kate Transchel and Greta Bucher(London and New York: Routledge, 2005), 16.
3. TsDAVOU 337/1/8085(1929), 61-76.
4. E. H. Carr and R. W. Davies, *A History of Soviet Russia: Foundations of a Planned Economy, 1926-1929*, vol. 1(London: Macmillan, 1978), 943, table 7; Kotkin, *Stalin: Paradoxes of Power*, 662.
5. TsA FSB RF 2/5/386(1928), 1-3, 15-45, 다음에서 재구성. Viola et al., eds., *The War Against the Peasantry*, 34-44.
6. Paul Scheffer, *Seven Years in Soviet Russia*, trans. Arthur Livingstone(New York: Macmillan, 1932), 64.
7. Eugene Lyons, *Assignment in Utopia*(New York: Harcourt, Brace, 1937), 97.
8. TsA FSB RF 66/1/174(1927), 162, in Viola et al., eds., *The War Against the Peasantry*, 22-23.
9. Christopher Andrew and Vasili Mitrokhin, *The Mitrokhin Archive: The KGB in Europe and the West*(London: Allen Lane, 1999), 48-49, 다음을 인용했다. Christopher Andrew and Oleg Gordievsky, *KGB: The Inside Story of its Foreign Operations from Lenin to Gorbachev*(London: Sceptre, 1991), 126, Roger Faligot and Rémi Kauffer, *As-tu vu Crémet?*(Paris: Seuil, 1991).
10. Timothy Snyder, *Sketches from a Secret War: A Polish Artist's Mission to Liberate Soviet Ukraine*(New Haven, CT: Yale University Press, 2005), 45-48.
11. James Harris, *The Great Fear: Stalin's Terror of the 1930s*(Oxford: Oxford University

Press, 2016) 106-107.
12. Robert Tucker, *Stalin in Power: The Revolution from Above, 1928-1941*(New York: W. W. Norton, 1992), 75.
13. Liudmyla Hrynevych, 'The Price of Stalin's "Revolution from Above": Anticipation of War among the Ukrainian Peasantry', trans. Marta Olynyk, *Key Articles on the Holodomor Translated from Ukrainian into English*, Holodomor Research and Education Consortium, http://holodomor.ca/translated-articles-on-the-holodomor.
14. TsA FSB RF 2/6/567(1927), 1-5, in Viola et al., eds., *The War Against the Peasantry*, 32.
15. RGASPI, 17/3/666(1927), 10-12, in 같은 책, 32-34.
16. RTsKhIDNI, 17/3/667(1928), 10-12, 다음에서 재구성. V. Danilov, R. Manning and L. Viola, eds., *Tragediia sovetskoi derevni: kollektivizatsiia i raskulachivanie: dokumenty i materialy v 5 tomakh, 1927-1939*, vol. 1(Moscow: Rossiiskaia polit. Entisklopediia, 1999), 136-137.
17. V. M. Lytvyn et al., *Ekonomichna istoriia Ukraïny: Istoryko-ekonomichne doslidzhennia*, vol. 2(Kyiv: Instytut Istoriï Ukraïny NAN Ukraïny, 2011), 223-224.
18. *Izvestiia* TsK KPSS, 1991, no. 5(1928), 195-196, in Danilov et al., eds., *Tragediia sovetskoi derevni*, vol. 1, 147.
19. TsA FSB RF 2/6/53(1928), 87-94, in A. Berelovich and V. Danilov, eds., *Sovetskaia derevnia glazami VChK-OGPU-NKVD, 1918-1939: Dokumenty i materialy v 4-kh tomakh*, vol. 2(Moscow: ROSSP'EN, 1998-2005), 655-656.
20. TsA FSB RF 2/6/567(1928), 109-113, in 같은 책, vol. 2, 653-654.
21. *Izvestiia* TsK KPSS, 1991, no. 5(1928), 201-202, in Danilov et al., eds., *Tragediia sovetskoi derevni*, vol. 1, 156-157.
22. TsA FSB RF 2/6/596(1928), 150-151, in Berelovich and Danilov, eds., *Sovetskaia derevnia glazami VChK-OGPU-NKVD*, vol. 2, 661-663.
23. Maurice Hindus, *Red Bread: Collectivization in a Russian Village*(Bloomington, IN: Indiana University Press, 1988), 60.
24. 같은 책, 159.
25. Mikhail Sholokhov, *Virgin Soil Upturned*, trans. Stephen Garry(London: W. & J. Mackay, 1977), 23. [국역본] 미하일 숄로호프, 『개척되는 처녀지』, 현원창 옮김(일월서각, 1986).
26. Kotkin, *Stalin: Paradoxes of Power*, 672, citing *Izvestiia* TsK KPSS, 1991, no. 6, 203-205, and RGASPI, 558/11/118, 23-26.
27. R. W. Davies, *The Soviet Collective Farm, 1929-1930*(Cambridge, MA: Harvard University Press, 1980), 71.
28. Harris, *The Great Fear*, 86.
29. Khlevniuk, *Stalin: New Biography of a Dictator*, 103.
30. *Izvestiia* TsK KPSS, 1991, no. 7(1928), 179, in Danilov et al, eds., *Tragediia sovetskoi derevni*, vol. 1, 158.
31. J. Arch Getty and Oleg V. Naumov, *The Road to Terror: Stalin and the Self-Destruction of the Bolsheviks, 1932-1939*(New Haven, CT: Yale University Press), 41.

32. RTsKhIDNI 17/2/375 chast' II(1928), 50 ob.-66 ob., in Danilov et al, eds., *Tragediia sovetskoi derevni*, vol. 1, 272-355, esp. 319-354.
33. V. P. Danilov, 'Bukharin and the Countryside', in A. Kemp-Welch, ed., *The Ideas of Nikolai Bukharin*(Oxford: Oxford University Press, 1992), 76.
34. 이는 *The Affirmative Action Empire*, 23, 75-124에서의 마틴의 요점이다.
35. Mykola Khvylovyi, *The Cultural Renaissance in Ukraine: Polemical Pamphlets, 1925-1926*, trans. and ed. Myroslav Shkandrij(Edmonton, Alberta: Canadian Institute of Ukrainian Studies, 1986), 222; 또한 Martin, *The Affirmative Action Empire*, 215.
36. Bertelsen, 'The House of Writers in Ukraine', 4.
37. Martin, *The Affirmative Action Empire*, 288; TsA FSB RF 2/7/525(1928), 126-127, in Berelovich and Danilov, eds., *Sovetskaia derevniaglazami VChK-OGPU-NKVD*, vol. 2, 817.
38. Martin, *The Affirmative Action Empire*, 212, 215-216, 224.
39. Stalin, *Works*, vol. 8, 162.
40. Shapoval, 'Vsevolod Balickij, bourreau et victime', 379-380, 392.
41. Vasyl' Danylenko, ed., *Ukraïns'ka intelibentsiia i vlada: zvedennia sektrenoho viddilu DPU USRR 1927-1929 rr.*(Kyiv: Tempora, 2012), 25-28.
42. Iurii Shapoval, 'Zhittia ta smert' Mikoly Khvyl'ovoho: u svitli rozsekrechenykh dokumentiv HPU', in *Z arkhiviv VUChK, HPU, NKVD, KHB 2*, nos. 30/31(2008): 316-317.
43. Martin, *The Affirmative Action Empire*, 224.
44. 같은 책, 225.
45. Shapoval, 'Vsevolod Balickij, bourreau et victime', 383, 다음을 인용. HDA SBU, Kiev, FPI, 1.2.
46. Plokhy, *Unmaking Imperial Russia*, 262-263.
47. Shapoval, 'The Mechanisms of the Informational Activity of the GPU-NKVD', 207-208.
48. Danylenko, *Ukraïns'ka intelibentsiia i vlada*, 61, 63, 68-69, 97.
49. Mace, *Communism and the Dilemmas of National Liberation*, 114.
50. Lyons, *Assignment in Utopia*, 115.
51. 같은 책, 116-117.
52. Stephen Kotkin's *Stalin: Paradoxes of Power*는 샤흐티의 연극과도 같은 재판을 잘 요약해 보여준다. 687-704.
53. Sheila Fitzpatrick, *Education and Social Mobility in the Soviet Union, 1921-1934*(Cambridge: Cambridge University Press, 1979, 2002), 113.
54. 모든 희생자는 법원에서 이 사건이 조작되었다고 판결한 뒤 1989년에 복권되었다. 다음을 보라. Iurii Shapoval, 'The Case of the "Union for the Liberation of Ukraine": A Prelude to the Holodomor', *Holodomor Studies* 2, no. 2(Summer-Autumn 2010), 163; 최초의 'SVU'에 대해서는 Alexander Motyl, *The Turn to the Right: The Ideological Origins and Development of Ukrainian Nationalism, 1919-1929*(New York: Columbia University Press, 1980), 10-11.

55. Olga Bertelsen and Myroslav Shkandrij, 'The Secret Police and the Campaign against Galicians in Soviet Ukraine, 1929-1934', *Nationalities Papers: The Journal of Nationalism and Ethnicity* 42, no. 1(2014), 37-62.
56. Shapoval, 'The Case of the "Union for the Liberation of Ukraine"', 158-160.
57. Mace, *Communism and the Dilemmas of National Liberation*, 275.
58. Pauly, *Breaking the Tongue*, 261-263.
59. HDA SBU 13/370/9/142-55, 다음에서 재구성. Danylenko, *Ukraïns'ka intelihentsiia i vlada*, 470-471.
60. I. M. Prelovs'ka, *Dzherela z istoriï Ukraïns'koï Aftokefal'noï Pravoslavnoï Tserkvy, 1921-1930—Ukraïns'koï Pravoslavnoï Tserkvy, 1930-1939*(Kyiv: Instytut Ukraïns'koï Arkheohrafiï ta Dzhereloznavstva im. M. C. Hrushevs'koho, 2013), 498-499.
61. Shapoval, 'The Case of the "Union for the Liberation of Ukraine"', 157-158.
62. 같은 글, 172.
63. 같은 글, 166-167.
64. Kost Turkalo, 'The SVU Trial', in S. O. Pidhainy, ed., *The Black Deeds of the Kremlin: A White Book*, vol. 1(Toronto: Basilian Press, 1953), 309-314.
65. Myroslav Shkandrij and Olga Bertelsen, 'The Soviet Regime's National Operations in Ukraine, 1929-1934', *Canadian Slavonic Papers* 55, nos. 3/4(September-December 2013), 420.
66. A. H. Korolev, 'Institut nauchnoi i prakticheskoi veterinarii narkomzema USSR v gody repressii', *Istoriia nauky i biohrafistyka: Elektronne naukove fakhove vydannia—mizhvidomchyi tematychnyi zbirnyk*: Natsional'na Akademiia Ahrarnykh Nauk, Natsional'na Naukova Sil's'kohospodars'ka Biblioteka 3(2007), http://inb.dnsgb.com.ua.
67. Shkandrij and Bertelsen, 'The Soviet Regime's National Operations in Ukraine', 437-447.
68. Stalin, 'Concerning the National Question in Yugoslavia', 1925년 3월 30일 유고슬라비아 ECCL 위원회에서 한 연설. Stalin, *Works*, vol. 7, 71-72.
69. Martin, *The Affirmative Action Empire*, 147.
70. Andrea Graziosi, 'Collectivisation, révoltes paysannes et politiques gouvernementales(à travers les rapports du GPU d'Ukraine de février-mars 1930)', *Cahiers du monde russe* 35, no. 3(July-September 1994), 439-440.
71. HDA SBU 13/370/1(1927), 15-26, in Danylenko, *Ukraïns'ka intelihentsiia i vlada*, 46.
72. HDA SBU 13/370/2(1927), 106-118, in 같은 책, 119-120.
73. HDA SBU 13/370/1(1927), 107-121, in 같은 책, 78-79.
74. HDA SBU 13/370/4(1927), 55-74, in 같은 책, 213-214.
75. Hrynevych, 'The Price of Stalin's "Revolution from Above"', 4.
76. 같은 글, 4-5.
77. TsA FSB RF 2/6/25(1928), 1-66, in Berelovich and Danilov, eds., *Sovetskaia derevnia glazami VChK-OGPU-NKVD*, vol. 2, p. 816; 또한 다음의 전부를 보라. vol. 2, 780-817.
78. 다음에서 인용. V. M. Danylenko et al., eds., *Pavlohrads'ke povstannia, 1930: dokumenty*

i materialy(Kyiv: Ukraïns'kyi Pys'mennyk, 2009), 14-15.
79. Lyons, *Assignment in Utopia*, 99.
80. TsA FSB RF 2/6/597(1928), 22-27, in Danilov, *Tragediia sovetskoi derevni*, vol. 1, 195-200.
81. Hrynevych, *Holod 1928-1929 rr. u radians'kii Ukraïni*, 238-239.
82. 같은 책, 90, 232-236, 238-240.
83. TsA FSB RF 2/6/597(1928), 6-20, in Berelovich and Danilov, eds., *Sovetskaia derevnia glazami VChK-OGPU-NKVD*, vol. 2, 666.
84. Hrynevych, 'The Price of Stalin's "Revolution from Above"', 5.
85. 같은 글, 6.
86. Shkandrij and Bertelsen, 'The Soviet Regime's National Operations in Ukraine', 425.
87. RTsKhIDNI 82/2/136(1928), 1-55, in Danilov, *Tragediia sovetskoi derevni*, vol. 1, 172-192.
88. TsA FSB RF 2/6/599(1928), 292-299, in Berelovich and Danilov, eds., *Sovetskaia derevnia glazami VChK-OGPU-NKVD*, vol. 2, 723-731.
89. 다음에서 인용. Danylenko, *Pavlohrads'ke povstannia*, 14-15.
90. 같은 책, 318.
91. TsA FSB RF 2/6/597(1928), 126-135, in Berelovich and Danilov, eds., *Sovetskaia derevnia glazami VChK-OGPU-NKVD*, vol. 2, 672-682.

5장 집단화: 농촌에서의 혁명, 1930년

1. P. V., 'Collective Farming', in Pidhainy, *The Black Deeds of the Kremlin*, 213.
2. Lyons, *Assignment in Utopia*, 283.
3. Miron Dolot, *Execution by Hunger: The Hidden Holocaust*(New York: W. W. Norton, 1984), 1-2. 돌로트는 필명이며, 그의 본명은 시몬 스타로프다.
4. 'Schedule A, vol. 37, Case 622/(NY)1719(interviewer W. T., type A4). Female, 53, Ukrainian, Kolkhoznik', July 1951, Harvard Project on the Soviet Social System, Slavic Division, Widener Library, Harvard University, 52.
5. 'Schedule B, vol. 7, Case 67(interviewer J. R.)', Harvard Project on the Soviet Social System, Slavic Division, Widener Library, Harvard University, 12.
6. Stanislav Kul'chyts'kyi, ed., *Narysy povsiakdennoho zhyttia radians'koi Ukraïny v dobu NEPu(1921-1928 rr.) kolektyvna monohrafiia v 2-kh chastynakh*, vol. 2(Kyiv: Instytut Istoriï Ukraïny NAN Ukraïny, 2010), 183.
7. Kotkin, *Stalin: Paradoxes of Power*, 672, citing *Izvestiia TsK KPSS*, 1991, no. 6, 203-205, and RGASPI, 558/11/118, 23-26.
8. 집단 농장, 즉 콜호스에는 세 가지 기본 형태가 있다. 코뮌, 협동조합, 합동 경작 연합(TOZ 또는 SOZ). 또한 국영 농장(소브코스)도 있었다. R. W. Davies, *The Soviet Collective Farm*(Cambridge, MA: Harvard University Press, 1980), 68.

9. 집단 농장 생활에 대한 일반적인 묘사로는 Sheila Fitzpatrick, *Stalin's Peasants: Resistance and Survival in the Russian Village after Collectivization*(Oxford: Oxford University Press, 1994), 128-151.
10. Stalin, 'God velikogo pereloma', *Pravda*(7 November 1929), in Danilov et al., eds., *Tragediia sovetskoi derevni*, vol. 1, 741-742.
11. RtsKhIDNI 17/2/441, vols. 1 and 2; 다음에 요약되어 있다. Robert Conquest, *The Harvest of Sorrow: Soviet Collectivization and the Terror-Famine*(New York: Oxford University Press, 1986), 112-114; Lynne Viola, *Peasant Rebels under Stalin: Collectivization and the Culture of Peasant Resistance*(Oxford: Oxford University Press, 1996), 24-26.
12. Dolot, *Execution by Hunger*, 6.
13. Lynne Viola, *The Best Sons of the Fatherland: Workers in the Vanguard of Soviet Collectivization*(New York: Oxford University Press, 1987), 31, 62.
14. 같은 책, 64.
15. Lev Kopelev, *To Be Preserved Forever*, trans. Anthony Austin(New York: Lippincott, 1977), 11.
16. Hindus, *Red Bread*, 1.
17. Sholokhov, *Virgin Soil Upturned*, 84.
18. Viola, *The Best Sons of the Fatherland*, 76.
19. Antonina Solovieva, 'Sent by the Komsomol', in Sheila Fitzpatrick and Yuri Slezkine, eds., *In the Shadow of Revolution: Life Stories of Russian Women from 1917 to the Second World War*(Princeton, NJ: Princeton University Press, 2000), 237.
20. Tracy McDonald, 'A Peasant Rebellion in Stalin's Russia: The Pitelinskii Uprising, Riazan 1930', *Journal of Social History* 35, no. 1(Fall 2001), 125-146.
21. Noll, *Transformatsiia hromadians'koho suspil'stva*, 180.
22. 'Case History LH38: Oleksandr Honcharenko, Cherkasy oblast", in U.S. Congress, *Investigation of the Ukrainian Famine, 1932-1933*, 1988년 4월 19일 우크라이나 기근 위원회가 채택하고, 같은 해 4월 22일 기근 의회에 제출되었다. James E. Mace, ed.(Washington, D.C.: U.S. G.P.O., 1988), 317.
23. TsA FSB RF 2/9/21(1930), 393-394, in Lynne Viola and V. P. Danilov, eds., *The War Against the Peasantry, 1927-1930: The Tragedy of the Soviet Countryside*, trans. Steven Shabad(New Haven, CT: Yale University Press, 2005), 219.
24. Solovieva, 'Sent by the Komsomol', in Fitzpatrick and Slezkine, eds., *In the Shadow of Revolution*, 236-237.
25. Pasha Angelina, 'The Most Important Thing', in Fitzpatrick and Slezkine, eds., *In the Shadow of Revolution*, 310.
26. RTsKhIDNI 85/1/118(1930), 1-13, 다음에서 재구성. Graziosi, 'Collectivisation, révoltes paysannes et politiques gouvernementales', 476.
27. DAZhO(Zhytomyr) 1520/4828(1931), 9-16.
28. Graziosi, 'Collectivisation, révoltes paysannes et politiques gouvernementales', 450. 이런 '범죄 분자'의 활용은 1919년부터 1920년 이후에도 소련의 전술 목록에 계속 들어 있었

다. NKVD는 1945년 이후 새로 점령한 중부 유럽에서 범죄 네트워크에 의존했다.
29. 같은 글, 449, citing 'Sergo Ordzhonikidze, "Stenogramma"(Sténogramme) du rapport au noyau militant restraint(aktiv) du parti du district de Herson, 24 mars 1930'; and R. W. Davies, *The Socialist Offensive: The Collectivization of Agriculture 1929-1930*(London: Macmillan, 1980), 225.
30. Noll, *Transformatsiia hromadians'koho suspil'stva*, 126.
31. TsA FSB RF 2/8/344(1930), 344-356, in Danilov, *Tragediia sovetskoi derevni*, vol. 2, 336-342.
32. Testimony of Stepanyda Melentiïivna Khyria, in Mytsyk et al., eds., *Ukraïns'kyi holokost*, vol. 1, 87.
33. 'Case History LH57: Mikhail Frenkin, Baku', in U.S. Congress, *Investigation of the Ukrainian Famine*, Report to Congress, 363.
34. Testimony of Nicolas Chymych, in U.S. Congress and Commission on the Ukraine Famine, *Investigation of the Ukrainian Famine, 1932-1933: Second Interim Report*, meetings and hearings of and before the Commission on the Ukraine Famine held in 1987: hearing, San Francisco, California, 10 February 1987; hearing, Phoenix, Arizona, 13 February 1987; hearing and meeting, Washington, D.C., 30 April 1987; hearing, Philadelphia, Pennsylvania, 5 June 1987(Washington, D.C.: U.S. G.P.O.: For sale by the Supt. of Docs. U.S. G.P.O., 1988), 126-128.
35. Testimony of Valentin Kochno, in 같은 책, 18.
36. Dolot, *Execution by Hunger*, 8.
37. Graziosi, 'Collectivisation, révoltes paysannes et politiques gouvernementales', 439-440.
38. Ekaterina Olitskaia, 'My Reminiscences', in Fitzpatrick and Slezkine, eds., *In the Shadow of Revolution*, 39-40.
39. TsDAZhR Ukrainy 539/7/71(1929), 139, 다음에서 재구성. Stanislav Kul'chyts'kyi et al., *Kolektivizatsiia i holod na Ukraïni, 1929-1933: zbirnyk dokumentiv i materialiv*(Kyiv: Naukova Dumka, 1992), 106-107.
40. 린 비올라는 'podkulachnik'가 쿨라크의 '본질'을 가진 자들이라고 설명한다. 비록 그들에게는 아무 재산도 없었는데 말이다(Viola, *Peasant Rebels Under Stalin*, 34).
41. Hindus, *Red Bread*, 45-46.
42. Otto J. Pohl, Eric J. Schmaltz and Ronald J. Vossler, '"In our hearts we felt the sentence of death": Ethnic German Recollections of Mass Violence in the USSR, 1928-1948', *Journal of Genocide Research* 11, no. 2(2009), 325-327 and 343.
43. TsA FSB RF 2/8/40(1930), 6-17, in Danilov, *Tragediia sovetskoi derevni*, vol. 2, 292-303.
44. GARF 9414/1/1944(1930), 17-25, in Viola and V. P., eds., *The War Against the Peasantry*, 240-241.
45. TsA FSB RF 2/8/3(1930), 2, in Berelovich, *Sovetskaia derevnia glazami VChK-OGPU-NKVD*, vol. 3, 71.

46. Dolot, *Execution by Hunger*, 18-19.
47. RGAE 7446/1/283(1930), 13-18, in Danilov et al., eds. *Tragediia sovetskoi derevni*, vol. 2, 292-303.
48. Testimony of Anastasia Shpychka, in L. B. Kovalenko and Volodymyr Maniak, eds., *33-i Holod: narodna knyha-memorial*(Kyiv: Radians'kyi Pys'mennyk, 1991), 53.
49. TsA FSB RF 2/8/678(1930), 163-165, in Danilov et al., eds., *Tragediia sovetskoi derevni*, vol. 2, 141-144.
50. Testimony of Kylyna Vasylivna Dykun, in Mytsyk et al., eds., *Ukraïns'kyi holokost*, vol. 1, 89.
51. RGAE 7446/1/283(1930), 13-18, in Danilov et al., eds., *Tragediia sovetskoi derevni*, vol. 2, 198-203.
52. Testimony of Maria Leshchenko, in Kovalenko and Maniak, eds., *33-i Holod*, 522.
53. RGASPI 17/3/779/(1930), 18-20, in Danilov et al., eds. *Tragediia sovetskoi derevni*, vol. 2, 303-305.
54. 'Case History LH46: anonymous, Dnipropetrovs'k area', in U.S. Congress, *Investigation of the Ukrainian Famine*, Report to Congress, 339-341.
55. Testimony of Olena Davydivna Demchenko, in Kovalenko and Maniak, eds., *33-i Holod*, 505-506.
56. Dolot, *Execution by Hunger*, 25.
57. TsA FSB RF 2/8/40(1930), 6-17, in Viola and V. P., eds., *The War Against the Peasantry*, 281.
58. Testimony of Ivan Samsonovych, in Kovalenko and Maniak, eds., *33-i Holod*, 503-504.
59. Testimony of Mykola Demydovych Fenenko, in Kovalenko and Maniak, eds., *33-i Holod*, 540-542.
60. Noll, *Transformatsiia hromadians'koho suspil'stva*, 124.
61. TsA FSB RF 2/8/823(1930), 342-351, in Viola and Danilov, eds., *The War Against the Peasantry*, 248.
62. Noll, *Transformatsiia hromadians'koho suspil'stva*, 155.
63. Testimony of Henrikh Pidvysotsky, in Kovalenko and Maniak, eds., *33-i Holod*, 78.
64. TsDAZhR Ukraïny 27/11/543(1930), 215.
65. RGAE 7446/1/283(1930), 13-18, in Danilov et al., eds., *Tragediia sovetskoi derevni*, vol. 2, 198-203.
66. Sheila Fitzpatrick, 'The Great Departure: Rural-Urban Migration in the Soviet Union, 1929-1933', in William G. Rosenberg and Lewis H. Siegelbaum, eds., *Social Dimensions of Soviet Industrialization*(Bloomington, IN: Indiana University Press, 1993), 22-25. 이 책의 56번 주석에서 피츠패트릭은 리코프가 이렇게 말했다고 한다. "달아난 쿨라크는 지금은 비록 그 지역에 완전한 집단화가 이뤄지지 않았으나 앞으로 그리되리라 보는 자들이다." *Desiataia Ural'skaia oblastnaia konferentsiia Vsesoiuznoi Kommunisticheskoi Partii(bol'shevikov)*(Sverdlovsk, 1930), Bulletin no. 7, 19.

67. Kuromiya, *Freedom and Terror in the Donbas*, 35-41.
68. 'Case History LH38: Oleksandr Honcharenko, Cherkasy oblast'', in U.S. Congress, *Investigation of the Ukrainian Famine*, Report to Congress, 317.
69. Noll, *Transformatsiia hromadians'koho suspil'stva*, 155-156.
70. TsA FSB RF 2/8/678(1930), 163-165, in Danilov et al., eds., *Tragediia sovetskoi derevni*, vol. 2, 161-163.
71. N. A. Ivnitskii, *Kollektivizatsiia i raskulachivanie, nachalo 30-kh gg.*(Moscow: Interpraks, 1994), 122-137; also V. N. Zemskov, 'Spetsposelentsy(po dokumentakm NKVD-MVD-SSSR)', *Sotsiologicheskie Issledovaniia* 11(1990), 4.
72. N. A. Morozov, *GULAG v Komi Krae, 1929-1956*(Syktyvkar: Syktyvkarskii Gosudarstvennyi Universitet, 1997), 104.
73. RGASPI 17/3/775(1930), 15-16, in Danilov et al., eds., *Tragediia sovetskoi derevni*, vol. 2, 174-175.
74. Ivnitskii, *Kollektivizatsiia i raskulachivanie*, 122-137; also Zemskov, 'Spetsposelentsy(po dokumentakm NKVD-MVD-SSSR)', 4.
75. Anne Applebaum, *Gulag: A History*(New York: Doubleday, 2003), 46-50. [국역본] 앤 애플바움, 『굴락』, GAGA통번역센터 옮김(드림박스, 2004).
76. James Harris, 'The Growth of the Gulag: Forced Labor in the Urals Region, 1929-1931', *The Russian Review* 56, no. 2(1997), 265-280.
77. Noll, *Transformatsiia hromadians'koho suspil'stva*, 125.
78. 같은 책, 269-271.
79. 'Case History LH38: Oleksandr Honcharenko, Cherkasy oblast'', in U.S. Congress, *Investigation of the Ukrainian Famine*, Report to Congress, 325-329.
80. 다음 증언을 보라. Vasyl' Pavlovych Nechyporenko and Iakiv Antonovych Dziubyshyn in Mytsyk et al., eds., *Ukraïns'kyi holokost*, vol. 1, 163, and vol. 2, 116; and 'Testimony of Mr. Sviatoslav Karavansky', in U.S. Congress, *Investigation of the Ukrainian Famine, 1932-1933: First Interim Report of Meetings and Hearings of and Before the Commission on the Ukraine Famine*, meeting and hearing 8 October 1988(Washington, D.C.: U.S. G.P.O., 1987), 79; 또한 'Case History LH8' 'Case History LH46' and 'Case History SW34', all in U.S. Congress, *Investigation of the Ukrainian Famine*, Report to Congress, 256, 345 and 386.
81. Oleksandra Bykovets, 'Interview with Oleksandra Bykovets'(Sviatoslav Novytskyi, 1 September 1983) excerpted from the archives of the copyright holder, UCRDC.
82. Testimony of Larysa Donchuk, in U.S. Congress, *Investigation of the Ukrainian Famine, 1932-1933*, second report, 138.
83. Olesia Stasiuk, 'The Deformation of Ukrainian Folk Culture During the Holodomor Years', trans. Marta Olynyk, in *Key Articles on the Holodomor Translated from Ukrainian into English, Holodomor Research and Education Consortium*, 12-13, http://holodomor.ca/translated-articles-on-the-holodomor.
84. Noll, *Transformatsiia hromadians'koho suspil'stva*, 340-387.

85. TsDAHOU 1/20/3108(1930), 1.
86. Hiroaki Kuromiya, *The Voices of the Dead: Stalin's Great Terror in the 1930s*(New Haven, CT: Yale University Press, 2007), 109.
87. 같은 책, 110.
88. Boleslaw Szczesniak, *The Russian Revolution and Religion: A Collection of Documents Concerning the Suppression of Religion by the Communists, 1917-1925*(Notre Dame, IN: University of Notre Dame Press, 1959), 158; Alla Kyrydon, 'Ruinuvannia kul'tovykh sporud(1920-1930-ti rr.): porushennia tradytsiinoï rytmolohiï prostoru', in *Ukraïns'kyi Istorychnii Zhurnal* 22, no. 6(2013), 91-102.
89. McDonald, 'A Peasant Rebellion in Stalin's Russia', 125-146.
90. Testimony of Mykola Ievhenovych Petrenko, in Kovalenko and Maniak, eds., *33-i Holod*, 460.
91. Grigorenko, *Memoirs*, 39.
92. Noll, *Transformatsiia hromadians'koho suspil'stva*, 251-254.
93. Stasiuk, 'The Deformation of Ukrainian Folk Culture During the Holodomor Years'.
94. Noll, *Transformatsiia hromadians'koho suspil'stva*, 242-250.
95. Lytvyn, *Ekonomichna istoriia Ukraïny*, vol. 2, 231-232, 261.

6장 반란, 1930년

1. 다음에서 인용. Viola, *Peasant Rebels Under Stalin*, 132.
2. 같은 책, 134.
3. RTsKhIDNI 85/1/118(1930), 1-13, 다음에서 재구성. Graziosi, 'Collectivisation, révoltes paysannes et politiques gouvernementales', 477.
4. Sholokhov, *Virgin Soil Upturned*, 157.
5. Alec Nove, *An Economic History of the USSR, 1917-1991*(New York: Penguin, 1992), 186.
6. RTsKhIDNI 85/1/120(1930), 1-18, 다음에서 재구성. Graziosi, 'Collectivisation, révoltes paysannes et politiques gouvernementales', 538.
7. RTsKhIDNI 85/1/118(1930), 1-13, 위의 책에서 재구성, 479.
8. TsGANKh SSSR 7446/5/87(1930), 35-39, in V. P. Danilov and N. A. Ivnitskii, eds., *Dokumenty svidetel'stvuiut: iz istorii derevni nakanune i v khode kollektivizatsii, 1927-1932 gg.*(Moscow: Politizdat, 1989), 305.
9. 'Testimony of Mr. Valentin Kochno', in U.S. Congress, *Investigation of the Ukrainian Famine: First Interim Report*, 119-120.
10. 'Testimony of Dr. Valentyna Sawchuck of Hamtramck, Michigan', in U.S. Congress, *Investigation of the Ukrainian Famine: First Interim Report*, 144.
11. TsA FSB RF 2/8/232(1930), 101, 101a, in Berelovich, *Sovetskaia derevnia glazami VChK-OGPU-NKVD*, vol. 3:1, 220-221.
12. Viola, *Peasant Rebels Under Stalin*, 59-60.

13. Andrea Graziosi, 'The Great Famine of 1932-33: Consequences and Implications', *Harvard Ukrainian Studies* 25, nos. 3/4(Fall 2001), 162.
14. Viola, *Peasant Rebels Under Stalin*, 53.
15. D. D. Goichenko, *Krasnyi apokalipsis: skvoz' raskulachivanie i golodomor: memuary svidetelia*(Kyiv: Ababahalamaha, 2013), 29-31.
16. Testimony of Olena Doroshenko, in O. M. Veselova and O. F. Nikiliev, *Pam'iat' narodu: Henotsyd v Ukraïni holodom 1932-1933 rokiv: svidchennia*, 2 vols.(Kyiv: Vydavnychnyi dim 'Kalyta', 2009), vol. 1, 408.
17. Viola, *Peasant Rebels Under Stalin*, 55-57.
18. Pohl, "'In Our Hearts We Felt the Sentence of Death'", 336.
19. 'Case History SW34: anonymous, Kyiv oblast'', in U.S. Congress, *Investigation of the Ukrainian Famine*, Report to Congress, 392.
20. Testimony of Maria Makukha(Chukut), in 같은 책, vol. 1, 129.
21. Testimony of Kateryna Laksha, in 같은 책, vol. 2, 66-67.
22. 같은 책.
23. TsA FSB RF 2/8/232(1930), 72, in Berelovich, *Sovetskaia derevnia glazami VChK-OGPU-NKVD*, vol. 3:1, 219-220.
24. Pasha Angelina, 'The Most Important Thing', in Fitzpatrick and Slezkine, *In the Shadow of Revolution*, 310.
25. TsA FSB RF 2/8/23(1930), 2-13, and 2/8/23(1930), 45-65, in Berelovich, *Sovetskaia derevnia glazami VChK-OGPU-NKVD*, vol. 3:1, 144-150, 180-189.
26. Josef Stalin, 'Dizzy with Success: Concerning Questions of the Collective Farm Movement', *Pravda*, 2 March 1930, 다음에서 재구성. *Works*, vol. 12, 197-205.
27. 같은 글.
28. RGASPI 17/3/779(1930), 18-20, in Danilov, *Tragediia sovetskoi derevni*, vol. 2, 303-205.
29. Viola, *Peasant Rebels Under Stalin*, 3.
30. Dolot, *Execution by Hunger*, 84.
31. Testimony of Ivan Hazhyman, in Mytsyk, *Ukraïns'kyi holokost*, vol.3, 113.
32. 'Case History LH38: Oleksandr Honcharenko, Cherkasy oblast'', in U.S. Congress, *Investigation of the Ukrainian Famine*, Report to Congress, 325-329.
33. 'Testimony of Mr. Zinovii Turkalo', in U.S. Congress, *Investigation of the Ukrainian Famine: First Interim Report*, 96.
34. TsA FSB RF 2/8/679(1930), 23, in Berelovich, *Sovetskaia derevnia glazami VChK-OGPU-NKVD*, vol. 3:1, 420-426.
35. Testimony of Leonida Fedorivna Tkachuk, in Mytsyk, *Ukraïns'kyi holokost*, vol. 2, 50-51.
36. 'Case History LH38: Oleksandr Honcharenko', 325.
37. Pohl, "'In Our Hearts We Felt the Sentence of Death'", 336.
38. TsA FSB RF 2/8/679(1930), 23, in Berelovich, *Sovetskaia derevnia glazami VChK-OG-*

PU-NKVD, vol. 3:1, 424.
39. 같은 글, 421.
40. Viola, *Peasant Rebels Under Stalin*, 183.
41. TsA FSB RF 2/8/679(1930), 23, in Berelovich, *Sovetskaia derevnia glazami VChK-OGPU-NKVD*, vol. 3:1, 420-426.
42. 'Case History LH57, Mikhail Frenkin, Baku', in U.S. Congress, *Investigation of the Ukrainian Famine*, Report to Congress, 359-365.
43. Viola, *Peasant Rebels Under Stalin*, 103-105, 135-136.
44. RTsKhIDNI 85/1/118(1930), 1-13, 다음에서 재구성. Graziosi, 'Collectivisation, révoltes paysannes et politiques gouvernementales', 474-483.
45. TsDAHOU 1/20/3191(1930), 37.
46. TsA FSB RF 2/8/232(1930), 101, 101a, in Berelovich, *Sovetskaia derevnia glazami VChK-OGPU-NKVD*, vol. 3:1, 220-221.
47. TsA FSB RF 2/8/23(1930), 2-13, in 같은 책, vol. 3:1, 144-150.
48. TsA FSB RF 2/8/23(1930), 45-65, in 같은 책, vol. 3:1, 180-189.
49. Iurii Shapoval, Vadym Zolotar'ov and Volodymyr Prystaiko, *ChK-GPU-NKVD v Ukraïni: osoby, fakty, dokumenty*(Kyiv: Abris, 1997), 39.
50. TsDAHOU 1/20/3154(1930), 11.
51. TsA FSB RF 2/8/232(1930), 115, 115ob, in Berelovich, *Sovetskaia derevnia glazami VChK-OGPU-NKVD*, vol. 3:1, 221-222; RTsKh IDNI 85/1/119(1930), 1-2, 다음에서 재구성. Graziosi, 'Collectivisation, révoltes paysannes et politiques gouvernementales', 549-550.
52. TsDAHOU 1/20/3154(1930), 11.
53. The Pavlohrad material comes from Danylenko et al., eds., *Pavlohrads'ke povstannia, 1930: documenty i materialy*(Kyiv: Ukrains'kyi Pys'mennyk, 2009).
54. Palij, *The Anarchism of Nestor Makhno*, 46-51.
55. RTsKhIDNI 85/1/120(1930), 1-18, 다음에서 재구성. Graziosi, 'Collectivisation, révoltes paysannes et politiques gouvernementales', 537.
56. 같은 글, 537-538.
57. RTsKhIDNI 85/1/118(1930), 43-49, 위의 책에서 재구성, 577-578.
58. TsA FSB RF 2/8/232(1930), 115, 115ob, in Berelovich, *Sovetskaia derevnia glazami VChK-OGPU-NKVD*, vol. 3:1, 222.
59. Martin, *Affirmative Action Empire*, 294-295.
60. Shapoval, 'The Case of the "Union for the Liberation of Ukraine"', 178-179.
61. 같은 글.

7장 집단화 실패, 1931년부터 1932년

1. RTsKhIDNI 82/2/139(1932), 145-151, in Martin, *The Affirmative Action Empire*, 298.

2. R. W. Davies and S. G. Wheatcroft, *The Years of Hunger: Soviet Agriculture, 1931-1933*(London and New York: Palgrave Macmillan, 2009), 1-4.
3. RGASPI 17/2/60(1931), 89, tipografskii ekz.; KPSS v resoliutsiiakh, Izd. 9-3. T.5.C. 233-234, in Danilov et al., eds., *Tragediia sovetskoi derevni*, vol. 2, 773-774.
4. TsA FSB RF 2/8/328(1930), 336-345, in 같은 책, vol. 2, 530-536.
5. TsDAZhR Ukraïny 27/11/104(1930), 75-80, in Kul'chyts'kyi, *Kolektyvizatsiia i holod na Ukraïni*, 226-230.
6. 린 비올라의 용어다. *Peasant Rebels Under Stalin*, 205-210.
7. RGAE 7486/37/132(1930), 59-60, in Danilov et al., eds., *Tragediia sovetskoi derevni*, vol. 2, 467-472.
8. Diana Bojko and Jerzy Bednarek, *Holodomor: The Great Famine in Ukraine 1932-1933*, from the series *Poland and Ukraine in the 1930s-1940s: Unknown Documents from the Archives of the Secret Services*(Warsaw: Institute of National Remembrance, Commission of the Prosecution of Crimes against the Polish Nation, 2009), 70-71.
9. 수확량 통계에 대한 최상의 집계와 그에 관한 논란에 대해서는 Davies and Wheatcroft, *The Years of Hunger*, 442-447. 다음도 보라. A. V. Bashkin, 'Urozhai tridtsatykh ili ukradennye dostizheniia', *Istoricheskie materialy*, accessed 2017, http://istmat.info/node/21358.
10. Serhiichuk et al., *Ukraïns'kyi khlib na eksport*, 3-4.
11. Elena Osokina, *Zoloto dlia industrializatsii: Torgsin*(Moscow: ROSSPEN, 2009), 17-102.
12. Serhiichuk et al., *Ukraïns'kyi khlib na eksport*, 5-6.
13. 같은 책, 7.
14. Sheila Fitzpatrick, 'The Boss and His Team: Stalin and the Inner Circle, 1925-1933', in Stephen Fortescue, ed., *Russian Politics from Lenin to Putin*(Basingstoke: Palgrave Macmillan, 2010), 62-63.
15. RGASPI 588/1/5388(1930), 116ob, 121ob, in Kondrashin et al., eds., *Golod v SSSR*, vol. 1:1, 340; RGASPI 588/11/75(1930), 15, in Danilov et al., eds., *Tragediia sovetskoi derevni*, vol. 2, 577.
16. RGAE 8043/11/12(1930), 22-22ob, in Kondrashin et al., eds., *Golod v SSSR*, vol. 1:1, 350.
17. RGASPI 17/162/9(1930), 74, in 같은 책, vol. 1:1, 351.
18. Figures from Andrea Graziosi, *L'Unione Sovietica 1914-1991*(Bologna: Il mulino, 2011), table 1.
19. Davies and Wheatcroft, *The Years of Hunger*, 48-78.
20. RGASPI 631/5/54(1931), 25-45, in Danilov et al. eds., *Tragediia sovetskoi derevni*, vol. 3, 137-140.
21. RGAE 8043/1/7(1931), 61, in Kondrashin et al., eds., *Golod v SSSR*, vol. 1:1, 405-406.
22. RGASPI 17/167/31(1931), 105, in 같은 책.
23. RGAE 7486/37/166(1931), 230-237; RGAE 8043/1/48(1931), 106-109, 116-130; AP RF 3/40/77(1931), 186; and various other archival documents, all reproduced in 같은 책, vol. 1:1, 488-515.

24. RGASPI 17/167/29(1931), 43, in 같은 책, vol. 1:1, 344.
25. A. V. Bashkin, 'Urozhai tridtsatykh ili ukradennye dostizheniia'.
26. RGAE 8043/11/17(1930), 208, in Kondrashin et al., eds., *Golod v SSSR*, vol. 1.1, 230.
27. RGASPI 17/167/28(1931), 108, in 같은 책, vol. 1:1, 258.
28. RGASPI 631/5/60(1931), 32-40, in 같은 책, vol. 1:1, 536-537.
29. RGASPI 17/2/484(1931), 43-61, in Danilov et al. eds., *Tragediia sovetskoi derevni*, vol. 3, 198-206.
30. Bojko and Bednarek, *Holodomor*, 82-89.
31. RGASPI 17/167/32(1931), 119, in Kondrashin et al., eds., *Golod v SSSR*, vol. 1:1, 536.
32. RGASPI 17/2/484(1931), 43-61, in Danilov et al. eds., *Tragediia sovetskoi derevni*, vol. 3, 198-206.
33. Davies and Wheatcroft, *The Years of Hunger*, 100-101, citing RGASPI 82/2/137(1932), 30-94.
34. RGASPI 17/26/42(1932), 193-196, in Danilov et al. eds., *Tragediia sovetskoi derevni*, vol. 3, 227-230.
35. TsDAHOU 1/20/5362(1932), 3; and TsDAHOU 1/6/235(1932), 82, in Pyrih, ed., *Holodomor*, 65-66.
36. 당시 몰도바 자치 소비에트 사회주의 공화국은 우크라이나의 일부였다. 이 공화국은 1940년, 소련이 루마니아 영토를 추가 정복한 이후 수립되었다. 공화국은 분쟁 지역인 트란스니스트리아Transnistria*로 불리며 현대 몰도바의 일부다.
37. AP RF 3/40/80(1932), 45-51, in Kondrashin et al. eds., *Golod v SSSR*, vol. 1:2, 158-161.
38. Bojko and Bednarek, *Holodomor*, 108.
39. Kondrashin et al. eds., *Golod v SSSR*, vol. 1:2, 163-165, 다음을 인용. Lozyts'kyi, *Holodomor 1932-1933 rokiv v Ukraïni*, 37-40.
40. Kondrashin et al. eds., *Golod v SSSR*, vol. 1:2, 163-165.
41. 같은 책.
42. TsA FSB RF 2/10/169(1932), 1-57, in Berelovich et al., eds., *Sovetskaia derevnia glazami VChK-OGPU-NKVD*, vol. 3:2, 64-91.
43. RGASPI 631/5/74(1932), 36, in Kondrashin et al., eds., *Golod v SSSR*, vol. 2, 83-84.
44. N. F. Shnaika to Stalin, TsDAHOU 1/20/5254(1932), 1-16, in Pyrih, ed., *Holodomor*, 133.
45. A. F. Banivs'kyi to Stalin, in 같은 책, 132.
46. Boika to Stalin, in 같은 책, 135.
47. For example, HDA SBU 13/429/40(1932), 126-147, in V. M. Danylenko et al., eds., *Holodomor 1932-1933 rokiv v Ukraïni za dokumentamy HDA SBU: anotovanyi dovidnyk*(L'viv: Tsentr Doslidzhen' Vyzvol'noho Rukhu, 2010), 278.

---

* '트란스니스트리아 몰도바 공화국'이라 칭하며 독립국가임을 표방하지만, 이곳을 자국 영토로 주장하는 몰도바를 포함해 국제적 승인을 얻지 못하고 있다.

48. RGASPI 17/42/50(1932), 54, in Kondrashin, et al., eds., *Golod v SSSR*, vol. 1:2, 225.
49. TsDAHOU 1/20/5255(1932), 52-52sv, in Pyrih, ed., *Holodomor*, 169-170.
50. TsDAHOU 1/16/8(1932), 203-204, in 같은 책, 93.
51. Bojko and Bednarek, *Holodomor*, 111-112.
52. Dmytro Zlepko, *Der Ukrainische Hunger-Holocaust: Stalins verschwiegener Völkermord 1932/33 an 7 Millionen ukrainischen Bauern im Spiegel geheimgehaltener Akten des deutschen Auswärtigen Amtes: eine Dokumentation*(Sonnenbühl: Verlag Helmut Wild, 1988), 95-97.
53. TsA FSB RF 2/11/1449(1932), 144-146, in Danilov et al., eds., *Tragediia sovetskoi derevni*, vol. 3, 361-362.
54. 'Dosvid Proskurivshchyny i Koziatynshchyny v borot'bi za tsukrovii buriak', *Visti VUTsVK*(Kharkiv, 6 June 1932), cited in Vasyl Marochko and Olga Movchan, *Holodomor 1932-1933 rokiv v Ukraïni: khronika*(Kyiv: Kyievo-Mohylians'ka Akademiia, 2008), 87.
55. TsDAHOU 1/20/5255(1932), 4, in Pyrih, ed., *Holodomor*, 70.
56. TsDAHOU 1/6/8(1932), 203-204, in 같은 책, 92-93.
57. Serhiichuk et al., *Ukraïns'kyi khlib na eksport*, 78-81.
58. AP RF 3/61/794(1932), 1-5, in Kondrashin et al., eds., *Golod v SSSR*, vol. 1:2, 227-229.
59. RGASPI 17/162/12(1932), 85, in Pyrih, ed., *Holodomor*, 113.
60. RGASPI 17/162/12(1932), 115, in 같은 책, 139-140.
61. TsDAHOU 1/16/8(1932), 236, in 같은 책, 118.
62. TsDAHOU 1/1/378(1932), 143-151; TsDAHOU 1/1/381(1932), 63-68, in S. A. Kokin, Valerii Vasyl'ev and Nicolas Werth, eds., *Partiino Radianske kerivnytstvo USRR pid chas Holodomoru 1932-1933 rr.: vozhdi, pratsivnyky, aktyvisty: zbirnyk dokumentiv ta material-iv*(Kyiv: Instytut Istoriï Ukraïny NAN Ukraïny, 2013), 58-74.
63. AP RF 3/61/794(1932), 18, in Kondrashin et al., eds., *Golod v SSSR*, vol. 1:2, 229.
64. RGASPI 558/11/43(1932), 70, in Marochko and Movchan, *Holodomor 1932-1933 rokiv v Ukraïni*, 72.
65. Terry Martin, 'Famine Initiators and Directors: Personal Papers: The 1932-1933 Ukrainian Terror: New Documentation on Surveillance and the Thought Process of Stalin', in Isajiw W. Wsevolod, ed., *Famine-Genocide in Ukraine, 1932-1933*(Toronto: UCRD, 2003), 107-108.
66. RGASPI 82/2/139(1932), 162-165, in Pyrih, ed., *Holodomor*, 197-199.
67. 같은 글.
68. RGASPI 82/2/139(1932), 144-153, in 같은 책, 200-205.
69. RGASPI 558/11/769(1932), 40-42, in Kondrashin et al., eds., *Golod v SSSR*, vol. 1:2, 242-243.
70. RGASPI 558/11/769(1932), 77-78, in 같은 책, vol. 1:2, 243.
71. RGAPSI 81/3/99(1932), 62-63, in 같은 책, vol. 1:2, 244.
72. RGASPI 558/11/740/61(1932), 174, in Pyrih, ed., *Holodomor*, 207.
73. RGASPI 17/162/12(1932), 180-181, in 같은 책, 208.

74. TsDAHOU 1/20/5259(1932), 19, in 같은 책, 208.
75. Serhiichuk et al., *Ukraïns'kyi khlib na eksport*, 9-10.
76. Testimony of Mykola Kostyrko, in James E. Mace and Leonid Heretz, *Investigation of the Ukrainian Famine, 1932-1933*. Oral history project of the Commission on the Ukraine Famine, 3 vols(Washington, D.C.: U.S. G.P.O., 1990), vol. 2, 1057-1080.
77. Bojko and Bednarek, *Holodomor*, 55.
78. Serhiichuk et al., *Ukraïns'kyi khlib na eksport*, 11.
79. Andrea Graziosi, *L'Urss di Lenin e Stalin: storia dell'Unione Sovietica, 1914-1945*(Bologna: Il mulino, 2007), 334, table 8.1.
80. Osokina, *Zoloto dlia industrializatsii*, 540, table 25.
81. RGASPI 558/11/740/41(1932), in Pyrih, ed., *Holodomor*, 225.
82. Kokin et al., eds., *Partiino-Radianske kerivnytstvo USRR pid chas Holodomoru*, 36-37.
83. 같은 책, 38-39.
84. 같은 책, 43-44.
85. 같은 책, 47.
86. 같은 책, 52-57.
87. Vasyl'ev, *Politychne kerivnytstvo URSR i SRSR*, 242.
88. Kokin, *Partiino-Radians'ke kerivnytstvo USRR pid chas Holodomoru*, 63-64.
89. RGASPI 558/11/78/16(1932), in Pyrih, ed., *Holodomor*, 231.
90. TsDAHOU 1/6/236/85(1932), in 같은 책.
91. RGASPI 17/3/891(1932), 52-55; RGAPSI 558/11/78(1932), 16; and RGASPI 558/11/78(1932), 12, all in Pyrih, ed., *Holodomor*, 229-232.
92. RGASPI 558/11/78(1932), 12, in 같은 책, 232.
93. S3 SSSR 1932 no. 52, str. 312, in Kondrashin et al., eds., *Golod v SSSR*, vol. 1:2, 321-324.
94. RGASPI 81/3/99(1932), 115-119, in O. V. Khlevniuk et al., eds., *Stalin i Kaganovich: perepiska, 1931-1936 gg.*(Moscow: ROSSPEN, 2001), 244-245; TsDAHOU 1/20/5381(1932), 11-12, in Pyrih, ed., *Holodomor*, 270.
95. Davies and Wheatcroft, *The Years of Hunger*, 158.
96. Timothy Snyder, *Bloodlands: Europe Between Hitler and Stalin*(New York: Basic Books, 2010), 37. [국역본] 티머시 스나이더, 『피에 젖은 땅』, 함규진 옮김(글항아리, 2021).
97. RGASPI 81/3/99(1932), 106-113, in Khlevniuk et al., eds., *#Stalin i Kaganovich*, 235-236.
98. RGASPI 81/3/100(1932), 137-140, in 같은 책, 240-241.
99. RGASPI 17/3/2014(1932), 33-34, in *Tragediia sovetskoi derevni*, vol. 3, 453-454.
100. Sergei Maskudov, 'Victory over the Peasant', in *Hunger by Design: The Great Ukrainian Famine and Its Soviet Context*, ed. Halyna Hryn(Cambridge, MA: Harvard Ukrainian Research Institute, 2008), 60-62.
101. Conquest, *The Harvest of Sorrow*, 226.
102. Pidhainy, *The Black Deeds of the Kremlin*, vol. 1, 205.

103. Graziosi, *L'Urss di Lenin e Stalin*, 333; Davies and Wheatcroft, *The Years of Hunger*, 166-168.
104. Applebaum, *Gulag*, 582-583.
105. Susanna Pechora, interview with Anne Applebaum, 1999.
106. Martin, 'Famine Initiators and Directors', 110.
107. 11월에 다시 회람된 이 목록은 모두 수십 쪽에 이르는 분량이었다. Valentyna Borysenko, V. M. Danylenko, Serhij Kokin et al., ed., *Rozsekrechena pam'iat': holodomor 1932-1933 rokiv v Ukraïni v dokumentakh GPU-NKVD* (Kyiv: Stylos, 2007), 193-263, 다음을 인용. HDA SBU 16/25/3(1952), 4-68; Martin, 'Famine Initiators and Directors', 111.
108. RTsKhIDNI 82/2/139(1932), 145-151, 다음에서 번역 및 재구성. Martin, *The Affirmative Action Empire*, 298.
109. Shapoval, 'Vsevolod Balickij, bourreau et victime', 369-399.
110. RTsKhIDNI 82/2/139(1932), 145-151, 다음에서 번역 및 재구성. Martin, *The Affirmative Action Empire*, 298(강조는 원문).

8장 기아를 일으키기로 결정하다, 1932년: 징발, 블랙리스트, 국경 봉쇄

1. Maxim Gorky, *On the Russian Peasant* (Berlin: I. P. Ladyzhnikov, 1922), 27.
2. Simon Sebag Montefiore, *Stalin: The Court of the Red Tsar* (New York: Knopf, 2004), 107-108.
3. Svetlana Allilueva, *Twenty Letters to a Friend(Dvadtsat' Pisem k Drugu)*, trans. Priscilla Johnson McMillan (New York: Harper Perennial, Reprint Edition, 2016), 105.
4. G. A. Tokaev, *Betrayal of an Ideal* (Bloomington, IN: Indiana University Press, 1955), 161.
5. Miklos Kun, *Stalin: An Unknown Portrait* (Budapest: Central European University Press, 2003), 204; Montefiore, *Stalin*, 86-90.
6. Montefiore, *Stalin*, 90.
7. 같은 책, 84.
8. 같은 책, 87.
9. Getty and Naumov, *The Road to Terror*, 47.
10. Tucker, *Stalin in Power*, 209-212.
11. Getty and Naumov, *The Road to Terror*, 53-58.
12. Arkadii Vaksberg, *Tsaritsa dokazatel'stv: Vyshinskii i ego zhertvy* (Moscow: Kniga i Biznes, 1992), 68.
13. 같은 책, 66-67.
14. 같은 책, 69.
15. 다음을 보라. Getty and Naumov, *The Road to Terror*, and Robert Conquest, *The Great Terror: Stalin's Purge of the Thirties*, rev. edn (London: Macmillan, 1968), among others.
16. Martin, *The Affirmative Action Empire*, 299.

17. TsDAHOU 1/6/236(1932), 8-9, in Pyrih, ed., *Holodomor*, 127.
18. Davies and Wheatcroft, *The Years of Hunger*, 10-11.
19. 같은 책, 171.
20. Bashkin, 'Urozhai tridtsatykh ili ukradennye dostizheniia'.
21. RGASPI 82/2/141/6, in Pyrih, ed., *Holodomor*, 355-356.
22. TsDAHOU 1/6/237/207-16, in 같은 책, 388-395.
23. RGASPI 81/3/215/1-24; RGASPI 81/3/232/62, in 같은 책, 496-514.
24. TsDAGO Ukraïny 1/20/5384/23, in 같은 책, trans. Bandera, 71.
25. TsDAHOU 1/6/237/207-16, in 같은 책, 388-395.
26. 같은 글.
27. TsDAHOU 1/20/6339(1933), 25, in 같은 책, 569.
28. Kul'chyts'kyi, *Holodomor 1932-1933 rr. iak henotsyd*, 294-305.
29. S3 SSSR 1933 no. 38, str. 228, in Kondrashin et al., eds., *Golod v SSSR*, vol. 3, 54-55.
30. S. V. Kul'chyts'kyi, 'Comments at UNAS(National Academy of Sciences) Institute of History of Ukraine Seminar', 2016년 4월 19일 우크라이나 역사 연구소 세미나에서 발표되었다.
31. Serhiichuk et al., *Ukraïns'kyi khlib na eksport*, 13 and 138.
32. Graziosi, *L'Urss di Lenin e Stalin*, 334, table 8.1. 금 수출은 결국 증가했는데, 절망적이던 농민들이 국가에 금붙이를 내고 곡물과 바꾸었기 때문이다.
33. RGAE 413/13/595(1933), 47-48, from the *Elektronnyi arkhiv Ukraïns'koho vyzvol'noho rukhu*, 2017년 접속, http://avr.org.ua/getPDFasFile.php/arhupa/rgae-413-13-595-0-047.pdf.
34. Heorhii Papakin, *Donbas na 'chornii doshtsi', 1932-1933: Naukovo-popuIiarnyi narys*(Kyiv: Instytut Istoriï Ukraïny NAN Ukraïny, 2014), 9-11.
35. Heorhii Papakin, 'Blacklists as an Instrument of the Famine-Genocide of 1932-1933 in Ukraine', trans. Marta Olynyk, *Key Articles on the Holodomor Translated from Ukrainian into English*, Holodomor Research and Education Consortium, 2-3, http://holodomor.ca/translated-articles-on-the-holodomor.
36. '"Chorna Doshka" *Bil'shovyk Poltavshchyny*, 12 Veresnia, 1932', *Ofitsiinyi veb-portal Derzhavnoï Arkhivnoï Sluzhby Ukraïny*, http://www.archives.gov.ua/Archives/Reestr/Foto-Poltava.php.
37. Papakin, 'Blacklists as an Instrument of the Famine-Genocide of 1932-1933 in Ukraine', 5-6.
38. Heorhii Papakin, *'Chorna doshka': antyselians'ki represiï, 1932-1933*'(Kyiv: Instytut Istoriï Ukraïny NAN Ukraïny, 2013), 336. 1930년대에는 현의 총 개수가 자주 바뀌었다. 그러나 1932년부터 1933년에는 392개였다. Oleg Wolowyna's demography team at the Institute of Demography and Social Research of the Ukrainian National Academy of Sciences and the Harvard Ukrainian Research Institute.
39. Institut Demografii Natsional'nogo Issledovatel'skogo Universiteta 'Vysshaia Shkola Ekonomiki' 'Vsesoiuznaia perepis naseleniia 1926 goda: Natsional'nyi sostav nasele-

niia po regionam RSFSR: Severo-Kavkazskii krai/Kubanskii okrug', *Demoskop weekly: elektronnaia versiia biulletenia Naselenie i obshchestvo* 719-720(6-19 March 2017), http://demoscope.ru/weekly/ssp/rus_nac_26.php?reg=862.

40. Papakin, #Donbas na 'chorni doshtsi', 12.
41. Bondar and Mateev, *Istoricheskaia pamiat' naseleniia Iuga Rossii o golode 1932-1933*, 101-103.
42. 같은 책, 61
43. Papakin, *Donbas na 'chorni doshtsi'*, 12.
44. Papakin, 'Blacklists as an Instrument of the Famine-Genocide of 1932-1933 in Ukraine', 8.
45. Papakin, *'Chorna doshka'*, 335.
46. Papakin, 'Blacklists as an Instrument of the Famine-Genocide of 1932-1933 in Ukraine', 11.
47. HDA SBU 13/429/40(1932), 126-147, in Danylenko et al., eds., *Holodomor 1932-1933 rokiv v Ukraïni za dokumentamy HDA SBU*, 278.
48. TsA FSB RF 2/10/169(1932), 1-57, in Berelovich et al., eds., *Sovetskaia derevnia glazami VChK-OGPU-NKVD*, 64-91.
49. APRF 3/30/189(1932), 7-10, in Pyrih, ed., *Holodomor*, 615-616.
50. HDA SBU, *Kolektsiia dokumentiv 'Holodomor 1932-1933 rr. v Ukraïni'*, in 같은 책, 709.
51. 'Schedule A, vol. 36, Case 333/(NY)1582 (Interviewer J. F., Type A4) Male, 29, Ukrainian, Student and Worker', 1-8 July 1951, Harvard Project on the Soviet Social System, Slavic Division, Widener Library, Harvard University, 24.
52. TsDAHOU 1/20/5255(1932), 16-17, in Pyrih, ed., *Holodomor*, 108-109.
53. TsDAHOU 1/20/5255(1932), 68-69, in 같은 책, 253.
54. Testimony of Olena Davydivna Demchenko, in Kovalenko and Maniak, eds., *33-i Holod*, 506.
55. APRF 3/50/189(1933), 7-10, in Pyrih, ed., *Holodomor*, 615-616.
56. Testimony of Ihor Vasyliovoych Buhaievych, in Kovalenko and Maniak, eds., *33-i Holod*, 454-457.
57. Andrea Graziosi, *Lettere da Kharkov. La carestia in Ucraina e nel Caucaso del nord nei rapporti diplomatici italiani 1923-1933*(Turin: Einaudi, 1991), 144-146, 다음에서 우크라이나어로 재구성. Pyrih, ed., *Holodomor*, 606-607.
58. DATO 176/1/9(1932), 3-3v, in Bojko and Bednarek, *Holodomor*, 201.
59. 같은 글, 203.
60. DATO 231/1/2067(1932), 324, in 같은 책, 231.
61. Testimony of Lydia A., in U.S. Congress and Commission on the Ukraine Famine, *Investigation of the Ukrainian Famine, 1932-1933: Second Interim Report*, 139.
62. Testimony of Ivan Oransky, in 같은 책, 130.
63. Testimony of an anonymous woman, in 같은 책, 25.
64. TsDAHOU 1/20/6274(1933), 185-190, in Pyrih, ed., *Holodomor*, 763.

65. TsDAHOU 1/20/5254(1932), 1-16, in 같은 책, 134.
66. RGASPI 558/11/45(1932), 108-109, in Danilov et al., eds., *Tragediia sovetskoi derevni*, vol. 3, 634-635.
67. RGASPI 17/3/2030(1932), 17, and 17/42/72(1932), 109-111, in 같은 책, 636-638, 644.
68. RGASPI 17/3/907(1932), 9; and *Kommunist*(Kharkiv, 1 January 1933), in Marochko and Movchan, *Holodomor 1932-1933 rokiv v Ukraïni*, 154, 180.
69. Lev Kopelev, *The Education of a True Believer*, trans. Gary Kern(London: Wildwood House, 1981), 258.
70. APRF 3/30/189(1933), 26-27, in Pyrih, ed., *Holodomor*, 636.
71. HDA SBU, *Kolektsiia dokumentiv 'Holodomor 1932-1933 rr. v Ukraïni'*, in 같은 책, 709.
72. Jan Jacek Bruski, 'In Search of New Sources: Polish Diplomatic and Intelligence Reports on the Holodomor', *Holodomor and Gorta mór: Histories, Memories and Representations of Famine in Ukraine and Ireland*, eds. Christian Noack, Lindsay Janssen and Vincent Comerford(London: Anthem Press, 2014), 223.
73. Mytsyk et al., eds., *Ukraïns'kyi holokost*, vol. 7, 538.
74. Testimony of Halyna Budantseva, in Kovalenko and Maniak, eds., *33-i Holod*, 485.
75. Testimony of Varvara Divert, in U.S. Congress and Commission on the Ukraine Famine, *Investigation of the Ukrainian Famine, 1932-1933: First Interim Report*, 73-74.
76. Testimony of Halyna Ivanivna Kyrychenko, in Mytsyk, *Ukraïns'kyi holokost*, vol. 2, 100-101.
77. Testimony of Mariia Polikarpivna Umans'ka, in Ukraïns'kyi Instytut natsional'noi pam'iati and V. Yushchenko, eds., *Natsional'na Knyha pam'iati zhertv Holodomoru 1932-1933 rokiv v Ukraïni*(Kyiv: Vydavnytstvo im. Oleny Telihy, 2008), 93.
78. Testimony of Olena Artemivna Kobylko, in O. M. Veselova and O. F. Nikiliev, *Pam'iat' narodu: Henotsyd v Ukraïni holodom 1932-1933 rokiv: svidchennia*, 2 vols.(Kyiv: Vydavnychyi dim 'Kalyta', 2009), vol. 1, 570.
79. Kopelev, *The Education of a True Believer*, 258.

9장 기아를 일으키기로 결정하다, 1932년: 우크라이나화의 종말

1. 다음에서 인용. Luckyj, *Literary Politics in Soviet Ukraine*, 228.
2. Martin, *The Affirmative Action Empire*, 306.
3. Sarah Cameron, 'The Kazakh Famine of 1932-33: Current Research and New Directions', *East/West: Journal of Ukrainian Studies* 3, no. 2(2016), 117-132; Niccolo Piancola, 'Sacrificing the Kazakhs: The Stalinist Hierarchy of Consumption and the Great Famine in Kazakhstan of 1931-1933', the Slavic-Eurasian Research Centre에 제출된 논문, 10-11 July 2014, Hokkaido University, Sapporo, Japan.
4. RGASPI 17/3/9.11/42-4, in Pyrih, ed., *Holodomor*, 475-477.
5. Martin, *The Affirmative Action Empire*, 303, citing RTsKhIDNI 17/3/910(1932).

6. RGASPI 17/3/911/43, in Pyrih, ed., *Holodomor*, 480.
7. HDA SBU Donetsk 4924f/4-13, in Bojko and Bednarek, *Holodomor*, 207-215.
8. Udod and Lozyts'kyi, *Holodomor 1932-1933 rokiv*, 134.
9. HDA SBU 16/25/3(1951), 105, in Borysenko, ed., *Rozsekrechena pam'iat'*, 425-426.
10. Martin, *The Affirmative Action Empire*, 346.
11. Vasyl'ev, *Politychne kerivnytstvo URSR i SRSR*, 332-333.
12. HDA SBU 16/25/3(1932), 109, in Kokin et al., eds., *Partiino Radians'ke kerivnytstvo USRR pid chas Holodomoru*, 160.
13. HDA SBU 6/--/75165(1964), 84-85, in 같은 책, 193-195.
14. DADO 19/1/20(1932), 69-70, in 같은 책, 165.
15. HDA SBU 6/--/75165(1964), 88-90, in 같은 책, 196-198.
16. 같은 책, 196-198; TsDAHOU 1/16/9(1932), 59-61, in Pyrih, ed., *Holodomor*, 396-397.
17. RGASPI 17/162/14(1932), 17, in Pyrih, ed., *Holodomor*, 407.
18. HDA SBU 16/25/3(1932), 69-100, in Danylenko et al., eds., *Holodomor 1932-1933 rokiv v Ukraïni za dokumentamy HDA SBU*, 60-61.
19. HDA SBU 42/9/--(1932), 52-55, in Borysenko, ed., *Rozsekrechena pam'iat'*, 428-429.
20. V. Pryluts'kyi, 'Opir molodi politytsi bil'shovyts'koho rezhymu ta represyvni zakhody proty neï v USRR(1928-1936 rr.)', *Z arkhiviv VUChK-GPU-NKVD-KGB* 2/4(13/15)(2000), 94.
21. HDA SBU 16/25/3(1951), 111-151, in Borysenko, ed., *Rozsekrechena pam'iat'*, 430-472(정확한 인용은 431).
22. 같은 글, 430-472 and 520-528; 마흐노의 예는 359, '적극 참여'와 '전 페틀류라파'의 예는 431-432.
23. HDA SBU 1607(1932), 10, and HDA SBU 6852(1932), 8, both in Pyrih, ed., *Holodomor*, 539-541.
24. HDA SBU 9/666/--(1933), 56, 58-62, 63, in Borysenko, Danylenko, Kokin, et al., eds., *Rozsekrechena pam'iat'*, 512-516.
25. HDA SBU 9/36(1933), 36a, in Bojko and Bednarek, *Holodomor*, 266-275.
26. Timothy Snyder, *Bloodlands*, 42.
27. TsDAHOU 1/20/5242(1932), 5-10, in Kokin, *Partiino-Radians'ke kerivnitstvo USRR pid chas Holodomoru*, 210-229.
28. Plokhy, *Unmaking Imperial Russia*, 268-273.
29. Hennadii Iefymenko and L. Iakubova, 'Natsional'ni vidnosyny v radians'kii Ukraïni(1923-1938)', in V. M. Lytvyn et al., eds., *Natsional'ne pytannia v Ukraïni XX-pochatku XXI st.: istorychni narysy*(Kyiv: Nika-Tsentr, 2012), 222-223.
30. Martin, *The Affirmative Action Empire*, 348.
31. Hrihorii Kostiuk, *Stalinizm v Ukraïni*(Kyiv: Vyd-vo Smoloskyp, 1995), 192-196.
32. 같은 책, 192-196.
33. Iurii Shapoval, 'Fatal'na Ambivalentnist', *Krytyka: mizhnarodnyi obliad knyzhok ta idei*(May 2015), https://krytyka.com/ua/articles/fatalna-ambivalentnist.

34. 같은 글.
35. Pauly, *Breaking the Tongue*, 241-242.
36. 같은 책, 258-266.
37. L. D. Iakubova, *Etnichni menshyny v suspil'no-politychnomu ta kul'turnomu zhytti USRR, 20-i—persha polovyna 30-kh rr. XX st.*(Kyiv: Instytut Istoriï Ukraïny NAN Ukraïny, 2002), 126-131.
38. S. V. Kul'chyts'kyi, 'Holodomor in the Ukrainian Countryside', in *After the Holodomor: The Enduring Impact of the Great Famine on Ukraine*, eds. Andrea Graziosi, Lubomyr Hajda and Halyna Hryn(Cambridge, MA: Harvard Ukrainian Research Institute, 2013), 9.
39. 같은 글.
40. Iakubova, *Etnichni menshyny v suspil' no-politychnomu ta kul'turnomuzhytti USRR*, 126-131.
41. H. Koval'chuk, 'Dyrektory Vsenarodnoi Biblioteky Ukraïny(20-30-ti rr.)', *Z arkhiviv VUChK GPU NKVD KGB* 2/4(13/15)(2000), 179-206.
42. O. Rubl'ov and O. V. Iurkova, 'Instytut Istoriï Ukraïny NAN Ukraïny: vikhy istorii(1936-2006 rr.)', ed. V. A. Smolii, *Ukraïns'kyi Istorychnyi Zhurnal* 6(2006), 5-7.
43. Iurii Shapoval, *Ukraïna 20-50 rr.: Storinky nenapysanoï istoriï*(Kyiv: Naukova Dumka, 1993), 126-131.
44. S. A. Tokarev, 'Represiï proty vykladachiv Nizhyns'koho Pedahohichnoho Instytutu v 1930-kh rr.', *Z arkhiviv VUChK GPU NKVD KGB* 1/2(2013), 146-169.
45. Martin, *The Affirmative Action Empire*, 363.
46. Pauly, *Breaking the Tongue*, 332-339.
47. Martin, *The Affirmative Action Empire*, 363.
48. Hanna Skrypnyk, *Etnohrafichni muzeï Ukraïny: Stanovlennia i rozvytok*(Kyiv: Naukova Dumka, 1989).
49. Alla Kyrydon, 'Ruinuvannia kul'tovykh sporud', 91-102.
50. M. M. Kholostenko, 'Arkitekturnaia rekonstruktsiia Kieva', *Arkitektura SSSR* 12(1934), 19.
51. A. G. Molokin, 'Proektirovanie Pravitel'stvennogo Tsentra USSR v Kieve', *Arkitektura SSSR* 9(1935), 11.
52. Titus D. Hewryk, *Vtracheni arkhitekturni pam'iatky Kyieva*(New York-Kyiv: Ukrainian Museum, 1991).
53. 같은 책.
54. Serhii Bilokin, 'Masovyi teror iak zasib derzhavnoho upravlinnia v SRSR(1917-1941)', *Dzhereloznavche doslidzhennia* 2(Drohobych: 'Kolo', 2013), 452-490.
55. 같은 글, 519-522.
56. Shevelov, *The Ukrainian Language in the First Half of the Twentieth Century*, 154-158.
57. 같은 책, 160-167, 인용문은 167.

10장 기아를 일으키기로 결정하다, 1932년: 수색과 수색자

1. Vasilii Grossman, *Everything Flows*, trans. Robert and Elizabeth Chandler(New York: New York Review Classic Books, 2009).
2. Boriak, *1933*, 684.
3. 같은 책, 685-686.
4. 수백의 사례들은 다음을 보라. Valentyna Borysenko, *Svicha pam'iati: Usna istoriia pro henotsyd ukraïntsiv u 1932-1933 rokakh*(Kyiv: Stylos, 2007). 이는 영어 번역으로도 출간되었다. *A Candle in Remembrance: An Oral History of the Ukrainian Genocide of 1933-1934(Svicha pam'iati)*, trans. Mark Tarnawsky(New York: Ukrainian Women's League of America, 2010). 이 장에서는 우크라이나어로 쓰인 책을 참조했다.
5. Testimony of Ol'ha Viktorivna Tsymbaliuk, in 같은 책, 229.
6. Testimony of Anastasiia Mykolaïvna Pavlenko, in 같은 책, 130-131.
7. Testimony of Larysa Fedorivna Venzhyk(née Shevchuk), in 같은 책, 137-138.
8. Testimony of Mariia Patrivna Bendryk, in 같은 책, 247.
9. Testimony of Leonid Iukhymovych Vernydub, in Ukraïns'kyi Instytut natsional'noi pam'iati and Yushchenko, eds., *Natsional'na Knyha pam'iati zhertv Holodomoru*, 65.
10. Testimony of Mariia Myronivna Kozhedub, in Borysenko, *Svicha pam'iati*, 269.
11. Roman Dzwonkowski and Petro Iashchuk, *Głód i represje wobec ludności polskiej na Ukrainie 1932-1947: relacje*(Lublin: Tow. Nauk. Katolickiego Uniwersytetu Lubelskiego, 2004), 160.
12. Testimony of Petro Kuz'mych Mostovyi, in Kovalenko and Maniak, eds., *33-i Holod*, 495.
13. Testimony of Hanna Oleksandrivna Maslianchuk, in Borysenko, *Svicha pam'iati*, 91.
14. Testimony of Paraskeva Vasylivna Kolos, in 같은 책, 268.
15. Testimony of Mykola Ivanovych Patrynchuk, in 같은 책, 114.
16. Testimony of Valentyn Kochno, in U.S. Congress, *Investigation of the Ukrainian Famine, 1932-1933: First Interim Report*, 119-120.
17. Testimony of Hanna Omelianivna Flashkina, in Borysenko, *Svicha pam'iati*, 237.
18. Testimony of Anastasiia Mykolaïvna Pavlenko, in 같은 책, 130.
19. Testimony of Natalia Stepanivna Kuzhel, in 같은 책, 269.
20. Testimony of Mykhailo Pavlovych Havrylenko, in 같은 책, 208.
21. Testimony of an anonymous woman, in United States Congress and Commission on the Ukraine Famine, *Investigation of the Ukrainian Famine, 1932-1933: Report to Congress*. Report adopted by the Commission, 19 April 1988, submitted to Congress, 22 April 1988(Washington, D.C.: U.S. G.P.O.: For sale by Supt. of Docs., U.S. G.P.O., 1988), 341-342, 346.
22. Testimony of Mykola Petrovych Khmel'nyk, in Borysenko, *Svicha pam'iati*, 98.
23. Testimony of Tetiana Tymofiïvno Kotenko, in Veselova and Nikiliev, *Pam'iat' narodu*, vol. 1, 645.

24. Testimony of Halyna Hryhorivna Kovtun, in Borysenko, *Svicha pam'iati*, 257.
25. Testimony of Hanna Iakivna Onoda, in A. V. Karas, *Svidchennia ochevydtsiv pro holod 1930-1940-kh rr. na Sivershchyni*(Hlukhiv: RVV HDPU, 2008), 49.
26. Lev Kopelev, 'Interview with Lev Kopelev', 1981, Harvest of Despair Series, excerpted from the archives of the copyright holder, UCRDC.
27. Testimony of Hanna Semenivna Sukhenko, in Borysenko, *Svicha pam'iati*, 149.
28. Testimony of Ihor Vasyliovych Buhaievych, in Kovalenko and Maniak, eds., *33-i Holod*, 454-457.
29. Testimony of Halyna Omel'chenko, in Ukraïns'kyi Instytut natsional'noi pam'iati and Yushchenko, eds., *Natsional'na Knyha pam'iati zhertv Holodomoru*, 87.
30. Testimony of Mykola Mylov, in Mytsyk et al., eds., *Ukraïns'kyi holokost*, vol. 3, 129-130.
31. RGASPI 81/3/215(1932), 1-24, in Pyrih, ed., *Holodomor*, 497.
32. Pavlo Ivanovych Sylka, in Kovalenko and Maniak, eds., *33-i Holod*, 492.
33. Testimony of Kateryna Stepanivna Tsokol, in 같은 책, 63.
34. Testimony of Lidia Vasylivna Poltavets', in Mytsyk et al., eds., *Ukraïns'kyi holokost*, vol. 2, 215-216.
35. Daria Mattingly, 'Idle, Drunk and Good-for-Nothing: The Cultural Memory of Holodomor Rank-and-File Perpetrators', in Anna Wylegała and Małgorzata Głowacka-Grajper, eds., *The Burden of Memory: History, Memory and Identity in Contemporary Ukraine*(Bloomington, IN: Indiana University Press, 2017).
36. Testimony of Petro Serhiiovych Voitiuk, in Borysenko, *Svicha pam'iati*, 96.
37. Testimony of Volodymyr Ivanovych Teslia, in Veselova and Nikiliev, *Pam'iat' narodu*, vol. 2, 665-667.
38. Testimony of an anonymous woman, in Kovalenko and Maniak, eds., *33-i Holod*, 127.
39. Kopelev, *The Education of a True Believer*, 233.
40. Testimony of Ivan Leonidovych Prymak, in Mytsyk, *Ukraïns'kyi holokost*, vol. 1, 99.
41. Testimony of an anonymous woman, in Ukraïns'kyi Instytut natsional'noi pam'iati and Yushchenko, eds., *Natsional'na Knyha pam'iati zhertv Holodomoru*, 66.
42. Pidhainy, ed., *The Black Deeds of the Kremlin*, vol. 1, 201.
43. Testimony of Ivan J. Danylenko, in U.S. Congress, *Investigation of the Ukrainian Famine, 1932-1933: First Interim Report*, 77.
44. Testimony of Hryhorii Antonovych Harashchenko, in Borysenko, *Svicha pam'iati*, 178-179.
45. Testimony of Anna Pylypiuk, in U.S. Congress, *Investigation of the Ukrainian Famine, 1932-1933: First Interim Report*, 111-112.
46. Kostiantyn Mochul's'kyi, 'I Was Eight Years Old', trans. Marta Olynyk for the Holodomor Research and Education Consortium, original available in Kostiantyn Mochul's'kyi, 'Meni bulo visim lit', *Kryms'ka svitlytsia* 12(Simferopol', 21 March 2003), 6.
47. Testimony of Anastasiia Kh., in U.S. Congress, *Investigation of the Ukrainian Famine,*

1932-1933: First Interim Report, 158.
48. Testimony of Varvara Svyrydivna Moroz, in Karas, *Svidchennia ochevydtsiv pro holod 1930-1940-kh rr. na Sivershchyni*, 51.
49. Testimony of Hnat Fedorovych Myroniuk, in Ukraïns'kyi Instytut natsional'noi pam'iati and Yushchenko, eds., *Natsional'na Knyha pam'iati zhertv Holodomoru*, 64.
50. Testimony of Ivan Tarasiuk, in Veselova and Nikiliev, *Pam'iat' narodu*, vol. 2, 656.
51. Testimony of Mykhailo Oleksandrovych Balanovskyi, in 같은 책, vol. 1, 95-99.
52. Testimony of Hryhorii Moroz, in Ukraïns'kyi Instytut natsional'noi pam'iati and Yushchenko, eds., *Natsional'na Knyha pam'iati zhertv Holodomoru*, 74-75.
53. Testimony of Hanna Andriïvna Talanchuk, in Mytsyk et al., eds., *Ukraïns'kyi holokost*, vol. 2, 184.
54. Boriak, *1933*, 682-684.
55. Tamara Demchenko, 'Svidchennia pro Holodomor iak dzherelo vyvchennia fenomenu stalins'kykh aktyvistiv', in *Problemy istoriï Ukraïny: fakty sudzhennia, poshuky: Mizhvidomchyi zhirnyk naukovykh prats'*, vol. 19, no. 2(Kyiv: Naukova Dumka, 2010), 71-81.
56. Viola, *The Best Sons of the Fatherland*, 206-209.
57. RGASPI 81/3/215(1932), 1-24, in Pyrih, ed., *Holodomor*, 504-505.
58. Mattingly, 'Idle, Drunk, and Good-for-Nothing'.
59. Testimony of Maria N., in U.S. Congress, *Investigation of the Ukrainian Famine, 1932-1933: First Interim Report*, 152-154.
60. Victor Kravchenko, *I Chose Freedom: The Personal and Political Life of a Soviet Official*, trans. Rhett R. Ludwikowski(London: Robert Hale, 1946), 75.
61. 같은 책, 92.
62. 같은 책, 91.
63. 같은 책, 63, 74.
64. Kopelev, *The Education of a True Believer*, 235.
65. Georges Simenon, 'Peuples qui ont faim', in *Mes Apprentissages: Reportages 1931-1946*, ed. Francis Lacassin(Paris: Omnibus, 2001), 903-904.
66. Andrei Platonovich Platonov, *Fourteen Little Red Huts and Other Plays*, trans. Robert Chandler, Jesse Irwin and Susan Larsen(New York: Columbia University Press, 2016), 104.
67. Kopelev, Ukrainian Canadian Research and Documentation Centre interview.
68. 같은 글.
69. Mattingly, 'Idle, Drunk and Good-for-Nothing'.
70. Testimony of Halyna B., in U.S. Congress, *Investigation of the Ukrainian Famine, 1932-1933: First Interim Report*, 125.
71. Kopelev, *The Education of a True Believer*, 245.
72. Testimony of Vasyl' Onufriïenko, in Ukraïns'kyi Instytut natsional'noi pam'iati and Yushchenko, eds., *Natsional'na Knyha pam'iati zhertv Holodomoru*, 91.
73. Valerii Vasyl'ev and Iurii I. Shapoval, *Komandyry velykoho holodu: Poïzdky V. Molotova i*

L. Kahanovycha v Ukrainu ta Pivnichnyi Kavkaz, 1932-1933 rr.(Kyiv: Geneza, 2001), 317.
74. Testimony of Mykola Hryhorovych Musiichuk, in Veselova and Nikiliev, *Pam'iat' narodu*, vol. 2, 76.
75. Mattingly, 'Idle, Drunk and Good-for-Nothing'.
76. Testimony of Vira Karpivna Kyryrchenko, in Mytsyk et al., eds., *Ukraïns'kyi holokost*, vol. 7, 180.
77. Boriak, *1933*, 185, 229, 387, 605.
78. Noll, *Transformatsiia hromadians'koho suspil'stva*, 170-171.
79. Mattingly, 'Idle, Drunk and Good-for-Nothing'.
80. Graziosi, 'Collectivisation, révoltes paysannes et politiques gouvernementales', 442-443.
81. DAZhO(Zhytomyr) F. R-1520/4828(1931), 9-16.
82. Testimony of Maryna Matviïvna Korobs'ka, in Mytsyk et al, eds., *Ukraïns'kyi holokost*, vol. 1, 110.
83. TsDAHOU 1/20/5394(1932), 3542, in Pyrih, ed., *Holodomor*, 441.
84. RGASPI 17/42/81(1932), 103-105, in Danilov, *Tragediia sovetskoi derevni*, 640-642.
85. Testimony of Kateryna Ielyzarivna Iaroshenko, in Veselova and Nikiliev, *Pam'iat' narodu*, vol. 2, 881-882.
86. Testimony of Nataliia Arsentiïvna Talanchuk, in Mytsyk et al., eds., *Ukraïns'kyi holokost*, vol. 3, 61.
87. Testimony of Pavlo Kostenko, in 같은 책, vol. 5, 181.
88. Testimony of Father Tymofii Minenko, in Mytsyk et al., eds., *Ukraïns'kyi holokost*, vol. 3, 145.
89. Mattingly, 'Idle, Drunk, and Good-for-Nothing'.
90. Testimony of Vasyl' Vasyl'ovych Bashtanenko, in Mytsyk et al., eds., *Ukraïns'kyi holokost*, vol. 1, 138.
91. TsDAHOU 1/6/238/32-6, in M. M. Starovoitov and V. V. Mykhailychenko, *Holodomor na Luhanshchyni 1932-1933 rr.: Naukovo-dokumental'ne vydannia*(Kyiv: Stylos, 2008), 65-68.
92. Plokhy, *Unmaking Imperial Russia*, 269-270.
93. 리치츠키 사건에 대한 모든 자료는 Kokin et al., eds., *Partiino-Radians'ke kerivnytstvo USRR pid chas Holodomoru*, 289-444, 또한 같은 저자들의 'Dokumenty orhaniv VKP(b) ta DPU USRR pro nastroï i modeli povedinky partiino-radyans'kykh pratsivnykiv u respublitsi, 1932-1933 rr.', *Z arkhiviv VUChK GPU NKVD KGB* 1-2(40-1)(2013), 392-400.
94. RGASPI 81/3/215(1932), 1-24, in Pyrih, ed., *Holodomor*, 504-505.
95. S. A. Kokin, Valerii Vasyl'ev and Nicolas Werth, eds., 'Dokumenty orhaniv VKP(b) ta DPU USRR pro nastroï i modeloi povediniky partiino-radyans'kykh pratsivnykiv u respublitsi, 1932-1933 rr', *Z arkhiviv VUChK GPU NKVD KGB* 1-2, nos. 40-1(2013), 392.

11장 굶주림: 봄과 여름, 1933년

1. Testimony of Maria Hnativna Dziuba, in Mytsyk, *Ukraïns'kyi holokost*, 10 vols.(Kyiv: Kyievo-Mohilians'ka Akademiia, 2004), vol. 1, 262.
2. 다음에서 인용. Conquest, *The Harvest of Sorrow*, 143.
3. Testimony of Mariia Andronivna Zapasko-Pryimak, in Kovalenko and Maniak, eds., *33-i Holod*, 354-355.
4. Testimony of Tetiana Pawlichka, in U.S. Congress, *Investigation of the Ukrainian Famine, 1932-1933: First Interim Report*, 75.
5. Testimony of Mykola Stepanovych Pud, in Kovalenko and Maniak, eds., *33-i Holod*, 567-568.
6. Testimony of Hanna Stepanivna Iurchenko in 같은 책, 536.
7. Ukraïns'kyi Instytut natsional'noi pam'iati and Yushchenko, eds., *Natsional'na Knyha pam'iati zhertv Holodomoru*, 115.
8. Testimony of Anastasiia Maksymivna Kucheruk, in Kovalenko and Maniak, eds., *33-i Holod*, 148.
9. Borysenko, *A Candle in Remembrance*, 47.
10. Testimony of Zadvornyi Volodymyr Fedorovych, in Kovalenko and Maniak, eds., *33-i Holod*, 164.
11. Testimony of Nadiia Iosypivna Malyshko(née Sol'nychenko), in Mytsyk, *Ukraïns'kyi holokost*, vol. 1, 27.
12. Testimony of Hlafyra Pavlivna Ivanova, in Ukraïns'kyi Instytut natsional'noi pam'iati and Yushchenko, eds., *Natsional'na Knyha pam'iati zhertv Holodomoru*, 97.
13. Testimony of Anastasiia Maksymivna Kucheruk, in Kovalenko and Maniak, eds., *33-i Holod*, 149.
14. 같은 글, 148.
15. Testimony of Nina Ivanivna Marusyk, in 같은 책, 157.
16. Pidhainy, ed., *The Black Deeds of the Kremlin*, vol. 1, 303.
17. Testimony of Volodymyr Pavlovych Slipchenko, in Kovalenko and Maniak, eds., *33-i Holod*, 88.
18. Testimony of Oleksij Keis, in U.S. Congress and Commission on the Ukraine Famine, *Investigation of the Ukrainian Famine, 1932-1933: Second Interim Report*, 22.
19. Testimony of Hryhorii Fedorovych Sim'ia, in Kovalenko and Maniak, eds., *33-i Holod*, 510-511.
20. Testimony of Oleksandr Honcharenko, in U.S. Congress and Commission on the Ukraine Famine, *Investigation of the Ukrainian Famine, 1932-1933: Second Interim Report*, 333-334.
21. Testimony of Dmytro Zakharovych Kalenyk, in Kovalenko and Maniak, *33-i Holod*, 31.
22. Pidhainy, ed., *The Black Deeds of the Kremlin*, vol. 1, 305.

23. Testimony of Petro Kyrylovych Boichuk, in Ukraïns'kyi Instytutnatsional'noi pam'iati and Yushchenko, eds., *Natsional'na Knyha pam'iati zhertv Holodomoru*, 95.
24. Pitirim Sorokin, *Hunger as a Factor in Human Affairs* (Gainesville, FL: University of Florida Press, 1975), 73.
25. Testimony of Mykola Ivanovych Opanasenko, in Kovalenko and Maniak, eds., *33-i Holod*, 526.
26. Testimony of Oleksii Iuriiovych Kurinnyi and Oksana Iukhymivna Hryhorenko, in Mytsyk et al., eds., *Ukraïns'kyi holokost*, vol. 2, 200.
27. From the diary of O. Radchenko, in Pyrih, ed., *Holodomor*, 1013.
28. Testimony of Nadiia Dmytrivna Lutsyshyna, in Borysenko, *A Candle in Remembrance*, 88.
29. Testimony of Iaryna Vasylivna Kaznadzei, in Mytsyk et al., eds., *Ukraïns'kyi holokost*, vol. 6, 160.
30. Testimony of Anton Tykhonovych Bredun, in Mytsyk et al., eds., *Ukraïns'kyi holokost*, vol. 1, 88.
31. Testimony of Halyna Spyrydonivna Mashyntseva, in 같은 책, vol. 1, 117-118.
32. Testimony of Uliana Fylymonivna Lytvyn, in Kovalenko and Maniak, eds., *33-i Holod*, 98.
33. Dolot, *Execution by Hunger*, 92.
34. Testimony of Iaryna Petrivna Mytsyk, in Kovalenko and Maniak, eds., *33-i Holod*, 299.
35. Testimony of Mariia Mykolaiïvna Doronenko (née Puntus), in Mytsyk et al., eds., *Ukraïns'kyi holokost*, vol. 1, 27.
36. Athanasius D. McVay and Lubomyr Y. Luciuk, eds., *The Holy See and the Holodomor: Documents from the Secret Vatican Archives on the Great Famine of 1932-1933 in Soviet Ukraine* (Toronto: The Kashtan Press, 2011), 5.
37. Dariusz Stola makes this point. Quoted in Anne Applebaum, *Iron Curtain: The Crushing of Eastern Europe, 1944-1956* (New York and London: Doubleday and Allen Lane, 2012), 141.
38. Pidhainy, ed., *The Black Deeds of the Kremlin*, vol. 1, 284.
39. Testimony of Anastasiia Kh., in U.S. Congress, *Investigation of the Ukrainian Famine, 1932-1933: First Interim Report*, 156-157.
40. 같은 글.
41. Testimony of Oleksandra Fedotivna Molchanova, in Mytsyk et al., eds., *Ukraïns'kyi holokost*, vol. 1, 91.
42. N. R. Romanets', 'Borot'ba z samosudamy v Ukraïns'komu seli, 1933-1935 rr.', *Naukovi pratsi istorychnoho fakul'tetu Zaporis'koho Natsional'noho Universytetu* XXIX (2010), 186.
43. Testimony of Ihor Vasyl'ovych Buhaevych, in Kovalenko and Maniak, eds., *33-i Holod*, 455-456.
44. Romanets', 'Borot'ba z samosudamy v Ukraïns'komu seli', 186; 다음을 인용. DADO

1520/3/36/(1933), 674 and 1127, and TsDAHOU 1/20/6395(1933), 107.
45. 같은 글, 186-187.
46. Testimony of Motrona Andriïvna Krasnoshchok, in Mytsyk et al., eds., *Ukraïns'kyi holokost*, vol. 6, 284-285.
47. Ivan Brynza, 'I Was Dying amidst Fields of Grain', in *Zlochyn*, ed. Petro Kardash(Melbourne-Kyiv: Vyd-vo Fortuna, 2003), trans. Marta Olynyk for the Holodomor Research and Education Consortium.
48. From the diary of O. Radchenko, in Pyrih, ed., *Holodomor*, 1125.
49. Testimony of Motrona Andriïvna Krasnoshchok, in Mytsyk et al., eds., *Ukraïns'kyi holokost*, vol. 6, 284-285.
50. Testimony of Maksym Petrovych Bozhyk, in Kovalenko and Maniak, eds., *33-i Holod*, 126.
51. TsDAHOU 1/20/6274(1933), 146-148, in Pyrih, ed., *Holodomor*, 750.
52. Testimony of Oleksii Semenovych Lytvyns'kyi, in Borysenko, *A Candle in Remembrance*, 148-149.
53. Testimony of Hanna Oleksandrivna Tsivka, in Mytsyk et al., eds., *Ukraïns'kyi holokost*, vol. 1, 116.
54. Testimony of Mykola Lavrentiiovych Basha, in Karas, *Svidchennia ochevydtsiv*, 30.
55. Testimony of Stephen C., in U.S. Congress *Investigation of the Ukrainian Famine, 1932-1933: First Interim Report*, 126-127.
56. Romanets', 'Borot'ba z samosudamy v Ukraïns'komu seli', 188; 다음을 인용. DADO 19/1/1494(1933), 109.
57. Testimony of Mykola Ivanovych Opanasenko, in Kovalenko and Maniak, eds., *33-i Holod*, 526.
58. Romanets', 'Borot'ba z samosudamy v Ukraïns'komu seli', 189; 다음을 인용. DADO 1520/3/37(1933), 104.
59. Romanets', 'Borot'ba z samosudamy v Ukraïns'komu seli', 190; 다음을 인용. DADO 1520/3/35(1933), 4, TsDAHOU 1/20/6580(1934), 107, and TsDAHOU 1/20/6777(1935), 113.
60. Testimony of Marfa Pavlivna Honcharuk, in Kovalenko and Maniak, eds., *33-i Holod*, 29.
61. Testimony of Ol'ha Kocherkevych, in Veselova and Nikiliev, *Pam'iat' narodu*, vol. 1, 651-652.
62. Testimony of Mykola Romanovych Proskovchenko, in Mytsyk et al., eds., *Ukraïns'kyi holokost*, vol. 3, 128.
63. Diary of Oleksandra Radchenko, in Bohdan Klid and Alexander J. Motyl, *The Holodomor Reader: A Sourcebook on the Famine of 1932-1933 in Ukraine*(Toronto: Canadian Institute of Ukrainian Studies Press, 2012), 182.
64. Testimony of Halyna Kyrylivna Budantseva(née Piven'), in Kovalenko and Maniak, eds., *33-i Holod*, 485.

65. Petro Hryhorenko, interview by Slavko Novytskyi, UCRDC.
66. Grossman, *Everything Flows*, 136.
67. HDA SBU 65/6352/1(1932), 444-446, in Danylenko et al., eds., *Holodomor 1932-1933 rokiv v Ukraïni za dokumentamy HDA SBU*, 283.
68. TsDAHOU 1/20/6276(1933), 55-60, in Pyrih, ed., *Holodomor*, 888.
69. Noll, *Transformatsiia hromadians'koho suspil'stva*, 296-300.
70. Testimony of Kateryna Romanivna Marchenko, in Veselova and Nikiliev, *Pam'iat' narodu*, vol. 2, 11-12.
71. Testimony of Mariia Ivanivna Korniichuk, in Kovalenko and Maniak, eds., *33-i Holod*, 490.
72. 'Schedule A, vol. 36, Case 333/(NY)1582 (Interviewer J. F., Type A4) Male, 29, Ukrainian, Student and Worker', 1-8 July 1951, Harvard Project on the Soviet Social System, Slavic Division, Widener Library, Harvard University, 25.
73. Testimony of Vasyl' Iosypovych Huzenko, in Karas, *Svidchennia ochevydtsiv*, 54-55.
74. Testimony of Anna S., in U.S. Congress and Commission on the Ukraine Famine, *Investigation of the Ukrainian Famine, 1932-1933: Second Interim Report*, 26-27.
75. Testimony of Mykola Iakovych Kovtun, in Kovalenko and Maniak, eds., *33-i Holod*, 313.
76. Testimony of Paraskeva Serhiivna Pidlubna, in Borysenko, *A Candle in Remembrance*, 186.
77. Testimony of Tetiana Pawlichka, in U.S. Congress, *Investigation of the Ukrainian Famine, 1932-1933: First Interim Report*, 75-76.
78. Testimony of M. Barkov, in Veselova and Nikiliev, *Pam'iat' narodu*, vol. 1, 108.
79. Testimony of Larysa Vasylivna Vasyl'chenko, in Kovalenko and Maniak, eds., *33-i Holod*, 477-478.
80. Testimony of Oleksandr Honcharenko, in U.S. Congress and Commission on the Ukraine Famine, *Investigation of the Ukrainian Famine, 1932-1933: Second Interim Report*, 332-333.
81. Testimony of Petro Kuz'mych Mostovyi, in Kovalenko and Maniak, eds., *33-i Holod*, 495.
82. Noll, *Transformatsiia hromadians'koho suspil'stva*, 183.
83. Oleg Bazhan and Vadym Zolotar'ov, 'Konveier Smerti v chasy "Velikoho Teroru" v Ukrayïni: Tekhnologiia rozstriliv, vykonavtsi, misstia pokhovan"', *Kraieznavstvo* 1(2014), 192.
84. 같은 글, 193-194.
85. Testimony of Varvara Dibert, in U.S. Congress, *Investigation of the Ukrainian Famine, 1932-1933: First Interim Report*, 73.
86. Testimony of Leonid A., in 같은 책, 132-133.
87. Testimony of an anonymous woman, in Kovalenko and Maniak, eds., *33-i Holod*, 508.
88. Testimony of Mykola Iakovych Pishyi, in 같은 책, 266.

89. Testimony of Larysa Donchuk, in U.S. Congress and Commission on the Ukraine Famine, *Investigation of the Ukrainian Famine, 1932-1933: Second Interim Report*, 138.
90. Testimony of Oleksandra Mykhailivna Krykun(née Reznichenko), in Kovalenko and Maniak, eds., *33-i Holod*, 524.
91. Testimony of Ivan Pavlovych Vasianovych, in 같은 책, 551-553.
92. Testimony of Vira Prokopivna Kadiuk, in 같은 책, 346.
93. Daria Mattingly, 'Oral History Project of the School Students of Tororyshche', 2007, from her private collection.
94. 'Schedule A, vol. 36, Case 333', Harvard Project on the Soviet Social System, Slavic Division, Widener Library, Harvard University, 25.
95. Testimony of Liuba Arionivna, in Kovalenko and Maniak, eds., *33-i Holod*, 280.
96. Testimony of Mariia Ievlampiïvna Petrenko, in Mytsyk et al., eds., *Ukrains'kyi holokost*, vol. 2, 187.
97. Testimony of Stephen C., in U.S. Congress, *Investigation of the Ukrainian Famine, 1932-1933: First Interim Report*, 126-127.
98. Testimony of Denys Mykytovych Lebid', in Kovalenko and Maniak, eds., *33-i Holod*, 306.
99. Testimony of Fedir Dmytrovych Zavads'kyi, in 같은 책, 268.
100. 같은 책의 증언들을 보라. 98, 327-329, 335 and 340; and Veselova and Nikiliev, *Pam'iat' narodu*, vol. 1, 401, 427, 454.
101. Testimony of Anna Pylypiuk, in U.S. Congress, *Investigation of the Ukrainian Famine, 1932-1933: First Interim Report*, 111-112.
102. 이것도 코시오르와 카카노비치에게 보낸 편지다. TsDAHOU1/20/6276(1933), 55-60, in Pyrih, ed., *Holodomor*, 888.
103. Karel Berkhoff, 'The Great Famine in Light of the German Invasion and Occupation', in Halyna Hryn and Lubomyr Hajda, eds., *After the Holodomor: The Enduring Impact of the Great Famine of Ukraine*(Cambridge, MA: Harvard Ukrainian Research Institute, 2014).
104. TsDAHOU 1/20/6274(1933), 185-190, in Pyrih, ed., *Holodomor*, 763.
105. Testimony of Larysa Fedorivna Venzhyk, in Borysenko, *A Candle in Remembrance*, 138-139.
106. Testimony of Mariia Pavlivna Davydenko, in Karas, *Svidchennia ochevydtsiv*, 9.
107. Testimony of Iaryna, in Kovalenko and Maniak, eds., *33-i Holod*, 69.
108. Testimony of Mykola Oleksiiovych Moskalenko, in Karas, *Svidchennia ochevydtsiv*, 56.
109. Andrea Graziosi, *Lysty z Kharkova: Holod v Ukraïni ta na Pivnichnomu Kavkazi v povidomlenniakh italiis'kykh dyplomativ 1932-1933 roky*(Kharkiv: Folio, 2007), 125-127.
110. Nicolas Werth, 'Keynote Address for the Holodomor Conference, Harvard Ukrainian Research Institute, 17-18 November 2008', in Hryn and Hajda, eds., *After the Holodomor*, xxxiv.

111. TsDAHOU 1/20/6275(1933), 124-131, in Ukraïns'kyi Instytutnatsional'noi pam'iati and V. I. Ul'iachenko, eds., *Natsional'na Knyha pam'iati zhertv Holodomoru 1932-1933 rokiv v Ukraïni: Kyïvs'ka oblast'*(Bila Tserkva: Bukva, 2008), 1291.
112. DADO 1520/3/9(1933), 431, in Ukraïns'kyi Instytut natsional'noi pam'iati and E. I. Borodin et al., eds., *Natsional'na Knyha pam'iati zhertv Holodomoru 1932-1933 rokiv v Ukraïni: Dnipropetrovs'ka oblast'*(Dnipropetrovsk: ART-PRES, 2008), 1111.
113. DADO 710/2/2(1933), 18-19, in Ukraïns'kyi Instytut natsional'noi pam'iati and T. T. Dmytrenko, eds., *Natsional'na Knyha pam'iati zhertv Holodomoru 1932-1933 rokiv v Ukraïni: Kirovohrads'ka oblast'*(Kirovohrad: TOV 'Imeks LTD', 2008), 853-854.
114. Ukraïns'kyi Instytut natsional'noi pam'iati and F. H. Turchenko, eds., *Natsional'na Knyha pam'iati zhertv Holodomoru 1932-1933 rokiv v Ukraïni: Zaporiz'ka oblast'*(Zaporizhzhia: Dyke Pole, 2008), 777.
115. TsDAHOU 1/20/6274(1933), 146-148, in Pyrih, ed., *Holodomor*, 750-751.
116. TsDAHOU 1/20/6276(1933), 39-46, in 같은 책, 877.
117. Derzhavnyi Arkhiv Donets'koi Oblasti 326/1/130(1933), 47, in 같은 책, 822-823.
118. Davies and Wheatcroft, *The Years of Hunger*, 422.
119. TsDAHOU 1/20/6274(1933), 185-190, in Ukraïns'kyi Instytut natsional'noi pam'iati and Ul'iachenko, eds., *Natsional'na Knyha pam'iati zhertv Holodomoru: Kyïvs'ka oblast'*, 1287.
120. HDA SBU, 6/75501-fp.
121. Interview with Olga Mane, HREC/UCRDC Ukrainian Canadian Research and Documentation Centre.
122. TsDAHOU 1/20/6274(1933), 95-99, in 같은 책, 1284.
123. Romanets', 'Borot'ba z samosudamy v Ukraïns'komu seli', 190.

12장 생존: 봄과 여름, 1933년

1. Testimony of Hryhorii Ivanovych Mazurenko, in Borysenko, *A Candle in Remembrance*, 165.
2. Testimony of Vira Mykhailivna Tyshchenko, in 같은 책, 147.
3. Testimony of Todos Khomovych Hodun, in 같은 책, 231.
4. Letter from Khoma Riabokon', in D. F. Solovei, *Skazaty pravdu: Try pratsi pro Holodomor 1932-1933 rr.*(Kyiv-Poltava: Instytut Istoriï Ukraïny NAN Ukraïny, 2005), 77.
5. 가령 다음을 보라. the testimony of Ivan Oleksiiovych Maksymenko, in Karas, *Svidchennia ochevydtsiv*, 32-33; the testimony of Mariia Andriivna Oliinyk(née Liakhimets'), in Mytsyk et al., eds., *Ukraïns'kyi holokost*, vol. 1, 108-109; the testimonies of Nadiia Dmytrivna Lutsyshyna and Larysa Fedorivna Shevchuk(née Venzhuk), in Borysenko, *A Candle in Remembrance*, 88 and 137-141; the testimony of Ivan Pavlovych Vasianovych, in Kovalenko and Maniak, eds., *33-i Holod*, 552-553. 또한 일반적인 전거로는 Oleksa

Riznykiv, *Idlo 33-ho: slovnyk holodomoru* (Odessa: Iurydychna literatura, 2003).
6. Testimony of Mariia Pavlivna Davydenko, in Karas, *Svidchennia ochevydtsiv*, 10.
7. 다음을 보라. the testimony of Oleksandra Vasylivna Sykal, in 같은 책, 35; 또한 the testimonies of Lida Oleksandrivna Kolomiets' and Mykola Mykhailovych Ostroverkh, in Borysenko, *A Candle in Remembrance*, 99 and 222.
8. Testimony of Nadiia Dmytrivna Lutsyshyna, in 같은 책, 99.
9. Testimony of Mykola Demydovych Fenenko, in Kovalenko and Maniak, eds., *33-i Holod*, 542.
10. Testimony of Mariia Vasylivna Pykhtina, in Borysenko, *A Candle in Remembrance*, 189.
11. Testimony of Halyna Spyrydonivna Mashyntseva, in Mytsyk et al., eds., *Ukraïns'kyi holokost*, vol. 1, 117-118.
12. Testimony of Petro Kuz'mych Mostovyi, in Kovalenko and Maniak, eds., *33-i Holod*, 495.
13. Testimony of Mariia Semenivna Pata, in Karas, *Svidchennia ochevydtsiv*, 6.
14. Testimony of Vira Illivna Petukh, in 같은 책, 52.
15. Testmony of Nadiia Zakharivna Ovcharuk, in Borysenko, *A Candle in Remembrance*, 103.
16. Testimony of Kseniia Afanasiïvna Maliar, in Karas, *Svidchennia ochevydtsiv*, 56-57.
17. Testimony of Oksana Andriïvna Zhyhadno, in Borysenko, *A Candle in Remembrance*, 151.
18. 같은 글, 152.
19. TsDAHOU 1/20/6274(1933), 149-158, in Pyrih, ed., *Holodomor*, 156-159.
20. Testimony of Kateryna Prokopivna Butko, in Borysenko, *A Candle in Remembrance*, 143.
21. Testimony of Mykola Hryhorovych Sobrach, in Karas, *Svidchennia ochevydtsiv*, 28-30.
22. Testimony of Liubov Andriïvna Orliuk, in Borysenko, *A Candle in Remembrance*, 158.
23. Testimony of Petro Kuz'mych Mostovyi, in Kovalenko and Maniak, eds., *33-i Holod*, 495.
24. Testimony of Hnat Fedorovych Myroniuk, in Ukraïns'kyi Instytut natsional'noi pam'iati and Yushchenko, *Natsional'na Knyha pam'iati zhertv Holodomoru*, 64.
25. Testimony of Mariia Semenivna Pata, in Karas, *Svidchennia ochevydtsiv*, 10-11.
26. Testimony of Sofiia Iakivna Zalyvcha, in Kovalenko and Maniak, eds., *33-i Holod*, 472.
27. Testimony of Dmytro Dmytruk and Mykola Shvedchenko, in Oksana Kis, 'Defying Death: Women's Experience of the Holodomor, 1932-1933', *Aspasia* 7(2013), 54.
28. Testimony of Anatolii Stepanovych Bakai, in Kovalenko and Maniak, eds., *33-i Holod*, 484-485.
29. Testimony of Mariia Terenivna Havrysh, in Borysenko, *A Candle in Remembrance*, 80-81.

30. Arthur Koestler, *The Invisible Writing: An Autobiography*(New York: Macmillan, 1954), 55-56.
31. Oleh Wolowyna, Serhii Plokhy, Nataliia Levchuk, Omelian Rudnytskyi, Pavlo Shevchuk and Alla Kovbasiuk, 'Regional Variations of 1932-1934 Famine Losses in Ukraine', *Canadian Studies in Population* 43, nos. 3/4(2016), 175-202.
32. Marco Carynnyk, Bohdan S. Kordan and Lubomyr Y. Luciuk, eds., *The Foreign Office and the Famine: British Documents on Ukraine and the Great Famine of 1932-1933*(Kingston, Ontario: Limestone Press, 1988), 104-165.
33. 같은 책
34. Interview with Peter Egides, conducted by Marco Carynnyk in Toronto on November 1981. From the archives of the Ukrainian Canadian Research and Documentation Centre, Toronto.
35. HDA SBU 6/68805-FP, vols. 6 and 8, 다음에서 인용. Bojko and Bednarek, *Holodomor: The Great Famine in Ukraine*, 607.
36. Carynnyk et al., eds., *The Foreign Office and the Famine*, 107.
37. Bojko and Bednarek, *Holodomor*, 608.
38. 같은 책, 609.
39. Timothy Snyder, *Black Earth: The Holocaust as History and Warning*(New York: Tim Duggan Books, 2015), 249.
40. Petro Shelest, *Spravzhnii sud istorii shche poperedu: Spohady, shchodennyky, dokumenty, materialy*, ed. V. Baran, O. Mandebura, Yu. Shapoval and H. Yudynkova.(Kyiv: Heneza, 2004), 64-65.
41. Testimony of Ielyzaveta Petrivna Radchenko, in Kovalenko and Maniak, eds., *33-i Holod*, 492.
42. Testimony of Kylyna Vasylivna Dykun, in Mytsyk et al., eds., *Ukraïns'kyi holokost*, vol. 1, 90.
43. Testimony of Nadiia Iosypivna Malyshko(Sol'nychenko), in 같은 책, vol. 1, 27.
44. Testimony of Varvara Stepanivna Horban, in 같은 책, vol. 1, 29-30.
45. Kis, 'Defying Death', 55.
46. Testimony of Halyna Pavlivna Tymoshchuk, in Borysenko, *A Candle in Remembrance*, 96.
47. DAVO 136/3/74(1933), 4-4, in Ukraïns'kyi Instytut natsional'noi pam'iati and V. P. Latsyba, eds., *Natsional'na Knyha pam'iati zhertv Holodomoru 1932-1933 rokiv v Ukraïni: Vinnyts'ka oblast'*(Vinnytsia: DP 'DFK', 2008), 1191.
48. Testimony of Stepan Kharytonovych Vasiuta, in Kovalenko and Maniak, eds., *33-i Holod*, 465-466.
49. Testimony of Mariia Ivanivna Korniichuk, in 같은 책, 489-490.
50. TsDAHOU 1/20/6277(1933), 233-235, in Pyrih, ed., *Holodomor*, 798-800.
51. TsDAHOU 1/20/6275(1933), 182-186, in 같은 책, 833-835.
52. 같은 글.

53. DAVO 136/3/71(1933), 127-129, in Ukraïns'kyi Instytut natsional'noi pam'iati and Latsyba, eds., *Natsional'na Knyha pam'iati zhertv Holodomoru*, 1245.
54. DAKhO, 104/1/123(1933), 2, in Ukraïns'kyi Instytut natsional'noi pam'iati and S. H. Vodotyka, *Natsional'na Knyha pam'iati zhertv Holodomoru 1932-1933 rokiv u Ukraïni: Khersons'ka oblast'*, eds. I. P. Iukhnovs'kyi et al.(Kherson: Vydavnytstvo 'Naddniprians'kapravda', 2008), 527.
55. DAKhO, 116/1/141(1933), 19-22, in 같은 책.
56. DAKhO P-1962/1/973(1933), 9, in Pyrih, ed., *Holodomor*, 841-842.
57. Drazhevs'ka Liubov, 'Interview with Liubov Drazhevska', conducted on 22 July 1983 in New York by Sviatoslav Novytsky, UCRDC.
58. RGASPI 17/162/14(1932), 17, in Pyrih, ed., *Holodomor*, 412; Graziosi, *Lysty z Kharkova*, 128-130.
59. Osokina, *Zoloto dlia industrializatsii*, 96.
60. 같은 책, 227.
61. Lubomyr Y. Luciuk, *Tell Them We Are Starving: The 1933 Diaries of Gareth Jones*(Kingston, Ontario: Kashtan Press, 2015), 103.
62. Malcolm Muggeridge, *Winter in Moscow*(Boston, MA: Little Brown, 1934), 146.
63. Bulgakov, *The Master and Margarita*, 391-392. [국역본] 미하일 불가코프, 『거장과 마르가리타』, 정보라 옮김(민음사, 2010).
64. Okosina, *Zoloto dlia industrializatsii*, 250-251, 255, 293.
65. Testimony of Vira Iosypivna Kapynis, in Mytsyk et al, eds., *Ukraïns'kyi holokost*, vol. 7, 193.
66. Testimony of Ivan Iakovych Khomenko, in Veselova and Nikiliev, *Pam'iat' narodu*, vol. 2, 746.
67. Testimony of Nadia Illivna Babenko, in Kovalenko and Maniak, eds., *33-i Holod*, 558-559.
68. Testimony of Ivan Kyrylovych Klymenko, in Mytsyk et al., eds., *Ukraïns'kyi holokost*, vol. 6, 142-145.
69. Testimony of Hryhorii Fedorovych Sim'ia, in Kovalenko and Maniak, eds., *33-i Holod*, 510-511.
70. Tetiana Yevsieieva, 'The Activities of Ukraine's Union of Militant Atheists during the Period of All-Out Collectivization, 1929-1933', trans. Marta Olynyk, *Key Articles on the Holodomor Translated from Ukrainian into English*, Holodomor Research and Education Consortium, http://holodomor.ca/translated-articles-on-the-holodomor.
71. Osokina, *Zoloto dlia Industrializatsii*, 151-153.
72. 같은 책, 162-163.
73. Diary of Oleksandra Radchenko, in Klid and Motyl, *The Holodomor Reader*, 182.
74. HDA SBU 13/40/--(1932), 167-173, in Bojko and Bednarek, *Holodomor*, 91.
75. Testimony of Ihor Vasyl'iovych Buhaevych, in Kovalenko and Maniak, eds., *33-i Holod*, 454.

76. Testimony of Hryhorii Pavlovych Novykov, in 같은 책, 530.
77. 'Schedule A, vol. 32, Case 91/(NY)1124 (Interviewer M. S., Type A4) Female, 56, Great Russian, Stenographer', 1-3 June 1951, Harvard Project on the Soviet Social System, Slavic Division, Widener Library, Harvard University, 65.
78. Testimony of Pavlo Feodosiiovych Chornyi, in Mytsyk et al., eds., *Ukrains'kyi holokost*, vol. 1, 92.
79. 'Schedule A, vol. 36, Case 333(NY) 1582 (interviewer J. F., type A4). Male, 29, Ukrainian, student and worker. Harvard Project on the Soviet Social System, Slavic Division, Widener Library, Harvard University, 26. See for more, https://iiif.lib.harvard.edu/manifests/view/ drs:5608007$1i.
80. Kis, 'Defying Death', 53.

13장 기근, 그 뒤

1. Mykola Rudenko, 'The Cross', trans. Marco Carynnyk, in Wasyl Hryshko, *The Ukrainian Holocaust of 1933* (Toronto: Bahriany Foundation, 1983), 135-136.
2. Oleh Wolowyna's research project on the demographic characteristics and consequences of the 1932-1933 famine in the Soviet Union, especially in Ukraine and Russia, has been sponsored by the Institute of Demography and Social Research of the Ukrainian National Academy of Sciences and the Harvard Ukrainian Research Institute, with a grant from the Fulbright Foundation.
3. 인용은 Oleh Wolowyna, letter to the author, 29 April 2017.
4. Omelian Rudnytskyi, Nataliia Levchuk, Oleh Wolowyna, Pavlo Shevchuk and Alla Kovbasiuk, 'Demography of a Man-Made Human Catastrophe: The Case of Massive Famine in Ukraine, 1932-1933', *Canadian Studies in Population* 42, nos. 1-2(2015), 53-80.
5. Wolowyna et al., 'Regional Variations of 1932-1934 Famine Losses in Ukraine', 175-202.
6. Rudnytskyi et al., 'Demography of a Man-Made Human Catastrophe', 65.
7. Oleh Wolowyna, 'Monthly Distribution of 1933 Famine Losses in Ukraine and Russia at the Regional Level', 미출간 논문.
8. HDA SBU 13/--/23(1933), 237-247, in Bojko and Bednarek, *Holodomor*, 495-500.
9. Wolowyna et al., 'Regional Variations of 1932-1934 Famine Losses in Ukraine', 187.
10. Serhii Plokhy, 'Mapping the Great Famine', *MAPA: Digital Atlas of Ukraine, Harvard Ukrainian Research Institute*, 5-7, 2017년 접속, http://gis.huri.harvard.edu/images/pdf/MappingGreatUkrainianFamine.pdf.
11. Wolowyna et al., 'Regional Variations of 1932-1934 Famine Losses in Ukraine', 188; Plokhy, 'Mapping the Great Famine', 19.
12. Andrea Graziosi, 'The Impact of Holodomor Studies on the Understanding of the

USSR', in Andrij Makukh and Frank S. Sysyn, eds., *Contextualizing the Holodomor: The Impact of Thirty Years of Ukrainian Famine Studies*(Edmonton, Alberta: Canadian Institute of Ukrainian Studies, 2015), 52.

13. Plokhy, 'Mapping the Great Famine', 16-19.
14. TsDAHOU 1/20/6278/20, in Pyrih, ed., *Holodomor*, 852.
15. Stanislav V. Kul'chyts'kyi, 'Comments at UNAS(National Academy of Sciences) Institute of History of Ukraine Seminar', presented at the Institute of History of Ukraine Seminar, Kyiv, 19 April 2016.
16. RGASPI 17/163/981/ 229-238, in Danilov et al., eds., *Tragediia sovetskoi derevni*, 952-957.
17. Valerii Vasyl'ev, 'Osoblyvosti polityky kerivnytstva VKP(b) u sil's'komu hospodarstvi URSR(Kinets' 1933-1934 rr.)', *Ukraïns'kyi selianyn: pratsi Naukovo-doslidnoho Instytutu Selianstva* 10(2006): 342-348.
18. H. Iefimenko and L. Iakubova, 'Natsional'ni vidnosyny v radians'kii Ukraïni(1923-1938)', in V. M. Lytvyn et al., eds., *Natsional'ne pytannia v Ukraïni XX-pochatku XXI st.: istorychni narysy*(Kyiv: Nika-Tsentr, 2012), 209-227.
19. Stalin, *Works*, vol. 13, 268-370, 다음에서 인용. Klid and Motyl, *The Holodomor Reader*, 265-266.
20. 같은 책, 266-268.
21. Vasyl'ev, 'Osoblyvosti polityky kerivnytstva VKP(b) u sil's'komu hospodarstvi URSR', 342-348.
22. 같은 글, 342-348.
23. Testimony of Max Harmash, in U.S. Congress and Commission on the Ukraine Famine, *Investigation of the Ukrainian Famine, 1932-1933: Second Interim Report*, 44-46.
24. Testimony of Lidiia A., in 같은 책, 140-141.
25. H. Iefimenko, 'Lykhovisni 30-ti roky na Markivshchyni', in Stanislav V. Kul'chyts'kyi and O. M. Veselova, eds., *Holod-henotsyd 1933 roku v Ukraïni: istoryko-politolohichnyi analiz sotsial'-no-demohrafichnykh ta moral'no-psykholohichnykh naslidkiv: mizhnarodna naukovo-teoretychna konferentsiia, Kyiv, 28 lystopada 1998 r.: materialy: Instytut Istoriï Ukraïny(Natsional'na Akademiia Nauk Ukraïny): Asotsiatsiia doslidnykiv holodomoriv v Ukraïni*(Kyiv: Vyd-vo M. P. Kots', 2000), 348-356.
26. 니키타 흐루쇼프, 소련 공산당 제12차 대회에서 한 '비밀' 연설. ed. Bertrand Russell Peace Foundation(Nottingham: Spokesman Books for the Bertrand Russell Peace Foundation, 1976).
27. H. Iefimenko, 'Resettlements and Deportations during the Post-Holodomor Years(1933-1936): A Raion-by-Raion Breakdown', trans. Marta Olynyk, unpublished translation by the Holodomor Research and Education Consortium, 16, citing RGAPSI 11/64/39(1933). The original can be found at H. Iefimenko, 'Pereselennia ta deportatsiï v postholodomorni roky(1933-1936): poraionnyi zriz', *Problemy Istoriï Ukraïny: fakty sudzhennia, poshuky: Mizhvidomchyi zbirnyk naukovykh prats'* 22(2013), 136-166.

28. 같은 글, 3-4.
29. Daria Mattingly, 'Oral History Project of the School Students of Tororyshche', 2007, from the private collection of Daria Mattingly.
30. TsDAHOU, 1/20/6375/63-4.
31. Iefimenko, 'Lykhovisni 30-ti roky na Markivshchyni', 348-356.
32. 같은 글.
33. Iefimenko, 'Resettlements and Deportations during the Post-Holodomor Years', 28-29.
34. Andrea Graziosi, '"Lettres de Kharkov": La famine en Ukraine et dans le Caucase du Nord(à travers les rapports des diplomates italiens, 1932-1934)', *Cahiers du monde russe et soviétique* 30, no. 1(1989), 70.
35. Testimony of Iakiv Petrovych Pasichnyk, in Borysenko, *A Candle in Remembrance*, 254.
36. RGASPI 81/3/131(1933), 43-62, in Marochko and Movchan, *Holodomor 1932-1933 rokiv v Ukraïni*, 256.
37. Bohdan Krawchenko, *Social Change and National Consciousness in Twentieth-Century Ukraine*(Edmonton, Alberta: Canadian Institute of Ukrainian Studies, 1987), 146.
38. Nikita Khrushchev, *Khrushchev Remembers*, trans. Strobe Talbott(Boston, MA: Little, Brown, 1970), 108.
39. Krawchenko, *Social Change and National Consciousness in Twentieth-Century Ukraine*, 148. 이 대기근 시기에 오직 페트롭스키만이 살아남았는데, 재산과 특권을 모두 몰수당한 채 모스크바에 연금되어 있었다.
40. Khrushchev, *Khrushchev Remembers*, 108.
41. 이것은 매팅리의 미출간 박사 학위 논문 결론이다.
42. Krawchenko, *Social Change and National Consciousness in Twentieth-Century Ukraine*, 174-175.
43. 숄로호프와 스탈린이 주고받은 왕복 서한 전문은 다음에서 찾을 수 있다. Iu.G. Murin, ed., *Pisatel' i vozhd': perepiska M.A. Sholokhova s I.V. Stalinym 1931-1951 gody: sbornik dokumentov iz lichnogo arkhiva I.V. Stalina*(Moscow: Raritet, 1997).
44. Stalin, *Works*, vol. 13, 210-212.

14장 은폐

1. Petro Drobylko, 'The Cursed Thirties', in Pidhainy, ed., *The Black Deeds of the Kremlin*, vol. 1, 278.
2. PA IIP pri TsK Kompartii Ukrainy 1/101/1243(1933), 159-163, 172, in R. Ia. Pyrih, ed., *Holod 1932-1933 rokiv na Ukraïni: ochyma istorykiv, movoiu dokumentiv*(Kyiv: Politvydav Ukraïny, 1990), 441-444; 같은 저자가 쓴 *Holodomor 1932-1933*과 혼동하지 말 것.
3. APRF 3/40/87/52-64, cited in Kondrashin et al., eds., *Golod v SSSR*, vol. 2, 695-701.

4. Testimony of Mariia Bondarenko, in Kovalenko and Maniak, eds., *33-i Holod*, 90.
5. Testimony of Serhii Fedotovych Kucheriavyi, in Veselova and Nikiliev, *Pam'iat' narodu*, vol. 1, 720.
6. Testimony of Vasyl' Patsiuk Babanka, in Kovalenko and Maniak, eds., *33-i Holod*, 104.
7. Testimony of Iryna Pavlivna N., in Mytsyk et al., eds., *Ukraïns'kyi holokost*, vol. 1, 98.
8. Testimony of A. Butkovska, in U.S. Congress and Commission on the Ukraine Famine, *Investigation of the Ukrainian Famine, 1932-1933: Second Interim Report*, 25.
9. Testimony of Oleksa Voropai, in Veselova and Nikiliev, *Pam'iat' narodu*, vol. 1, 266.
10. TsDAHOU 1/20/6277(1933), 105-111, in Pyrih, ed., *Holodomor*, 724-725.
11. *Derzhavnyi Arkhiv Odes'koï Oblasti* P-2009/1/4(1933), 91-92, 헨나디 보리아크에게 감사를 표한다.
12. DAKhO, 3683/2/2(1933), 52, online at *Holodomor 1932-1933 rr. Kharkivs'ka oblast'*, 2017년 접속, http://www.golodomor.kharkov.ua/docsmod.php?docpage=1&doc=772.
13. Anne Applebaum, 'Interview with Professor Hennadii Boriak, Deputy Director, Institute of History of Ukraine, National Academy of Sciences of Ukraine', 25 February 2017.
14. Testimony of Dmytro Koval'chuk, in Veselova and Nikiliev, *Pam'iat' narodu*, vol. 1, 590; testimony of Volodymyr Tkachenko, in Kovalenko and Maniak, *33-i Holod*, 532.
15. Testimony of Stephan Podolian, in Kovalenko and Maniak, eds., *33-i Holod*, 110-111.
16. U.S. Congress and Commission on the Ukraine Famine, *Investigation of the Ukrainian Famine, 1932-1933: Report to Congress*, 46.
17. Applebaum, 'Interview with Andrei Graziosi', February 2014.
18. HDA SBU, Odessa --/66/5(1932), 2579-2579v, in Bojko and Bednarek, *Holodomor*, 227.
19. Catherine Merridale, 'The 1937 Census and the Limits of Stalinist Rule', *The Historical Journal* 39, no. 1(1 March 1996), 226.
20. 같은 글, 230.
21. 같은 글, 235-240.
22. A. G. Volkov, 'Perepis' naseleniia SSSR 1937 goda: Istoriia i materialy/Ekspress-informatsiia', *Istoriia Statistiki* 3-5, no. chast' II(1990), 16-18.
23. I. Sautin, 'The National Census—a Duty of the Whole People', trans. 'Seventeen Moments in Soviet History, an Online Archive of Primary Sources', *Bol'shevik* 23-24(23 December 1938), http://soviethistory.msu.edu/1939-2/the-lost-census/the-lost-census-texts/duty-of-the-wholepeople.
24. Interview with Oleh Wolowyna, April 2016.
25. Volkov, 'Perepis' naseleniia SSSR 1937 goda', 16-18.
26. 'Seventeen Moments in Soviet History, an Online Archive of Primary Sources', trans., 'The All-Union Census—a Most Important Government Task', *Pravda*(lead article), 29 November 1938, http://soviethistory.msu.edu/1939-2/the-lostcensus/the-lostcensus-texts/duty-of-the-wholepeople.

27. Mark Tolts, 'The Soviet Censuses of 1937 and 1939: Some Problems of Data Evaluation', presented at the International Conference on Soviet Population in the 1920s and 1930s, Toronto, 1995, 4.
28. 같은 글, 9-10.
29. Stepan Baran, 'Z nashoï tragediï za Zbruchem', *Dilo*(Lviv) 21, May 1933.
30. Leonard Leshuk, *Days of Famine, Nights of Terror: First-Hand Accounts of Soviet Collectivization 1928-1934*(Washington, D.C.: Europa University Press, 2000), 121.
31. Robert Kuśnierz, *Ukraina w Latach Kolektywizacji i Wielkiego Głodu(1929-1933)*(Torún: Grado, 2006), 214-217.
32. Testimony of Myroslav Prokop, in Mytsyk et al., eds., *Ukraïns'kyi holokost*, vol. 5, 107-110; Kuśnierz, *Ukraina w Latach Kolektywizacji*, 215.
33. Kuśnierz, *Ukraina w Latach Kolektywizacji*, 220.
34. S. Sipko, 'The Winnipeg Free Press and the Winnipeg Tribune: A Report for the Holodomor Research and Education Consortium', December 2013, 저작권 소유자인 우크라이나-캐나다 연구 및 문서 센터의 기록 보관소에서 발췌, 5.
35. 'Policy of Soviet Regime Scored by Ukrainians Here—Responsible for Millions of Deaths from Starvation, It Is Claimed', *Winnipeg Free Press*(8 September 1933), 5.
36. Kuśnierz, *Ukraina w Latach Kolektywizacji*, 221-227.
37. DATO 231/1/2067(1933), 38-41, in Bojko and Bednarek, *Holodomor*, 504-505.
38. McVay and Luciuk, *The Holy See and the Holodomor*, ix, 5.
39. 'Cardinal Asks Aid in Russian Famine', *The New York Times*(20 August 1933).
40. 'Ukrains'kyi Holodomor ochyma avstriitsia', *Radio Svoboda*. 2017년 4월 28일자 최종 수정판, 2017년 4월 28일 접속. http://www.radiosvoboda.org/a/holodomor-ukraine-1933/25177046.html. 이 사진들의 일부는 다음에서 공개되었다. Dr Ewald Ammende, *Muss Russland hungern? Menschen-und Völkerschicksale in der Sowjetunion*(Vienna: Braumüller, 1935). 비너베르거 스스로도 회고록을 냈다. *Hart auf Hart [Hard Times] 15 Jahre Ingenieur in Sowjetrußland. Ein Tatsachenbericht*(Salzburg: Pustet, 1939).
41. McVay and Luciuk, *The Holy See and the Holodomor*, viii-xiv.
42. Graziosi, "'Lettres de Kharkov'", 57-61.
43. HDA SBU 13/1611(1933), 41-44, in Bojko and Bednarek, *Holodomor*, 507.
44. Gustav Hilger and Alfred G. Meyer, *The Incompatible Allies: A Memoir-History of German-Soviet Relations, 1918-1941*(New York: Macmillan, 1953), 256.
45. Graziosi, "'Lettres de Kharkov'", 7.
46. Bruski, 'In Search of New Sources', 222-224.
47. Carynnyk et al., eds., *The Foreign Office and the Famine*, 105.
48. 같은 책, 135.
49. 같은 책, 329, 397.
50. Beatrice Webb and Sidney Webb, *Is Soviet Communism a New Civilisation?*(London: The Left Review, 1936), 29.

51. Stanley Weintraub, 'GBS and the Despots', *The Times Literary Supplement Online*(22 August 2011). http://www.thetls.co.uk/articles/public/gbsand-the-despots.
52. Lyons, *Assignment in Utopia*, 430.
53. Andrei Platonovich Platonov, *Fourteen Little Red Huts and Other Plays*, trans. Robert Chandler, Jesse Irwin and Susan Larsen(New York: Columbia University Press, 2016), 92.
54. Etienne Thevenin, 'France, Germany and Austria Facing the Famine of 1932-1933 in Ukraine', presented at the James Mace Memorial Panel, IAUS Congress, Donetsk, Ukraine(6 June 2005). http://www.colley.co.uk/garethjones/ukraine2005/Etienne20Thevein2020English20translation.pdf.
55. TsDAHOU 1/20/6204(1933), in Marochko and Movchan, *Holodomor 1932-1933 rokiv v Ukraïni*, 257.
56. 다음에서 인용. Thevenin, 'France, Germany and Austria', 8.
57. Alva Christiansen, 'American Girls Seized, Expelled from Turkestan', *Chicago Daily Tribune*(23 January 1933).
58. Rhea Clyman, 'Writer Driven From Russia', *Toronto Evening Telegram*(20 September 1932).
59. Rhea Clyman, 'Children Lived on Grass', *Toronto Evening Telegram*(16 May 1933).
60. Lyons, *Asignment in Utopia*, 573-575.
61. William Henry Chamberlin, 'Soviet Taboos', *Foreign Affairs* 13, no. 3(1935), 431.
62. Walter Duranty, *I Write as I Please*(New York: Simon and Schuster, 1935), 304.
63. Amity Shlaes, *The Forgotten Man: A New History of the Great Depression*(London: Pimlico, 2009), 47-84, 133.
64. Chamberlin, 'Soviet Taboos', 433.
65. Carynnyk et al., eds., *The Foreign Office and the Famine*, 209.
66. Chamberlin, 'Soviet Taboos', 432-433.
67. Carynnyk et al., eds., *The Foreign Office and the Famine*, 202-209.
68. Lyons, *Assignment in Utopia*, 574.
69. 생애 관련 자세한 정보는 Ray Gamache, *Gareth Jones: Eyewitness to History*(Cardiff: Welsh Academic Press, 2013).
70. Lyons, *Assignment in Utopia*, 575.
71. 존스의 일기는 그의 여동생이 웨일스 집에 보관하고 있었고, 그의 종손인 나이절 콜리가 발견해 개러스 존스를 저자로 출간했다. *Tell Them We Are Starving: The 1933 Diaries of Gareth Jones*, ed. Lubomyr Y. Luciuk(Kingston, Ontario: Kashtan Press, 2015).
72. Gareth Jones, 'Soviet Confiscate Part of Workers' Wages', *Daily Express*(5 April 1933), 8.
73. Luciuk, ed., *Tell Them We Are Starving*, 131.
74. 같은 책, 184-186.
75. Gareth Jones, 'Fate of Thrifty in USSR: Gareth Jones Tells How Communists Seized All Land and Let Peasants Starve', *Los Angeles Examiner*(14 January 1935).
76. Luciuk, ed., *Tell Them We Are Starving*, 190.

77. 같은 책, 204.
78. Gareth Jones, 'Famine Grips Russia, Millions Dying. Idle on Rise, Says Briton', *Chicago Daily News and Evening Post Foreign Service*(29 March 1933), 1; Edgar Ansel Mowrer, 'Russian Famine Now as Great as Starvation of 1921, Says Secretary of Lloyd George', *Chicago Daily News Foreign Service*(29 March 1933), 2; Gamache, *Gareth Jones: Eyewitness to History*, 183.
79. Gareth Jones, 'Press Release quoted in "Famine Grips Russia, Millions Dying. Idle on Rise, Says Briton"', *Evening Post Foreign Service*(29 March 1933).
80. Nigel Linsan Colley, '"1933 Newspaper Articles." Gareth Jones—Hero of Ukraine', 2017년 접속, http://www.garethjones.org/overview/articles1933.htm.
81. Teresa Cherfas, 'Reporting Stalin's Famine: Jones and Muggeridge: A Case Study in Forgetting and Rediscovery', *Kritika: Explorations in Russian and Eurasian History* 14, no. 4(August 2013), 775-804.
82. Lyons, *Assignment in Utopia*, 572, 575-576.
83. Walter Duranty, 'Russians Hungry But Not Starving', *The New York Times*(31 March 1933).
84. Margaret Siriol Colley, *Gareth Jones: A Manchukuo Incident*(Newark, NJ: N. L. Colley, 2001).
85. Thevenin, 'France, Germany and Austria', 9.
86. Carynnyk et al., eds., *The Foreign Office and the Famine*, 329, 397.
87. Snyder, *Bloodlands*, 50.
88. Sally J. Taylor, *Stalin's Apologist: Walter Duranty, the New York Times's Man in Moscow*(New York: Oxford University Press, 1990), xx.
89. Aleck Woollcott quoted in *Taylor, Stalin's Apologist*, 191.

15장 역사와 기억 속의 홀로도모르

1. http://taras-shevchenko.infolike.net/poem-calamity-again-taras-shevchen ko-english-translation-by-johnweir.html; 본래 출간본. 셰우첸코의 본래 출간본은 Taras Shevchenko, *Zibrannia tvoriv*, vol. 2(Kyiv, 2003), 303, trans. John Wier.
2. Olexa Woropay, *The Ninth Circle: In Commemoration of the Victims of the Famine of 1933*(Cambridge, MA: Harvard Ukrainian Studies Fund, 1983), 16.
3. Testimony of Volodymyr Mykolaiovych Chepur, in Veselova and Nikiliev, *Pam'iat' narodu*, vol. 2, 758.
4. Mytsyk et al. eds., *Ukrains'kyi holokost*, vol. 4, 374.
5. Testimony of Havrylo Prokopenko, in Kovalenko and Maniak, eds., *33-i Holod*, 196-197.
6. Testimony of Volodymyr Samoiliuk, in 같은 책, 95-96.
7. Karel Berkhoff, *Harvest of Despair: Life and Death in Ukraine under Nazi Rule*(Cambridge,

MA: Belknap Press, 2004), 20.
8. O. O. Zakharchenko, 'Natsysts'ka propahanda pro zlochyny Stalinshchyny naperedodni i na pochatku Druhoï Svitovoï Viiny', *Naukovyi visnyk Mykolaïvs'koho Derzhavnoho Universytetu*, Istorychni nauky 21(2008), 온라인에서 보려면 http://www.nbuv.gov.ua/old_jrn/Soc_Gum/Nvmdu.
9. Berkhoff, *Harvest of Despair*, 117.
10. Snyder, *Bloodlands*, 1791-80.
11. Berkhoff, *Harvest of Despair*, 253.
12. Lizzie Collingham, *The Taste of War: World War II and the Battle for Food*(New York: Penguin Press, 2012), 35-37; Snyder, *Bloodlands*, 160-163.
13. Alex J. Kay, 'German Economic Plans for the Occupied Soviet Union and their Implementation', in Timothy Snyder and Ray Brandon, eds., *Stalin and Europe: Imitation and Domination, 1928-1953*(Oxford: Oxford University Press, 2014), 171.
14. Snyder, *Bloodlands*, 164.
15. Kay, 'German Economic Plans for the Occupied Soviet Union and their Implementation', 176.
16. Berkhoff, *Harvest of Despair*, 165.
17. Kay, 'German Economic Plans for the Occupied Soviet Union and their Implementation', 106; Snyder, *Bloodlands*, 174.
18. Woropay, *The Ninth Circle*, 16.
19. Joseph Goebbels, 'Communism with the Mask Off', trans. the Nazi Party, *Nazi and East German Propaganda Online Archive*, 1935년 9월 13일 최종 수정. http://research.calvin.edu/germanpropaganda-archive/goebmain.htm; A. I. Kudriachenko, ed., *Holodomor v Ukraïni 1932-1933 rokiv za dokumentamy politychnoho arkhivu Ministerstva Zakordonnykh Sprav Federatyvnoï Respubliky Nimechchyna*(Kyiv: Natsional'nyi Instytut Stratehichnykh Doslidzhen', 2008).
20. O. O. Maievs'kyi, 'Politychni plakat i karykatura, iak zasoby ideolohichnoï borot'by v Ukraïni 1939-1945 rr.', PhD dissertation, Instytut Istoriï Ukraïny Natsional'na Akademiia Nauk Ukraïny(2016), 277-278.
21. V. Kotorenko, 'Rik pratsi v sil's'komu hospodarstvi bez zhydobol'shevykiv', *Ukraïnskyi Khliborob* 7(July 1942), 2, 다음에서 인용. O. O. Zakharchenko, 'Agrarna polityka Natsystiv na okupovanyii terytoriï Ukraïny', *Istoricheskaia Pamiat'(Odessa)* 2(2000), 45-46.
22. Oleksandr Dovzhenko, *Ukraïna v ohni: Kinopovist'*, *shchodennyk*(Kyiv: Rad. Pys'mennyk, 1990), 200.
23. Berkhoff, 'The Great Famine in Light of the German Invasion and Occupation', 168.
24. 같은 글, 166.
25. 같은 글, 167.
26. Bohdan Klid, 'Daily Life under Soviet Rule and the Holodomor in Memoirs and Testimonies of the Late 1940s: Some Preliminary Assessments', 2015년 5월 26일 온타리오 주 오타와에서 열린 캐나다 슬라브 협회 2015 연례 컨퍼런스에서 발표되었다. citing S. Sos-

novyi's *Nova Ukraïna*(8 November 1942).
27. Oleksa Veretenchenko, 'Somewhere in the Distant Wild North', from the series of poems *1933*, published in *Nova Ukraïna* between 1942 and 1943, translated by the Ukrainian Canadian Congress, Toronto Branch, and available at http://faminegenocide.com/commemoration/poetry/20031933.htm.
28. Berkhoff, 'The Great Famine in Light of the German Invasion and Occupation', 169.
29. 같은 글, 171.
30. Svetlana Aleksievich, *U Voiny ne zhenskoe litso*(Moscow: Vremia, 2013), 11. [국역본] 스베틀라나 알렉시예비치, 『전쟁은 여자의 얼굴을 하지 않았다』, 박은정 옮김(문학동네, 2015).
31. Berkhoff, 'The Great Famine in Light of the German Invasion and Occupation', 169.
32. Volodymyr Viatrovych, 'Oleksandra Radchenko: Persecuted for her Memory', Stichting Totalitaire Regimes en hun Slachtoffers, project of the Platform of European Memory and Conscience, http://www.sgtrs.nl/data/files/Radchenko%20Oekraine.pdf.
33. Elena Zubkova, *Russia after the War: Hopes, Illusions and Disappointments, 1945-1957*, trans. Hugh Ragsdale(London and New York: Routledge, 2015), 40-50; Stephen Wheatcroft, 'The Soviet Famine of 1946-1947, the Weather and Human Agency in Historical Perspective', *Europe-Asia Studies* 64, no. 6(August 2012), 987-1005.
34. Woropay, *The Ninth Circle*, 16-17.
35. 같은 책, xviii.
36. 'Zum 15 Jahrestag Der Furchtbaren, Durch Das blutdürstige Kommunistische Moskau Organisikhten Hungersnot in der Ukraine', Oseredok Project, Holodomor Research and Education Consortium. Flyers in Ukrainian, English, and German, distributed by Ukrainian participants at an 11 April 1948 demonstration in Hanover, Germany, on the occasion of the fifteenth anniversary of the Famine of 1932-1933 in Ukraine. Original, typed, http://holodomor.ca/oseredok-project.
37. S. Sosnovyi, 'Pravda pro velykyi holod na Ukraïni v 1932-1933 rokakh', *Ukraïns'ki visti*(7 February 1948), 4.
38. Klid, 'Daily Life under Soviet Rule'.
39. 같은 글.
40. Pidhainy, ed., *The Black Deeds of the Kremlin*, vol. 1, 222-226.
41. 같은 책, vol. 1, 243-244.
42. 같은 책, vol. 1, 239.
43. Bohdan Klid, 'The Black Deeds of the Kremlin : Sixty Years Later', *Genocide Studies International* 8(2014), 224-235.
44. Frank Sysyn, 'The Ukrainian Famine of 1932-1933: The Role of the Ukrainian Diaspora in Research and Public Discussion', in Levon Chorbajian and George Shirinian, eds., *Studies in Comparative Genocide*(New York: St. Martin's Press, 1999), 182-216.
45. Klid, 'The Black Deeds of the Kremlin : Sixty Years Later', 229.
46. 이제는 '우크라이나 캐나다 연구기록센터'가 되었다. www.ucrdc.org/History.html.
47. Frank Sysyn, 'Thirty Years of Research on the Holodomor: A Balance Sheet', in Frank

Sysyn and Andrij Makuch, eds., *Contextualizing the Holodomor: The Impact of Thirty Years of Ukrainian Famine Studies*(Toronto: Canadian Institute of Ukrainian Studies, 2015), 4.
48. Pierre Rigoulot, *Les Paupières Lourdes: Les Français face au Goulag: Aveuglements et Indignations*(Paris: Editions universitaires, 1991), 1-10.
49. Vladimir Tendryakov, 'Konchina', *Moskva* 3(1968), 37.
50. Michael Browne, ed., *Ferment in the Ukraine: Documents by V. Chornovil, I. Kandyba, L. Lukyanenko, V. Moroz and Others*(New York: Praeger Publishers, 1971), 46.
51. 같은 책, 9.
52. Iurii Shapoval, 'Petro Shelest: 100th Anniversary of the Birth of One of Ukraine's Most Spectacular Political Figures', *Den/The Day*/(4 March 2008), 본래는 다음의 제목으로 러시아어로 출간되었다. 'Stoletnii Shelest: 14 fevralia ispolniaetsia 100 let odnomu iz samykh koloritnykh rukovoditelei USSR', *Den*(8 February 2008).
53. *Ethnocide of Ukrainians in the U.S.S.R.: An Underground Journal from Soviet Ukraine*, compiled by Maksym Sahaydak, trans. Olena Saciuk and Bohdan Yasen(Baltimore, MD: Smoloskyp Publishers, 1976).
54. John Corry, 'TV Reviews: "Firing Line" Discussion on "Harvest of Depression"', *The New York Times*(24 September 1986).
55. Sysyn, 'Thirty Years of Research on the Holodomor', 4.
56. 같은 글, 7.
57. 같은 글, 4.
58. Douglas Tottle, *Fraud, Famine, and Fascism: The Ukrainian Genocide Myth from Hitler to Harvard*(Toronto: Progress Books, 1987), 57, 76-77, 123, 133.
59. Lyudmyla Hrynevych, 'Vid zaperechuvannia do vymushenoho vyznannia: pro mekhanizmy vkhodzhennia temy holodu 1932-1933 rr. v ofitsiinyi publichnyi prostir u SRSR ta URSR naprykintsi 1980-kh rr.', *Problemy istorii Ukraïny: fakty sudzhennia, poshuky: Mizhvidomchyi zbirnyk naukovykh prats'* 18(spetsial'nyi: Holod 1932-1933 rokiv-henotsyd ukrains'koho narodu)(2008), 232-244; Tottle, *Fraud, Famine, and Fascism*.
60. Jeff Coplon, 'In Search of a Soviet Holocaust: A 55-Year-Old Famine Feeds the Right', *Village Voice*(12 January 1988).
61. Sysyn, 'Thirty Years of Research on the Holodomor', 9-10.
62. U.S. Congress and Commission on the Ukraine Famine, *Investigation of the Ukrainian Famine, 1932-1933: Report to Congress*, v.
63. 같은 책, vi-viii.
64. Plokhy, *The Gates of Europe*, 310.
65. 'What Chernobyl Did: Not Just a Nuclear Explosion', *The Economist*(27 April 1991), pp. 21-23(익명의 저자는 앤 애플바움이었다).
66. Plokhy, *The Gates of Europe*, 309-310.
67. Ivan Drach, 'Vystup na IX Z'ïsdi Pys'mennykiv Ukrainy', in Oleksandr Lytvyn, ed., *Polityka: Statti, Dopovidi, Vystupy, Interv'iu*(Kyiv: Tovarystvo 'Ukraïna', 1997), 310.

68. Bohdan Nahaylo, *The Ukrainian Resurgence*(Toronto: University of Toronto Press, 1999), 62-63; see also 'Conversation with Ivan Drach', interview by Boriak Hennadij, 7 November 2016.
69. David Remnick, *Lenin's Tomb: The Last Days of the Soviet Empire*(New York: Random House, 1993), 50.
70. Nahaylo, *The Ukrainian Resurgence*, 89-91.
71. 같은 책, 137.
72. Georgiy Kasianov, 'Revisiting the Great Famine of 1932-1933: Politics of Memory and Public Consciousness(Ukraine after 1991)', in Michal Kopecek, ed., *Past in the Making: Historical Revisionism in Central Europe after 1989*(Budapest: Central European University Press, 2007), 197-220.
73. Nahaylo, *The Ukrainian Resurgence*, 249.
74. Marta Kolomayets, 'Ukraine's People Recall National Tragedy of Famine-Holocaust', *The Ukrainian Weekly* 61, no. 38(19 September 1993), 1.
75. Catherine Wanner, *Burden of Dreams: History and Identity in Post-Soviet Ukraine*(University Park, PA: Pennsylvania State University Press, 1998), 154-157.
76. 같은 책.

맺는말 우크라이나 문제를 돌이켜보다

1. Raphael Lemkin, 'Soviet Genocide in the Ukraine', 미간행 대화록, 1953, Raphael Lemkin Papers, The New York Public Library, Manuscripts and Archives Division, Astor, Lenox and Tilden Foundations, Raphael Lemkin ZL-273. Reel 3. Available at https://www.uccla.ca/SOVIET_GENOCIDE_IN_THE_UKRAINE.pdf.
2. 최근 출간된 두 권의 훌륭한 책 덕에 렘킨에 대한 대중의 지식 범위가 넓어졌다. Samantha Power, *A Problem from Hell*(New York: Basic Books, 2002), Philippe Sands, *East West Street: On the Origins of 'Genocide' and 'Crimes Against Humanity'*(New York: Knopf, 2016). [국역본] 사만다 파워, 『미국과 대량 학살의 시대』, 김보영 옮김(에코리브르, 2004).
3. Raphael Lemkin, *Totally Unofficial: The Autobiography of Raphael Lemkin*(New Haven, CT, and London: Yale University Press, 2013), 19-21.
4. Raphael Lemkin, *Axis Rule in Occupied Europe: Laws of Occupation—Analysis of Government—Proposals for Redress*(Washington, D.C.: Carnegie Endowment for International Peace, 1944), 79-95.
5. 지금은 이렇게 출간되어 있다. Raphael Lemkin, *Lemkin on Genocide*, ed. Steven Leonard Jacobs(Lanham, MD: Lexington Books, 2012).
6. Lemkin, 'Soviet Genocide in the Ukraine'.
7. 이는 Norman M. Naimark, *Stalin's Genocides*(Princeton, N.J.: Princeton University Press, 2010)에서 나이마크의 주장이다.
8. 같은 책, 24.

9. Lemkin, 'Soviet Genocide in the Ukraine'.
10. Georgiy Kasianov, 'Holodomor and the Politics of Memory in Ukraine after Independence', in Vincent Comeford, Lindsay Jansen and Christian Noack, eds., *Holodomor and Gorta Mor: Histories, Memories and Representations of Famine in Ukraine and Ireland*(London: Anthem Press, 2014), 167-188.
11. 'Ruling in the criminal proceedings over genocide in Ukraine in 1932-1933', *Human Rights in Ukraine*, http://khpg.org/en/index.php?id=1265217823.
12. 'Ukraine Commemorates Holodomor', *The Moscow Times*(24 November 2008).
13. Zenon Zawada, 'Eastern Ukrainians Fight to Preserve the Holodomor's Memory', *Ukrainian Weekly* 67/7(15 February 2009), 3.
14. Cathy Young, 'Remember the Holodomor', *Weekly Standard*(8 December 2008).
15. U.S. Diplomatic Cable, 'Candid Discussion with Prince Andrew on the Kyrgyz Economy and the "Great Game"(29 October 2008)', *WikiLeaks*, https://wikileaks.org/plusd/cables/08BISHKEK1095_a.html.
16. Ella Maksimova, 'Istorik Viktor Kondrashin: "Ne Rossiia ubivala Ukrainu, Vozhd—svoi narod"', *Izvestiia*(22 October 2008).
17. Wolowyna et al., 'Regional Variations of 1932-1934 Famine Losses in Ukraine', 175-202.
18. 악명 높은 이야기로, 레닌은 1918년 펜자 농민들에게 격분한 나머지 그들을 "무자비하게 억압하라"라고 지시했다. 그는 펜자 폭동에 대해 잘 알려진 전문을 보냈는데, 다음과 같은 지시사항들로 끝맺는다. [국역본] 로버트 서비스, 『레닌』, 김남섭 옮김(교양인, 2017).
"최소한 100명 이상, 지주, 부자, 인민의 피를 빠는 자들의 목을 매달 것(그리고 모든 사람이 그들이 매달린 모습을 볼 수 있게 할 것).
그들의 이름을 공개할 것.
그들의 모든 곡물을 압수할 것……"
Robert W. Service, *Lenin: A Biography*(London: Papermac, 2001), 365.
19. V. V. Kondrashin and S. V. Kul'chyts'kyi, 'O Samom Glavnom: professor Stanislav Kul'chitskii i ego rossiiskii kollega Viktor Kondrashin: chem byl Golodomor 1932-1933 godov?', *Den*(Kyiv, 3 June 2008).
20. Alexander J. Motyl, 'Yanukovych and Stalin's Genocide', *Ukraine's Orange Blues in World Affairs Journal Online*(29 November 2012) http://www.worldaffairsjournal.org/blog/alexander-j-motyl/yanukovych-and-stalinE280%99sgenocide.
21. 'Ukrainian Sues Yanukovych over Famine Statement', *Radio Free Europe Radio Liberty*, last modified 15 June 2010, http://www.rferl.org/amp/Ukrainian_Sues_Yanukovych_Over_Famine_Statement/2072294.html.
22. Halya Coynash, 'Kremlin's Proxies Purge Memory of Victims of Holodomor and Political Repression', *Human Rights in Ukraine: Information Website of the Kharkiv Human Rights Protection Group*(18 August 2015), http://khpg.org/en/index.php?id=1439816093.
23. Ekaterina Blinova, 'Holodomor Hoax: Joseph Stalin's Crime that Never Took Place', *Sputnik News*(9 August 2015), https://sputniknews.com/politics/201508091025560345;

다음도 보라. Cathy Young, 'Russia Denies Stalin's Killer Famine', *Daily Beast*(31 October 2015), http://www.thedailybeast.com/articles/2015/10/31/russia-denies-stalin-s-killer-famine.html.
24. 당시 상황을 보여주는 기묘한 표시의 하나로, '(2014년) 2월 키이우에서 모든 우크라이나인을 대상으로 정부가 저지른 (…) 거대한 부정의'를 폭로하는 데 바쳐진 웹사이트 newcoldwar.org는 미국 학자인 마크 토거의 글들을 링크했다. 토거는 1932년에서 1933년의 우크라이나 기근은 악천후와 농작물 병충해 때문에 비롯했으며(아무런 문헌적 근거가 없지만) 따라서 '제노사이드'로 정의할 수 없다고 주장한다. 'Archive of Writings of Professor Mark Tauger on the Famine Scourges of the Early Years of the Soviet Union', *The New Cold War: Ukraine and Beyond*(23 June 2015). https://www.newcoldwar.org/archive-of-writings-of-professor-mark-tauger-on-the-famine-scourges-of-the-early-years-of-the-sovietunion.
25. Ievgen Vorobiov, 'Why Ukrainians Are Speaking More Ukrainian', *Foreign Policy*(26 June 2015). http://foreignpolicy.com/2015/06/26/why-ukrainians-arespeakingmore-ukrainian.

참고문헌

기록 보관소

캐나다
UCRDC   Ukrainian Canadian Research and Documentation Centre

러시아, 소비에트 연방
현재는 사용되지 않는 기록 보관소 중 일부에서 자료를 가져왔다.

APRF   Arkhiv Prezidenta Rossiiskoi Federatsii(Archive of the President of the Russian Federation)

GARF   Gosudarstvennyi arkhiv Rossiiskoi Federatsii(State Archive of the Russian Federation)

RGAE   Rossiiskii gosudarstvennyi arkhiv ekonomiki(Russian State Archive of Economics)

RGASPI   Rossiiskii gosudarstvennyi arkhiv sotsial'no-politicheskoi istorii(Russian State Archive of Socio-Political History)

RGVA   Rossiiskii gosudarstvennyi voennyi arkhiv(Russian State Military Archive)

RTsKhIDNI   Rossiiskii tsentr khraneniia i izucheniia dokumentov noveishei istorii(Russian Centre for the Storage and Study of Contemporary History). This archive has now been merged with RGASPI.

TsA FSB RF   Tsentral'nyi arkhiv Federal'noi sluzhby bezopasnosti Rossiiskoi Federat-

	sii(Central Archive of the Federal Security Service of the Russian Federation)
TsGANKh	Tsentral'nyi gosudarstvennyi arkhiv narodnogo khoziaistva SSSR(Central State Archive of the National Economy of the USSR); the old name for the RGAE.

우크라이나
저자가 확인하거나 인용한 자료를 제공한 기록 보관소다.

DADO	Derzhavnyi arkhiv Dnipropetrovs'koï oblasti(State Archive of the Dnipropetrovsk Oblast)
DADskO	Derzhavni arkhiv Donets'koi oblasti
DAKhO	Derzhavnyi arkhiv Khersons'koï oblasti(State Archive of Kherson Oblast)
DATO	Derzhavnyi arkhiv Ternopil's'koï oblasti(State Archive of Ternopil' Oblast)
DAVO	Derzhavnyi arkhiv Vinnyts'koï oblasti(State Archive of Vinnytsia Oblast)
DAZhO	Derzhavnyi arkhiv Zhytomyrs'koï oblasti(State Archive of Zhytomyr Oblast)
HDA SBU	Halusevyi derzhavnyi arkhiv Sluzhby bezpeky Ukraïny(State Archive of the Security Service of Ukraine)
PA	Arkhiv Instytutu Istoriï Partiï(Party Archive of the Institute of the History of the Party); this archive has been renamed T-DAHOU
TsDAHOU	Tsentral'nyi derzhavnyi arkhiv hromads'kykh ob'ednan' Ukraïny(Central State Archive of Public Organizations of Ukraine)
TsDAVOU	Tsentral'nyi derzhavnyi arkhiv vyshchykh orhaniv ta upravlinnia(Central State Archive of Supreme Bodies of Power and Government of Ukraine)
TsDAZhR	Tsentral'nyi derzhavnyi arkhiv Zhovtnevoï Revoliutsiï Ukraïns'koï Radians'koï Sotsialistychnoï Respubliky(Central State Archive of the October Revolution, Ukrainian Soviet Socialist Republic); this archive has been renamed TsDAVOU.

문서

Berelovich, Alexis, V. A., and Institut rossiiskoi istorii(Rossiiskaia Akademiia Nauk), eds. *Sovetskaia derevnia glazami VChK-OGPU-NKVD, 1918-1939: dokumenty i materialy*. 4 vols. Moskva: ROSSPEN, 1998-2012.

Bojko, Diana, and Jerzy Bednarek. *Holodomor: The Great Famine in Ukraine 1932-1933*, from the series *Poland and Ukraine in the 1930s-1940s: Unknown Documents from the Archives of the Secret Services*. Warsaw: Institute of National Remembrance, Commission of the Prosecution of Crimes against the Polish Nation, 2009.

Borkowski, Jan, ed. *Rok 1920: Wojna Polsko-Radziecka we wspomnieniach i innych dokumentach.* Warsaw: Państwowy Instytut Wydawniczy, 1990.

Borysenko, Valentyna, V. M. Danylenko, Serhij Kokin, et al., eds., *Rozsekrechena pam'iat': holodomor 1932-1933 rokiv v Ukraïni v dokumentakh GPU-NKVD.* Kyiv: Stylos, 2007.

Carynnyk, Marco, Bohdan S. Kordan, and Lubomyr Y. Luciuk, eds. *The Foreign Office and the Famine: British Documents on Ukraine and the Great Famine of 1932-1933.* Kingston, Ontario: Limeston Press, 1988.

Colley, Nigel Linsan. "'1933 Newspaper Articles,' Gareth Jones - Hero of Ukraine," accessed 11 January 2017. http://www.garethjones.org/overview/articles1933.htm.

Danilov, V., R. Manning, and L. Viola, eds. *Tragediia sovetskoi derevni, kollektivizatsiia i raskulachivanie: dokumenty i materialy v 5 tomakh, 1927-1939.* 5 vols. Moscow: Rossiiskaia polit. Entisklopediia, 1999-2006.

———, and N. A. Ivnitskii, eds. *Dokumenty svidetel'stvuiut: iz istorii derevni nakanune i v khode kollektivizatsii, 1927-1932 gg.* Moscow: Politizdat, 1989.

Danylenko, V. M. et al., eds. *Holodomor 1932-1933 rokiv v Ukraïni za dokumentamy HDA SBU: anotovanyi dovidnyk.* L'viv: Tsentr Doslidzhen' Vyzvol'noho Rukhu, 2010.

———. *Pavlohrads'ke povstannia, 1930: dokumenty i materialy.* Kyiv: Ukraïns'kyi Pys'mennyk, 2009.

Graziosi, Andrea. *Lettere da Kharkov. La carestia in Ucraina e nel Caucaso del nord nei rapporti diplomatici italiani 1923-1933.* Turin: Einaudi, 1991. http://www.ibs.it/lettere-da-kharkov-carestia-in-libro-vari/e/9788806121822.

———. "'Lettres de Kharkov': La famine en Ukraine et dans le Caucase du Nord(à travers les rapports des diplomates italiens, 1932-1934)," *Cahiers du monde russe et soviétique* 30, no. 1(1989). http://www.persee.fr/doc/cmr_0008-0160_1989_num_30_1_2176.

———. *Lysty z Kharkova: Holod v Ukraïni ta na Pivnichnomy Kavkazi v povidomlenniakh italiis'kykh dyplomativ 1932-1933 roky.* Kharkiv: Folio, 2007.

Khlevniuk, O. V. et al., eds. *Stalin i Kaganovich: perepiska, 1931-1936 gg.* Moscow: ROSSPEN, 2001.

Kokin, S. A., Valerii Vasyl'ev, and Nicolas Werth, eds. "Dokumenty orhaniv VKP(b) ta DPU USRR pro nastroï i modeli povedinky partiino-radyans'kykh pratsivnykiv u respublitsi, 1932-1933 rr.," *Z arkhiviv VUChK-GPU-NKVD-KGB* 1-2, nos. 40-41(2013).

———. *Partiino-Radians'ke kerivnytstvo USRR pid chas holodomoru 1932-1933 rr.: vozhdi, pratsivnyky, aktyvisty: zbirnyk dokumentiv ta materialiv.* Kyiv: Instytut Istoriï Ukraïny NAN Ukraïny, 2013.

Kondrashin, V. V. et al., eds. *Golod v SSSR: 1929-1934. Rossiia XX vek.* Moscow: Mezhdunarodnyi fond "Demokratiia," 2011.

Kudriachenko, A. I., ed. *Holodomor v Ukraïni 1932-1933 rokiv za dokumentamy politychnoho arkhivu ministerstva zakordonnykh sprav Federatyvnoï Respubliky Nimechchyna.* Kyiv: Natsional'nyi Instytut Stratehichnykh Doslidzhen', 2008.

Kul′chyts′kyi, Stanislav, ed. *Kolektyvizatsiia i holod na Ukraïni, 1929-1933: zbirnyk dokumentiv i materialiv.* Kyiv: Naukova Dumka, 1992.

Kuśnierz, Robert. *Pomór w "raju bolszewickim." Głód na Ukrainie w latach 1932-1933 w świetle polskich dokumentów dyplomatycznych i dokumentów wywiadu.* Toruń: Wydawnictwo Adam Marszałek, 2009.

Le Comité Commémoratif Simon Petliura. *Documents sur les Pogroms en Ukraine et l'assassinat de Simon Petliura à Paris.* Paris: Librairie du Trident, 1927.

Lenin, V. I. *Collected Works.* Moscow: Progress Publishers, 1965.

Lozyts′kyi, V. S. *Holodomor 1932-1933 rokiv v Ukraïni: zlochyn vlady—trahediia narodu: dokumenty i materialy.* Kyiv: Heneza, 2008.

Pyrih, R. Ia., ed. *Holodomor 1932-1933 rokiv v Ukraïni: Dokumenty i materialy.* Kyiv: Kyievo-Mohylians′ka Akademiia, 2007.

Shapoval, Iurii, Vadym Zolotar′ov, and Volodymyr Prystaiko. *ChK-GPU-NKVD v Ukraïni: osoby, fakty, dokumenty.* Kyiv: Abrys, 1997.

Stalin, Josef. *Works.* 13 vols. Moscow: Foreign Languages Publishing House, 1954. http://www.marxists.org/reference/archive/stalin/works/1933/01/07.htm.

Szczesniak, Boleslaw. *The Russian Revolution and Religion: A Collection of Documents Concerning the Suppression of Religion by the Communists, 1917-1925.* Notre Dame, IN: University of Notre Dame Press, 1959.

Volkov, A. G. "Perepis′ naseleniia SSSR 1937 goda: Istoriia i materialy/Ekspress-informatsiia," *Istoriia Statistiki* 3-5, no. chast′ II(1990), 6-63.

회고록 및 구술사

Borysenko, Valentyna. *A Candle in Remembrance: An Oral History of the Ukrainian Genocide of 1933-1934(Svicha Pam'iati),* trans. Maık Tarnawsky. New York: Ukrainian Women's League of America, 2010.

———. *Svicha pam'iati: Usna istoriia pro henotsyd ukraïntsiv u 1932-1933 rokakh.* Kyiv: Stylos, 2007.

Dolot, Miron. *Execution by Hunger: The Hidden Holocaust.* New York: W. W. Norton, 1985.

Duranty, Walter. *I Write as I Please.* New York: Simon and Schuster, 1935.

Epp, Heinrich. "The Day the World Ended: Dec. 7, 1919, Steinbach, Russia," trans. D. F. Plett, *Preservings: Newsletter of the Hanover Steinbach Historical Society,* no. 8, part 2(June 1996), 5-7.

Harvard Project on the Soviet Social System Online. Fung Library, Harvard University.

Jones, Gareth. *Tell Them We Are Starving: The 1933 Diaries of Gareth Jones,* ed. Lubomyr Y. Luciuk(Kingston, Ontario: Kashtan Press, 2015).

Karas, A. V. *Svidchennia ochevydtsiv pro holod 1930-40-kh rr. na Sivershchyni.* Hlukhiv: RVV HDPU, 2008.

Kopelev, Lev. *The Education of a True Believer*, trans. Gary Kern. London: Wildwood House, 1981.

―――. *To Be Preserved Forever*, trans. Anthony Austin. New York: Lippincott, 1977.

Kovalenko, L. B., and Volodymyr Maniak, eds. *33-i Holod: narodna knyhamemorial*. Kyiv: Radians'kyi Pys'mennyk, 1991.

Kravchenko, Victor. *I Chose Freedom: The Personal and Political Life of a Soviet Official*, trans. Rhett R. Ludwikowski. London: Robert Hale, 1946.

Lemkin, Raphael. *Totally Unofficial: The Autobiography of Raphael Lemkin*. New Haven, CT, and London: Yale University Press, 2013.

Leshuk, Leonard. *Days of Famine, Nights of Terror: First-Hand Accounts of Soviet Collectivization 1928-1934*. Washington, D.C.: Europa University Press, 2000.

Lyons, Eugene. *Assignment in Utopia*. New York: Harcourt, Brace, 1937.

Mytsyk, Iurii et al., eds. *Ukraïns'kyi holokost 1932-1933: svidchennia tykh, khto vyzhyv*. 10 vols. Kyiv: Kyievo-Mohylians'ka Akademiia, 2004-2014.

Price, M. Philips. *My Reminiscences of the Russian Revolution*. London: George Allen & Unwin, 1921.

Ukraïns'kyi Instytut Natsional'noï Pam'iati, and V. Yushchenko, eds. *Natsional'na Knyha pam'iati zhertv Holodomoru 1932-1933 rokiv v Ukraïni*. Kyiv: Vydavnytstvo "Oleny Telihy," 2008.

―――, and E. I. Borodin et al., eds. *Natsional'na Knyha pam'iati zhertv Holodomoru 1932-1933 rokiv v Ukraïni: Dnipropetrovs'ka oblast'*. Dnipropetrovsk: ART-PRES, 2008.

―――, and T. T. Dmytrenko, eds. *Natsional'na Knyha pam'iati zhertv Holodomoru 1932-1933 rokiv v Ukraïni: Kirovohrads'ka oblast'*. Kirovohrad: TOV "Imeks LTD," 2008.

―――, and V. P. Latsyba, eds. *Natsional'na Knyha pam'iati zhertv Holodomoru 1932-1933 rokiv v Ukraïni: Vinnyts'ka oblast'*. Vinnytsia: DP "DFK," 2008.

―――, and F. H. Turchenko, eds. *Natsional'na Knyha pam'iati zhertv Holodomoru 1932-1933 rokiv v Ukraïni: Zaporiz'ka oblast'*. Zaporizhzhia: Dyke Pole, 2008.

―――, and V. I. Ul'iachenko, eds. *Natsional'na Knyha pam'iati zhertv Holodomoru 1932-1933 rokiv v Ukraïni: Kyïvs'ka oblast'*. Bila Tserkva: Bukva, 2008.

―――, and S. H. Vodotyka. *Natsional'na Knyha pam'iati zhertv Holodomoru 1932-1933 rokiv v Ukraïni: Khersons'ka oblast'*, eds. I. P. Iukhnovs'kyi et al. Kherson: Vydavnytstvo "Naddniprians'ka pravda," 2008.

United States Congress, and Commission on the Ukraine Famine. *Investigation of the Ukrainian Famine, 1932-1933: Report to Congress*. Adopted by the Commission, 19 April 1988, submitted to Congress, 22 April 1988. Washington, D.C.: U.S. G.P.O.: For sale by Supt. of Docs., U.S. G.P.O., 1988.

―――. *Investigation of the Ukrainian Famine, 1932-1933: First Interim Report*. Meetings and hearings of and before the Commission on the Ukraine Famine held in 1986: organizational meeting, Washington, D.C., 23 April 1986: meeting and hearing, Washington, D.C., 8 October 1986: hearing, Glen Spey, New York, 26 October 1986: hearing,

Chicago, Illinois, 7 November 1986: hearing, Warren, Michigan, 24 November 1986. Washington, D.C.: U.S. G.P.O.: For sale by the Supt. of Docs., U.S. G.P.O., 1987.

———. *Investigation of the Ukrainian Famine, 1932-1933: Second Interim Report*. Meetings and hearings of and before the Commission on the Ukraine Famine held in 1987: hearing, San Francisco, California, 10 February 1987; hearing, Phoenix, Arizona, 13 February 1987; hearing and meeting, Washington, D.C., 30 April 1987; hearing, Philadelphia, Pennsylvania, 5 June 1987. Washington, D.C.: U.S. G.P.O.: For sale by the Supt. of Docs., U.S. G.P.O., 1988.

———, James E. Mace, and Leonid Heretz. *Investigation of the Ukrainian Famine, 1932-1933*. Oral history project of the Commission on the Ukraine Famine. Washington, D.C.: U.S. G.P.O., 1990.

Veselova, O. M., and O. F. Nikiliev. *Pam'iat' narodu: Henotsyd v Ukraïni holodom 1932-1933 rokiv: svidchennia*. 2 vols. Kyiv: Vydavnychyi dim "Kalyta," 2009.

Woropay, Olexa. *The Ninth Circle: In Commemoration of the Victims of the Famine of 1933*. Cambridge, MA: Harvard Ukrainian Studies Fund, 1983.

2차 자료

Adams, Arthur E. *Bolsheviks in the Ukraine: The Second Campaign, 1918-1919*. New Haven, CT: Yale University Press, 1963.

Applebaum, Anne. *Gulag: A History*. New York: Doubleday, 2003.

Arshinov, Peter. *The History of the Makhnovist Movement(1918-1921)*, trans. Fredy and Lorraine Perlman. London: Freedom Press, 1974.

Ball, Alan M. *Russia's Last Capitalists: The Nepmen, 1921-1929*. Berkeley, CA: University of California Press, 1987.

Berkhoff, Karel. "The Great Famine in Light of the German Invasion and Occupation," in *After the Holodomor: The Enduring Impact of the Great Famine of Ukraine*, eds. Andrea Graziosi, Lubomyr Hajda, and Halyna Hryn. Cambridge, MA: Harvard Ukrainian Research Institute, 2014.

———. *Harvest of Despair: Life and Death in Ukraine under Nazi Rule*. Cambridge, MA: Belknap Press, 2004.

Bilenky, Serhiy. *Romantic Nationalism in Eastern Europe: Russian, Polish and Ukrainian Political Imaginations*. Stanford, CA: Stanford University Press, 2012.

Bondar, N. I., and O. V. Mateev. *Istoricheskaia pamiat' naseleniia iuga Rossii o golode 1932-1933: materialy nauchno-prakticheskoi konferentsii*. Krasnodar: Isd-vo Traditsiia, 2009.

Boriak, Hennadii. "Sources and Resources on the Famine in Ukraine's Archival System," *Harvard Ukrainian Studies* 27, nos. 2004-5(2008), 117-147.

Boriak, Tetiana. #1933: "I choho vy shche zhyvi?" Kyiv: Clio, NAN Ukraïny, 2016.

Borys, Jurij. *The Sovietization of Ukraine 1917-1923: The Communist Doctrine and Practice of National Self-Determination*. Edmonton, Alberta: Canadian Institute of Ukrainian Studies, 1980.

Bulgakov, Mikhail. *White Guard*, trans. Marian Schwartz. New Haven, CT: Yale University Press, 2008.

Carr, E. H., and R. W. Davies. *A History of Soviet Russia: Foundations of a Planned Economy, 1926-1929*. 4 vols. London: Macmillan, 1978.

Chamberlin, William Henry. "Soviet Taboos," *Foreign Affairs* 13, no. 3(1935), 431-440.

Cherfas, Teresa. "Reporting Stalin's Famine: Jones and Muggeridge: A Case Study in Forgetting and Rediscovery," *Kritika: Explorations in Russian and Eurasian History* 14, no. 4(August 2013), 775-804.

Colley, Margaret Siriol. *Gareth Jones: A Manchukuo Incident*. Newark, NJ: N. L. Colley, 2001.

Collingham, Lizzie. *The Taste of War: WWII and the Battle for Food*. New York: Penguin Press, 2012.

Comeford, Vincent, Lindsay Jansen and Christian Noack, eds. *Holodomor and Gorta Mor: Histories, Memories and Representations of Famine in Ukraine and Ireland*. London: Anthem Press, 2014.

Conquest, Robert. *The Great Terror: Stalin's Purge of the Thirties*, rev. edn. London: Macmillan, 1968.

———. *The Harvest of Sorrow: Soviet Collectivization and the Terror-Famine*. New York: Oxford University Press, 1986.

Danylenko, Vasyl', ed. *Ukraïns'ka intelihentsiia i vlada: zvedenniia sekretnooho viddilu DPU USRR 1927-1929 rr*. Kyiv: Tempora, 2012.

Davies, R. W. *The Socialist Offensive: The Collectivization of Agriculture 1929-1930*. London: Macmillan, 1980.

———, and S. G. Wheatcroft. *The Years of Hunger: Soviet Agriculture, 1931-1933*. London and New York: Palgrave Macmillan, 2009.

Duranty, Walter. "Russians Hungry But Not Starving," *The New York Times*, 31 March 1933.

Figes, Orlando. *Peasant Russia, Civil War: The Volga Countryside in Revolution, 1917-1921*. Oxford: Clarendon Press, 1989.

———. *A People's Tragedy: The Russian Revolution, 1891-1924*. London: Pimlico, 1997.

———. *The Whisperers: Private Life in Stalin's Russia*. New York: Metropolitan Books, 2007.

Fisher, H. H. *The Famine in Soviet Russia, 1919-1923: The Operations of the American Relief Administration*. New York: Macmillan, 1927.

Fitzpatrick, Sheila. *Education and Social Mobility in the Soviet Union, 1921-1934*. Cambridge: Cambridge University Press, 1979, 2002.

———. "The Great Departure: Rural-Urban Migration in the Soviet Union, 1929-1933," in *Social Dimensions of Soviet Industrialization*, eds. William G. Rosenberg and Lewis H. Siegelbaum. Bloomington, IN: Indiana University Press, 1993.

Gamache, Ray. *Gareth Jones: Eyewitness to History*. Cardiff: Welsh Academic Press, 2013.

Gergel, Nahum. "The Pogroms in Ukraine in 1918-1921," *YIVO Annual of Jewish Social Science* 6(1951).

Getty, J. Arch, and Oleg V. Naumov. *The Road to Terror: Stalin and the Self-Destruction of the Bolsheviks, 1932-1939*. New Haven, CT: Yale University Press, 2002.

Graziosi, Andrea. *A New, Peculiar State: Explorations in Soviet History*. Westport, CT: Praeger, 2000.

———. *Bol'sheviki i krest'iane na Ukraine, 1918-1919 gody: Ocherk o bol'shevizmakh, natsional-sotsializmakh i krest'ianskikh dvizheniiakh*. Moscow, AIRO-XX, 1997.

———. "Collectivisation, révoltes paysannes et politiques gouvernementales(à travers les rapports du GPU d'Ukraine de février-mars 1930)," *Cahiers du monde russe* 35, no. 3(July-September 1994), http://www.persee.fr/doc/cmr_0008-0160_1989_num_30_1_2176.

———. *Stalinism, Collectivization and the Great Famine*, in *Holodomor Series*. Cambridge, MA: Ukrainian Studies Fund, 2009.

———. "The Great Famine of 1932-1933: Consequences and Implications," *Harvard Ukrainian Studies* 25, nos. 3/4(Fall 2001), 157-165.

———. "The Soviet 1931-1933 Famines and the Ukrainian Holodomor: Is a New Interpretation Possible, and What Would Its Consequences Be?," *Harvard Ukrainian Studies* 27, nos. 1/4(2004-2005), 97-115.

———. *L'Unione Sovietica 1914-1991*. Bologna: Il mulino, 2011.

———. *L'Urss di Lenin e Stalin: storia dell'Unione Sovietica, 1914-1945*. Bologna: Il mulino, 2007.

Grossman, Vasilii. *Everything Flows*, trans. Robert and Elizabeth Chandler. New York: New York Review Classic Books, 2009.

Heifetz, Elias. *The Slaughter of the Jews in the Ukraine in 1919*. New York: Thomas Seltzer, 1921.

Hindus, Maurice. *Red Bread: Collectivization in a Russian Village*. Bloomington, IN: Indiana University Press, 1988.

Hosking, Geoffrey A. *Russia: People and Empire, 1552-1917*. Cambridge, MA: Harvard University Press, 1997.

Hryn, Halyna, and Lubomyr Hajda, eds. *After the Holodomor: The Enduring Impact of the Great Famine of Ukraine*. Cambridge, MA: Harvard Ukrainian Research Institute, 2013.

Hrynevych, Lyudmyla. *Holod 1928-1929 rr. u radians'kii Ukraïni*. Kyiv: Instytut Istoriï Ukraïny NAN Ukraïny, 2013.

———. "The Price of Stalin's 'Revolution from Above': Anticipation of War among the Ukrainian Peasantry," trans. Marta Olynyk. *Key Articles on the Holodomor Translated from Ukrainian into English*, Holodomor Research and Education Consortium. http://holodomor.ca/translated-articles-on-the-holodomor.

———. "Vid zaperechuvannia do vymushenoho vyznannia: pro mekhanizmy vkhodzhennia temy holodu 1932-1933 rr. v ofitsiinyi publichnyi prostir u SRSR ta URSR naprykintsi 1980-kh rr.," *Problemy istoriï Ukraïny: fakty sudzhennia, poshuky: Mizhvidomchyi zhirnyk naukovykh prats'* 18(spetsial'nyi vypusk: Holod 1932-1933 rokiv-henotsyd ukraïns'koho narodu)(2008), 232-244.

Hunczak, Taras, ed. *The Ukraine, 1917-1921: A Study in Revolution*. Cambridge, MA: Distributed by Harvard University Press for the Harvard Ukrainian Research Institute, 1977.

Iakubova, L. D. *Etnichni menshyny v suspil'no-politychnomu ta kul'turnomu zhytti USRR, 20-i—persha polovyna 30-kh rr. XX st*. Kyiv: Instytut Istoriï Ukraïny NAN Ukraïny, 2006.

Iefimenko, H. "Lykhovisni 30-ti roky na Markivshchyni," in *Holod-henotsyd 1933 roku v Ukraïni: istoryko-politolohichnyi analiz sotsial'-no-demohrafichnykh ta moral'no-psykholohichnykh naslidkiv: mizhnarodna naukovo-teoretychna konferentsiia, Kyiv, 28 lystopada 1998 r.: materialy: Instytut Istoriï Ukraïny(Natsional'na Akademiia Nauk Ukraïny): Asotsiatsiia doslidnykiv holodomoriv v Ukraïni.*, ed. Stanislav Vladyslavovych Kul'chyts'kyi and O. M. Veselova. Kyiv: Vyd-vo M.P. Kots', 2000.

———. "Pereselennia ta deportatsii v postholodomorni roky(1933-1936): poraionnyi zriz," *Problemy istorii Ukraïny: fakty, sudzhennia, poshuky: Mizhvidomchyi zbirnyk naukovykh prats'* 22(2013), 136-166.

———, and L. Iakubova. "Natsional'ni vidnosyny v radians'kii Ukraïni(1923-1938)," in *Natsional'ne pytannia v Ukraïni XX-pochatku XXI st.: istorychni narysy*, eds. V. M. Lytvyn et al. Kyiv: Nika-Tsentr, 2012.

Ivnitskii, N. A. *Kollektivizatsiia i raskulachivanie, nachalo 30-kh gg*. Moscow: Interpraks, 1994.

Jones, Gareth. "Famine Grips Russia, Millions Dying, Idle on Rise, Says Briton," *Chicago Daily News and Evening Post Foreign Service*, 29 March 1933.

———. "Fate of Thrifty in USSR: Gareth Jones Tells How Communists Seized All Land and Let Peasants Starve," *Los Angeles Examiner*, 14 January 1935.

———. Press Release. Quoted in "Famine Grips Russia, Millions Dying, Idle on Rise, Says Briton," *Evening Post Foreign Service*, 29 March 1933.

———. "Soviet Confiscate Part of Workers' Wages," *Daily Express*, 5 April 1933.

Kasianov, Georgiy. "Holodomor and the Politics of Memory in Ukraine after Independence," In *Holodomor and Gorta Mor: Histories, Memories and Representations of Famine in Ukraine and Ireland*, eds. Vincent Comeford, Lindsay Jansen, and Christian Noack, 167-188. London: Anthem Press, 2014.

———. "Revisiting the Great Famine of 1932-1933: Politics of Memory and Public Consciousness(Ukraine after 1991)," in *Past in the Making: Historical Revisionism in Central Europe after 1989*, ed. Michal Kopecek, 197-220. Budapest: Central European University Press, 2007.

Khlevniuk, Oleg V. *Stalin: New Biography of a Dictator*, trans. Nora Seligman Favorov. New Haven, CT: Yale University Press, 2015.

Klid, Bohdan. "Daily Life Under Soviet Rule and the Holodomor in Memoirs and Testimonies of the Late 1940s: Some Preliminary Assessments," presented at the Canadian Association of Slavists 2015 Annual Conference, Ottawa, Ontario, 26 May 2015.

———. "The Black Deeds of the Kremlin: Sixty Years Later," *Genocide Studies International* 8(2014), 224-235.

Kondrashin, Viktor, *Golod 1932-1933 godov. Tragediia rossiyskoi derevni*, Moscow: ROSSPEN, 2008

———, and S. V. Kul'chyts'kyi. "O Samom Glavnom: professor Stanislav Kul'chitskii i ego rossiiskii kollega Viktor Kondrashin: chem byl Golodomor 1932-1933 godov?" *Den*, Kyiv, 3 June 2008.

Kotkin, Stephen. *Stalin: Paradoxes of Power*, vol. 1. New York: Penguin Press, 2014.

Kubanin, M. *Makhnovshchina: Krest'ianskoe dvizhenie v stepnoi Ukraine v gody grazhdanskoi voiny*. Leningrad: Pirboi, 1927.

Kul'chyts'kyi, Stanislav V. "Comments at UNAS (National Academy of Sciences) Institute of History of Ukraine Seminar," presented at the Institute of History of Ukraine Seminar, Kyiv, 19 April 2016.

———. *Holodomor 1932-1933 rr. iak henotsyd: trudnoshchi usvidomlennia*. Kyiv: Nash chas, 2008.

———. *Chervony vyklyk. Istoriia komunizmu v Ukraiini vid joho narodzhennia do zahybel*, vols. 1-3. Kyiv: Tempora, 2013-2017.

———. "Holodomor in the Ukrainian Countryside," in *After the Holodomor: The Enduring Impact of the Great Famine on Ukraine*, eds. Andrea Graziosi, Lubomyr Hajda, and Halyna Hryn. Cambridge, MA: Harvard Ukrainian Research Institute, 2013.

———. "Holodomor u pratsiakh ukraïns'kykh radians'kykh istorykiv 1956-1987 rr," *Istoriia v suchasnii shkoli: naukovo-metodychnyi zhurnal*, no. 10(146)(2013), 29-31.

———. *Narysy povsiakdennoho zhyttia radians'koï Ukraïny v dobu NEPu(1921-1928 rr.) kolektyvna monohrafiia v 2-kh chastynakh*. 2 vols. Kyiv: Instytut Istoriï Ukraïny NAN Ukraïny, 2010.

———, and O. M. Movchan. *Nevidomi storinky holodu 1921-1923 rr. v Ukraïni*. Kyiv: Instytut Istoriï Ukraïny NAN Ukraïny, 1993.

Kuromiya, Hiroaki. *Freedom and Terror in the Donbas: A Ukrainian-Russian Borderland, 1870s-1990s*. Cambridge: Cambridge University Press, 1998.

Kyrydon, Alla. "Ruinuvannia kul'tovykh sporud(1920-1930-ti rr.): porushennia tradytsiinoï rytmolohiï prostoru," *Ukraïns'kyi Istorichnyi Zhurnal* 22, no. 6(2013), 91-102.

Kyrylenko, Vitalii Petrovych. "Holod 1921-1923 rokiv u pivdennii Ukraïni," dissertation, Mykolaivs'kyi Natsional'nyi Universytet imeni V. O. Sukhomlyns'koho, 2015.

Lemkin, Raphael. *Axis Rule in Occupied Europe: Laws of Occupation—Analysis of Government—Proposals for Redress*. Washington, D.C.: Carnegie Endowment for International Peace, 1944.

———. *Lemkin on Genocide*, ed. Steven Leonard Jacobs, Lanham, MD: Lexington Books, 2012.

———. "Soviet Genocide in the Ukraine," unpublished talk, 1953, Raphael Lemkin Papers, New York Public Library, Manuscripts and Archives Division, Astor, Lenox and Tilden Foundations, Raphael Lemkin ZL-273. Reel 3. Available at https://www.uccla.ca/SOVIET_GENOCIDE_IN_THE_UKRAINE.pdf.

Lytvyn, V. M. et al., eds. *Ukraïna: Politychna Istoriia XX pochatok-XXI stolittia*. Kyiv: Parlaments'ke vydavnytstvo, 2007.

Mace, James. *Communism and the Dilemmas of National Liberation: National Communism in Soviet Ukraine, 1918-1933*. Cambridge, MA: Harvard Ukrainian Research Institute, 1983.

Magocsi, Paul Robert. *A History of Ukraine: The Land and its Peoples*, 2nd edn. Toronto: University of Toronto Press, 2010.

Marochko, Vasyl', and Olha Movchan. *Holodomor 1932-1933 rokiv v Ukraïni: khronika*. Kyiv: Kyievo-Mohylians'ka Akademiia, 2008.

Marples, David. *Holodomor: Causes of the Famine of 1932-1933 in Ukraine*. Saskatoon, Saskatchewan: Heritage Press, 2011.

Martin, Terry. "Famine Initiators and Directors: Personal Papers: The 1932-1933 Ukrainian Terror: New Documentation on Surveillance and the Thought Process of Stalin," in *Famine-Genocide in Ukraine, 1932-1933*, ed. Isajiw W. Wsevolod. Toronto: Ukrainian Canadian Research and Documentation Centre, 2003.

———. *The Affirmative Action Empire: Nations and Nationalism in the Soviet Union, 1923-1939*. Ithaca, NY: Cornell University Press, 2001.

Maskudov, Sergei. "Victory over the Peasantry," in *Hunger by Design: The Great Ukrainian Famine and its Soviet Context*, ed. Halyna Hryn. Cambridge, MA: Harvard Ukrainian Research Institute, 2008.

Mattingly, D. "Idle, Drunk and Good-for-Nothing: Cultural Memory of the Holodomor Rank-and-File Perpetrators," in *The Burden of Memory: History, Memory and Identity in Contemporary Ukraine*, eds. Anna Wylegała and Małgorzata Głowacka-Grajper. Bloomington, IN: Indiana University Press, 2017.

Medvedev, Roy Aleksandrovich. *Let History Judge: The Origins and Consequences of Stalinism*, first published 1969, rev. and expanded edn, ed. and trans. George Shriver. Oxford: Oxford University Press, 1989.

Merridale, Catherine. *Night of Stone: Death and Memory in Twentieth-Century Russia*. New York: Viking, 2001.

———. "The 1937 Census and the Limits of Stalinist Rule," *The Historical Journal* 39, no. 1(1 March 1996).

Montefiore, Simon Sebag. *Stalin: The Court of the Red Tsar*. New York: Knopf, 2004.

———. *The Romanovs*. London: Weidenfeld and Nicolson, 2016.

Motyl, Alexander. *The Turn to the Right: The Ideological Origins and Development of Ukrainian Nationalism, 1919-1929*. New York: Columbia University Press, 1980.

Naimark, Norman M. *Stalin's Genocides*. Princeton, N.J.: Princeton University Press, 2010.

Noll, Vil'iam. *Transformatsiia hromadians'koho suspil'stva: Usna istoriia ukraïns'koï selans'koï kul'tury, 1920-1930 rokiv. Kyiv: Rodovid, 1999.

Osokina, Elena Aleksandrovna. *Zoloto dlia industrializatsii: Torgsin*. Moscow: ROSSPEN, 2009.

———. *Our Daily Bread: Socialist Distribution and the Art of Survival in Stalin's Russia, 1927-1941*, trans. Kate Transchel and Greta Bucher. London and New York: Routledge, 2005.

Palij, Michael. *The Anarchism of Nestor Makhno, 1918-1921: An Aspect of the Ukrainian Revolution*. Seattle, WA: University of Washington Press, 1976.

Papakin, Heorhii V. *"Chorna doshka": antyselians'ki represiï, 1932-1933*. Kyiv: Instytut Istoriï Ukraïny NAN Ukraïny, 2013.

———. "Blacklists as an Instrument of the Famine-Genocide of 1932-1933 in Ukraine," trans. Marta Olynyk. *Key Articles on the Holodomor Translated from Ukrainian into English*, Holodomor Research and Education Consortium. http://holodomor.ca/translated-articles-on-the-holodomor.

———. *Donbas na "chornii doshtsi," 1932-1933: Naukovo-populiarnyi narys*. Kyiv: Instytut Istoriï Ukraïny NAN Ukraïny, 2014.

Pasternak, Boris. *Doctor Zhivago*, trans. Richard Pevear and Larissa Volokhonsky. New York: Pantheon Books, 2010.

Patenaude, Bertrand. *The Big Show in Bololand: The American Relief Expedition to Soviet Russia in the Famine of 1921*. Stanford, CA: Stanford University Press, 2002.

Pauly, Matthew D. *Breaking the Tongue: Language, Education, and Power in Soviet Ukraine, 1923-1924*. Toronto: University of Toronto Press, 2014.

Pidhainy, S. O., ed. *The Black Deeds of the Kremlin: A White Book*, 2 vols. Toronto: Basilian Press, 1953.

Pipes, Richard. *Russia under the Bolshevik Regime*. New York: Vintage Books, 1995.

———, ed. *The Unknown Lenin: From the Secret Archive*. New Haven, CT: Yale University Press, 1999.

Platonov, Andrei Platonovich. *Fourteen Little Red Huts and Other Plays*, trans. Robert Chandler, Jesse Irwin, and Susan Larsen. New York: Columbia University Press, 2016.

Plokhy, Serhii. "Mapping the Great Famine," *MAPA: Digital Atlas of Ukraine, Harvard Ukrainian Research Institute*, accessed 23 April 2017. http://gis.huri.harvard.edu/images/pdf/MappingGreatUkrainianFamine.pdf.

———. *The Gates of Europe: A History of Ukraine*. New York: Basic Books, 2015.

———. *Unmaking Imperial Russia: Mykhailo Hrushevsky and the Writing of Ukrainian History*. Toronto: University of Toronto Press, 2005. http://www.deslibris.ca/ID/418634.

Pohl, Otto J., Eric J. Schmaltz, and Ronald J. Vossler. "'In Our Hearts We Felt the Sentence of Death': Ethnic German Recollections of Mass Violence in the USSR, 1928-1948," *Journal of Genocide Research* 11, no. 2(2009), 325-327.

Power, Samantha. *A Problem from Hell*. New York: Basic Books, 2002.

Prymak, Thomas M. *Mykhailo Hrushevsky: The Politics of National Culture*. Toronto: University of Toronto Press, 1987.

Rigoulot, Pierre. *Les Paupières Lourdes: Les Français face au Goulag: Aveuglements et Indignations*. Paris: Éditions universitaires, 1991.

Riznykiv, Oleksa. *Ídlo 33-ho: slovnyk holodomoru*. Odessa: Iurydychna literatura, 2003.

Romanets', N. R. "Borot'ba z samosudamy v Ukraïns'komu seli, 1933-1935 rr," *Naukovi pratsi istorychnoho fakul'tetu Zaporiz'koho Natsional'noho Universytetu*, XXIX(2010), 186-191.

Rubl'ov, Oleksandr Serhiiovych, and Oleksandr Petrovych Reient. *Ukraïns'ki vyzvol'ni zmahannia 1917-1921 rr*. Kyiv: Al'ternativy, 1999.

Sands, Philippe. *East West Street: On the Origins of "Genocide" and "Crimes Against Humanity."* New York: Knopf, 2016.

Serhiichuk, Volodymyr et al. *Ukraïns'kyi khlib na eksport, 1932-1933*. Kyiv: PP Serhiichuk M.I., 2006.

———. *Pohromy v Ukraïni 1914-1920: vid shtuchnykh stereotypiv do hirkoï pravdy, prykhovuvanoï v radians'kykh arkhivakh*. Kyiv: Vyd-vo im. O. Telihy, 1998.

Service, Robert W. *Lenin: A Biography*. London: Papermac, 2001.

Shapoval, Iurii(Yuri). "Fatal'na Ambivalentnist," #Krytyka: mizhnarodnyi ohliad knyzhok ta idei(May 2015). https://krytyka.com/ua/articles/fatalna-ambivalentnist.

———. "Petro Shelest: 100th Anniversary of the Birth of One of Ukraine's Most Spectacular Political Figures," *Den*(4 March 2008).

———. "Stoletnii Shelest: 14 fevralia ispolniaetsia 100 let odnomu iz samykh koloritnykh rukovoditelei USSR," *Den*(8 February 2008).

———. "The Case of the 'Union for the Liberation of Ukraine': A Prelude to the Holodomor," *Holodomor Studies* 2, no. 2(Summer-Autumn 2010).

———. "The Mechanisms of the Informational Activity of the GPU-NKVD," *Cahiers du monde russe* 22(2001), 207-230.

———. "The Symon Petliura Whom We Still Do Not Understand," *Den* 18, last modified 6 June 2006, accessed 20 April 2017. http://www.ukemonde.com/petlyura/petlyura_notunder.html.

———. *Ukraïna 20-50 rr.: Storinky nenapysanoï istoriï*. Kyiv: Naukova Dumka, 1993.

———. "Vsevolod Balickij, bourreau et victime," *Cahiers du monde russe* 44, nos. 2/3(2003), 369-399.

———. "Zhittia ta smert' Mikoly Khvyl'ovoho: u svitli rozsekrechenykh dokumentiv HPU," *Z arkhiviv VUChK, HPU, NKVD, KHB* 2, nos. 30/31(2008), 316-317.

Shevelov, George Y. *The Ukrainian Language in the First Half of the Twentieth Century, 1900-1941: Its State and Status*. Cambridge, MA: Harvard Ukrainian Research Institute, 1989.

Shkandrij, Myroslav, and Olga Bertelsen. "The Soviet Regime's National Operations in Ukraine, 1929-1934," *Canadian Slavonic Papers* 55, nos. 3/4(September-December 2013), 160-183.

Shlikhter, Aleksandr. "Bor'ba za khleb na Ukraine v 1919 godu," *Litopys revoliutsiï: Zhur-

nal istoriï KP(b)U ta Zhovtnevoï revoliutsiï na Ukraïni 2, no. 29(1928).
Sholokhov, Mikhail. *Virgin Soil Upturned*, trans. Stephen Garry. London: W. & J. Mackay, 1977.
Sipko, S. "A Report for the Holodomor Research and Education Consortium," n.p., 2013.
Smolii, V. A. et al. *"Ukraïnizatsiia" 1920-1930-kh rokiv: peredumovy, zdobutky, uroky.* Kyiv: Instytut Istoriï Ukraïny NAN Ukraïny, 2003.
Smolii, Valerii et al. *Istoriia ukraïns'koho selianstva: Narysy v 2-kh tomakh.* 2 vols. Kyiv: Instytut Istoriï Ukraïny NAN Ukraïny, 2006.
Snyder, Timothy. *Black Earth: The Holocaust as History and Warning.* New York: Tim Duggan Books, 2015.
———. *Bloodlands: Europe Between Hitler and Stalin.* New York: Basic Books, 2010.
———. *Sketches from a Secret War: A Polish Artist's Mission to Liberate Soviet Ukraine.* New Haven, CT: Yale University Press, 2005.
———, and Ray Brandon. *Stalin and Europe: Imitation and Domination, 1928-1953.* Oxford: Oxford University Press, 2014.
Sosnovyi, S. "Pravda pro velykyi holod na Ukraïni v 1932-1933 rokakh," *Ukraïns'ki visti*(7 February 1948).
Subtelny, Orest. *Ukraine: A History.* Toronto: University of Toronto Press, 1988.
Sysyn, Frank. "The Ukrainian Famine of 1932-1933: The Role of the Ukrainian Diaspora in Research and Public Discussion," *Studies in Comparative Genocide*, eds. Levon Chorbajian and George Shirinian. New York: St. Martin's Press, 1999.
———. "Thirty Years of Research on the Holodomor: A Balance Sheet," *Contextualizing the Holodomor: The Impact of Thirty Years of Ukrainian Famine Studies*, eds. Frank Sysyn and Andrij Makuch. Toronto: Canadian Institute of Ukrainian Studies, 2015.
Taylor, Sally J. *Stalin's Apologist: Walter Duranty, the New York Times's Man in Moscow.* New York: Oxford University Press, 1990.
Thevenin, Etienne. "France, Germany and Austria Facing the Famine of 1932-1933 in Ukraine," presented at the James Mace Memorial Panel, IAUS Congress, Donetsk, Ukraine, 6 June 2005.
Tottle, Douglas. *Fraud, Famine, and Fascism: The Ukrainian Genocide Myth from Hitler to Harvard.* Toronto: Progress Books, 1987.
Tucker, Robert C. *Stalin in Power: The Revolution from Above, 1928-1941.* New York: W. W. Norton, 1992.
Vasyl'ev, Valerii. "Osoblyvosti polityky kerivnytstva VKP(b) u sil's'komu hospodarstvi URSR(Kinets' 1933-1934 rr.)," *Ukraïns'kyi selianyn: pratsi Naukovo-doslidnoho Instytutu Selianstva* 10(2006), 342-348.
———. Politychne kerivnytstvo URSR i SRSR: Dynamika vidnosyn tsentr-subtsentr vlady 1917-1938. Kyiv: Instytut Istoriï Ukraïny NAN Ukraïny, 2014.
———, and Iurii I. Shapoval, *Komandyry velykoho holodu: Poïzdky V. Molotova i L. Kahanovycha v Ukraïnu ta Pivnichnyi Kavkaz, 1932-1333 rr.* Kyiv: Heneza, 2001.

Viola, Lynne. *Peasant Rebels Under Stalin: Collectivization and the Culture of Peasant Resistance*. Oxford: Oxford University Press, 1996.
———. *The Best Sons of the Fatherland: Workers in the Vanguard of Soviet Collectivization*. New York: Oxford University Press, 1987.
———, and V. P. Danilov, eds. *The War Against the Peasantry, 1927-1930: The Tragedy of the Soviet Countryside*, trans. Steven Shabad. New Haven, CT: Yale University Press, 2005.
Wolowyna, Oleh, Serhii Plokhy, Nataliia Levchuk, Omelian Rudnytskyi, Pavlo Shevchuk and Alla Kovbasiuk. "Regional Variations of 1932-1934 Famine Losses in Ukraine," *Canadian Studies in Population* 43, nos. 3/4(2016), 175-202.
Yevsieieva, Tetiana. "The Activities of Ukraine's Union of Militant Atheists during the Period of All-Out Collectivization, 1929-1933," trans. Marta Olynyk. *Key Articles on the Holodomor Translated from Ukrainian into English*, Holodomor Research and Education Consortium. http://holodomor.ca/translated-articles-on-the-holodomor.

사진 출처

추후 발견된 오류나 누락 사항은 향후 개정판에 반영할 것이다. 번호는 사진 순서다.

TsDKFFA Ukraïny im. H. S. Pshenychnoho: 12, 16, 17, 18, 19, 20, 21.

TsDKFFA Ukraïny im. H. S. Pshenychnoho: 13, 14, 15, 24, 25. Previously published in Ukraïns'kyi Instytut Natsional'noï Pam'iati, and V. Yushchenko, eds. *Natsional'na knyha pam'iati zhertv Holodomoru 1932–1933 rokiv v Ukraïni*. Kyiv: Vydavnytstvo im. Oleny Telihy, 2008.

TsDKFFA Ukraïny im. H. S. Pshenychnoho: 22, 23. Previously published in Serhii Kokin, Valerii Vasyl'ev, and Nicolas Werth, eds. "Dokumenty orhaniv VKP(b) ta DPU USRR pro nastroï i modeli povedinky partiino-radians'kykh pratsivnykiv u respublitsi, 1932–1933 rr.," *Z arkhiviv VUChK GPU NKVD KGB* 1–2, nos. 40–1(2013).

Diözesanarchive, Vienna: 26, 27, 28, 29, 30, 31, 32, 33, 34 35, 36, 37, 38, 45. By permission of Samara Pearce, family of Alexander Weinerberger.

HDA SBU: 39, 40. Previously published in Valentyna Borysenko, ed. *Rozsekrechena pam'iat': Holodomor 1932–1933 rokiv v Ukraïni v dokumentakh GPU-NKVD*. Kyiv: Stylos, 2007.

British Library, London: 42. © British Library Board/Bridgeman Images. As with 44, the columns of the original have been aligned for presentation on the page.

Map 4 was adapted from the MAPA: Digital Atlas of Ukraine program at the Ukrainian Research Institute, Harvard University.

찾아보기

「절망의 수확Harvest of Despair」(다큐멘터리, 1985) 650, 655-656
『뉴요커The New Yorker』 617
『뉴욕 이브닝 포스트New York Evening Post』 610
『뉴욕 타임스The New York Times』 577, 601, 603, 614, 651
『더 맨체스터 가디언The Manchester Guardian』 612
『데일리 익스프레스Daily Express』 611
『런던 리뷰 오브 북스London Review of Books』 652
『런던 이브닝 스탠더드the London Evening Standard』 611
『시카고 데일리 뉴스Chicago Daily News』 610
『카디프 웨스턴 메일Cardiff Western Mail』 611
『타임스 문학 부록The Times Literary Supplement』 651
『프라우다Pravda』 144, 364
　도취할 만한 성공(1930년 3월 2일 기사) 298-301, 323, 333
BBC 650

ㄱ

가스 산업 328
갈리시아 34, 38, 45-47, 53, 55, 636
검은 군대(마흐노비스츠) 105, 115, 136, 180, 308, 310-311, 553
게티, J, 아치Getty, J, Arch 652
고골, 니콜라이Gogol, Nikolai 32, 427, 611
고르바초프, 미하일Gorbachev, Mihkail 293, 658-661
고리키, 막심Gorky, Maxim 144, 373
곡물 징발
　강제 징발(프로드라즈비오르스트카, 1918년부터 1923년) 82, 86, 94, 99, 118, 131, 138, 141, 155, 222, 225
　곡물 징발 유예(1923년) 155-157,

159, 186
　　레닌의 특단의 조치(1918년) 86
　　반란 215, 222, 228-229, 261, 288-292, 310-315, 377
　　부하린의 반대 159
　　수집(1931년) 330-332, 336
　　수집(1932년부터 1932년) 338-339, 380, 657
　　집단화와 곡물 징발 198, 228, 241
　　징발 목표 미달성 시 사형 선고 415
　　징발 실패의 요인으로 지목된 우크라이나화 408, 410, 420, 681
　　특단의 조치 복귀(1928년) 191, 198-199, 230, 233-234, 250
　　하급 당원 233, 300, 333, 345, 378
　　할당제(1932년) 345, 351, 355-357, 366, 379, 381-382, 635
　　할당제(1933년) 464
공산주의
　　국제 무대 70
　　민족 공산주의 개념 75-78
　　민족 공산주의자 160-162, 167-170, 460
　　외국인 공산주의자 방문 595-598
　　전시 공산주의 81-83, 138, 186, 198
　　중앙 집권 국가 158
괴링, 헤르만 Göring, Hermann 630
괴벨스, 요제프 Goebbels, Joseph 631
교육학 연구소(니진) 427

교황 비오 11세 590
구술 증언과 회고록 22, 248, 271, 436, 447, 455, 501, 507, 528, 633, 643, 651
　　『크렘린의 사악한 행위 The Black Deeds of the Kremlin』 643, 644
구체제의 백군 15, 67, 72, 106, 180
　　1919년 우크라이나에서의 활동 112, 114, 117, 175, 316, 369
　　OGPU의 음모론적 사고 418-419
　　반유대 폭력 행위 120-121
　　폴란드-우크라이나 합동 공세(1920년) 128-129, 369
국제적십자 145, 150
굴라크(강제 노동 수용소) 219, 270, 324, 364-365, 414, 507, 586, 599
　　대확장(1937년부터 1938년) 586
　　반체제 역사서 647
그라데니고, 세르조 Gradenigo, Sergio 503
그라치오시, 안드레아 Graziosi, Andrea 21, 23, 552
그로스만, 바실리 Grossman, Vasiliy 402, 435, 492
그리스 가톨릭 38
그리스계 소수민족 569
극장 44, 89, 164, 218, 566
글라스노스트 정책 659, 661
기근(1928년부터 1929년) 229
기근(1946년부터 1947년) 550, 639

ㄴ

나고르노-카라바흐 지역 679
나르부트, 헤오르히Narbut, Heorhii 54
나이마크, 노먼Naimark, Norman 674
나치 독일 568, 591, 593,
    1932년부터 1933년 기근 인지 631
    굶주림 계획 629
    몇몇 우크라이나인과 연합 646, 653-655
    바르샤바 침공 672
    반유대주의 633
    소련 전쟁 포로 627
    슬라브인에 대한 관점 627
    우크라이나 강제 노동 수용소 627, 639
    우크라이나 점령 625-633, 646, 655
    점령 중 기근 선전 631
    히틀러의 소련 침공 626-627
난센 미션 145, 150
내전 67, 70-71, 138, 141, 192, 289
    블랙리스트 385-391
    식량 부족 96
    종식 138
    카자크 테러 98-99
    폴란드-우크라이나 합동 128-129
냉전 642, 644, 652, 674
네덜란드 328
네스테렌코, 미하일로Nesterenko, Mykhailo 414
노보올렉산드립카 마을 265, 505
농민
    8월 7일 법의 희생자 363-365, 383, 445, 486
    가격이 오를 때까지 곡물 저장 186, 191-193
    곡물 위기(1927년부터 1928년) 186-190, 195
    과세를 통한 소유권 강탈 251, 264, 384
    기근 중 반란(1921년부터 1923년) 154
    농민에 대한 레닌의 관점 67-68, 85, 153-154, 156-157
    농민에 대한 스탈린의 관점 69-70, 75, 221, 572
    농업 의욕 저하 141, 195, 278
    도시-농촌 물물교환 83
    러시아 공동 농업 전통 90-91, 289
    마르크스 이론에서 농민 69
    반란(1930년) 288-297
    베드냐크(빈농) 93, 193
    볼셰비키의 계급 구분 93
    빈농 위원회 96
    소 소유 255, 263-264, 280, 290-291, 383, 483, 451
    스탈린의 농민 착취 주장 199
    안토노프 반란 154
    여성들의 반란(바브스키 분티)

302, 326
  집단 농장에서 도시로 이주 268, 324-326, 396-399, 402-403
  집단화 저항 222-224, 249, 257-258, 260, 288-297, 325-326, 357-361
  탐보프 봉기(1921년) 107, 154
농업
  1920년에서 1921년 가뭄 141
  1924년 수확 328
  1928년에서 1929년 수확 229
  1931년 가뭄 332
  1931년 봄 파종 330
  1933년 수확 380, 384-385
  1946년 가뭄 639
  곡물 수출 328-330, 353-354, 384-385, 594, 639
  기근 이후 노동력 부족 553, 560, 562
  기근 이후 재정착 프로그램 561-562, 565-566
  농업 인민 위원회 241
  러시아 공동 농업 전통 90, 289
  우크라이나 농학 아카데미 427
  이모작 36
  흑토 지대 36
  집단 농장(콜호스), 집단화, 곡물 몰수, 소작농 등을 보라.
놀, 윌리엄Noll, William 247
뉘른베르크 재판 674

니즈니크, 이오시프Nyzhnyk, Iosyp 94
니진(체르니히우 지역) 427
니콜라이 2세Nicholas, II 황제 46, 119

ㄷ

다게스탄 317
다비덴코, 마리야Davydenko, Mariia 502
대공포(대숙청, 1937년부터 1938년) 173, 234, 271, 431, 497
  기원(1932년에서 1933년) 288, 379, 426
  특정 타깃이된 우크라이나 당 관료 567
  희생된 통계학자 583-585
데니킨, 안톤Denikin, Anton 106, 112, 114-116, 121-122, 127-128, 136
데발체베 시 390
도네츠크 시 32, 45, 65, 88, 396, 428, 605
도네츠크주 142, 250, 506, 551-552, 560
도로넨코, 마리야Doronenko, Mariia 482
독일계 소수민족 44, 105, 224, 258, 295, 343, 541
  기근 이후 재정착 561
  기근(1932년부터 1933년) 541, 549-550, 561
  볼가 지역 독일인 541, 549, 561
  집단화 295

쿨라크로 분류 258
토르그신 경화 체인점 541
독일인 258, 561, 569, 593
1933년 1월 히틀러의 선거 승리 591
곡물 수출 328
근대 국가의 출현 39, 54
기근(1932년부터 1933년 549-550
마흐노의 검은 군대 105
브레스트리토프스크 조약(1918년) 58-59
샤흐티 재판 212-214
스코로파즈키 체제 59-60, 105, 109
제1차 세계대전 46, 62, 79
나치 독일도 참조해서 보라.
돈바스 45, 212, 268-269, 271, 386, 402, 419, 479, 517, 519, 566-567
돌고루코프, 이반Dolgorukov, Ivan 왕자 35
돌로트, 미론Dolot, Miron 238-241, 248, 254-255, 260, 301, 482
두드니크, 이반Dudnyk, Ivan 505
듀런티, 월터Duranty, Walter 577, 601-603, 614-617, 651
드네프로페트롭스크 시(카테리노슬라우) 113, 141, 307, 420
곡물 징수 341, 344, 367
기근 사망률(1932년부터 1933년) 551
기근(1921년부터 1923년) 141-142, 155
기근(1932년부터 1933년) 341, 344, 443, 458-459, 478, 485-486, 505
집단화 저항 295, 307, 311
드니프로강 31, 32, 36, 597
드라젭스카, 류보프Drazhevska, Liubov 534
드라치, 이반Drach, Ivan 659
드로빌코, 페트로Drobylko, Petro 577

ㄹ

라디오 방송국 자유유럽방송 650, 653
라발, 피에르Laval, Pierre 616
라시코바 슬로보다(체르니히우주) 489
라이온스, 유진Lyons, Eugene 187, 194, 212, 228, 237, 603
라이프-라비노비치, 시몬Leib 123-124
라콥스키, 크리스티안Rakovsky, Christian 77, 81, 89, 112, 148, 150, 157-158
라트비아 76, 172, 328
랏첸코, 올렉산드라Radchenko, Oleksandra 491, 541, 638-639
랴잔주(모스크바 인근) 277
러시아(소련 시기)
곡물 조달 강화 도구로서 블랙리스트 386
공동 농업 전통 90, 289
기근(1921년부터 1923년) 148, 154
기근으로 인한 우크라이나인 유입(1932년) 392-393

도시-농촌 물물교환 83
　　러시아 기근에 대한 콘드라신의 주장 679-681
　　러시아화 정책 20, 423, 428-432, 561-567, 644-645, 686
　　　보이는 국경(1933년) 401
　　　붉은 군대 구성원 136-137
　　　비밀경찰 구성 175
　　　빈농 위원회(콤네자미) 94
　　　사망률(1932년부터 1933년) 549
　　　수색대 구성원 447-449
　　　우크라이나 내 러시아 국수주의 158, 568, 689
　　　우크라이나 내 러시아 정책 73-77, 82, 89-91, 94, 137-138, 643
　　　우크라이나어 화자 161, 204, 387
　　　우크라이나인 민족 예술과 문화 202
　　　재정착 프로그램 561-566
　　　전 러시아 기근 위원회 144
　　　주권 국가 이전의 러시아 678
　　　집단화 구성원 250, 252
　　러시아(소련 이후)
　　　FSB 선전 688
　　　기근에 대한 반론 679-680
　　　동부 우크라이나 침공(2014년) 24, 683, 687
　　　안정적인 우크라이나에 대한 두려움 689-691
　　　야누코비치 후원 23, 682
　　　엘리트들 319
　　　완전 부인 684
　　　우크라이나를 향한 적개심 44
　　　위협으로서의 캠페인 679, 683, 690
　　　유센코 당선 676-678
　　　크림반도 병합(2014년) 24, 683, 689
러시아 제국 33, 35, 40, 42-43, 158
　　1905년 혁명 46
　　1917년 2월 혁명 46-47, 79, 173
　　농노 해방(1861년) 42
　　더 높은 사회적 지위를 얻는 길 44, 171, 428, 569
　　러시아어 32, 36, 38-40, 156-158, 568-569
　　마제파 반란 37-38
　　만연한 반셈족주의 40, 119-120
　　멸망(1917년) 46
　　산업 언어 45
　　오흐라나(제국 비밀경찰) 120
　　제1차 세계대전 군대 62
　　제1차 세계대전 전 근대화 46
　　제1차 세계대전 중 러시아의 식량 부족 79, 81
　　지침 68
　　키이우 루스 33, 37
　　폴란드-러시아 충돌(16세기) 38
　　현대 언어 전쟁 687
레닌

1917년 10월 쿠데타 65
교회 재산 153
기근(1921년부터 1923년) 141-142, 144-146
농민에 대한 관점 67-68, 85, 153-154, 156-157
민족주의에 대한 관점 59, 68
비러시아지역 66, 77, 149-150, 156, 160
비밀경찰 창설(체카, 오그푸) 86
빈농 위원회(콤네자미) 96
사망(1924년) 159
성향 65
세 번째 우크라이나 점령(1920년) 160
'투기꾼' 비난 84
신경제정책 156-157, 159, 189, 193, 202, 213
우크라이나의 곡물 66, 74, 79, 82, 91, 100, 126, 140, 148, 156, 159
적색 테러 85
질병 153
첫 번째 우크라이나 점령(1918년) 59, 73-74
특단의 조치(1918년) 74
하이브리드 전쟁 75-77
레덴스, 스타니슬라프Redens, Stanislav 368, 375
레미크, 미콜라Lemyk, Mykola 589

레베트, 드미트로Lebed, Dmytro 157-158
레비트, 데니스Lebid, Denys 499
레이건, 로널드Reagan, Ronald 650
레인골트, 요세프Reingold, Joesf 99, 298
렘킨, 라파우Lemkin, Raphael 19, 669, 671-676
『점령된 유럽에서의 추축국 통치Axis Rule in Occupied Europe』 672-673
로마 가톨릭 38
로스토프 75
로이드 조지, 데이비드Lloyd George, David 605, 612
로조바(하르키우 지방) 394
루덴코, 미콜라Rudenko, Mykola, 『십자가 The Cross』 545
루마니아 639
"루스벨트, F. D.Roosevelt, F. D. 대통령" 589, 602, 616
루치시나, 나디야Lutsyshyna, Nadiia 513
루흐(독립 정당) 663-664
류틴, 마르테먄 Ryutin, Martemyan 376-378
르비우 시 34, 46-47, 213, 587, 589, 648-649, 671-672
리굴로, 피에르Rigoulot, Pierre 646
리드, 존Reed, John 595
리우보미렌코, 보흐단Liubomyrenko, Bohdan 636
리치츠키, 안드리Richytskyi, Andrii 460

리투아니아 40, 76, 541
리트비노프, 막심Litvinov, Maxim 81, 329, 611, 617
리트빈, 울리아나Lytvyn, Uliana 481
리트빈스키, 올렉시Lytvynskyi, Oleksii 489
립킵스키, 바실Lypkivsky, Vasyl 164

■

마네, 올가Mane, Olga 507
마르첸코, 카테리나Marchenko, Kateryna 494
마르크스, 카를Marx, Karl 68, 461
마르크스주의 이론 69, 156, 421, 573, 595
    농민 67, 93, 156
    우크라이나화와 신경제정책 168
    집단화 197, 201, 242, 362
마리우폴주 192, 304, 484
마슬랸추크, 한나Maslianchuk, Hanna 438
마이단 혁명 24, 683, 687
마이스키, 이반Maisky, Ivan 605
마제파, 이반Mazepa, Ivan 35, 37-38
마투솁스키, 보리스Matushevsky, Borys 216
마트비엔코Matviienko(마카리우 지도자) 124-125
마틴, 테리Martin, Terry 23, 365
마흐노, 네스토르Makhno, Nestor 104-106, 109-110, 112, 115-116, 123, 136, 311, 553

만체프, 바실리Mantsev, Vasilii 150
말레이시아 항공 17편 683
말리시코, 나디아Malyshko, Nadia 478, 529
매켄지, F. AMackenzie, F. A 143
머거리지, 맬컴Muggeridge, Malcolm 538, 612, 616, 654
메노파 105, 115
메드베데프, 드미트리Medvedev, Dmitry 679, 682
메드베데프, 로이Medvedev, Roy, 『역사가 판단하게 하라Let History Judge』 647
메모리얼 우크라이나 지부 662
메쉬케티아인 561
메이스, 제임스Mace, James 646, 664
멘셰비키 161, 173
멜리토폴현 355, 562
모로즈, 흐리호리Moroz, Hryhorii 446
모스칼렌코, 미콜라Moskalenko, Mykola 502
모스크바 21, 38, 75, 78
모스토비, 페트로Mostovyi, Petro 515
몰도바 자치 공화국 338, 461, 551
몰로토프, 뱌체슬라프Molotov, Vyacheslav 329, 331, 336-337, 347, 562
    공산당 서기장 153
    기근(1932년부터 1933년) 347, 352, 354-356, 374, 380, 382, 388

사후, 제노사이드 가해자로 유죄 판결(2010년) 677
　　우크라이나 방문(1928년 겨울) 195, 232
무라비요프, 미하일Muraviev, Mykhail 장군 73
무솔리니, 베니토Mussolini, Benito 593
무시추크, 미콜라Musiichuk, Mykola 455
문학 18, 52, 57, 83, 202, 424
　　1933년 소재, 연작시 635
　　VAPLITE(자유 프롤레탈리아 문학 아카데미) 203, 210
　　문학 집단 플루흐 165, 202
　　문학 집단 하르트 165, 202
　　반체제 650
　　부디노크, 슬로보(하르키우) 425
　　숙청(1932년부터 1933년) 423-424, 426-428, 430-432
　　우크라이나 작가 조합 659
　　카가노비치의 의심 206-207, 424
문헌, 기념, 증언 24, 515, 643, 650-651, 656-662, 681
　　『기억의 책Book of Memory』 676
　　1980년대, 우크라이나의 기근 명예 646-647, 650
　　국가기억연구소 682
　　국가적 기억으로 우크라이나인 단결 677
　　기억과 전후 디아스포라 641, 645-646, 650

　　나치 점령기 중 기근 기억 625-630
　　대기근 60주년 추모 663
　　디아스포라 기억에 반대하는 소련 캠페인 654-656
　　러시아의 추모비 파괴(2015년) 683-684
　　바라흐티 기근 추모비 546
　　추모비 546, 684
　　홀로도모르 추모 행사(2008년) 677, 679
미국
　　국내 정치가 좌우하는 우크라이나 인식 652
　　기근 구호 활동(1921년부터 1922년) 81, 145-146, 149-152
　　기근 조사위원회(1932년부터 1933년) 646, 656-657
　　기근에 대한 지식 579, 609-611
　　뉴욕 우크라이나 연구 기금 646
　　루스벨트 USSR 승인(1933년) 617
　　루스벨트의 "브레인 트러스트" 602
　　우크라이나 디아스포라 645-646, 650-656
미국 기업 연구소 652
미국구호기구ARA 145-147, 149-151, 155
미디어
　　개러스 존스의 소련 탐방(1933년)

604-616
　모스크바 주재 외신 기자단 598-604
　우크라이나 언론 44, 66, 166, 204-205
미로넨코, 이반Myronenko, Ivan 340
미르호로트(폴타바주) 451
미치크, 야리나Mytsyk, Iaryna 482
미코얀, 아나스타스Mykoyan, Anastas 195, 330, 332, 336
미콜라이우 시, 미콜라이우주 62, 142, 149, 269, 429, 455
민속 음악 170, 276
민족 인민 위원 69,
밀로프, 미콜라Mylov, Mykola 441

ㅂ
바르바르, 아르카디Barbar Arkadii 216
바르투, 장-루이Barthou, Jean-Louis 616
바벤코, 나디야Babenko, Nadiia 538
바벨, 이사크Babel, Isaac 114
바비 야르 계곡 유대인 학살 639
바샤, 미콜라Basha, Mykola 489
바스마치운동 316
바시키르 316
바잔, 미콜라Bazhan, Mykola 424
바카이, 아나톨리Bakai, Anatolii 516
바케, 헤르베르트Backe, Herbert 628-630
바투미(조지아 흑해 연안) 394

반두라(악기) 169
발라놉스키, 미하일로Balanovskyi, Mykhailo 446
발리츠키, 브세볼로트Balytsky, Vsevolod 173
　1919년 농민 반란 174
　1930년 농민 반란 249, 251, 257, 260, 268-269
　SVU 발명 213-219
　기근(1932년부터 1933년) 392, 412-413, 418-419
　모스크바에 바친 충성 207
　스탈린의 우크라이나 복귀 명령 368, 413
　외국(인)에 대한 음모 211-214
　우크라이나 공산당 숙청 333-334, 379, 382, 411-419, 456
　인물 배경, 전사 173-176
　정치 폭력의 정화 능력에 대한 믿음 174
　제르진스키와 '청소' 175
　체카 지휘 175, 207-209
　키이우의 사회주의 재건 429
　흐루셰우스키 추방 421-422
발카르인 561
발트 3국 54, 58, 626
백해 운하 271
버클리, 윌리엄Buckley, William 650
베르니두브, 레오니드Vernydub, Leonid

437-438
베르사유 평화 회의(1919년) 47
벤드리크, 마리아Bendryk, Maria 437
벤지크, 라리사Venzhyk, Larysa 501-502
벨라루스 137, 174, 257, 260, 270, 389, 393, 562, 628
벨리치코, 스피리돈Velychko, Spyrydon 462
벨리카 레페티하 마을 533
벨리케 우스탸(체르니히우주) 94, 117
벨린스키, 비사리온Belinsky, Vissarion 35
보로실로프, 클리멘트Voroshilov, Klement 88, 375, 394, 619
보로트비스티 55, 97, 161, 165, 181
보로파이, 올렉사Woropay, Olexa, 『아홉 번째 원The Ninth Circle』 640
보이추크, 미하일로Boichuk, Mykhailo 203
보이추크, 페트로Boichuk, Petro 480
보즈네젠스크, 우크라이나 남부 448, 464
보지니아크, 레온Woźniak, Leon 395
본다렌코, 마리야Bondarenko, Mariia 579
볼셰비키 64-68
    내전과 정치적 분수령 70
    러시아 제국 출신 지도자 66, 158
    마흐노 104-107
    반셈족주의 126, 151
    식량 위기(1918년부터 1919년) 79-82
    식량과 권력 사이의 연결 고리 80-87
    우크라이나 공화국 불인정 77-78, 89
    우크라이나 두 번째 점령(1919년) 78, 89-100
    우크라이나 세 번째 점령(1920년) 160-162
    우크라이나 지식인에 의혹 제기 71, 89, 127
    우크라이나 첫 점령(1918년 2월) 59, 73-74, 77
    우크라이나 추종자(1917년) 71-73
    우크라이나 혁명 52-57
    중앙 집권 국가에 대한 집착 159
    쿠데타(1917년 10월) 65, 71
    피우수트스키와 휴전 협정 129-131
    흐리호리예우 109-112
볼테르Voltaire 38
볼히니아 38, 636
볼가, 러시아 309, 330
    기근(1921년부터 1922년) 142-143, 146, 149
    기근(1932년부터 1933년) 15, 338, 340, 361, 400, 408, 541, 549-550, 583, 604, 609, 679-680
    볼가주의 독일계 민족 공동체 541, 549-550, 561
    중부 볼가주 259, 293, 324, 361
    하부 볼가주 324, 400
보센스카야, 북캅카스 카자크인 마을

569-571
부단체바, 할리나Budantseva, Halyna 491
부돈니, 세묜Budyonny, Semyon 375
부하린, 니콜라이Bukharin, Nikolai 66, 189, 199, 201, 241, 374, 376, 584
부하이예비치, 이호르Buhaievych, Ihor 441
북부 크라이 259-260
북캅카스 204, 212, 229, 316, 324, 379, 418, 602
   경계 폐쇄(1933년) 400
   기근(1921년부터 1922년) 141
   기근(1932년부터 1933년) 15, 549, 561, 571, 583, 594, 609
     우크라이나어 167, 204, 408
     집단화 저항 291, 309, 316-317, 324
     쿠반 지역 98, 167, 204, 387, 408-410
   쿠반 카자크 블랙리스트 387
불가코프, 미하일Bulgakov, Mikhail 60-61, 103, 538
   『거장과 마르가리타The Master and Margarita』 538
   『백위군White Guard』 60
불가리아 58, 77, 569, 639
   우크라이나 내 소수민족 569
붉은 군대 59, 88, 129-130, 231, 259, 297, 309, 340, 579
   1919년 우크라이나 78, 110-115, 174
   1920년 우크라이나 점령 160
   1921년 우크라이나 136
   곡물 징발 파견 74, 87-88,
   기근 은폐 579
   돈 카자크 학살 98
   무력을 사용한 집단화 264, 317
   불만(1928년) 231
   스탈린의 차리친 시기 87-89
   제2차 세계대전 271, 629, 633, 640, 672
   크론시타트 수병 봉기(1920년) 154
   키이우 점령(1918년 1월) 78
   폴란드-소련 전쟁(1919년에서 1921년) 129-130
   하이브리드 전쟁 76-77
브란겔, 표트르Wrangel, General Peter 장군 128, 418
브레스트리토프스크 조약 58-59, 73
브린자, 이반Brynza, Ivan 487
브와제예프스카, 마리아Błażejewska, Maria 395
비너베르거, 알렉산더Wienerberger, Alexander 471, 590
   '문헌, 기념, 증언' 항목을 참조하라.
비룬, 스테판Virun, Stepan 649
비밀경찰(CheKa, GPU, OGPU, NKVD, KGB) 212-234, 413, 426, 503, 552

1930년 반란 기록 308, 315-316, 645
1932년 8월 보고서 365
과거와 연결된 음모 306, 417
국제적 음모 308, 315-316, 418-419
굴라크 270-271
데리바스와 아우스트린 보고서(1928년) 224
도시-농촌 음모 243-245, 317, 400-401
레닌의 창설 86
모스크바의 편집증 319
비밀 정치부SPV 220
소련 극동 지역 첩보망 189
식량 위기(1927년부터 1928년) 186-190, 192-93, 222-224
식인 행위 기록 506-508
우크라이나 내 선전(1919년) 89-90, 98-99, 174-176
우크라이나 민족 센터UNT, 우크라이나 군사 조직UVO, 우크라이나 민족주의 조직OUN 219
우크라이나 사회주의자의 첫 번째 재판 212
우크라이나 지식인 감시 208, 211-214, 411
우크르이나 내 선전(1921년) 136
유럽 첩보망 189
이름 변경 176

차리친에서 '청소'(1918년) 87-89
탄압과 숙청(1932년부터 1933년) 18, 411-432
탈쿨라크화 259, 271, 289
포돌리아 농업 전문가, 여론 조작용 재판 334-335
비시냐, 오스타프Vyshnia, Ostap 424
비어트리스와 시드니 웨브Webb, Beatrice and Sidney 596
비올라, 린Viola, Lynne 23, 301
빈니차 시 334, 343, 533
빈니차주 316, 341, 344, 399, 438, 443, 455, 488, 490, 500, 517
  SVU 대원 '발견' 317
고아원 529-530, 533
기근 사망률(1932년부터 1933년) 551
리치츠키Richytskyi 461, 464
문서와 기록 파괴 582
식인 사건 502, 505-506
종교 탄압 429
빈니첸코, 볼로디미르Vynnychenko, Volodymyr 54
빌라 체르크바(키이우주) 296
빌렌키, 세르히Bilenky, Serhiy 35
빌로루스, 한나Bilorus, Hanna 506
빌리지 보이스 654

ㅅ

사라토프 147, 549

삼브로스, 헤오르히Sambros, Heorhii 520-522, 528
석탄 산업 45, 198, 212
세바스토폴 34
셰르비츠키, 볼로디미르Shcherbytskyi, Volodymyr 658, 662
셰벨로프, 게오르게Shevelov, George 431
셰퍼, 파울Scheffer, Paul 187, 609
세페팁카 지역 307
셰프추크, 라리사Shevchuk, Larysa 437
셰프첸코, 타라스Shevchenko, Taras 41, 52, 169-170, 214, 460-461, 649
　『돌아온 재앙Calamity Again』 623
　「자포비트Zapovit」 31, 41
셸레스트, 페트로Shelest, Petro 528, 649
소련 건축가 연합 429
소로킨, 피티림Sorokin, Pitirim 480
소바, GSova, G 644
소볼립카 마을 339
소비에트 경제
　경화의 원천 147, 327, 537
　곡물 투기꾼 84-85, 190-192
　기근 중 곡물 수출 17, 147, 327-330, 353-354, 639
　내전의 교훈 71
　빨간색 판, 검은색 판 386

　식량 위기(1927년부터 1928년) 186-190, 192-93, 222-224
　신경제정책 156-157, 159, 189, 193, 202, 213
　엄격한 규제 190-191
　우크라이나 지식인 제거 211-218
　일상적 저항 325-326
　전시 공산주의 82-83, 138, 186, 198
　제2차 세계대전 이후 혼돈 639
　중부 유럽 점령 639
　최초의 5개년 계획(1928년) 198, 268, 271, 337
　소비에트 당 역사 연구소 654, 662
소비에트 산업
　굴라크 체제의 방대한 프로젝트 364
　농민 착취 200
　대전환, 대격변 198
　목재 무역 328
　배급표 396
　산업 기계 147
　산업 중심지 속 쿨라크 268-271, 390-391
　야금 및 기계 제작 산업 329
　제2차 세계대전 후 우크라이나의 러시아화 568-569
　직장 경쟁 윤리 198
　천연자원 필요 198
소비에트 연방

1920년대 중반, 엄격한 경찰국가 172
1930년대 초 탄압 663
과학과 기계 숭배 197
대규모 이주 561-563
미국 자선 단체(1921년부터 1922년) 83, 145, 150, 160
붕괴 21
소비에트화 19-20, 160, 209, 408, 641, 676
스탈린주의에 대한 대안적 역사 648
스탈린-트로츠키 권력 다툼 87, 188
아프가니스탄 침공(1979년) 650
외교 정책 189
제19차 당 대회(1988년) 662
토착화(코레니자치야)(1923년) 156-171, 202-206, 209, 674
흐루셰우스키 귀환(1924년) 162
소스노비, S Sosnovyi, S 634-635, 641, 643
소키르코, 마리아 Sokyrko, Maria 490
솔로베츠키 섬 수용소 270, 507, 642
솔제니친, 알렉산드르 Solzhenitsyn, Alexander 243, 648, 660
솔즈베리, 해리슨 Salisbury, Harrison 651
쇼, 조지 버나드 Shaw, George Bernard 596
쇼스타코비치, 드미트리 Shostakovich, Dmitry 274
쇼팽, 키릴로 Shopin, Kyrylo 311

숄로호프, 미하일 Sholokhov, Mikhail 569-572
『개척되는 처녀지 Virgin Soil Upturned』 194, 245, 290
수미 266, 296, 446, 502
수미 시 266, 394
수색(1932년부터 1933년) 17-18, 338-339, 436-440, 635, 644, 670
　가축 몰수 438, 570
　곡물 수색 보너스 458
　구성원, 본성 447-449, 460-466
　굶주림이라는 동기 457
　금속 막대 436
　기술(전략) 436-440
　살아 있다는 의심 446
　수색단을 향한 공격 459
　인도주의적 행위 455
　정보군, 첩보원 441, 462
　폭력 동원 442-444, 463
　현금 요구 441
수헨코, 한나 Sukhenko, Hanna 440
슈바르츠바르트, 숄롬 Schwartzbard, Sholom 126
슐힌, 올렉산드르 Shulhyn, Oleksandr 57
슘스키, 올렉산드르 Shumskyi, Oleksandr 161, 167, 206-207, 210-211, 422, 425
스나이더, 티머시 Snyder, Timothy 23, 522
스니즈네(우크라이나 동부) 683
스바토베 마을 412

스코로파즈키, 파블로Skoropadsky, Pavlo 59-60, 105, 109
스키피안-바실레비치, 마리아Skypyan-Basylevych, Maria 415
스크리프니크, 미콜라Skrypnyk, Mykola 18, 75-76, 153, 160, 166, 172, 211, 422, 662
    교육 위원 숙청 422, 425
    사임과 자살 425
스타리 바바니 마을(체르카시) 446
스타브로폴(북캅카스) 141
스탈린, 이오시프Stalin, Iosif
    '초토화' 정책 629
    「마르크스주의와 민족 문제Marxism and the National Question」 69
    OGPU 1932년 8월 보고서 365
    강제 곡물 징발(1931년부터 1932년) 336
    개인적 방침으로서의 집단화 199, 250, 333, 345, 419
    곡물 수출 327-330, 347-354
    곡물 약탈에 따른 공공재산 보호 포고령 362-365, 383, 445, 486
    곡물 위기(1927년부터 1928년) 186-200, 221
    기근 음모론 376, 572
    농민 착취 주장 199
    대전환, 대격변 198
    도취할 만한 성공(1930년 3월 2일 기사) 298-301, 323, 333
    민족 문제와 농민 문제 69, 221
    민족 인민 위원 69-72
    민족주의에 대한 관점 68-69, 221, 555-556
    반역자와의 전쟁 선포 412
    배경 71, 87
    사망(1953년) 647
    사후, 제노사이드 가해자로 유죄 판결(2010년) 677
    시베리아 여행(1928년) 195-196, 199, 232, 240, 250
    아내 나데즈다의 자살(1932년) 373-374, 378
    외국(인)에 대한 음모 190
    외신 인터뷰 602
    우크라이나 기근 확대·심화 결정 17, 23, 9장
    우크라이나 지식인 반대 활동 214-220
    우크라이나 혁명 기간 66-69
    우크라이나에 대한 두려움 20, 221, 347-348, 365, 689
    인구통계 584-587
    차리친 '청소'(1918년) 87-89
    특단의 조치(1927년부터 1928년) 192, 198, 201, 230
    파종 명령(1931년) 331
    편집증 216

폴란드령 서부 우크라이나 167, 219
스탈린그라드(차리친) 89, 113, 147, 639
스트랭, 윌리엄Strang, William 603
슬리뉴크, 드미트로Slyniuk, Dmytro 455
슬립첸코, 볼로디미르Slipchenko, Volodymyr 479
시먀, 흐리호리Simia, Hryhorii 479, 539
시베리아 15, 229, 316, 330, 338
　시베리아로 쿨라크 추방 255, 269, 271
시신, 프랭크Sysyn, Frank 645, 652
시온의정서 119
식량
　1920년대 식량 배급 187
　1921년에서 1923년의 기근 회복 186
　　권력과의 연결 고리 80
　　도시-농촌 물물교환 83
　　스탈린의 특단의 조치 86, 192, 198, 201, 230, 233
　　　식량 보급 위원 82
　　　임시 정부 82
　　　제1차 세계대전 중 러시아의 식량 부족 79, 81
실리흐테르, 알렉산드르Shlikhter, Aleksandr 91-96, 100, 112, 138, 250
심농, 조르주Simenon, Georges 452
심비르스크(러시아 지역) 147

ㅇ

아르메니아 54, 68, 672, 679
아르부진카(미콜라이우주) 464-464
아르시노프, 표트르Arshinov, Piotr 104-105
아르한겔스크 259, 270
아브디옌코, 미하일로Avdiienko, Mykhailo 585
아스카틴, 올렉산드르Askatin, Oleksandr 585
아제르바이잔 679
안겔리나, 파샤Angelina, Pasha 250, 297
안토넨코, 보리스Antonenko, Borys 218
안토노프-옵시옌코, 볼로디미르Antonov 77
알렉산드르 1세Alexander I, Tsar 43
알렉산드르 2세Alexander II, Tsar 42
알렉시예비치, 스베틀라나Aleksievich, Svetlana 637
알릴루예바, 나데즈다 세르게예브나Alliluyeva, Nadezhda Sergeevna(스탈린의 아내) 373-375
알릴루예바, 키라Alliluyeva, Kira 375
애스터, 낸시Astor, Nancy 596
앤드루Andrew(영국 왕자) 679
야고다, 겐리흐Yagoda, Genrikh 192, 249, 258-259, 317, 401, 419
야누코비치, 빅토르Yanukovych, Viktor 23-24, 682-683

야로셴코, 카테리나Iaroshenko, Kateryna 458
야코블레프, 야코프Yakovlev, Yakov 562
얄로비, 미하일로Ialovyi, Mykhailo 424
에기데스, 페테르Egides, Peter 519
에리오, 에두아르Herriot, Édouard 597
영국 189, 200, 328, 541, 594-595, 616
예술 40, 54, 202, 407
   모더니스트 164, 204
   우크라이나 미술대학 54
예카테리놉카(북캅카스 마을) 291
예프, 헤인리치Epp, Heinrich 114, 116-117
예프레모프, 세르히Yefremov, Serhii 61-62, 214, 217-218
오데사 시 272, 566
   1919년 무정부 시기 115
   기근 중 곡물 수출 353-354, 384-385
   기근(1921년부터 1922년) 150
   기근(1932년부터 1933년) 353, 384, 394, 396, 400, 452
   외국 영사 326, 354, 582-583, 592
   지리적 위치 32
   집단화 저항 326
   친러시아적 도시 172, 428
   특별 여권 400
   페틀류라의 점령(1918년) 62
   히틀러 군대와 전투 34

오데사주 73, 141, 316, 581
   기근(1932년부터 1933년) 340-341, 344, 347, 353, 417, 491
   사망률(1932년부터 1933년) 551
   종교 공격 272
오렌지 혁명(2004년) 676
오룔 시 127-128
오르조니키제, 세르고Ordzhonikidze, Sergo 74, 88, 252
오리히우 마을 414-415
오멜첸코, 할리나Omelchenko, Halyna 441
오스트리아-헝가리 제국 34, 38-39, 45-46, 55, 58-59
오파나셴코, 미콜라Opanasenko, Mykola 489
올리니크, 보리스Oliinyk, Borys 662
올리니크, 이반Oliinyk, Ivan 335
올리츠카야, 예카테리나Olitskaia, Ekaterina 255
옵차렌코, 페트로Ovcharenko, Petro 417
우랄 142, 246, 267, 271, 316, 338, 345, 418, 516
우랄스크, 러시아 147
우만 343
우만스카, 마리야Umanska, Mariia 403
우만스키, 콘스탄틴Umanskii, Konstantin 601, 606, 609, 613
우크라이나
   1920년대 반소비에트 '좌파' 131

1921년 경제 침체 137
1932-33년 기근 사망 통계 547-549, 550-551, 581-582
19세기 산업화 45
경제 봉쇄(1933년) 400-402, 681
교사 숙청(1932년부터 1933년) 425-427
국가(민족) 정체성 33, 37, 43, 47, 169, 172, 421, 553, 649, 687
국가國歌 227, 309, 691
국민과 민족주의의 의미 34
기근 이후 재정착 프로그램 561-566
기근 초기 징후(1932년) 15, 338-343, 384-385
나치 독일로의 강제 이주 627-628, 640
나치의 '굶주림 계획' 628-629
나치의 점령 568, 625, 626-631, 635, 646, 655
남동부 초원 지역 229
내부 여권 제도 도입(1932년부터) 400, 403-404
대규모 탈출(1931년부터 1932년) 391-400
독립 선언(1991년) 20, 672, 691
러시아의 동부 우크라이나 침공(2014년) 24, 683, 689
러시아화 20, 44-45, 566, 686

마이단 혁명(2014년) 24, 682, 687, 690
모스크바의 지속적 편집증 319
몰로토프 방문 195, 232-234
문장, 지폐, 우표 54
볼셰비키 세 번째 점령(1920년) 160
볼셰비키의 두 번째 점령(1919년) 82, 89-94
볼셰비키의 첫 번째 점령(1918년) 73-74, 82, 106
소련의 우크라이나화 정책(1923년 제정) 155-156, 160-161, 168-171, 202, 205-206, 209
소련의 첫 공격(1918년 1월) 59
소비에트화 19-20, 160, 209, 641, 677
스탈린 시대에 대한 기존 학자들 21-23
스탈린의 결정(1932년 가을) 23, 381-382, 399-401, 582, 663
오렌지 혁명(2004년) 676
우크라이나 혁명의회 77
우크라이나화 정책의 종식(1932년) 381, 408-410, 428-432, 566
제2차 세계대전 이후 638-642
제2차 세계대전 이후 러시아인의 이주 568
주권 국가로서의 우크라이나 20, 663-665, 685, 690

탈쿨라크화 할당량 259-261
폴란드-우크라이나 무력 분쟁(1918년부터 1919년) 46-47
우크라이나 곡물
　1927년부터 1928년의 위기 186-189, 190-201
　곡물 할당량 블랙리스트 385-391, 408, 411, 415, 441, 444, 458, 670
　농민들이 다시 훔친 곡물 357, 361-364, 486
　러시아의 우크라이나 곡물에 대한 의존 66, 81-82
　레닌 67-68, 74-75, 78-79, 84-87, 91, 126, 140, 148, 156
　레닌의 '특단의 조치'(1918년) 기근
　볼셰비키의 우선 과제 78-79, 81, 89, 158
　생산 감소 유인 141, 195-196, 386
　신경제정책NEP 하의 시장 156, 157, 159-160, 192-193
　이모작 36
　잉여분 저장 85, 85, 94, 99, 141-142, 147, 256
　전통적인 판매 방식 82-84, 92, 159-160
　중세 후기의 발트 해 무역 37
　투기꾼들 84-85, 186, 190-192
우크라이나 공산당('민족 공산주의national communist' 계파) 460

우크라이나 공산당
　'쿨라크'의 정의 255-260
　OGPU가 희생양으로 삼음 232-234
　OGPU의 스탈린 보고서(1932년 8월) 365-367
　곡물 수탈에 대한 내부 반대(1932년부터 1933년) 344-352, 354-355, 411, 412, 414
　곡물 징발(1932년) 349, 354-375, 381-382, 409
　곡물 징발(1933년) 554-555
　곡물 할당량 달성 실패로 인한 사형선고 415
　기근 문제로 스탈린에게 접근 346-352
　기근 책임을 스탈린에게 돌림(1991년) 663
　기근(1921년부터 1923년) 145, 147-148, 150
　기근(1928년부터 1929년) 232-234
　기근(1932년부터 1933년) 338-342, 344-351, 412-413, 418-419
　대규모 숙청(1932년부터 1933년) 366-369, 409, 411-420, 456, 567
　대숙청 당시 숙청됨 567
　모스크바의 개입 138, 205
　반란(1930년) 312-314
　볼셰비키의 불신 71
　블랙리스트 385-391, 411-412

숙청(1928년) 234
스탈린에게 보낸 호소 16-17
스탈린의 의심 20, 216-217, 367, 378-379, 412, 689
우크라이나 종교계 152
우크라이나어와의 관계 89
우크라이나화 정책 161, 205-206
제2차 세계대전 이후의 모습 638-639
집단화 실패의 희생양으로 지목됨 411, 567
체르노빌 참사(1986년) 658-659
파종과 수확(1931년) 333-334
활동가 수색조 436-454
흐루셰우스키 귀환(1924)과 관련 162-164
흐루쇼프 지도부 432, 562, 567-568, 647
우크라이나 국립도서관 59, 426
우크라이나 군사 조직(허위 음모로 지목) 219
우크라이나 농민
　(1933년 5월 이후) 농촌 체제의 온건화 553-554
　1900년대 초 봉기의 물결 46
　1919년 시기 공동 농장에 대한 거부 90-91, 197
　1920년대 시골생활 274-276
　나치 군대에 대한 환영 626

나치의 기근 선전 631-633
낭만적 민족주의 41
농민에 관한 OGPU의 보고/주장(1928년) 225-228, 233-234
도시로의 이동(1932년부터 1933년) 396-398, 400-402, 517, 539
러시아어 강제 교육 44
마흐노의 지도력 104-106, 112, 115, 136, 151, 152, 175, 225, 311, 417, 553
민족 공산주의 시기의 문화 160-162, 167, 177
민족운동 40-42, 43-45, 47
반란 23
반란(1919년) 99-100, 107-127, 130, 131, 138, 158, 160, 174, 225, 228, 288, 293, 369, 645
반란(1930년) 301-310, 367, 645
보로트비스티(좌파 정당) 55, 97-98, 100, 161, 165, 181
볼셰비키가 아닌 사회주의자 130-131
소련의 폄하 선전 450-452, 483, 670, 688
스코로파즈키 체제 59-62, 109, 113
실리흐테르의 계급 체계 91-100, 250
언어와 연설 35-36, 40-41, 66, 199
우크라이나 노동자군 138
우크라이나 도시민의 인식 39-40

우크라이나 민족 운동에 대한 스탈린의 견해 69, 75, 221
　제1차 세계대전 참전 55-56
　집단농 탈출 391-404
　집단화에 대한 저항 287, 289-292, 294-297, 301-305, 310
　쿨라크 93-95, 111, 117-118, 126, 139-140, 157, 248-252, 255-256, 289, 292
　페틀류라의 농민군 61-63, 77, 78, 105, 106, 109, 225, 311
　흐리호리예우의 지도력 109-111
우크라이나 문화
　'민족 공산주의' 시기의 문화 발흥 164-172, 202-204
　갈리시아의 '프로스비타' 운동 45-46, 169, 589
　관련 기관의 숙청(1932년부터 1933년) 20, 411, 422-427, 429-430
　낭만적 향수와 전설 33, 35, 41, 61, 170, 274
　농촌 생활 및 농민 계층의 중요성 강조 40-44
　러시아화 20, 44-45, 566, 686
　미술사학자 및 큐레이터 숙청 18, 430-431
　민족 공산주의자의 숙청 568
　볼셰비키의 탄압 73-74, 687-688
　스탈린주의에 대한 지식인의 거부 648
　우크라이나 미술대학 54
　중세 후기에 독자적 정체성 발전시킴 37
　카가노비치의 의심 205-206, 209, 424
　키이우의 사회주의 재건 429-430
　하르키우 모더니즘 164
　흐루셰우스키 귀환(1924년) 162-165
　예술, 문학, 음악 항목을 참조하라.
우크라이나 민족 운동
　'시민사회'의 태동 42-45
　1919년 말의 혼란 64
　1921년 이후 소련 체제에 대한 위협 155
　1960-70년대의 탄압 644-645
　19세기 민족 의식의 각성 42-44
　SVU 지식인 공개재판(1929년) 213-219, 425-426, 428
　강한 농민적 성향 40-43, 46, 75
　관련 기관 숙청(1932년부터 1933년) 20, 411, 422-427, 429-430
　기근 사망률 553
　농촌 정책의 모든 '실패'에 대해 비난 받음 556-558
　러시아 지역의 우크라이나화 204-206, 387, 410
　러시아화 20, 44-45, 566, 686

민족 공산주의 시기의 부흥 160-162, 177
반혁명'에 대한 소련의 숙청 209-220
볼셰비키에 의한 탄압 65, 73-74
볼셰비키의 경멸 65-66, 158-159
부흥(1991년) 20, 23, 672, 691
서구의 유사한 운동 42
소비에트화 19-20, 160, 209, 641, 674, 676
스탈린의 관점 55, 66, 69, 71-72, 75
스탈린의 탄압 작전(1927년) 210-221
역사학자 및 지식인의 역할 53-58, 162-172, 214-216
오스트리아 통치 지역 내 활동 45
우크라이나 전체 국민의회(1917년 4월 19일) 55
존속과 독립 691
지식인 숙청(1932년부터 1933년) 20, 411, 417, 422-427, 430-432
키이우 행진과 시위(1917년 4월 1일) 52-52,
파시즘과의 연계 의혹 646, 653-655, 684, 689
페틀류라의 지도력 61-64, 78, 109, 126-127, 128, 225, 226, 261
흐루쇼프 해빙기'의 재각성 647-648
우크라이나 민족민주당 45, 53

우크라이나 사회주의혁명당 55, 97
우크라이나 언론 44, 168, 204-205
우크라이나 지리 32-34
우크라이나 클럽 55
우크라이나 학술 언어 연구소 232
우크라이나 한림원 60, 163-164, 166, 208, 210, 214, 220, 421, 427, 429, 585
우크라이나 혁명(1917년부터 1921년) 21, 52-53
1919년 유혈 사태 및 잔학 행위 70, 114-119
독립 선언(1918년 1월 26일) 47, 58
볼셰비키의 와해 시도 71-74
스코로파즈키 체제 59-62, 109, 113
우크라이나 볼셰비키 65-70
우크라이나 혁명에 대한 볼셰비키의 견해 66-68, 72-73
유럽 내 외교적 승인(1918년) 58
전시 공산주의와의 관계 82, 138
중앙 라다의 세 번째 보편 선언 72-73
지도 집단 체제 62-63, 109-110, 122-123, 126-127, 136
키이우의 중앙 라다 55-56, 59, 72-73, 75, 98, 106, 122, 126, 177, 214
우크라이나어
'기저의' 우크라이나화 168, 205-206
'반혁명 언어'로 낙인 158

19세기 러시아 학자들의 논의 9
기근 이후 러시아화 20, 686
농촌-도시 간 언어 사용 격차 36, 39-40
니콜라이 2세의 사용 허가 46
러시아 내 우크라이나어 사용자 167, 243
러시아어와의 연관성 687
루테니아어 34
민족 공산주의 시기 160, 161, 167, 205-206, 422-423
반체제 문화 40-41
볼셰비키의 우크라이나어 탄압 66, 68, 74, 89-90, 687
사전과 철자법 57, 166, 210, 423
소련 우크라이나 관료 171-172
소련의 우크라이나어 탄압(1932년부터 1933년) 20, 428, 431-432
스코로파즈키 정권 하의 우크라이나어 60
슬라브어 계통 33
제정 러시아의 우크라이나어 억압 43-45, 55
지도 집단 통치 하의 우크라이나어 사용 63
지역적 차이 38
철자법 특위(1925년 설립) 166, 210
키릴 문자 39
폴란드어와 러시아어 차용 166

학교에서의 사용 41, 167-169, 171-172, 202, 239
혁명 시기의 우크라이나어의 부활 57
현대 언어 전쟁 687-688
우크라이나의 1917년 이전 역사 32-34, 37-46
유고슬라비아 47, 639
유대인 정착민
기근(1932년부터 1933년) 447, 517, 550
나치의 반유대주의 528, 568
대박해(1905년) 120
러시아의 반유대주의 40, 120, 151
바비 야르 유대인 학살(1931년) 639
시온의정서 119
언어 40, 44, 569
우크라이나 홀로코스트 568, 627
우크라이나의 반유대주의 214, 224, 274, 651
우크라이나인 볼셰비키 65
우크라이나인 정치경찰 172
중앙 라다 55
지도 집단 120-122
키이우 시 묘지 430
토지 소유 제한 258
학살(1918년부터 1920년) 120-127, 148, 150
홀로코스트 528, 654, 664, 675

흐리호리예우의 반유대주의 110, 121
흐멜니츠키 봉기 중 대량 학살 40
유대인합동배급위원회JDC 145, 149-151
유럽 안보협력기구 676
유셴코, 빅토르Yushchenko, Viktor 676-678, 680, 682
유엔 674, 679
음악 274-276, 566
 민속 음악 169-170, 274-276
 집단화 274-276, 494
이니처Innitzer 추기경 590
이디시어 40, 68, 122
이바노바, 흘라피라Ivanova, Hlafyra 478
이바니소우, 세멘Ivanisov, Semen 193-194, 196
이탈리아
 곡물 수출 328, 354
 근대 국가의 출현 39, 54
 소련과 불가침 조약(1993년) 593
 영사 354, 394, 398-399, 503, 537, 655, 591
인구시인 561
인구통계(인구 조사) 20, 547-551, 583-587, 634
일본 189-190, 326, 582, 617
일본인 미샤Misha the JAP 115
임시 정부(1917년) 69, 71, 77, 82

ㅈ

자톤스키, 볼로디미르Zatonskyi, Volodymyr 77, 158, 160, 465
자포로제 104-105, 109, 142
잘립차, 소피아Zalyvcha, Sofiia 516
잭슨, 로버트Jackson, Robert 674
적색 테러 85, 192
젊은 개척자(공산주의 어린이 조직) 247
정교회 SVU 재판(1929년) 214, 428
 러시아 정교회 34, 38, 153
 소련의 탄압 294, 300, 304, 327, 428-430, 494, 528
 우크라이나 자치 정교회 153, 164, 215
제1차 세계대전 46, 62, 79, 140
 식량 부족 82
 튀르키예의 아르메니아인 공격 672
제2차 세계대전
 우크라이나에서 전투 34
 식인 행위 627
 스탈린의 '초토화' 정책 629
 쿠르스크, 스탈린그라드, 베를린 전투 639
 귀환한 강제 추방자 여과 수용소 639
 소련 역사의 핵심 주제 639
제르, 안토니우스Zerr, Antonius 294
제르진스키, 펠릭스Dzerzhinsky, Felix 136, 175

제노사이드
  2014년 러시아 침공 시, 용어 사용 683
  UN의 정의 675-677
  뉘른베르크 재판 674
  라파우 렘킨의 조어 19, 671
  우크라이나 기근을 둘러 싼 용어 사용 논쟁 19, 671, 674-677, 679, 682-685
조지아 43, 54, 68, 71, 74, 394
존스, 개러스Jones, Gereth 538, 604-616
졸로토베르하, 엘라다Zolotovekha, Elada 624
종교
  교회의 사회적 기능 277-278
  우크라이나 내 소수 가톨릭 294
  전통적인 농민생활의 순환 파괴 273, 494
  종교 공격 272-273, 276-278, 288, 294, 428-430, 528, 623
  종교적 숭배와 마술적 관습 294
중국 189, 204, 616
중앙 흑토 지대 418
중앙아시아 국가 68, 269, 316-317, 410, 609
지노비예프, 그리고리Zinoviev, Grigorii 156
지노빕스키현 340, 342
지토미르 223, 272, 282, 443, 496, 500, 563, 581
지하드노, 옥사나Zhyhadno, Oksana 514
집단 농장 센터 247, 261
집단 농장(콜호스) 197, 244, 363
  고기(육류) 벌금 383, 391
  곡물 목표 미달성 시 사형 선고 415
  곡물 약탈에 따른 공공재산 보호 법령 362-363
  곡물 징발(1931년) 332-334
  공동 소유 240
  공산주의 이데올로기 224, 280
  기계 트랙터 관리소 240, 333, 336, 389-390, 448, 494
  나치 점령과 탈쿨라크화 626-631
  내부 반소련 집단 414-417, 425
  농기계 고장 325
  농민 저항 291-293
  농업 의욕 저하 195, 278
  대규모 절도의 수혜자 261
  도적단 325, 361, 390
  블랙리스트 385-391
  비효율적 관행 331-333
  스탈린과 몰로토프의 강압 정책 (1931년부터 1932년) 336-337
  제2의 농노제 131, 293, 325, 403
  종교적 반발 294-295
  책임감 결여 331-333
  탈출 392-399
  희생양이 된 농업 전문가 335-336

집단화 23
    OGPU의 역할 187-190, 192-193, 199, 208, 210-214, 219-226, 230-233, 258-260
    가축 도살 290-292
    강제 추방 253-255, 258-260
    곡물 생산량 공식 통계(1930년) 327
    기근 이후 가속화 558
    도취할 만한 성공 298-301, 323, 333
    두 번째 혁명으로서의 집단화 288
    류틴의 강령 376-377
    마을 협력자(아크티프) 250-254, 261, 273
    범죄적 요소 253, 270
    붉은 군대 259, 264
    새로운 농촌 엘리트 252
    생산량 325, 333
    생활의식 공격 273-274, 279-280
    선전 126-127, 186, 197
    스탈린 개인적 방침으로서의 집단화 199, 250, 333, 345, 419
    실패의 책임 234, 300, 333
    여성들의 반란(바브스키 분티) 303-305, 326
    용기와 친절 266
    우크라이나 공산당 숙청 234
    윤리·사회적 구조 파괴 273-274, 279-280, 429-432
    음악 전통 소멸 274-276
    음유 시인의 저항 274
    이만오천인대 242-243, 245, 248, 302, 334
    자발적이라는 설정 240, 246, 299
    잔혹성 301-303
    저항과 거부 224-226, 228-229, 249, 288-296
    종교 공격 272-273, 276-278
    중앙 위원회 회의 199
    집단화와 숄로호프 569-572
    탈쿨라크화 17, 99, 255-258, 262-263, 271-272, 306, 314, 457
    폭동 292
    폴란드 국경으로 행진 296
    확장(1930년 7월, 12월) 323-324
    활동가 246, 248-249, 301-303

ㅊ

차리친(스탈린그라드) 89, 113, 147, 639
체르니히우 지역 94, 117, 427, 438, 489, 551
    기근 사망률 551
    니진 교육학 연구소 427
체르노빌 원자력 폭발 사고 657-659
체르니압스키, 스테판 Cherniavsky, Stepan 335
체르카시 시 32
체르카시주 248, 437, 446, 511, 515

체임벌린, 윌리엄 헨리Chamberlin, William Henry 600
체첸 43, 317, 561
체코슬로바키아 47, 162, 639
체푸르, 볼로디미르Chepur, Volodymyr 624
초르노빌, 뱌체슬라프Chornovil, Vyacheslav 661
초르니, 파블로Chornyi, Pavlo 541
추바르, 블라스Chubar, Vlas 349, 351-352, 354-355, 413, 442, 455, 567
치체린, 게오르기Chicherin, Georgy 77
침발리우크, 올하Tsymbaliuk, Ol'ha 437
칩카, 한나Tsivka, Hanna 489

ㅋ

카가노비치, 라자르Kaganovich, Lazar 205-207, 351-353, 387-388
    곡물 징발 단체 382, 448, 464-465
    곡물 징발(1932년) 347, 351-353, 382, 448-449, 464-465
    몰로토프와 우크라이나(1932년 7월) 354
    북캅카스(1932년 가을) 380
    사후, 제노사이드 가해자로 유죄 판결(2010년) 677
    스탈린과 카가노비치 205, 347, 351-353, 357, 361-362, 368
    식인 행위 보고 501, 508
    우크라이나 공산당 지도자 임명 205

우크라이나화 205-206, 209
카라차이인 561
카르파티아산맥 32
카미아네츠-포딜스키 변경주 296, 335
카자크 37-38, 98-99, 167, 274
    자포로제 카자크 37, 98, 104-105
    쿠반 카자크 98, 168, 387-389, 408
카자흐스탄 21, 36, 316, 331, 338, 340, 408, 566, 680
    기근(1932년부터 1933년) 408
    유목민 정착화 408
카잔 시 146
칼리니첸코, 볼로디미르Kalinichenko, Volodymyr 678
칼리닌, 미하일Kalinin, Mikhail 221
칼미크인 561
캅카스 173, 340, 542, 561, 579
캐나다
    러시아 공산주의 테러 피해자 우크라이나 협회 642
    레아 클라이먼의 소련 탐방 598-600, 602
    우크라이나 기근 연구 위원회(토론토) 646
    우크라이나 디아스포라 641, 643, 645-646, 650, 654
    우크라이나 문화 교육 센터(위니펙) 643
    우크라이나학 연구소(앨버타주) 645

홀로도모르 연구 교육 컨소시엄(토론토) 22
커즌 경Curzon, Lord 328
케언스, 앤드루Cairns, Andrew 519, 521
코다키 마을 546
코롭스카, 마리나Korobska, Maryna 458
코발, 마리아Koval, Maria 340
코브자르(음유 시인) 274-276
코브자르, 이반Kobzar, Ivan 461, 464
코빌코, 올레나Kobylko, Olena 403
코사레프, 보리스Kosarev, Borys 164
코스니츠키, 스타니슬라프Kosnicki, Stanislaw 593
코스티르코, 미콜라Kostyrko, Mykola 354
코시오르, 스타니슬라프Kosior, Stanislav 317, 333-334, 337, 346-349, 351, 353-355, 379, 413
    사후, 제노사이드 가해자로 유죄 판결(2010년) 677
        스탈린과 만남 555
        스탈린에게 편지 346, 555, 576, 582
        스탈린의 비난 347-348
        우크라이나 공산당 지도자 임명 205
        체포와 죽음 413, 567-568
코제두브, 마리야Kozhedub, Mariia 438
코주봅스키, 페디르Kozubovskyi, Fedir 430
코펠레프, 레프Kopelev, Lev 243-244, 248, 403, 451, 453-454, 457

콘드라신, 빅토르Kondrashin, Viktor 679-681
콘퀘스트, 로버트Conquest, Robert 21, 651-652, 656-657
    『슬픔의 수확The Harvest of Sorrow』 21, 651-652, 656
콜리어, 로런스Collier, Laurence
콤소몰(공산주의 청년 조직) 169, 247, 274, 291, 297, 303, 412, 447, 498
    숙청(1932년부터 1933년) 416
    집단화 책임 246-247, 252-253, 262, 265, 291, 303
    콤소몰과 활동가 수색단 447, 453, 457
쾨슬러, 아서Koestler, Arthur 517
쿠르스크 127, 639
쿠반(북캅카스) 98, 167, 204-205, 387-389, 408-410
쿨라크
    계급으로서의 쿨라크 청산 255-256, 324
    곡물 위기(1927년부터 1928년) 186-190, 195
    과세를 통한 소유권 강탈 264
    굴라크 수용 259, 270-271, 324
    대규모 이주 259-260, 267, 269-270, 324, 561
    레아 클라이먼의 소련 탐방 598-600, 602

볼셰비키의 희생양 93-94, 111, 139, 157, 191, 193,
    산업 노동자로 유입 268-271, 364
    용어의 초기 함의 93
    우크라이나 쿨라크 95, 117-118, 126, 139-140, 224, 248, 257-258, 396
    우크라이나화의 수혜자 10
    의미 93, 255-259
    콤네자미와 갈등 94, 118
    쿨라크 집단 326
    쿨라크가 될 수 있다는 공포 193-194, 224, 289
    쿨라크에 대한 스탈린의 견해 198
    탈쿨라크화 17, 99, 126, 191-192, 259-265, 415-416, 457
    폿쿨라치니키(쿨라크 밑의 쿨라크) 257
쿨치츠키, 스타니슬라프Kulchytsky, Stanislav 383, 681
크라발, 이반Kraval, Ivan 585
크라스노다르 지역 549
크랍첸코, 빅토르Kravchenko, Viktor 449-451
크랍추크, 레오니트Kravchuk, Leonid 664
크레멘추크주 275, 307-308
크론시타트 수병 봉기(1920년) 107, 154
크루포데렌치 마을 449
크리비리흐 65, 73, 151, 314-315
크릴렌코, 니콜라이Krylenko, Nikolai 212

크림반도 24, 129, 136, 626, 683
    크림반도 병합 24, 683, 689
크비링, 엠마누엘Kviring, Emmanuel 205
클라이먼, 레아Clyman, Rhea 599-600, 602
클리멘코, 이반Klymenko, Ivan 538
키로브흐라드주 437, 627
키리첸코, 비라Kyrynchenko, Vira 455
키리첸코, 할리나Kyrynchenko, Halyna 402-403
키이우 루스(중앙 지역) 33, 37, 66
키이우 시 45,
    1919년 무정부 시기 111, 113
    기근 60주기 추모 663
    기근(1932년부터 1933년) 341, 343-344, 346, 353, 367
    나치의 '굶주림 계획' 638-629
    나치의 봉쇄 630
    노동절 행진(1986년) 657
    대항 움직임(1960년대, 1970년대) 648-649
    데니킨 점령(1919년 8월) 127
    루캬닙스케 공동묘지 497
    마이단 광장 혁명(2014년) 24, 683, 687
    문학과 예술 54, 63, 430
    바비 야르 계곡 살인 사건(1941년) 639
    반유대 폭력 사태(1918년부터 1920

년) 121
　볼셰비키 두 번째 점령(1919년) 78, 89, 100
　볼셰비키 점령(1918년 2월) 73, 136, 262, 508
　볼셰비키 추방(1919년 8월) 100
　볼셰비키에게 키이우 66
　오렌지 혁명(2004년) 676
　오페라 극장 421, 566
　우크라이나어 43, 63, 89, 170, 205, 648
　점령 세력의 정책 73, 89, 114
　중앙 라다 52, 55-56, 59, 72-73, 75, 98, 122, 126
　지리적 위치 32
　키이우 건축의 사회주의적 재건 429
　토르그신 경화 체인점 537, 539
　특별 여권 400
　폴란드-우크라이나 점령(1920년) 129, 226
　행진 시위(1917년 4월 1일) 52, 138
　홀로도모르 추모관 682
　히틀러 군대와 전투 34
키이우주 296, 332
　기근 사망률(1932년부터 1933년) 547-553
　기근(1932년부터 1933년) 346, 353, 367, 396, 402, 438, 445, 459, 477, 490, 498, 504

　반유대주의(1918년부터 1920년) 119-121

E

타라십카 마을 341
타브리아 지방 73
타타르스탄 316
테레호프, 로만Terekhov, Roman 355
텐드랴코프, 블라디미르Tendryakov, Vladimir 648
토르그신 경화 체인점 327, 537-542, 633
토틀, 더글러스Tottle, Douglas, 『사기, 기근, 파시즘: 히틀러에서 하버드까지 이어지는 우크라이나 집단 살해 신화 *Fraud, Famine and Facism: The Ukrainian Genocide Myth from Hitler to Harvard*』 653-655, 662, 684
토포리셰 마을 455
투르칼로, 코스트Turkalo, Kost 218
툴친현 309-310, 315
튀르키예 34, 58, 189, 328, 672,
트로츠키, 레온Trotsky, Leon 39, 66, 130-131, 138
　농민 92, 96, 104, 105
　스탈린의 경쟁자 87, 188
티모시추크, 할리나Tymoshchuk, Halyna 529
티모십카 마을(체르카시) 446

ㅍ
파블렌코, 아나스타샤Pavlenko, Anastasiia 437
파블로흐라드현 311-315
파블로흐라드현(드네프로페트롭스크 주) 311-315, 348, 531
파블리치카, 테티아나Pavlychka, Tetiana 477
파스테르나크, 보리스Pasternak, Boris, 『닥터 지바고Doctor Zhivago』 82
파이프스, 리처드Pipes, Richard 47, 64, 113
파트린추크, 미콜라Patrynchuk, Mykola 438
페르가나(중앙아시아) 316
페초라, 수산나Pechora, Susannah 365
페트로그라드 71, 74, 86
페트롭스키, 흐리호리Petrovskyi, Hryhorii 344, 349-350, 352, 378, 413
페틀류라, 시몬Petliura, Symon 61-62, 77, 105, 109, 113, 122, 136, 307
　소련의 매도 126, 216, 226, 261, 410
　암살(파리, 1926년) 126, 226
펜킵카(빈니차) 505
포돌리아 38, 43, 334-335
포돌리안, 스테판Podolian, Stepan 582
포스티셰프, 파블로Postyshev, Pavlo 413, 555, 556, 567, 677
포토츠키, 파블로Pototsky, Pavlo

폴란드
　1917년 이전 폴란드와 우크라이나 53-54
　OGPU 음모 308, 318, 418-419, 565
　OGPU 첩보망 189
　SVU 재판(1929년) 214
　국경으로 행진(1930년) 296
　군대 내 반유대주의 122-123
　그들의' 우크라이나 땅에 대한 향수 35
　근대 국가의 출현 54
　기근 인지 588-589, 593-594, 616-617
　기근 중 폴란드로 탈출(1932년부터 1933년) 395
　나치의 바르샤바 침공 672
　분할(18세기 말) 38
　서부 우크라이나 영토 47, 167, 219, 224
　소련과 불가침 조약(1932년) 419, 617
　소련과의 전쟁(1919년에서 1921년) 129-130, 369
　억압 정책의 비표적 550
　우크라이나어 학교 168
　우크라이나와의 전쟁(1918년에서 1919년) 46
　제2차 세계대전 후 소련 점령 639

키이우 주재 영사 343
폴란드 군대의 침공 소문 223
피우수트스키 치하 129, 189, 226
피우수트스키 쿠데타 189, 209
폴란드어 33, 38, 40
폴타바 시 32, 113, 292, 429, 566, 644
폴타바주
   기근(1932년부터 1933년) 441, 445, 449, 459, 512, 515-516, 529, 531, 541, 633
   블랙리스트 마을 387
   실리흐테르 알렉산드르 94
   종교 공격 272, 429
   집단화 이전 시대 238
   집단화 활동가 265, 272
푸틴, 블라디미르Putin, Vladimir 682
프라이스, 모건 필립스Price, Morgan Philips 79-80, 86·
프랑스 189, 541, 640
프랑스, 아나톨France, Anatole 595
프로스비타 45, 169, 589
프로스콥첸코, 미콜라Proskovchenko, Mykola 491
프로스쿠리우(현 흐멜니츠키) 120
프로코펜코, 하블리로Prokopenko, Havrylo 625
프룬제, 미하일Frunze, Mikhail 137
플라토노프, 안드레이Platonov, Andrei, 『열네 개의 작고 빨간 오두막Fourteen Little Red Huts』 452, 597
피드비소츠키, 헨리흐Pidvysotsky, Henrikh 267
피아타코프, 헤오르히Piatakov, Heorhii 65, 77
피우수트스키, 유제프Piłsudski, Jozef 128-129, 136, 189, 226, 368
피칼, 티모피Pykal, Tymofii 417
핏쿠이-무하, 유힘Pidkui 335
핏하이니, 세멘Pidhainy, Semen 642

ㅎ

하르마시, 막스Harmash, Max 558
하르키우 시 73, 136, 262, 508
   기근(1932년부터 1933년) 341-342, 383, 394, 424, 449, 517, 520, 532, 608
   나치의 '굶주림 계획' 629
   나치의 봉쇄 630
   민족주의 공산주의 시대의 문화 164-166
   백군 점령(1919년 여름) 113, 117
   부디노크의 슬로보 423, 425
   수도 이전 73, 136
   오페라 극장에서 SVU 여론 조작용 재판(1929년) 214-219, 317-318, 421, 425
   지리적 위치 32
   특별 여권 400
하르키우대학 449

하르키우주 355, 506, 581
　기근 사망률(1932년부터 1933년) 551-553
　기근(1932년부터 1933년) 342, 344, 353-355, 375, 394, 424, 449, 485, 517-522, 532-533
하버드대학 우크라이나 연구소 22-23, 645-646, 651
하브릴류크, 마트비Havryliuk, Matvii 139-140, 252, 457
하인즈 2세, 잭Heinz II, Jack 605
학교들 55, 66, 68, 114, 168-172
　교사 숙청(1932년에서 1933년) 425
　기저의 우크라이나화 168-172
　스크리프니크 학교 제도 폐지 422
　우크라이나어 40, 43, 89, 168-172
헤로도토스Herodotus 36
헹케, 안도르Hencke, Andor 550
호로디셰 마을(보로실로프현) 390, 444
호르반, 바르바라Horban, Varvara 528
호스킹, 제프리Hosking, Geoffrey 651
호틴 시 34
혼차렌코, 올렉산드리Honcharenko, Oleksandr 248, 268, 272, 496
홀로드니, 흐리호리Kholodnyyi, Hryhorii 232
홀로도모르 18-19
　1932년에서 1933년 기근을 참조하라.

홀로코스트 483, 528, 568, 627, 654, 664, 675
후버, 허버트Hoover, Herbert 145-147
홀랴이폴레 지역 105, 107, 152
휴스, 존Hughes, John 45, 605
흐레빈키 마을 546
흐루셰우스키, 미하일로Hrushevsky, Mykhailo 53-54, 59, 64, 66, 162-164, 206, 210, 421-422
　여론 조작용 재판, 추방과 죽음 421-422,
　우크라이나로 돌아오다(1924년) 162
　우크라이나를 떠나다 64
흐루쇼프, 니키타Khrushchev, Nikita 432, 567
　비밀 연설 562, 647
　흐루쇼프 해빙기 414, 647
흐리네비치, 류드밀라Hrynevych, Lyudmyla 22
흐리스튜크, 파블로Khrystiuk, Pavlo 89
흐리호렌코, 페트로Hryhorenko, Petro 169-171, 278, 492
흐리호리예우, 오타만 마트비Hryhoriev, Otaman Matvii 103, 109-112, 121, 225
흐멜니츠키, 보흐단Khmelnytsky, Bohdan 35, 37-38, 40
흐멜니츠키주 121, 478
흐빌로비, 미콜라Khvylovyi, Mykola 203,

207, 210-211, 424-425, 662

흐코, I Kh-ko, I 643

히친스, 크리스토퍼Hitchens, Christopher 651, 655

히틀러, 아돌프Hitler, Adolf 21, 34, 591-592, 595, 605, 613, 616, 626-628

힌두스, 모리스Hindus, Maurice 194, 244, 257

힐거, 구스타프Hilger, Gustav 592

힘러, 하인리히Himmler, Heinrich 630

붉은 굶주림
우크라이나 대기근, 기획된 종말

초판인쇄 2025년 8월 27일
초판발행 2025년 9월 8일

지은이 앤 애플바움
펴낸이 강성민 이은혜
편집 양나래 심예진
마케팅 정민호 박치우 한민아 이민경 박진희 황승현 김경언
브랜딩 함유지 박민재 이송이 박다솔 조다현 김하연 이준희
제작 강신은 김동욱 이순호

펴낸곳 (주)글항아리 | 출판등록 2009년 1월 19일 제406-2009-000002호

주소 경기도 파주시 문발로 214-12, 4층
전자우편 bookpot@hanmail.net
전화번호 031-955-2689(마케팅) 031-941-5161(편집부)

ISBN 979-11-6909-420-7 (03900)

잘못된 책은 구입하신 서점에서 교환해드립니다.
기타 교환 문의 031-955-2661, 3580

www.geulhangari.com